Début d'une série de documents en couleur

Couverture inférieure manquante

BIBLIOTHÈQUE DE LA FONDATION THIERS. — VIII.

ÉTUDES SUR L'HISTORIOGRAPHIE ESPAGNOLE

MARIANA
HISTORIEN

PAR

Georges CIROT

ANCIEN PENSIONNAIRE DE LA FONDATION THIERS
MAITRE DE CONFÉRENCES D'ÉTUDES HISPANIQUES A L'UNIVERSITÉ DE BORDEAUX

Bordeaux :
FERET & FILS, ÉDITEURS, 15, COURS DE L'INTENDANCE

Lyon : Henri GEORG, 36-42, passage de l'Hôtel-Dieu
Marseille : Paul RUAT, 54, rue Paradis | Montpellier : C. COULET, 5, Grand'Rue
Toulouse : Édouard PRIVAT, 14, rue des Arts
Madrid : MURILLO, Alcalá, 7

Paris :

Albert FONTEMOING, 4, rue Le Goff

1905

Fin d'une série de documents
en couleur

ÉTUDES SUR L'HISTORIOGRAPHIE ESPAGNOLE

MARIANA

HISTORIEN

DU MÊME AUTEUR

Aux mêmes Librairies

LES HISTOIRES GÉNÉRALES D'ESPAGNE
ENTRE ALPHONSE X ET PHILIPPE II
(1284-1556)

1 vol. in-8° raisin, xi-180 pages

Prix : **10** francs

P. IVAN DE MARIANA DE LA COMPAÑIA DE IESVS
DE EDAD DE 88 AÑOS I 72 DE RELIGION

(Portrait conservé à la Biblioteca Provincial de Tolède)

BIBLIOTHÈQUE DE LA FONDATION THIERS. — VIII.

ÉTUDES SUR L'HISTORIOGRAPHIE ESPAGNOLE

MARIANA

HISTORIEN

PAR

Georges CIROT

ANCIEN PENSIONNAIRE DE LA FONDATION THIERS
MAÎTRE DE CONFÉRENCES D'ÉTUDES HISPANIQUES A L'UNIVERSITÉ DE BORDEAUX

Bordeaux :
FERET & FILS, ÉDITEURS, 15, COURS DE L'INTENDANCE

Lyon : Henri GEORG, 36-42, passage de l'Hôtel-Dieu
Marseille : Paul RUAT, 54, rue Paradis | Montpellier : C. COULET, 5, Grand'Rue
Toulouse : Édouard PRIVAT, 14, rue des Arts
Madrid : MURILLO, Alcalá, 7

Paris :
ALBERT FONTEMOING, 4, rue Le Goff

1905

A Monsieur Alfred MOREL-FATIO

SECRÉTAIRE DE L'ÉCOLE DES CHARTES
DIRECTEUR ADJOINT A L'ÉCOLE DES HAUTES-ÉTUDES
PROFESSEUR SUPPLÉANT AU COLLÈGE DE FRANCE

*Hommage d'affectueux respect
et de sincère gratitude.*

PRÉFACE

Je crois pouvoir dire que je n'ai apporté à ce travail aucune idée préconçue touchant la valeur de mon auteur comme historien. C'était surtout le penseur que j'aurais d'abord voulu prendre pour objet d'une étude, même après celles dont il a été l'objet, les deux principales qui lui ont été consacrées, c'est-à-dire le Discurso preliminar *que Pi y Margall a mis en tête des* Obras del Padre Juan de Mariana[1] *dans la Bibliothèque Rivadeneyra, et* El Padre Juan de Mariana y las Escuelas liberales *du P. Francisco de Paula Garzón, me paraissant être surtout des œuvres de parti pris et de combat, et ni la thèse déjà ancienne de Ch. Labitte,* De jure politico quid senserit Mariana, *ni le très intéressant article de M. A. Duméril,* Un publiciste de l'ordre des jésuites calomnié, *n'épuisant la matière. Je n'ai pas tardé à m'apercevoir que les travaux historiques de Mariana n'étaient pas appréciés à leur valeur, au grand dommage de la réputation non seulement de Mariana lui-même, mais de l'érudition espagnole, qui, à la fin du XVIe siècle, ne mérite certes pas le mépris. Combien le mépris serait injuste, j'en suis convaincu à présent, et j'espère en convaincre le lecteur. J'ai donc été amené à considérer surtout, dans l'auteur du* De rege *et de l'*Historia general de España, *l'historien; et de proche en proche j'ai fini par étudier, dans la mesure qui m'était possible, à peu près tous ses prédécesseurs. Si ce projet avait été conçu d'un seul coup, il mériterait d'être qualifié, chez moi du moins, d'inconsidéré. Mais je ne l'ai formé qu'au fur et à mesure que j'ai compris l'impossibilité de séparer un ouvrage comme l'*Histoire générale d'Espagne *de ceux qui l'ont préparé et rendu possible.*

*De même qu'à l'étranger on ne fait pas assez de cas de l'érudition espagnole, on est habitué en Espagne à regarder comme le moindre titre de Mariana à l'admiration sa science et sa critique. Cela vient de ce qu'on se méprend sans doute sur ce qu'il a voulu faire en écrivant l'*Histoire d'Espagne, *de ce qu'on le juge uniquement par elle, enfin de*

1. Voir pour le titre complet de tous les ouvrages cités dans le texte ou en note, la Bibliographie qui se trouve à la fin du volume.

ce qu'on ne prend pas la peine d'examiner ce qu'elle vaut et ce que valent les critiques dont elle a été l'objet.

Aujourd'hui, l'usage du latin semblerait impliquer des prétentions exclusivement scientifiques, car cette langue internationale des humanistes a cessé d'être une langue de lettrés pour ne plus constituer qu'une sorte d'« esperanto » à l'usage des érudits. Mais, au temps de Mariana, le latin était un idiome littéraire, et pour beaucoup, pour Mariana certainement, l'idiome littéraire par excellence. Tout homme cultivé le lisait et l'écrivait. Certains Espagnols, comme Pérez de Oliva et Morales, prétendaient même qu'on s'en servait chez eux beaucoup trop[1]. Il est vrai que Mariana se plaignait qu'on l'ignorât généralement en Espagne. Mais les deux plaintes pouvaient être également fondées. Quoi qu'il en soit, on trouvait naturel d'écrire en latin une œuvre où l'on ne cherchait pas précisément à faire œuvre de science. Au surplus, en adoptant d'abord le latin pour la rédaction de l'Histoire d'Espagne, Mariana se conformait non seulement aux habitudes contemporaines, mais aux siennes propres. Tout ce qu'il a écrit, ou à peu près, il l'a écrit en premier lieu, sinon exclusivement, en latin. Ses brouillons en font foi. C'est en latin, et en latin seulement, qu'il a écrit le De rege et regis institutione; de même pour le De ponderibus et mensuris, travail purement scientifique d'ailleurs. C'est en latin qu'il a dû écrire d'abord le De spectaculis et le De monetae mutatione, qui n'intéressaient pourtant pas les seuls latinisants; et des sept traités latins publiés en 1609, ceux-là seuls semblent avoir été traduits par lui.

D'autre part, l'emploi du latin permettait seul à Mariana de réaliser son dessein, qui était en quelque sorte d'exporter l'histoire de son pays, de faire pénétrer parmi les étrangers la connaissance « de los principios y medios por donde se encamino a la grandeza que hoy tiene »[2]. Il réalisait ainsi le vœu de son illustre compatriote, le philosophe platonicien Sebastián Fox Morcillo, qui, dans son De Historiae institutione, paru en 1557, demandait qu'on employât le latin pour rédiger l'Histoire d'Espagne, « afin de la faire connaître de toutes les nations et d'arracher les Espagnols à la honte de n'avoir pas d'histoire classique[3]. » Depuis que Fox Morcillo écrivait ces lignes, les Espagnols avaient vu paraître, en 1572, les quatre in-folios du Compendio ystorial de España dus au Guipuzcoan Garibay, et de 1574 à 1586 la continuation de la Coronica general de España par Ambrosio de Morales, laquelle s'arrête en 1037, avec la réunion du Léon et de la Castille. Mais les érudits étrangers qui ne lisaient pas l'espagnol en étaient réduits à la

---

1. Voir la Préface de Morales aux œuvres de Pérez de Oliva, dans la Bibl. Rivadeneyra, t. LXV.
2. Prologue de l'Historia.
3. Voir Menéndez Pelayo, Hist. de las ideas estéticas en España, t. III, p. 292, où ce passage est cité.

collection des Rerum hispanicarum scriptores *formée par l'Anglais Robert Beale et publiée à Francfort en 1579 : ils y trouvaient les Histoires de Rodrigue de Tolède, l'*Historia hispanica *de Rodrigo Sánchez, l'*Anacephalaeosis *d'Alphonse de Carthagène, le* De Rebus Hispaniae *du Sicilien Lucio Marineo, l'*Hispaniae Chronicon *du Flamand Jean Vasée et le* De rebus gestis regum Hispaniae *de Francisco Tarafa, œuvres ou anciennes ou inachevées ou insuffisantes. Il manquait une histoire générale d'Espagne complète et moderne écrite dans la langue universelle.*

Nous ne devons donc pas perdre ceci de vue : un simple ouvrage de vulgarisation, à l'usage des étrangers, voilà ce que Mariana a voulu faire en écrivant les Historiae de Rebus Hispaniae libri XXX ; *un simple ouvrage de vulgarisation à l'usage de ses compatriotes, voilà ce qu'il a voulu faire en se traduisant. Son seul but, déclare-t-il, a été non pas « d'écrire l'Histoire d'Espagne », mais de « mettre en ordre et en bon style les matériaux recueillis par d'autres »*[1]. *Sans doute, c'était là un programme impraticable, parce qu'il était prématuré. Comment se contenter de mettre en ordre et en bon style les données fournies par d'autres, alors qu'un si grand nombre de ces données étaient non seulement peu sûres, ou certainement fausses, mais contradictoires ? Forcément, il fallait donc, en dépit de la modestie avec laquelle il avait conçu son rôle, que Mariana fît œuvre d'historien, c'est-à-dire d'érudit, de chercheur et de critique ; et nous verrons dans quelle mesure il a su remplir une telle obligation. Il n'en est pas moins vrai qu'en principe, aussi bien quand il rédigea son texte latin que lorsqu'il le mit en langue vulgaire, ce n'était pas précisément un ouvrage scientifique qu'il prenait sur lui d'écrire. On ne voit pas qu'il ait eu l'ambition de tirer au clair toutes les questions relatives au passé national, comme un siècle ou deux plus tard devaient se proposer de le faire, pour l'histoire ecclésiatique de l'Espagne, Flórez et Risco. Il a marché devant lui, sans s'arrêter toujours aux difficultés.*

*Simplement destinée aux lettrés de tous les pays, l'*Histoire générale d'Espagne *a été jugée par les érudits comme une œuvre d'érudition. C'était honorable, mais dangereux pour l'auteur. D'autre part, la réputation qu'elle acquit de bonne heure, et qui l'a consacrée pour longtemps comme l'histoire définitive de l'Espagne, devait rendre plus exigeante la critique. On a tenu rigueur à Mariana pour des assertions erronées ou contestables, ce qui était juste ; mais on aurait dû tenir compte de la nature et des difficultés de son entreprise. Et malheureusement les jugements portés sur les historiens sont d'ordinaire sans*

---

1. « Verdad es que yo no pretendí hazer la historia de España sino poner en estilo lo que otros avían juntado. » (Lettre à Ferrer, ms. Egerton 1874, n° 48 ; voir l'app. V, 1.) — « Mi intento no fue hacer historia, sino poner en orden y estilo lo que otros habían recogido. » (Réponse à Mantuano, p. XCIII du tome I de l'éd. de Valence.)

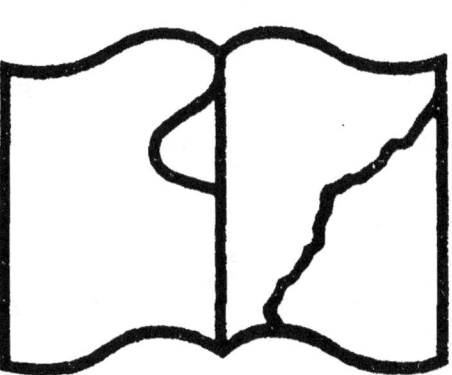

Texte détérioré
Marge(s) coupée(s)

appel, la tâche de les réformer n'ayant pas les agréments que présentent les expositions purement littéraires. Il n'est donc guère étonnant de voir ici concorder les appréciations des manuels de littérature. On les trouve résumées dans ce que dit D. José Godoy Alcántara, l'historien des Fausses Chroniques. « Mariana, » écrit-il, « pour ce qui était de tirer au clair les questions, n'était pas difficile[1]. » Dans ce jugement sommaire, c'est au fond toute l'œuvre historique de Mariana qui est condamnée.

Il n'est que juste pourtant de ne pas juger notre auteur d'après la seule Histoire d'Espagne. Il n'y a pas donné, il ne pouvait y donner sa mesure.

Notons aussi que cet ouvrage a constitué son début dans l'historiographie. Il n'était pas historien, déclarait-il lui-même; et il disait vrai, en ce sens qu'il ne s'est jamais proposé de consacrer sa vie à l'histoire. Sa vie, d'ailleurs, ne lui appartenait point. Sa vocation lui sembla toujours être l'étude de la théologie, comme son occupation en avait été longtemps l'enseignement[2]. Aussi bien se croyait-il débarrassé en 1592, quand parurent les vingt-cinq premiers livres de son Histoire latine. Mais ce fut comme un engrenage. Il dut se résigner, on verra comment, à en ajouter cinq autres, à se traduire, et à compléter le tout par des Sommaires. C'est à son corps défendant qu'il resta historien, car il n'avait voulu l'être pour ainsi dire qu'un moment. Dès qu'il lui fut possible, trop tard à son gré, il revint à la tâche qu'il avait le plus à cœur, et qu'il mettait sans doute à un bien plus haut prix que l'Histoire d'Espagne, les Scolies sur l'Ancien et le Nouveau Testament. Heureusement, les études qu'il avait dû faire pour rédiger son Histoire l'avaient, entre temps, amené à élucider ou du moins à exa-

---

1. « Mariana no era en punto á depuracion de verdades difícil. » (Hist. de los Falsos Cronicones, p. 17.) Voici le jugement de Ticknor : « ... al apreciar Mariana las autoridades de que se valió, no muestra ni con mucho el esmero y severidad propia de la difícil tarea que se habia impuesto. Sigue á Ocampo, y especialmente á Garibay, crédulos compiladores de antiguas fábulas y patrañas aunque contemporáneos suyos, confesando francamente que reputaba como mejor y mas seguro el aceptar tradiciones recibidas en su patria, siempre que no hubiese razones obvias que le obligasen á rechazarlas, que no sujetarse á un exâmen crítico de ellas. » (Hist. de la Lit. esp., 2ª ép., c. 38.) Voici maintenant celui de M. Fitzmaurice-Kelly : « Mariana no era minucioso en sus investigaciones, y su desprecio respecto á la exactitud literal está comprobado por su respuesta á Lupercio de Argensola, quien le habia indicado un error de detalle... Esta contestacion pinta de cuerpo entero al escritor y á su método. No pretende ser un gran investigador, acepta de buen grado una leyenda si decorosamente puede hacerlo... Su saber es más que suficiente para salvarle de grandes errores... » (Hist. de la Lit. esp., c. 9.) Il n'est pas jusqu'à Pi y Margall qui dans son Discurso preliminar n'ait suivi les idées courantes : « Confunde Mariana bastante frecuentemente, por desgracia, con la verdad la fábula, y con la tradicion la historia... » Il lui trouve, à la vérité, une excuse dans les « tradiciones que venían tan acompañadas del favor de los cronistas, que era casi peligroso tocarlas... »

2. « La profesion del autor de la Historia de España no es de coronista, ni de humanista, sino de theologo. La Historia escribió por su recreacion, y a falta de hombres buenos. » (Rép. à Mantuano, loc. cit.)

PRÉFACE XI

miner de près un certain nombre de questions : là, il est vraiment juste de le juger. Le juger uniquement ou surtout par son Histoire, ce serait ne considérer de son œuvre entière que les premiers essais. Il a fait son éducation d'historien en écrivant l'histoire générale de son pays : il s'est donc trouvé forcé de connaître l'ensemble avant de voir le détail, d'étudier sommairement avant d'approfondir, de narrer souvent d'après d'autres avant de remonter méthodiquement aux sources premières. Sans doute, il a commencé par où il aurait dû finir : mais ce n'est pas sa faute si, au moment où le besoin se faisait sentir d'un ouvrage de vulgarisation sur l'histoire de son pays, le travail préparatoire indispensable n'était encore qu'imparfaitement effectué.

Sa grande excuse, là où nous pouvons le trouver dans l'erreur, c'est donc le caractère même de son ouvrage, comme les circonstances où il l'a exécuté. Pour faire mieux et davantage, l'espace et le temps lui auraient manqué.

Que l'espace lui eût manqué, on le comprendra si on compare les discussions minutieuses et fouillées de l'España sagrada à l'exposé rapide des chapitres de l'Historia. Une date, un menu fait est quelquefois la clef d'une question; et pour établir cette date, cette donnée, il faut souvent une dissertation. Comment la marche de l'historien qui veut se faire lire du grand public serait-elle, comme il sied, alerte et dégagée, s'il lui fallait ne point avancer d'un pas sans tous les impedimenta de l'érudition, de la logique et de la psychologie ? Certes, Mariana était capable de conduire de telles enquêtes. Quand il a voulu se faire une opinion touchant certains points des plus controversés, comme le jour de la mort du Christ, la venue de saint Jacques en Espagne, le système chronologique des Arabes, la valeur des poids et des mesures antiques, l'exactitude de la Vulgate, la loi salique, les diezmos et les tercias, il a su, nous le verrons, donner chaque fois à la discussion l'ampleur, sinon toujours la solution, qu'elle peut nous paraître comporter. Ira-t-on lui reprocher de n'avoir pas introduit de telles enquêtes dans un ouvrage d'à peu près un millier de pages en tout, qui comprenait, depuis l'époque la plus reculée que l'on pût atteindre, l'énorme matière d'une vingtaine de siècles ?

Non seulement l'espace, mais le temps lui aurait manqué : « Fuera nunca acabar, » répète-t-il; et le temps pressait, car depuis longtemps les Espagnols se reprochaient et surtout supportaient mal de s'entendre reprocher l'impuissance de leurs historiens. Il n'y avait donc qu'une chose à faire : tirer des ouvrages existants, particulièrement de ceux d'Ocampo, Morales, Garibay et Zurita, les plus récents et les mieux informés, semblait-il bien, un de ces ouvrages de seconde main qui ne peuvent être que provisoires, ne faisant que condenser les résultats acquis à une époque donnée.

Quand même donc Mariana se fût contenté, comme le prétend

Mondéjar[1], de suivre presque toujours Garibay et « quelques autres écrivains modernes », se préoccupant beaucoup plus d'orner et de polir son style que d'examiner la vérité (accusation pour le moins exagérée, nous pourrons nous en convaincre), il n'y aurait donc pas lieu de le blâmer. Les prétentions d'un auteur doivent être comme le coefficient des critiques qu'on lui adresse, Mariana n'ayant pas promis autre chose que de mettre en bon style ce que les autres avaient amassé, pourquoi se plaindre qu'il n'ait pas voulu s'arrêter à examiner la « solidez o falencia » de ses sources?

Il est possible de montrer que même dans cet ouvrage de vulgarisation Mariana fait preuve de critique beaucoup plus qu'on ne le croit généralement.

Il faut dire d'abord que la présence, dans la quatrième édition de l'Histoire espagnole, celle de 1623, d'un certain nombre d'additions empruntées aux pseudo-chroniques de Flavius Lucius Dexter, de Marcus Maximus, et de Julián Pérez, est pour beaucoup dans la sévérité avec laquelle il a été traité. Or, il n'est pas probable que ces additions doivent être mises sur son compte. Il ne convient pas de s'en rapporter là-dessus aux plumes trop faciles et aux jugements trop pleins de désinvolture. Nous ne nous en remettrons pas même à Godoy Alcántara, dont les informations sont souvent exactes et les appréciations très justes, mais qui sur cette question ne doit pas être cru sur parole; il suffit, pour être sur ses gardes, de voir qu'il reproche à notre historien d'avoir fait des emprunts au faux Luitprand, alors que le seul Luitprand que Mariana cite dans son Index et utilise effectivement est le vrai Luitprand, l'auteur de l'Antapodosis et de l'Historia Ottonis[2].

D'autre part, quelques-uns sans doute de ceux qui ont parlé de la critique de Mariana en termes défavorables ont dû se laisser influencer par le souvenir des critiques dont il a été l'objet chez ses propres compatriotes, et en particulier par celui des Advertencias de Pedro Mantuano[3], et des Advertencias du marquis de Mondéjar. On savait que deux livres de critiques avaient été écrits dès le XVIIe siècle, et peut-être avait-on quelque difficulté à croire que ces critiques fussent injustes ou sans portée. Quant à les examiner, qui jamais en a pris la

---

1. « ... No han faltado otros que... reconocen en ella menos diligencia en la firmeza de las noticias de que consta, de la que requeria obra tan ilustre, pareciendoles atendió su autor mas al ornato, i pulimiento del estilo, que al exámen de la verdad; contentandose con seguir casi siempre a Estevan de Garivai, i algunos otros Escritores modernos, sin detenerse en la averiguacion de la solidez, o falencia que contienen algunos. » (Mondéjar, Juicio de la Historia del Padre Mariana, éd. Mayans, p. 3).

2. « Trata con desprecio á Beroso, y se apoya en los cronicones de Dextro, Máximo, Luitprando y Julian Perez, si bien ordinariamente los cita como en descargo de responsabilidad. » (P. 225.)

3. « Y la acusacion de Mantuano, que convierte á Mariana en un narrador de consejas más bien que en un historiador serio la han repetido tantos despues de él, que la estamos escuchando todavía. » (Garzón, El P. Juan de Mariana, p. 497).

peine depuis que Tamayo *réfuta* celles de *Mantuano*, et que *Mayans* édita, en 1746, celles de *Mondéjar*?

Le plan de mon travail m'est dicté par les considérations qui précèdent. Dans une première partie, sous la forme d'une biographie, je passe en revue l'œuvre de Mariana, en insistant sur ceux de ses écrits, édités ou non, qui touchent à l'histoire. Dans une seconde, j'expose la genèse de son Histoire d'Espagne: c'est la meilleure manière de se rendre compte de ce qu'il a voulu faire. Dans une troisième, je tâche de dire ce que vaut cette Histoire, comme œuvre de science d'abord, et ensuite comme œuvre littéraire.

Bien que je commence par raconter ici la vie de Mariana, je ne me propose ni d'édifier le lecteur par l'exemple de ses vertus, ni de dire ce que je puis penser de ses idées, que beaucoup jugent subversives. Je ne m'occupe ni du religieux ni du philosophe, mais seulement de l'historien, et c'est surtout sa vie scientifique qui fera l'objet de ma première partie.

En même temps que ce travail, j'en publie un autre, sur **Les Histoires générales d'Espagne entre Alphonse X et Philippe II**. A celui-là fera suite un troisième, sur Les prédécesseurs de Mariana sous Philippe II. J'ai rédigé, en outre, un mémoire De operibus historicis Iohannis Aegidii Zamorensis. Ces différents essais sont destinés à se compléter mutuellement et auront un titre commun : Études sur l'historiographie espagnole. Ils ne vaudront pas à eux tous un livre court et condensé sur ce beau sujet. Mais mon ambition se borne à préparer la besogne à un plus habile, qui pourra présenter les choses d'une façon plus agréable et plus intéressante.

Je dois à M. Alfred Morel-Fatio l'idée de faire un livre sur Mariana. Je le prie d'agréer l'hommage de celui-ci. Sans ses conseils et ses encouragements, je n'aurais ni commencé ni fini. Je me fais un devoir de remercier en même temps MM. C. Jullian, professeur, et A. Dufourcq, professeur adjoint à la Faculté des Lettres de Bordeaux, de l'intérêt qu'ils n'ont cessé de témoigner pour les études que j'ai osé entreprendre; M. l'abbé Bertrand, bibliothécaire du grand Séminaire de Bordeaux, qui a mis à ma disposition plusieurs ouvrages que je n'avais d'abord pu me procurer; M. Miguel Mir, membre et bibliothécaire de l'Academia española; M. Ramón Menéndez Pidal, membre de la même Académie, professeur à l'Université centrale de Madrid et M. le comte de las Navas, qui ont été pour moi d'une obligeance inépuisable et m'ont facilité l'accès de la Bibliothèque particulière de S. M. le Roi d'Espagne (Biblioteca real); M. Antonio Paz y Melia, chef du département des manuscrits, et M. Manuel Serrano, archiviste de la Biblioteca nacional de Madrid; le R. P. Fita, membre de l'Academia de la Historia; M. Antonio Rodríguez Villa, bibliothécaire, et M. Cristóbal Pérez Pastor, sous-bibliothécaire de la même Académie, qui m'ont fourni des renseignements précieux et facilité les recherches; enfin,

M. Juan Moraleda Esteban, fervent ami de l'histoire tolédane, et M. Luis Jiménez de la Llave, qui est comme le marianiste attitré de Talavera, patrie de Mariana. En ajoutant que la plus grande partie des manuscrits de Mariana est à Londres, où je suis allé les consulter par deux fois, je dis les commodités qui m'ont été offertes par l'admirable installation du British Museum et en particulier par le Catalogue du Reading Room. Que n'ai-je pu en profiter davantage! Et malheureusement aussi, dira-t-on peut-être, que n'en ai-je profité mieux!

N. B. Désirant apporter toute l'exactitude possible à la reproduction des documents manuscrits que l'on trouvera dans les notes et aux appendices, j'ai eu recours à quelques signes qu'on ne trouvera pas, je l'espère du moins, trop compliqués. En voici le tableau :
(?) Le mot qui précède est de lecture douteuse.
[... ? ...] Mot ou passage illisible.
[ ] Les lettres ou mots inclus sont suppléés par conjecture.
< > Les mots inclus sont biffés sur le manuscrit.
Italiques. Lettres ou mots ajoutés après coup dans le corps du texte.
(Italiques). Résolution d'une abréviation ou courte note explicative.
Mariana a l'habitude (mais non pas d'une façon absolue) de mettre un point avant comme après certaines initiales qui représentent une abréviation; de même pour les chiffres (cf. le fac-similé I). Je me suis dispensé de reproduire celui qui précède : j'écris donc « V. M. », « de agosto 16. de 1577 años » là où il y a « .V. M. », « de agosto.16. de 1577 años ». Quant au reste, je reproduis scrupuleusement, sauf erreur de ma part, la ponctuation comme l'orthographe, même en ce qui concerne les abréviations ou l'emploi des majuscules et des minuscules, jusqu'aux lapsus enfin. J'ai seulement mis un point entre ( ) là où l'omission en eût été trop gênante pour la lecture.

Dans l'indication des références, le chiffre romain indique le livre, et le chiffre arabe, le chapitre, lorsqu'ils ne sont pas précédés respectivement des lettres t. (tome) et p. (page) ou du signe §.

PREMIÈRE PARTIE

LA VIE ET L'ŒUVRE DE MARIANA

EN DEHORS DE SON HISTOIRE D'ESPAGNE

CHAPITRE PREMIER

I. Il se fait jésuite, étudie à Alcalá, enseigne la théologie à Rome, à Lorette, en Sicile, à Paris.
II. Il revient à Tolède [1].

I

Juan de Mariana était fils de Juan Martínez de Mariana, doyen de la Collégiale de Talavera, et d'une femme de la même ville, nommée Bernaldina Rodríguez. Il avait dû naître vers la fin de 1535. Il fut admis chez les jésuites, à l'âge de dix-huit ans, le 1ᵉʳ janvier 1554, à Alcalá, où, depuis une dizaine d'années, ils avaient un collège que les persécutions archiépiscopales n'empêchaient pas de prospérer d'une façon relative. Il y avait quatorze ans que leur ordre était fondé.

Envoyé à Simancas pour y faire son noviciat sous la direction de saint François de Borja, il revint, probablement au bout de deux ans, à Alcalá, où il suivit les cours de l'Université. En 1561, Diego Laínez, second général de la Compagnie, l'appelait à Rome pour enseigner la théologie. Il fut ordonné prêtre au printemps de la même année après

---

1. Pour plus de détails sur cette partie de la vie de Mariana, je renvoie aux articles qui paraîtront dans le *Bulletin hispanique* à partir du n° 4 (novembre) de 1904 : *La famille de Juan de Mariana; Mariana jésuite*.

avoir fait la profession des quatre vœux. Il aurait eu alors, nous dit-on, jusqu'à deux cents auditeurs. Au bout de quatre ans il fut envoyé à Lorette, où il enseigna deux ans, puis en Sicile, où il demeura le même temps. Après quoi (1569) on le trouve à Paris, se faisant recevoir docteur en théologie, expliquant saint Thomas dans le collège des Jésuites, et s'adonnant à la prédication. Il assista au massacre de la Saint-Barthélemy. Il parle d'un séjour dans les Flandres, mais n'en précise ni l'époque ni la durée[1]. En 1574, sa santé le força à revenir dans son pays. Il alla se fixer à Tolède, où la Compagnie avait une maison professe.

Il n'était âgé que de trente-huit ans, et déjà c'était pour lui l'heure de la retraite. Partout où il avait passé, on avait admiré sa mémoire, la rectitude de son jugement, la facilité avec laquelle il trouvait ses arguments, la clarté avec laquelle il les ordonnait, enfin la chaleur de sa parole et la fougue de son tempérament[2]. Il était né professeur et orateur. A Paris, il faisait un sermon entre deux cours. C'est ce que l'un de ses biographes, son confrère Andrade, dans les *Varones ilustres de la Compañia*, appelle « jouer des deux mains »[3]. Tel était déjà le programme de sa vie à Rome et en Sicile. Il avait appris l'italien, le dialecte sicilien et le français, de manière à prêcher la doctrine dans les trois pays où il fut envoyé, dit le même auteur, qui cite un trait bien capable de nous donner une idée de la puissance de son éloquence. Il y avait à Paris un couvent de femmes où régnait la discorde. On avait essayé de tous les moyens pour ramener la paix ; on n'avait eu aucun résultat. L'un des partis était mené par une religieuse noble et riche, qui refusait de transiger. On leur envoya Mariana. Il ne leur fit qu'un discours. Mais il y mit tant de vigueur, et tant de feu (ainsi s'exprime Andrade, qui ne craint pas le *concepto*), qu'il communiqua ce feu à leurs cœurs et les toucha aux larmes[4]. La nonne rebelle devint douce comme une brebis, et mena depuis une vie exemplaire.

Quant à son enseignement, nous pouvons juger de ce qu'il fut par les postes qu'on lui confia, et encore, sans doute, par les ouvrages qu'il écrivit dans la suite, mais aussi peut-être par l'anecdote que

---

1. « Buen consejo fué el que tomó el rey don Felipe II, nuestro señor, en dividir lo de Flandes, si lo apartara mas y lo hiciera antes que yo vi aquellas tierras; las dí por desesperadas » (c. 13 du *Tratado de la moneda de vellon*). Ce passage, qui n'est pas dans le texte latin, fait allusion à l'acte du 6 mai 1598, par lequel Philippe II abdiquait la souveraineté des Pays-Bas au profit de sa fille et de l'archiduc Albert. Le séjour de Mariana en Flandre (aucun de ses biographes n'en a jamais parlé) est donc sûrement antérieur à cette date, et probablement aussi à l'année 1574, après laquelle on ne voit pas qu'il ait quitté l'Espagne.

2. Ribadeneira, *Illustrium scriptorum Religionis Societatis Iesu Catalogus* (p. 128 de l'éd. de 1608), et Alegambe, *Bibl. scriptorum Societatis Iesu* (p. 258).

3. « ...jugava de ambas manos » (t. V, p. 91).

4. « ...con tal fuego de espiritu, que lo emprendió en sus corazones, y las movió a lagrimas... » (*ib.*).

rapporte un autre de ses biographes, son compatriote et contemporain le licencié Cosme Gómez de Texada, dans une *Historia de Talavera*[1]. A Paris, un élève, étant arrivé en retard à son cours et trouvant la porte fermée, prit une échelle et l'installa à une fenêtre d'où il pouvait entendre. Mariana, qui savait, il faut le croire, joindre le plaisant au sévère, lui cria ces paroles de l'Évangile : « Qui non intrat per ostium, fur est et latro. » — « Utique, domine, ad furandam doctrinam tuam, » répondit le retardataire.

C'est cet homme, fait pour la prédication et l'enseignement, pour une vie active et productive, qui revenait, épuisé par vingt ans de labeur et de privations, anémié par des climats malsains ou rudes. Il avait supporté la pauvreté et l'hostilité, bataillé contre l'hérésie, mené une vie cosmopolite, connu en un mot les temps héroïques de la Compagnie. Sa patrie allait le reprendre; l'étude allait le séduire dans le désœuvrement que pouvait être pour lui l'existence sédentaire de la maison professe. Il redevenait Espagnol, et il embrassait une nouvelle vocation : la science historique et la philosophie politique.

II

Depuis 1561[2], Tolède n'était plus la *corte*; Philippe II et Philippe III ne devaient y revenir que pour de courts séjours. Néanmoins, Madrid, qui, au temps de Charles-Quint, avait au plus trente mille habitants[3]; qui, en 1557, était une ville moins grande que Saint-Quentin[4], ne dut pas être avant longtemps comparable à Tolède. On put en faire tout d'un coup une *corte*, mais non une grande capitale. D'autre part, l'époque qui a rempli Tolède de tant de chefs-d'œuvre ne peut avoir été pour l'*Imperial ciudad* une époque de décadence.

C'est donc, en somme, dans la première ville, dans la capitale de l'Espagne, que celui qui devait être l'historien le plus renommé et l'un des hommes les plus remarquables de l'Espagne de Philippe II et de Philippe III, allait passer les cinquante années qui lui restaient à vivre, après avoir partagé les vingt précédentes entre Alcalá, Rome et Paris. Le séjour dans de pareils centres, les plus intellectuels d'alors, dut exciter et entretenir dans son esprit un appétit de science et de travail que ne peuvent guère connaître les reclus de la province.

En 1574, il y avait déjà seize ans que la Compagnie avait pris racine à Tolède. Un an après la mort de l'archevêque Guijeño, dit

---

1. Sur cette Histoire de Talavera, cf. mon article : *La famille de Juan de Mariana*.
2. Voir *Toledo en el siglo XIV*, par le comte de Cedillo, p. 24.
3. Voir Mesonero, *Manual de Madrid*, p. 14.
4. Cf. Forneron, *Histoire de Philippe II*, t. I, p. 88, d'après les *Documentos inéditos para la Historia de España*, t. IX.

Siliceus (1557), qui les avait persécutés par tous les moyens imaginables, les Pères avaient fondé un collège (1558). En 1566, ils le transformaient en maison professe. Ce n'est qu'en 1583 que le cardinal Quiroga, inquisiteur général depuis 1573 et archevêque de Tolède depuis septembre 1577, leur donna les moyens de reprendre leur tâche d'éducateurs en fondant le collège de S. Eugenio, et les cours avaient commencé aussitôt. Sa mort, qui survint en 1594, devait malheureusement les surprendre avant qu'ils eussent définitivement choisi les locaux de ce collège. Quant à la maison professe, bien que les immeubles qui lui étaient destinés fussent achetés dès 1569, il n'est pas probable qu'elle y eût été transportée encore lorsqu'arriva Mariana. C'est, sans doute, dans l'immeuble où fut depuis le collège de S. Bernardino qu'il trouva ses confrères. Ils y étaient depuis 1562; ils avaient déménagé bien des fois avant cette date, et ils durent encore dans la suite se loger à l'aventure avant de se voir, enfin, dans l'édifice qui englobait la maison où naquit saint Ildephonse.

Il ne semble pas qu'à Tolède, Mariana ait été jamais chargé d'un enseignement quelconque. Des ministères de la Compagnie, il exerça les plus sacerdotaux : à son arrivée, dit Andrade, il prit confessionnal dans la cour, pour les pauvres gens, et il se dévoua longtemps à cette mission. Visiter les prisons, les hôpitaux, expliquer la doctrine aux petits enfants étaient ses passe-temps favoris. Il était plus fier, ajoute le même biographe, de son rôle de catéchiste que des chaires dont il avait été chargé. Vieillard, il conduisait les enfants aux leçons qu'on leur faisait sur les places publiques et auxquelles il assistait, à l'exemple d'Ignace, pour donner plus d'autorité à la fonction de celui qui parlait[1].

Ces humbles besognes, auxquelles il s'astreignait par conscience de ses devoirs de prêtre et de religieux, n'absorbaient point, est-il besoin de le dire, toutes les heures de sa régulière existence. Si, en effet, ses supérieurs le laissaient dans un rôle si modeste, d'autres savaient employer son savoir et son autorité.

---

1. Andrade, p. 92. — « ... la doctrina christiana para los ignorantes muy proprio ministerio es de la Compañia », dit Mariana dans le *Disc. de los enferm.*, § 184.

CHAPITRE II

I. Mariana censeur des travaux sur la Bible et collaborateur de l'*Index*.
II. Mariana secrétaire de concile et examinateur.

I

La première mission importante dont il fut honoré ouvre en quelque façon sa carrière de savant : en avoir été jugé capable et s'en acquitter comme il fit fut bien pour lui un double honneur. Elle ne fut pas non plus sans péril. Aussi, l'auteur de la notice biographique qui est en tête de la belle édition de l'*Historia general de España* parue à Valence de 1783 à 1796[1], D. Vicente Noguera Ramón, a-t-il insisté avec raison sur ces débuts[2]. Il a raconté, et, après lui, D. Tomás González Carvajal, dans un *Elogio histórico del Doctor Benito Arias Montano*[3], a exposé plus en détail encore comment le grand imprimeur d'Anvers, Christophe Plantin, voulant réimprimer la Bible polyglotte d'Alcalá, dont les exemplaires étaient devenus extrêmement rares, avait demandé à Philippe II sa protection pour l'entreprise et un prêt de six mille écus. Le roi non seulement consentit au prêt, mais envoya à Plantin le célèbre Arias Montano, arraché à sa solitude de la Peña de Aracena, pour en préparer l'édition, et fixa lui-même le plan ainsi que les détails d'exécution[4]. La Bible d'Anvers, *Biblia regia* ou *Filipina*, était terminée en 1572. Plantin et Montano n'avaient mis que quatre

---

1. Sur cette édition, voir l'appendice IX.
2. P. x-xxxi. Il a, du reste, utilisé la *Biblioteca española* de Rodríguez de Castro (t. I, p. 524-9).
3. T. VII des *Memorias de la R. Acad. de la Historia* (p. 47-88 pour ce qui touche à la Bible d'Anvers). L'auteur a joint de nombreux documents. Un grand nombre d'autres ont été publiés dans le t. XLI des *Doc. inéd. para la hist. de Esp.*, p. 127-418. Le P. Félix Pérez Aguado a publié dans la *Ciudad de Dios* (vol. XLVII) un court article sur la *Poliglota Regia*. On peut voir aussi Llorente, *Hist. crit. de l'Inquisition d'Espagne*, t. III, p. 75-82, mais avec précaution.
4. La lettre dans laquelle Philippe II donne, à propos de l'édition projetée, ses instructions à Montano a été publiée par Noguera (p. LXXXVII) d'après le texte qu'a donné Melchor de Cabrera Núñez de Guzmán dans le *Discurso legal histórico y político de la nobleza del arte de la imprenta* (Madrid, 1675). Celui-ci avait tiré son texte de la bibliothèque de Mondéjar. D. Tomás González Carvajal l'a publié à nouveau (p. 160-4) d'après une copie conservée à Simancas.

ans à produire ce chef-d'œuvre de typographie et d'érudition, qui comprend, en huit tomes : 1° l'Ancien Testament en hébreu, en grec, avec la traduction latine de saint Jérôme et la traduction latine tirée du grec, avec la paraphrase chaldaïque là où elle existe, enfin avec la traduction latine de cette paraphrase; 2° le Nouveau Testament en grec, en latin (traduction de saint Jérôme), avec le texte syriaque, sauf pour l'Apocalypse, la traduction latine et une transcription en caractères hébreux de ce même texte; 3° la traduction latine interlinéaire du texte grec du Nouveau Testament, et une du texte hébreu de l'Ancien Testament (version de Sante Pagnino); 4° huit traités dus à Montano; 5° un vocabulaire grec, un hébreu (celui de Pagnino), un chaldéen-syriaque, avec une grammaire hébraïque (celle de Pagnino), une syriaque et une chaldéenne.

En vrai savant qu'il était, Montano avait mis à profit les travaux des juifs et des protestants, sans se préoccuper outre mesure de l'orthodoxie de ses sources. Il pensait, sans doute, qu'on peut errer sur le dogme et interpréter convenablement un texte. Mais dans un temps où tout le monde en Espagne était inquisiteur par tempérament ou par fonction, où l'on se croyait tenu en conscience de révéler au Saint-Office jusqu'aux paroles malsonnantes, il devait arriver qu'une telle œuvre fût dénoncée comme entachée de judaïsme et d'hérésie. Un universitaire, professeur de Salamanque, le *maestro* León de Castro, auteur de commentaires sur le prophète Isaïe[1], et pourvoyeur de l'Inquisition, à qui, de concert avec le dominicain Fr. Bartolomé de Medina, il avait déjà livré, en 1571, pour des propos interprétés comme défavorables à la Vulgate, trois de ses collègues, Martín Martínez Cantalapiedra, Gaspar de Grajal et leur illustre ami Luis de León[2], se fit l'accusateur du savant extra-universitaire, également ami du théologien-poète. C'était la continuation de son odieuse et absurde campagne contre les hébraïsants. Après des attaques souterraines, en 1576, il lançait sa dénonciation[3]. Une copie en fut remise par ordre de Quiroga à Montano, pour qu'il pût répondre. L'Inquisition devait trancher le débat. Mais déjà la polémique n'était plus entre Montano et Castro seuls. Montano avait trouvé un défenseur dans la personne

---

1. « Ingonium acre et capax, » dit de lui Nic. Antonio, qui décrit dans sa *Bibliotheca hispana nova*, au nom Leo de Castro, ces *Commentaria in Esaiam Prophetam ex sacris Scriptoribus Graecis et Latinis confecta adversus aliquot commentaria et interpretationes ex Rabbinorum-scriniis compilatas*, parus à Salamanque en 1570. Le titre à lui seul montre que la thèse soutenue était contraire à celle de Montano.

2. Voir les t. X et XI de la *Colección de doc. inéd.*, qui contiennent les pièces du procès intenté à Luis de León par l'Inquisition de Valladolid, et l'article du P. Blanco García, *F. Luis de León, Estudio biográfico y crítico*, particulièrement les § VI-XII.

3. On peut se faire une idée de son fanatisme par la lettre qu'il envoya la même année à Hernando de la Vega, conseiller de l'Inquisition, et que Noguera a publiée (p. xc).

du célèbre Pedro Chacón, qui, de Rome, écrivit contre Castro une lettre où la sottise et la mauvaise foi de celui-ci sont percées à jour[1].

Montano accusait plus tard, à mots couverts, de lui avoir suscité ces difficultés « certaines gens qui se persuadent qu'elles seules ont la science, qu'elles seules vivent bien, que personne comme elles ne suit et ne cherche la compagnie de Jésus, et qui se vantent de faire de cela leur profession »[2]. Il continue en leur reprochant « d'avoir manifesté leur haine contre lui, bien qu'il ne leur en ait donné nul motif, lui, le plus humble et inutile disciple de Jésus: d'abuser des facultés et des noms de ceux qu'ils peuvent employer secrètement à leurs fins; de garder dans le maniement des affaires un mystère inconcevable, que pénètrent pourtant facilement ceux qui procèdent avec plus de franchise et de simplicité. Il connaît leurs intrigues, mais il ne veut pas découvrir de quelle famille ils sont, ni prononcer leur nom. » Quoi qu'il en soit de l'exactitude du signalement, il n'est pas douteux que l'éditeur de la Bible voulait parler des jésuites[3].

Parmi ceux qui furent chargés de trancher la querelle, il y eut un jésuite, et ce jésuite fut Mariana. S'il est vrai que ses confrères comptaient sur lui pour donner le coup de grâce à Montano, leur erreur fut grande, car la conclusion de sa Censure, malgré des critiques qui en sont comme la rançon, fut favorable à l'éditeur. Autant que les calculs ne sont pas trompeurs, il n'employa pas loin de deux ans à cet examen. En effet, si ce n'est que le 24 avril 1578 que le tribunal de l'Inquisition de Tolède avisa le conseil de la *General Inquisición* de l'arrivée des huit tomes de la Bible d'Anvers et de leur remise au P. Mariana, dès le 14 juin 1577 le même tribunal avait reçu les papiers relatifs à l'affaire et avait donné l'ordre d'en faire une copie destinée au même P. Mariana. Celui-ci avait déjà examiné le lexique[4]: en

---

[1]. « Acor et vehemens in judicando de aliorum scriptis, » dit, de Chacón, l'auteur de la *Bibl. hisp. nova* (au nom *Petrus Chacon*), et tel est bien le jugement que permettent de porter les extraits que Noguera a reproduits de cette lettre (p. xv-xx), probablement d'après la copie que contient le ms. Egerton 1871, n° 4. León de Castro, qui, selon Juan Ant. Pellicer (dans la *Biblioteca española*, de Rodríguez de Castro, t. I, p. 661), aurait été professeur de langues orientales à Salamanque, prenait le mot arabe *thelmid* (disciple), dont Montano fait suivre sa signature en plusieurs endroits dans son édition, pour le mot hébreu *rabbi* (maître). On a déjà signalé cette extraordinaire méprise, qu'il commet dans la lettre citée plus haut, (p. 6, n. 3); mais ce qu'on n'a pas remarqué encore, peut-être, c'est que son erreur provenait évidemment de ce que le mot, écrit en arabe, comme l'écrit Montano, ressemble, en effet, vaguement, au mot *rabbi* écrit en italiques, avec un seul *b*.

[2]. Nouveau Test., publié en 1583. Voir Noguera, p. xiii. Llorente donne ce passage en français.

[3]. Sur ses sentiments à leur égard on pourrait voir le ms. Egerton 339 (cf. le *Catalogue of the mss. in the span. lang. in the Brit. Museum* de Gayangos, t. II, p. 12).

[4]. Cf. Noguera, p. xiv, qui rapporte les termes mêmes de Mariana dans sa Censure: « Nam Dictionarium, quem librum in prima accusatione Hispana lingua concepta, vituperat, fateor me antequam hanc accusationem legissem totum attente perlegisse (nam me ad huius censurae laborem comparabam)... »

fait, c'est avant même la dénonciation de 1576, qu'on l'avait chargé de la censure, semble-t-il. A la date du 22 août 1579 enfin, l'exemplaire de la Bible se trouvait rendu et le mémoire remis. Ces renseignements nous sont fournis par Noguera, qui donne, en outre, une analyse de la Censure de Mariana, d'après la copie d'un manuscrit qui avait appartenu à la maison professe de Valladolid[1]. Cette analyse remplacera le texte lui-même tant que ce texte n'aura pas été retrouvé et publié. González Carvajal, qui paraît bien ne le connaître que par ce que dit Noguera, reproche à notre auteur d'avoir manqué de franchise et d'impartialité[2]. Il est assez curieux de constater que Noguera, qui connaissait la teneur même de la Censure, n'a que des éloges pour le censeur. On pourrait croire qu'il a cédé au désir qu'éprouve tout biographe de ne trouver, dans son personnage, que des choses dignes d'approbation. Mais l'accusation de Carvajal paraîtra sans fondement si l'on examine une lettre que Mariana écrivit (évidemment à l'Inquisiteur général, Quiroga), annonçant l'envoi prochain de sa Censure, à la date du 16 août 1577, qu'il faut peut-être corriger en 1579. Non seulement il y donne un résumé de celle-ci, mais il découvre le fond de sa pensée sans réticences. Ce document, qui se trouve dans l'un des manuscrits de Londres[3], est donc, à certains égards, plus instructif que la Censure elle-même.

On peut noter d'abord qu'il avoue honnêtement n'avoir pas examiné toute l'édition, et se plaint d'avoir manqué de livres. Il déclare avoir jugé en toute sincérité, et avoir plutôt pensé à défendre qu'à accuser. Il n'est pas de ceux qui cherchent partout quelque chose à reprendre, et il n'eût pas demandé mieux que de faire tenir sa Censure en une demi-feuille, c'est-à-dire de la donner sans réserves; mais en pareille matière il n'a pas à suivre sa propre inclination, qui à vrai dire l'eût porté plutôt à favoriser le docteur Arias; car pour le

1. P. xx-xxix.
2. P. 84-7.
3. Voir l'appendice II, 1. Je supposerais volontiers que Mariana a écrit par distraction 1577 pour 1579 (il y a sûrement *1577*), ce qui n'est pas impossible, ce que même suggérerait le rapprochement avec la date du 22 août 1579, à laquelle, selon Noguera, le tribunal de Tolède annonçait que Mariana venait d'envoyer sa Censure. Autrement, il faut admettre qu'à la date du 16 août 1577 il avait rédigé une censure déjà : cela n'est pas impossible non plus, puisqu'en juin 1577 on s'occupait de lui remettre copie des documents du procès; et si l'exemplaire de la Bible qu'on lui destinait ne parvint qu'au mois d'avril suivant, il pouvait bien avoir eu un autre exemplaire à sa disposition; il devait même en avoir eu un, puisqu'il s'était préparé de longue main, il le déclare lui-même, à faire cette censure, en étudiant le Lexique de ladite Bible. Ce que le tribunal de Tolède annonçait, le 22 août 1579, avoir été envoyé par Mariana, serait donc ou bien simplement la même Censure, ou bien une refonte : dans ce dernier cas, il resterait à savoir lequel des deux textes a été vu et analysé par Noguera; de toute façon, la description qu'il donne (division et esprit de l'ensemble) correspond bien à la censure dont Mariana annonce à Quiroga l'achèvement et l'envoi. De sorte que cette difficulté chronologique, si elle nous gêne au point de vue de l'ordre des faits, ne nous empêche pas de savoir quelle fut l'attitude de Mariana.

maestro León (de Castro), il ne l'a vu de sa vie et son tour d'esprit ne lui plait guère, quoique son zèle soit bon sans doute. Voilà une déclaration explicite, et notre auteur, dont on ne peut suspecter la sincérité, ne dissimule pas le peu de sympathie qu'il éprouve pour le dénonciateur. Il devait connaître Montano, peut-on conclure de ses paroles, et le connaître autrement que de réputation. Il l'avait peut-être connu et fréquenté à Alcalá; car Montano ne dut pas terminer ses études avant que lui-même y eût commencé les siennes[1]. Il est vrai que l'éditeur de la Bible ne paraît pas s'être soucié de voir le jésuite, quand, au début de 1578, il passa par Tolède pour aller à Lisbonne[2]; mais, si tant est qu'il sût que la censure avait été confiée à Mariana, cette attitude marque tout autant de part et d'autre une réserve trop naturelle et dictée par les convenances, que de la froideur ou de l'animosité; et la vérité paraît bien être plutôt que le solitaire d'Aracena et le retraité de Tolède, qui venaient tous deux de passer de longues années à l'étranger, ne devaient pas avoir eu l'occasion d'entretenir des relations. Et quand même celui-là aurait enveloppé celui-ci dans les ressentiments qu'il nourrissait à l'égard de la Compagnie, qui prouve qu'il ne s'était pas formé des chimères, tout au moins relativement à son censeur? Son caractère était assez ombrageux : une lettre que lui adressait vers 1573 son ami le cistercien Fr. Luis de Estrada, et qu'a publiée Rodríguez de Castro dans sa *Biblioteca*[3], le montre amplement. Ses soupçons ne peuvent constituer des preuves. La parole de Mariana mérite autant de crédit.

Ce que Mariana lui reproche, c'est d'avoir trop systématiquement négligé la Vulgate, et de paraître faire plus de cas des ouvrages des juifs que de ceux des docteurs de l'Église. Or quiconque voudra juger ici sans passion reconnaîtra que si, au point de vue scientifique, Montano n'avait pas tort, son attitude pouvait bien choquer une conscience catholique, et que les deux griefs formulés n'étaient pas imaginaires. On ne peut faire un crime à Mariana d'en avoir reconnu le bien fondé. Qu'il ait été sincère, nous en avons la preuve dans le traité qu'il a laissé sur la Vulgate et où il défend les mêmes idées; et qu'il ait su voir dans quelle mesure Montano avait raison, c'est ce que montre le tempérament qu'il apporte à ses propres préférences pour cette version, le libéralisme avec lequel il concède et réclame, et dans cette Censure et dans d'autres écrits, le droit de lire et d'utiliser la littérature rabbinique. Pour tout dire, il nous paraît que Montano avait agi avec une certaine désinvolture, et si nous ne le reprochons pas au savant, nous pouvons admettre que le catholique n'avait pas

---

1. Cf. l'*Elogio* de Carjaval, p. 11 et 28.
2. Voir la lettre publiée par Carvajal, p. 175, et à nouveau, comme inédite, mais complète cette fois, par M. Forneron (*Histoire de Philippe II*, t. III, p. 372).
3. T. I, p. 648-60.

assez tenu compte de la question de discipline et peut-être de dogme qui se posait en même temps que la question de critique et de science. Non, le *maestro* Castro n'avait pas absolument tort, en un sens, de s'alarmer et d'agiter le spectre du judaïsme et du libre examen. On ne peut s'étonner qu'un jésuite ait quelque peu partagé sa manière de voir; et l'on n'a pas le droit de dire, pour cela, que son langage manque de franchise, ni que dans sa Censure on remarque « cierta oficiosidad y empeño, no muy conformes á la imparcialidad de testigo ».

Où cette accusation aurait pourtant quelque apparence d'exactitude, c'est quand Mariana en vient à parler de l'édition dans son ensemble, au point de vue non plus de la méthode, mais de l'exécution. Ici, la lettre à l'Inquisiteur général nous renseigne seule sur son sentiment, car dans la Censure, bien probablement, on ne trouve rien de tel. Le roi, déclare le jésuite, n'a pas gagné beaucoup de gloire à laisser mettre son nom en tête de cette édition, qui perdra de sa réputation avec le temps, et dont on verra l'imperfection dans cent ans. On a eu tort de confier à un homme seul une pareille tâche. On aurait dû s'adresser à un comité de savants, comme le cardinal Cisneros avait fait pour la Bible d'Alcalá. On devait ou se contenter de reproduire cette Bible, ou faire tout ce qu'il fallait pour donner une nouvelle Bible qui fût irréprochable. S'il ne s'agissait que d'une réimpression, le premier venu en était capable; et un libraire parisien avait offert de s'en charger pour mille ducats (au lieu des six mille qu'avait demandés celui d'Anvers), en fournissant des caractères et un papier meilleurs que ceux de Plantin [1].

Il semblerait cette fois que le jésuite se fait l'écho de certaines critiques, peut-être de celles que l'on formulait dans son entourage. Mais à qui s'en prend-il? Beaucoup moins à Montano, dont il ne conteste pas la science, qu'au roi lui-même, à sa parcimonie et à la façon peu royale dont il avait conçu cette entreprise [2].

Mariana a parfaitement raison. Il fallait faire royalement les choses, et au moins aussi bien que le cardinal, demander le concours des érudits les plus en vue de l'Espagne, et non pas d'un seul, afin que cette Bible fût vraiment l'œuvre de la science catholique espagnole au temps de Philippe II. Or, parmi les nombreux collaborateurs que

---

1. Plantin avait pourtant fait de son mieux, d'après ce que dit Montano (*Doc. inéd.*, t. XLI, p. 131).

2. Voir *ibid.*, p. 184, 315, 324, 413, etc., et dans l'*Elogio* de Carvajal (p. 50, 62-3) la gêne à laquelle était réduit Montano pendant qu'il travaillait pour le roi. Quant à Plantin, sans doute, il n'avait en principe demandé qu'un prêt de six mille écus; mais puisque le roi s'intéressait tant à cette édition et qu'il *commandait*, il aurait pu payer : cela eût été si naturel, que la Bible d'Anvers, qui porte son nom, a passé pour avoir été faite à ses frais, et que le P. Félix Pérez Aguado s'est cru obligé de démontrer le contraire. N'y aurait-il pas eu au fond un malentendu entre Plantin, qui ne pensait que réimprimer la Polyglotte d'Alcalá, et le roi, qui voulait faire plus grand?

Montano nomme dans le prologue de son premier tome, González Carvajal[1] est bien obligé de reconnaître qu'il n'y en eut que trois d'effectifs : le Flamand André Maes, le Français Guy Le Fèvre de la Boderie, le cardinal italien Sirleto.

On voit que les regrets de Mariana n'étaient pas sans fondement. Et l'on peut noter que lorsqu'il fut question, quelque temps après, d'éditer Isidore de Séville, ces regrets semblent avoir dicté les mesures qui furent prises, puisque cette fois on fit appel à un grand nombre de savants espagnols. Quant au fâcheux pronostic qu'il porte sur la réputation future de cette Bible, l'événement, sans doute, l'a démenti : ne serait-ce pas la décadence même des études bibliques qui a consacré la réputation de la Bible d'Anvers? Et ne pouvons-nous en croire notre auteur quand il nous dit qu'on aurait pu faire mieux[2]?

Remarquons encore, pour finir, que la situation de Montano n'était pas si tragique que veut bien le dire son panégyriste. Pendant que son censeur préparait le mémoire demandé par l'Inquisiteur, il était employé par le roi à former l'index de la bibliothèque de l'Escorial, et cela depuis le 1er mars 1577 jusqu'en janvier 1578 ; à cette époque, le roi l'envoyait, pour des affaires qui nous sont insuffisamment expliquées, à Lisbonne, où nous le voyons s'embarquer, le 1er mars, « cargado de conchas de caracoles[3]. » La terreur de l'Inquisition ne l'empêchait pas de se faire une collection de coquillages. Le 25 avril, il était à la Peña de Aracena, où il passa plus d'une année, remettant en état son petit domaine, et ne trahissant son inquiétude que par deux mémoires envoyés l'un au roi, l'autre à Quiroga[4]. Depuis le mois de septembre 1579 jusqu'au mois de mars 1580, nous le retrouvons à l'Escorial[5], où son séjour, ainsi que l'absence qui l'avait coupé, avait coïncidé à peu près avec le temps où le tribunal de Tolède s'occupait de lui et de sa Bible. Peut-être le roi avait-il voulu, selon les conjonctures, tenir près de lui, et, à un moment donné, éloigner son serviteur pour parer à toute éventualité. En tout cas, Montano ne connut pas, comme devait faire un jour son censeur, les rigueurs et les angoisses de la captivité.

1. P. 57.
2. Le succès à l'époque de la publication fut considérable, Montano en témoigne lui-même avec une satisfaction non dissimulée, et son pronostic est tout le contraire de celui de Mariana : « porque en estando juntados los privilegios dellas (biblias) y que se comiencen a vender, se irán en muy breve tiempo, que no son más que mill dellas y hay millares de demandas. » (Lettre d'Arias Montano à Ovando, d'Anvers, 22 avril 1572, publiée par Marcos Jiménez de la Espada, dans le Boletín de la R. Acad. de la Hist., t. XIX, 1891, p. 495). — «...porque yo haré partura que antes de diez años valga cada ejemplar más que ochenta escudos. Ha quedado admirada toda la corte romana de ver esta obra, y ningún cardenal hay que pida menos de dos... » (Lettre du 20 janvier 1573, Anvers, ibid., p. 498.)
3. Lettre de Cano, publiée par Carvajal, p. 180.
4. Doc. inéd., t. XLI, p. 362-401.
5. Noguera, p. xxx, Carvajal, p. 94, et Doc. inéd., t. XLI, p. 402-16.

La campagne entreprise par un imbécile obscurantisme, dont malheureusement Castro ne fut pas le seul représentant, avait déjà, à la fin de 1576, abouti à un premier échec, par l'absolution qu'avait imposée à l'odieux tribunal de Valladolid, en faveur de Luis de León, le Grand Inquisiteur Quiroga[1]. Elle ne pouvait, Quiroga étant au même poste, et la question soulevée étant en somme la même, menacer très sérieusement Montano. En 1576 également, comme si des sommets de l'Église soufflait un vent de libéralisme, l'un des griefs pour lesquels on avait infligé à l'archevêque de Tolède, Fray Bartolomé Carranza de Miranda, une prévention de dix-sept ans, celui qui consistait à avoir possédé et lu des ouvrages d'hérétiques et des livres prohibés par le Saint-Office, se trouvait omis dans les considérants de la condamnation portée par Grégoire XIII contre le malheureux prélat[2]. De tels précédents pouvaient rassurer. Enfin si Grajal mourut dans la prison en 1575, Cantalapiedra en sortit en 1577[3]. Il était sans doute trop tard pour y faire entrer Montano.

Le plus exposé n'était peut-être pas l'éditeur de la Bible, mais son censeur. Par sa modération, Mariana pouvait tourner contre soi les deux partis. Aussi avait-il jugé bon de ne pas signer sa Censure. Plus tard, quand il énumérait à ses juges les services rendus par lui[4], il déclarait qu'elle avait obtenu « mucho aplauso », que le pape (Grégoire XIII) voulut la voir et qu'on la lui envoya. La meilleure preuve du bon accueil qui fut fait à ses raisons et à sa conclusion, c'est que Montano ne fut plus inquiété officiellement, et n'eut plus à se défendre que contre la rancune désormais impuissante de son adversaire[5] et contre l'animosité tenace d'un moine obscur[6]. Mariana avait remporté une belle victoire, puisqu'il sauvait un savant ou du moins faisait admettre le droit, que celui-ci s'était arrogé dans ses travaux, de prendre la science partout où il la trouvait.

Une autre preuve que ni la Censure ni les idées de Mariana n'avaient déplu, c'est que, comme si sa compétence s'imposait décidément en pareille matière, ce fut encore à lui qu'on demanda d'examiner le Nouveau Testament en grec, imprimé par Henri Estienne, en 1569, et le Nouveau Testament publié chez Plantin, en 1574, par son confrère Jean Harlem. Les deux Censures sont datées respectivement des 28 août 1581 et 1ᵉʳ septembre 1582[7]. Le brouillon de la seconde se trouve dans un des recueils de Londres[8]. On fit également appel

---

1. Cf. Blanco García, *Fray Luis de León*, § XII.
2. Cf. Menéndez Pelayo, *Historia de los heterodoxos españoles*, t. II, p. 401 et 409.
3. Cf. Blanco García, § V.
4. Dans un mémoire publié par Noguera, p. xcix.
5. Noguera, p. xxx.
6. Voir Carvajal, p. 95 et 188.
7. Voir Noguera, p. xxxii.
8. Voir l'appendice II, 2.

à son concours pour la formation de l'*Index et Catalogus Librorum prohibitorum* que Quiroga lança en 1583[1]. Il fut un de ceux qui y travaillèrent le plus, déclare-t-il dans le mémoire qu'il rédigea lors de son procès; et il eut pour l'aider jusqu'à quatre scribes à la fois. La récompense, ajoute-t-il non sans amertume, fut, comme pour ses autres services, nulle; aussi bien n'en demandait-il pas. Le même recueil de Londres contient les brouillons des deux mémoires écrits par lui à propos de cet *Index*[2]. Enfin, on trouve dans un autre recueil du British Museum une Censure signée par lui et datée du 22 septembre 1585 sur les *Commentarii in XII Prophetas minores* que son confrère Francisco Ribera publia à Rome en 1590[3]. C'est précisément l'opinion de ce dernier touchant les livres des rabbins que Mariana, d'après Noguera, attaque dans le premier des deux mémoires qui viennent d'être cités.

Sans vouloir ici examiner les idées de Mariana sur les délicates questions que soulevaient Censures et *Index*, il est bon, pour montrer quel esprit il apportait à l'étude de l'histoire, de faire ressortir trois points importants. Le premier, c'est la façon dont il considère l'autorité donnée à la Vulgate par l'approbation du Concile de Trente. Le texte de cette version, remarque-t-il, variant quelque peu suivant les manuscrits, il faut bien admettre que l'on a le droit de préférer une leçon à une autre, car le concile n'a pas spécifié autrement quel texte il fallait adopter. Même liberté évidemment à l'égard de certaines leçons de manuscrits grecs suivies par quelques saints et différentes de celles de la Vulgate. Que signifie l'approbation du Concile de Trente? Simplement ceci, que sur les matières de foi la préférence doit être donnée à la Vulgate: pour les points de moindre importance, chacun est libre de choisir, pourvu qu'il ait de bonnes raisons et agisse avec mesure. Et comme, en fait, beaucoup d'auteurs catholiques étrangers mettent en pratique cette manière de voir, il y aurait un grand inconvénient à la réprouver. Telles sont les observations présentées par Mariana dans sa censure du Nouveau Testament du P. Harlem. Il a soin d'ajouter que, pour lui, il s'attache à la Vulgate, même dans le détail. Peut-être veut-il, par cette déclaration, se mettre hors de cause. Il n'en proclame pas moins ici un principe fécond, qui concilie les exigences de la critique et celles de la foi, et il réclame, sinon pour lui, au moins pour les autres, une liberté, ce qui est d'un beau libéralisme.

1. N° 178 de la *Bibliografía madrileña* de M. Cristóbal Pérez Pastor.
2. Voir l'appendice II, 3 et 4. Noguera (p. xxxiv-vi) donne une analyse du premier; il ne paraît pas avoir connu le second.
3. Ms. Egerton 1875, n° 52. Je reproduis le titre et la date de l'ouvrage d'après la *Bibl. hisp. n.* (au nom *Franciscus de Ribera*), car pour ma part je ne connais que *In librum duodecim Prophetarum Commentarii* (Coloniae Agrippinae MDXCIII), dont la dédicace est datée de 1587.

Le second point avait été traité par notre auteur dans sa Censure de la Bible d'Anvers. Il s'agit du droit, qu'il réclame pour le savant, d'étudier la littérature rabbinique. La manière dont il présente la question dans l'un des deux mémoires relatifs à l'*Index* (il l'adressait à Quiroga) est intéressante et originale. Comment étudie-t-on l'hébreu? Uniquement dans le texte hébreu de l'Ancien Testament et dans les commentaires qui en ont été faits. Or ces commentaires sont l'œuvre exclusive des rabbins. Il n'y aurait pas moins d'inconvénient à en proscrire l'étude qu'il n'y en aurait à interdire celle des commentaires écrits en grec sur Homère ou en latin sur Horace et Virgile. On dira qu'il suffit de lire ce qui a été traduit en latin de ces commentaires des rabbins. Mais le profit ne saurait être le même. Quant à ceux (Mariana pense évidemment au *maestro* Castro) qui veulent qu'on proscrive ces livres, ce sont évidemment des gens qui ne peuvent s'en servir et qui méprisent ce qu'ils ne peuvent atteindre [1]; ils en diraient autant des livres grecs et latins s'ils l'osaient: le Saint-Office peut-il se ranger à leur avis? S'il y a dans cette littérature des opinions contraires à notre foi, n'y en a-t-il pas aussi bien dans les littératures grecque et latine? On reproche à ceux qui se servent de ces commentaires d'exposer d'une façon terre à terre l'Écriture Sainte. Sans doute, « van muy rateros; » mais ce n'est pas une mauvaise méthode que de chercher d'abord le sens littéral pour en tirer ensuite le sens mystique. Enfin, depuis que le Christ est venu au monde, l'Église a toujours admis qu'on se servît des ouvrages des juifs. Il ne convient pas, semble-t-il, que le Saint-Office rompe avec cette coutume universelle et bannisse de l'Espagne l'étude de la langue hébraïque. Il n'y aurait pas de raison pour ne pas agir de même à l'égard des livres grecs. Sous prétexte qu'il y a des erreurs dans les livres des saints, il faudrait les interdire ou les expurger, et c'est bien d'ailleurs ce que certaines gens ont prétendu faire, ajoute, non sans ironie, notre auteur. Notons, d'ailleurs, que, sur ce point vital de l'érudition biblique, il ne se contentait pas de réclamer pour les autres un droit, et qu'il en usait largement lui-même déjà. Nous verrons que, vers le même temps, il avait à établir le texte et à rédiger le commentaire de plusieurs ouvrages d'Isidore de Séville : Rabbi Isaac Harama, Rabbi Salomo, Rabbi Moyses Kimhi, Rabbi David Kimhi sont nommés dans ses notes aux *Proemia in libros Veteris ac Noui Testamenti*[2]. Et lorsqu'il déclare à Quiroga, en lui annonçant l'envoi de sa censure, qu'il a cité quelques passages de *rabbis* « afin de montrer qu'il a fait son travail avec soin », on peut voir là, plutôt que l'aveu d'une affectation puérile, celui d'une hardiesse fort habile,

---

1. C'est ce que, vers 1510, Reuchlin disait de Pfefferkorn, qui demandait une mesure semblable (cf. J. Janssen, *l'Allemagne et la Réforme*, t. II, p. 43).

2. Voir plus loin, p. 22.

puisque, ayant à juger la question de savoir si de telles citations sont légitimes, il commence lui-même par en faire. Il avait demandé l'autorisation de lire les ouvrages des juifs, et jamais elle ne lui avait été accordée, « siendo la persona que es, » déclare son confrère Pedro Ribadeneira dans un mémoire qui date probablement de 1587[1]. Il dut pourtant l'obtenir dans la suite, comme le prouvent ses notes aux *Proemia*. Il lui avait fallu, sans doute, une permission spéciale lorsqu'il fut chargé de la Censure de la Bible d'Anvers. Hors d'Espagne, les jésuites étaient plus privilégiés : ils jouissaient du droit que l'Inquisition refusait à leurs confrères espagnols. C'était l'époque où l'espagnol Juan Maldonat, le grand exégète de la Compagnie, mort en 1583, écrivait ses *Commentarii in quatuor Evangelistas*, ses *Commentarii in Prophetas IIII*, et ses *Commentarii in praecipuos libros Veteris Testamenti*[2]. S'il n'eût vécu à Paris et à Rome, il n'eût pu rédiger ceux de ces Commentaires qui traitent de l'Ancien Testament, et où il cite couramment les rabbins.

Est-ce à Mariana, est-ce à Luís de León que fera le plus d'honneur la constatation de leur accord sur les deux points qui viennent d'être indiqués? Le P. Blanco García, dans la belle étude qu'il a consacrée au grand augustin, a peut-être plus insisté sur les différences que sur les ressemblances des thèses soutenues par le censeur et par l'ami de Montano. A l'opinion du premier, qui conclut à l'inspiration de la version des Septante, il oppose celle du second, qui semble n'y pas croire. Parce que Mariana emploie deux chapitres de son *Pro editione Vulgata* à démontrer que les manuscrits hébreux ont été altérés par la mauvaise foi des juifs, il le compte, au moins en cela, parmi les partisans de León de Castro[3]. Mais qu'on lise les déclarations faites par Luís de León, lors de son procès[4], et les chapitres[5] où son biographe lui-même analyse ses déclarations et examine ses idées sur le texte original et les versions de l'Écriture sainte ou ses mémoires sur la correction des textes bibliques, on sera convaincu que Mariana, tout en proclamant en principe l'excellence de la version due à saint Jérôme, excellence que ne conteste pas, et que semble plutôt prendre à cœur de défendre le théologien-poète[6], fait exactement les mêmes réserves que celui-ci, et reconnaît aussi bien que lui l'utilité

---

1. *Obras escogidas del P. Pedro Rivadeneira*, t. LX de la Bibl. Rivadeneyra, p. 598-9.
2. Parus, les premiers en 1596-7, à Pont-à-Mousson, les seconds à Paris en 1610, les autres à Paris en 1643. Sur Maldonat, voir Prat, *Maldonat et l'Université de Paris*.
3. *Fray Luís de León*, § VI.
4. T. X des *Doc. inéd.*, p. 196, 214, 221-2, 224-5, 290, 292, etc.
5. § VI, IX et XV.
6. Parlant de León de Castro, il dit: « ... en ciertas juntas que habemos tenido sobre un libro suyo que á mi parecer enflaquecía mucho la autoridad de la edicion Vulgata, venimos unas vez á palabras muy ásperas... » (t. X des *Doc. inéd.*, p. 100; cf. p. 202, 214, 297-8).

de la science juive pour l'exégèse catholique. Il faut donc de toute évidence compter Mariana parmi les représentants de cette école des *hebraistas* qui est la gloire de l'Espagne. C'est même peut-être lui qui a assuré leur triomphe.

Le troisième point n'est pas sans rapport avec le précédent. Dans le second des mémoires relatifs à l'*Index*, examinant neuf des quatorze règles qui avaient été établies [1], Mariana propose : 1° qu'on ne se contente pas de poser des règles générales pour déterminer les ouvrages interdits, et qu'on dresse un catalogue détaillé de ces ouvrages ; 2° qu'on y joigne un catalogue des ouvrages interdits « donec corrigantur ». Ces deux mesures étaient demandées dans un esprit plus libéral qu'on ne pourrait croire au premier abord. Préciser quels étaient les ouvrages défendus, c'était en limiter le nombre, et rassurer les consciences à l'égard du reste ; et, avec une liste des ouvrages où il y avait seulement quelques phrases à corriger, on ne devait plus voir, comme cela arrivait, paraît-il, des livres déférés au Saint-Office pour une seule proposition, y rester pour toujours. Ce qui d'ailleurs montre bien quel esprit animait notre auteur dans cette délicate question, c'est qu'il n'admet pas l'interdiction d'un livre sans un mûr examen. Il ne devrait pas suffire de l'avis d'un ou deux théologiens : jadis, pour condamner les livres d'Arius et d'autres hérétiques, on réunissait des conciles. Enfin, dernière remarque, qui nous prouve que si Mariana acceptait (pouvait-il faire autrement?) le principe de ces interdictions, ce n'était point, certes, par obscurantisme. Voilà sans doute, accorde-t-il, une grosse affaire, que de lire tous les livres à expurger ; eh bien ! cela donnerait de l'occupation aux théologiens, avec le moyen de s'instruire et de fuir l'oisiveté, dans laquelle beaucoup passent leur existence. Ces derniers mots, qu'il a effacés ensuite, n'étaient sans doute que trop justifiés. Il avait trouvé le moyen de concilier cette fois la science et l'*Index*. Ses idées furent goûtées du Tribunal de l'Inquisition ; et lui-même eut à les appliquer, ainsi qu'en témoigne un ouvrage sur les poètes grecs et latins biffé par lui en deux ou trois endroits : besogne barbare, assurément, mais plus conservatrice, assurément aussi, que le pilon, le bûcher, ou l'interdiction [2].

---

1. M. Pérez Pastor *(loc. cit.)* en donne le texte.
2. La Bibl. de l'Academia de la Historia possède un exemplaire des *Historiae poetarum tam graecorum quam latinorum Dialogi decem quibus scripta & uitae eorum sic exprimuntur, ut ea perdiscere cupientibus, minimum iam laboris esse queat. L. Greg. Gyraldo Ferrariensi autore... Basileae 1545.* Au bas du frontispice, on lit cette formule manuscrite : « Corrigiose este libro ē la Compania de Jesus por comission de los SS. Inquisidores conforme al catalogo [..?..] en 21 de nouiembre de 1584 », contre-signée par « Jū de Mariana ». P. 47, dans la phrase : « *Non enim ante Petrarcham, quod equidem comperim, ad contundendam hominum arrogantiam Poetica facultate abutentium, ut alia pleraque, Pontifices ac Caesares id sibi usurpauere, quò scilicet sibi homines addictos magis facerent* », et p. 294, « *Diuus Plato...* », les mots mis ici en italiques ont été biffés.

II

On ne lui demandait pas que des censures et des Index. Quiroga avait convoqué ses suffragants à un concile provincial qui se réunit le 8 septembre 1582. La délicate rédaction des Actes de ce concile fut confiée au secrétaire, le chanoine Juan Bautista Pérez, dont la science est célèbre, et dont le nom reviendra souvent dans ces pages consacrées à Mariana. Mais on peut être fort érudit et ne faire qu'un médiocre secrétaire de concile. Tel fut sans doute le cas de Pérez, dont les brouillons ne furent pas approuvés, et c'est Mariana que l'on chargea de refaire le travail[1]. Il lui fallut tellement se presser qu'il en contracta une maladie dont il pensa mourir, ainsi qu'il déclare dans le mémoire déjà cité. Et pour comble de malheur sa rédaction ne fut pas agréée à Rome; ou du moins le Pape exigea des retouches. Il est à supposer que ce n'est point le latin du P. Mariana qui déplut aux scribes du Vatican : on ne leur en servait point sans doute de pareil tous les jours. Sa compétence, du reste, n'en était pas moins reconnue, car on trouve dans ses papiers plusieurs consultations relatives à la tenue des conciles[2]. Au même synode, outre Pérez et Mariana, avait assisté Montano[3] ; c'est-à-dire qu'on y vit trois des ecclésiastiques les plus savants du règne de Philippe II. C'est l'honneur de Quiroga que d'avoir ainsi utilisé leurs services et d'avoir donné à deux d'entre eux au moins, Pérez et Mariana, sa puissante protection. Et l'on est bien aise de revoir ici, travaillant côte à côte, sous la présidence du Grand Inquisiteur, l'homme qu'on avait dénoncé à l'Inquisition, et son censeur. Les *Constituciones sinodales* élaborées alors furent publiées en 1583[4]. Enfin, Mariana eut un rôle considérable dans la rédaction du *Manual para la administracion de los Santos Sacramentos* entrepris sur l'initiative de Quiroga et par ordre de Philippe II, et confié à García de Loaysa, alors chanoine de Tolède. Toujours dans le même mémoire, il déclare que le travail fut terminé et « limé » dans sa propre chambre à Tolède. Lui-même y mit fortement la main : il indique comme étant de lui les exhortations qui se font dans l'administration des sacrements. Ce manuel parut en 1584[5].

1. Noguera, p. xxxiii.
2. Ms. Egerton 1875, n°ˢ 8, 11. Le texte du n° 8 se retrouve dans le ms. de la Bibl. nacional Dd 63, et a été publié dans le t. II des *Obras* de Mariana (Bibl. Rivadeneyra). Le ms. Dd 38 de la même Bibl. contient des papiers du même genre (cf. l'*Indice* de Gallardo).
3. Cf. Carvajal, p. 95 et 199.
4. N° 175 de la *Bibliografía madrileña*.
5. Noguera dit 1581 (p. xxxiii), mais je me réfère au n° 205 de la *Bibliografía madrileña*. Pisa, qui collabora à ce manuel, donne bien la date de 1581, mais c'est de l'approbation qu'il parle à cet endroit (*Descripcion de... Toledo*, V, 28, p. 268).

On l'employait également d'une autre manière. Quiroga lui avait confié le poste d'examinateur synodal pour les *oposiciones*, les concours donnant accès aux bénéfices. Ce système démocratique de collation, adopté depuis le concile de Trente, avait, on le conçoit, relevé le niveau intellectuel du clergé. L'Espagne lui doit quelques-uns de ses plus célèbres prélats. Il avait permis à un Guijeño, fils de paysans, d'obtenir un canonicat : pour ce mathématicien renommé, que son mérite devait faire choisir comme précepteur de Philippe II [1], ce fut le premier pas vers la dignité archiépiscopale. Cependant les villes gagnaient plus que les campagnes à de telles sélections. Dans son Histoire inédite de Talavera, le licencié Cosme Gómez de Texada nous explique comment ceux qui avaient ainsi obtenu une cure *(curato* dans une bourgade, l'affermaient, si l'on peut dire, pour venir vivre à Talavera [2]. Un autre inconvénient a été marqué par Mariana lui-même : c'est que les bénéfices mis au concours attirent les jeunes gens, vident les Universités, et font dédaigner, pour le droit canon, le latin, les mathématiques, l'histoire, l'érudition ; aussi, conseillait-il de ne donner, autant que possible, les *beneficios curados* (bénéfices avec charge d'âmes) qu'à ceux qui auraient passé l'âge de quarante ans [3]. Pourtant, si l'on n'avait pu être admis à concourir qu'à un pareil âge, combien eussent travaillé étant jeunes ? L'observation de Mariana n'en a pas moins sa valeur. Le droit canon a son utilité peut-être, mais ce n'est sans doute pas, à moins qu'il ne s'annexe l'étude historique des institutions ecclésiastiques, un élément suffisant de culture intellectuelle.

On ne s'étonnera point que Mariana, examinateur, ait reçu des recommandations. Il savait le prix du papier, et ne les jetait pas au feu : il s'en servait pour rédiger ses brouillons ; c'est ainsi qu'elles nous ont été conservées. On pourrait en faire un petit manuel à l'usage des candidats. Elles sont dans l'un des recueils de Londres [4].

---

1. Voy. Pisa, *Descripcion de... Toledo*, V, 22, p. 260.
2. « Hallanse siempre en este cabildo preuendados muy ejemplares de mucha virtud y letras, asi porque los beneficios curados son por oposiçion en el concurso de Toledo, y aspiran muchos a ellos por la buena renta y lugar, como porque los beneficiados suelen auer obtenido en aldeas por la misma oposicion curatos, y dandolos a pension se vienen a Talauera. Otros ay que si bien an estudiado, y pudieran por sus letras obtener mayores preuendas, con su haçienda y un beneficio simple que a pension y casaçion toman con bullas de Roma [viuen] en paçifico y agradable retiro sirbiendo sus Iglesias, y acompañados de los mas fieles amigos que son los libros se abraçan con la dulçe soledad, y pasan en serviçios eclesiasticos y de erudiçion su vida. » (Fol. 22 et suiv.)
3. Ms. Egerton 1875, n° 49, f. 330.
4. Ms. Egerton 1875, n°ˢ 41 et 45. Il y en a une signée « Reynoso » en faveur du « doctor Tello de Olivares », le même évidemment que le « doctor Olivares... que esta en esta ciudad pretendiendo vn beneficio », que recommande de son côté une autre lettre dont la signature est coupée (Gayangos a lu « R. Quesada »). Elles sont toutes deux datées d'Alcalá, celle-là du 13 et celle-ci du 12 déc. 1583. Une autre, signée « Gabriel Ordoñez » (Ocaña, 31 déc. 1583), est en faveur de « Martin Gomez »

Il en est de parfaitement correctes, par exemple celle que signe D. Francisco Dávila à la date de 1579[1] : elle ne demande, pour le licencié Zamora, que la justice ; il est vrai que celui-ci, trouvant sans doute que ce n'était pas assez, se fait recommander d'un autre côté par Dª Ana Manrique[2], car les dames ne refusaient pas leur secours. D'autres billets, en revanche, ne méritaient que le panier : en première ligne celui que mande de Madrid D. Francisco de Mora pour faire savoir au P. Mariana que le licencié Tellez, qui concourt pour un *curado*, est digne de bien mieux que cela, et qu'il faut tâcher de le lui faire avoir, sans quoi le signataire croira que l'on fait peu de cas de sa personne ; le succès de sa recommandation lui donnera la mesure de son pouvoir auprès de celui à qui elle est faite[3]. Il y avait des moments difficiles pour un examinateur en Espagne au xvɪᵉ siècle.

Lors de son procès, en 1609, Mariana déclare qu'il est examinateur synodal depuis trente ans[4]. C'est donc vers 1579 que ces fonctions lui

une autre, signée « Sedeño », plaide pour « el lic.ᵈᵒ Melchor de Torres » (7 déc. 1583); une autre, signée « Arboleda », pour le « lic.ᵈᵒ Pomero » (?) (Ocaña, 9 fév. s. a.). Enfin, il y en a une qui est datée « de alcala y de diciembre a diez », sans année, et signée « Bernardino de velasco ». Si l'auteur de cette lettre est D. Bernardino Fernández de Velasco, fils du connétable dont le nom reviendra souvent dans ce volume, il l'aurait donc écrite quand il faisait ses études à Alcalá(?), et à un âge où seul son rang pouvait l'autoriser à une telle démarche, car, d'une part, Antonio (*B. A. nova*, au mot *Ioannes Fernandez*) dit qu'il était encore impubère quand son père mourut, en 1613, et, d'autre part, Mariana cessa d'examiner avant 1609. On admettra facilement qu'il ait omis, en signant, son nom *Fernández*, qui ne figure pas sur le titre des *Dos Discursos* publiés par son père en 1605 (voir au § IV). On peut, d'ailleurs, attribuer cette lettre soit au Bernardino de Velasco, inspecteur de l'armée d'Aragon en 1591, que signale M. Forneron dans son *Histoire de Philippe II* (t. IV, p. 388), soit, avec bien plus de vraisemblance, au jésuite Bernardino de Velasco, entré dans la Compagnie à Alcalá en 1577, et mort recteur de Huete en 1608, lequel passait pour fils de Philippe II (cf. Alcázar, *Chrono-historia de la Compañia de Iesus en la Provincia de Toledo*, t. II, p. 526). Il y a donc peu de chances, en somme, pour que le signataire soit D. Bernardino Fernández de Velasco, septième connétable de Castille, à qui Mantuano devait dédier en 1613 ses *Advertencias* contre Mariana (cf. la 2ᵉ partie, c. III, § II).

1. « Ill. y Muy Rᵈᵒ Sʳ aunque V. Pᵈ no quiera mandarme no tengo de dejar de suplicalle todo lo que se me ofreciere en que rescibir merced, lo que agora suplico a V. pᵈ es que en la opposicion q̃ hace a beneficios el licen.ᵈᵒ Camora, le aga merced en todo lo que la justicia diere lugar porq̃ sera para mi muy grande porque por muchos respetos le tengo obligaçion, al p. preposito y al p. gaspar sanchez y al p. ribadeneira beso las manos nro Sʳ [..?..] de Madrid [..?..] diciembre 1579 — besa las manos a V. pᵈ — don fran.ᶜᵒ dauila ». Je ne suis pas sûr, non plus que Gayangos, de bien lire la date 1579.

2. Une des *damas del palacio*, du beau collège desquelles, nous dit l'archer Henrique Cock, « cuasi ninguno se hartaba ó tenía modo de hartarse, tan embebidos tenían los caballeros y el pueblo los ojos en él » (*Relacion del viaje hecho por Felipe II en 1585... escrita por Henrique Cock*, publiée par MM. Morel-Fatio et Rodríguez Villa, p. 56 et 145). Sa lettre est du 1ᵉʳ janvier 1584. La signature est, du reste, coupée après *Man*. Je crois pouvoir suppléer comme Gayangos.

3. « ... yo tengo es digno de mayor cosa q̃ un curado vm procure se lo de y sepa q̃ en esto quiero conocer lo q̃ balo acerca de vm. pues pido cosa tan justa y no seria razon q̃ se me niego y asi estoi confiadisimo q̃ se me hara la m. y q̃ no haziendo por mi cosa tan justa podre entender q̃ v. m. haze poco caso de sus servidores y estima en poco el perderlos... Madrid oy 12 de julio de 1586 años. » Je lis, comme Gayangos, 1586.

4. Noguera, p. xcix.

furent attribuées; en effet, parmi les lettres de recommandation qu'elles lui valurent, celles du moins qui subsistent, aucune ne porte une date antérieure. On peut donc voir là encore une récompense de sa Censure de la Bible d'Anvers. « Quel intérêt j'y ai pris », ajoute-t-il, « et avec quelle rectitude je m'en suis acquitté, je n'en veux pour preuve que le témoignage du public et que le regret laissé par ma démission, qui fut due à des considérations légitimes. » Quelles considérations? Eut-il à subir, à propos d'un candidat fortement protégé, une pression ou des récriminations que sa dignité ne pouvait accepter? Ou bien se retira-t-il quand il vit qu'il ne pouvait plus suffire à toutes les occupations, volontaires ou non, dont il était surchargé? Il dit qu'il est encore examinateur : « he sido y soy; » il avait donc simplement cessé d'assister aux examens, sans donner formellement ni se voir imposer sa démission. Cela étant, il est plus simple de supposer que ce fut bien la crainte de ne pouvoir accomplir convenablement ses autres tâches qui l'éloigna de celle-là. Car on lui en avait confié, sinon de plus délicates, au moins de plus importantes que celle de savoir si de tel *curado* était plus digne, par son savoir en droit canon, le licencié Melchor de Torres ou le docteur Tello de Olivares.

CHAPITRE III

I. L'édition d'Isidore de Séville.
II. Mariana censeur de Garibay.
III. L'Histoire d'Espagne et le *De rege*.
IV. Le *De ponderibus et mensuris*.

I

En même temps que ces tâches ingrates dont on l'accablait, Mariana, sur l'ordre même du roi, en avait entrepris une autre qui constitue son premier titre à la reconnaissance des érudits. La Censure de la Bible d'Anvers l'avait mis en vue ; et qui prouve que le roi ne lui sut pas gré d'avoir si savamment démontré que, abstraction faite de certains points faibles et répréhensibles, l'œuvre dont il s'était fait le protecteur méritait l'approbation par sa valeur intrinsèque et par le service qu'elle rendait à l'Église? Depuis au moins 1580, le jésuite auquel sa santé avait imposé la retraite, outre les occupations qui viennent d'être énumérées et qui lui incombèrent à peu près simultanément, avait encore à préparer une partie de l'édition de saint Isidore qui porte le nom de Grial, et qui, parue à Madrid en 1599, a servi de base, deux siècles plus tard, à celle d'Arévalo[1]. Si nous en croyons l'auteur d'une *Historia del Colegio Imperial de Madrid de la Compañía de Jesus*, José-Maria Eguren[2], Mariana aurait aidé García de Loaysa dans la préparation de l'édition que celui-ci donna à Turin, en 1593, du *Chronicon* et des *Sententiarum libri III* d'Isidore, et qui passa, avec des améliorations, dans celle de Grial. La chose est fort possible, étant donnée l'amitié qui unissait les deux compatriotes. Toutefois, Loaysa ne fait

---

1. L'édition de Grial est décrite dans la *Bibliografía madrileña*, n° 628. Cf. les *Isidoriana* d'Arévalo, 36 (*Patr. l.*, t. LXXXI, col. 214-16). Elle a été reproduite par Ulloa en 1778 (Cf. les *Isid.*, 38), et c'est cette édition d'Ulloa que Migne a reproduite à son tour pour les *Etymologiae* (t. LXXXII), ajoutant après coup, en manière d'appendice, les notes d'Arévalo, dont il n'avait pas eu tout d'abord l'édition à sa portée. Pour le reste, c'est cette édition d'Arévalo (Rome, 1797) qu'il a reproduite (t. LXXXI-IV).

2. « Muy notables fueron también los trabajos que hizo por encargo de García de Loaysa Giron, cuando era ayo del príncipe de Asturias, para la edicion que publicó en Turin de algunos libros de nuestro gran prelado san Isidoro, trabajos que cumplió Mariana para la edicion magna de las obras de aquel egregio doctor que emprendió Felipe II y llevó á cabo Felipe III. » (T. I, p. 225.)

aucune allusion à Mariana, ni dans ses deux dédicaces ni dans ses notes. Quoi qu'il en soit, celui-ci eut une part directe à la publication complète de l'œuvre encyclopédique d'Isidore.

Une lettre du P. Antonio Cordeses, provincial de la province de Tolède, datée du 21 février 1580, montre qu'alors déjà Mariana avait reçu l'ordre royal[1]. Le roi avait fait écrire par son secrétaire Mateo Vázquez au P. Cordeses afin que celui-ci mît un scribe à la disposition du P. Mariana pour copier « ce que l'on lui a confié de la part du Roi dans les œuvres de saint Isidore ». Or le scribe habituel de Mariana, nous l'apprenons par la lettre du provincial, était un certain P. Mena[2], et ce P. Mena se trouvait indisposé. Le provincial, qui ne savait pas la chose et ignorait pourquoi le roi voulait qu'on mît un scribe aux ordres du Père, avait écrit au *prepósito* de la maison de Tolède, qui l'avait renseigné sur les deux points. Aussi maintenant se félicite-t-il que le roi ait eu connaissance du P. Mariana et de « sus letras », et veuille l'employer dans des affaires d'une si haute importance. Le travail commandé lui paraît bien « grand et ennuyeux »; mais il sera « pour le service de Notre Seigneur » et en outre « chose agréable à notre P. Général ». Et le Père provincial, très fier de voir la Compagnie honorée dans l'un de ses membres, relève ses encouragements d'un saint blasphème : « Et ainsi, que V. R., *per viscera Christi*, se mette à ce travail; » puis il propose comme scribe le P. Diego Martínez, à moins d'empêchement; il va voir lui-même dans toute la province s'il en trouve un. A défaut de quelqu'un de la Compagnie, on prendra quelqu'un du dehors; on trouvera de l'argent pour cela. L'essentiel est de se mettre sans tarder à l'ouvrage.

On dirait, à voir la surprise manifestée dans cette lettre, que Philippe II venait de révéler Mariana à ses confrères. Il n'en était point ainsi évidemment, mais on ne s'attendait pas à ce que celui-ci fût l'objet d'une telle distinction. Et si ses supérieurs lui tenaient rigueur de son attitude dans l'affaire de la Bible, ils durent oublier alors leurs griefs.

Ainsi, dès 1580, on avait attribué à Mariana sa part de l'édition de saint Isidore[3]. Quand l'eut-il exécutée? C'est ce que rien ne nous indique. En tout cas, les *Proemia S. Isidori in libros Veteris ac Noui Testamenti*[4], les deux livres *Contra Iudaeos*[5] et les *Soliloquia* ou,

---

1. Elle a été publiée par Noguera, p. xci. L'original forme le n° 41 du manuscrit Egerton 1875.
2. Serait-ce le même que ce P. Mena qui se fit protestant et dont parle M. Menéndez Pelayo dans l'*Hist. de los heter.*, t. II, p. 513?
3. Grial dit dans sa préface : « ante annos amplius viginti Majestatis Catholicae jussu commissa fuerat... » en parlant de toute l'édition. Dès 1572, le roi faisait recueillir les exemplaires qu'on pouvait trouver des œuvres d'Isidore (cf. Gayangos, *Catalogue*, t. III, p. 101, 104).
4. Dans la *Patr. l*, t. LXXXIII, col. 155-80. Cf. les *Isidoriana* d'Arévalo, 64, § 4.
5. *Ibid.*, col. 449-538. Cf. les *Isid.*, 66, § 5.

comme il les intitule, les *Synonyma de lamentatione animae peccatricis*[1], les seuls textes qu'il fournit pour cette publication, ne furent point les seuls dont il fut chargé ou se chargea.

En effet, dans une lettre adressée par le P. Andrés Burriel à Pedro de Castro[2], il est question d'un exemplaire des *Libri Differentiarum*, collationné par Mariana avec plusieurs manuscrits dont il avait marqué en marge les variantes. Cet exemplaire, ajoute Burriel, a une grande valeur, car dans l'édition de Grial on n'a pas utilisé ce travail. Or ce travail n'est point perdu. Il se trouve dans un des manuscrits de Londres[3]. Gayangos l'a catalogué sous le titre de : *Liber differentiarum Beati Isidori*. En réalité, il comprend le *Liber primus de differentiis uerborum* et le *Liber secundus de differentiis rerum*[4].

Mariana avait fait certainement son possible pour donner des textes convenables. Pour les *Proœmia* et les deux livres *Contra Iudaeos*, il avait collationné sept manuscrits, et dix pour les *Soliloquia*[5] ; deux pour le *Liber primus de differentiis*, et quatre pour le *Liber secundus*[6],

---

1. *Ibid.*, col. 825-868. Cf. les *Isid.*, 70, § 2, et la préface de Grial (*Patr. l.*, t. LXXXII, col. 17-18.)

2. En date de Tolède 30 décembre 1754. Elle a été publiée dans l'espagnol original par Rodriguez de Castro dans sa *Biblioteca española*, p. 314, et en latin par Arévalo (*Isidoriana*, 40, particulièrement le § 65).

3. Ms. Egerton 1875, n° 25.

4. Il ne s'agit pas de l'ouvrage d'Isidore auquel M. Macé a consacré récemment une étude (*De emendando Differentiarum libro qui inscribitur De proprietate sermonum et Isidori Hispalensis esse fertur*), et dont il a promis une édition. On trouve dans la collection des œuvres d'Isidore de Séville publiées par Arévalo trois *Libri differentiarum*. Les deux premiers y sont intitulés : *Liber primus de differentiis uerborum* (*Patr. l.*, t. LXXXIII, col. 9) et *Liber secundus de differentiis rerum* (*ibid.*, col. 69). Pour le troisième, l'éditeur l'a rejeté parmi les appendices « tanquam dubium » (*ibid.*, col. 1319), avec le titre de *Differentiarum siue de proprietate sermonum liber*. C'est de ce dernier livre que s'est occupé M. Macé. M. Marius Michel (*Les Livres des « différences » d'Isidore de Séville*, dans les *Annales de la Faculté des Lettres de Bordeaux*, 1890) y voyait une ébauche ou une corruption du *Liber de differentiis uerborum*. Celui-ci est plus long, et les mots y sont classés dans un ordre alphabétique non rigoureux, d'où les noms commodes que lui donne Arévalo : *liber alphabeticus* ou *plenior*, outre celui de *liber primus*; le *Liber de proprietate sermonum*, plus court, n'est pas disposé alphabétiquement, d'où la désignation de *liber confusus* en plus de celle de *liber breuior* (cf. *Isidoriana*, 56). Leurs débuts respectifs sont, pour celui-là (abstraction faite de la préface) : « Inter aptum et utile; » pour celui-ci : « Inter polliceri et promittere... »

5. Voir les indications mises par Mariana en tête des notes relatives à chacun de ces textes (dans la *Patr. l.* aux endroits ci-dessus indiqués).

6. Dans le ms. de Mariana, les deux *Libri de differentiis* se suivent dans le même ordre que dans Arévalo. En marge sont marquées les variantes. Le *liber primus* occupe les folios 86-118, et ensuite vient une note holographe de Mariana, qui explique que pour corriger ce livre il a eu seulement deux mss. anciens mais corrompus, un de Séville en parchemin, l'autre qui est celui d'où Alvar Gómez tira ses « drias » c'est-à-dire son texte des *Differentiae*. Il faudrait, ajoute-t-il, d'autres manuscrits pour arriver à une correction convenable. Ce livre est assurément le premier, déclare-t-il encore, d'abord parce qu'il a une préface, ensuite parce que Alvar Gómez le place en premier lieu, enfin parce que dans le ms. de Séville il y a après l'autre des mots qui ne peuvent être placés entre les deux livres (je n'ai pu déchiffrer ces mots que reproduit Mariana : ce doit être un explicit, peut être celui qu'indique Arévalo comme étant donné par quelques-uns : cf. *Patr. l.*, t. LXXXIII, col. 97). Cette observation

outre l'édition incluse dans les *Sancti Isidori... opera* publiées par Margarin de La Bigne en 1580[1].

Pourquoi le texte établi par lui pour ces deux derniers opuscules ne fut-il pas incorporé à l'édition de Grial ? Ce fut Pierre Pantin, chapelain du roi, qui s'occupa du *liber* commençant par les mots « Inter aptum et utile » et qui est le *Liber primus de differentiis verborum*, mais auquel il donne le titre de *Liber differentiarum siue de proprietate sermonum*[2]. A ce livre fut ajouté celui qui débute par « Inter polliceri et promittere » et qui est le *Liber de proprietate sermonum*, mais avec le titre *Idem differentiarum siue de proprietate sermonum liber ex Parisiensi editione* (celle de La Bigne). Quant au *Differentiarum liber secundus* (Inter Deum et Dominum), que Grial appelle *Librum qui est de theologicis differentiis*, et qui vient ensuite, c'est un autre chapelain du roi, Roland Wicelius qui le prépara[3].

Cependant, c'est bien Mariana qu'on avait chargé primitivement des *Libri de differentiis*. En effet, on le voit occupé en 1586 à les collationner, et même demandant au roi un secours pour terminer. C'est ce que nous apprend une lettre datée de Madrid, 20 juillet 1586, dont le signataire est Juan López de Velasco, secrétaire royal, auquel avait été confiée l'entreprise de toute l'édition[4]. Velasco déclare que Garcia de Loaysa, vu le secours accordé par le roi pour l'impression de son *Historia*, a jugé qu'il était préférable de ne rien demander pour le *Liber de differentiis* : ce serait demander une bagatelle. Il lui envoie

---

allait à l'encontre de l'ordre adopté par La Bigne, qui a mis en tête le livre qui commence par « Inter Deum et Dominum », c'est-à-dire le *Liber de differentiis rerum*, et qui, du reste, donne ensuite non le *Liber de differentiis uerborum* (Inter aptum et utile), mais le *Liber de proprietate sermonum* (Inter polliceri et promittere). Le *liber secundus* occupe dans le ms. de Mariana les folios 118-124.

C'est à ce livre que se rapporte une note mise par Mariana sur un folio adjoint, et où il déclare que pour corriger « este libro » il s'est servi de cinq *codices*, dont un imprimé, et quatre manuscrits : un de Paris, deux de Séville (un en parchemin qu'il désigne *Hm*, et l'autre en papier, *Hs*), un d'Alvar Gómez, copié d'un autre très ancien (celui-là *O*, celui-ci *A*), que Mariana dit n'avoir pu collationner tout entier, et qu'il a donc eu un moment à sa disposition ; enfin un de Málaga (*M*). Il est clair que le *codex* de Paris n'est autre que l'édition de La Bigne, puisque sur cinq *codices*, quatre étaient manuscrits : on a pu lui fournir les mss. de Séville, de Málaga et celui d'Alvar Gómez, mais non pas de Paris. Quant au ms. *A*, ce doit être le même dont s'est servi Mariana pour le *liber primus* après Alvar Gómez. Il ne le compte pas parmi les quatre, précisément parce que « no se confirió todo ». Ajoutons que pour ce livre I toutes les variantes sont marquées *H*. et proviennent donc de l'*Hispalensis*. Le texte même représente peut-être celui « de donde el M. Alvar Gómez traslado sus drias », c'est-à-dire *A*. Au folio 125 commence « Dispositus nonnullis differentiarum sententiis » pour terminer au f. 130 avec les mots « insigniter loquenti Gregorio ». Il n'y a pour ce morceau que deux variantes, tirées de *P* (éd. de La Bigne).

1. Voir sur cette édition l'ouvrage de M. Macé, p. 50-53, et les *Isidoriana* d'Arévalo, 35.

2. Cf. la préface de Grial, et Arévalo, *Isidoriana*, 57, § 2 et 26.

3. Cf. la préface de Grial, et Arévalo, *Isidoriana*, 56, § 2 et 29, et les notes à ce livre (*Patr. L.*, t. LXXXIII, col. 69-98).

4. Cf. la préf. de Grial.

un manuscrit qu'on a enlevé d'un volume, et il espère voir bientôt terminé « esse tratado ». Il est vraisemblable que ce manuscrit était une copie du *De differentiis* trouvée dans quelque recueil, et « esse tratado », le travail même qu'on avait chargé Mariana de faire pour l'édition de ces *Libri*[1].

De 1586 à 1599, soit même seulement 1595, date du privilège de l'édition de Grial, Mariana avait le temps de finir la collation que l'on considérait en 1586 comme près d'être terminée. Faut-il croire pourtant qu'il fut un de ceux qui, comme s'en plaint Grial dans sa préface, retardèrent la publication par leur peu d'empressement à quitter les travaux de leur choix pour la besogne qu'on leur avait donnée[2]? Il est à remarquer que les *Libri differentiarum* annotés par Pantin et Wicelius sont compris dans le premier tome, qui fut achevé d'imprimer en 1597, d'après le colophon, et que tout ce qu'a fourni Mariana se trouve dans le second. Il est donc loisible de supposer qu'à un moment donné, on ne comptait plus sur lui, qu'on aurait alors confié les Livres des Différences aux deux chapelains royaux et qu'on aurait fini cependant par obtenir de lui, pour le second tome, sa contribution. Il avait dû se passer quelque chose qui avait arrêté sa collaboration. Ne déclare-t-il pas, dans le document où il énumère les services par lui rendus, qu'il a eu une grande part dans la correction, c'est-à-dire évidemment l'établissement du texte, et quelqu'une dans l'impression; mais qu'il aurait pu y mettre la main bien davantage, s'il ne s'était retiré pour des considérations légitimes[3]? Comme à propos de ses fonctions d'examinateur, il invoque à nouveau ces « justos respetos », qui pourraient bien être les mêmes dans les deux

---

1. « ... Pidiendo repuesta y resolucion al S.or Garcia de Loaisa del recaudo que auia de embiar a V. P. para acabar el libro de differentiis me a escripto el socorro que su mag. a mandado hazer a V. P. para la impression de su hist.a y aunque esto es beneficio pu.co le deue parecer que no se pida a su mag.d esotra menudencia, y assi embio a V. m. con esta vn exemplar manuscripto que se q'to de vn libro en que estaua sup.do a V. P. me de auiso del recibo y si ay otra cosa que hazer aqui para que V. m. nos de esse tratado acabado con la breuedad que se espera. A nro Padre Preposito beso las manos muchas vezes y nro Señor la Ill.e Pers.na de V. P. G.e y tenga con salud en Madrid XX de julio 1586. Juan Lopez de Velasco » (Ms. Egerton 1875, n° 43, f° 310).

2. « Ita rem gessere, ut quidam nihil prius habuerint, quam ut se totos statim huic labori addicerent, alii ab suis se studiis et occupationibus ad hanc operam traduci permoleste ferrent. » Le Ms. Egerton 1875 (n° 43, f° 215) contient une lettre signée *Petrus Pantinus*. L'auteur presse Mariana, et le charge de presser Pérez; il est impatient de voir « rem tam honestam piamq tot iam olim a me votis concupitam tam lente immo tam potius nihil procedere ». Il ajoute : « Schottus noster mundo multum valere iusso totus coelo inhiat, vestrae se societati addicens. » On ne lit comme date que « A. D. XII Kal. junias. » Mais Schott est entré dans la Compagnie en 1586, « postridie Non. Aprilis », dit Ribadeneira dans son *Illustrium scriptorum Religionis Societatis Iesu* (éd. de 1608); et l'on trouve au dos de cette lettre le brouillon relatif au meurtre de Henri III, où il est dit *anno superiori* (voir plus loin p. 35). Elle a donc été écrite en 1586 probablement, en tout cas avant 1590.

3. « ... tuve gran parte... en la correccion, y alguna en la impresion; y pudiera tener mucha mas mano, si no me retirara por justos respetos. » (Noguera, p. xcix.)

cas. Mais, ici encore, nous en sommes réduits aux conjectures. En tout cas, ce n'est pas que son travail ait été mal apprécié. Dans la même déclaration, il signale parmi les papiers qu'on avait dû saisir lors de son arrestation une lettre écrite au nom du roi par le secrétaire Mateo Vázquez et attestant la satisfaction qu'avait donnée son concours [1]. Il l'avait donc de lui-même cessé ou limité.

Considéra-t-il sa collation comme insuffisante vu le manque de manuscrits, dont il se plaint en particulier pour le *Liber de differentiis rerum*? Le scrupule serait honorable. Peut-être y eut-il quelque malentendu ou quelque froissement entre lui et Velasco ou Grial. Ou pensa-t-il que travailler à ses frais dans l'intérêt public, payer des scribes et donner son temps, c'est-à-dire celui de la Compagnie, c'était être plus généreux que le roi? S'il ne le pensa point, on put le penser autour de lui, malgré ce qu'avait dit le P. Cordeses. Et puisque nous en sommes aux conjectures, peut-être devons-nous rappeler que de 1586 à 1588 la Compagnie eut à subir en Espagne, à la fois du fait de l'Inquisition de Valladolid et d'un certain nombre de Pères de la province de Castille, à la tête desquels était Dionisio Vázquez, les tracas les plus sérieux [2]. Nous n'avons pas à en faire l'historique, mais nous pouvons nous demander s'il n'y eut pas là une des causes qui arrêtèrent Mariana dans sa collaboration à un travail commandé par le roi.

Quoi qu'il en soit, il ne se désintéressa pas de l'édition. Il mit bien en effet, comme il dit, « alguna mano en la impresion. » Un des manuscrits de Londres contient en effet des *Advertencias sobre lo que esta impresso de las Etymologias de Sant Isidoro*[3]. Mariana y donne son avis, qu'évidemment on lui avait demandé en haut lieu, sur l'impression en cours d'exécution, alors, semble-t-il, que déjà quatre livres des Étymologies au moins étaient imprimés. Il ne s'agit point là de corrections d'épreuves, ni d'examen de spécimens. En faisant ses critiques, Mariana a soin d'ajouter qu'il est possible d'en tenir compte sans nuire à l'uniformité de l'impression.

Il commence par déclarer que l'impression, considérée dans l'ensemble, est bonne, en regard de ce qu'on fait d'habitude non seulement en Espagne, mais même à l'étranger. Il conclura pourtant en formulant des réserves : « Le premier livre a été soigné, les autres, moins. On peut toutefois continuer sans mettre de nouvelles difficultés ; ce qui serait ne jamais finir. » On avait donc probablement déjà mis des difficultés ; peut-être Mariana était-il consulté pour trancher comme à propos de la Bible d'Anvers, et son sentiment devait-il

---

1. « ... en que se ve quanto agradaron mis trabajos. »
2. On peut voir à ce sujet deux lettres du P. Ribadeneira publiées par D. Vicente de la Fuente (t. LX de la Bibl. Rivadeneyra, p. 594-597).
3. Voir l'appendice III, 1.

décider du sort de l'édition. Ce sentiment, qu'il voile en commençant, il l'exprime sans détour en finissant : « Pour une œuvre où l'on a dépensé tellement de temps et de travail, qui paraît sur l'ordre du roi et, dit-on, à ses frais, l'impression et l'ouvrage ne répondent pas tout à fait à ce qu'on espérait et espère encore. Et qu'on n'aille pas dire qu'on ne sait pas imprimer en Espagne ; car à Madrid même, où s'impriment ces volumes, ont paru récemment les *Concilia* de García de Loaysa[1]; et l'*Iliberritano* de D. Fernando de Mendoza[2]; et l'on n'aurait pas fait mieux à l'étranger. »

Voici maintenant le détail. Le papier est bon, mais pas assez blanc. Les caractères sont beaux, au moins ceux du texte, qui pourraient être plus grands ; ils ne sont pas neufs, tant s'en faut, principalement ceux des notes, et encore moins les gros parangons en italiques des titres de chapitres ; les majuscules, elles aussi, sont vieilles. Les caractères grecs, surtout ceux du texte, ne sont ni bons ni de même grandeur que le reste du texte. L'encre pourrait être meilleure : elle

1. *Collectio Conciliorum Hispaniae*...... *Matriti. Excudebat Petrus Madrigal* (1593). Cf. Pérez Pastor, *Bibl. madrileña*, n° 405. Cf. aussi p. XXVI de l'Intr.: « Una de las mejores imprentas de Madrid ha sido la que Pedro Madrigal ó de Madrigal fundó en el año 1586. » Il mourut en 1594, comme conclut M. Pérez Pastor de ce que des ouvrages de cette année-là portent son nom (n°s 428, 457), et d'autres, pour la première fois, celui de sa veuve (n°s 430, 433, 443, 456). Pourtant les n°s 489, 497, 498, édités en 1595, et 507, 508, 522, édités en 1596, portent la mention « en casa de Pedro Madrigal » ou « Apud Petrum Madrigal », à côté d'autres qui ont celle de la veuve. De même en 1597. En 1598, ce n'est plus que « en casa de Pedro Madrigal », ou « ex officina Petri Madrigalis », ou « apud Petrum Madrigal », ou « in ædibus Petri Madrigal » ; en 1599, c'est « en casa de Pedro Madrigal »; de même ou 1600, sauf le n° 671 (« en casa de la viuda de Pedro Madrigal »), à côté de « Por Pedro Madrigal » (n°s 690 et 722). Si donc, comme un document daté de 1595 le fait supposer à M. Pérez Pastor, le Pedro Madrigal mort en 1594 laissa un fils du même prénom, celui-ci n'est pas mort en 1598 ou 1599, et il vivait encore en 1600, contrairement à ce que conjecture encore le même érudit : à moins que « Por Pedro Madrigal » n'équivaille à « maison P. Madrigal ». Il ne faut pas perdre de vue ce que dit D. Marcelino Gutierrez del Caño dans un *Ensayo de un Catálogo de impresores españoles desde la introduccion de la imprenta hasta fines del siglo XVIII* (*Revista de Archivos*, 1899, p. 662) : « Es frecuente continuar llevando las obras, á la muerte de un impresor, su nombre ó el de sus herederos, con lo cual resulta á veces que, en un año determinado, se encuentran diversas producciones con el nombre de la viuda ó sucesores del que muchos años después aparece imprimiendo otras ediciones. » — C'est chez le successeur de ce ou ces Madrigal, Juan de la Cuesta, que parut le t. II de l'*Historia de España* et le *Sumario* en 1616 et 1617.

2. *De confirmando concilio iliberritano*, Matriti, apud Thomam Iuntam (1594). Cf. *ib.* n° 439. Sur Tomás Junti, neveu du florentin Julio Junti, et l'*Imprenta real* qu'ils fondèrent tous deux en 1594, voir l'Intr. de M. Pérez Pastor à sa *Bibl. madr.*, p. XXIX-XXXV. La mention de l'*Imprenta real* n'apparaît, du reste, qu'à partir de 1596. Jusque-là, c'est en espagnol, Junta (n° 434), Tomas Iunti (n°s 445, 475), Tomas Iunti (n° 471), Tomas de Iunta (n°s 447, 450) ; et en latin, Thomas Iunti (n° 483) ou Thomas Iunti (n° 484). Constatation curieuse, l'édition de Grial est sortie « ex Tipographia Regia », comme indique le titre ; « apud Ioannem Flandrum, » comme porte le colophon ; et ce Ioannes Flandrus n'est autre que Juan Flamenco, le gérant de Junti : l'une des œuvres que Mariana cite comme un modèle pour la typographie fut donc exécutée par le même imprimeur dont il apprécie médiocrement le soin et le talent après l'examen de l'édition de Grial.

doit manquer de noir de fumée, ou l'huile doit être grossière et n'est pas de l'huile de lin. Ni les ouvriers ni les appareils ne doivent être bons, car en bien des places les caractères ne prennent point. Les marges rehaussent beaucoup un livre : or celles du haut sont ici trop petites et les marges intérieures pourraient être un peu plus grandes. Le titre gagnerait à être plus large et surmonté d'une fleur ou d'un feston. Celui du second livre a plus d'ampleur que celui du premier; c'est le contraire qui devrait se produire. Les livres III et IV commencent au milieu d'une page : cela ne donne pas de relief à l'édition et constitue une économie peu nécessaire. Il y a beaucoup d'abréviations, de tildes, chose à éviter dans une impression soignée. Il manque des espaces en divers endroits. La ponctuation est bonne, à part quelques lapsus et une certaine discordance : si l'on met une virgule entre le titre *De disciplina et arte*, et *Cap. I*, il faut faire de même ailleurs et ne pas mettre un point. On met l'accent grave sur les adverbes et conjonctions pour les distinguer des noms (adjectifs) de même forme; autrement, il n'y a pas lieu de l'employer. L'orthographe du grec n'est pas très bonne : il ne faut pas se dire que bien peu de gens s'en apercevront; il faut que tout soit bien soigné. Celle du latin est bonne, mais manque d'uniformité : *pene* est quelquefois écrit *pænè*, quelquefois *penè*; on trouve *auctor* avec ou sans *c*. La correction se fait d'ailleurs d'une façon sérieuse.

Nous verrons, à l'exception peut-être de deux seules, la première en latin et la première en espagnol, combien les éditions de l'Histoire d'Espagne parues du vivant de Mariana répondent peu aux exigences si légitimes qu'il manifeste ici en matière d'impression. A moins de supposer qu'il n'avait bon goût que lorsqu'il s'agissait des œuvres des autres, il faudra bien admettre qu'il n'en a point surveillé par lui-même l'exécution typographique, et que, par conséquent, l'authenticité n'en est pas indiscutable.

II

Le fait qu'on avait demandé à notre auteur son avis sur cette impression prouve assez quel cas l'on faisait de sa compétence. En 1596 avaient paru les *Illustraciones genealogicas* de Garibay[1]. On y trouve en tête une approbation du « Doctor Juan de Mariana », en date du 27 mars 1595. Mais celui-ci avait donné son approbation sous réserves; il l'avait fait précéder d'*advertencias* qui ne furent pas imprimées[2], et que contient l'un des recueils de Londres[3]. Elles

---

[1]. N° 3,557 du *Catálogo* de Salvá, et 510 de la *Bibliografía madrileña*.
[2]. Contrairement à ce que dit Gayangos dans son *Catalogue*.
[3]. Voir l'appendice III, 2.

valent qu'on s'y arrête, car elles suffiraient à prouver que la critique de Mariana était loin de se contenter, comme on le croit généralement, de l'à peu près et de l'affirmation sans preuves. On y retrouve, disons-le d'abord, le minutieux examinateur de l'édition de Grial. Non seulement il désapprouve la disposition des arbres généalogiques, où il voudrait plus de clarté et moins de redites, mais il relève des fautes d'orthographe; *Suebia* par un *b*, *Henrique*, avec une *H*. Il présente, d'ailleurs, des critiques plus graves. La principale a trait à la théorie de Garibay touchant la loi salique.

La question de la loi salique avait préoccupé Mariana de bonne heure, et, semble-t-il, dès les premières recherches que nécessita la préparation de son Histoire. En effet, à la suite d'une liste qu'il avait dressée des auteurs à consulter pour l'ensemble de son œuvre, nous trouvons des notes bibliographiques qui concernent spécialement ce point de droit[1]. Elles sont faciles à dater, car Mariana y parle du cardinal de Bourbon comme de l'héritier choisi pour succéder à Henri III. Elles furent donc écrites peu après 1589 : c'est dire quelle actualité avait le problème. Elles prouvent la bonne foi et, l'on peut ajouter, le désintéressement tout scientifique de Mariana dans l'étude d'une question où le patriotisme, sinon le désir de seconder la politique royale, aurait pu lui indiquer d'avance la solution. « Pour parler de ces choses d'une façon convenable et sans aller à tâtons », observe-t-il comme pour se mettre en garde contre toute précipitation, « il faut étudier bien en détail les histoires, car autrement on risquerait de tomber dans des erreurs et des inexactitudes grandes. »

Dans ses *Illustraciones genealogicas*, Garibay avait fait preuve de plus d'opportunisme. Comme le remarque Mariana dans ses *Advertencias*, le principal objet de cet ouvrage était de ruiner l'autorité de la loi salique. Garibay voulait ne voir dans cette loi qu'une invention de Philippe le Long, et s'appuyait sur ce fait que Raoul et Hugues Capet avaient hérité de la couronne par les femmes. Ces raisons sont sans force, déclare nettement son censeur; car, premièrement, cette loi se trouve expressément énoncée parmi les lois des Francs, qui passent pour très anciennes et se trouvent dans la collection de Capitulaires de l'abbé Anseïs; secondement, les deux rois nommés obtinrent la couronne non point pacifiquement, mais par les armes, ce qui ne donne ni n'enlève le droit; et nulle part, ajoute-t-il, je n'ai vu qu'ils allégassent leur parenté; ils ne pouvaient même pas l'alléguer, car il y avait des parents plus proches : au temps de Raoul, il y avait le fils de Charles le Simple, Louis, auquel dans la suite fut restituée la couronne; au temps d'Hugues Capet, il y avait Charles, duc de Lorraine, frère du même Louis. Aussi fut-il toujours admis que ces deux rois

---

1. Voir l'appendice III, 3.

avaient dépouillé de la succession les héritiers légitimes. Ainsi donc la coutume, qui a force de loi, est favorable à la thèse des Français, puisque jusqu'à présent aucune femme, ni aucun homme par la voie des femmes, n'est arrivé au trône pacifiquement[1]. Et, prévoyant les accusations que pouvait lui attirer sa sincérité, le jésuite a soin de déclarer que s'il parle ainsi ce n'est pas pour favoriser la France, mais pour honorer la vérité, et qu'il s'agit là, du reste, uniquement de la couronne, et non des états qui lui ont été réunis avec le temps. L'auteur des *Illustraciones* aurait été mieux inspiré, observe-t-il encore, en bornant à ce dernier point les prétentions de sa thèse, et en montrant à quelle époque et par quelles voies ces réunions ont été opérées : au surplus, la conclusion qui précède n'enlève pas à la république et au pape le droit de dépouiller l'hérétique ou l'inhabile du droit de régner, ni de le remplacer.

Ce ne sera peut-être pas donner l'exacte mesure de la critique dont fera preuve notre auteur lorsqu'il aura lui-même à écrire l'histoire (car on peut en avoir beaucoup contre les autres et peu contre soi-même), mais ce sera au moins donner une idée de sa science et de ses exigences en matière historique que de relever ici les autres reproches qu'il adresse à Garibay. Parmi les ouvrages dont celui-ci s'est servi, il en compte quelques-uns qui sont de peu d'autorité et de bonne foi, comme ceux de Martin de Troppau, Jacques Philippe de Bergomate et Jean Naucler. Il considère, avec Zurita, comme fabuleuse, « ainsi que le prouve le *Chronicon Albeldense*[2] », la liste des rois de Navarre jusqu'à Sanche IV (el Mayor). Il ne voit pas où Garibay a pris que Childebert, fils de Brunehaut, se soit marié avec l'Espagnole Faldubrada : il ne trouve rien de tel dans Masson. Comment admettre que quatorze comtes de Habsbourg et même davantage se soient succédé de père en fils? Pourquoi l'auteur fait-il ici de Malfalda, première reine de Portugal, la fille du comte de Savoie et Maurienne, Amédée, quand dans son Histoire du Portugal il en fait évidemment la fille de Manrique de Lara? Pourquoi donne-t-il à Constance, fille d'Amédée de Savoie, le titre d'infante, que ne pouvait lui conférer son mariage avec l'infant D. Manuel? Tancrède de Hauteville n'est pas petit-fils de Richard, duc de Normandie, et n'a pas eu le titre de comte de Pouille, car il n'est pas allé en Italie. Ce n'est pas Robert, mais Rollon qui est le premier duc de Normandie : il faut corriger cette ligne des ducs de

---

1. On ne saurait s'étonner que Mariana n'ait pas connu la vraie origine de la loi « salique », loi locale et relative aux successions privées, qu'on appliqua à la succession royale quand plusieurs précédents eurent consacré l'usage de considérer les femmes comme inaptes à cette succession. Il avait raison, en tout cas, de ne pas croire, comme faisait Garibay, que cette loi eût été inventée par Philippe le Long ou à son profit. Voir P. Lehugeur, *Histoire de Philippe le Long*, t. I, p. 86-92, et Monod, *Revue critique*, 1900, II, p. 515-20.

2. Voir plus loin, 3ᵉ partie, c. I, § IV.

Normandie à l'aide de Gauberte Fabricio de Vagad, qui est ici l'auteur le meilleur et le plus sûr[1]. Pourquoi donner à l'infante Isabelle le titre de duchesse de Bretagne, auquel en tout cas elle n'a droit que depuis la mort de son oncle Henri III? On voit un Robert de France, frère de saint Louis, comte d'Artois et mari de Mathilde de Brabant; et l'on en voit ensuite un autre, qui est comte de Clermont et mari de Béatrice : est-ce le même, ou le second est-il fils du premier?

De cette dernière question, il ressort que Mariana n'était pas lui-même tout à fait au courant de notre histoire, puisqu'il ignorait que le second Robert, neveu du premier, était le second fils de saint Louis, et, chose assez importante pour l'objet des *Illustraciones genealogicas*, la tige de la famille des Bourbons, l'ancêtre de Henri IV. Mais ici il se déclare implicitement lui-même mal renseigné : l'aveu au moins est méritoire; et si son ignorance en pareille matière, d'autant plus que ces *Advertencias* sont datées de 1595, est assez surprenante, il a raison de réclamer plus de clarté, comme sur les autres points il a raison de reprendre Garibay. Nous verrons plus loin qu'il avait non moins raison en réprimant les excès hagiographiques de son collègue.

III

Mais ces *Advertencias* nous avertissent que Mariana n'est plus seulement un théologien, et qu'il a acquis une nouvelle compétence. Sans doute, on trouve aussi en tête des mêmes *Illustraciones*, l'approbation d'Arias Montano, qui n'avait peut-être pas une autorité bien spéciale en la matière; l'appel fait à Mariana n'en consacre pas moins la notoriété désormais acquise par lui comme historien. En effet, en même temps qu'il participait à la préparation de la collection isidorienne, Mariana avait produit des livres qui devaient lui valoir, à lui et à son pays, plus de réputation : d'abord l'Histoire d'Espagne, dont les vingt premiers livres parurent en 1592, et les cinq suivants en 1595, puis le *De rege et regis institutione*, qui ne fut publié qu'en 1599. Ajoutons que dès 1584 il écrivait le *De annis Arabum*, paru seulement en 1609 parmi les *Tractatus VII*, avec lesquels nous l'examinerons.

L'étude de Mariana historien de l'Espagne est l'objet principal de ce volume. Or, la genèse de son Histoire d'Espagne, les critiques suscitées, les réponses faites, les changements apportés au texte, tout ce qui concerne cette partie, la plus en vue peut-être, de l'œuvre de notre auteur, forme un ensemble dont il vaut mieux réserver intégralement l'examen. Prenons seulement acte de l'apparition des vingt-cinq premiers livres du *De rebus Hispaniae*, marquons cette date si impor-

---

1. Voir mon travail sur *Les Histoires générales*.

tante, et passons à l'ouvrage où le moraliste et le politique complètent l'annaliste et l'érudit, le *De rege*, frère de l'Histoire d'Espagne, né peu après elle, mais sous un astre moins favorable.

En travaillant à son Histoire, Mariana avait eu, explique-t-il dans le prologue du *De rege*, l'occasion de fixer son attention sur les grands exemples laissés par des personnages célèbres, et il avait cru qu'il importait de les réunir en un volume à part, qui serait comme une philosophie morale de l'histoire. Le *De rege*, qui est sorti de cette pensée, est donc intimement lié à l'Histoire d'Espagne, il en est le complément comme le contemporain.

L'idée de prendre comme centre et comme titre de ce livre le roi et l'éducation du roi lui vint, semble-t-il, du fait de Loaysa, précepteur du prince depuis la fin de 1585[1]. Il explique, dans le même prologue, comment celui-ci l'avait prié, dans maintes lettres, de lui communiquer toutes les observations qui pourraient aider à l'accomplissement d'une tâche aussi difficile que l'éducation d'un roi. Le jésuite avait répondu à cet appel dans la mesure où il s'y jugeait astreint par tant de modestie et de déférence. Mais à part ces prémices offertes à l'amitié, il avait réservé le fruit de ses méditations et de ses lectures pour la présente œuvre.

Bien que l'objet de notre étude ne comporte pas l'examen de cet ouvrage, nous ne pouvons nous dispenser de dire en quelques mots quels points communs il présente avec celui qui avait paru en 1595, à Madrid, sous le titre de *Tratado de la Religion y Virtudes que deue tener el Principe Christiano, para gouernar y conseruar sus Estados. Contra lo que Nicolas Machiavelo y los Politicos deste tiempo enseñan*[2]. L'auteur, le P. Pedro Ribadeneira, passe pour avoir été un ami de Mariana. Il avait vécu depuis l'enfance en Italie, et avait fait un court séjour à Paris et à Louvain. Il avait été l'objet d'une certaine prédilection de la part d'Ignace, de Laínez et de saint François de Borja; il a écrit leurs biographies. La même année et sous le même prétexte que Mariana, il avait été renvoyé en Espagne, où il joua encore un rôle assez important. Il s'était fixé à Madrid. Quoi qu'il en soit de ses relations avec Mariana, son caractère ne devait pas être de ceux qui plaisaient à celui-ci. Le *Principe cristiano* (c'est sous ce titre abrégé que son livre est connu) a ceci de particulier, par rapport au *De rege*, d'être surtout une réfutation des idées de Machiavel, ainsi que de la *République* de Bodin (parue en 1576), des *Vindiciae contra tyrannos* de Du Plessis-Mornay (1578) et des *Discours politiques et militaires* de La Noue (1587)[3]. Ce qu'il a voulu montrer, c'est que la religion ne doit pas être subordonnée à la politique, mais la politique à la religion.

1. Voir, sur cette date, Cock, *Relacion del Viage hecho por Felipe II en 1685*.
2. On le trouve dans le t. LX de la Bibl. Rivadeneyra.
3. Il nomme expressément ces auteurs dans sa préface au lecteur.

Tel n'est pas principalement le point de vue auquel se place son confrère. D'autre part, le traité de Mariana est consacré non seulement, comme celui de Ribadeneira, à l'exposé des principes de la monarchie chrétienne et des vertus requises des rois, mais à l'éducation du prince. C'était pour l'éducation du prince que Loaysa avait demandé des conseils à son ami; et celui-ci avait commencé, sans doute, par s'occuper de cette grave question. Mais il avait su poser et comprendre le problème avec ampleur. Il s'était demandé en quoi consiste le pouvoir royal, quelle en est l'origine, quelles en sont les limites; puis quelles qualités doit réunir l'homme qui en est revêtu. Entre ces deux exposés, l'un plus théorique, l'autre plus pratique (plus voisin aussi de celui que contiennent les deux livres du *Principe cristiano*), il a inséré celui qui concerne l'éducation, et à chacun des trois il a consacré un livre. Mais ce qui met la plus grande différence entre ces deux ouvrages contemporains, dus à deux jésuites espagnols, c'est évidemment le caractère philosophique, sociologique pourrait-on presque dire, que présente celui de notre auteur.

Avec un art vraiment raffiné, en tête de ce traité sévère, où il énonce, outre sa théorie de la pédagogie royale, les principes de sa philosophie politique, il a su mettre un préambule, qui, pour sentir l'imitation, si fort à la mode au xvie siècle, des Dialogues de Cicéron, n'en est pas moins un chef-d'œuvre de grâce, de naturel et de poésie. Or dans ce prologue, il ne fait que rappeler le cadre riant et paisible où furent ébauchées les pages auxquelles il doit une réputation si fâcheuse.

Aux environs de sa ville natale, nous expose-t-il, sur la route d'Avila, dans cette *sierra* de S. Vicente qui sert de contre-fort à la *sierra* de Gredos, se trouve une hauteur isolée, en pente raide, peuplée de hameaux et couverte de bois. Sur le sommet, dans la partie la plus tourmentée, existe une caverne d'un accès difficile. C'est là que saint Vincent et ses sœurs vinrent se réfugier quand, pour échapper à la colère de Dacien, ils quittèrent leur patrie Elbora. Non loin de là, les ruines d'un temple consacré à ce saint, et qui appartint, dit-on, aux Templiers. Il n'en reste que les murs et deux sépulcres antiques. Des arbres séculaires prêtent encore leur majesté à ce lieu plein de souvenirs, d'où la vue embrasse un immense horizon. Au-dessous, dans une plaine entourée de collines et garnie de chênes vieux et robustes, une chapelle grossièrement construite; et auprès, un jardin où, sous l'ombre des châtaigniers, des noyers, des pruniers, des mûriers, brillent les eaux d'une fontaine intarissable. Il y eut là, croit-on, un temple de Diane. Au plus fort de l'été, le jour comme la nuit, les heures se passent sans qu'on soit jamais incommodé dans ce séjour, rafraîchi par des vents purs et d'innombrables sources. Gai s'y montre le soleil, gai s'y montre le ciel, gaie s'y montre la terre, où poussent à l'envi le thym, la bourrache, l'oseille, la pivoine, l'hyèble et la fougère.

Les villages voisins fournissent une subsistance abondante, les raisins, les figues, les poires, les jambons, le poisson, la viande et les vins.

C'est dans ce lieu de repos et d'agrément, appelé *El Piélago*[1], dédaigné des citadins, que Mariana avait été invité par le *doctor* Juan Calderón, chanoine de Tolède, dont la santé avait besoin d'air et de calme, à venir en villégiature. Il n'y eut pas de moment plus charmant dans sa vie. Jamais ne brillèrent pour lui, dit-il, des jours plus clairs ni plus joyeux. L'installation, il est vrai, n'était pas des plus confortables. On n'avait qu'un logis peu propre, manquant par trop d'apparence, et, ce qui est pis, ouvert à tous les vents. Aussi le chanoine avait-il traité avec un propriétaire du village voisin pour avoir l'année suivante une maison modeste, mais bâtie, sous la surveillance des deux amis, d'après un plan fourni par eux. On était dans l'été de 1590. Avec le curé de Navamorcuende, lequel venait souvent, de ce bourg tout proche, les confesser, ils avaient gravi un soir, comme d'habitude, le sommet de la hauteur, d'où ils aimaient à reconnaître dans le lointain les monuments de Tolède. Ils venaient de réciter les psaumes, travail peu fatigant, que rafraîchissait une douce brise. Ils se trouvaient assis au pied d'un chêne dont le feuillage laissait à peine passer les rayons de la lune. La conversation tomba sur García Loaysa, dont on apercevait de là les domaines patrimoniaux; et le jésuite en vint à parler des difficultés de la mission confiée à son compatriote et ami. Fut-ce une fortuite association d'idées? ou l'auteur était-il impatient de dire son secret? L'occasion, en tout cas, l'amène à révéler comment il a composé récemment des commentaires sur le Roi et l'éducation royale. Il leur offre de les leur soumettre pour les corrections, quand il aura donné à son travail le fini convenable. Eux de le presser; ils veulent être mis au courant du contenu; il faut que l'auteur leur développe oralement son sujet : à quoi il se résigne assez volontiers. Et, « sous le chêne dont l'épais feuillage laisse à peine passer les rayons de la lune, » il explique son but et son plan. Il dit comment le premier livre traitera de l'origine du pouvoir royal, de l'utilité relative de cette forme de gouvernement, du droit héréditaire, de la différence qu'il y a entre le roi et le tyran; de la gloire qu'on peut acquérir, si regrettable que soit l'acte en lui-même, en tuant le prince qui viole les lois de l'État; des limites du pouvoir royal; de la question de savoir qui prévaut, du roi ou de la nation. Le second livre sera consacré à l'éducation du prince depuis ses premières années. Le troisième, à l'examen des devoirs royaux; ici la philosophie la plus profonde et les exemples des personnages les plus illustres ont fourni les préceptes. Comment la nation doit être gouvernée dans la paix et dans la guerre; s'il convient de l'agrandir, soit par les armes, soit par la diplomatie; à qui doivent être

---

1. Voir le *Sumario* qui fait suite à l'*Historia general* de Mariana (année 1590).

confiées l'administration et la justice, la conduite de la guerre; avec quelles ressources celle-ci doit se faire; jusqu'à quel point les impôts peuvent être exigés; combien doit être grand le respect de la justice; jusqu'où doit aller la tolérance dans les fêtes publiques; quel souci il faut avoir de l'intégrité de la religion : voilà les questions réservées pour ce troisième livre.

Mais les domestiques s'impatientent et répètent que le dîner est prêt. On revient, Calderón, à cause de sa faiblesse, sur une mule, les autres à pied. On oublie l'ennui de la route en se racontant des anecdotes, on passe près de la chapelle, on s'agenouille devant la Vierge, et l'on va faire honneur à un souper qu'agrémentent d'érudites conversations ; après quoi l'on s'assoit sous un châtaignier pour passer la plus grande partie de la nuit, en respirant l'air frais et en se livrant à d'innocentes plaisanteries.

Voilà dans quelle agréable et paisible retraite le jésuite historien élabora le livre le plus remarquable et le plus hardi que possède la littérature politique de l'Espagne.

C'est là, sans doute, qu'il jeta sur le papier la première esquisse de ces phrases sanguinaires auxquelles il doit de passer pour le théoricien et le panégyriste du régicide. Un des manuscrits de Londres [1] renferme le premier brouillon du fameux chapitre VI du livre I du *De rege*, dans lequel Mariana examine la question de savoir s'il est permis de tuer le tyran, et conclut par l'affirmative, en glorifiant l'acte de Jacques Clément. Or, parlant de Henri III et du siège de Paris, il dit « anno superiori proiecta æstate ipsisque adeo Kalendis Augusti Henricus eo n° tertius... » L'année 1590 est donc bien celle où fut rédigé ce passage, que l'auteur modifia sensiblement en le publiant.

D'autre part, au chapitre XI du livre III, il déclare avoir dû interrompre là son travail durant l'automne de 1590 [2]. Une épidémie, qu'on attribua à l'abondance des pluies et à celle des crapauds qui en résulta, vint frapper la région, faisant de nombreuses victimes. Les compagnons du jésuite, les domestiques, le scribe furent atteints. Mariana ne le fut qu'une fois rentré à Tolède ; et, longtemps après avoir été débarrassé de la fièvre, il resta sans force et l'esprit alourdi. Mais l'épreuve la plus cruelle fut, plusieurs mois après, la rechute inattendue de son ami Calderón, qui en une semaine lui était enlevé. La date de cette mort (2 avril 1591), que l'historien rappelle dans l'inscription qu'il fit graver sur le sépulcre [3], prouve encore que l'été de 1590 fut celui où il communiqua à ses deux compagnons de villégiature l'ébauche de son ouvrage.

C'est pourtant seulement neuf années après, en 1599, qu'il le fit

1. Ms. Egerton 1875, n° 43, fol. 316°.
2. La traduction que contient la Bibliothèque Rivadeneyra porte ici par erreur 1599.
3. *De Rege*, III, 12. Cf. le *Sumario*, 1590-1591.

paraître¹. En voyait-il lui même la hardiesse, et différa-t-il la publication jusqu'à des temps plus propices? Il n'en pouvait trouver de meilleurs que sous un archevêque comme Loaysa : celui-ci avait succédé au cardinal Albert le 16 août 1598. Cependant, il semblerait que, Philippe II vivant, Mariana redoutait l'aventure. Philippe II meurt le 13 septembre 1598. Le 16 novembre, le jésuite écrit à son éminent ami qu'avec la permission de sa Seigneurie Illustrissime il est résolu à imprimer le *De institutione principis* (c'est-à-dire le *De rege*, dont il n'avait par conséquent pas encore définitivement choisi le titre). Cette permission, Loaysa la lui donne implicitement dans sa réponse marginale, datée du 21 novembre². La *facultas imprimendi* du P. Hojeda, visiteur de la province de Tolède, est datée du 2 décembre. La censure de Fr. Pedro de Oña, provincial de l'ordre de la Merci, est du 30 du même mois, et la *Summa regii privilegii*, du 15 janvier 1599. Les choses allèrent vite, on le voit. On dirait que Mariana sentait qu'il fallait se presser. Le 22 février suivant, Loaysa mourait.

Le livre qui, onze ans plus tard, devait déchaîner en France une telle tempête contre son auteur et la Compagnie de Jésus, parut donc, muni de l'autorisation tacite d'un archevêque de Tolède, du permis officiel d'un provincial, qui ne paraît pas avoir hésité longtemps à le donner; singulièrement autorisé surtout par le censeur, qui déclarait l'avoir examiné « diligenter et attente », et qui l'aurait lu « iterum et tertio » s'il en avait eu le loisir, tellement la première lecture l'avait ravi. Innocence et imprévoyance des âmes bien intentionnées ! Il ne prévit point, l'excellent religieux de la Merci, le couteau de Ravaillac; il n'imagina pas une Université et un Parlement ameutés, et ces pages brûlées par la main du bourreau, lui qui aurait voulu les relire et les relire encore ! Il est vrai, la préface est tellement charmante, pensera-t-on, et peut-être l'aimable censeur ne l'avait-il guère dépassée, persuadé que tout serait à l'avenant et qu'un tel préambule ne pouvait mener à des thèses criminelles. Non ! le censeur avait lu, et si bien lu, que plusieurs années après, inspiré sans doute par le souvenir de certain chapitre intitulé *De moneta*³, il adressait à Philippe III un *Tratado y memorial de los inconvenientes y daños que a causado en los Reinos la moneda de vellon*⁴. Au surplus, quand on voit que personne en Espagne ne dénonça le livre une fois imprimé, on peut supposer que personne, avant l'impression, pas plus le cen-

---

1. Et non pas seulement en 1605, comme l'a cru M. Duméril (*Un publiciste de l'ordre des jésuites calomnié*, p. 116).
2. La lettre de Mariana avec la réponse de Loaysa a été publiée par Noguera, p. xcviii. L'original (mains de Mariana et de Loaysa) est compris dans le n° 19 du ms. Egerton 1875.
3. Chap. 8 du l. III, supprimé dans la traduction qu'a donnée du *De rege* la Bibliothèque Rivadeneyra.
4. Ms. du British Museum, 1320, l. 10; cf. Gayangos, t. III, p. 742-3.

sûr que le provincial, pas plus l'archevêque que le *doctor* Calderón et que le curé de Navamorcuende, n'avait pris garde à la témérité des doctrines enseignées. Et puis, en ce qui concerne la théorie du régicide, qui donc aurait pensé à assimiler un Philippe II ou un Philippe III au tyran défini dans le chapitre V du livre I, bien que la définition ne soit ni bien nette ni précise? Bon pour Henri III, allié des protestants contre ses sujets catholiques, le vrai type du tyran, par conséquent, aux yeux du jésuite et de ses compatriotes! Soutenir qu'un roi apostat méritait la mort, quoi de plus naturel, de plus logique, dans un pays où la première institution, l'aspiration universelle, était le maintien de la foi?

Au surplus, ce que Mariana dit du tyran et du tyrannicide a son commentaire, non dans ce qui se passait alors en Espagne, mais dans l'histoire de la France à cette époque. « C'estoit vn reietton de la Ligue », a dit joliment et avec grand sens le P. Coton [1]. Ce sont les *Vindiciae contra tyrannos*, la *Franco-Gallia* d'Hotman (1573-1586), ce sont « les théories sur le pouvoir royal en France pendant les guerres de religion »[2] qui donnent à la sienne une portée, un sens, une situation, peut-on dire. Pour un Espagnol d'alors, au contraire, disserter sur le tyrannicide, revenait à traiter un sujet d'école auquel avait habitué le commerce avec les anciens.

Peut-être aussi les compatriotes de Molina comprirent-ils que ce chapitre V et ceux qui suivent sont des chapitres de casuistique, et qu'on y veut non pas exciter au meurtre, mais examiner le cas du tyrannicide. Le meurtrier d'un tyran est-il coupable? Et dans quelles circonstances est-il excusable? Voilà la question. Le *De rege* ne fut pas traduit par son auteur comme le furent le *De spectaculis* et le *De mutatione monetae*. N'est-ce pas en partie parce que les traités de casuistique ne se mettent généralement pas en langue vulgaire?

Un point cependant avait attiré l'attention de l'archevêque Loaysa. Dans la lettre déjà citée, Mariana, en lui faisant part de l'intention qu'il avait de publier le *De institutione principis*, ajoute qu'il changera ce qui concerne « lo de quitar los pueblos a las Iglesias », passage sur lequel Loaysa avait formulé des observations, paraît-il. Et celui-ci répond en marge qu'il faudra voir si le roi restitue les *pueblos* aux églises; que si Mariana condamne dans son ouvrage (ce dont il ne se souvient pas) la spoliation dont elles ont été victimes, il ne faut point retrancher ce passage, mais au contraire inciter à la restitution [3].

---

1. P. 31 de la *Response apologetique à l'Anticoton* (cf. plus loin, p. 115-6).
2. Titre du travail de M. Georges Weill, qui a consacré son chapitre IV aux deux livres cités ci-dessus. Cf. sa bibliographie.
3. C'est du moins de cette façon que j'interprète la réponse de Loaysa : « En lo de los pueblos vera V. P. si el Rey nos los buelve a las Iglesias : y quiza algo de esto me detiene aqui, y si se condena habellos quitado (que no se me acuerda) no se quite, sino animese et volvellos. »

La question sur laquelle l'archevêque demandait ainsi l'appui moral de l'écrivain est assez connue. En 1574, Philippe II avait obtenu du pape Grégoire XIII un bref l'autorisant à vendre à son profit, jusqu'à concurrence de quarante mille ducats de rente, les propriétés des églises et monastères du Léon et de la Castille; il avait ainsi enlevé à la mense archiépiscopale de Tolède un certain nombre de localités, malgré les courageuses protestations du *gobernador* ecclésiastique chargé d'administrer le diocèse en l'absence de Miranda, le licencié Sancho Busto de Villegas. Philippe II, dans son testament, ayant ordonné la restitution de ces biens à l'Église, Loaysa devait s'attendre à voir Philippe III exécuter cette volonté de son père; et c'est pourquoi sans doute il dit que « peut-être quelque chose de cela le retient ici », c'est-à-dire à Madrid, d'où il répond à Mariana. Celui-ci avait probablement soutenu les droits de l'église de Tolède dans un de ses chapitres, celui des pauvres par exemple, où il déclare qu'il n'a jamais cru convenable de retirer au clergé les richesses à lui léguées par les ancêtres [1]. Il s'était certainement occupé, en tout cas, de ce retour forcé des biens de l'Église à la couronne : il avait pu en suivre les incidents depuis son retour à Tolède; il possédait une copie de la lettre de Villegas à Philippe II [2], ainsi que de celle du bénédictin Fr. Juan de Robles [3] sur ce sujet. D'autre part, quelqu'un l'avait consulté sur l'opinion qui attribuait aux rois d'Espagne la propriété des dîmes ecclésiastiques en vertu de concessions pontificales. Sa réponse, qui se trouve, comme les copies qui viennent d'être mentionnées, dans un des manuscrits de Londres, est contraire à cette prétention, et fondée sur des considérations purement historiques [4]. Elle est postérieure à la publication de son Histoire, à laquelle il renvoie en maint endroit. Un certain « letrado » prétendait que les rois d'Espagne avaient obtenu anciennement par concession des Souverains

---

1. III, 13. Les deux derniers chapitres du l. I du *Principe cristiano* de Ribadeneira ont évidemment été inspirés par les mêmes circonstances.

2. Elle forme le n° 27 du ms. Egerton 1872. Elle a été publiée par Antonio Valladares de Sotomayor dans son *Semanario erudito*, t. VI (1787), et dans le *Memorial histórico español*, t. XI, comme l'indique le comte de Cedillo dans *Toledo en el s. XVI*, note 109. Il y a quelques détails dans ce dernier ouvrage, au même endroit et p. 42, sur Villegas et son attitude en face de Philippe II. Pisa, dans sa *Descripcion de ...Toledo*, ne parle pas de lui, non plus que de son prédécesseur Tello Girón.

3. N° 28 du même ms. Je suppose que ce Robles est l'auteur d'une *Regla del glorioso Padre S. Benito* (Salamanque, 1571), auquel Nic. Antonio consacre une courte notice.

4. Voir l'appendice III, 4. Dans les *Bibliotecas antigua y nueva de escr. aragoneses* de Latassa (éd. Uriel, t. I, p. 460) on voit mentionnées, parmi les écrits de Luis de Exea y Descartín (1632-1698), des « Advertencias sobre las Tercias ó Diezmos que á los SS. Reyes de Aragon se han concedido por los Papas, que apuntó el Padre Juan de Mariana. Todas son de su mano ». Le bibliographe a voulu dire, je pense, que ces *Advertencias* sont l'œuvre de Mariana et de sa propre main(?). Ce serait la copie envoyée par lui, et tombée au pouvoir d'Exea. Le texte que je reproduis en appendice serait la minute.

Pontifes la propriété de toutes les dîmes (*diezmos*) ecclésiastiques, et que les églises en avaient la jouissance de par la grâce et la concession des rois, qui s'étaient contentés de percevoir le tiers de ces rentes (*tercias*). Il est difficile, répond Mariana, de vérifier si les concessions des papes sur ces dîmes furent faites à perpétuité ou à temps, et s'il s'agit des dîmes entières ou seulement des *tercias*. Il faudrait voir les bulles entières. En tout cas, il convient de distinguer le cas des rois d'Aragon et celui des rois de Castille. Pour les premiers, il semble bien, en effet, qu'ils obtinrent des papes Grégoire VII et Urbain II les dîmes et rentes des temples qu'ils bâtiraient ou qu'ils reprendraient aux Maures, les cathédrales exceptées. En ce qui concerne les rois de Castille, le cas est bien différent. Alphonse le Savant, en vue de la guerre contre les Maures et comme compensation pour la dignité impériale qu'on lui avait enlevée, reçut de Grégoire X la jouissance des dîmes; mais ce fut seulement une concession temporaire, car on sait que les rois de Castille redemandèrent souvent la même faveur: et, d'autre part, il ne s'agissait probablement là que des *tercias*, car il paraît impossible que les papes aient accordé la totalité des dîmes de ce pays. Ce sont les *tercias* encore probablement, que Clément V concède à Ferdinand IV, Jean XXII à Alphonse XI; ce sont les *tercias* sûrement, qu'Urbain V octroie à Pierre le Cruel, et Clément VII à Jean Ier. Les papes avaient dû s'en emparer pour les besoins des croisades. La dernière concession dut être perpétuelle, car il n'en fut pas demandé d'autre, et les papes, au temps du schisme, ne savaient rien refuser. C'est sans doute alors que l'on commença à vendre et à distribuer ces *tercias*, observe Mariana. Soulevant en passant la question de droit, il cite une opinion qui refuse aux papes le droit d'aliéner les biens des églises sans le consentement des évêques, et aux évêques celui de les aliéner sans le consentement de leur clergé. Enfin, en manière de conclusion, il ajoute que les rois, ayant à leur charge la construction et la réparation des églises, ont abandonné à celles-ci le *noveno*, arrangement récent et dont, pense-t-il, on doit pouvoir retrouver des traces dans les archives [1].

Il est à penser qu'il avait défendu la même thèse dans le *De rege*, en ajoutant ou en produisant exclusivement des raisons théologiques. Il crut bon de supprimer le passage lors de l'impression. La seule remarque faite à Mariana sur son livre, et le seul développement

---

[1]. Sur les *diezmos*, *tercias* et *novenas*, voir la *Novissima Recopilacion de las Leyes de España*, libro I, títulos VI et VII; et Cedillo, *Contribuciones é impuestos en León y Castilla durante la edad media* (p. 56-66, 150-7, 256-8, 263, 266, 297-301, 470-1, 625, 640), où l'on trouvera des références sur la question. P. 300, l'auteur conteste l'opinion émise par Mariana dans son Histoire (à la fin du livre XIII) au sujet de la première concession des *tercias*, opinion que nous voyons énoncée à nouveau dans ce document. La première concession aurait été faite en réalité à Ferdinand le Saint. Quant au reste, rien ne vient infirmer la thèse de Mariana.

disparu, apparemment pour des raisons d'opportunité, avaient donc trait aux droits temporels de l'Église. Il semble que ce fut la seule question épineuse qu'on y rencontra.

On a tellement parlé de cet ouvrage que nous ne serons pas étonnés d'avoir à relever quelques inadvertances dans ce qui en a été dit. Et tout d'abord, il ne sera pas besoin d'insister beaucoup pour montrer ce qu'a de peu fondé l'assertion de Crétineau-Joly, qui le présente comme « composé en latin sous les yeux de Philippe II et mis entre les mains de Philippe III par son père lui-même »[1] : soit deux erreurs dans une phrase, car ces « pages républicaines », comme les appelle le même auteur, ne furent pas composées sous les yeux de Philippe II, qui ne les mit pas entre les mains de son fils. M. A. Duméril n'était donc peut-être pas très bien renseigné non plus, lorsque, dans son article *Un publiciste de l'ordre des jésuites calomnié*, il écrivait que « le sombre Philippe II... crut pouvoir confier au jésuite le soin d'instruire sur ses devoirs de prince celui qui devait être son successeur. Ce fut l'origine du *De rege et institutione regis* »[2]. Il ne semble pas que Philippe II soit intervenu en l'occurrence. Enfin, si l'éducation donnée à Philippe III par le « Père » Loaysa, comme dit M. Forneron[3], qui prend celui-ci, sans doute, pour un jésuite, a été « pédante et niaise », comme assure le même auteur[4], ce ne fut pas la faute de Mariana, dont l'idéal, en fait d'éducation royale, est loin de se borner à « un peu de saint Thomas » et à la soutenance de thèses de théologie, et de l'ouvrage duquel il n'est pas sûr que le jeune prince ait eu les prémices.

Il y a lieu également de corriger, avec la *Bibliothèque des écrivains de la Compagnie de Jésus*, une assertion de Hallam[5], qui fait observer que le censeur si chaleureux du *De rege* était lui-même un jésuite. On peut remarquer en passant que « Fr. Petrus de Onna magister prouic. »[6], n'encourut point de disgrâce pour avoir approuvé l'ouvrage du P. Mariana : Philippe III le nomma en 1602 évêque du Venezuela, et en 1604 évêque de Gaëte[7].

Peut-être afin de décharger l'Ordre du grief que constitue aux yeux de certains le livre du P. Mariana, la *Bibliothèque* déclare que « dans son approbation, le P. Hojeda, visiteur de la Compagnie, constate seulement que l'ouvrage a été approuvé par les reviseurs ». Mais cela n'amoindrit pas la responsabilité des supérieurs de l'auteur : si tant est qu'il faille chercher une responsabilité. Les reviseurs étaient eux-

---

1. *Histoire de la Compagnie de Jésus*, t. III, p. 154.
2. P. 90.
3. *Histoire de Philippe II*, t. IV, p. 278.
4. Dans son *Appendice bibliographique*, p. 354 du tome IV de l'*Hist. de Philippe II*.
5. *Histoire de la littérature de l'Europe*, tr. Borghers, t. II, p. 143.
6. C'est ainsi qu'est signée la censure dans les éditions de 1599 et de 1605.
7. Voir la notice que Nic. Antonio lui consacre dans la *Bibl. hisp. nova*.

mêmes des jésuites aux ordres du visiteur [1]. Et, du reste, qui signe est responsable [2].

La même *Bibliothèque* dit encore que les réimpressions du *De rege*, ayant subi des retranchements, ont moins de valeur. Il est possible qu'elles aient moins de valeur; mais les changements se réduisent à peu de chose. Pour le fameux chapitre VI du livre Ier, les éditions de 1605 [3] et 1611, dues toutes deux aux mauvais soins de Balthasar Lippius, sont identiques page à page et ligne à ligne (page du titre à part); elles n'ont en moins qu'une partie de la phrase célèbre : « Sic Clemens periit, *eternū Galliæ decus vt plerisque visum est*, viginti quatuor.... » Elles ont à cette place : « Sic Clemens *ille* periit, viginti quatuor.. » Il n'y a pas d'autres variantes du début du chapitre jusqu'à « tyrannidem degenerauit », c'est-à-dire dans tout ce qui a trait au meurtre de Henri III. La chose vaut la peine d'être signalée, car elle montre que le temps n'apporta qu'un scrupule assez relatif à l'auteur [4].

IV

« Je suis enfoui dans les impressions, et je n'en finis pas avec les imprimeurs, qui sont aussi ravaudeurs que fripons [5], » disait Mariana dans sa lettre du 16 novembre 1598 à Loaysa; et l'archevêque de répondre gravement en marge : « Les imprimeurs sont bien ce que vous dites [6]. » Ce n'est pas à ce moment, sans doute, que l'historien examinait l'édition de saint Isidore, dont le tome Ier est daté de 1597; mais il avait à surveiller ce qui le concernait dans le tome II, et s'occupait peut-être aussi de la publication de son *De ponderibus et mensuris*; il songeait en tout cas, il le déclare dans la même lettre, à faire paraître le *De rege* [7]. On conçoit donc un peu sa mauvaise

---

1. « Un membre de la Compagnie ne peut publier un ouvrage qu'après l'avoir soumis à trois examinateurs au moins, délégués par le Général. » (Crétineau, t. I, p. 65.) C'est, d'ailleurs, ce qui eut lieu pour les Sept Traités. Cf. plus loin, p. 103.
2. Voir la note I de Bayle, à sa notice sur Mariana *(Dict. hist. et critique)*.
3. Et non 1603, qui n'existe point.
4. L'édition de 1605 fut imprimée « typis Balthasaris Lippii, impensis heredum Andreæ Wecheli »; celle de 1611 « typis Wechelianis, apud hæredes Ioannis Aubrii ». On verra plus loin, à propos des Sept Traités, que Mariana correspondait avec Jean Aubri. Il avait pu demander lui-même la correction que nous signalons. J. Aubri et ses héritiers continuèrent, avec Claude Marni, les affaires de Wechel, mort en 1581, selon Bayle (cf. 2e partie, c. I, § II). « Typis Wechelianis » veut dire probablement que l'ouvrage, imprimé par Lippius, venait de chez Wechel. Sur les traductions espagnoles du *De rege*, voir la *Bibliothèque des écrivains de la Compagnie de Jésus*.
5. « Yo ando revuelto en impressiones, y nunca acabo con oficiales que son tan remendones como tramposos. » (Cf. plus haut. p. 36.)
6. « Los Impresores son como V. P. dice. » *(Ibid.)*
7. « ...y estoy resuelto con licencia de V. S. I. de imprimir lo de Institutione Principis... » *(Ibid.)*

humeur, et il ne faut pas prendre à la lettre les termes de cette appréciation confidentielle (toutefois, dans l'appréciation officielle que fournissent les *Advertencias* à l'édition de Saint Isidore, on en retrouve bien quelque chose). L'année suivante fut, en effet, marquée pour lui par trois publications : en même temps que paraissait à Madrid l'édition d'Isidore de Séville, et que le *De rege* sortait des presses de Pedro Rodríguez (l'imprimeur tolédan des *Historiae de rebus Hispaniae libri XX*), un autre imprimeur de Tolède, Tomás Guzmán, qui, en 1595, avait imprimé les cinq livres suivants de l'*Historia*, donnait le *De ponderibus et mensuris*, dédié à Loaysa. Cet ouvrage de science fut, en douze ans, trois fois imprimé. On le reproduisit, en effet, à la suite du *De rege* dans les éditions de Mayence. Il a été réimprimé depuis plusieurs fois encore [1].

Le *De ponderibus et mensuris* se rattache à l'œuvre exégétique de Mariana; en effet, bien qu'il en dise en quelques mots l'utilité pour la connaissance des écrivains grecs et latins, profanes ou ecclésiastiques, l'ancien professeur de théologie a surtout voulu expliquer ce qu'étaient les poids et mesures hébraïques; et s'il s'occupe aussi des poids et mesures des Grecs et des Romains, c'est principalement parce que les versions grecques et latines de la Bible rendent souvent par les termes qui désignent ceux-ci les termes qui désignent ceux-là. Faute d'être bien renseigné là-dessus, remarque-t-il, le théologien est exposé à des erreurs [2]. Comme il lui fallait naturellement des points de comparaison, il ne pouvait laisser de côté les poids et mesures modernes; mais, précisément à cause du caractère spécialement exégétique de ses recherches et de ses explications, il s'est borné aux types espagnols; et même, comme ces types diffèrent suivant les régions, il a dû s'en tenir à ceux qu'il trouvait employés à Tolède. Bien entendu, l'étude des monnaies faisait partie de son plan, puisqu'en principe elles ne sont autre chose que des poids; et il ne les sépare pas de ceux-ci dans son exposition. Cette exposition est très simple. Nous trouvons d'abord des éclaircissements sur les poids et mesures fondamentaux en usage à Rome, l'as et ses parties, l'once et la livre, le setier, enfin le pied. Ces éclaircissements, qui sont nécessaires pour l'intelligence du livre, ne forment qu'un préambule et n'anticipent point sur l'ordre adopté, qui comporte successivement l'étude des poids (et monnaies) hébraïques, grecs, romains et tolédans, celle des mesures de capacité, d'abord pour les matières sèches, pour les liquides ensuite, enfin celle des mesures de longueurs, en suivant, pour chacun de ces trois genres de mesures, relativement

---

1. Dans les tomes II de l'édition de Paris, 1719, III des éditions de Venise, 1758, d'Avignon, 1768, et de Bassano, 1771, des *Commentarii totius Sacrae Scripturae*, du Jésuite Jean-Étienne Menochius.

2. « ...quibus ignoratis, hallucinetur saepe Theologus, necesse erit. » (c. 1.)

aux peuples ou régions, le même ordre que pour les poids. Pour finir, deux chapitres sur les monnaies espagnoles, en particulier le maravédis ; un autre sur le prix fixé pour les denrées par une loi que notre auteur, par une erreur inexplicable, date de 1368 tout en l'attribuant à Jean Ier de Castille ; un dernier, où, en manière de conclusion, il oppose à l'infinie variété et à la négligence actuelles en matière de poids et mesures, le soin qu'avaient les anciens de garder les étalons dans les temples.

Ce n'est assurément pas là ce qu'on peut appeler une œuvre originale. Lui-même a soin de nous prévenir qu'il s'en est souvent rapporté à d'autres [1]. Pour les monnaies espagnoles, il déclare devoir à peu près tous ses renseignements aux *Repetitiones* de Nebrixa (c'est-à-dire la *Repetitio sexta de mensuris*, et la *Repetitio septima de ponderibus*, parues en 1510 et 1511 [2]), et au travail de Diego de Covarrubias sur les monnaies, c'est-à-dire la *Veterum numismatum collatio cum his, quae modo expenduntur publica, et regia auctoritate percussa*, publiée en 1556 [3]. D'autres érudits espagnols avaient aussi étudié ces questions à des points de vue divers. En 1592, avait paru à Madrid, un *Tratado de las aguas distiladas, pesos y medidas, de que los boticarios deben usar*, dû au médecin de Philippe II, Francisco Valles de Covarrubias [4] : Mariana, lui aussi, s'occupe des poids et mesures employés par les médecins et pharmaciens tolédans [5]. En 1586 avaient paru à Rome les trois livres *De nummis* du célèbre Tolédan Pedro Chacón, qui mourut dans cette ville en 1581, laissant en manuscrit un *De ponderibus et mensuris*. Ce dernier traité, que Nicolas Antonio déclare se trouver à la Bibliothèque de Leijde [6], existe en tout cas à la Biblioteca nacional de Madrid [7] ; d'après ce que nous dit Noguera [8], ce serait Loaysa qui l'aurait recueilli : Mariana ne put donc manquer de le connaître, bien qu'en 1590 il écrive à un correspondant que, du *De ponderibus et mensuris* de Chacón, il n'a rien trouvé à Tolède [9]. Noguera nous apprend encore, mais sans autres explications, que Mariana eut sous les yeux divers manuscrits

---

1. « Et quoniam multi sæpe nodi incidunt implexi, profiteor quæ explorata sunt, positurum pro certis : in aliis, si quæ verisimilia sunt, aut ex coniecturis, aut aliorum auctoritate, eorum periculo dixero, satis habeam, fides tantum auctores appellet. » (*Ibid.*)
2. N{os} 2346-7 de Salvá.
3. *Bibl. h. n., Didacus de Covarrubias.*
4. *Bibl. h. n.*, à ce nom.
5. C. 9 et 17.
6. *Bibl. h. n., Petrus Chacon.*
7. Voir l'*Indice* de Gallardo.
8. P. LVI.
9. Ms. Egerton 1875, n° 50, f° 330. Cette lettre, signée Jo. Marianus, est de la main de notre auteur et relative à Chacón : « Chiaconii opus de mensuris et ponderibus ad nos neque integrum neque mutilum peruenit. » La lettre suivante, quoi qu'en dise Gayangos, n'a aucun rapport avec Chacón, à ce qu'il m'a semblé.

de son confrère Cipriano Suárez, collaborateur de l'édition de saint Isidore. Enfin, il avait évidemment pu profiter du *Thubalcain, sive de mensuris,* que Montano avait donné dans le tome VIII de la Bible d'Anvers ; on comprend même difficilement pourquoi il ne mentionne point ce travail qui, plus que tout autre, avait, avec le sien, cette analogie d'être destiné au commentaire de l'Écriture sainte. Parmi les auteurs espagnols, les seuls qu'il cite sont Covarrubias et Nebrixa, ce dernier assez souvent, même en dehors du chapitre des monnaies espagnoles. Les auteurs étrangers sont d'abord et surtout Guillaume Budé, dont le célèbre traité, *De asse,* avait paru en 1514 ; l'Italien Leonard Portius, qui, en 1530, donnait son *De sestertio, pecuniis, ponderibus, mensuris,* etc.; l'évêque d'Avranches, Robert Cenalis, dont le *De vera mensurarum ponderumque ratione* (1532) paraissait pour la troisième fois en 1547 ; puis le Saxon George Agricola, dont les *Libri quinque de mensuris et ponderibus Romanorum et Graecorum* furent publiés en 1533[1] ; André Alciat, dont le *De ponderibus et mensuris liber* (1530) avait été publié trois fois, avec ses autres œuvres, depuis 1560[2]. Il cite encore Fannius, Volusius Maecianus *(De assis distributione)*[3], Dioscoride, et Ermolao Barbaro, qui avait donné de ce dernier une version en 1516, puis une autre, avec corollaires, en 1529[4].

Ce n'est qu'après 1601 que Mariana fit trêve avec les imprimeurs. Cette année-là paraissait chez Pedro Rodríguez, sous le titre *Historia general de España,* la traduction de ses *Historiae de rebus Hispaniae libri XXV,* augmentés de cinq livres non publiés encore. Ce fut le dernier ouvrage de l'impression duquel il s'occupa personnellement.

Il avait alors produit en somme une partie essentielle de son œuvre. Ces vingt-cinq années qu'il comptait depuis son arrivée à Tolède avaient été remplies par un labeur incessant, et forment comme une première période dans sa vie d'écrivain, lui apportant la considération et aussi le sentiment de sa valeur. Avant l'ère des épreuves, il put jouir d'une huitaine d'années de calme et de travail libre, sans l'obsession des tâches de commande qui avaient jusque-là absorbé le meilleur de son temps[5]. On ne le voit plus, en effet, honoré ni par le roi ni par l'archevêque de semblables faveurs. Philippe III ne songeait guère à l'éducation de ses sujets par la science ; et le successeur de Loaysa, D. Bernaldo de Rojas y Sandoval, oncle du duc de Lerme, assez bien disposé pourtant à l'égard du jésuite historien (puisque, nous le verrons, il lui prêtait des livres), ne paraît pas avoir utilisé ses services.

---

1. Ils le furent de nouveau en 1550 avec d'autres traités du même auteur sur les poids et mesures.
2. Niceron, *Mém. pour servir à l'hist. des h. illust.,* t. XXXII, p. 321 ; Græsse, *Trésor.*
3. On trouve ces deux auteurs à la suite de *Prisciani Caesariensis... libri* dans une édition de Paris et Poitiers 1565, avec des notes d'Élie Vinet.
4. Cf. Fabricius, *Bibl. graeca,* t. IV, p. 695 et 699 ; Niceron, t. XIV, p. 21.
5. « ...inter varia onera à nostris ab externis imposita... » (Préf. des *Scholia.*)

CHAPITRE IV

I. Les plombs de Grenade.
II. Les reliques suspectes : le P. Francisco Portocarrero.
III. La question de saint Jacques : le connétable de Castille Juan Fernández de Velasco.

« *Vos adoramus quod scimus.* »

I

Ce n'est pas ici le lieu de relater les détails des pseudo-découvertes qui signalèrent les années 1588 et 1595, inaugurant en Espagne une ère de folie. D. José Godoy Alcántara a écrit avec infiniment d'humour, dans deux chapitres de son *Historia de los Falsos Cronicones*[1], comment à Grenade, en 1589, le 19 mars, parurent au jour, parmi les décombres d'une tour qu'on démolissait pour bâtir la cathédrale, des « reliques » et un parchemin ; comment ce parchemin contenait, avec des indications et un commentaire en arabe, une prophétie de saint Jean, transmise par saint Denis, évêque d'Athènes, au rédacteur, et reproduite par celui-ci en langue *castillane*; comment ce rédacteur n'était autre qu'un « Cecilius episcopus granatensis », ainsi que le déclare, à la suite et en latin, son disciple, le prêtre Patricius ; comment à partir du mois de février 1595 jusqu'à la fin de 1597, on découvrit successivement, au milieu de ruines qui subsistaient sur une hauteur appelée depuis le *Sacro Monte*, non loin de la même cité, des plaques de plomb sur lesquelles étaient gravées, en un latin et en un style qui rappellent les martyrologes, les noms de martyrs ayant souffert « año secundo neronis imperii » ; comment s'y trouvait précisément la mention du saint Cecilius, en des termes qui confirmaient admirablement le texte trouvé en 1588 : « dius cecilius : sancti jacobi discipulus : vir literis linguis et sanctit... preditus : prophetias divi joanis : apostoli comentavit : qui sunt posite cum alii reliquiis : in sublimi parte inhabitabilis turris turpiane ; » comment, en outre, apparurent de nombreux ossements, qui ne pouvaient être que ceux des martyrs cités sur les plaques ; et comment enfin toute une bibliothèque théologique composée de livres dont

---

1. Chap. I et II. Voir aussi Menéndez Pelayo, *Hist. de los heter.*, t. II, p. 641-5.

les feuilles étaient des rondelles de plomb, les titres en latin, le texte en arabe, compléta surabondamment l'étonnante trouvaille; car elle apportait, particulièrement sur saint Jacques et ses travaux apostoliques, une lumière nouvelle, et qu'on ne pouvait désirer plus certaine, les auteurs étant deux disciples du saint, les arabes Aben-Athar ou Ebnatar, devenu après sa conversion Thesiphon, et Ebneraldi, devenu Cecilius, évidemment celui de la *Torre Turpiana*[1].

Godoy, sans indiquer d'ailleurs bien nettement ses raisons, incline à penser que cet ensemble imposant de falsifications est l'œuvre de ceux-là mêmes à qui fut demandée l'interprétation du parchemin de la *Torre Turpiana*. On s'était d'abord adressé, détail amusant, à un ancien professeur d'arabe de l'Université de Salamanque, qui, mis au pied du mur, avait dû se récuser et confesser qu'il ne possédait de cette langue qu'une connaissance sommaire[2]; c'est alors qu'on eut recours à deux interprètes de Sa Majesté, deux fils de Morisques, Miguel de Luna et Alonso del Castillo. Le premier est l'auteur d'une supercherie d'assez grande envergure : il publia, en effet, en 1592, *La verdadera hystoria del Rey Don Rodrigo*, qu'il donnait comme une traduction faite par lui d'un ouvrage du « sabio Alcayde Abulcacim Tarif Abentarique, de nacion arabe y natural de la Arabia Petrea »[3], ouvrage qu'il disait avoir trouvé à l'Escorial. Le second avait été chargé par Philippe II de réunir des livres arabes pour le même Escorial[4]. L'hypothèse de l'historien des Fausses Chroniques est assez vraisemblable en ce qui concerne les inscriptions et livres de plomb du *Sacro Monte*, qu'auraient composés, par esprit de syncrétisme, des gens qui désiraient faire oublier aux chrétiens et aux arabes les antinomies de leurs doctrines respectives; si ce n'est pas Luna et Castillo, c'est bien quelqu'un des leurs qui avait imaginé cet ingénieux stratagème. Mais ce qu'on avait trouvé dans les décombres de la *Torre Turpiana* trahissait chez le faussaire d'autres préoccupations, beaucoup moins compliquées : il s'agissait en somme, semble-t-il, de confirmer la tradition consignée par les martyrologes d'Adon et d'Usuard[5] touchant saint Caecilius, l'un des sept envoyés des apôtres,

---

1. Ces découvertes ont été exposées et leur authenticité défendue par Adam Centurión, marquis d'Estepa, dans une *Informacion para la historia del Sacromonte, llamado de Valparaiso...* Granada, por Bartolomé de Lorenzana, 1632; Salvá (n° 3059) signale une copie manuscrite de l'original « que se presentó en el consexo Real de Castilla por el Marques de Estepa Año de 1632 », comme indique le titre. Il ne sait si l'imprimé concorde avec ce manuscrit, où il est aussi question de la Torre Turpiana, « con mas la caxa donde estaban otras reliquias que se hallaron en la Torre de Turpiana. »
2. Godoy, p. 97.
3. Cf. les n° 2801-05 de Salvá.
4. Sur Alonso del Castillo, voir l'*Advertencia preliminar* qui précède son *Sumario o recopilación de todo lo romançado... desde antes de la guerra de Granada*, dans le tome III du *Memorial histórico español*.
5. 15 mai. Cf. Gams, *Die Kirchengeschichte von Spanien*, t. I, p. 78 et 171-85.

celui à qui était attribuée l'évangélisation d'Iliberris (ou plutôt *Granata*, comme l'appelle *déjà* le parchemin revenu à la lumière). On peut donc à volonté voir dans cette première fantaisie soit, comme dit Godoy, un « globo correo », un ballon d'essai, soit une falsification isolée, sans autre plan ni arrière-pensée que celle qui vient d'être indiquée ; à moins que ce ne soit tout simplement un *entretenimiento* comme on s'en offre encore aujourd'hui si volontiers en cette aimable Andalousie, comme on s'en offrait vers 1572 à Madrid, au dire de Juan Bautista Pérez, « por burlar y hacer pecar [1]. » Il n'est pas nécessaire, il est même psychologiquement peu vraisemblable que le premier faux ait été combiné pour essayer le terrain et préparer une suite. Qu'il ait donné l'idée d'exploiter à nouveau la crédulité publique, mine inépuisable, voilà qui est fort possible. Il y a toujours contagion en pareil cas. Plutôt que de supposer un plan, une entente, et tant de persévérance et de méthode qu'en imagine Godoy chez les deux personnages à qui il attribue toute la collection, ne vaut-il pas mieux, n'est-il pas au moins plus séduisant de songer à quelque complicité spontanée, irréfléchie, réflexe, dans un siècle où Antonio de Guevara supposait un ouvrage de Marc-Aurèle, Ocampo, des œuvres historiques ; où la manie du faux, si elle n'était pas, comme on se le figurerait à tort, jugée moins sévèrement qu'aujourd'hui, était encouragée par une ignorance plus universelle ?

Quelqu'un, semble-t-il, qui désirait la vérité, c'était l'archevêque de Grenade, D. Pedro Vaca de Castro y Quiñones ; et le mérite était d'autant plus grand que le même archevêque désirait en même temps, de toute la force de sa piété, et de toute la vigueur d'un tempérament fort combattif[2], voir proclamée par tous l'authenticité des reliques, plombs et parchemin qui faisaient à son Église une histoire et une littérature apostoliques. Il consulta de tous côtés, et l'on peut admettre que c'était moins en vue de trouver des avocats que pour se faire une conviction définitive. En attendant, il était fort convaincu. Il fut mis à rude épreuve. Pour l'honneur de la critique espagnole, tout le monde n'était pas dupe. Dès 1589, il y eut une protestation. Malheureusement, elle était anonyme et resta manuscrite[3]. Godoy l'attribue à l'intègre et savant Juan Bautista Pérez, qui jadis avait enseigné l'hébreu et l'arabe. Quand parurent les plombs du *Sacro Monte*, un mémoire fut adressé au Conseil, exposant les raisons qui les rendaient suspects, et signé par un avocat de Madrid, le licencié Gonzalo de Valcárcel ; et c'est encore à Pérez, évêque de Segorbe depuis

---

1. *Parecer sobre las planchas de plomo que se han hallado en Granada* (t. III du *Viage* de Villanueva, p. 277).
2. Voir l'article de M. A. Sánchez Moguel, dans le *Boletín de la R. Acad. de la Hist.* (t. XVI, 1890), sur *El Arzobispo Vaca de Castro y el abad Gordillo*. Castro soutint, étant archevêque de Séville, quatre-vingt-dix-sept procès.
3. V. Godoy, p. 7, n. 1.

novembre 1591, que Godoy attribue la paternité de ce *Discurso*[1]. Le terrible Pérez est en tout cas le premier qui les ait attaqués, et cela nous est dit par Nic. Antonio[2]; celui-ci devait être assez bien renseigné, puisque, chose bizarre, lui, l'auteur de la *Censura de las Historias fabulosas*, était à Rome vers 1678 l'agent des chanoines du *Sacro Monte*, et leur donnait des conseils pour obtenir la légitimation des pièces sorties du *solar* sur lequel l'archevêque Vaca de Castro avait élevé leur collégiale[3]. Le *Discurso* de Valcárcel, quel qu'en soit le véritable auteur, aurait dû éclairer l'archevêque, et avec lui tous les gens de bonne foi. On y voyait relevés les anachronismes les plus notables : le castillan parlé au temps de Néron ; un livre écrit en arabe avec les caractères inventés par Salomon ; la mention des mozarabes ; le mot *diuus* employé comme synonyme de *sanctus*; *Iliberris* appelée *Granata*; l'évangile de saint Jean, au moins le début, cité en l'an 56, et, qui mieux est, traduit d'un bout à l'autre par saint Denys l'Aréopagite, en grec. Ces critiques en disent long sur les connaissances historiques des auteurs et des partisans des fameux plombs[4].

1. Cf. Godoy, p. 107, n. 1, où est reproduit un passage d'un *Informe* de Medina Conde, affirmant la même chose.

2. « ...primus, quod sciam, de inventis Granatae apud Illipulitanum montem vestigiis Martyrum, librisque ac laminis plumbeis consult. » (*Bibl. h. n.*, au mot *Ioannes Baptista Perez.*)

3. Cf. Godoy, p. 315.

4. Il y a une copie manuscrite de ce *Discurso* à la Bibl. nacional (V. l'*Indice* de Gallardo), et l'un des manuscrits de Londres provenant de Mariana en contient un sommaire. Godoy, qui parle de ce « memorial de dificultades » (p. 107), n'en paraît pourtant pas avoir connu la teneur ; il n'en donne en tout cas ni le titre ni l'analyse. Je suppléerai à cette lacune en reproduisant le *Sumario* de Londres :

(Ms. Egerton 1874, n° 42, f° 402.)

« Sumario del discurso de Gonçalo de Valcarcel jurisc. acerca de las reliquias, Prophecias laminas etc° que se hallaron en Granada y junto a ella año 1588, y 1595.

» La 1ª dificultad que ay es que en la 4 lamina de plomo q̃ se hallo en 30 de Abril de 95 dize en el 2 año de Neron en las Calendas de febrero padeçio martirio S. Cecilio y que con el padecieron martirio. Setentin y patriçio sus diçipulos. y que estos le dixeron al q̃ escriuio la lamina que S. ceçilio auia comentado las Prophecias de S. Johan euangelista y que estaban puestas en la torre Turpiana y es assi q̃ las Prophecias q̃ se hallaron en el año de 88 en las ruynas de la Torre estan escritas en la misma lengua Castellana q̃ oy hablamos, lo q' es claro argumento de ser fingido, porque en el 2 año de Neron no se hablaba la lengua castellana q̃ oy se habla q̃ es compuesta despues de muchos siglos de diuersas lenguas de las naçiones que han habitado estas proui° ni aun aora çien años no se hablaba tan cortado castellano como esta en la que se llama propheçia de la torre turpiana.

» La 2ª Raçon para entender que todo es fabuloso q̃ Patriçio en la narraçion dize que S. Cecil le encargo q̃ escondiese la dicha propheçia, porque no viniese a manos de los Moros, y haze mencion de xpianos moçarabes q̃ es cosa que no ubo en Hespaña, ni se nombraron 700 años despues q°° se dio este nombre a los xpianos que uiuian entre los Moros perdiada (sic) Hespaña. dize mas el dicho Patri. que interpreto la Propheçia en Alxamia para q̃ se entendiese q̃ es nombre q̃ los moros o moriscos dieron modernamente a nr̃a lengua Castellana.

» Y no satisface a esto fiujir que S. Patr. con espū de Proph. supieso la lengua Castellana q̃ aora se vsa, y no se vsaba entonçes. lo 1° por que no ay notiçia q̃ tubiese

En 1595, Pérez exposait (nous ne savons s'il faut dire : de nouveau ou à son tour) les raisons qui lui faisaient voir dans ces découvertes une farce indécente. Son « parecer », que Villanueva a fait connaître[1], diffère, quant aux arguments, de celui qui avait paru sous le nom de Valcárcel. Les arguments ne pouvaient manquer. Ceux qu'il présentait ici étaient également sans réplique. La même année, Arias Montano, sollicité par l'archevêque de dire son avis et probablement même d'aller à Grenade, s'en excusait sur ses maux de tête et d'yeux, et l'excuse n'était pas feinte sans doute; et l'on comprend au surplus qu'il ne voulût pas se retrouver dans des tracas comme ceux dont la Bible d'Anvers avait été pour lui l'occasion. Sa réponse, qu'a aussi publiée Villanueva[2], en dit pourtant assez long sur ses sentiments, et

espiritu de proph̃. lo 2° por que no se halla exemplo ni que ninguno de los Proph. supiese lengua q̃ se inuento 1500 años depues *(sic)*.

» Confirmase lo sobre dicho con el nombre de Diuo q̃ en el pargamino de la proph. y en las laminas se da a los sanctos q̃ es cosa q̃ en la primitiua Iglesia no se uso porq̃ se pretendio quitar la ocasion de q̃ pensasen judios y gentiles que los xpianos tenian por dioses a los ss̃ por que en esa signif̃ daban los gentiles el nombre de Diuos a sus prinsipes, e personas a quien veneraban por Dioses. Y aun ellos no daban este apellido a ningun hombre mientras viuia y S. p. *(San Patricio)* en el 2 año de Neron avn viuia y viuio muchos años despues.

» Añadese otra difficultad q̃ en la dicha narraçion el author nombra a S. Cecilio obispo de Granada siendo assi verdad que en aquel tiempo ni auia Granada cibdad ni nombre de ella, ni se halla mençion de oṗo de Granada en mas de 1300 años despues en los Hystorias de españa. y lo que dixo el rey D. Alonso refiriendo la diuision de Bamba yliberis hoc est Granada fue adicion suya para claridad por que fue en aquella mesma tierra yliberis cerca de Granada.

» Item en la dicha narraçion se nombra a S. Joh. euangelista, y es çierto q̃ no auia escrito el euangelio en el 2° año de Neron, y en el dicho pargam̃ se pone al pie de la letra el fragm̃ del cap 1° de S. Juan como se canta en la Iglesia hasta plenum gratie et veritatis. que muestra ser la ficion muy moderna. en la narr̃ sobre dicha se vsa aquel lenguage que es bien moderno en el nombre de la honorifica Trinidad, y avn el mismo nombre de Trinidad no se vsaba entonçes avnque se confesaba en misterio por otras palabras.

» Tambien pareçe que la palabra moderna de la misma narr̃, la 3ͭᵃ casa de Hyerusalem *(un blanc)* contradize tambien a la verdad lo que se diçe en el mismo pergamino el principio, q̃ S. Dionisio Areopag. traduxo en griego el euangelio de S. Joh. porque todos los historiadores ecclesiasticos concuerdan que S. Joh. le escribio en griego. Item si no se auia escrito en el 2° año de Neron como en aquel año le auia traducido S. Dionisio?

» Tambien es argumento de ser fingido lo que contiene la cubierta del libro que se hallo en 25 de Abril de 95 essentia Dei porque diçe que lo escribio S. Tesiphon, en su lengua Aribiga caracteribus Salamonis, lo 1° porque fue sin proueuecho ninguno escribirlo con lengua y caracteres no vsados, y en aquel tiempo no se vsaba lengua arabiga, ni avn en Africa.

» Despues destos Apuntam̃ satisface a los argum̃ que se hallan por la opinion de ser verdaderas reliquias prophecias ett̃. »

1. *Viage*, t. III, p. 259-78.
2. *Ibid.*, p. 278-80. Le ms. Egerton 442 (cf. Gayangos, *Catalogue*, t. II, p. 148-50) contient les copies de lettres de Montano, Pérez, Antonio de Covarrubias, Loaysa, etc., à l'archevêque Vaca de Castro sur le même sujet. Ces copies sont dues au faussaire Medina Conde, défenseur attardé des reliques (cf. Godoy, p. 319-25). On ne peut donc les utiliser sans réserve. Quant à Ant. de Covarrubias, il était partisan des plombs : cf. le ms. Eg. 427, n° 7 (t. I, p. 379 de Gayangos).

s'il y prêche beaucoup la prudence, c'est sans doute parce qu'il craignait qu'on en eût manqué quelque peu en cette affaire. Son disciple, Pedro de Valencia, devait d'ailleurs le suppléer quelques années plus tard et prendre une attitude autrement offensive [1]. Aux noms des hommes de bon sens qui refusèrent ainsi de grossir le parti des dupes, nous devons, chose ignorée jusqu'ici, joindre celui de Mariana.

Si l'on tient compte des réserves qui lui étaient imposées par les convenances et le désir de ne pas compromettre la Compagnie, on jugera que Mariana ne pouvait guère dire tout haut sa pensée. Il l'a pourtant exprimée, d'une façon non équivoque, et en s'adressant à l'archevêque lui-même. Un des manuscrits de Londres contient, en effet, une lettre signée de son nom, et portant la suscription « Al S⁰ʳ Arçobispo de Granada », avec la date « de Toledo y junio 26 de 1597 » [2]. Sa « Seigneurie Illustrissime » lui ayant fait l'honneur inattendu de le consulter sur la question de « ces reliques et lames », il avoue qu'il est de ceux qui ont trouvé quelque difficulté à en accepter l'authenticité : « Pourtant les papiers que le docteur Herrera [3] lui a lus le matin même lui ont fait voir que rien n'a été négligé ; et les preuves qu'on apporte seraient suffisantes assurément si les difficultés qui ont été objectées pouvaient être complètement aplanies ; car bien qu'à presque toutes on ait satisfait, il reste celles qui touchent à l'emploi des langues arabe et castillane. Pour ce qui est des miracles, ils sont nombreux et notables ; et les approbations des théologiens, très considérables. Et toutefois, il serait peut-être plus sûr d'arrêter toute cette affaire, en quoi il n'y aurait nul inconvénient, au lieu que la conduite contraire pourrait causer des maux irréparables. La vérité est fille du temps : les délais lui donnent des forces, comme la précipitation en donne aux impostures. » Et rappelant avec un à-propos plein de finesse la parole du Christ à la Samaritaine : « Nos adoramus quod scimus, » ce qui impliquait « Vos adoratis quod nescitis », le jésuite conclut, avec toute la déférence obligée, en promettant de se conformer à la décision que prendra Sa Seigneurie Illustrissime.

Pouvait-on plus poliment dire à un archevêque que l'on ne pensait pas comme lui? Et cela sans compter les sous-entendus sur les « démarches qu'on a faites » ; le vénérable Pedro Vaca de Castro n'en n'avait fait que trop pour compromettre la cause de tous les saints, oubliant le précepte que Mariana puisait dans l'Évangile : « Nous adorons ce que nous connaissons. »

Le silence a aussi son éloquence. S'il lui était difficile de proclamer

---

1. Cf. Godoy, p. 115.
2. Voir l'appendice III, 5.
3. Serait-ce Antonio Herrera, le *Coronista mayor de Indias*, qui en 1601-15 publia l'*Historia general de los hechos de los Castellanos en las Islas...* (n° 3340 de Salvá)?

son sentiment sur les plombs de Grenade, ne pas dire un mot, dans son Histoire espagnole, en 1601, d'une découverte dont tout le monde parlait et qui passionnait les esprits, était pour Mariana un moyen très simple de se faire comprendre sans se compromettre. C'est bien celui qu'il a employé. Ni dans cette édition, où il mentionne pourtant et reproduit l'inscription dédicatoire de l'église « Sanctae Mariae in Catholico » découverte par Juan Bautista Pérez[1], ni dans l'édition latine de 1605, ni dans aucune des suivantes, on ne trouve la moindre allusion aux reliques ni aux plombs trouvés en 1589 et 1595-1597. Caecilius et Thesiphon sont bien nommés parmi les évangélisateurs de l'Espagne, et le premier est signalé comme premier évêque d'Illiberris; mais ici l'auteur ne fait que rappeler la tradition, ou plutôt deux traditions, dont l'une faisait de ces personnages et de leurs compagnons les disciples de saint Jacques, et l'autre, les envoyés de saint Pierre et de saint Paul[2]. Et il en reproduit même une troisième, celle que fait connaître Pélage d'Oviedo, et qui ne fait figurer ni Caecilius ni Thesiphon parmi les disciples de saint Jacques[3]. Quant à ce que rapportent le parchemin de la *Torre Turpiana* et les livres d'Ebnatar et d'Ebnelradi, tout cela est évidemment non avenu. Du reste, le fond de sa pensée, Mariana l'a écrit d'une manière explicite, ainsi que nous aurons l'occasion de le dire.

On peut voir maintenant si Godoy a été juste en écrivant : « Mariana no era en punto á depuracion de verdades difícil[4], » et s'il est vrai, comme dit aussi le même écrivain, qu'avec Antonio Agustín et Ambrosio de Morales, on avait enterré ce qui pouvait être appelé, eu égard au temps, la critique historique.

II

L'auteur de l'*Historia de los Falsos Cronicones* ne s'est pas trompé en expliquant par l'exaltation de la foi religieuse[5] la faveur avec laquelle le public espagnol accueillit la découverte des plombs de Grenade. Il signale cette tendance au mysticisme, qui se manifeste dans la littérature par les œuvres de Louis de Grenade, de saint Jean de la Croix, de sainte Thérèse; dans la société, par la multiplication des couvents; dans le peuple, plus spécialement par le goût du merveilleux, soit miracle, soit prophétie. Mais la manifestation la plus extraordinaire de cette recrudescence du sentiment catholique fut bien celle

1. V, 14.
2. La seconde était celle des martyrologes; sur la première, cf. l'article de M⁰ʳ Duchesne qui est signalé p. 80 n. 3.
3. IV, 2.
4. P. 17.
5. P. 1-3.

qui avait trait au culte des saints, et qui se traduisait par une véritable passion pour les reliques. L'exemple venait ici de haut. Chez Philippe II, cette passion avait quelque chose de la manie du collectionneur. Il avait fait entreprendre à Morales un voyage d'inspection principalement destiné à préparer une translation partielle de toutes les reliques importantes et authentiques existant en cette Espagne du nord-ouest, refuge, pendant les sombres siècles de la domination arabe, de la chrétienté et de ses trésors. Il s'agissait, en effet, de réunir à l'Escorial comme une exposition perpétuelle de ces vénérables restes. On demanderait aux églises une partie de chaque relique, et on leur donnerait en échange une aumône leur permettant d'honorer plus décemment les portions saintes qui leur resteraient. La cédule que le roi avait fait remettre à son *coronista* pour lui assurer partout un bon accueil n'indique rien de ces intentions ; mais les notes qui suivent la relation de ce voyage, sous le titre de *Suma de Reliquias*, nous renseignent à souhait[1]. On désirait tout particulièrement retrouver le crâne de saint Laurent, qu'on savait exister quelque part en Galice[2], et qu'en effet Morales retrouva, en partie du moins, à Santiago, dans le monastère de Santa Clara[3]. A vrai dire, Philippe II, dans sa piété, ne s'intéressait pas au seul monastère de l'Escorial. Apprenant, par exemple, que les corps des saints Juste et Pastor se trouvaient à Huesca, il se mit dans l'esprit de les faire restituer à Alcalá, lieu où avaient souffert ces martyrs, et où ils avaient été jadis ensevelis. Après d'assez inquiétantes velléités de résistance, les gens de Huesca se laissèrent dépouiller, l'année 1567[4]. Déjà, auparavant, le roi avait donné aux Tolédans une joie inappréciable en négociant avec les moines de l'abbaye de Saint-Denis la cession du corps de saint Eugène, premier évêque de Tolède. En 1594, Quiroga avait obtenu un bref de Clément VIII pour que l'évêque et l'Église de Zamora rendissent à l'Église de Tolède le corps de saint Ildephonse ; mais il mourut avant l'exécution de ce projet. On avait été plus heureux quelques années plus tôt. En 1587, le jésuite Miguel Hernandez ramenait de Flandre à Tolède le corps de sainte Léocadie. L'historien Garibay avait même joué dans cette « invention » un rôle qu'il aurait voulu voir moins oublié. Il avait cherché à se dédommager en tâchant de faire ramener dans sa patrie le corps de saint Vincent Ferrier, qui était à Vannes, et celui de saint Firmin, que l'on conservait à Amiens[5].

Si telle était la passion pieuse d'un homme éclairé comme Garibay,

---

1. Principalement p. 260-71 du *Viage*, dans le tome X de l'édition Cano.
2. *Ibid.*, p. 10.
3. P. 135. Je consacre à Morales un chapitre dans *Les prédécesseurs de Mariana*.
4. Voir *La vida, el martirio, la invencion... de San Justo y Pastor*, par Morales, dans le tome I de ses *Opusculos castellanos*, particulièrement p. 69-102.
5. Cf. mon étude sur *Les Prédécesseurs de Mariana*, et les *Memorias de Garibay*, dans le *Memorial histórico español*, t. VII, *passim* à partir de la p. 309.

pour les reliques des saints, on peut se représenter ce que devait être le sentiment de la multitude. Ce sentiment était fait de patriotisme et d'amour pour le catholicisme. On voulait honorer les saints nationaux, qui étaient pour la patrie, pour la cité moderne, ce que les dieux tutélaires étaient pour la cité antique. Mais surtout on voulait honorer tous les saints, quels qu'ils fussent et d'où qu'ils vinssent, par esprit de réaction contre le protestantisme, avec les progrès duquel on voit, en effet, coïncider en Espagne cette recrudescence du culte (pour ne pas dire la vogue) des reliques. Nous allons voir à quel point Mariana était éloigné de partager un tel enthousiasme.

Déjà en 1595, dans ses *Advertencias* aux *Illustraciones genealogicas* de Garibay, il avait eu l'occasion de montrer ses idées en pareille matière. L'historien guipuzcoan donnait le titre de saint au roi d'Écosse Malcolm et à Charlemagne. Or, observe Mariana, ni Surius[1] ni Molanus[2], qui pourtant ne laissent rien perdre (il dit même plus énergiquement « qui balayent tout », *lo barren todo*), n'accordent pareil titre au premier. Quant au second, ni Surius ni le nouveau martyrologe romain ne tiennent compte d'une prétendue canonisation due à un faux pape, Pascal III; et si quelques martyrologes en tiennent compte, en Espagne l'usage est contraire, et nul n'a le droit d'innover en de semblables choses[3].

Des faits autrement graves que les assertions quelque peu inconsidérées de Garibay amenèrent peu après le jésuite à s'élever contre la manie sanctifiante de ses concitoyens. Un des manuscrits de Londres contient les minutes, avec corrections autographes, d'une lettre en latin adressée par lui au Pape, d'un mémoire également en latin, d'une lettre en espagnol signée de lui et adressée au roi, et d'un mémoire en espagnol qui n'est que la traduction du mémoire en latin. Les deux lettres sont respectivement datées « Toleto Idibus Decem. 1597 » et de Toledo y Dizᵉ 20 de 1597 ». Le tout concerne les reliques qu'on importait alors de Rome en Espagne et aux Indes.

Dans la première lettre, Mariana s'excuse, lui, cendre et poussière, d'élever la voix jusqu'au Souverain Pontife : la charité du Christ et l'amour de la religion catholique le pressent. Il ne se dissimule pas sa témérité : rien de plus trompeur ni de plus tenace que la fausse piété de vieille femme; quand on voit le mensonge alléguer la religion, personne n'ose ouvrir la bouche. Mais le mal devient menaçant; il faut agir sans tarder. Dans ces dernières années, un nombre incroyable de reliques a été amené de Rome en Espagne; on les a exposées dans les temples à la vénération des fidèles. Ce qu'en pensent les gens compé-

---

1. Dans son *De Vitis sanctorum*, qui avait été imprimé plusieurs fois depuis 1551.
2. Molanus (Jean Ver Meulen) avait publié en 1568, à Louvain, le Martyrologe d'Usuard.
3. V. l'appendice III, 2.

tents, et les raisons qu'on a d'être dans le doute, voilà ce que veut faire connaître à Sa Sainteté le signataire.

La seconde lettre, semblable quant au fond, précise certains détails. Ce n'est pas seulement en Espagne, mais aussi aux Indes que ces reliques ont été expédiées en si grand nombre; et, chose qui doit inquiéter le roi, on dit qu'il y en a jusque dans le sanctuaire de l'Escorial. Elles viennent des catacombes de Saint Sébastien. Mariana prie le roi de parcourir le mémoire joint à sa lettre ou de le faire examiner par une assemblée d'hommes savants et graves. Il lui déclare en outre qu'il en a envoyé un exemplaire au pape, et qu'avant d'en venir à une telle démarche, tout a été tenté pour l'éviter. Notons enfin cette phrase qu'il répète dans son mémoire et qui est comme le diagnostic du mal qu'il s'agit de combattre: « Il règne aujourd'hui en Espagne un désir extraordinaire de trouver et même de forger à la légère de nouveaux noms de reliques de saints, » c'est-à-dire de nouveaux noms de saints à propos de prétendues reliques. Et sans doute le jésuite pense-t-il ici aux nouveaux saints de Grenade, et à d'autres encore dont il sera parlé; mais il accuse un travers, une folie générale, dont s'épouvantent sa foi et son bon sens.

Pour connaître Mariana, pour apprécier sa critique, le juger enfin comme historien, il faut avoir lu le mémoire annoncé par ces deux lettres[1]. Rien ne lui fait plus d'honneur que son attitude en cette circonstance. Alors que de prétendus érudits, les uns entraînés par une piété niaise, les autres parfaitement conscients de leurs impostures, ne songeaient qu'à flatter les penchants superstitieux de la foule, il a pris la peine d'examiner avec sang-froid, comme s'il s'agissait d'un problème historique quelconque, et en l'étudiant par le côté historique, une question que d'autres ne voulaient envisager que du côté religieux.

« Nos adoramus quod scimus, » tel est le principe qu'il rappelle ici au pape et au roi, comme il faisait quelques mois auparavant à l'archevêque de Grenade. On ne demande pas, ajoute-t-il, une évidence mathématique, mais une certitude et une prudence aussi grandes que le permettent les choses humaines, et proportionnées à l'importance du sujet. Et, sans détours, il expose ses inquiétudes à l'égard des reliques tirées des catacombes de Saint Sébastien ou cimetière de Saint Calixte : Sa Sainteté n'a pas été suffisamment mise au courant, et l'on n'a pas pris toutes les précautions nécessaires pour assurer l'authenticité de ces mêmes reliques.

En effet, dans ce cimetière, comme dans les autres cimetières

---

1. C'est comme le commentaire de cette phrase de son *De aduentu Iacobi* (c. 1): « Addam, nonnumquam in templis reliquias dubias, profana corpora pro sanctorum, qui cum Christo in coelo regnant, exuuiis sacris fuisse proposita. » Voir à l'appendice III, 6, les deux lettres, le mémoire au roi, et la réponse de Loaysa.

romains, il n'y a pas seulement, comme le croit le vulgaire, des ossements de martyrs ; il y a aussi des restes d'autres chrétiens qui y furent enterrés très anciennement. Chez les Romains comme chez les Grecs, on enterrait en dehors de la ville, et les chrétiens se conformèrent à cet usage : à Rome, ils avaient leurs cimetières, ceux de Calixte, de Priscille, de Calepode, etc. On n'y enterrait pas les seuls martyrs, mais bien tous les fidèles. D'autre part, le *Liber Pontificalis* qui porte le nom de Damase et d'Anastase nous apprend que, même après Constantin, alors qu'on ne martyrisait plus et que l'Église n'avait pas encore l'habitude d'honorer comme des saints les simples confesseurs, beaucoup de papes furent enterrés dans ces souterrains. D'Ammien Marcellin, Onuphrius Panvinius[1] a tiré la preuve qu'Hélène et Constantine, femmes de Julien l'Apostat et de son frère Gallus, le furent dans le cimetière de Sainte Agnès. Saint Jérôme, parlant des catacombes, désigne par les mots « corpora sepultorum » et non par ceux de « corpora martyrum » ou « sanctorum » les cadavres qui y sont ensevelis. Il faut donc conclure avec Baronius, avec l'auteur des observations parues sur le martyre des saints Abundius et Abundantius, avec Onuphrius, que les cimetières servaient de lieux de sépultures aussi bien que d'églises aux chrétiens[2].

Autre preuve : on montre dans ces catacombes des sépultures de petits enfants dont les noms sont inconnus ; on les appelle les Innocents, si bien même qu'on en arrive à les prendre pour ceux que fit massacrer Hérode. Or, les Romains ne condamnaient pas à mort les enfants de cet âge. On dira que ce sont des enfants de chrétiens ; sans doute : mais on n'enterrait donc pas que des martyrs dans ces cimetières ; et, d'autre part, l'Église ne vénère point les ossements des petits enfants par la seule raison que ce sont des fils de chrétiens ou même de martyrs.

Ainsi, on enterrait là non seulement les martyrs, mais tous les autres chrétiens. Il est vrai que, comme dans nos églises d'aujourd'hui, les sépultures des premiers sont plus belles, plus riches que celles des autres, et Prudence le constatait dans le *Peristephanon*. Et alors, dira-t-on, pourquoi nous imaginer que les reliques que l'on tire de ces catacombes sont tirées des sépultures communes et non de celles des martyrs? Il est possible de répondre par trois arguments. D'abord, comment croire que, si ces ossements eussent été des reliques certaines de martyrs et aussi vénérables qu'on le dit, les papes eussent fermé ces catacombes et privé la chrétienté d'un tel

---

1. Son *De ritu sepeliendi mortuos apud veteres christianos et eorum coemeteriis* avait paru à Louvain en 1572.
2. Les références des passages de saint Jérôme, de Baronius et d'Onuphrius sont indiquées par Mariana. Quant à la passion des saints Abundius et Abundantius, elle parut à Rome en 1584, et c'est sans doute d'une note de l'éditeur, Fulvius Cardulus, que notre auteur tire la phrase qu'il cite dans sa lettre.

trésor, alors que les inscriptions marquaient quels saints se trouvaient là? Ensuite comment le Pape et le peuple romain ont-ils pu laisser enlever tant de reliques précieuses? Car on dit qu'un seul prêtre n'a pas emporté publiquement moins de quatorze têtes de pontifes. Au surplus, il est notoire qu'il y a eu de l'argent versé sous le nom d'aumône, ce qui donne à penser que la personne qui a remis ces reliques n'avait pas la dignité requise pour une affaire aussi grave. Enfin, quand furent fermées les catacombes, il est avéré que l'on en retira tous les restes des saints, particulièrement ceux qui était munis d'inscriptions ou qui se trouvaient dans des sépultures connues; on les répartit entre les églises de Rome; et Baronius et Onuphrius Panvinius parlent des mesures que prirent à cet égard les papes Paul et Pascal.

Mais, dira-t-on encore, lorsque furent fermées les catacombes, il dut bien y rester quelques reliques de saints. Soit, mais comment a-t-on reconnu celles-ci, quand on a rouvert les catacombes? N'a-t-on pas simplement suivi l'opinion du peuple, pour qui tous les ossements qui s'y trouvaient étaient des reliques de saints? On dit qu'il y avait des chapelles avec des décors de stuc; mais il y en a aussi dans nos églises pour les sépultures des gens riches. Il y avait des lampes de terre cuite, des images peintes; qu'est-ce que cela prouve? Là où il y a des chapelles et des autels, on voit des ornements semblables. Il y a des flèches peintes, et en certain endroit les mots « Passus est sub Nerone » : si ces inscriptions étaient sur les sépultures mêmes, ce serait un indice sûr; mais si elles ne se lisent que sur les murs des chapelles, elles ont pu être mises là à propos d'images ou de reliques qui s'y trouvaient anciennement; elles ne permettent pas de considérer comme sépultures de martyrs celles qui se trouvent alentour. On note sur quelques-unes de ces sépultures la figure de la croix : mais c'est là simplement la marque d'une sépulture chrétienne. Si l'on y voyait la palme, on pourrait penser qu'il s'agit bien d'ossements de martyrs; mais ceux qui ont apporté ces reliques ne parlent pas d'un tel symbole. Y avait-il au moins des inscriptions indiquant le nom des défunts? Oui, des noms comme Anastasia, Anteros, Milanius, Benedicta, Gordianus, dont on fait autant de saints : comme si dans nos églises on ne trouvait pas sur les tombes des noms comme Pierre, Jean, Antoine!

Ainsi, quelle preuve a-t-on que ce soient là des martyrs? Et en particulier, comment sait-on que les enfants qu'on a découverts sont des martyrs ou des saints canonisés?

La vérité, c'est qu'il règne aujourd'hui un incroyable désir de trouver des reliques; la saine raison en est troublée; on s'avance sans raison sérieuse. Et il y a là de quoi ôter le crédit aux reliques anciennes et certaines, de quoi faire supposer qu'elles ont été jadis acceptées comme authentiques avec la même facilité.

On dira qu'il est exagéré de vouloir priver des hommages qui leur sont dus les reliques saintes qui avaient pu rester dans les catacombes, confondues avec d'autres ossements; qu'il vaut mieux prendre de tout, et qu'il y aura bien dans le nombre quelque vraie relique. — Non, car il y a moins d'inconvénients à ne pas honorer quelques reliques anonymes qu'à exposer à la vénération populaire les ossements d'hommes profanes et peut-être même méchants. Ce n'est pas une affaire à mettre à l'aventure.

Il est vrai que les papes ont l'habitude de donner des permissions pour tirer des reliques, en particulier des *Tre Fontane* et des catacombes de Saint Sébastien. Ne parlons pas des *Tre Fontane*, où l'on montre en effet une grande quantité d'ossements de saint Zenon et ses compagnons. Mais de même que les Souverains Pontifes n'entendent pas approuver tous les autres ossements qui se trouvent dans cette église, de même leurs permissions, en ce qui concerne les catacombes, visent les ossements qui seront approuvés par les papes ou qu'on reconnaîtra pour des reliques authentiques à des signes certains. Il est clair, en tout cas, que ces permissions, si elles remontent à une date déjà ancienne, ne pouvaient concerner les catacombes alors fermées à la chaux et au mortier, ouvertes accidentellement depuis peu. Or, c'est depuis leur ouverture qu'est venue en Espagne cette inondation *(avenida)* de reliques.

Il est donc désirable que Sa Sainteté fasse faire une enquête. Si l'on découvre que les reliques ne sont pas certaines, on les retirera, dût le peuple en murmurer, et l'on peut, du reste, s'arranger de manière à ne pas le heurter. Si, chose bien désirable, l'authenticité s'en trouve vérifiée, il y aurait à empêcher qu'il n'en vienne plus autant, de peur que leur multitude ne fasse moins apprécier et les anciennes et les nouvelles. Il serait peut-être bon de refréner cette passion désordonnée et exagérée pour les reliques par une loi sévère contre ceux qui mettent en circulation des reliques non authentiques; on interdirait leur approbation, soit à Rome même, soit par les évêques ordinaires, sans la requête d'un procureur, exactement comme lorsqu'il s'agit d'une canonisation; car, dans les deux cas, il faut une égale sécurité, et les approbations qu'on a vues jusqu'à présent ne sont pas considérées comme authentiques. De plus, il faudrait faire visiter et examiner toutes les reliques qui depuis quelques années ont été exposées, et les sanctuaires élevés récemment en Espagne; il faudrait empêcher que l'on ne *baptisât* aucunes reliques, fussent-elles véritables : on doit donner les choses pour ce qu'elles sont.

Et pour finir, il convient de se rappeler ce que dit Lactance : la piété et la dévotion sont une bonne chose si elles sont accompagnées de prudence et de savoir.

Convaincu comme il l'était du danger auquel était exposée la foi,

Mariana, qui venait ainsi de s'adresser au pape et au roi, ne voulut négliger aucun recours. Le même manuscrit de Londres contient encore, à la suite de ce mémoire, le brouillon d'une lettre écrite par lui à son ami Garcia de Loaysa ; puis la réponse de celui-ci, en date de Madrid et du 22 janvier 1598, c'est-à-dire sept mois avant son élévation à l'archiépiscopat. Mariana répète en substance ses lettres au pape et au roi. Loaysa, avec son laconisme et sa modération ordinaires, réfute quelques-unes des assertions du mémoire. Il n'admet pas que le commun des fidèles ait été enseveli dans les mêmes endroits que les martyrs et que les saints : le pape Marcel ne fit-il pas des sépultures réservées aux martyrs ? Le passage de saint Jérôme montre clairement que les chrétiens avaient enterré là les martyrs, et ceux-ci étaient si nombreux, que, fatigués de les tuer, leurs bourreaux les brûlaient en guise de torches pendant la nuit ; aussi le sol de Rome est-il imprégné de leur sang, comme on l'a dit de celui de Saragosse, où il y a aussi des souterrains remplis de cadavres de martyrs. D'autre part, ceux qui apportent les reliques en question les ont fait approuver par Sa Sainteté ou par quelque cardinal ; et Loaysa n'oserait les condamner sans voir les approbations. Enfin, le roi lui a dit que l'Escorial possède une seule relique du cimetière de Saint Calixte, laquelle est suffisamment approuvée. Il avait donc parlé à Philippe II de ce qui préoccupait si vivement son ami, et l'on voit que le résultat obtenu par celui-ci de ce côté fut médiocre. On dut regarder comme un esprit inquiet et turbulent ce jésuite qui, juste un siècle avant Mabillon, introduisait la critique dans la question de l'origine et de l'authenticité des reliques [1].

Il reste à savoir d'une façon plus précise à quelles histoires de reliques Mariana avait voulu faire allusion. Au moins sur l'une d'entre elles, la principale sans doute et la plus intéressante pour nous, puisque nous en retrouverons le protagoniste dans l'affaire des Fausses Chroniques, nous sommes renseignés à souhait par la continuation manuscrite qu'un jésuite mort à Tolède en 1720, le P. Bartolomé Alcázar, a laissée de sa *Chrono-historia de la Compañia de Jesus en la provincia de Toledo,* imprimée en 1710. Ce jésuite avait entre les mains, outre les papiers conservés dans les Archives de la province de Tolède, une histoire inédite de la *Asistencia de España* due à Pedro de Ribadeneira, dont il déclare avoir transcrit des pages entières [2]. Nous pouvons donc nous en rapporter à lui en ce qui concerne sinon l'appréciation des faits, du moins les faits eux-mêmes. Mais auparavant empruntons à un autre historien de la Compagnie une courte biographie.

---

[1]. C'est en 1698 que Mabillon publia son *Eusebii Romani ad Theophilum Gallum epistola de cultu sanctorum ignotorum.*

[2]. C'est ce qu'il explique dans la partie imprimée, t. I, p. v du prologue. Il était entré dans la Compagnie en 1664. La partie ms. est à la Bibl. de S. Isidro (Madrid.)

« D. Francisco Portocarrero, fils du comte de Medellín (Estremadure), et né à Medellín, fut reçu dans la Compagnie le 22 avril 1564, à l'âge de vingt et un ans. Il fit quelque temps office de prédicateur, non sans plaisir et profit pour ses auditeurs. Il fut recteur du Collège d'Ocaña, auquel, par une marque toute particulière d'affection, il apporta de Rome une grande quantité de reliques qu'on a placées dans une chapelle de l'église de ce collège, chapelle très visitée des gens du pays à cause de la grande dévotion qu'ils ont pour ces reliques. Ce Père a été employé à des missions avec grand profit des gens. » A ces quelques lignes, que l'on trouve dans le manuscrit d'une *Historia del Colegio Complutense de la Compañia de Jesus*[1], due au P. Cristóbal de Castro, lequel mourut en 1615, le P. Ezquerra, qui entra dans la Compagnie en 1609 et mourut en 1631, a ajouté, dans une continuation également inédite[2], quelques indications sur les dernières années du même P. Portocarrero : « Après ce voyage (à Rome), il vécut dans la maison professe de Tolède, donnant grand exemple de vertu... Le Seigneur l'enleva à l'âge de quatre-vingt-trois ans, plein de vertus, dans la même maison professe, le 22 mars de cette année de 1626. »

Toutes ces vertus n'avaient pas empêché d'assez fortes tribulations, et le P. Alcázar parle d'une affaire de confessionnal qui, en 1613, avait mis l'ancien recteur d'Ocaña en assez mauvaise posture. L'attachement inconsidéré d'une pénitente lui avait valu une punition exemplaire, si exemplaire, que sa famille avait demandé et obtenu pour lui du Pape un bref qui l'exemptait de la juridiction du général des jésuites et l'autorisait à entrer chez les dominicains ou dans un autre ordre à son choix. Il refusa d'ailleurs de profiter de cette permission, ajoute Alcázar, et ne fit part de cet événement qu'à deux de ses confrères, les PP. Juan Federico Xedler et Juan de Mariana, « muy intimos suyos[3]. »

Nous verrons ce qu'il faut penser de cette intimité, en ce qui touche Mariana. En 1597, elle ne devait pas être sans réserves, car, ainsi que nous allons voir, c'est précisément aux reliques rapportées de Rome par Portocarrero que Mariana faisait allusion, tout spécialement, sinon exclusivement, dans les lettres et mémoires dont nous venons de nous occuper. En 1589, raconte Alcázar[4], le P. Francisco Portocarrero se

---

1. F° 405.
2. F° 276. Ces deux manuscrits se trouvent au Collège de Chamartín.
3. T. IV de la continuation manuscrite, année 1613, c. I, § 3.
4. A l'année 1589, c. I, § 3 (t. I de la cont. manuscrite) :

« Hallabase entonces en Roma el P. Francisco Portocarrero, llamado de el mismo P. General, que tuvo gusto de conocerle, y tratarle, y de comunicar con èl algunos graves negocios. Avia el año antes partido de Madrid, llevando por compañero al H. Martin de Anguta, natural de Quintanilla del Monte, en el Arzobispado de Burgos, el qual entró en la Religion à 28 de Junio de 83. Fue muy encargado de los Superiores, que cuydasse de la salud y alivio del P. Portocarrero : y el obedecio con toda punctualidad y charidad... Fue recibido de N. P. Claudio con agasajo muy especial :

trouvait à Rome, accompagné d'un *hermano*, ou coadjuteur temporel, Martín de Anguta. Très bien accueilli par le général Claudio Acquaviva, par le cardinal de Mendoza, son parent, par Sixte-Quint enfin, et muni d'un indult que celui-ci avait accordé l'année précédente au P. Francisco Rodriguez, secrétaire de l'*Asistencia de España*, et que ce confrère lui avait cédé, il avait obtenu du religieux augustin Fr. Nicolas d'Assise, prieur de l'église de Saint Sébastien, l'autorisation de tirer du cimetière de Saint Calixte, « où sont enterrés les corps de cent quarante mille martyrs, et ceux de quarante-six souverains pontifes », quatre-vingt-quatorze reliques, outre « les têtes et les ossements de beaucoup de martyrs ». C'est ce dont témoigne l'acte notarié qui fut alors dressé et que reproduit en espagnol le P. Alcázar. Revenu en

y despues de una larga conferencia, que tuvo con el sobre differentes puntos, mostró quedar enteramente satisfecho. Luego que supo su llegada el Cardenal de Mendoza su deudo, le visitó, y juntos fueron á besar el pie al Pontifice, en quien experimentó extraordinaria benignidad, mostrando gusto de que le viesse repetidas vezes. Viole algunas, y en ellas consiguió muy feliz expediente de los encargos que llevaba de España.

» Avia concedido en el año antecedente su Santidad un amplissimo indulto al P. Francisco Rodriguez secretario de la Assistencia de España (de quien hacemos tan debida, como honorifica mencion en el año de 1627 de su fallecimiento) para que del Monasterio de las tres Fontanas, y de S. Sebastian en las Catacumbas pudiesse sacar y traher á España mucho numero de Santas Reliquias: y ahora traspassó y cedió todo este su derecho en el P. Portocarrero. El qual usando del favor pontificio, despues de aver visitado devotamente los sepulcros de los Santos Apostoles S. Pedro y S. Pablo, y las sagradas estaciones de dentro y fuera de los muros, entró en los santos Cementorios, y obtuvo de ellos copiosa cantidad de Reliquias, que traxo consigo en dos Arcas con la aprobacion de su Santidad, en testimonio authentico de su justificacion. Concediole assi mismo el Papa muchos jubileos, para que los aplicasse á las Iglesias y Cofradias, que fuesso su voluntad, y en donde colocasse las Reliquias. Traxo juntamente varias imagenes de un celebre pintor, llamado Scipion Gaetano, las quales (como tambien las Reliquias) colocó despues con decencia grande en España, segun se dirá á sus tiempos. »

Suit la « *Copia traducida en español del testimonio de las Santas reliquias que llevó consigo de Roma el P. Francisco Portocarrero* ... en el año del Nacimiento del Señor de 1589... el muy R. P. Francisco Rodriguez, Presbitero Regular de la Compañia de Jesus, de la Diocesi de Osma, en virtud de la facultad à él concedida por Nuestro Santissimo Señor Sixto Papa Quinto consta de la supplica infraescrita, señalada de mano de dicho N. S. Papa, ...y es del tenor siguiente; conviene à saber: Beatissimo Padre Francisco Rodriguez ...deseando por su devocion conseguir y sacar algunas Reliquias de Santos y Santas de los Monasterios è Iglesias de S. Anastasio (por otro nombre de las tres Fontanas) y de S. Sebastian, en las Catacumbas, extramuros de Roma; supplica humilmente à V. Santidad que... se digne de concederle facultad particular, para que, sin incurrir en censura o pena alguna, pueda licita y libremente sacar de los dichos monasterios, Iglesias, y lugares, de consentimiento de los que en ellos presiden, qualesquiera Reliquias de Santos y santas: y sacadas llevarlas consigo, y colocarlas ò hacerlas colocar, en los lugares eclesiasticos, que le pareciere, honorifice y decentemente... Hagase. Dado en Roma en S. Pedro, en los Idus de Enero, en el año quarto. Fr. Augustin Administrador. Usando pues de la sobredicha facultad, dexò *(dixo?)* el susodicho P. Francisco Rodriguez, que subrogaba y subrogó, y en su lugar ponia y puso al R. P. Francisco Portocarrero, Presbitero regular de la Compañia de Jesus, de la Diocesi de Plasencia, en la provincia Compostelana... Y èl susodicho R. P. Francisco Portocarrero... en virtud de dicha facultad... la exhibió al R. P. Fr. Nicolas de Assis, de la Orden de los Ermitaños de S. Agustin, Prior de la Iglesia de S. Sebastian ; y el dicho P. Prior Fr. Nicolas, condescendiendo

Espagne avec Anguta, Portocarrero se trouvait à Ocaña en 1591, quand de son précieux bagage, composé de deux coffres, il s'aperçut que s'exhalait une exquise senteur; et une motion intérieure l'induisit à faire don du contenu au collège de cette ville; il fit pourtant exception pour une partie qu'il réserva pour sa ville natale, et pour le corps de S. Percelio, martyr, que les habitants d'une ville voisine, Yepes, réclamèrent et placèrent dans leur église paroissiale, considérant ce saint « avec une pieuse crédulité et peut-être non sans fondement » comme un compatriote.

Et maintenant, que les reliques rapportées dans ces conditions soient bien de celles auxquelles fait allusion Mariana, nous en avons trois preuves. D'abord, celles qu'il vise ont été tirées du cimetière de Saint

con los deseos piadosos del R. P. Francisco Portocarrero, y queriendo complacerles, aviendose revestido de Roquete y Estola, con ciriales y luces, en compañia del R. P. Francisco Portocarrero, y de mi el Notario publico y testigo infraescritos, entró en el cementerio de S. Calixto, en dicha Iglesia de S. Sebastian, à las catacumbas, sita extra muros de la ciudad de Roma en la Via Apia. » (Suit la description de l'église, des tombeaux de saint Sebastien, de sainte Lucine). « Tambien està cerca, y dentro, el cementerio de S. Calixto Papa y Martyr, debaxo de tierra, en el qual estan sepultados ciento y quarenta mil cuerpos de Santos Martyres, juntamente con quarenta y seis summos Pontifices. Despues de las verjas de dicha Iglesia, està el lugar, llamado las Catacumbas, puesto al fin, en el qual es tradicion, que descansaron los siete Durmientes : en cuyo medio ay un pozo, en que estuvieron escondidas por dozientos y cinquenta y dos años las cabezas de los Santos S. Pedro y S. Pablo... El susodicho pues P. Prior Fr. Nicolas, de los propios sepulcros, en que estaban los nombres proprios de cada uno de los Santos, sacò los Huesos y Reliquias de los Santos Martyres, cuyos nombres son los infraescritos. »

Suit une liste de quatre-vingt-quatorze reliques, sans compter les « cabezas y huesos de muchos Martyres ». Suit l'attestation du notaire : « Fecha en dicho Cementerio de San Calixto... siendo presentes por testigos de todo, llamados y rogados, los Hermanos Juan Junceda, y Martin Anguta, de la Compañia de Jesus, y Don Pedro Moraga. »

Dans cette liste, on trouve :
« Vna canilla y un dedo de S. Antero Papa y M.
De la Cabeza de Santa Anastasia Virgen y M.
Canilla, y un dedo de Santa Benedicta, muger religiosa, V. y M.
Brazo y huesos de S. Melanio M. cuyo titulo en el sepulcro tenia esta inscripcion Melanii Memoria. »

« S. Benedicta M. » figure de plus sur la liste des reliques que Portocarrero laissa à Ocaña dans les conditions que l'on va voir.

A l'année 1591 (c. II, § 2), tomo II de sa continuation manuscrite, Alcázar raconte, en effet, comment Portocarrero laissa au collège d'Ocaña une partie de ses reliques : « Guardabalos dentro de su aposento en un baul cubierto con encerado : y a breve tiempo començo a sentir una suavissima fragancia que le confortaba extrañamente sin saber de donde procedia. Registrò la quadra con diligencia, y los estantes libro por libro, sin encontrar la causa de aquel olor, muy diferente y superior a los conocidos : hasta que un dia, descosiendo el encerado sobredicho, reconociò que salia la fragancia de las Santas Reliquias : al mismo tiempo experimentò una mocion interior que le inducia a donarselas al Collegio; y lo executo con la mayor parte, reservando la otra parte para la Villa de Medellin su patria. » Il continue en disant comment « la cercana villa de Yepes, teniendo noticia de aver trahido de Roma... el Padre Portocarrero entre las demas Reliquias, el cuerpo de S. Percelio Martyr, a quien con pia credulidad, y quiza con graves fundamentos, tenia por paysano suyo : pretendio y consiguio con el favor del Rey y con beneplacito del P. Portocarrero, que se trasladase à su Iglesia Parroquial. »

Calixte, ou catacombes de Saint Sébastien, et l'on vient de voir que tel est le cas de celles qu'avait, en deux coffres, rapportées son confrère. Ensuite, des cinq noms qu'il cite au hasard et à titre d'exemples, comme étant ceux qu'on avait trouvés sur les sépultures des prétendus martyrs, quatre figurent sur la liste que reproduit Alcázar : Anastasia, vierge et martyre; Anteros, pape et martyr; Melanius, martyr; Benedicta, vierge et martyre. Il ne manque que Gordianus. Enfin, dans sa lettre à Loaysa, il dit que voilà huit ans que cette question le tourmente : or sa lettre est de la fin de 1597 ou du début de 1598, et les faits que nous venons de relater se passèrent en 1589.

Bien que nous devions réserver, pour le moment où nous nous occuperons de la dernière édition de l'Histoire d'Espagne parue du vivant de Mariana, ce que nous avons à dire des fausses chroniques de Dexter, Maxime de Saragosse, Julián Pérez, etc., le nom de Jerónimo Román de la Higuera, qui passe pour en être l'auteur exclusif, ne peut être séparé, on verra pourquoi, de celui de Francisco Portocarrero. Il nous faut donc dire tout de suite à quoi s'occupait, vers le même temps, ce jésuite qui, né à Tolède en 1547, entré dans la Compagnie en 1563, avait été, en qualité de préfet des études de latinité, l'un des dix-huit Pères qui inaugurèrent le collège de Tolède en 1583[1]. En 1590, il enseignait le latin à Ocaña, et il s'y trouvait encore en 1593, en même temps que le P. Portocarrero. En 1597, ajoute Alcázar, à qui nous devons ces renseignements puisés à bonne source, il vivait dans le collège de Tolède[2]. Alcázar n'oublie qu'une chose, sur laquelle non pas peut-être les *Catálogos públicos* tenus par chaque province de la Compagnie, mais d'autres documents plus publics encore auraient pu le renseigner : c'est que vers 1595 Higuera devait déjà se trouver à Tolède, puisqu'il y était convaincu d'imposture. C'est encore à Godoy[3] que nous renverrons pour cette histoire de faux, sur laquelle les témoignages contemporains sont d'une parfaite netteté. Dans les ruines d'une vieille construction un couvercle en cuivre est trouvé, sur lequel on voit deux lettres, C S, au-dessous d'une couronne royale. Quelque temps après, le corregidor de Tolède, Alonso de Cárcamo envoie à Philippe II une notice sur cette découverte, avec la copie d'une lettre que contient un manuscrit gothique de la bibliothèque de la cathédrale, et qui, adressée par le roi Silo à Cixila, archevêque de Tolède, annonce l'envoi d'un calice, d'une patène, et d'un lavabo dont le couvercle porte précisément les initiales du donateur et du destinataire, le tout offert pour l'église de San Tirso, martyr tolédan[4]. Grande

---

1. Voir mon article sur *Mariana jésuite*.
2. Voir la 2ᵉ partie, c. IV, § III.
3. P. 38-43. Cf. *Patr. l.*, t. XXXI, col. 399-405.
4. Un exemplaire imprimé de ce mémoire se trouve parmi les papiers de Mariana, dans le ms. Egerton 1874 (n° 25). Cf. *La Imprenta en Toledo*, de M. Pérez Pastor, n° 413.

émotion dans Tolède. Le roi consulte prudemment l'historien Garibay, qui acquiesce sans méfiance. Tolède a désormais un nouveau saint, dont la Vie, « colegida de diuersos autores » est composée sans retard par le *maestro* Alonso de Villegas, et à qui la qualité de nouveau venu, certes, ne fera point tort dans l'esprit populaire. Mais quelques sceptiques veulent voir la lettre dans l'original; parmi eux, l'on compte le *doctor* Salazar de Mendoza, Pedro de Carvajal, doyen de la Cathédrale, le *maestro* Cristóbal de Palomares; et l'évêque de Segorbe, lui aussi, s'avise de trouver des difficultés. Ce qu'ils découvrent, ce qu'ils établissent par l'aveu du faussaire, c'est que tout cela n'est qu'une supercherie du jésuite Jerónimo Román de la Higuera; et c'est Garibay lui-même, qui, dans un mémoire adressé au roi pour se justifier de sa crédulité, nous fait connaître avec le plus de détail les incidents de cette indécente farce[1].

Quant à l'intervention de Pérez et de Pedro Carvajal, elle nous intéresse particulièrement, car tous deux étaient amis de Mariana; pour le premier, nous en avons la preuve dans le fait qu'il mit ses papiers à la disposition du jésuite[2]; pour le second, nous avons une assurance formelle, celle de Mariana lui-même, qui dédia au même Carvajal, devenu évêque de Coria en 1604, son édition du *De altera vita*[3], comme témoignage de leur affection mutuelle et de sa considération[4].

Il convient maintenant de rappeler une date, celle de la publication, par le jésuite flamand Héribert Rosweyde, des *Fasti Sanctorum quorum vitae in belgicis bibliothecis manuscriptae asseruantur*. C'est, en effet, en 1607 que parut ce premier programme de l'œuvre commencée en 1635 par les jésuites Jean Bolland et Godefroid Henschen. S'il y eut, en effet, alors, dans la Compagnie, des hommes qui compromettaient d'une façon ou si inconsciente, ou si coupable, la cause du catholicisme, il y en eut aussi qui, animés du même esprit qu'un Baronius, se persuadèrent que chercher la vérité historique, c'était travailler au triomphe de leur foi.

III

L'hagiographie ne paraît pas avoir eu pour Mariana l'attrait qu'elle avait pour la plupart des érudits de son temps, Morales par exemple. A part une censure qu'il rédigea sur une *Historia catholica de los*

1. Je renvoie au chapitre que je consacre à Garibay dans mon étude sur *Les prédécesseurs de Mariana*.
2. Voir la 3ᵉ partie, c. I, § IV.
3. Voir plus loin, p. 77.
4. « Mutui inter nos amoris, nostræque in te obseruantiæ monumentum posteritati. »

Santos de España, restée inédite, de l'augustin Fray Hierónimo Román (censure écrite sans doute avant 1597, puisque l'auteur de ce livre mourut cette année-là [1]), seule l'importante question de la venue et de la prédication de saint Jacques en Espagne paraît, entre tous les problèmes pieux alors agités, l'avoir préoccupé d'une façon spéciale.

On pourrait former un volume avec le catalogue des ouvrages qui furent écrits au temps de Mariana pour prouver la prédication de saint Jacques en Espagne. La question était à l'ordre du jour depuis que García de Loaysa, précepteur du futur Philippe III, avait publié dans sa *Collectio conciliorum Hispaniae*, en 1593 [2], l'analyse d'une sorte de procès-verbal découvert par lui et contenant une réfutation des arguments favorables à la venue de l'apôtre et à l'apostolicité de l'église de Compostelle. L'auteur de cette réfutation n'étant autre que Rodrigue de Tolède, qui l'aurait produite au quatrième concile général de Latran en 1215, on comprend l'émotion causée dans toute l'Espagne [3]. Ce document n'apportait, en réalité, aucun fait nouveau, mais l'opinion d'un archevêque de Tolède aussi célèbre par sa science que l'était Rodrigue, ne pouvait que gagner en autorité à avoir été divulguée par un érudit comme Loaysa, dont les esprits perspicaces prévoyaient déjà depuis longtemps les hautes destinées [4], et qui, en effet, cinq ans plus tard devait devenir archevêque de Tolède. Les érudits sérieux et désintéressés ne pouvaient manquer de prendre texte de cette publication pour examiner de près toute la question.

1. Cette censure se trouve dans le ms. Egerton 1872, n° 12. C'est sans doute une copie de cette censure que possédait le comte de Villaumbrosa (cf. la *Bibl. hisp. n.*, au mot *F. Hieronymus Roman*). M. Menéndez Pidal, dans son *Catálogo de la Real Biblioteca*, p. 153-5, signale un certain nombre de mss. comme étant de la main de « Fr. Jerónimo Román de la Higuera », entre autres une traduction partielle de la Chronique de Luc de Tuy et une lettre signée, donne-t-il à entendre, de ce personnage, qu'il dit être mort en 1611. Pensant qu'il avait dû faire une confusion entre l'augustin Fray Jerónimo Román (sans *de la Higuera*), qui fut général de son ordre, et le jésuite faussaire Jerónimo Román de la Higuera, je lui ai demandé de me tirer d'incertitude. Avec une simplicité qui l'honore, il a bien voulu me répondre : « Yo me inventé el *de la Higuera* y el *muerto 1611*. » J'ai dû signaler ici cet erratum à cause de l'importance que présente pour nous ce qui concerne La Higuera : on voudra bien croire que ce n'est pas pour le ridicule plaisir de trouver en faute l'admirable érudition d'un auteur qui a rendu tant de services. Il reste donc que les mss. dont parle M. Menéndez Pidal sont de la main d'un *Fr. Hierónimo Román*; et il est bien probable qu'il s'agit de notre augustin, sur lequel on peut voir les n°° 174, 235-6, de *La imprenta en Medina del Campo* de D. Cristóbal Pérez Pastor. Quant à Higuera, c'est bien en 1611 qu'il est mort, comme on verra : sur cette date, jusqu'ici ignorée, M. Menéndez Pidal s'était renseigné à bonne source.

2. N° 405 de la *Bibliografía madrileña*. C'est dans les *notes* au *Decretum Gundemeri* (p. 287-93) que Loaysa raconte, « ex libro manuscripto, qui asservatur in bibliotheca Ecclesiæ Toletanæ, » la discussion à laquelle aurait pris part Rodrigue de Tolède.

3. Cf. Godoy, p. 22. Mondéjar (*Predicacion de Santiago en España*, n° 3067 de Salvá) et Flórez (*Esp. Sagr.*, t. III, p. 46-58) considéraient déjà ce document comme apocryphe, et le P. Fita a complété surabondamment la démonstration dans l'art. cité p. 20, n. 3.

4. Voir plus loin, 2ᵉ partie, c. I, § I, la lettre du jésuite Dionisio Vázquez en date du 22 juillet 1586.

C'est ce que fit Baronius, dans le tome IX de ses *Annales ecclesiastici*, dès 1600[1], alors que dans son Martyrologe, publié en 1589, il s'en était tenu à l'opinion courante[2].

Quelle influence eut, d'autre part, cette même publication sur la découverte des plombs de Grenade et des fausses chroniques de Higuera, c'est ce qu'on verra encore indiqué dans le livre de Godoy. Tout le monde heureusement ne recourut pas à de tels moyens pour prouver une thèse chère aux Espagnols. Saint Jacques trouva aussi des défenseurs honnêtes.

Parmi ces derniers, il n'y en eut peut-être pas de plus fervent ni surtout de plus illustre par sa naissance et par son rang que D. Juan Fernández de Velasco, descendant du « buen conde de Haro », connétable de Castille, président du Conseil d'Italie, et membre des Conseils de Guerre et d'État. En 1603, aux Cortes de Valladolid, il avait supplié le roi d'empêcher des gens « demasiado curiosos » de porter atteinte à la tradition nationale qui considérait l'Apôtre comme le « Padre y caudillo » de l'Église d'Espagne[3]. Il apportait aux Cortes deux discours où il prouvait la venue de saint Jacques ; et le roi, sur la demande des *procuradores*, en avait ordonné l'impression. Possesseur d'une riche bibliothèque, aidé d'un bibliothécaire intelligent et certainement très érudit, que nous retrouverons plus tard et qui avait nom Pedro Mantuano, Fernández de Velasco avait songé, en effet, à recourir à la persuasion par le livre, en attendant que le roi eût interdit ou fait interdire de penser librement sur la question. En 1605, il publiait à Valladolid ses *Dos discursos en que se defiende la venida y predicacion del Apostol Santiago en España*[4]. Il le faisait imprimer

---

1. Année 816, § XLVIII-LIII (p. 788-91 de l'éd. de 1601).
2. P. 225, où il donne un exposé de la question.
3. Godoy a reproduit un fragment de cette supplique, p. 170, note. Elle se trouve imprimée en tête des deux *Discursos* dont il va être parlé. Elle est datée : « En Valladolid a 13. de Enero de M.D.C.III. »
4. Nic. Antonio en donne le titre (*Bibl. hisp. n.*, *Iohannes Fernandez*); il dit qu'ils furent réimprimés une ou deux fois à Milan, et qu'Erycius Puteanus les publia en latin, à Louvain, en 1608. Le British Museum possède un exemplaire de l'éd. de 1605. « DOS | DISCVRSOS | EN QVE SE DEFIEN | DE LA VENIDA Y PREDICACION | del Apostol Santiago en España | *SACADOS DE LA LIBRERIA* | de Juan de Velasco, Condestable de Castilla, | Presidente de Italia, del Consejo de Gue | rra, y Estado del Rey N. S. y su | Camarero Mayor. | Impressos por orden del Reyno, en | Junta de Cortes. | Año (Vignette IHS) 1605. | Con Privilegio. | En Valladolid, *Por Lays Sanchez*, | Impressor del Reyno. » Petit in-4°, 3 folios préliminaires outre le titre, et 109 pages comprenant les deux *Discursos* (p. 1-25 et 26-109); suivent 12 pages contenant une sorte d'appendice ajouté par l'auteur pour expliquer que le nouveau Bréviaire, en présentant la tradition de la prédication de saint Jacques en Espagne comme simplement espagnole, ne lui enlève pas sa valeur, car « como lo enseñan los gloriosos santos Agustino, y Geronymo, no solo han de ser respetadas y guardadas las tradiciones de todas las Iglesias de vn Reyno, sino las tradiciones de qualquier particular Iglesia, quando no contiene cosa que sea contraria a la Fê, ò buenas costumbres. » Velasco déclare que le « breviario nuevo, impresso en Roma el año passado de 1602 » lui était parvenu quand ses deux *Discursos* étaient « acabados y para salir a luz ». Du reste,

ensuite à Milan, et une traduction latine, due au Flamand Erycius Puteanus (Henri Dupuy, ou Van de Putte), successeur de Juste Lipse à l'Université de Louvain, paraissait dans cette dernière ville en 1608.

Au moment où son livre allait paraître pour la première fois, il avait vu le nouveau Bréviaire, publié en 1602 sur l'ordre de Clément VIII, et dans lequel la prédication de saint Jacques en Espagne était présentée comme une tradition simplement espagnole [1]. L'auteur de cette correction apportée au Bréviaire de Pie V n'était autre que le cardinal Baronius; et le cardinal Robert Bellarmin, neveu du pape Marcel II, membre de la Compagnie de Jésus, un ami de Mariana, aurait même voulu « que cette assertion fût effacée du Bréviaire, comme ne reposant sur aucun témoignage digne de foi » [2].

Ce n'est pas seulement par Bellarmin que nous revenons ici à Mariana. L'un des manuscrits de Londres contient, en effet, une lettre datée du 8 novembre 1605 [3], écrite et signée de sa main, et où il est parlé de « cierto librico o discursos que el S°° Condestable de Castilla imprimio en favor de la venida de Santiago a España ». Nous verrons, quand nous ferons l'historique de l'Histoire d'Espagne, que cette lettre était adressée à un de ses amis, le curé de Bayona, et quels désagréments elle attira à son auteur. Ce qui nous importe pour le moment, c'est de voir ce que Mariana dit du « librico », quatre ans avant la publication de son *De aduentu Iacobi... in Hispaniam*. La lettre est en fort mauvais état, mais ce qu'on y peut lire nous renseigne suffisamment. Mariana déclare, d'abord, qu'il avait eu connaissance de cette publication; il désirait depuis longtemps voir l'ouvrage; le cardinal (D. Bernardo de Rojas y Sandoval) lui avait donné l'exemplaire qu'il avait reçu. La thèse de la venue de saint Jacques, ajoute-t-il sans ambages, ne gagne pas grand'chose à l'impression « deste librico » (car il tient à ce mot peu révérencieux). Il reproche d'une

---

Mantuano écrit, p. 111 des *Advertencias* dont il sera question plus loin : « La principal causa de la publicacion de los discursos, fue lo que escriuio el Cardenal Baronio en el noueno tomo de sus Anales. » Ce n'est donc pas pour protester contre l'innovation du Bréviaire que Velasco avait écrit ses *Discursos*. Toutefois il savait qu'on en menaçait les Espagnols : « porque pretenden que se borren del Breviario Romano, en la vida de Santiago, aquellas palabras : *Peragrata Hispania, ibique prædicato Euangelio* » (p. 26). Et il terminait son second *Discurso* par « el consejo de Platon : *Non mouenda ne moueas* » (p. 108). Voici le titre de l'édition de Louvain dont parle Antonio : « HISPANIARUM | VINDICIÆ | TUTELARES | IN II LIBROS DIVISÆ : | Venisse in hæc Regna IACOBUM APOSTOLUM, | Fideique lumen intulisse, | adversus Cardinalis BARONII, aliorúmque Opinionem. | *E Bibliothecâ* IO. VER. VELASCI *Comitis Stabuli* | *Castellæ* &c. *Hispanicè depromptæ*. | Ab ERYCIO PVTEANO latinitate donatæ. | (Vignette) | LOVENI | In officinâ typographicâ GERARDI RIVI, | ∞ I ƆCVIII. » In-4°, 6 fol. non paginés outre le titre, et 66 p. (British Museum).

1. « Mox Hispaniam a[d]iisse, et ibi aliquos ad fidem conuertisse, Ecclesiarum illius prouincia traditio est. »

2. *Histoire du Bréviaire romain*, par P. Batiffol, p. 257.

3. Voir l'appendice III, 7, et le fac-similé I, à la fin du volume.

part à l'auteur de fausses références ; de l'autre, l'usage de textes notoirement apocryphes ou tout au moins contestés. Les fausses références consistent à avoir dit : 1° que la *Vie* où il est parlé de la venue de saint Jacques est en tête des Étymologies de saint Isidore dans l'édition de Grial [1], alors que dans la *Vie* qu'on y trouve, qui est l'œuvre de Braulion, il n'y a pas un mot de saint Jacques [2]; 2° que Bède, dans son martyrologe, fait mention des disciples de saint Jacques et de leur prédication [3], alors que cet hagiographe parle seulement de leur consécration à Rome par l'Apôtre, qui les envoya prêcher en Espagne : méprise d'autant plus grave, que ce passage de Bède est précisément en faveur de ceux qui prétendent que ce n'est pas saint Jacques, mais seulement ses disciples qui convertirent les Espagnols. Les textes suspects étaient la *Chronique de Turpin* [4], que Mariana appelle un « libro de caballerias », indigne d'être nommé par une personne grave [5]; le « libro de Calixto segundo » [6], que Morales [7] considère comme apocryphe, et dont il eût donc fallu prouver l'authenticité ; et, enfin, « los libros Arauigos que se hallaron en Granada los años passados » [8], contre lesquels on a élevé des doutes si graves que le Pape a ordonné qu'on les lui apportât, et en faveur desquels il n'y a

1. « Anda esta carta en la edicion que vltimamente se hizo en Madrid » (p. 19 des *Dos Discursos*).
2. Mariana veut parler, évidemment, de la *Praenotatio librorum D. Isidori*, qui précède, en effet, avec quatre autres courts documents, le texte des Étymologies dans l'édition de Grial (dans la *Patr. l.*, t. LXXXII, col. 65-68). Le connétable voulait parler soit de la *Vita sancti Isidori* attribuée à Luc de Tuy, et mise en tête de l'édition de Grial (*Patr. l., ibid.*, col. 20-56), soit plutôt de l'*Abbreuiatio Braulii Caesaraugustani episcopi de uita sancti Isidoris* qui forme le chapitre XI de cette même *Vita* (*Patr. l., ibid.*, col. 53-56) : il est, en effet, question de part et d'autre (col. 20 et col. 56) de saint Jacques, dont Isidore est présenté comme le successeur. Sur ce dernier texte cf. Flórez, *Esp. Sagr.*, t. III, p. 112, § 134, et les *Isidoriana* d'Arévalo, 4. Velasco avait confondu les deux textes mis sous le nom de Braulion, sans doute peut-être que celui auquel il se référait avait pu être interpolé par l'auteur de la *Vita*. Mariana rectifiait avec raison, car cette confusion entraînait l'attribution à Braulion de cette phrase : « Nam sicut Gregorius doctor Roma successit Petro, B. Isidorus in Hispaniarum partibus doctrina Jacobo successit apostolo... » (col. 56), alors qu'elle est due à un écrivain du XII° siècle (Luc de Tuy selon lui).
3. P. 13 des *Dos Discursos*.
4. P. 19.
5. Tel était déjà le jugement de Papire Masson (cf. G. Paris, *De Pseudo-Turpino*, p. 2).
6. P. 19 des *Dos Discursos*.
7. *Coronica*, IX, 7, § 65, t. IV, p. 382-3, de l'éd. Cano : « Tengo por cierto que el Papa Calixto segundo no escribio aquel libro, sino que su autor lo publicó en nombre de aquel Sumo Pontifice por darle mayor autoridad... »
8. P. 21 des *Dos Discursos*, le connétable en parle comme de documents irréfutables : « Y si demas de tantos y tan graues autores como los referidos, se huuieran hallado aora en algun secretissimo y guardadissimo archiuo otros libros de autores mucho mas antiguos, y del mismo tiempo del Apostol, que como testigos de vista afirmassen su venida a España, no ay que dudar sino que en ningun buen entendimiento pudiera caber el ponerla en duda contra tan grande y tan irrefragable testimonio. Pues essa merced ha hecho Dios a estos Reynos en estos mismos dias, descubriendo las reliquias, y laminas del Monte Santo de Granada... » On voit si ces découvertes étaient venues à leur heure.

pas de témoignages suffisamment sérieux. On jugera par cette dernière critique quelle était au juste l'opinion de Mariana : elle marquait à la fois de la réserve, comme il convenait à un catholique, et de la méfiance, comme il convenait à un homme de bon sens[1]. Telles étaient les erreurs du premier *Discurso*. Dans le second, l'historien relevait, sinon une erreur (car la question était discutable, et Flórez l'a tranchée dans le même sens que le connétable), du moins une induction mal fondée qui consistait à considérer le document publié par Loaysa comme un faux, sous prétexte qu'il n'était pas en « forma solenne » : comme si, observe Mariana, tous les textes anciens étaient authentiqués par témoins et notaire ! Cette fois, d'ailleurs, il était moins bien inspiré. Mais nous reviendrons sur ce point quand nous essaierons de montrer ce que vaut la critique de notre auteur dans l'Histoire d'Espagne[2].

Mariana ne s'en prenait pas seulement aux connétables. Les doyens de faculté n'échappaient pas à ses critiques. Une note contenue dans le même recueil[3] vise certainement la *Descripcion de la Imperial Ciudad de Toledo, y historia de sus antigüedades, y grandeza*[4], que publia en 1605 à Tolède le *doctor* Francisco de Pisa, *dedn* des Facultés de théologie et d'*Artes liberales,* professeur retraité d'Écriture sainte, et docteur en droit canon de l'Université de Tolède. Mariana reproche à l'auteur, entre autres choses, d'avoir cité, comme se trouvant en deux ouvrages différents, deux passages de saint Isidore en faveur de la venue de saint Jacques[5], alors qu'ils se trouvent tous

1. Voir aussi sa lettre à *son confrère Ferrer*, en date du 24 juin 1596, à l'appendice V, 2.
2. Dans la 3ᵉ partie, ch. I, § III.
3. Voir l'appendice III, 8.
4. N° 3126 du *Catálogo* de Salvá. Il existe une ébauche de la seconde partie de cet ouvrage : « En este libro se contienen los apuntamientos para la segunda parte de la Historia de Toledo, que prometio escribir el Dᵒ Franscisco de Pisa, Decano en las facultades de sᵗᵃ Theologia y Artes Liberales, y cathedratico de Escriptura en la Insigne Vniversidad de Toledo fechos y ordenados por el mismo en el año de 1612. No pudo dar la ultima mano para perfeccionar la obra, á causa de las graves ocupaciones en que le puso su notoria literatura, abanzada edad, y quebranto de salud, y asi quedo diminuta, como se verá en este manuscrito. Pasó de esta presente vida para la eterna en 3 de Diciembre de 1616, à los 83 años de su edad. » Ms. moderne de 300 pages, plus les préliminaires et index, appartenant à D. Juan Moraleda Esteban. A la fin, une note de la même main déclare que l'original « para en poder de Dᵒ Joseph Sanz del Pozo y san Zebrian presᵒ y Capellan de su Magᵈ en su real Capilla de los Sʳᵉˢ Reyes nueuos de Toledo y con el concuerda &c ». Cet ouvrage représente évidemment les « apuntamientos para la segunda parte, la cual no llegó à publicarse », dont parle Salvá (n° 3127). M. Moraleda m'a dit avoir vu l'original ou tout au moins une copie ancienne : c'est sans doute l'exemplaire manuscrit dont parle M. Pérez Pastor (*Impr. en Toledo,* n° 456) et qui est à la Bibl. provincial de Tolède.
5. Folio 72 v., Pisa donne, en effet, ces deux références : « vno es en el Epitome que escriuio de la diuision y repartimientos de las provincias entre los Apostoles, cap 81. y otro intitulado de la vida y muerte de los santos padres del viejo y nueuo testamento cap. 71. » Mariana a raison : cf. les ch. 71 et 81 du *Liber de ortu et obitu patrum,* t. LXXXIII de la *Patr. l.,* col. 151 et 154. La méprise de Pisa est assez bizarre.

deux dans un même livre, le *De ortu et obitu patrum*. Il lui adresse aussi la même critique qu'à Velasco au sujet du passage attribué à Braulion[1], qui n'est qu'une interpolation *(postilla)* de Luc de Tuy.

Ces remarques ont pour nous une valeur. Elles montrent que, dans une controverse, Mariana savait distinguer les mauvaises raisons, et refusait de s'en servir. Cet homme passionné cherchait avec sang-froid la vérité; il ne voulait la trouver et la prouver que par elle-même. En un mot, au principe que Fernández de Velasco allait chercher dans saint Jean Chrysostome : « Traditio est, nihil quaeras amplius[2] », il opposait le rationalisme que recommande l'Évangile: « Nos adoramus quod scimus ».

1. Pisa le cite un peu plus loin, même folio. Mariana renvoie pour la Vie authentique de saint Isidore par Braulion, c'est-à-dire la *Praenotatio librorum sancti Isidori a Braulione edita*, au début de l'édition de Grial, où elle se trouve, en effet, comme on a vu plus haut (t. LXXXII de la *Patr. l.*, col. 65-68), et au *De uiris illustribus* édité dans la même collection par Juan Bautista Pérez; mais Arévalo, auquel ici se conforme Migne (t. LXXXIII, col. 1100), ne reproduit pas dans le *De uiris* cette *Praenotatio*, qui en formait le chapitre 47 et dernier, l'ayant déjà mise dans ses *Isidoriana*, 3 (dans la *Patr. l.*, t. LXXXI, col. 15-7). Elle est donc en somme reproduite deux fois dans Grial et deux fois dans Migne.

2. P. 29 des *Dos Discursos*.

CHAPITRE V

I. Il abrège la Bibliothèque de Photius.
II. Il écrit une Histoire ecclésiastique d'Espagne, édite Luc de Tuy et traduit les Homélies de saint Cyrille.
III. Il publie les Sept Traités.

I

Dès 1608, l'*Illustrium Scriptorum Religionis Societatis Iesu Catalogus*, publié pour la première fois par Pedro Ribadeneira cette année-là, signalait parmi les travaux dus à Mariana un abrégé, en latin, de la Bibliothèque de Photius. Il est temps de le mentionner, comme nous allons voir, si nous voulons le mettre autant que possible à sa place chronologique dans la biographie de l'auteur.

L'abrégé manuscrit de la Bibliothèque de Photius par Mariana existe en double exemplaire. Il forme, en effet, l'un des sept tomes provenant de la maison professe de Tolède et conservés au British Museum [1]. On le trouve également à la Biblioteca nacional [2]. En tête, il y a une préface où Mariana déclare que l'exemplaire qui lui a servi provient de la bibliothèque de D. Francisco de Mendoza, « cardinal de Burgos, » et lui a été prêté par un ami, qu'il ne nomme pas. Dans son *Essai sur les origines du fonds grec de l'Escurial*, Charles Graux a retracé l'histoire des manuscrits réunis par ce cardinal, et dit comment, après la mort de celui-ci (1566), on en constate l'existence à Tolède, sans que toutefois l'on puisse expliquer par quelle voie ils y étaient venus [3]. En 1571, Alvar Gómez de Castro, qui y professait la littérature grecque et la rhétorique [4], déclarait les avoir tous vus; il était en pourparlers au

---

1. Ms. Egerton 1870. Sur le titre, cette mention : « de la libreria de la casa professa de la comp* de Jesus de Toledo. » C'est donc bien ce volume et non celui de la Biblioteca nacional, qui fait partie de la collection dont il est question à l'appendice I.
2. Bb 185.
3. P. 43-79.
4. Nic. Antonio dit : « evocatus Toletum a Bernardino Sandovalio, qui recens in ea urbe novam erexerat scholam. ». Mais Alvar Gómez dit lui-même, dans sa préface au *De rebus gestis a Francisco Ximenio* : « ... a Bernardino Alcaracio, scholastico Toletano... Toletum sum vocatus. » Or ce Bernardino Alcaraz fut un grand bienfaiteur de l'Université-collège de Santa Catalina. C'est donc là évidemment qu'il appela Alvar Gómez. Ce détail n'est pas sans intérêt, d'autant que le successeur de Gómez fut André Schott.

sujet de leur acquisition, au nom de l'église de Tolède, concurremment avec le roi, qui les voulait pour l'Escorial. Le cardinal de Burgos était mort en laissant des dettes, et ses créanciers mirent jusqu'à cinq fois l'*embargo* sur ses livres. Rencontre curieuse, la mention de ces *embargos*, dont un est daté de 1583, un autre de 1585, figure sur une note signée de Mariana et adressée à un « Muy illustre señor », qui, sans doute, lui avait demandé de se renseigner là-dessus, et qui pourrait bien être García de Loaysa, puisque c'est lui qui devint acquéreur de la bibliothèque saisie [1]. L'ancien précepteur de Philippe III ayant laissé tous ses livres à son neveu Pedro Carvajal, ami de Mariana, il en résulte que les occasions ne manquèrent point au jésuite pour se faire prêter le Photius de Mendoza, et que l'ami qui le mit à sa disposition peut aussi bien être Carvajal ou Loaysa, que, comme le suppose Graux, Alvar Gómez. Toutefois, comme il est probable que s'il s'agit de l'un des deux premiers, Mariana les eût désignés autrement que par le mot d'*ami*, du moins après l'élévation du premier au siège de Tolède et celle du second au siège de Coria, on peut croire ou qu'il a voulu parler, soit de celui-là avant le mois d'août 1598, soit de celui-ci avant 1604, ou que c'est bien le *maestro* Alvaro qu'il désignait ainsi. De toute façon, ce serait donc avant 1604 qu'il aurait exécuté l'abrégé qui nous occupe. Et s'il s'agissait d'Alvar Gómez, ce serait avant 1580, année où mourut cet érudit [2]; s'il s'agit de Loaysa, ce pourrait être vers le temps où celui-ci préparait son édition du *Chronicon* de saint Isidore, c'est-à-dire dès avant 1593, car dans la première note on voit cité un passage de Photius [3], dont le précieux livre était donc déjà au pouvoir du commentateur.

Le Photius de Mendoza, qui est aujourd'hui à la Biblioteca nacional, avait été copié en 1552 sur un manuscrit de Rome [4]. Mariana s'est proposé, ainsi qu'il l'explique, d'extraire de ce bibliographe les renseignements les plus intéressants qu'il donne sur quelque trois cents auteurs, en particulier ce qui concerne les ouvrages perdus. Dans cette condensation, il a réduit le volume à peu près au quart. Il comprenait bien qu'il y avait mieux à faire, et que c'était de publier l'ouvrage intégralement. Aussi ne présentait-il son abrégé que comme un pis aller [5]. Ce n'est qu'en 1601 que David Hoeschelius publia à Augsbourg le texte grec. André Schott en donna, en 1606, une version

---

1. Graux, p. 52-4. Cette note de Mariana est conservée sous vitrine à la Biblioteca nacional, qui ne possède pas d'autre exemplaire de la signature de l'auteur.
2. On a vu plus haut (p. 23, n. 6) que Mariana avait eu à sa disposition, pour l'établissement du texte des *Differentiae*, un ms. d'Alvar Gómez.
3. Dans la *Patr. l.*, t. LXXXII, col. 1017. Ce détail permet de préciser un peu, ce que n'a pu faire Graux, l'époque de l'acquisition de la bibliothèque du cardinal par Loaysa.
4. Graux, p. 44 et 74.
5. « ... dum meliori conatu opus integrum in lucem emitt[i]atur. »

latine¹, qui fut réimprimée trois fois de 1611 à 1613. Ces dates nous amènent décidément à supposer que Mariana s'occupa de rédiger cette *epitome* avant 1601. Cette année est celle où parut son Histoire d'Espagne en castillan. On voit qu'il ne s'enfermait pas, même alors, dans le domaine de la littérature et de l'histoire nationales.

II

En 1605, Mariana était occupé simultanément à la rédaction d'une Histoire ecclésiatique et à la préparation du texte du *Chronicon Mundi* de Luc de Tuy. C'est par une lettre de Gil González Dávila que nous sommes renseignés. En effet, à la date du 29 juillet 1605, cet historien, écrivant à l'auteur de l'*Historia de España* à propos du texte de Luc dont s'occupe celui-ci, en vient à parler de ce qu'il fait lui-même : il va commencer l'impression des Vies des évêques de Salamanque avec l'Histoire de cette ville sous l'administration de chacun d'eux, le tout d'après les documents des archives² ; il demande à Mariana de vouloir bien voir les feuilles qu'il lui enverra au fur et à mesure de leur sortie des presses ; il ajoute que dans *ce* voyage, sans doute celui qu'il a fait pour recueillir ses documents, *on* a trouvé beaucoup de pièces curieuses et inconnues sur l'Église d'Espagne, lesquelles ne demandent qu'à venir entre les mains du P. Mariana, car il paraît que celui-ci est occupé à composer une *Historia eclesiástica de España*. Dans sa réponse, le jésuite, qui, selon son habitude, évite autant que possible de parler de lui et de ce qu'il fait, ne dit pas un mot de cette Histoire ecclésiastique.

Elle a pourtant existé. Le P. Burriel, parmi les manuscrits du collège des jésuites à Tolède, en découvrit un, sans nom d'auteur, mais contenant des feuilles écrites de la main de Mariana, avec des corrections et additions sur le texte mis au net par un scribe. C'était, écrit-il, un manuel rédigé dans le beau latin de cet auteur et comprenant l'Histoire ecclésiastique depuis le commencement du monde presque jusqu'à son époque, un travail dans le genre du *Rationarium*

---

1. Noguera (p. LXXX) fait observer que Schott, dans le prologue de son édition, ne mentionne pas l'*Epitome* rédigée par son ami, et il en conclut que ce travail n'était pas encore fini alors, car Schott en aurait parlé. Mais la phrase que nous citons dans la note précédente prouverait encore plus nettement que, ni l'édition de Schott, ni même celle d'Hoeschelius n'avaient encore paru quand Mariana écrivait sa préface.

2. Cet ouvrage parut en 1606 (n° 2969 de Salvá). Le nom de Gil González Dávila est aussi celui d'un jésuite qui fut recteur d'Alcalá de 1564 à 1567, et fut nommé *asistente* pour l'Espagne, le Pérou et le Mexique en 1573. L'historien naquit vers 1578 à Avila et mourut en 1658.

temporum de Pétau[1]. On devine la joie du marianiste convaincu qu'était Burriel. Malheureusement, le manuscrit découvert par lui n'a pas rejoint les autres manuscrits de Mariana au British Museum; il n'est pas non plus à la Biblioteca real, ni à la Biblioteca nacional. Il est évident, d'ailleurs, que l'ouvrage dont parle Dávila, et qu'il désigne sous le titre d'Histoire ecclésiastique d'Espagne, n'est autre que celui qu'a vu Burriel. Dávila n'était pas renseigné d'une façon précise, cela se comprend, sur le titre et l'objet du livre auquel on lui avait dit que le jésuite travaillait.

Par la même lettre de l'historien de Salamanque nous savons aussi, comme il a déjà été dit, qu'en 1605 Mariana préparait la publication du *Chronicon Mundi* de Luc. Nous apprenons encore, et la réponse de Mariana, en date du 8 août suivant, nous confirme que celui-ci avait prié son correspondant de conférer plusieurs passages de ce texte avec les manuscrits qui existaient à Salamanque[2]. Ces passages, Dávila les lui envoie « copiés tels qu'ils étaient dans les originaux ». La copie devait se trouver dans le feuillet qu'il joignait à sa lettre, et qu'il déclare contenir « la collation des endroits qu'on a vus dans le *Tudense* »[3].

Ainsi, au mois d'août 1605, ce texte était prêt pour la publication. Il ne fut publié qu'en 1608. Noguera, d'une lettre de l'un des Schott (il ne dit pas lequel), dont il avait une copie, et qui était datée d'Anvers, 27 février 1608, conclut que c'est vers 1608 que Mariana envoya le *Chronicon* à André Schott[4]. Il aurait dû dire 1607 au plus tard, car dans la préface que François Schott a mise en tête du tome IV de l'*Hispania illustrata*, et où sont énumérés les ouvrages inclus dans ce volume, on voit mentionnée la Chronique de Luc[5], et

---

1. « He hallado estos dias entre los mss. de este mi colegio*(en que hay algunos singulares) un tomo del Padre Mariana, no conocido y sin nombre, que yo saqué por tener muchas hojas de su puño, y muchas enmiendas y adiciones en lo que es de amanuense, y es compendio en su bello latin de la historia eclesiástica desde el principio del mundo hasta casi su tiempo. La obra es á la manera del *Rationarium Temporum* del gran Petavio. No dudo que hay ya obras mejores en esta línea, y la de Petavio lo será sin duda; pero sin embargo yo solo siento no hallar como copiarlo para juntarlo con las otras obras suyas inéditas que recogí años ha, y saldrán algun dia queriendo Dios. Es mucho lo que me he alegrado : acompáñame. » (Lettre du P. Andrés Burriel à son frère D. Pedro, « Toledo y octubre 24 de 1752 », dans la *Coleccion de documentos inéditos para la historia de España*, t. XIII, p. 236.) Le *Rationarium temporum* de Denis Pétau parut à Paris en 1633-4.

2. Il y en a encore (à la Bibliothèque de l'Université) au moins un, que signale Ewald, dans sa *Reise nach Spanien* (*Neues Archiv*, t. VI, p. 373); il ne comprend que le livre I.

3. Voir à l'appendice V, 4-6, la correspondance de Mariana avec Dávila.

4. P. LVIII.

5. « Agmen ducet Lucæ Tudensis Episcopi Chronicon, typis antea numquam euulgatum... Antuerpiæ Kal. Martiis CIƆ. IƆCVII. » C'est bien le texte envoyé par Mariana que les Schott publièrent, puisque, dans la lettre qui précède l'édition du *De altera vita* (voir plus loin), André, parlant de ce dernier ouvrage et de la Chronique, dit « ...vtrumque opus, me hortante maxime, Marianæ nostro acceptum est referendum ».

*) Celui de Toledo.

cette préface est datée du 1ᵉʳ mars 1607. En fait, Mariana avait envoyé son manuscrit aux Schott moins de trois mois après sa lettre à Dávila, car dans la lettre qu'il adresse le 8 novembre 1605 au curé de Bayona, il dit : « ya los libros de don Lucas se encaminaron a Flandes, » et il leur souhaite un bon voyage malgré la difficulté des communications.

Le rôle du Flamand André Schott, surtout comme éditeur de Sénèque le Rhéteur et de Sénèque le Philosophe, de Pomponius Mela, d'Orose, de Cornelius Nepos, d'Aurelius Victor, du monument d'Ancyre, de l'Itinéraire d'Antonin et de l'*Itinerarium Burdigalense* (ou *Hierosolymitanum*), etc., est assez connu pour que nous n'ayons pas à le faire ressortir [1]. Nous devons rappeler seulement que, né à Anvers en 1552, il avait étudié à Louvain et à Paris, quand son père l'envoya à Madrid. Il obtint à Tolède la chaire de grec laissée vacante par la mort d'Alvar Gómez (1580) [2]. Il jouit de l'intimité de Quiroga, à qui il donna des leçons de grec. En 1584 il fut appelé à l'Université de Saragosse, pour enseigner la rhétorique, le grec et l'histoire romaine. Il contracta une fructueuse amitié avec le savant archevêque de Tarragone, Antonio Agustín, dont il devait publier en 1617, traduits par lui en latin, les *Diálogos de medallas*. Un mois avant la mort de celui-ci, il entrait chez les jésuites. Il alla à Valence pour étudier la théologie, puis au collège de Gandie pour l'enseigner, et enfin à Rome, où, en 1594, on lui confia la chaire de rhétorique. Trois ans après il revenait à Anvers, où il mourut en 1629. Ce fut un ouvrier laborieux de l'humanisme; mais en même temps l'historiographie et la bibliographie hispano-portugaises trouvèrent en lui un collectionneur et un éditeur fervent. Ses relations avec Antonio Agustín, Antonio de Covarrubias, García de Loaysa, Alvar Gómez, Juan Núñez, et enfin Mariana [3] lui avaient donné les moyens de recueillir dans son *Hispania illustrata* les œuvres historiques écrites en latin et relatives à l'Espagne et au Portugal [4], et d'en former une collection plus complète que celle de Beale [5]. Il en donna les deux premiers tomes en 1603; le troisième vit le jour en 1606; le quatrième, qui contient le *Chronicon* de Luc, fut publié par son frère François en 1608. La même année parut son *Hispaniae Bibliotheca* [6], sous le pseudonyme de *Peregrinus*, que justifiait son long séjour hors

---

1. Voir la liste de ses publications dans la *Bibl. des écriv. de la Comp. de Jésus*, une bonne notice par Baguet dans les *Mémoires de l'Acad. royale de Belgique*, t. XXIII, Niceron, t. XXVI, la *Bibl. h. n.*, Alegambe, *Bibl. script. Soc. Iesu*, Ribadeneira, *Ill. script. Rel. Soc. Iesu*, et d'autres sources indiquées et utilisées par Baguet.
2. Voir plus haut, p. 70.
3. Préface du t. IV de l'*Hisp. illustrata*.
4. Salvá en donne la liste (n° 2978).
5. Cf. plus haut, p. 1x.
6. Prosper Marchand (*Dictionnaire*) a contesté que l'*Hispaniae Bibliotheca* fût d'André Schott, sous prétexte que l'article consacré à Jean de Mariana renferme des inexactitudes. Il n'y a rien de fondé dans cette allégation. Les initiales d'André Schott suivent, du reste, le nom *Peregrinus*, dans la dédicace à Ignace de Borja.

de sa patrie. François, qui vivait à Anvers, s'était associé à son œuvre d'éditeur. C'est lui sans doute qui eut à s'occuper de l'impression du texte envoyé par Mariana.

C'était la première fois qu'on publiait ce texte, dont l'importance pour l'histoire d'Espagne ressort assez clairement de ce simple fait que la chronologie de Luc, bien différente de celle de Rodrigue, est à peu de chose près celle que grâce aux chartes on a pu fixer aujourd'hui [1]. Cette édition a été jugée sévèrement par Mommsen, d'après qui elle représenterait moins le texte de Luc qu'une récension et une amplification d'Isidore, faite à l'aide d'un exemplaire de Luc tellement corrigé lui-même, qu'on ne retrouve dans cette édition ni Luc ni Isidore; et le savant allemand conclut en déclarant qu'il faut la rejeter complètement [2]. Cette conclusion est admissible s'il s'agit de

[1]. Voir la 3ᵉ partie, c. I, § IV. Luc est mort en 1249, deux ans après Rodrigue.
[2]. « Editio, quam curavit Andreas Schottus in Hispaniae illustratae volumine quarto (Francofurti 1608[a]) non tam Lucam repraesentat quam Isidori recensionem prolixiorem ad Lucae librum aliquem ita emendatum, ut iam neque Isidorum hic habeas neque Lucam et tota abicienda sit. » (*Mon. Germ. Auctorum antiquiss.*, t. XI, p. 265.) Mommsen a pris le texte de Luc principalement dans le ms. de la Biblioteca nacional qui portait précédemment la cote 27-28 *Toletanorum* (*ib.*, p. 253 et 264), aujourd'hui Hh 98. C'est Bornays qui l'a collationné pour lui, en ce qui concerne la Chronique et les Histoires isidoriennes. J'ai refait le travail pour tout le *Chronicon* d'après le même ms., les mss. F 130 = 1534, P 138 = 4338 (tous quatre signalés par Mommsen, *ibid.*) et F 46 = F 71 = 898 de la Biblioteca nacional, 2-c-5 (également signalé par Mommsen) et 2-c-3 de la Biblioteca Real. Je donne à la suite, comme spécimen, les variantes des deux principaux, Hh 98 de la Biblioteca nacional et 2-c-5 de la Biblioteca real, par rapport aux pages 43-4 de l'édition de Schott. On pourra ainsi se faire une idée de ce que vaut cette édition. Je dois dire que je ne garantis pas absolument l'exactitude de ma collation, n'ayant pu faire sur place la vérification, que je réserve pour le jour où je serai à même de préparer utilement une édition de Luc.

N = Ms. Bibl. nacional, 27-28 Toletanorum = Hh 98, R = Ms. Bibl. real, 2-c-5. Je mets entre 〈 〉 les mots omis, et en italiques les mots ajoutés par les mss. indiqués.

Ces deux mss. ont partout l'orthographe *Goti, Gotorum*.

P. 43, l. 10 NR 〈Gotthorum historia〉. — 11 Scythis, NR Scitis. — 13 Septentrionis, NR Occidentis. — 14 montium, N mocium. — 15 Hunnorum, NR ugnorum. — 21 habituq; N ab utroque, R arbitrioque. — 22 magnitudo, N magnatudo. — 23 ipsa, N ipse. — 25-6 obices (variante en marge : duricies), NR duricies. — 26 & ipso crebro opinata, NR & inopinabilis. — 27 hactenus, NR actenus. — 29 regno, NR regnum. — torpore, N corpore. — 30 hucusque, R hucu;. — 32-3 magna, R regna. — 34 contingit, R contigit. — 37 inquit, N inquid. — R 〈quo〉. — 38 telis, N tedis — 39 Hac, NR ac. — 41 terras, NR terram. — 42 subiectusq; N subiectisq; — seruiere, NR seruire. — R *getes et ipsa yspania uidebatur. Retro autem gns eos*. — 43 Gog, NR Gotim. — Magog, N Magoch, R. Magoth. — 44-5 significatur, N significantur. — 46 hi, NR hii. — Pyrrhus, R Porus. — 47 retro secula, N secula, R secula retro. — 49 retexere, N texere. — 52 Æthiopes, N thiopes, R tiopes. — Persæ, N Persi. — 55 meditatus esse, NR meditasse. — 56-7 asperis viris, N asprimos viros, R asprimis viris. — 58 Galieni Gotthi primo descensis, NR Galieni imperatorum primo Goti discessis. — P. 44, 1 repetunt, NR petunt. — 2 eo quod, NR quo. — à finib., R affinibus. — 3 auream, N et auream. — 8 expulit, N expulsit. — de, R et de. — 9 NR *victoria fuit* amplius. — 10 acclamante senatu, NR acclamantes senatus. — 11 rempublicam, R reipublicæ. — 12 CCCC (variante en marge CCCCVIII), R CCCCVIII. — imperii, NR imperatoris. — N 〈pri-

[a] Le texte porte 1688 par suite d'une erreur d'impression.

constituer le texte d'Isidore, mais non pas s'il s'agit du texte même de Luc. On peut affirmer que, à part quelques mots en plus ou en moins en de rares endroits, cette édition ne s'écarte pas ordinairement des leçons fournies par les manuscrits [1], même par celui que Bernays a consulté pour Mommsen, et qui est le plus ancien. Tout ce qu'on peut dire, c'est que Mariana n'a pas employé la méthode moderne pour présenter son texte : il ne signale que de rares variantes, et néglige de dire d'où il les tire. Dans la lettre citée tout à l'heure, il déclare que le but de son travail a été simplement de corriger dans la mesure du possible un texte « que no tiene cosa con cosa ». Comme il dit dans sa préface à l'édition du *De altera vita*[2], il n'ignorait point qu'il existait beaucoup de manuscrits du *Chronicon* de Luc ; mais il avait dû se contenter d'en examiner cinq. Et l'on voit qu'en outre il avait fait collationner sur les manuscrits de Salamanque, dont un est du xiv⁰ siècle, les passages qui l'embarrassaient[3]. Il se rendait bien compte de l'insuffisance de ce travail, qui, d'ailleurs, avait pour but non l'établissement, mais l'amélioration du texte en vue d'une première édition. Aussi, bien qu'il eût en effet amélioré, comme il déclare encore dans sa lettre, une multitude de passages, en somme, il n'était pas satisfait : « Je le laisserai paraître tel qu'il est à présent : ce sera un premier pas vers une correction plus complète. J'ai fait

---

mus⟩. — Gotthorum, NR in G. — gentis, NR gentem. — 13 Athanaricus, NR Atanaricus. — annos, R annis. — 14 Gotthos, N eos, R gotos eos. — gente sua, NR locis suis. — 15 plurimos, NR plurimi. — 15-6 martyres fecit, NR martyrio coronati sunt. — 16 affectos, NR afflicti. — 17 immo magis coegit, NR et coacti 5. — atque, R ₴. — 17-8 Romani soli migrare prouincias, NR Romanam transiret regionem. — 19 Istrium, NR Histrium. — 20 Athanarico, NR Ataniricum. — Fridigerno, N Fridigernum, R Fridegenum. — sese, R se. — 27 NR gens gotorum tenuit. — 29 instruxerunt, NR construxerunt. — 32 autem sanctum, NR sanctum autem. — nec, R neque. — substantiam, NR ex substantia. — 35 vt, NR et. — 37 R ⟨temporum, Regumque successum⟩. — 38 reminiscentis, NR reminiscente. — NR suæ *remedium* renunciauerunt. — inditæ, NR inolitæ. — NR *malum* & per — orthodoxum, N ortodoxium. — 41 Valentis, N. Valentini. — primū, NR primo. — 42 acribus, NR aeris. — 44 NR armis *ei* tradunt. — Thraciam, NR traciam. — 47 NR sunt. ₴ Thraciam. — 48 delecto, NR deleto. — 49 succederunt, R succedunt. — R ⟨viuus⟩. — 51 Gotthi priores Gotthos, N Goto, R Gotos. — 52 voluerunt, N noluerunt. — N ⟨sibi ad prædæ⟩, R sue. — societatem, N societat, R societati. — 53 NR sunt *ab eis.* — 54 (*catholici* est en marge dans R). — 55 concordia, NR concordiam (R *con* au-dessus). — 56 Hungaros, N ungaros. — 58 R ⟨Hispani⟩.

1. Les Schott pourraient bien être responsables d'un certain nombre d'inexactitudes. Sur les habitudes d'André comme éditeur, voir Baguet, *Bulletins de l'Acad. roy. de Belgique*, t. XVII, II, p. 144-51.
2. «... prioris *(la Chronique)* quidem manu scripta multa exempla exstant... »
3. Ces endroits étaient : 1° Le début ; et Mariana observe, d'après ce que lui a communiqué Dávila, que ce début est le même dans « esos codices », c'est-à-dire ceux de Salamanque, et « los mas de aca », c'est-à-dire ceux de Tolède. 2° La phrase « Ex nunc, vt fertur, non accepit populus responsum in templo manifeste sicut prius, nec ex Dabir id est rationali, nec ex Ephod » (*Hispania illustrata*, t. IV, p. 15, l. 41-43). Car bien que Mariana n'indique pas la référence et ne reproduise même pas la phrase, c'est évidemment de celle-là qu'il s'agit. Il ne trouvait dans aucun de ses manuscrits le mot *Dabir*. Et, en effet, le ms. Hh 98 de la Biblioteca nacional, qui peut être

tout ce que j'ai pu, sinon tout ce qu'il fallait. » Il a pourtant rendu un réel service, et c'est grâce à lui que Luc nous est accessible, puisque la seconde édition est encore à faire.

De la même lettre de Schott, qu'il a omis de publier, Noguera déclare qu'il ressort que les *De altera vita fideique controuersiis aduersus Albigensium errores libri III*, dédiés à Pedro Carvajal[1], évêque de Coria, et parus en 1612, étaient déjà entre les mains d'André Schott en 1608. Celui-ci, en tout cas, date des calendes de mars 1609 la lettre qu'il adresse à son confrère, le P. Jacques Gretser, et qui est en tête de l'édition. D'après Antonio, l'ouvrage aurait paru en même temps à Munich et à Ingolstadt en 1612[2]. Seule l'édition d'Ingolstadt est connue[3].

Mariana devait avoir depuis assez longtemps l'idée de cette publication. Il avait trouvé le texte de Luc dans un manuscrit d'Alcalá, à la suite d'une relation de la vie et des miracles de saint Isidore, due au même auteur. Et ce qui l'avait amené à étudier ce manuscrit, c'était précisément sa collaboration à l'édition de Grial. Une fois la première partie du volume étudiée, il avait examiné la suivante et l'avait fait copier[4] : c'était une œuvre distincte de la Vie et miracles de saint Isidore, et consacrée à la controverse contre les Albigeois. Il la divisa en chapitres pour en éclaircir un peu la masse compacte et indigeste, ajouta en marge les références de tous les passages de l'Écriture sainte dont elle est pour ainsi dire formée, lui donna un titre et la mit ainsi en circulation comme un antidote contre les Albigeois modernes qu'il voyait dans les Luthériens et les Calvinistes. Le jésuite et l'érudit s'étaient comme entendus pour éditer cet archaïque livre de polémi-

---

un de ceux que collationna Mariana, donne, à la place de *Dabir*, *datur*. Celui-ci conjecturait bien *Dabir*, mais le sens donné à ce mot par le texte de Luc l'arrêtait, le vrai sens de ce mot étant *oraculum*. Dávila ayant trouvé *Dabir* dans le ms. de Salamanque, il n'y avait plus à hésiter : l'auteur de la Chronique pouvait s'être trompé en traduisant ce mot, ou c'était une glose erronée. 3° La liste chronologique des empereurs qu'on trouve vers le début de la *Sexta aetas* (*Hisp. ill.*, p. 28). Mariana s'étonnait de voir que tout en poussant, comme Isidore, l'histoire des empereurs jusqu'à Heraclius, Luc arrêtât cette liste préliminaire avec Constantin. Or, aucun des cinq manuscrits dont Mariana disposait ne continuait plus loin cette liste, et, d'autre part, tous mettaient Galba, qu'ils appellent *Gallus*, après Néron, alors que les mss. d'Isidore l'omettent. Il semble que sur ce point Dávila n'avait pas saisi la question posée; en tout cas le texte édité par Schott est conforme à ce que Mariana trouvait dans ses manuscrits.

1. Et non *Carvalho*, comme dit la *Bibl. des écriv. de la Comp. de Jésus*. Cf. plus haut, p. 63.
2. *Bibl. h. v.*, t. II, p. 67.
3. Elle a été reproduite dans les t. XIII de la *Magna Biblioteca veterum Patrum* de Cologne, 1618; IV, pars II, de la *Magna Bibl. vet. Patr.* de Paris, 1654; et XXV de la *Maxima Bibl. vet. Patr.* de Lyon, 1677, ainsi qu'avec les œuvres de Gretser (Ratisbonne 1734-40, t. XII) Fabricius (*Bibl. lat. med. aevi*, au nom *Lucas*), parle d'une édition donnée par Gretser à Ingolstadt en 1613. C'est sans doute celle de 1612 qu'il veut parler.
4. Voir la préface de Mariana.

que[1]. C'est remarquons-le, le seul ouvrage que Mariana ait publié contre les protestants.

Nous devons signaler aussi dès maintenant un autre travail que Mariana lui-même mentionne dans l'un des Sept Traités et qui est, par conséquent, antérieur à 1609, date de leur publication, probablement même à novembre 1606, époque où, comme on verra, ils furent autorisés. Les « triginta homiliæ festorum... quas & nos Latinas fecimus »[2] sont évidemment les homélies ou lettres pascales (ἑορταστικαί), réduites, par la perte de la troisième, à vingt-neuf, que Cyrille, en qualité

---

[1]. Quant à la Vie et miracles de saint Isidore, il s'abstint de l'éditer, malgré l'intérêt qu'il y voyait, une traduction espagnole en ayant déjà paru (cf. sa préface); il s'agit évidemment de celle qui parut à Salamanque le 2 janvier 1525, que décrit Gallardo (n° 3639), et dont il existe un exemplaire dans la bibliothèque du duc de T'Serclaes (cf. C. Cañal, *San Isidoro*, p. 30). Elle a pour titre *Libro de los miraglos de sant Isidoro*, etc. Cf. ce qu'en dit Antonio (*Bibl. h. v.*, t. II, p. 71). Elle est due, semble-t-il, au « bachiller Juan de Robles, prior de San Juan de la Calzada, vicario de la iglesia de Nuestra Señora Santa Maria, que es cerca de la ciudad de Salamanca, » au nom duquel est le privilège, selon Gallardo. Ce Juan de Robles fut aussi, d'après Nic. Antonio (*ibid.* et *Bibl. h. n.*), chanoine de Saint Isidore de Léon. Flórez (*Esp. sagr.*, t. XXII, p. 139-41) a du reste lui aussi décrit ce livre, dont il avait un exemplaire. Il y voit bien une traduction du *De miraculis Sancti Isidori* de Luc, mais il n'en reconnaît pas l'original dans le texte latin édité par les Bollandistes (t. I d'Avril, p. 330-331) d'après la copie que leur avait envoyée Antonio. Celui-ci d'ailleurs ne paraît avoir connu que par ouï-dire la traduction en question. Flórez a donc pu établir que ce qu'ont publié les Bollandistes ne correspond qu'au début de la traduction de Robles, laquelle continue par le récit développé de nombreux miracles. Mais le véritable original de cette traduction, qu'il croit fidèle, lui est resté inconnu, malgré ses recherches (*ib.*, p. 135). Ce devait être le texte d'Alcalá. Il est donc bien dommage que Mariana ne l'ait pas publié, d'autant plus que le ms. qu'il eut entre les mains devait remonter à Luc lui-même. Il avait été prêté par les chanoines de Saint Isidore de Léon à Jean II de Castille, passa au pouvoir de Henri IV, puis d'Isabelle, et enfin de Ximénez, qui le déposa dans la Bibliothèque d'Alcalá (cf. la préf. de Mariana, dont les données sur ce point coïncident précisément avec celles que Robles a mises en tête de sa traduction). Les chanoines de Léon réclamèrent le précieux volume : ils obtinrent seulement l'autorisation d'en faire exécuter une copie, et c'est sur cette copie que Robles fit sa version castillane, ainsi qu'il l'a déclaré dans le passage qu'en a transcrit Flórez : « E agora un Canonigo de la dicha Casa quiso tomar trabajo de trasladarlo de latin en romance... » Robles n'est pas nommé ici, mais il est vraisemblable que, puisque le privilège est à son nom, c'est lui le chanoine traducteur, comme veulent Dávila et Antonio. Ainsi, en résumé, les observations de Flórez corroborent le témoignage de Mariana, auquel s'ajoute celui de Morales, qui connut le ms. d'Alcalá et la traduction castillane : « Hay tambien otro libro antiguo de la vida y milagros de San Isidoro, y es el que se refiere en el libro que anda impreso, donde se dice como el Cardenal Don Fray Francisco Ximenes mandó traer este libro aqui del Monesterio de San Isidoro de Leon, » bien qu'il rapporte inexactement, comme on voit, la façon dont ledit ms. se trouvait à Alcalá, (*De los libros antiguos*, t. V, p. 298 de l'éd. Cano.) Il est bien possible que ce qu'en dit Mariana lui-même, comme ce qu'il dit de l'existence d'un duplicata, soit emprunté à Robles. Quant à la Vie et à la Translation éditées par les Bollandistes, Antonio, nous expliquent ceux-ci, les avait tirées l'une et l'autre d'un ms. de l'église de Tolède (n° 29). Arévalo les a reproduites avec le *Commentarius praevius* des Bollandistes, et Migne à son tour a réédité ce *Commentarius* avec la *Translatio* dans son tome LXXXI, et la *Vita* dans le tome LXXXII. Sur l'attribution de ces textes à Luc, voir Flórez, *Esp. sagr.*, t. XXII, p. 132-6, et les *Isidoriana*, 13.

[2]. *De die mortis Christi*, p. 252 des *Tractatus VII*. Mention est faite, du reste, de cette traduction dans le *Catalogus* de Ribadeneira, en 1608.

d'archevêque d'Alexandrie et en vertu de la coutume établie depuis le IIIe siècle[1], envoya chaque année durant son épiscopat aux différentes églises pour fixer la date de la célébration de la Pâque. Où Mariana s'était-il procuré le texte, alors inédit, de ces homélies? Probablement, comme celui de Photius, dans l'ancienne bibliothèque du cardinal de Burgos, qui comprenait plusieurs manuscrits de S. Cyrille, et où s'était déjà approvisionné, pour l'édition qu'il voulait donner de ce père, le bibliothécaire du même cardinal, Bonaventure Vulcanius (Smet)[2]. Le texte grec et une autre traduction latine de ces homélies, due à Antoine Salmatia, furent publiés à Anvers en 1618 et reproduits par Jean Aubert, en 1638, dans son édition des œuvres de S. Cyrille[3]. André Schott, selon Alegambe, en avait fait de son côté une traduction et allait la mettre sous presse, quand il eut connaissance de celle de Salmatia, à laquelle il donna la préférence[4] : on peut supposer que cette traduction attribuée à Schott et restée inédite était l'œuvre de Mariana. Schott était comme l'éditeur étranger de son confrère, et l'on a pu confondre en cette occasion l'éditeur avec l'auteur. On est même en droit, à ce propos, de se demander si la part de Mariana dans les publications de Schott n'est pas plus grande que celui-ci, sans fâcheuse intention, du reste, ne l'a fait savoir. Pour la Chronique de Luc, c'est comme incidemment qu'il nous apprend que le texte lui en avait été envoyé par l'historien espagnol : son frère ne le dit point en présentant le texte lui-même[5]. Un homme comme Mariana ne devait pas attacher une grande importance à la propriété d'un texte inédit, et A. Schott, qui a tant publié, a bien pu n'avoir pas sur ce point les scrupules qu'on aurait aujourd'hui. Nous n'avons, malheureusement, à peu près rien de la correspondance des deux amis[6], et nous ne pouvons faire là-dessus que des conjectures.

III

C'est encore à son confrère André Schott, comme on verra, que Mariana s'en était remis pour la publication d'un autre ouvrage, pour

1. Cf. Bardenhever, *Les Pères de l'Église* (tr. franç.), § 30, n° I, et 45, n° VII.
2. Voir Graux, p. 60 et 68.
3. Cf. Fabricius, tome IX, p. 464-5, reproduit dans la *Patr. gr.*, t. LXVIII, col. 57-8. On trouve le texte et la traduction de Salmatia dans la même *Patr.*, t. LXXVII, col. 391-982.
4. Fabricius (*ibid.*) reproduit le passage d'Alegambe. Le ms. de Schott existe encore : cf. la *Bibl. des écriv. de la Comp. de Jésus*, Schott, 52.
5. Voir plus haut, p. 73.
6. Je n'ai rien trouvé dans un ms. de la Bibl. nationale qui contient la correspondance de H. Cock avec Schott (Épistolaire latin de H. Cock, ms. latin 8590), et je n'ai pu consulter que quelques-unes des lettres que signale la *Bibliothèque*, au nom *Schott*; Baguet, qui en a reproduit plusieurs, ne nomme même pas Mariana.

lequel il avait obtenu, le 24 novembre 1606, l'autorisation du provincial de la province de Tolède, le P. Juan García. Les *Tractatus VII* (tel en est le titre général), signalés déjà par Ribadeneira dans son *Catalogus* de 1608, parurent à Cologne avec la date de 1609.

Le traité par lequel s'ouvre cette collection célèbre est consacré, comme l'indique le titre, *De aduentu Iacobi apostoli Maioris in Hispaniam*, à la question, alors si actuelle, de la venue de saint Jacques en Espagne, et la résout par l'affirmative. Dans le mémoire qu'il rédigea lors de son procès, Mariana déclare qu'il écrivit cette réfutation de la thèse nouvelle des Italiens (de Baronius en particulier), sur la prière de D. Juan de Idiáquez, président du Conseil des Ordres [1]. On peut penser qu'il n'avait point critiqué l'argumentation du connétable Fernández de Velasco pour se contenter ici de preuves boiteuses. Ce qu'évidemment il a voulu faire, c'est montrer que le document publié par Loaysa, dont d'ailleurs il ne paraît ici suspecter ni le fond ni la forme, ne faisait connaître que l'opinion personnelle de Rodrigue, intéressé, en tant qu'archevêque de Tolède, à combattre l'apostolicité de l'église de Compostelle. Pour cela il n'avait qu'un moyen : prouver que, bien avant Rodrigue, la croyance à la venue de saint Jacques était admise en Espagne. C'est sur ce point que s'est porté son effort ; c'était celui-là qui lui paraissait capital, car une fois établi que la tradition espagnole fut connue et admise d'assez bonne heure, les objections ne pouvaient plus porter que sur la difficulté qu'il y a à placer ce voyage parmi les faits et les dates qui, d'autre part, nous sont fournis sur l'apôtre. Réduite à cette difficulté, que Mariana croit du reste pouvoir aplanir et qu'il examine en plusieurs chapitres [2], la question ne devait-elle pas être résolue dans le sens de la tradition, en attendant qu'on expliquât comment celle-ci a pu, sur de fausses données, s'établir [3] ?

Cette tradition, il la trouve formulée ou défendue de trois côtés principalement. C'est d'abord dans le *De ortu et obitu patrum* d'Isidore de Séville ; c'est ensuite dans les bréviaires de dix-huit églises ; c'est enfin dans les écrits du pape Calixte II, mort en 1124 [4]. Mais on se

---

1. Le texte de ce mémoire, tel que l'a publié Noguera (p. xcix), porte «D. Juan Henriquez, como Presidente que era y es de Ordenes». Sur les indications de M. Morel-Fatio, je lis *D. Juan de Idiáquez :* tel est le nom du président du Conseil des Ordres de 1599 à 1614.

2. C. 2-6.

3. C'est ce qu'a cherché à faire Mgr Duchesne dans son article *Saint Jacques en Galice (Annales du Midi*, 1900, p. 145-79), auquel a répondu le P. Fita dans *Razón y Fe* (sept. 1901-août 1902). Je n'ai pas à entrer dans la discussion, me proposant seulement de faire connaître une partie de l'argumentation de Mariana, et de montrer qu'il a pu, sans manquer de critique, soutenir la thèse que condamne aujourd'hui un savant si autorisé.

4. Il cite, en outre, Bède, et d'autres témoignages sur lesquels il est mal renseigné : le martyrologe hiéronymien (d'après Calixte II lui-même) et une lettre écrite en arabe par Anastase, patriarche d'Antioche, vers 560, que d'ailleurs il déclare n'avoir pas vue

rappelle qu'il reprochait précisément à l'auteur des *Dos Discursos* d'avoir allégué le « libro de Calixto II », dont Morales avait nié l'authenticité ; quant au *De ortu et obitu patrum*, il n'était pas moins suspect, et Baronius y trouvait des mensonges indignes d'Isidore. Mariana avait donc à prouver l'authenticité de ces deux ouvrages.

Pour le *De ortu et obitu patrum*, il fournit deux témoignages auxquels il est difficile de répondre. Cet ouvrage figure parmi les œuvres attribuées à Isidore par Braulion dans sa *Praenotatio librorum S. Isidori*[1] et par Ildephonse dans son *De virorum illustrium scriptis*[2]. « On dira que le passage où il est parlé de la venue de saint Jacques est une interpolation : sur quoi se fonde-t-on, puisque dans les huit manuscrits qui ont été collationnés pour l'édition de Madrid[3], sans parler des deux éditions de Paris[4], on le trouve intégralement[5] ? »

En ce qui concerne Calixte II, auquel précisément il se trouve qu'on a aussi attribué le *De ortu et obitu patrum*[6], Mariana paraît avoir été plus embarrassé. Tous les écrits relatifs à saint Jacques et mis sous le nom de ce pape ont été rejetés en bloc[7] ; et Morales est peut-être le premier à avoir donné l'éveil à la critique : il faisait observer que les auteurs de l'*Historia Compostellana*, qui pourtant parlent longuement de Calixte II, ne disent point qu'il écrivit un livre des miracles de saint Jacques ; il déclarait scandaleux certains conseils aux pèlerins

(c. 7) ; enfin une lettre de Léon III (c. 11), sur laquelle voir ce que dit M⁹ʳ Duchesne (p. 166-173) ; mais pour lui les principaux témoignages sont ceux qui sont cités ci-dessus, car ce sont les seuls qu'il reprenne dans sa conclusion (c. 14).

1. Voir plus haut, p. 67 et 69.
2. *Appendix I* dans Arévalo ; t. XCVI, col. 202, dans la *Patr. l.*
3. Celle de Grial, qui, en effet, dans sa préface (p. 15 dans le t. LXXXII de la *Patr. l.*) dit « e veteribus VIII exemplaribus ». L'établissement du texte était dû à Pedro de Fuentidueña, chanoine de Salamanque, mort en 1579 (voir sa notice dans la *Bibl. h. n.*).
4. Celle de Margarin de la Bigne et celle de Jacques du Breul (1601), sur laquelle v. les *Isidoriana* d'Arévalo, 37. Celui-ci soutient longuement et savamment la même thèse que Mariana (*ibid.*, 61). On sait qu'il existe un autre *Liber de ortu et obitu patrum*, qu'Arévalo a placé parmi les œuvres supposées (cf. *ibid.* § 48) et qu'on trouve au t. LXXXIII, col. 1275-302, de la *Patr. l.*
5. C. 7 et 14. M⁹ʳ Duchesne a bien montré où s'est inspiré l'auteur de ce passage, mais non pas que le passage lui-même soit une interpolation. Il n'a pas prouvé péremptoirement que le traité soit d'un autre qu'Isidore. Il se contente de dire qu'une telle attribution fait peu d'honneur à cet écrivain (p. 155). Mais doit-on se faire une idée si haute de la critique d'Isidore ? Que d'absurdités dans les *Etymologiæ* ! M⁹ʳ Duchesne admet que Julien de Tolède « a connu l'attribution de saint Jacques à son pays » comme apôtre. Isidore (mort en 636) était de la génération antérieure : n'a-t-il pu connaître la même tradition, et la consigner dans un de ses livres ? Il a pu la signaler sans peut-être y ajouter foi, non plus que Julien. Son œuvre est une sorte de *Mare magnum*, une vaste compilation où ce qui manque le plus est peut-être la personnalité. Le silence qu'il garde dans ses autres livres touchant l'évangélisation de son pays par saint Jacques ne prouve donc pas que le passage qui nous occupe n'ait pas été écrit par lui. Mariana n'avait pas tort, par conséquent, de tenir compte de ce texte. C'est d'ailleurs tout ce que je veux prouver ici.
6. Cf. Arévalo, *ibid.*, § 1.
7. Voyez la notice de l'*Histoire littéraire de la France*, (t. X, p. 532-6), reproduite dans la *Patr. l.* (t. CLXIII, col. 1565-8).

qu'il avait vus dans le manuscrit de Compostelle [1]. Sa première objection se trouvait renforcée par le silence que garde l'archevêque de Compostelle, dans la discussion dont Loaysa avait publié le prétendu procès-verbal, touchant un livre qui lui eût donné, devant les Pères du Concile, un appui moral et sans doute décisif. Et il faut avouer que la réponse de Mariana est, là-dessus, bien faible : « L'archevêque de Compostelle pouvait bien, dit-il, ne pas connaître tous les livres : moi-même, qui ai passé ma vie dans l'étude, qui ai voyagé pour la science dans une grande partie de l'Europe, qui ai longtemps vécu dans la Ville-Lumière *(in luce orbis terrarum)*, je ne connais ce livre que depuis peu ; quant au silence des auteurs de l'*Historia Compostellana*, il s'explique facilement par l'éloignement des régions [2]. » Quoi qu'il en soit, Mariana n'est-il pas excusable, en principe, de n'attacher qu'une importance secondaire à des raisons extrinsèques et de n'y pas voir une preuve suffisante de l'inauthenticité d'un ouvrage ? Au surplus, le document de Loaysa écarté, seule l'omission constatée par Morales peut faire impression : encore ne suffit-elle pas pour décider la question. Reste la seconde objection du même historien, laquelle a pris plus d'extension depuis que la critique a examiné plus sévèrement le contenu de toute cette littérature. On a relevé, outre les choses dont se scandalisait le vertueux continuateur de la *Coronica de España*, des choses absurdes et des choses impossibles. Mais ici Mariana distingue.

Il y a d'abord le *De miraculis*. Des interpolations y ont été faites ; mais rien ne s'oppose à ce que la première rédaction ne soit de Calixte II, dont le nom est en tête avec un prologue où il raconte les apparitions mystérieuses qui l'ont encouragé à écrire ce livre. Il y a le *De translatione*. Mariana n'y voit rien qui puisse, à bon droit, arrêter le lecteur, si ce n'est que l'auteur y parle d'Alphonse l'Empereur, titre qui semble désigner Alphonse VII : or, celui-ci ne commença son règne qu'en 1126, et Calixte II mourut en 1124. Mais Alphonse VI, lui aussi, a pris le titre d'empereur après la prise de Tolède, observe Mariana, qui a pour lui sur ce point l'autorité de Luc de Tuy [3]. Il y a le *De itinere* : c'est là sans doute que Morales trouvait ces choses qui ne se peuvent lire « sin encogimiento y horror ». Mariana le rejette tout entier : on n'y trouve pas le nom de Calixte au commencement comme dans les deux livres précédents ; c'est un ramassis de fables et de mensonges ; et enfin il y est fait allusion à ce même pape comme à un homme mort. Restent les quatre *homélies* : elles portent chacune en tête le nom de Calixte ; elles ne manquent ni de gravité, ni d'éru-

---

1. *Coronica general de España*, IX, 7, § 65-6, t. IV, p. 382-3 de l'éd. Cano.
2. C. 14 du *De adventu*. L'objection avait été faite par Baronius dans ses *Annales* (loc. cit.).
3. P. 101, ligne 5, dans Schott.

dition, ni d'élégance. Une seule difficulté : la lettre qui vient après la première homélie, et qui, sans doute, n'est pas à sa place. Il n'y a pas là de quoi rendre suspect tout le livre [1].

De ces quatre livres consacrés à saint Jacques, Mariana, comme il le dit lui-même, n'avait connaissance que depuis peu. C'est Bartolomé Morlanes qui lui avait envoyé de Saragosse le manuscrit, « donum auro et gemmis maius [2], » cela en 1606, ainsi qu'il est marqué sur une copie qui en a été tirée, sans doute pour Mariana lui-même, et que l'on conserve à la Biblioteca nacional [3]. Les homélies, qui manquent précisément dans cette copie, et qui étaient sûrement, d'après ce que dit Mariana, dans le codex de Morlanes, furent publiées sous le nom de notre auteur, dans la *Magna Biblioteca veterum Patrum* de Cologne, en 1622 [4].

L'examen de ce travail suffirait à montrer combien l'on se ferait de l'auteur une idée fausse, si, le jugeant d'après les propositions avancées de son *De rege* et les critiques acerbes de son traité sur la monnaie, on se le représentait comme un de ces hommes que la passion entraîne, et que le parti pris rend incapables de concevoir la légitimité de toute opinion qui n'est pas la leur. Dans les questions historiques ou connexes à l'histoire, il tenait peut-être à ses idées, on en aura mainte preuve. Mais ses idées n'étaient nullement préconçues ; et s'il y tenait, c'est parce qu'il avait pris la peine d'étudier la question en litige, et cela avec un sang-froid tout scientifique. Sans doute nous verrons que, lorsqu'il s'est agi de son Histoire d'Espagne, il n'a pas

---

1. C. 12 du *De aduentu*. Mariana veut parler sans doute de la lettre qui, mise sous le nom de Calixte II, affirme l'authenticité de la Chronique de Turpin (cf. G. Paris, *De Pseudo-Turpino*, p. 39). On sait que cette chronique et les productions dont Mariana s'occupe ici se trouvent réunies dans un certain nombre de manuscrits. Aussi G. Paris a-t-il eu à s'occuper de celles-ci à propos de celle-là.

2. *Ibid.*

3. Ms. Dd 140 (= 13118), omis dans l'*Indice* de Gallardo ; cf. l'appendice I. Les trois premiers livres, les seuls qu'on y trouve, occupent les folios 101-44. C'est au c. 12 du *De aduentu* que Mariana dit : « Hunc librum sane vestigiis omnibus inquisitum, ad nos tandem Cæsaraugusta misit Bartolomæus Morlanius... » Le ms. F 188 (= 1617) de la même bibliothèque n'a ni le *De itinere* ni les homélies ; il commence (f° 2-6) par la passion de S. Jacques, qui manque dans Dd 140, continue par le *Liber de translatione* (f° 6-16), avec six pages de plus que dans Dd 140, et par le *Liber de miraculis* (f° 17-38°), qui, au contraire, s'arrête avant *De puero suscitato* (c. 14 du ms Dd 140), et auquel, par conséquent, il manque quatre miracles et la *Epistola Innocentii papae*. Le ms. 110 a le *De miraculis*, mais les feuillets qui contenaient la fin, à partir du c. 16, ont été enlevés. J'y trouve, si je ne me trompe, cinq sermons, dont deux commencent par « Ad e nobis dilectissimi... » (f° 186) et « Praeclara solemnitas... » (f° 212), et ne se trouvent pas parmi ceux qu'on a édités ; les trois autres sont les trois premiers des quatre connus. Ce dernier ms. est du commencement du xiv° siècle, et le ms. F 188, de la fin du même siècle ou du début du suivant, a bien voulu me préciser D. Antonio Paz y Melia. Au fol. 39 du ms. F 188 commence le Pseudo-Turpin.

4. On les trouve dans le tome XV de la *Magna Bibl. vet. Patr.* de Cologne (1622) et dans le tome XX de la *Max. Bibl. v. Patr.* de Lyon, d'où Migne les a prises (*Patr. l.*, t. CLXIII, col. 1375-410), les faisant précéder de l'extrait du *De miraculis* que donne Vincent de Beauvais.

eu, en face des critiques, l'attitude modeste et docile qui eût convenu, eu égard à l'impossibilité où il s'était trouvé d'examiner toutes les difficultés ou d'éviter toutes les erreurs : mais nous verrons aussi qu'il n'eut pas tout à fait tort de refuser les leçons qu'on voulait lui donner; et là encore il avait fait le possible et dit ce qu'il croyait la vérité. Il avait trop conscience de sa bonne foi pour abandonner facilement les résultats obtenus par ses enquêtes. De cette bonne foi, voici, entre bien d'autres, un exemple : dans le *De aduentu*, il soulève de lui-même un argument nouveau, et des plus graves, contre la thèse qu'il soutient; il le tire du silence de l'ancien bréviaire tolédan et des anciennes chroniques espagnoles, du VIIIe au XIe siècle (celles d'Isidore de Beja, d'Alphonse III, de Sampiro, et du moine d'Albelda), tant sur la venue de saint Jacques que sur l'invention de son corps à Compostelle[1]. Ce qu'il y a de prompt en lui, c'est la compréhension, et non le jugement; ce qu'il y a de passionné, ce n'est pas l'attachement à certaines idées, c'est le désir de trouver la vérité. En matière d'érudition, le théoricien du tyrannicide est un circonspect. Il attend, pour se faire une opinion, d'avoir les éléments suffisants. Quand il critique les deux *Discursos* du connétable, il est évidemment encore indécis sur le fond du problème; il attend des preuves plus concluantes que celles qu'on allègue. L'opinion de Rodrigue de Tolède, ou soi-disant telle, l'a ébranlé. Il n'est rassuré que lorsqu'il a vu enfin les livres de Calixte II et qu'il peut certifier l'authenticité du témoignage qui y est contenu[2]. On conçoit dès lors pourquoi, dans son Histoire, en présence d'opinions contraires, il évite si ordinairement de se prononcer. Il ne veut résoudre un problème que lorsqu'il a le loisir de l'examiner. Il a donc cette timidité du savant, qui n'ose affirmer plus qu'il ne sait, et qui veut que la conviction s'opère en lui objectivement.

Le *Pro editione Vulgata* est une refonte des principaux chapitres de la Censure de la Bible d'Anvers, nous dit Noguera[3], qui a pu comparer les deux textes : Mariana a simplement modifié l'ordre et ajouté de nouvelles considérations. Le titre qu'il a donné à cette refonte semble pourtant promettre une défense plus énergique de la Vulgate que celle que l'on trouve dans ce que Noguera nous fait connaître de ladite Censure et dans celle du Nouveau Testament du P. Harlem : en réalité, nous avons là un exposé impartial, une mise au point, aboutissant à une conclusion favorable à la version de saint Jérôme, mais avec cette réserve, qu'il est licite de la corriger dans les détails qui n'in-

---

1. C. 5. C'est précisément là, si je ne me trompe, le grand argument de Mgr Duchesne, qui croit pouvoir alléguer, en outre, le silence des écrivains espagnols antérieurs.

2. «... ex eo vel maxime litem hanc dirimere cogitabam » (c. 12, p. 31).

3. P. LXII.

téressent pas la foi. C'est ce qu'il avait exposé déjà, plus timidement, dans ces deux censures¹.

La grave question qu'il traitait avait autant d'actualité que trente ans plus tôt. Mais le danger n'était plus du côté des León de Castro. A partir de 1586, Bellarmin avait fait paraître ses *Disputationes de Controuersiis christianae fidei aduersus huius temporis haereticos*. Dans le second livre du premier tome (*De uerbo Dei*), il soutenait l'autorité de la Vulgate contre les hérétiques. En 1607, son confrère Jacques Gretser publiait une *Defensio* de ces Controverses, sans arrêter, du reste, les répliques des adversaires². Pour apprécier le rôle de Mariana dans ces discussions, comme dans toutes celles qui touchaient à la foi, il faudrait exposer celui des jésuites de son époque. Disons seulement quelles étaient les idées de Bellarmin sur la Vulgate : la Vulgate fait autorité; néanmoins on peut la corriger quand on rencontre des erreurs évidentes des copistes; on peut recourir au texte hébreu quand les manuscrits latins diffèrent entre eux, ou quand le sens est ambigu, ou enfin (plutôt qu'une concession, n'est-ce pas une recommandation?) pour comprendre le vrai sens des mots, « ad energiam & proprietatem uocabulorum intelligendam³. » Cette doctrine, c'était celle que Mariana, vers le même temps⁴, énonçait d'une façon presque aussi explicite et qu'il devait mettre en pratique pour ses scolies sur l'Ancien et le Nouveau Testament. Entre le radicalisme des protestants et celui de certains catholiques, il avait su, l'un des premiers, trouver un milieu raisonnable.

On a dit que son traité était plutôt « *Contra Vulgatam* »⁵ : sans doute parce que l'auteur n'y montrait pas l'intransigeance qui eût plu à quelques-uns. Sa conclusion est l'œuvre d'un homme modéré, qui sait voir le fort et le faible, l'exagération de deux opinions contraires, les raisons qu'on peut alléguer contre et pour l'une ou l'autre, et trouver une opinion moyenne. C'est peut-être le résultat de son enseignement : il a expliqué les écoles théologiques, il a passé des années à confronter des doctrines, à chercher entre elles l'accord et le juste milieu. Il sait qu'il est toujours possible, en matière de doctrine, d'opposer à une argumentation une autre argumentation. De plus il est jésuite. Il est le confrère et le contemporain de ces casuistes qui s'ingénient à montrer comment dans la pratique la théorie s'atténue et s'adapte aux conditions humaines et sociales sans cesser d'être spéculativement admise et proclamée. S'il reconnaît l'autorité de la Vulgate,

---

1. Ce traité a été publié à nouveau dans les tomes IV de l'édition de 1719, III des éditions de 1758, 1768 et 1771, des *Commentarii* de Menochius, et dans le *Cursus Scripturae sacrae* de Migne, t. XI.
2. Cf. la *Bibl. des écriv. de la Comp. de Jésus* au nom Bellarmin.
3. *De uerbo Dei*, II, 11.
4. Voir plus haut, p. 13-5.
5. Cf. Noguera, p. LXIV.

il admet qu'on la corrige dans les détails secondaires. Il ne considère pas comme absolue la nécessité de lire la Bible telle que l'a traduite saint Jérôme, qui, mainte fois, a corrigé sa propre version, et qui au surplus n'était pas un prophète¹. Il s'attache à l'esprit et non à la lettre. Il ne tire pas d'un principe ses conséquences par une déduction aveugle. Il se rend compte et tient compte des possibilités. L'une des raisons qu'il mettait en avant, dans un de ses mémoires sur les règles de l'*Index*, pour réclamer une certaine liberté à l'égard de la Vulgate, c'est que beaucoup de catholiques étrangers en usent, et que si on la supprimait, il faudrait donc proscrire leurs livres. Cela est bien une raison de casuiste, de jésuite. On pourrait dire plus simplement : une raison d'homme modéré.

Où il cesse d'être modéré, circonspect, c'est quand il s'agit non plus de chercher la vérité historique ou spéculative, mais de dénoncer les vices et les abus. C'est parce que le sujet du *De spectaculis* et celui du *De monetae mutatione* ne lui fournissaient que trop l'occasion de s'élever contre les uns et contre les autres, qu'il y apparaît comme un homme violent et exalté. Là, il flagelle les mœurs publiques et politiques ; il prêche un idéal de décence et d'équité. Son tempérament d'homme se manifeste. Il semble que nous ne lisions plus le même écrivain. C'est l'orateur, et non plus le savant, qui s'adresse à nous. Il a la brutalité qui convient au tribun et à l'apôtre : ce n'est pas avec des phrases mesurées que l'on convertit et que l'on flétrit. L'indignation déborde dans ces pages d'une éloquence mâle et d'une inspiration généreuse.

Ces deux opuscules constituent, avec le *De rege*, la part du moraliste et du politique dans l'œuvre de notre auteur. Nous nous contenterons d'en indiquer l'objet et l'occasion.

Pour comprendre l'opportunité du premier, il faudrait faire un tableau des mœurs du temps. Il n'y est pas seulement parlé, comme pourraient le faire penser le titre latin, renouvelé de l'un des ouvrages de Tertullien, et la traduction qu'on en donne (*Tratado de los juegos publicos*), des spectacles de la scène et de l'arène, mais aussi d'autres divertissements moins publics. Si l'auteur consacre dix chapitres au théâtre et sept aux courses de taureaux, il en donne trois à la question de la prostitution. Et ce serait précisément étudier les mœurs du temps que de relever les plaintes qu'il formule dans ces trois parties. Les renseignements y abondent. Mariana s'était documenté. Il donne, à la fin, le texte de quatre brefs pontificaux sur les *corridas* ; et l'on trouve, parmi ses papiers, celui de deux ordonnances concernant les « Padres de la mancebia » de Séville et de Tolède².

Quant au Traité sur le changement de la monnaie, le titre en dit

---

1. C'est ce qu'avait déjà dit Luís de León.
2. Ms. Eg. 1873, nos 25 et 26. Il ne s'agit point d'une congrégation religieuse.

assez le motif. Déjà, dans le *De rege*, Mariana avait consacré le chapitre intitulé *De moneta* à la réfutation de la thèse qui accorde au gouvernement le droit de créer une sorte de monnaie fiduciaire, par la frappe de pièces d'un prix de revient notablement plus faible que la valeur nominale qu'il lui assigne. Il ne visait pas alors la loi établie par Philippe II, laquelle, par la suppression de trois grains d'argent sur sept et l'addition de quatorze maravédis aux quatre-vingt-seize qu'antérieurement l'on tirait du marc de cuivre, amenait pourtant un écart entre la valeur réelle et la valeur nominale; en effet, dans son *De monetae mutatione*, faisant allusion à cette loi, il ne trouve pas exagéré l'écart en question [1]. Ce traité, qui est une refonte du même chapitre, avec plus de détails et plus d'ampleur, avait cet intérêt nouveau qu'il ne s'agissait plus de faire voir le danger d'une proposition, mais le mal causé par une mesure déjà exécutée. En tête, on trouve un *Argumentum*, où est expliquée avec clarté, sinon avec toute la précision historique désirable, l'opération contre laquelle s'élève l'auteur. La valeur de la monnaie de billon avait été doublée d'une part, et, d'autre part, une nouvelle monnaie de billon avait été fabriquée sans aucun alliage d'argent, contrairement à l'usage antérieur, et même avec suppression d'une moitié du poids : d'où un gain des deux tiers pour le roi. Tel était, en effet, l'expédient auquel Philippe III, en 1603, avait cru bon de recourir. Ce prince était excusable. Il ne faisait que suivre les indications de la presse d'alors, que constituaient les papiers des *arbitristas*, succédané des propositions et réclamations des *Cortes*, de moins en moins écoutées. Mariana signale, en effet, à la fin de son traité, un imprimé où était préconisée cette modification monétaire, et annoncé, de ce chef, un bénéfice annuel de 200,000 ducats.

Ce n'était pas seulement plus de détails et plus d'ampleur que l'auteur du *De rege* donnait cette fois à l'exposé de sa doctrine, c'était aussi plus d'insistance pressante, plus de netteté concrète dans les récriminations, et aussi plus de violence et plus de portée. Il ne se bornait pas à faire ressortir l'illégalité et les inconvénients du moyen employé pour procurer des ressources au roi; il allait jusqu'à la cause première du mal, l'égoïsme et l'ambition de l'entourage royal, la prodigalité du roi lui-même, la vénalité, la concussion, le luxe enfin. Il osait proposer que le roi restreignît ses dépenses, mesurât davantage ses faveurs, évitât les guerres et les entreprises non indispensables et fît rendre gorge à ses ministres, à ses juges, à tous ses fonctionnaires [2]. Il était, lui aussi, un *arbitrista*, mais nul n'avait songé sans doute à donner de tels conseils. « Lui seul avait eu le courage d'écrire ce que

---

[1]. «...neque tamen ea ratione suscepta duo valores inter se multum discrepabant» (c. 4, p. 197).
[2]. C. 13 (*Principis inopiæ succurrendi num via se aliqua ostendat*).

tous disaient tout bas, non sans indignation, dans la chambre, sur la place publique ou en petit comité[1]. »

Malgré beaucoup de véhémence et d'aigreur, ni le *De spectaculis* ni le *De monetae mutatione* ne sont indignes du nom de *traités*, qui pourtant ne convient qu'à la sérénité des études scientifiques. En premier lieu, les questions morales, sociales et économiques qui y sont soulevées sont examinées avec une gravité qui n'est pas celle des satiriques et des pamphlétaires. Ensuite, dans les parties qui comportaient ou nécessitaient un exposé historique, nous retrouvons l'érudit bien informé, ou du moins consciencieux, du *De ponderibus*, avec lequel, du reste, le *De monetae mutatione* a de commun tout un chapitre, celui qui est consacré au maravédis[2], et les détails relatifs à la valeur des différentes monnaies de Castille depuis le XIII° siècle[3]. Dans le *De spectaculis* on trouve un historique des jeux dans l'Antiquité et une description des théâtres et des cirques, le tout d'après Plaute, Varron, Denys d'Halicarnasse, Tite-Live, Pline, Martial, Suétone, Valère Maxime, Aulu-Gelle, Tertullien, Lactance, Ulpien, Ausone, les lois de Théodose, Cassiodore, Salvien et Isidore, outre l'*Urbis Romae topographia*, de Bartolommeo Marliani, et le *Syntagma de Diis gentium*, de Lilio Giraldo, et le *De amphitheatro*, de Juste Lipse. Bien que les chapitres qu'elles ornent puissent passer pour des hors-d'œuvre[4], ces citations, auxquelles on ne trouvait pas alors mauvaise grâce, ne font point de tort ici, puisqu'elles nous rappellent que nous avons affaire à un historien.

L'historien se révèle encore, du moins dans le *De monetae mutatione*, d'une autre manière : par l'argumentation, par la méthode elle-même. Pour prouver que le faux-monnayage pseudo-légal auquel on vient d'avoir recours ne peut offrir qu'un avantage apparent et momentané, les raisons de bon sens et les calculs ne sont pas seuls allégués : l'exemple d'Alphonse X, d'Alphonse XI, de Jean II, d'Henri II, celui de Ferdinand de Portugal et de Henri VIII d'Angleterre, de Philippe le Bel, de Charles le Bel et de Philippe de Valois, voilà les faits qui aboutissent à cette conclusion, que toutes les fois qu'un roi a voulu donner à la monnaie une valeur fictive supérieure à sa valeur naturelle

---

1. *Præfatio*.
2. C. 23 (*De marauedinis Hispanicis exactius*), dans le *De Pond.*, et c. 8 (*Marauedini multiplices et varii valoris in Castella*) dans le *De mon. mut.*
3. C. 22 (*De monetis nostratibus*) dans le *De pond.*, et c. 6 (*Moneta sæpe est immutata*) dans le *De mon. mut.* — Il y a lieu de relever ici une affirmation erronée de Ticknor, qui prétend que le traité *De ponderibus et mensuris* contenait déjà les « dangereuses observations sur la monnaie » (2° époque, c. 38, note 6). Évidemment, il a peu regardé ce traité, qu'il déclarait pourtant avoir sous les yeux, car on y chercherait en vain les dangereuses observations dont il parle; et, d'autre part, il l'a confondu avec le *De monetae mutatione*, lequel avait sans doute été arraché de l'exemplaire des Sept Traités qu'il a connu.
4. C. 2 (*Varia spectaculorum genera*) et 3 (*Theatri circique structuræ*).

il en est résulté un malaise économique et même politique[1]. C'est une véritable loi historique qui se dégage de là. Ce n'est pas la seule que nous trouvions ici. La loi bien connue de Gresham est énoncée sous cette formule concrète : « Quand la monnaie de billon est trop abondante, l'argent disparaît ; » et les raisons de ce phénomène nous sont expliquées[2].

Sinon quant à la forme, au moins quant au fond, et abstraction faite des termes énergiques et même crus par lesquels il flétrit l'immoralité des spectacles et l'avidité des fonctionnaires, Mariana a su apporter quelque tempérament aux thèses qu'il soutenait ; car, prises absolument, elles tendaient à la suppression des représentations scéniques et des *corridas*, à l'interdiction de la prostitution, à la condamnation du système adopté pour la monnaie. Or, on a déjà vu qu'il acceptait les mesures prises par Philippe II, bien qu'elles donnassent à la monnaie une valeur nominale supérieure à sa valeur réelle. Il admet implicitement, par les restrictions qu'il apporte à la tolérance dont elles sont l'objet, que les filles publiques exercent leur métier dans des maisons spéciales [3]. Il ne considère pas comme un péché, si ce n'est pour les clercs, d'assister aux courses de taureaux [4]. Enfin, il présente, au sujet des représentations, un minimum d'exigences : la censure ; défense aux femmes de paraître sur la scène, aux jeunes gens et jeunes filles d'assister, aux comédiens de jouer les jours de fête ou de jeûne ; point de théâtre attribué à une troupe déterminée, point de représentations dans les églises [5]. C'était encore être modéré, comme ce l'était également en somme, que de ne pas admettre l'empoisonnement et de n'approuver en tout cas le meurtre du tyran que si la voix publique désigne le tyran comme tel, et que si des hommes érudits et graves ont été consultés [6] : conditions expresses, qui atténuent singulièrement la portée de sa fameuse théorie, très improprement et très injustement dite du régicide.

Les deux traités qui font suite, le cinquième et le sixième, sont de pure érudition. Le premier, intitulé *De die mortis Christi*, a pour objet de démontrer que le Christ est mort le 8 des kalendes d'avril (25 mars), dans sa trente-quatrième année. Mais toutes les questions relatives au calendrier romain et aux réformes qu'on y a apportées (la dernière, celle de Grégoire XIII, datait de 1582), aux cycles solaire et lunaire, à la date de la célébration de la Pâque dans les différentes

---

1. Voir le c. 10, qui d'ailleurs ne fait que reproduire sous une autre forme ce que Mariana avait déjà dit à ce sujet dans le ch. *De moneta* du *De rege*.
2. « .... æris quando copia nimia est, argentum certe inter ciues euanescit et perit... » (c. 9, p. 206).
3. *De spect.*, c. 17.
4. C. 21.
5. C. 16.
6. *De rege*, 1, 6.

églises, au cycle hébreu, enfin, sont exposées dans une sorte d'introduction, si bien que la moitié de ce traité fait, en somme, le pendant du suivant, *De annis Arabum cum nostris comparatis*, dont le titre explique assez le sujet. La table qui complète celui-là (lettres dominicales, nombre d'or, épactes, cycles lunaire et solaire, commencement de l'année et Pâque des juifs, Pâque chrétienne pour les années 1 à 1997), et celle qui constitue à peu près intégralement celui-ci (correspondance de l'ère de César, des années chrétiennes et des années arabes jusqu'à l'an 1742 de notre ère) permettent encore mieux l'assimilation.

Ce n'est peut-être pas la patience avec laquelle notre auteur a dressé ces tables qu'il faut surtout admirer. La discussion relative à la date de la mort du Christ et les données qu'il a réunies pour établir la seconde de ces tables mériteraient davantage d'attirer l'attention. S'ils avaient pris la peine de jeter les yeux sur ces pages sévères, ceux qui ont dit ou répété que Mariana manquait de critique et ne se souciait pas d'approfondir les questions auraient peut-être changé d'avis; tout au moins en eussent-ils conçu un effroi salutaire. Mais nous ne chercherons pas ici à résumer l'argumentation, hérissée de noms et de citations, de calculs et de corrections de calculs, par laquelle, dans le premier de ces traités, il prétend prouver que la date du 25 mars, à laquelle les anciens Pères et les martyrologes latins placent la mort du Christ, et l'année 34, qu'il déduit des données évangéliques, sont aussi indiquées par les supputations astronomiques. Il sera plus intéressant et, avouons-le, moins difficile, de dire comment il a établi la correspondance des années arabes et chrétiennes. Après avoir expliqué ce qu'est l'année arabe, il prend comme point de départ le 12 janvier de l'année 1584, qui est celle où il écrit ces lignes. Cette date coïncide avec le premier jour de l'an 992 de l'hégire. En tenant compte des règles qu'il vient d'énoncer, il a pu dresser, en remontant année par année, les tables de *concordance*, et fixer au 15 juillet 622 le début de l'ère arabe, en quoi il s'est vu complètement d'accord avec les *Annales Toletani*[1]. Il a eu soin de noter d'autres indications fournies par Isidore de Beja, l'auteur de la Chronique d'Albelda, le maure Rasis, Rodrigue de Tolède, Alphonse X; et il montre ou qu'elles justifient également ses calculs, ou qu'elles sont grossièrement erronées. Remarquons l'époque à laquelle il déclare avoir composé ce traité : outre l'intérêt que présente cette constatation pour la chronologie de ses œuvres et de sa vie scientifique, nous en tirerons cette conclusion, que, huit ans avant la publication de son Histoire d'Espagne, il était déjà bien familier avec les sources les plus importantes et avec les enquêtes les plus minutieuses. Il a donc bien ici

---

1. P. 330.

commencé son enquête historique par où il fallait, et l'on peut regarder le *De annis Arabum* comme l'introduction de son Histoire d'Espagne. Quant à la question de la date de la mort du Christ, nous dirons assez quelle place elle a tenue parmi ses préoccupations érudites en rappelant sa traduction des homélies pascales de saint Cyrille; car il est probable que, s'il a été amené à s'en occuper et à les traduire, c'est à cause du rapport qu'elles ont avec la date de la célébration de la Pâque dans l'ancienne Église.

Le dernier des Sept Traités, le *De morte et immortalitate*, est précédé d'un prologue et coupé de descriptions qui rappellent tout à fait le début du *De rege*. Cette fois encore, l'auteur a emprunté à Cicéron ce procédé d'exposition qui consiste à présenter un traité, même de longue haleine, comme le compte rendu d'une conversation improvisée. Il n'est pas le premier à en avoir usé en Espagne. Le *Diálogo de la lengua* de Juan de Valdés doit à cet artifice un charme que n'ont pas toujours les dissertations des grammairiens. Cette fois, c'est d'abord près de Tolède que Mariana place la scène : rien de plus aimable, de plus naturel, de plus frais, si ce n'est celle de la *sierra* de S. Vicente, que cette description des *cigarrales*, qui font à l'antique et majestueuse cité la plus pittoresque des banlieues (si toutefois l'on peut désigner de ce mot prosaïque un site aussi extraordinaire). Cette sorte d'introduction est bien l'œuvre d'un artiste, et non seulement par le style, vraiment admirable de sobriété, de coloris, d'allure[1], mais encore par cette habileté suprême qui consiste à introduire le lecteur dans les méditations les plus graves par l'avenue riante et pittoresque d'une description de paysage tranquille, propice à la rêverie. On dirait qu'il a voulu cacher l'horreur de la mort dont il va nous entretenir, comme on cache les tombes sous les fleurs. Habileté d'artiste, habileté aussi, habileté profonde de l'écrivain politique qui a certaines choses terribles à dire, et, sous un régime d'oppression, ne peut les risquer sans les envelopper de littérature. Car il n'a pas, dans le Traité de la monnaie, vidé toutes ses patriotiques et démocratiques récriminations.

Sans vouloir forcer les rapprochements, il n'est pas exagéré de voir déjà dans Mariana quelque chose de ce sentiment de la nature qui devait animer les livres, ou plutôt constituer la philosophie d'un autre théoricien de l'éducation et de la sociologie, Jean-Jacques Rousseau. En tout cas, ce qui frappe, dans ces pages où rayonne la joie de contempler ces beautés et ces dons de la terre, c'est le réalisme

---

[1]. Il faut en citer un exemple : « Propè vrbem colles circulo assurgunt natura deformes, saxis impediti, tenui atqui gracili gleba : arte tamen et cultura læti, ciuium delitiæ, cum fessi negotio rusticari volunt, et ex vrbanis angustiis in apertum cœlum prodire, synceriori aura perfrui, quæ est saluberrima. Ita multa suburbana prædiola extant prætoriis elegantibus, aut turribus omni ex parte, qua prospectus est, collucentia. » (*Præfatio*, p. 356.)

simple et franc de la peinture que nulle emphase ne solennise ; et l'on se persuade que celui qui les a écrites n'était ni un mystique ni un idéaliste. Il ne célèbre point la splendeur de la nature ; il préfère, avec la précision d'un géographe ou d'un botaniste, décrire l'aspect de ce coin de l'Espagne, dénombrer les fruits qu'on y recueille, les plantes qu'on y rencontre[1] : on trouve de telles descriptions dans le *De historia hispanica* de Rodrigo Sánchez, ou le *De laudibus Hispaniae* de Marineo[2] ; empressons-nous d'ajouter qu'on y chercherait en vain la touche particulière à notre auteur. Il sait rendre charmantes et poétiques sa géographie et sa botanique ; il sait d'une énumération faire un tableau ; il sait montrer, au milieu des choses terrestres, l'homme qui en jouit. Et avec quelle sincérité il dit sa propre jouissance ! et quel plaisir pour le lecteur de la lui entendre dire ! Il y a peut-être une manière plus relevée de sentir. Mais Mariana sent avec la sincérité de son tempérament, et non avec le raffinement d'une imagination livresque. Ses sens, en dépit d'une austérité et d'une retenue farouches en ce qui touche les plaisirs de la table et les mœurs, aimaient à s'arrêter sur le spectacle d'un beau jardin ou le parfum d'une fleur : il note ici avec complaisance, avec satisfaction, que la julienne, qui le jour n'a nulle odeur, la nuit, embaume les champs et l'atmosphère. Cette sensualité délicate et pure est doublée d'un sentiment particulier, le sentiment du prix qu'ont pour l'homme, du bienfait que sont pour lui les dons qui servent à sa subsistance et à son agrément. Tout le monde, évidemment, a plus ou moins ce sentiment-là ; mais Mariana est un économiste, il se rend compte par là davantage de la valeur de tels biens : et c'est aussi pour cela qu'il souffre de les voir gaspillés[3].

Dans ces *cigarrales* dont l'auteur du *De morte* décrit ainsi l'attrayant aspect, près d'une propriété pour laquelle le cardinal Quiroga avait dépensé des sommes énormes, les jésuites possédaient un domaine où Mariana, presque tous les ans, allait prendre quelque repos. Il avait, parmi les propriétaires des environs, des relations aimables, et ses loisirs étaient occupés par de nombreuses visites. Un jour, le doyen de la cathédrale de Tolède s'était invité à déjeuner avec plusieurs amis. Ce doyen n'était autre que Pedro Carvajal, neveu de Loaysa, et futur évêque de Coria. On était au début de mai. Après la sieste qui suivit le repas, pendant que les autres convives passaient l'après-midi à jouer aux dés, à la paume, à une sorte de croquet, à un autre jeu encore que décrit Mariana, mais qu'il est moins facile d'identifier, lui

---

1. « Flores alios sponte ex sa vniuersa terra fundit, herbas odoratas salutaresque, thymum, stœcadem thymbram, trifolium, chamæpytim, caucalim, irim, periclimenon, oxalim, virumque cicortum, rapunculos, feniculum, asparagos magna copia. » (P. 357.)
2. Voir *Les Histoires générales d'Espagne*.
3. Voir le *Disc. de las enf. de la Comp.*, c. 8-9.

et Carvajal, avec le secrétaire de l'Inquisition Castellón, qui arrivait à ce moment, s'étaient retirés dans un bois, près d'une source, à l'ombre d'un noyer et d'un mûrier. Il y avait deux ans que Carvajal avait perdu son oncle (on était donc en 1601); quant à Castellón, sa femme venait de mourir en couches, donnant le jour à une fille qui n'avait pas survécu, et le jésuite lui avait adressé en cette triste occasion des distiques consolatoires que l'on conserve parmi ses papiers, avec la réponse, également en vers, du destinataire [1]. C'est à ces deux amis, encore dans la tristesse du deuil, qu'il propose de parler du sujet qui occupe ses méditations depuis quelque temps, la mort.

Avant d'en venir là, on avait commencé par déplorer les tristesses du temps présent, la décadence des mœurs, l'invasion du luxe, la honte des concussions et des vénalités, les scandales du favoritisme, la destination condamnable donnée aux richesses ecclésiastiques. Et c'est comme pour détourner la conversation de ce thème affligeant que Mariana aborde celui qui fait l'objet de son traité, non sans lancer un dernier reproche, indirect et impersonnel, par l'allusion qu'il fait à la disgrâce et à la mort de Loaysa, de l'Inquisiteur général Pedro Portocarrero et du président du Conseil de Castille, Rodrigo Vázquez de Arce.

Mariana a-t-il craint qu'un malicieux lecteur ne l'accusât d'avoir abusé de la patience du doyen de la cathédrale et du secrétaire de l'Inquisition, revenus tout exprès de la ville le lendemain pour continuer cette édifiante conversation, qu'une après-midi n'avait pu épuiser? A-t-il voulu changer de cadre? Ou rapporte-t-il bien sans artifice littéraire les circonstances d'une véritable improvisation? C'est ensuite dans un village proche de sa ville natale qu'il nous transporte, à Carmena, où il s'arrêta, nous dit-il, quelque temps après, dans un voyage qu'il fit à Talavera. Il avait là un ami, un Tolédan, Juan Ferrera; celui-ci lui devait une grasse cure, ayant subi avec succès devant lui une de ces *oposiciones* qui lui valurent les sollicitations que nous avons vues. Ce Juan Ferrera vivait avec un frère aîné. L'ancien examinateur avait quelque droit sur eux : il fit d'eux son auditoire de rechange.

Nous n'avons pas à dire ici comment il recommande le mépris de la mort, ni comment il prouve l'immortalité de l'âme et la Providence (telles sont les deux questions qu'il traita à ses deux premiers interlocuteurs, et ce sont aussi les titres qu'il donne à ses deux premiers chapitres), ni comment il vante les joies de la vie éternelle et indique les moyens d'y arriver (tel est le titre du troisième chapitre, dont ses deux amis de Carmena eurent les prémices). Un point seulement est à mentionner ici, parce qu'il confirme ce que nous avons dit touchant

---

[1]. Les deux pièces sont dans le ms. Egerton 1875, n° 12, f° 23-4. La première est de la main de Mariana.

la modération des idées de Mariana, et que, d'autre part, il nous montre celui-ci d'accord avec ses confrères sur la grande question théologique qui devait longtemps diviser les doctes et même les ignorants, celle de la grâce. Mariana, en effet, admet qu'à l'homme, même en état de péché, « quamuis flagitioso et peccati labe contaminato », il est possible, « sine vlla supera addita ope, » d'accomplir certaines bonnes œuvres. Mais ne jugeons pas là-dessus notre auteur, et laissons la théologie aux théologiens¹.

Le *De morte* ne fut pas terminé avant 1604, année où Pedro Carvajal fut fait évêque de Coria, car Mariana y fait allusion à cet événement. Le *De aduentu* ne put être rédigé qu'après que Morlanes eut envoyé son manuscrit de Calixte II, par conséquent pas avant 1606. Le *De monetae mutatione* date au plus tôt de 1603, et le *De spectaculis* doit être postérieur au *De rege*, dont il développe un chapitre². Le *Pro editione Vulgata* est une refonte de la censure de la Bible d'Anvers. Le *De die mortis Christi* est postérieur à la réforme grégorienne, c'est-à-dire à l'année 1582. L'approbation du Père provincial étant de la fin de novembre 1606, l'époque où Mariana s'occupa de ces divers traités se trouve déterminée d'une façon assez précise, sauf pour les deux derniers cités. D'autre part, c'est en 1584, on l'a vu, qu'il écrivit le *De annis Arabum*. Il avait sans doute publié là tout ce qui lui restait comme ouvrages destinés à l'impression³.

En dédiant à Paul V les Sept Traités, il n'est pas invraisemblable que Mariana ait voulu ménager la protection la plus haute possible aux hardiesses dont il pouvait avoir à répondre. Pourtant, on peut douter qu'il se soit rendu compte que ces hardiesses fussent dangereuses et critiquables. On verra sa surprise et son désappointement devant l'émotion et la colère gouvernementales. Aussi est-il assez probable que ce qu'il avait surtout espéré du pape, c'était un revirement en faveur de la thèse soutenue par lui et ses compatriotes touchant la venue de saint Jacques. Il lui demande, en effet, dans sa dédicace, de se prononcer : la question doit être remise en discussion ; après quoi, les Espagnols accepteront la décision pontificale⁴. Il venait de reconstituer le faisceau des preuves, rejetant celles qui ne pouvaient porter, renforçant les autres : il n'était que juste de reviser un jugement inspiré par un document auquel on avait prêté trop d'importance. Il ne devait pas connaître l'heureux résultat de sa

---

1. Voir dans sa lettre à Ferrer (appendice V, 2) les termes sympathiques qu'il emploie en parlant de Molina.

2. C. 16.

3. Sur les traductions castillanes de quelques-uns de ces traités, voir plus loin, p. *99-100*.

4. « Hispaniam Pontificis decretis obtemperaturam pro certo habeo causâ modo diligenter discussâ denuò atque contestatâ. Neque enim ii sumus vt priuatis affectibus & inani superstitioni seruiamus & non potius consectemur veritatem. »

démarche, et ce n'est pas le pape auquel il s'adressait qui donna la réponse. C'est en 1625 seulement, un an après la mort de notre auteur, qu'Urbain VIII devait rétablir dans le Bréviaire romain la mention, sans restriction, de l'évangélisation de l'Espagne par saint Jacques [1]. La réponse du roi se fit moins attendre.

---

1. Cf. Noguera, p. LXII. M. Batiffol ne parle pas de cette modification à propos du Bréviaire de 1632 (p. 260-6).

CHAPITRE VI

I. Les tribulations : Philippe III, ses ministres, son confesseur et l'Inquisition contre les *Tractatus VII*.
II. L'Université et le Parlement de Paris contre le *De rege*.
III. Le Général de la Compagnie contre le *Discurso de las enfermedades de la Compañia*.

I

La triste gloire d'avoir dénoncé les Sept Traités paraît revenir au D' Fernando de Azevedo, futur archevêque de Burgos et président de Castille [1]. C'est en effet lui, probablement, qui a signé et écrit de sa main une lettre datée de Madrid, 28 août 1609, et jointe à un mémoire où sont relevés la plupart des points jugés subversifs. Les deux pièces se trouvent dans un manuscrit de la Biblioteca nacional [2].

1. « Le conocí en Alcalá criado del Maestro Pedro Arias en el Colegio del Rey... consigo ha pretendido olvidarse de haber sido antes de la medra, y quisiera hacer creer á España que no nació de su fortuna... Su provision á la Presidencia fue parto de la enemistad de padre y hijo » (les ducs de Lerme et d'Uceda). (Quevedo, *Anales de Quince dias*, Bibl. Rivadeneyra, t. XXIII, p. 203-4.) — Évêque d'Osma en septembre 1610, il devint archevêque de Burgos en 1613, et président du Conseil de Castille en 1616.

2. Ms. Ff 9 (= 12179) de la Bibl. nacional, f° 138 et 141 :

« En el libro que de nuevo ha salido del Padre Mariana de la compañia de Jesus que contiene siete tractados diferentes y se imprimieron en Colonia en este año de 1609 ay muchas cosas dignas de expurgacion por ser contra la authoridad del Papa y del Rey nro S. y de sus ministros.

En el primer tractado de la venida de sanctiago a España a fol. 10 columna 1ª dice de los summos Pontifices, pero no es de nra modestia revelar las ocultas deshonrras si bien son ocultas. En el tractado 3º que intitula de mudança de la moneda en la prefacion fol. 191 col. 1ª despues de auer declarado el intento que tuuo para escribir el dicho tractado que fue querer decir, lo que nadie se atreuio a decir, añade estas palabras. Como clama toda la gente y gime con el graue pesso viejos, y mocos, ricos, y pobres, doctos y indoctos, y siendo assi no parece fuera de proposito, si entre tantos ay alguno que por scrito diga, lo que publicamente y en secreto, en las plaças y corrillos se vitupera no sin gran sentimiento de nra alma.

En el mismo tractado a fol. 193 habla con mucha desembolutra de los procuradores de Corte diciendo que son ineptos para negocios como personas a quien eligieron por suerte, inclinados a uenderse y que ningun otro fin tienenen (*sic*), sino la codiçia y ganar la gracia del Principe con la publica calamidad.

Y mas adelante a fol. 196 col. 1ª dice que los que imponen pechos y tributos sin el consentimiento del Pueblo que los ha de pagar, que no saue como se pueden librar de la censura contenida en la Bulla de la çena dando a entender estar todos descomulgados.

En el mismo tractado a fol. 217 col. 2ª tractando de la necessidad de la Republica

Les passages incriminés sont : 1° dans le traité sur la venue de saint Jacques, celui où il est dit qu'il ne sied pas à la modestie de l'auteur de révéler les hontes cachées du Saint-Siège ; 2° dans le traité sur la monnaie (qu'on appelle à tort ici le troisième), les passages où le peuple est représenté comme gémissant, et l'auteur comme écrivant ce que tout le monde murmure tout bas ; où les procureurs de la cour sont taxés d'incapacité, de cupidité et d'égoïsme ; où l'impôt non consenti par le peuple est déclaré illégal ; où le gouvernement est accusé d'en venir, étant aux abois, aux moyens les plus insolites et les plus inopportuns ; où les dépenses de la table royale sont qualifiées d'exagérées et désordonnées ; où toutes les fonctions civiles et ecclésiastiques sont dites données au plus offrant, les administrateurs des revenus royaux se laissant corrompre par ceux qui afferment ces revenus, et ceux-ci ayant, à la cour et au conseil des finances, chacun « son ange gardien » ; et pour finir, la conclusion, d'après laquelle tout homme aurait le droit de dire son sentiment, quand même il se tromperait ; 3° dans le traité sur la mort et l'immortalité, le passage « vraiment par trop libre, et bien digne de châtiment », où l'on prétend que les prêtres ignorants et de mauvaises mœurs obtiennent toutes les places, que l'or et la parenté ou l'amitié des ministres ou des courtisans ont plus de pouvoir à cet égard que la vertu et l'érudition ; celui où la monarchie espagnole est dépeinte comme en

y Reyno de España, dice que es tanta que obliga a los que la rigen y gouiernan aprouecharse de remedios desusados insolentes y ineptos.

Y a fol. 218 tractando de los excessiuos gastos que ay en la comida de su Mag.ᵈ dice que esto se haçe sin raçon ni orden ninguna.

Y luego a fol. 219 col.ᵃ 1ᵃ y 2ᵃ porque ambas se deuen de leer por deçir en ellas con mucha libertad que lo que la fama dice y publica es miserable y calamitoso, conuiene a sauer que las plaças, y magistrados, las procurationes, las dignidades, sacerdocios, y obispados no se dan a quien las mereçe y que todo se uende y nada se da a quien no lo compra. Y luego ablando de los que administran las rentas reales, dice dello quan illicitos tractos tienen con quien las arriendan y que las rematan en quien mas les da de secreto. Y de los arrendadores de rentas reales dice a fol. 220 col.ᵃ 1ᵃ que tienen todos su Angel de guarda en la cassa real y consejo de hacienda que los fauoreçe por entrar a la parte de lo que los dichos arrendadores lleuan illicitamente. Y concluie el dicho tractado diciendo que libremente puede cada uno deçir lo que siente quando le toca, agora sea uerdad lo que dice, agora se engañe en decirlo.

En el ultimo tractado a fol. 360 col.ᵃ 1ᵃ buelue a decir con palabras muy libres y dignas de castigo como las plaças y cargos se uenden y que los sacerdotes ignorantes y de malas costumbres son los premiados y que el oro allā (sic) entrada en todo, a la ignorancia, bondad y erudicion no ay darle lugar ni entrada para premio alguno. A los ambiciosos y malos, lisonjeros, y truhanes se dan las procuraçiones, y honrras publicas, sin consejo ni deliberaçion y que en lugar de virtud y letras entra el parentesco y afinidad con los ministros y cortesanos de la cassa real.

A fol. 362 dice de la ruina desta Monarchia de España despues de la muerte del Rey D. Phelipe 2° nrō Sʳ como quien dice que faltando el falto todo.

En el mismo tractado a fol. 381 tractando de las rentas reales y quan mal se expenden, diciendo que siendo tan grandes se añaden cada dia mayores sin fructo ninguno porque se las lleuan los priuados de su Mag.ᵈ y se consumen locamente.

Esto se ha podido y no mas por la breuedad del tiempo aduertir de lo contenido en estos tractados que por ser contra la authoridad del Papa y del Rey y de sus

décadence, « comme si, Philippe II mort, tout avait manqué d'un seul coup; » celui où l'on se plaint que les rentes royales s'accroissent chaque jour sans profit, les favoris de S. M. se les appropriant et se livrant à un gaspillage insensé.

L'auteur de ce rapport de police termine en déclarant n'avoir pu remarquer d'autres endroits à cause du temps qui pressait ; en insistant sur celui où il est affirmé que les dignités ecclésiastiques sont vendues, et par conséquent achetées ; en proposant la recherche des exemplaires d'un livre qui attente à l'autorité du Pape, du roi et de ses ministres ; en faisant observer enfin que l'ouvrage est traduit en *romance*, c'est-à-dire évidemment en espagnol.

La lettre qui est jointe, adressée à un personnage qu'on traite de V. E., probablement le duc de Lerme, note en outre que l'auteur, étant espagnol, aurait pu éviter d'écrire de telles choses, et, les ayant écrites en Espagne, de les faire imprimer à Cologne. Peut-être Son Excellence aura-t-elle eu déjà connaissance de cette publication par les Conseils d'État et de Castille. Pour l'Espagne, il sera facile de prendre des mesures. Ce jour même on a fait défense à un libraire, le seul que l'on sache posséder des exemplaires, d'en vendre aucun.

Dans ce mémoire, rédigé et expédié hâtivement comme s'il se fût agi d'une conspiration, on faisait donc tout particulièrement un grief

consejos y ministros y contra los sacerdotes y religiosos de quien dice que es publico comprar las dignidades y obispados pues no se pueden uender sin auer quien las compre. Por todo lo qual y por ser contra la regla 12 del Catalogo de que se prohiben los libros que dicen mal de la fama y de los Principes y reyes y de los proximos merece que se recoja el dicho libro. Aduiertase que va traducido de latin en romance. »

(Au dos et en travers) : « Memoria para leerse luego. » Le fº 139, intercalé indûment entre le 137 et lo 141 (il n'y a pas de fº 140) contient une lettre d'une autre main :

« Sppʳ a v. e. pase los ojos por el papel que ymbio aparte con esta que aunque v. e. podra ser tenga noticia de lo que contiene por la que ya tienen los consejos de estado y de castilla, por cumplir yo con lo que debo, en llegando al mio, y a mi noticia la doy a v. e. y podra ser que mas copiosa, rrespecto de que he visto, lo que escribo. El autor pudiera excusar lo que hiço siendo español y escripto en españa ymprimirle en colonia adonde estara publicada esta tan falsa y mentirosa historia atreuida en todo. lo de aca se rremediara por el consejo sacando edictos despues de auerlo uisto todo los calificadores. Y porque ahora no se saue que aya mas libros que los que tiene vn librero a este se le notifico oy que no vendiese ninguno. Con que esta rremediado lo que aca toca. Suppᵗᵒ a v. e. mande estar preuenido en esto para lo que puede suceder en el secreto pecho de v. e. a quien doy cuenta como debo y uiuir y morir en seruiº de v. e. que me gᵉ Dios como deseo. Mᵈ 28 de agosto 609. El dʳ Ferᵈᵒ de Azeuedo. »

En attribuant au Fernández de Azevedo qui fut président de Castille la lettre ci-dessus, je ne fais que m'en rapporter à l'Index de la Biblioteca national (cf. l'*Indice Gallardo*, *Azevedo* et *Mariana*). Je ne suis pas absolument sûr que le signataire n'est pas le *doctor* Hernando de Malute y Azevedo, auteur d'une « Dissertation sur les droits de l'État en matière ecclésiastique, composée... à la demande de Fray Luis de Aliaga... datée de Madrid, 20 mars 1610. » (*Catalogue des Manuscrits espagnols de la Bibliothèque nationale*, par A. Morel-Fatio, nº 92.) Dans le même ms Ff. 9 de la Bibl. nacional, il y a une autre lettre adressée au duc de Lerme (par Fr. Pedro Castilio) et un grand nombre de documents d'ordre politique ou ecclésiastique, sans aucun rapport avec le président de Castille.

à l'auteur d'avoir publié le recueil de ses sept traités hors d'Espagne. Imprimé dans la péninsule, il eût été aisé à recueillir chez les libraires ; à Cologne, il était hors d'atteinte et se répandait d'autant plus facilement à l'étranger qu'on le pourchassait davantage en Espagne. C'était une circonstance aggravante : elle paraissait marquer chez celui qui le lançait le propos délibéré de notifier partout ses accusations. L'emploi du latin pouvait encore confirmer cette supposition, bien que l'on paraisse au premier abord prêter encore plus d'attention à ce fait que le livre « va traducido al romance ».

On verra comment Mariana se disculpa du fait de l'impression hors d'Espagne. Quant à l'existence de la traduction en castillan dès avant la fin d'août 1609, elle n'est pas autrement confirmée. Des sept traités on n'en connaît que deux qui aient été traduits, le *De monetae mutatione* et le *De spectaculis*. Ces traductions ont paru pour la première et unique fois dans la collection Rivadeneyra, par les soins de F. Pi y Margall. L'attribution à Mariana en est attestée par deux des copies assez nombreuses que l'on rencontre de la première[1] et celle que l'on

[1]. Le ms. I 333 (= 2883) de la Bibl. nacional (f° 199-229) contient, ainsi que l'indique un titre en lettres d'imprimerie :
« Discurso sobre la moneda que se labro en Castilla en tiempo del P. Iuan de Mariana de la compañia de Iesus chronista de su Magestad. Este tratado se mandó expurgar, y quitar de sus obras de dicho padre porque contradecia en el dicha fabrica y hablaba mal del Gouierno Reinando Felipe 3° en el año de 1609. Hallose entre los papeles del P. Iuan de Pineda de la compañia de Iesus. » En marge du commencement : « el padre de (sic) Juan de Mariana dio vna peticion al consē (consejo) agrauiandose de que este traslado se lo huuiese quitado de sus obras. »
Le ms. G 424 (= 2187) de la Bibl. nacional, non paginé, petit format, contient le « Tratado y discurso de la moneda de vellon que al presente se labra en Castilla y de algunos desordenes y abusos : Escritos por el Padre Iuan de Mariana en ydioma latino, y traducidos a el castillano por el mismo, é Ympresso en Colonia año de 1609. »
Même traité dans le ms. G 341 (= 1963) non paginé, petit format : « Discurso de la moneda de vellon que al presente se labra en Castilla por mandado de el Rey nro señor. »
Même traité dans le ms. 7145, même format, non paginé ; même titre que G 424, avec des corrections qui ne sont que la rectification des bévues du copiste.
Même traité dans le ms. 6916 (ancien T 30 et T 37), dont 212 folios seulement sont paginés (fol. 181-212). Titres (fol. 181) : « Tratado de la moneda, hecho por el Padre Juan de Mariana de la Compañia de Jesus, traducido por el mismo Padre Mariana », et (fol. 182) : « Discurso sobre la moneda de vellon que al presente se labra en Castilla (en marge : y de algunos desordenes y abusos) por mandado del Rey nuestro señor ».
Même traité dans le ms. Q 104 (= 5791) in-folio, paginé seulement jusqu'au f° 336 (fol. 191-218) : « Discurso sobre la moneda de Bellon que al presente se labra en Castilla por mandado del Rey nro s°° por el P° Juan de Mariana de la Compañia de Jesus. »
Tous commencent ainsi : « Dios nuestro Señor quisiera y sus santos que mis trauajos fueran tales que con ellos se vbieran seruido mucho su Mg^d y todos estos Reynos como lo he deseado... » et finissent par « ... lo que conuiene se atreuan a aconsexallo y a executallo » mais les mss. 7145, 6916 et 2187 ont ces derniers mots intervertis : « en ejecutarlo y aconsejarlo » (orthogr. de 2187).
Seuls les mss. 6916 (= T 37) et 5791 (= Q 104) sont signalés par Gallardo dans son *Indice*.

connaît de la seconde[1]. En ce qui concerne le *De monetae mutatione*, il est douteux que l'auteur l'ait traduit après son procès : c'eût été une récidive dangereuse[2]. Puisque cette traduction existe, et qu'elle lui est attribuée, avec toute vraisemblance du reste, elle devait exister quand Azevedo écrivit sa dénonciation, et c'est sans doute à elle exclusivement, et non à une traduction des sept traités, qu'il fait allusion quand il dit que le livre est traduit du latin en langue vulgaire. Noguera, qui ne put avoir connaissance du texte latin du Traité sur la monnaie, arraché dans les deux exemplaires de l'édition de Cologne qu'il put voir, l'a analysé d'après la copie d'un exemplaire manuscrit de la traduction. Or, c'était Mariana, déclare-t-il, qui avait envoyé au comte de los Arcos cet exemplaire, que l'on conservait dans le collège de Cuenca, à Salamanque. Ainsi, non seulement l'historien avait traduit son pamphlet, mais il le faisait circuler et en envoyait des transcriptions. Déjà, dans une lettre datée de Séville et du 8 novembre 1605, un correspondant qui signe Luis Martínez de Mariana, et qui était sans doute quelque chose comme son cousin, lui demandait une « copia del papel de la moneda »; c'est probablement le texte castillan qu'il voulait[3]. Ainsi, dès le mois de novembre 1605, ledit « papel » était connu au moins des intimes de l'auteur. Bien entendu, il ne resta pas inconnu aux confrères. Parmi les papiers du P. Juan de Pineda[4], mort en 1637, on trouva une copie en castillan, que l'on conserve à la Biblioteca nacional.

Quant au danger qu'un tel livre, écrit en latin, présentait au point de vue de la politique extérieure, il n'était évidemment pas imaginaire, puisque « en 1612, un conseiller de la cour des monnaies en fit en France la base d'un Mémoire, qu'il présenta au chancellier Sillery, sur le désordre où était la monnaie en Espagne[5]. » On pouvait donc l'exploiter, comme le craignait Azevedo, contre la réputation du gouvernement espagnol. C'était un inconvénient que Mariana n'avait pas prévu; ce dut être aux yeux du dénonciateur et du ministre, ou plus exactement du favori, le côté le plus noir à montrer au roi dans l'affaire.

Une rectification est à apporter avant d'entrer dans le récit du procès

1. Ms. Q 41. Cf. Gallardo.
2. C'est pourtant ce que supposait, sans motifs du reste, Noguera : «El mismo Mariana... le puso en Castellano para hacerlo más común, sin embargo de las contradicciones que habia sufrido.» Il suppose également, par suite, que ce fut après son procès que Mariana envoya au comte de los Arcos l'exemplaire dont il est question plus loin. Cela est pourtant bien improbable.
3. Voir mon article sur *La famille de Juan de Mariana*.
4. Le même auquel Mantuano consacra trente-deux pages de ses *Aduertencias a la Historia del Padre Iuan de Mariana* en 1613 (voir plus loin, 2ᵉ partie, c. III, § II). Il y a un autre Juan de Pineda, de l'ordre des franciscains, et contemporain du jésuite. Nic. Antonio leur consacre à chacun une notice.
5. A. Duméril, art. cité, p. 91. Cf. Charenton, préf. de la traduction de l'Hist. gén. d'Esp., p. v.

intenté à Mariana. Il est étrange de voir un érudit aussi sérieux que Noguera opposer ici la tolérance de Philippe II à la rigueur de Philippe III : « Dans le *De rege*, » remarque-t-il, « Mariana avait dit des choses aussi fortes et même plus fortes que celles qu'on trouve dans les deux traités (le *De monetae mutatione* et le *De morte*); il ne fut pourtant alors ni accusé ni poursuivi. Le roi était alors Philippe II, qui permettait qu'on parlât avec liberté [1]. » Rien de plus étrange que cette volonté de voir en Philippe II un prince libéral. Ce n'est pas ici le lieu de prouver combien une telle théorie est dénuée de bon sens. Mais, en vérité, Noguera n'aurait-il pu faire attention aux dates, et se rappeler que Philippe II était mort le 3 septembre 1598, plusieurs mois avant que parût le *De rege*, et même deux mois avant que l'auteur se décidât à le publier, ainsi que le prouve la lettre publiée par Noguera lui-même [2] ?

C'est donc en réalité à Philippe III que revient l'honneur qu'on voudrait faire à son père. Le mérite n'est d'ailleurs pas très grand. En 1599, Philippe III avait vingt et un ans; il commençait à peine son règne; il était plutôt occupé par son mariage que par les opinions d'un ami de son précepteur sur l'éducation du prince. De plus, une certaine impunité était assurée par le seul changement de régime. Mariana pouvait alors ne pas trouver tout parfait, et même le dire : les ministres de Philippe II, les Cristóbal de Moura, les Rodrigo Vázquez de Arce, dont Philippe III eut tant de hâte de se débarrasser, endossaient les responsabilités et leur renvoi n'en avait que plus d'apparence de justice.

Dix ans après, les choses étaient autres. Il y avait bien eu un semblant d'holocauste offert à la justice, d'abord en la personne du licencié Alonso Ramírez de Prado, du Conseil royal et du Conseil des finances, puis, en celle de Pedro Franqueza, comte de Villalonga et de Villafranqueza, tous deux accusés de corruption et de malversations. C'étaient les victimes expiatoires offertes en place du duc de Lerme et de ce Rodrigo Calderón, favori de favori, dont la fortune et la puissance étaient autrement ruineuses et honteuses pour le pays. Mais Mariana arrivait trop tard pour donner le change, ainsi qu'il essaya de le faire dans sa défense. Ce n'était pas de la veille que les deux concussionnaires livrés à la vindicte publique avaient été arrêtés, quand parut ce réquisitoire contre les abus, les illégalités, les rapines. S'il avait su faire coïncider la publication de son livre avec l'une de ces arrestations, il n'eût pas autant éveillé les susceptibilités d'un gouvernement précisément occupé à donner un grand exemple. Le livre venant quand satisfaction était donnée, par la condamnation de l'un des deux coupables, par le

[1]. P. LXIX.
[2]. Jaime Balmes a déjà relevé ce *lapsus* de Noguera (*Biografía del P. Mariana*, p. 26).

procès de l'autre¹, il dénonçait donc, pouvait-on supposer, d'autres coupables encore, et ces coupables ne pouvaient être que les maîtres du pouvoir. Si pourtant l'on fait attention aux dates, on croira aisément que, parmi ceux qu'il avait surtout visés en écrivant, étaient bien ceux à qui l'on s'était décidé à demander des comptes sévères. Toutefois, il est à penser aussi que ce n'étaient pas selon lui les seuls coupables. Voyant son livre paraître enfin, il dut se persuader naïvement que la justice, qui punissait deux ou trois voleurs, allait continuer son œuvre : il n'avait qu'à parler; le roi s'empresserait de rechercher les autres scélérats qui s'engraissaient aux dépens de ses sujets; toute la bande allait tomber dans le filet. Il crut le moment venu. Il apprit à ses dépens que le moment était passé².

Sur le procès intenté à Mariana, à défaut du manuscrit qui en contenait la copie exacte et qu'annonçait en 1792 le *Catalogue des livres de la Bibliothèque de feu don Simon de Santander*³, nous sommes renseignés avec précision par Noguera, qui a pu connaître soit cette copie, soit une autre; il n'a, du reste, rien su de positif sur l'issue elle-même.

La dénonciation d'Azevedo, on l'a vu, est datée du 28 août 1609. Le 8 septembre, sur les instances qui lui furent faites, Decio Carrafa, légat *a latere*, nonce et collecteur apostolique en Espagne, chargeait le franciscain Fr. Francisco de Sosa, membre du Conseil suprême de l'Inquisition, évêque des Canaries, mais résidant à Madrid⁴, de faire le procès du pamphlétaire, contre qui un mandat d'arrêt fut lancé de cette ville. Mais déjà, avant d'être arrêté, Mariana avait été interrogé à Tolède par les Inquisiteurs. Il avait confessé être l'auteur des traités incriminés. C'est ce qui résulte de ses propres déclarations⁵. Par ordre

1. Ramírez mourut avant la sentence, qui le condamna, en 1607, à la restitution, et Franqueza fut condamné en décembre 1609. Cf. l'*Hist. general de España* (p. 111, l. III, c. 4) de Modesto Lafuente, qui a consulté des relations de l'époque.

2. « ... debia seruir de exemplo a los celosos del bien comun para que atiendan a dar sus abissos a quien y quando conbiene y no a mas ni en otro tiempo », dit avec sagesse à ce sujet le P. Ezquerra (*Hist. de la Comp. de Jesus en Alcala*, 2ᵉ p., fᵒ 248).

3. T. II, nᵒ 6425; cf. t. I, nᵒ 3460. Les indications que porte le *Catalogue* à ces deux endroits ne nous apprennent rien que nous ne sachions par Noguera, si ce n'est ceci, que « le procès ne fut pas sentencié », ce qui est faux, du reste, comme on verra p. 108. Quant à la *Chrono-historia* du P. Alcázar, il nous en manque précisément la *Década VII*, qui contenait les années 1601-1610.

4. Il avait été nommé en 1600 *minister generalis* de son ordre. En 1607, il avait été à Rome pour soutenir la cause de l'Immaculée Conception; la même année, on l'avait fait évêque des Canaries. Évêque d'Osma en 1613 après Azevedo, et nommé au siège de Ségovie en 1617, il devait mourir en 1618 : « ... vir magnanimus, prudentiaque et consilio praestans, » déclare Antonio, qui lui a consacré une notice. Il est curieux de voir le procès du célèbre jésuite conduit par un successeur de Melchor Cano, ce fougueux dominicain, dont les jésuites ne s'étaient débarrassés qu'en le faisant nommer évêque des Canaries (1552), et qui donna sa démission pour revenir leur faire la guerre (Cf. Crétineau, t. I, p. 289).

5. Notes de Juan de Santander dans le ms. X 230 de la Bibl. nacional : « Dixo el mismo que quando fue presso vivia en la casa de la compᵃ de Toledo... el manda-

de l'évêque des Canaries, le licencié Miguel de Muxica, chanoine des Canaries, alla s'assurer de la personne de l'inculpé et l'amena à Madrid, où il l'enferma dans une cellule du couvent des franciscains [1].

Le 2 octobre, commença l'*información sumaria de testigos*. Les témoins qui déposèrent furent Fr. Juan de Visanco, franciscain, lecteur de théologie à l'Université de Salamanque; Fr. D. Ignacio de Ibero, abbé du monastère cistercien de Santa María la Real de Fitero (Navarre), et D. Alonso Méndez de Parada, *juez del crimen*. Ces dépositions furent favorables à l'accusé. Le licencié Baltasar Gil Imón [2] de la Mota, *fiscal* (procureur) du Conseil des finances, reçut communication des pièces avec l'ordre de soutenir l'accusation. Le 14 octobre, Sosa, au couvent des franciscains, interrogeait Mariana. Il avait, déclara-t-il, soixante-treize ans, et il allait bientôt y avoir cinquante-six ans qu'il était dans la Compagnie.

Dans le sommaire que Noguera donne de cet interrogatoire [3], un certain nombre de faits, résultant des déclarations de l'accusé, sont à relever. 1° Mariana avait écrit, le 28 août précédent, aux successeurs du libraire Jean Aubri [4], pour demander que l'on ajoutât aux exemplaires une liste d'errata. 2° Son ouvrage avait été examiné, sur l'ordre du P. García, par trois jésuites d'Alcalá [5]. 3° S'il n'avait pas été imprimé en Espagne, c'est à cause des ennuis auxquels on y était exposé de la part des imprimeurs, et que l'auteur ne voulait plus avoir à supporter : cette excuse était sincère, car on verra que dès le mois de mai 1607 Mariana avait confié à un *hermano* le soin de publier ses œuvres [6]. Il avait d'abord été question de faire imprimer les Sept Traités chez Plantin, quelqu'un offrant de payer les frais; mais la chose n'ayant pu s'arranger, l'impression s'était faite à Cologne, ville catholique du reste.

miento de prision se despachó en Madrid á 8 de septbre de 1609, y asi hasta entonces estuvo libre en Toledo el P. Mariana : y asi declaro tambien que en 5 de septbre segun se acordaba antes que le prendiesen habia declarado ante los Inquisidores de Toledo ser suio el libro de los siete tratados. »

1. Ce couvent était à l'emplacement de celui qui, réédifié de 1760 à 1784, renferme la somptueuse église de San Francisco el Grande, le *Panteón nacional*, et dont les autres bâtiments servent aujourd'hui de caserne.

2. Et non Lilimon, comme dit la *Biblioth. des écr. de la Comp. de Jesus*, reproduisant le *Catalogue* de Simón Santander. Il y a à Madrid un *Campillo Gil Imón*, qui aboutit précisément à l'ancien couvent de S. Francisco; il doit son nom à ce *fiscal*, qui devint président du Conseil de *Hacienda*, et qui vécut dans cet endroit écarté de la capitale. Il y a aussi une *calle* et une *travesía Gil Imón*, de l'autre côté de la *Ronda de Segovia*. Cf. Mesonero, *Man. de Madrid*, p. 417 et 491.

3. P. LXX-LXXII.

4. Noguera dit « Juan *Asroy* librero Flamenco »; c'est évidemment « Aubry » qu'il fallait lire. Toutefois le titre des Sept Traités porte : « sumptibus Antonii Hierati ». Les héritiers de Jean Aubri avaient peut-être, avec A. Schott, servi d'intermédiaire. Quant à Jean, il était mort avant 1603 : le t. I de l'*Hispania illustrata* parut cette année-là sous le nom de ses héritiers

5. Parmi eux on trouve précisément Cristóbal de Castro, auteur de la *Historia del Colegio Complutense de la Compañía de Jesus*.

6. Voir 2° partie, c. II, § III.

4° Il n'avait demandé de permission à personne¹, celle du provincial lui paraissant suffire. 5° Il avait fait examiner son manuscrit avant la publication par plusieurs personnes graves de Tolède, entre autres par le cardinal (Sandoval). Toutes ces déclarations, sauf peut-être la première, étaient évidemment à sa décharge. Dans ses autres réponses, il cherchait à disculper ses intentions, en présentant Ramirez et Villalonga comme les ministres visés par lui, et en atténuant la portée de ses paroles.

Le *fiscal* dressa un réquisitoire terrible, où il n'était question que de crime de lèse-majesté et de peines correspondantes. L'impression hors d'Espagne, les passages où l'archevêque Loaysa, Pedro Portocarrero et Rodrigo Vázquez de Arce étaient représentés comme des victimes de l'ingratitude royale, formaient autant de griefs aggravant tous les autres. Mariana, nous dit Noguera, fut modeste dans sa réponse. Il reconnut avoir eu tort de ne pas préciser davantage les faits auxquels il faisait allusion, de manière à éviter qu'on étendît à tous les ministres et prélats ce qu'il disait de quelques-uns. Il n'avait commis qu'un excès de zèle, et il était prêt aux réparations qu'on exigerait de lui. Pour montrer qu'il n'avait eu aucune arrière-pensée malicieuse, il présenta sa correspondance avec Schott, qui s'était chargé de la publication. Enfin, il remit un mémoire, que Noguera a publié², et où il rappelait ses services, tout en s'excusant d'avoir ainsi à se louer lui-même pour se défendre.

La sentence devait être rendue le 11 janvier. Elle fut remise au 18. Mais on réfléchit sans doute alors que l'évêque des Canaries n'avait reçu de pouvoirs que pour instruire la cause, et qu'il fallait obtenir pour lui le droit de porter le jugement. Le *fiscal* avait donc demandé une copie de la procédure. Elle était destinée à D. Francisco de Castro, ambassadeur d'Espagne à Rome, à qui elle fut envoyée avec une *real orden* datée du 9 janvier, que Noguera a également publiée, et qui nous renseigne sur ce qu'on attendait du Pape dans cette affaire. Il faut croire que Sa Sainteté avait paru antérieurement prendre à cœur l'offense faite à Sa Majesté par le jésuite, puisqu'on se félicite de la manière dont elle a accueilli la publication du livre incriminé. On lui demandait à présent, par l'intermédiaire de l'ambassadeur, et en lui faisant parvenir une copie de la procédure, de confier le jugement, en ce qui touchait les délits de lèse-majesté, à l'évêque des Canaries, et l'exécution de ce jugement sans appel au même évêque et aux délégués nommés par le roi. On avisait en même temps Sa Sainteté que le Conseil de l'Inquisition s'occupait de l'affaire de son côté pour réprimer les délits commis contre le roi et le Saint-Siège.

1. Cela doit s'entendre des autorités espagnoles, car l'ouvrage porte sur le titre : « cum gratia & privileg. S. Cæsar maiest. »
2. P. cxii. C'est celui que nous avons cité plusieurs fois déjà.

Mariana était donc impliqué dans deux procès simultanés : celui qu'on lui intentait comme ecclésiastique par la voie d'un tribunal ecclésiastique relevant du Pape, et celui qu'on lui intentait comme simple particulier par la voie du tribunal de l'Inquisition.

En même temps que l'on chargeait l'ambassadeur de cette mission, on lui donnait, par une seconde lettre royale du même jour, ordre d'acheter, avec grande circonspection et sans laisser entendre ce que l'on voulait faire, tous les exemplaires des Sept Traités qu'il pourrait trouver. Cet ordre, ajoutait la lettre, avait été mandé dans tous les royaumes de S. M. En effet, par un billet du comte de Añover, ambassadeur du roi catholique auprès de l'archiduc Albert et de l'infante Isabelle, souverains des Flandres[1], on voit qu'à la date du 9 janvier, c'est-à-dire encore le même jour, une lettre semblable à celle que reçut Castro avait été adressée au marquis de Guadaleste. Le comte de Añover s'offrait à faire la même opération « en estos Estados », c'est-à-dire en Flandre; on avait donc omis de lui écrire à ce sujet, et l'ambassadeur, pour faire sa cour, prenait les devants[2].

A Rome, on ne rencontrait pas la même servilité. L'auditeur de rote pour l'Espagne était depuis longtemps D. Francisco Peña, un aragonais qui avait refusé un canonicat à Saragosse, puis l'évêché d'Albarracín, pour garder ses fonctions; versé dans le droit et la théologie, il fut juge dans plusieurs procès de canonisation[3]; il avait rédigé une *Instructio seu praxis Inquisitorum* et recueilli des *Decisiones Sacrae Rotae;* il était donc rompu à la pratique de ce droit canon pour lequel Mariana ne professait qu'une estime restreinte, et auquel pourtant il allait devoir son salut. En homme prudent et qui savait qu'un faux pas est plus dangereux à Rome qu'ailleurs, D. Francisco de Castro recourut donc à D. Francisco Peña. Celui-

---

1. Leur souveraineté sur les Pays-Bas était réduite aux Flandres depuis la reconnaissance de l'indépendance des Provinces-Unies (9 avril 1609).
2. Archivo de Simancas. Estado (leg. 2,292) :
« El Conde de Añover, embajador de S. M. cerca de SS. AA., al Rey Católico.
« Señor. — Por lo que escribe V. M. al Marqués de Guadaleste en carta de 9 del pasado, he visto como por algunas justas causas de su servicio y del bien público, ha mandado recoger en todos sus reynos un libro que había hecho imprimir en Colonia el Padre Juan de Mariana intitulado *Joannis Marianæ e Societate Jesus Tractatus septem;* y que será servido y manda que con todo recato y sin dar a entender el fin que se lleva, se compren en estos Estados todos los que se pudieren haber; y assi quedo con cuidado de hacerlo y poner toda diligencia en buscarlos para hacer dellos lo que V. M. manda; y también le tendré en que no se impriman sin hacer demostracion en ello sino fuere con nueva orden de V. M.; que si es servido de dármela para que se prohiba la entrada dellos en estos Estados, la trataré con el mesmo cuydado. Guarde Dios a V. M. con la salud y acrecentamiento d'Estados que sus criados y vasallos deseamos. — De Bruselas á 18 de Hebrero 1610. — El Conde de Añover ». — La copie de ce document m'a été aimablement fournie par D. Antonio Rodríguez Villa.
3. Il devait mourir en 1612, âgé de soixante-douze ans. Voir la notice que lui a consacrée Antonio, Le ms. Add. 28463 (cf. Gayangos, *Cat.*, t. IV, p. 41) contient des lettres de lui, datées de 1591.

ci, avec la finesse italienne qu'il avait acquise par la fréquentation de la cour papale, avec l'indépendance que lui donnaient son autorité, les services rendus et l'absence de toute ambition, répondit à Son Excellence en lui ouvrant les yeux sur deux grosses illégalités commises dans le procès. Cette réponse, que Noguera a publiée, est datée du 23 avril 1610[1].

Premièrement, le juge à qui le nonce avait confié l'affaire avait fait emprisonner l'inculpé avant d'entendre les témoins. Secondement, le *fiscal* qui avait requis était un laïque. C'étaient deux cas non douteux de nullité. Quant au fond, le délit de lèse-majesté était loin d'être prouvé. Des propositions imprudentes et téméraires, que l'auteur, confessant avoir dépassé la limite, mais se défendant d'avoir eu de mauvaises intentions, promet de corriger comme on le lui ordonnera, ne constituent pas le délit caractérisé que l'on voulait y voir. A toutes ces considérations, que Peña, après les avoir développées en espagnol, résume en latin comme pour leur donner plus de poids, s'en ajoutaient d'autres : la vie de l'accusé est irréprochable et lui vaudra l'indulgence du Pape, déjà disposé en sa faveur par les vices de forme ; et, remarque qui a aussi sa valeur, qui pour cela, sans doute, est également énoncée en latin, le livre a été approuvé par trois pères jésuites, et muni d'un permis d'imprimer du provincial.

De tout cela Peña concluait : 1° qu'il serait dangereux de remettre au Saint Père copie du procès ; en tout cas il fallait mettre tout en latin ou en italien, à quoi les domestiques du comte pourraient être employés en secret ; 2° que, pour ce qui était de punir lui-même les manquements au respect de la personne royale, le Pape s'y refuserait probablement ; et en supposant qu'il ne s'y refusât pas, il voudrait prendre conseil, et qui assurerait le silence des conseillers ? 3° que si, après cela, la sentence rendue n'était pas celle qu'on espérait, ce serait un coup porté à la dignité du roi, et il fallait prévoir alors la publication possible, sous des noms hérétiques, de « *libelos famosos* de estos padres ».

Peña se moquait-il de l'ambassadeur, en agitant ainsi le spectre des jésuites ? ou craignait-il réellement ce que leur savoir-faire pourrait produire en fait de représailles à la suite de la condamnation d'un des leurs ?

De son côté, non content de rechercher, comme on le lui avait recommandé, les exemplaires des Sept Traités, Castro avait-il cru bien faire, ou exécutait-il un nouvel ordre, en tâchant d'obtenir du Pape qu'il fît brûler le livre de Mariana ? En tout cas, l'auditeur de rote lui répondait là-dessus, dans la même note, que c'était s'exposer à un refus certain, les propositions incriminées ne pouvant, aux yeux

---

[1]. P. c-cii.

du Souverain Pontife, mériter un tel châtiment. Tout ce qu'on pourrait obtenir serait qu'il fît rechercher et remettre à l'ambassadeur les exemplaires qui existaient à Rome. C'était dire à ce dernier qu'il ferait aussi bien de s'acquitter de la commission lui-même pour éviter les indiscrétions indiquées tout à l'heure comme probables. Cette consultation, prise à bonne source, dut rendre perplexes l'ambassadeur et son gouvernement. Mais de cet instant on perd la filière des négociations. Que résolut le Pape en définitive? c'est ce qu'on ne sait pas exactement. Alegambe dit seulement que le traité, sur la demande de l'ambassadeur, fut quelque temps « suspensus », mis à l'index. Paul V aurait donc donné cette satisfaction au roi d'Espagne, mais ce n'était pas tout à fait celle qu'on demandait. Noguera, qui arrête là l'historique du procès, se trouve obligé de s'en rapporter à un écrivain cité par un autre[1], pour avancer que l'emprisonnement de Mariana dura une année. Quelques éclaircissements peuvent être apportés sur ce point.

L'Academia de la Historia possède une lettre en latin, de la main de Mariana, signée de lui, datée de « Matriti Nonis Maij MDCX », et adressée au Pape[2]. Malgré ses longs services, le voici depuis huit mois dans une prison pour avoir dénoncé des concussions, fréquentes en ce pays : on l'accuse d'avoir attaqué les actes du roi, bien qu'il n'ait pas eu de cela la moindre idée. Le réquisitoire prononcé, sa réponse faite, toute la procédure se trouvait terminée au début du mois de janvier; on n'attendait plus que la sentence; il avait même été amené pour l'entendre, et l'on pense qu'elle lui était favorable. Mais des personnages d'une plus grande autorité, à qui les juges avaient communiqué cette sentence (il ne croit pas nécessaire de les nommer, il ne pourrait, du reste, le faire), assaillent et les accusateurs et les juges. Déçus dans l'espoir qu'ils avaient d'une condamnation, ils empêchent le prononcé du jugement. Depuis quatre mois il proteste contre cette remise illégale : on lui répond que tout cela se fait avec l'agrément du Pape. Des laïques, des hommes hostiles et inconnus de lui se sont faits ses juges; on a écarté le nonce et son mandataire (l'évêque des Canaries). Aussi vient-il se jeter aux pieds du Pape pour le supplier de faire rendre le jugement soit par le nonce soit par celui qui a dirigé le procès. Il demande, en outre, qu'on le mette en liberté, afin qu'il ne succombe pas aux maladies et à la misère.

Mariana se trompait sur la cause des retards dont il se plaignait. Et on ne l'avait trompé qu'à moitié en rejetant tout sur le Pape. Se faisait-il illusion en croyant que la sentence ajournée lui était favorable?

---

[1]. « Bernaldino Giraldo en la Apología por el senado de Venecia, citado en la *España oriental* de Pablo Colomies ». Le passage de ce Giraldo auquel se réfère Noguera est précisément cité par Bayle, dans la note E à sa notice sur Mariana : « Hominem ergo in vincula poscit (Lermaeus Dux), in iisque annuum vertentem amplius continet. »

[2]. Voir l'appendice IV, 1.

C'est probable, car si elle l'eût été, le gouvernement n'eût pas fait les démarches qu'on a vues pour obtenir que le tribunal chargé de l'instruction fût autorisé à juger.

La Biblioteca nacional possède un manuscrit composé des avis donnés par le confesseur du roi, le dominicain Fr. Luís de Aliaga, sur les questions soumises à son approbation en l'année 1610[1]. En date du 31 octobre, celui-ci déclare avoir vu les considérants de la commission chargée du procès du P. Mariana ainsi que la sentence portée par les juges. Avait-on passé outre aux observations de l'auditeur de rote, et avait-on enfin demandé et obtenu du Pape l'autorisation de faire prononcer la sentence? ou bien avait-on, par un biais quelconque, légitimé la procédure et rendu canoniquement possible le prononcé du verdict? Le billet du confesseur ne nous renseigne point à ce sujet. En revanche, de même qu'il établit qu'il y eut une sentence rendue, il montre que ce fut la même commission ou tout au moins le même évêque des Canaries qui conduisit le procès jusqu'au bout. Bien plus, il permet de supposer qu'entre janvier et octobre, le dit évêque avait été avisé ou s'était avisé de l'existence de certains passages répréhensibles dans l'Histoire d'Espagne. On avait donc, ou il avait cherché de nouvelles charges contre l'auteur des Sept Traités.

Mais le fait le plus important que nous révèle ce papier de confessionnal, c'est le conseil donné par le moine qui domina la conscience et contrôla tous les actes publics et privés de Philippe III[2]. « Il me semble », déclare Aliaga, « que Sa Majesté peut ordonner l'exécution de cette sentence, mais en avertissant l'Inquisition de se trouver là, pour

---

1. Ms. de la Bibl. nac. G 84 (= 1923). Sur la couverture de parchemin : « Papeles del P° confessor Fr. Luis de Aliaga tocantes a diuersos neg°° de qu° se le ha pedido parecer. Del año de 1610. » (507 folios.)

Fol. 367 : « Señor. e visto la consulta inclusa de la junta de la causa del padre Mariana con la sentencia que an resuelto los jueces della. Me parece que puede v. Mag*. mandar que se execute pero teniendo aduertido en la inquisicion que esten luego alli para que en acabando de leersela le tome a su mano pues es cierto que lo an de prender para que no aya tiempo a largas y dilaciones, y respecto de lo que el obispo de Canaria dice de las cosas malas que a hallado en la historia deste padre se le podria responder al obispo que las aduierta a la junta que trata de la correction de los libros y a la junta se le mande que miren luego las tales aduertencias y se haga relacion a v mag* de lo que les parieciere y con esto se conseguira el fin que se pretende y no se haran juntas no necessarias que correran las cosas por su camino ordinario y conveniente. v mag* mandara lo que fuere mas de su real servicio en Madrid a 31 de 8° de 610. fr. luis Aliaga. »

Aux folios 126 et 132 on trouve deux avis du même confesseur concernant entre autres personnes « Mariana Martinez »; il n'est pas dit de quoi il s'agit, et « Mariana Martinez » est peut-être une femme dont le prénom serait Mariane. On voit une femme des mêmes nom et prénom solliciter, en 1627, la charge de familiar de l'Inquisition (cf. l'Archivo hist. nacional, Catálogo I, Inquisición de Toledo, publié par la Revista de Archivos en 1899-1902 (p. 530), qui du reste ne contient l'indication d'aucune pièce se rapportant à un procès du P. Mariana).

2. « ... En la religion mañoso, en la privanza molesto, fue lo que le mandaron. » (Quevedo, Anales de Quince dias, p. 218.)

que, aussitôt le jugement lu, elle s'assure de la personne du prévenu. C'est le meilleur moyen d'éviter des remises et des retards. Quant aux mauvaises choses que l'évêque des Canaries a rencontrées dans l'Histoire de ce Père, il pourra les signaler à la commission chargée de la correction des livres, laquelle examinera ses observations, et rendra compte à S. M. De cette manière, on arrivera au but que l'on désire sans recourir à des commissions inutiles, et en gardant la marche ordinaire. » Il s'agissait, par conséquent, de faire faire à présent le procès de Mariana par l'Inquisition. Celle-ci devait se faire représenter lors de la lecture du jugement, pour arrêter sur-le-champ l'inculpé. C'est donc que la sentence, tout en lui imposant peut-être quelque amende honorable ou la promesse de corriger son livre, lui rendait la liberté. Peut-être bien aussi s'était-on résigné, sur les observations du Pape, à admettre l'illégalité de la procédure. Mais on avait l'Inquisition d'Espagne, qui, comme on a vu par la lettre du roi à Castro, s'occupait de son côté de punir les atteintes portées par le même livre à la dignité royale et à l'autorité pontificale. Deux procès intentés par deux juridictions différentes pour un même délit, telle était la monstruosité non seulement tolérée, mais conseillée par ce confesseur dominicain, qu'une « proposicion rigurosa », c'est-à-dire *avancée*, avait jadis fait chasser de Saragosse par l'archevêque[1].

Son conseil fut-il suivi? Nous n'en savons rien. Les biographes restent dans le vague pour tout ce qui a trait à ce tragique épisode. Alegambe déclare qu'enfin l'envie et la tempête déchaînée se calmèrent[2], et Antonio, que ce ne fut qu'après un long procès et qu'avec peine qu'il fut rétabli dans sa condition antérieure[3].

Une lettre de Mariana lui-même en date de Tolède, 4 octobre 1611, nous apprend que « l'affaire est finie, il y a longtemps (dias ha), et bien, à ce qu'il semble ». Il s'agit évidemment de l'« affaire » que lui avaient value ses Traités, et dont il est évidemment aussi question dans toute cette lettre, adressée à Bartolomé Morlanes, et conservée dans un manuscrit de Londres[4]. Il est plus difficile d'expliquer ce que veut dire Mariana dans ce qui suit, à moins de comprendre : « seulement nous n'en parlons pas, nous ne crions pas sur les toits que je suis sorti indemne, et cela pour certaines considérations, et sur le conseil de personnes prudentes qui désirent un bon résultat et travaillent à l'amener. » Il était relâché; mais, avec ses confrères et ses protecteurs, il jugeait bon de ne pas triompher trop haut, afin de ne pas attirer à nouveau l'attention d'un gouvernement qui, sans doute, ne l'avait laissé échapper qu'à regret; et faute de pouvoir faire autrement. Il

---

1. Quevedo, *Anales de Quince dias*, p. 103.
2. « ... Donec invidia et cum ea tempestas conquieuit. »
3. « Non nisi post agitatam diu causam aegreque statui pristino fuit restitutus. »
4. Voir l'appendice IV, 2. Sur Morlanes, cf. Latassa, *Bibl. de escr. aragoneses*.

sortait indemne en effet, et par conséquent vainqueur, d'un procès où le roi en personne s'était engagé à fond. Le mieux était d'être modeste et de se faire oublier. La moindre parole imprudente pouvait coûter cher.

D'après les termes de sa lettre, il y avait déjà longtemps que Mariana était libre le 4 octobre 1611. Il n'y avait pas encore un an, puisque le billet d'Aliaga est du 31 octobre 1610. On peut supposer que la mise en liberté remontait à cinq ou six mois, pour le moins. Morlanes, qui ne lui avait écrit pour le féliciter que le 16 septembre pouvait avoir ignoré jusqu'à cette époque l'issue du ou des procès, précisément parce que les jésuites évitaient d'en parler.

Rien n'empêche donc d'imaginer, mais rien ne prouve non plus que l'Inquisition ait fait à son tour arrêter Mariana pour lui intenter le procès dont elle s'occupait dès le mois de janvier 1610. S'il en fut ainsi, son triomphe fut double. Il se défendit si bien cette fois encore, qu'il fut absous, ou condamné à quelque peine légère.

Noguera, qui relate avec détails l'historique du procès conduit par l'évêque des Canaries, ne semble pas songer à une comparution postérieure de Mariana devant les inquisiteurs. Llorente, au contraire, distingue, sinon les deux procès eux-mêmes, sur lesquels il ne donne aucun renseignement, du moins les sanctions portées de part et d'autre : « Ces ouvrages l'exposèrent à de grands désagréments de la part du gouvernement et du Saint-Office. Le jugement fut plus doux qu'il n'avait lieu de s'y attendre; surtout après s'être montré dans la dédicace qu'il présenta au monarque, l'avocat du *régicide*, déguisé et caché sous le voile du *tyrannicide*. Il ne fut pas aussi heureux avec le Saint-Office; on fit des retranchements dans son ouvrage du *Changement de la monnaie*, et la lecture en fut défendue jusqu'à ce qu'il fût châtié. On imposa une pénitence à l'auteur et on le tint enfermé longtemps dans son collège[1]. » L'auteur a confondu, remarquons-le, la préface des Sept Traités dédiée à Paul V, avec la préface, ou plutôt les chapitres VI et VII du livre I du *De rege*. Mais ce qu'il dit de la mise à l'index du Traité de la monnaie est exact : cet ouvrage, dont le P. Alfonso Ezquerra dit « esta mandado recoger »[2], se trouve, en effet, marqué comme devant être biffé d'un bout à l'autre, dans l'*Expurgatorium* de Zapata en 1631[3]. Il a été arraché dans un grand nombre d'exemplaires[4], et le *De morte* a eu le même sort. Le *Pro editione*

---

1. *Histoire critique de l'Inquisition d'Espagne*, t. II, p. 459.
2. *Hist. de la Comp. de Jesus en Alcalá*, 2ᵉ parte (fol. 248ᵃ).
3. Noguera, p. LXXVIII. Les deux exemplaires des Sept Traités que possède la Bibliothèque de S. Isidro (Madrid) portent sur le titre, l'un : « espurgado conforme al espurgatorio declarado de 1632 (on a ajouté après coup : *y conforme al de 1640*). Dⁱ del Marmol »; l'autre : « esta expurgado conforme al expurgᵒ de 1640. Alonso Chirino de Salazar. »
4. Par exemple dans les deux exemplaires cités ci-dessus. Celui que possède la Bibliothèque de la ville de Bordeaux est absolument intact. Il provient du couvent des Carmélites.

Vulgata n'a été que biffé par endroits. Quant à l'internement dans le collège de Tolède, bien que les biographes n'en parlent pas, Llorente est peut-être fondé à dire que telle fut la peine infligée au jésuite [1], et cela concorderait assez avec ce que nous rapporte Andrade des habitudes sédentaires de son confrère. En tout cas, l'internement imposé ne put pas être bien rigoureux, car le même Andrade, qui affirme que Mariana ne sortait que très rarement et pour de très graves motifs, nous le montre néanmoins faisant des promenades à cheval ou à pied dans la campagne [2].

Mariana était donc rentré sans bruit à Tolède. Tout ce qu'il avait souffert n'était plus qu'un souvenir. Cette tragédie, comme il dit à Morlanes, ne lui apparaissait plus que comme un mauvais rêve, ou comme une pièce représentée sur la scène. Quant aux détails, il n'en donne malheureusement point : « Ils ne sont pas à mettre dans une lettre, et on les connaît d'ailleurs à Saragosse. » Tout ce qu'il déclare, c'est que « il a toujours eu le courage que donne une conscience tranquille, et il a toujours espéré que Dieu viendrait à sa défense ». Cette constance, nous disent en effet ses biographes, avait fait l'admiration de ses juges [3].

II

Le souvenir le plus amer qu'il semblât avoir gardé, et qui perce dans la même lettre, c'est l'abandon où tous l'avaient laissé alors que de toutes parts on l'attaquait. On l'a laissé seul, déclare-t-il tristement. Le reproche s'adresse-t-il aussi à ses supérieurs et ses confrères ? Ceux-ci avaient-ils jugé prudent de ne pas faire cause commune avec lui dans une affaire qui risquait de tourner contre la Compagnie, ou tout au moins d'être exploitée par ses ennemis ? Cela est possible. On peut se demander pourtant si les supérieurs n'étaient pas pour quelque

---

1. Je ne sais où s'est renseigné M. Duméril qui dit quelque chose d'assez analogue : « ...Quant au P. Mariana, il fut mis aux arrêts dans la maison des jésuites de Tolède, et toute communication avec les personnes du dehors lui fut interdite. La suspension fut suspendue un peu plus d'un an après. » (P. 91.) Peut-être s'en est-il rapporté, ainsi que Llorente, à ce que dit le P. Charenton : « Pour le P. Mariana, il fut mis aux arrêts dans la maison des Jésuites de Tolède, avec défense de parler à aucune personne de dehors; il y resta un peu plus d'un an... » (Préface de la trad. de l'*Hist. gén. d'Esp.*, p. v.)
2. Bayle a relevé (note F de sa notice sur Mariana) l'affirmation d'un auteur fantaisiste, Varillas, qui prétend que « Philippe second relégua pour quinze ans en Sicile le Père Mariana... pour avoir composé le traité des Monnoies. »
3. « Admirabili animi æquitate, et omnium virtutum documento se malis superiorem probauit. » (Alegambe.) « Nunca mas descubrió su firmeza, y los quilates de su valor... viose preso, y acusado, y perseguido, trabajado, y denostado, todo lo qual lleuó con suma paciencia, y con tan grande entereza, que admiró à los juezes de su causa. » (Andrade).

chose, fût-ce indirectement, dans les conseils si prudents donnés par l'auditeur de rote à l'ambassadeur de Philippe III. Il était assez de leur intérêt d'éviter la condamnation de l'un des leurs. En tout cas, ce qu'il sera difficile de prouver, c'est ce qu'imagine Llorente, à savoir que les jésuites eux-mêmes auraient fait de Mariana une victime de l'Inquisition, ne pouvant lui pardonner son attitude dans l'affaire de la Bible d'Anvers[1]. N'avaient-ils d'autres moyens de le punir? Et ont-ils l'habitude de recourir à d'autres pour régler leurs questions domestiques? Une seule chose est sûre, c'est que leur confrère leur causait à ce moment de gros soucis, dont le plus grave n'était peut-être pas le procès que lui avaient valu les Sept Traités.

Aux mois de mai et de juin 1610, pendant qu'il subissait dans sa cellule de S. Francisco les rigueurs d'une interminable prévention, on faisait, en effet, le procès d'une autre de ses œuvres, le *De rege*. De ce côté, du moins, il n'avait à craindre que pour sa réputation et celle de la Compagnie. Mais le bruit et le scandale étaient autrement retentissants, et devaient se prolonger d'une façon fâcheuse jusqu'à notre époque.

C'était à Paris. Le 14 mai 1610, Henri IV était assassiné par Ravaillac. On se ressouvint du meurtre de Henri III par Jacques Clément, vingt et un ans plus tôt; on ne se ressouvint plus, ni au Parlement ni à l'Université, qu'on y avait approuvé, et même moralement encouragé ce meurtre[2]. D'où vient que l'on découvrit si vite le livre où le jésuite Mariana développait la doctrine du régicide et louait Jacques Clément de son acte[3]? D'après le jésuite Richeome, auteur de l'*Examen de l'Anticoton*[4], et d'après Coton lui-même[5], ce seraient les protestants

1. T. III, p. 82. Il dit aussi que les jésuites en voulaient à leur confrère pour avoir laissé dans l'*Index* de 1583 un ouvrage de saint François de Borja (t. II, p. 458; cf. t. III, p. 106-8). Il s'agit des *Seis tratados* publiés en 1548. Voir les explications que donne au sujet de ce livre le P. Alcázar, et que reproduit la *Bibl. des écriv. de la Comp. de Jésus*.
2. C'est ce que démontre sans peine Crétineau-Joly, t. II, p. 410 et suiv. Cf. Weill (p. 223, 231), qui fait voir en outre que le tyrannicide trouva des théoriciens parmi les protestants après la Saint-Barthélemy (c. IV), comme ses approbateurs parmi les catholiques après le meurtre des Guise (c. XI).
3. Dans les *Recherches historiques et critiques sur la Compagnie de Jésus en France du temps du P. Coton*, par le P. J. M. Prat (t. III, p. 242-305), on pourra lire un exposé plus circonstancié de l'« affaire du livre de Mariana ». Je m'associe pleinement aux observations de l'auteur sur la portée que Mariana donnait à sa théorie du tyrannicide (p. 242-5). Dans les *Extraits des assertions dangereuses et pernicieuses en tout genre, que les soi-disant Jésuites ont, dans tous les temps & persévéramment soutenues, vérifiées & collationnées par les Commissaires du Parlement...* (Paris, 1762), on trouvera d'intéressants rapprochements à faire (p. 444-542) entre ses idées et celles de ses confrères, particulièrement celles des PP. Emmanuel Sa (en 1590), Robert Person (en 1593), Carolus Scribanius (en 1606), etc. Un certain nombre, entre autres Bellarmin, réservaient au Pape le droit de déposer le roi hérétique ou méchant; d'autres l'accordent au peuple; quelques-uns ne reconnaissent aux particuliers que le droit de tuer l'usurpateur. Aucun certainement ne va aussi loin que Mariana.
4. P. 217. Cf. Crétineau-Joly, II, p. 420, qui cite le passage.
5. Cf. Bayle (note H), qui cite le passage. Le P. Prat adopte cette manière de voir (*ib.*, p. 247).

qui auraient fait réimprimer cet ouvrage pour en faire leur profit, c'est-à-dire sans doute pour l'exploiter contre les jésuites. Mais, dans les éditions de 1605 et de 1611, la phrase où l'assassin de Henri III était glorifié se trouve justement retranchée, ainsi qu'il a été remarqué déjà. Les hérétiques eussent été peu habiles de faire cette suppression. En 1605, les héritiers de Wechel avaient fait réimprimer le *De rege*, en même temps qu'ils éditaient au complet l'Histoire latine : c'était une opération commerciale bien comprise, chacun des deux livres devant être une réclame pour l'autre. Qui pouvait prévoir que le premier serait d'actualité cinq ans plus tard? Quant à la troisième édition, celle de 1611, il suffira de dire qu'elle venait au moins six mois après le grand éclat causé par la découverte, dans ces pages devenues si célèbres, d'une doctrine dont se serait inspiré Ravaillac. Les éditeurs ont pu vouloir profiter de cet éclat pour lancer à nouveau un volume d'une vente assurée; il n'y a là rien de machiavélique. Mais, d'un autre côté, s'il est vrai, comme le veut le même P. Richeome, que le Général des jésuites, en 1599, apprenant la publication du *De rege*, le fit corriger [1], comment expliquera-t-on que Mariana ait obtenu, quelques années après, l'autorisation de ses supérieurs pour les Sept Traités, sans que leur attention ni leur inquiétude fussent éveillées, alors précisément que le fait de publier hors d'Espagne aurait dû les mettre en défiance ? N'aurait-on pas regardé cette fois d'un peu plus près avant de laisser imprimer? A quoi donc aurait servi la douzaine d'ordonnances dont le Général, comme le rappelle ironiquement Mariana dans le *Discurso de las Enfermedades* [2], avait surchargé la Constitution, qui n'autorise la publication d'un livre qu'après qu'il a été vu par trois membres de la Compagnie?

« Dix exemplaires peut-être n'avaient pas encore pénétré dans le royaume. Le livre du Père espagnol n'était pas connu en France, » affirme Crétineau-Joly [3]. Toujours est-il que, treize jours après le meurtre de Henri IV, le 27 mai [4], le Parlement de Paris demandait à la Faculté de théologie de renouveler la censure portée par elle en 1413 contre Jean Petit, docteur de la même Faculté [5]. A cause des fêtes

1. La correction que nous avons signalée p. 41 aurait-elle donc été imposée à Mariana? En ce cas, la sévérité du Général ne fut pas excessive, et ne paraît pas répondre aux inquiétudes que les jésuites de France, nous dit-on, manifestèrent : «... nos Pères assemblés en corps de Congrégation Provinciale, l'an 1606, jugèrent sagement & meurement, qu'il falloit tenir secrette la Censure qu'ils en auoient faicte, & dont ils auoient eu response de Rome » (*Response apologetique à l'Anticoton*, p. 152). Notons que le 24 novembre de la même année le provincial de Tolède donnait son permis pour les Sept Traités.
2. § 183.
3. T. III, p. 155.
4. Jour où fut exécuté Ravaillac.
5. Dans le *Recueil de plusieurs écrits publiés touchant les iesuites depuis la mort de Henry le Grand jusques au premier jour de cette année 1611... Pour estrennes de*

de la Pentecôte, elle ne put se réunir avant le 4 juin, jour où elle porta un décret condamnant la doctrine de Mariana comme insidieuse, impie et hérétique, et décida que les docteurs et bacheliers de théologie, en même temps qu'ils jureraient d'observer les institutions de la Faculté, promettraient de se conformer à ce décret, et s'engageraient par écrit à l'enseigner et à le prêcher. De son côté, le Parlement, dans un arrêt du 8 juin, ordonna que ce décret serait enregistré ès registres de la Faculté, qu'il serait lu chaque année, le 4 juin, en l'assemblée de ladite Faculté, et le premier dimanche de juin, au prône, dans les paroisses et faubourgs de Paris, des villes, faubourgs et bourgs du ressort. Le livre de Mariana devait être brûlé par l'exécuteur de haute justice, devant l'église de Paris, et défense était faite à quiconque, sur peine de crime de lèse-majesté, d'écrire ou faire imprimer un livre contrevenant au décret de la Faculté.

Le même jour, 8 juin, le livre *De rege et regis institutione* était remis à l'exécuteur, « estant en une charrette attelée d'un cheual » et assisté d'un commis au greffe criminel de la Cour du Parlement, ainsi que de quatre huissiers, pour être « consommé en cendres » devant Notre-Dame, ainsi qu'il est consigné au procès-verbal de l'exécution. Dans ce procès-verbal, il est dit, en outre, que l'ouvrage a été « imprimé tant à Mayence qu'autres lieux ». De même dans l'arrêt du Parlement. On savait donc qu'il existait une autre édition que celle de Mayence 1605, mais celle que connaissait le Parlement était cette dernière, et l'on a vu qu'elle présente une atténuation à l'éloge de Jacques Clément. C'est donc un texte déjà expurgé dans une certaine mesure qui fut l'objet de tant de colères.

Le 29 juillet 1610, un privilège royal était accordé à « Antoine Leclerc, escuyer, sieur de la forest et aduocat en parlement », pour

---

l'an MDCXI, on trouve en tête l'« Arrest de la Cour de Parlement à l'encontre du Liure de Jean Mariana, avec le Decret de la Faculté de Theologie de Sorbonne. Extrait des Registres de Parlement. » L'arrêt et le décret sont en latin, celui-là inséré dans celui-ci. On en trouve la traduction française dans l'*Arrest de la cour du Parlement ensemble la censure de la Sorbonne contre le liure de Jean Mariana intitulé de Regis & Rege institutione* (sic)... *1610*. Le dernier article du décret de la Sorbonne étant : « Quarto vt haec acta tum Latine tum Gallice typis mandentur ac euulgantur », il est possible que la traduction contenue dans l'imprimé de 1610 soit officielle ; mais on en trouve une autre, d'un français meilleur, dans le *Recueil de plusieurs actes et mémoires remarquables pour l'histoire de ce temps... MDCXII*, avec le texte latin. L'arrêt du Parlement est daté du 27 mai 1610. Un second arrêt en français, du 8 juin suivant, vient à la suite du décret dans l'imprimé de 1611 et celui de 1612, qui contient en outre le procès-verbal de l'exécution, daté du 8 juin également. Le décret de la Sorbonne n'est pas daté, mais c'est à lui que l'arrêt du 8 juin fait allusion : « Ladicte Cour a ordóné et ordóne que ledit Decret du 3 du present mois de Iuin sera registré ès registres d'icelle ; » il faut du reste lire *4 Iuin*, puisque dans ce décret il est dit que la Sorbonne, « ob festa Pentecostes comitia piluata » (la Pentecôte tombait le 30 mai), a dû remettre son assemblée « in diem quartum Iunii ». Il y a un exemplaire de chacun de ces imprimés au British Museum. Voir, du reste, la *Bibl. des écriv. de la Comp. de Jésus*. Sur Jean Petit, voir Valois, *La France et le grand schisme d'Occident*, t. IV.

La Deffense des Puissances de la Terre contre iean Mariana... « dédiée aux Puissances de la Terre, » et parue à Paris la même année. Le 22 août, autre privilège pour un livre intitulé : *De l'inviolable et sacrée personne des Rois, contre tous assassins & Parricides qui ozent attenter sur leurs Maiestez*, publié également à Paris en 1610 par Pelletier. Au mois de décembre, à Paris encore, M. Roussel signait la préface de la seconde édition de son *Antimariana ou réfutation des propositions de Mariana*, « pour montrer que les Princes souverains ne dépendent que de Dieu en leur temporel, conséquemment qu'il n'est loisible d'attenter à leur estat & personne, sous quelque occasion ou prétexte que ce soit 1. » Cette abondance de publications pour la seule année 1610, et dont sans doute la liste n'est pas complète, peut donner une idée de l'émotion produite.

Il était dangereux pour les jésuites de ne pas renier officiellement des doctrines si opposées au sentiment public. Le Général les renia. « Le 6 juillet 1610, Claude Aquaviva mettait fin par un décret explicite à ces querelles scolastiques qui, mal comprises, plus mal appliquées, pouvaient enfanter des forfaits, » rapporte Crétineau-Joly, qui néglige de constater un rapport de cause à effet, pourtant probable, entre le décret de la Faculté de théologie et les arrêts du Parlement de Paris, d'une part, et, d'autre part, ce décret du Général des jésuites. Il était donc interdit à tout religieux de la Compagnie de « soutenir qu'il soit loisible à qui que ce soit, et sous quelconque prétexte de tyrannie, de tuer les rois ou les princes, ou d'attenter sur leurs personnes, afin que telle doctrine n'ouvre le chemin à la ruine des princes et trouble la paix, etc., » comme traduit le P. Coton, que Crétineau reproduit pour laisser au décret « son parfum de vétusté »2.

Le dernier mot n'était pourtant pas dit en France sur le cas de Mariana. La condamnation de son livre ne fut, d'ailleurs, en somme, par un certain côté, qu'un incident de la lutte interminable du Parlement et de l'Université contre les jésuites. Henri IV avait rendu à ceux-ci, le 13 octobre 1609, le droit d'enseigner à Paris[3]. C'était pour l'Université une concurrence dangereuse. La réprobation publique à laquelle on vouait l'enseignement de la Compagnie était un premier résultat. On le compléta en attaquant le P. Coton, chargé par Henri IV, dont il était le confesseur, de l'éducation religieuse du Dauphin. Un libelle intitulé l'*Anticoton*, et où il était accusé de concubinage avec une religieuse[4], provoqua une *Response apologétique à l'Anticoton*, laquelle fut approuvée en date du 2 janvier 1611 par quatre docteurs

---

1. La Bibliothèque municipale de Bordeaux possède un exemplaire de chacun de ces livres. Cf. la *Bibl. des écriv. de la Comp. de Jésus*, qui signale le premier et le troisième, plus un autre *Antimariana*, publié à Rouen en 1610.
2. T. II, p. 491.
3. Cf. Crétineau-Joly, t. III, p. 161 ; Prat, *Recherches*, t. III, p. 75.
4. Crétineau-Joly, t. III, p. 159.

de la Sorbonne[1]. Cette apologie de Coton était aussi une apologie de Mariana. On allait jusqu'à dire que si Ravaillac avait lu Mariana, il n'aurait pas commis son crime; car cet auteur déclare qu'un particulier ne peut, de son autorité privée, tuer un prince légitime[2]. Il est vrai que Mariana, comme le fait ressortir une réponse à la *Response apologétique à l'Anticoton*[3], autorise à tuer le tyran quand on a pour soi la voix publique, ou, à défaut de celle-ci, le conseil d'hommes doctes et graves. On pouvait discuter ainsi à l'infini. Le 1ᵉʳ février, on agitait encore en Sorbonne, comme l'indique le papier qui vient d'être mentionné, la question de savoir « si Mariana, en son liure du Roy et de l'institution Royalle, est d'accord en quelque chose avec le Concile de Constance et les Decrets de la Sorbonne ». Tout en s'étant couverts du décret de leur Général, les Jésuites étaient donc parvenus à remettre en question la culpabilité de leur confrère et l'orthodoxie de sa doctrine.

Mais la polémique s'était, d'autre part, étendue. Les idées exprimées par Bellarmin dans ses *Controversiae* sur l'autorité du pape avaient été attaquées par Guillaume Barclay dès 1609. Bellarmin avait répondu l'année suivante; il avait ainsi provoqué une riposte anonyme, et, au mois de novembre 1610, la prohibition de sa propre réponse par le Parlement[4]. Les doctrines, mal comprises, de Mariana et celles de son confrère apparaissaient comme liées; il n'était pas difficile de faire admettre à un public surchauffé par les passions religieuses et politiques que la Compagnie avait de monstrueux desseins.

III

Dans une lettre datée de Tolède, 7 février 1612, seule relique que l'on conserve de lui à Talavera[5], Mariana parle encore de ses épreuves. En termes plus formels que lorsqu'il s'adressait à Bartolomé Morlanes, il donne à entendre que, même au sein de la Compagnie, il a trouvé des persécuteurs : « Los mismos de la Compañia se han levantado contra mi. » Encore ici notre seule ressource est la conjecture : mais n'est-il

---

1. L'*Anticoton*, paru en 1610, était lui-même une réponse à une *Lettre declaratoire de la doctrine des Peres jesuites conforme aux decrets du Concile de Constance addressée à la Royne mère du Roi regente de France* (Paris, 1610). La *Response apologétique* était l'œuvre de Coton lui-même. Il en parut une traduction latine en 1611. L'*Examen categorique du libelle Anticoton*, du P. Louis Richeome, fut imprimé à Bordeaux en 1613.
2. P. 146.
3. *Estat de la question agitée en Sorbonne le premier iour de Feurier, mil six cents onze...* dans le *Recueil de plusieurs Actes et Mémoires remarquables pour l'histoire de ce temps*, MCXII.
4. Prat, *Recherches*, t. III, p. 306-19. Cf. Weill, p. 245-7, sur ses polémiques antérieures, et Prat, *ib.*, p. 553-92, sur celles de son confrère Francisco Suárez contre Jacques I.
5. Voir l'appendice IV, 3.

pas vraisemblable que le Général, en interdisant à ses subordonnés de soutenir les doctrines formulées par le P. Mariana, ne fut pas sans donner à celui qui les avait formulées une semonce sérieuse? Les confrères eux-mêmes, ou du moins les supérieurs immédiats, pouvaient lui reprocher les graves embarras où ses imprudences, ses écarts de langage et de doctrine les mettaient, en France comme en Espagne.

Là sans doute ne se bornaient pas leurs griefs. Ce n'est qu'au mois de juillet 1624, après la mort de Mariana, que le Général, Mucio Viteleschi, ordonna aux pères de remettre les copies qu'ils pouvaient posséder de « unos papeles que escribió el Padre Juan de Mariana, cuyo argumento son las faltas que (á su juicio) tenia el gobierno de la Compañia »[1]; autant que l'on sache d'une façon certaine, c'est seulement en 1625 que parut, sans indication de lieu, une traduction française des dits « papeles », sous le titre de *Discours du père Iean Mariana, Iesuite Espagnol, Des grands défauts qui sont en la forme du gouvernement des Iesuites. Traduict d'Espagnol en Francois*, et qu'il en fut imprimé à Bordeaux une traduction italienne, tirée de la française et intitulée *Discorso del Padre Giovanni Mariana Gesuita spagnuolo intorno a' grand' errori, che sono nella forma del governo de 'i Gesuiti. Tradotto di Spagnuolo in Francese e dal Francese in Italiano*[2]. Mais, comme le remarquent les éditeurs qui firent paraître en 1768, d'après six manuscrits, le texte espagnol[3], la rédaction est sûrement antérieure à 1606, puisque, faisant allusion au conflit qui s'éleva entre jésuites et dominicains à propos du livre du P. Molina sur la grâce et le libre-arbitre, paru en 1588, l'auteur déclare que ces derniers ont eu recours à l'Inquisition, puis à Rome, « donde todavia anda el pleyto »; or c'est en 1606 que Paul V mit fin à cette controverse[4]. D'autre part,

1. Noguera donne le texte de la circulaire de Viteleschi d'après l'exemplaire trouvé chez les jésuites de Valence (p. cii).
2. Lo British Museum possède un exemplaire de chacune de ces deux traductions dont la seconde porte comme adresse de libraire: « In Burdeos, per Giovanni di Burdeos al Bastione negro all' Insegna dell' occasione ». Alegambe (*Bibl. script.*) donne le titre en latin, mais cela ne veut pas dire que l'ouvrage ait paru à Bordeaux ni ailleurs en cette langue, comme on l'a cru à tort, me semble-t-il. J'examinerai plus en détail cette question et celles qui se rattachent à ce *Discurso*, dans mon article sur *Mariana jésuite*.
3. *Discurso de las enfermedades de la Compañia por el P. Juan de Mariana, con una disertacion* (Madrid... Ramirez... 1768), p. 18. Les éditeurs indiquent (p. xii) quelques-uns des six manuscrits dont ils se sont servis. J'ai indiqué à l'appendice I ceux que je connais. Une édition en espagnol, suivie de la traduction française, avait déjà paru dans le *Second Tome du Mercure Iesuite*, Genève, 1630. (Voir la *Bibl. des écriv. de la Comp. de Jésus*.)
4. Dans une lettre datée du 2 février 1590, Ribadeneira, s'offrant à écrire « un tratado en que se diese razon del instituto de la Compañia en las cosas que tienen dificultad », demande au provincial de Tolède de lui envoyer « los papeles del P. Mariana para un punto ó dos sin que él entienda que se me enbian, ni para qué ». D. Vicente de la Fuente, qui a publié cette lettre (p. 600 du vol. déjà cité), ne parait pas admettre que ces « papeles » puissent être le *Discurso de las enfermedades*. On le croirait pourtant volontiers, à voir le mystère dont Ribadeneira veut qu'on entoure cette communication.

un auteur italien, qui eut maille à partir avec les jésuites, Bernardino Giraldo [1], nous apprend que le manuscrit de ce *Discurso*, en castillan, avait été trouvé parmi les papiers de Mariana par Francisco de Sosa, qui l'avait communiqué au dominicain Nicolas Ricardo ; c'est par cette voie que des copies s'en seraient répandues en France, en Italie et en Allemagne. Nous n'avons pas de raison de douter de l'exactitude de ce renseignement, qui cadre avec ce que nous savons du procès de Mariana. Et nous pouvons supposer que les jésuites ne furent pas des derniers à connaître le libelle de leur confrère. Quant à savoir si les textes qu'on en a édités et les copies manuscrites qu'on en conserve sont ou non interpolés (car la question de l'authenticité en gros ne se pose même pas), c'est un problème que nous n'étudierons pas ici, qu'ont du reste parfaitement étudié, et résolu avec vraisemblance par la négative, les éditeurs de 1768. Qu'il nous suffise de dire que l'auteur de ce *Discurso* n'était pas un perturbateur, et d'en donner la preuve. En 1588, alors que le P. Dionisio Vázquez et son parti demandaient une transformation de la Compagnie et l'inspection par un visiteur choisi en dehors d'elle, chaque province de l'ordre en Espagne envoya séparément au roi une protestation contre cette demande. Or, les protestataires, les partisans du *statu quo* par conséquent, sont nommés par le P. Alcázar dans la partie inédite de sa *Chrono-historia* [2], et nous trouvons sur cette liste le nom du P. Juan de Mariana.

Dans la même lettre du 7 février 1612, on voit que Mariana parle à mots couverts des persécutions de « el de Milan », du patron qui le pousse, et qui est mourant à l'heure actuelle. Il y a évidemment là une allusion aux critiques et aux dénonciations qu'un Pedro Mantuano, stimulé par son maître, le connétable de Castille, D. Juan Fernández de Velasco [3], dirigeait contre l'historien, et dont quelques-unes étaient bien de nature à lui susciter de nouveaux désagréments. On se rappelle que l'évêque des Canaries avait relevé des « cosas malas » dans l'*Historia de España*, et l'on peut se demander s'il les trouva tout seul. Mantuano, on le verra, poursuivait l'auteur depuis plusieurs années déjà : qui sait s'il n'avait pas fourni aux juges son *contingent d'accusations*? Ce qui est sûr, c'est que le 30 mars 1611, le connétable, en qualité de gouverneur de Milan, donnait à son libraire Gieronimo Bordon, de la même ville, le privilège pour les *Advertencias* de Mantuano. Mariana était peut-être alors encore détenu par l'Inquisition. On n'a jamais signalé la coïncidence. Elle n'est pourtant pas sans intérêt. Les détails de cette polémique, dont les circonstances sont si peu honorables pour ceux qui l'engagèrent, seront exposés en leur lieu. Il est à remarquer toutefois dès à présent qu'en Espagne, à partir

---

1. V. la note 1, p. 107.
2. Tome I, année 1588, c. II, § 4.
3. Il ne devait mourir que le 15 mars 1613 (à Madrid).

de 1611, on ne prit plus pour thème d'accusation contre l'auteur des Sept Traités que son Histoire d'Espagne.

On voit si Mariana pouvait dire que de tous côtés on l'avait attaqué et que tous l'avaient abandonné. Philippe III, l'Inquisition, le Général de la Compagnie, le Parlement et l'Université de Paris, sans compter tous ceux qui avaient écrit contre ses doctrines, sans compter Mantuano et le connétable de Castille, tous l'avaient en même temps poursuivi, ou condamné, ou renié. Un de ses livres était brûlé à Paris pendant qu'il se trouvait lui-même inculpé, emprisonné à Madrid pour trois autres, puni peut-être ou menacé pour un cinquième par ses supérieurs, enfin attaqué au sujet d'un sixième, son Histoire d'Espagne. De son procès, il ne lui restait plus, au mois d'octobre 1611, qu'une impression d'étourdissement, comme après un abominable cauchemar. Mais il semblait, comme il l'écrit, que tous les éléments s'étaient conjurés contre lui; une épreuve n'était pas finie qu'une autre commençait. Il n'avait pas impunément dit ce qu'il croyait être la vérité.

CHAPITRE VII

I. Les treize dernières années : Les *Scholia* sur l'Ancien et le Nouveau Testament, et la traduction du Commentaire d'Eustathe sur l'*Hexaemeron*. Relations avec Quevedo.
II. La mort.
III. Mariana humaniste et philologue.

I

Il est, certes, indigne de Mariana de croire qu'il fut accessible au plaisir de la vengeance. Mais son biographe ne peut-il se réjouir à la pensée que la justice eut enfin son jour pour le courageux écrivain, qui n'avait pas hésité à défendre le droit du peuple? Avant de mourir, il devait apprendre et consigner dans son Histoire la disgrâce du duc de Lerme et le supplice de Rodrigo Calderón. « La prospérité, dit-il à ce propos dans son langage imagé, est un cheval emporté : peu savent la tenir et s'y bien tenir[1]. » Il sut donc comment celui qui fut le vrai monarque de l'Espagne durant la plus grande partie du règne de Philippe III, celui par conséquent auquel il devait son procès, celui aussi qui, avec son favori Calderón, avait soulevé les plaintes dont le traité de la monnaie était l'éloquente expression, fut congédié (4 octobre 1618) et remplacé par son ennemi intime, son propre fils, le duc d'Uceda ; comment ce Rodrigo Calderón, marquis de Siete Iglesias, dont l'insolence et le faste furent la honte du règne, arrêté (1619), mis à la question comme un malfaiteur et un assassin qu'il était, après un procès formidable, fut exécuté en plein Madrid (21 octobre 1621)[2]. Il sut encore comment le dominicain Aliaga, inquisiteur général, ancien confesseur du duc de Lerme et de Philippe III, fut renvoyé brutalement dans un couvent de son ordre (avril 1621) par Philippe IV à peine monté sur le trône ; comment enfin Azevedo dut aller s'occuper de ses ouailles trop négligées[3]. Quant à Mantuano, on verra comment fut interrompue sa carrière de délateur.

---

1. « La prosperidad es caballo desbocado ; pocos la gobiernan y se gobiernan en ella bien. » (*Sumario*, 1618.)
2. Voir les *Anales de Quince dias* de Quevedo, p. 206-10.
3. *Ibid.*, p. 203 et 205.

Mieux encore que par les disgrâces de ceux qui s'étaient acharnés après lui, Mariana fut vengé par le respect et la considération qui revinrent l'entourer. « Je savais que la vérité est amère pour qui l'entend; je sais maintenant qu'elle l'est aussi pour qui la dit. » Ces paroles de tristesse, que nous rapporte Andrade, ne tardèrent pas à être injustes dans la bouche d'un homme qui survécut assez à la persécution pour savoir que justice lui était faite enfin. On verra quelle haute idée ses contemporains se formaient de sa valeur et des services rendus par lui à son pays par la publication de l'Histoire d'Espagne. Son caractère n'imposait pas moins d'estime. Sa franchise même fut appréciée[1]. Quand il mourut, dit Andrade, le président du Conseil royal de Castille, D. Francisco de Contreras[2], s'écria: « Aujourd'hui notre Conseil a perdu son frein. » Mais on n'attendit point qu'il fût mort pour réparer officiellement les torts officiels; si du moins c'est après son procès que l'on soumit à son approbation, de la part de l'ordinaire, comme l'indique la *Suma del privilegio*, datée du 13 janvier 1615[3], un ouvrage paru à Tolède en 1618, l'*Origen de las Dignidades seglares de Castilla y Leon*, du docteur Salazar de Mendoza. En tout cas, on ne s'en tint pas à cette réhabilitation sans éclat. Philippe IV devait venger les injustices de Philippe III. Il devait contribuer à l'impression de l'*Historia de España* en 1623. Dès le mois de septembre 1622 sa subvention était accordée, ainsi qu'il sera relaté plus en détail. Andrade dit davantage encore: dès son avènement, le jeune roi aurait appelé Mariana à sa cour, l'aurait fait son *cronista*, et lui aurait commandé de poursuivre jusqu'à son époque l'Histoire d'Espagne, tenant à honneur de fournir matière à une telle plume[4].

Au sortir de ses tribulations, Mariana avait repris sa vie d'études. Il entrait dans une troisième période, qui fut encore une période de travail, mais de travail plus spécial. Dans les deux premières périodes, les œuvres de l'historien, du théologien, du moraliste, de l'économiste, voisinent sur sa table de travail, comme dans le volume des Sept Traités, qui est comme un témoignage de la diversité de ses aptitudes. La

---

1. « En todo lo que se vee, se lee y se oye se ven claros señales de qué amaga clara ruina en esta monarquia », écrivait au duc de Lerme, son oncle, le cardinal de Sandoval (cité par M. Mérimée dans l'*Essai sur la vie et les œuvres de Fr. de Quevedo*, p. 14). Ces graves paroles prouvent que Mariana avait bien dit tout haut ce que tous pensaient.
2. C'est lui qui avait succédé à Azevedo.
3. N° 497 de la *Imprenta en Toledo*.
4. « ...honrandose de alcançarle, para que pudiesse ser empleo de su pluma. » Juan de Santander s'était occupé d'élucider la question de savoir si Mariana fut bien nommé *cronista* par Philippe IV. Le ms. X 230 de la Biblioteca nacional contient en effet une lettre de lui à Joseph Ruiz sur ce sujet, et l'on y trouve adjointe cette note (de Ruiz sans doute) : « Se ha de ver en el año 1621 y 1622 si se halla el titulo de coronista de los Reynos de Castilla y Leon despachados al Padre Juan de Mariana por el S'' Phelipe Quarto. Y quando no se halle el titulo se ha de ver si se encuentra por lo menos la orden que se expidio para ella pues deberan haverla. » Puis, de la même main, quoique d'une écriture plus grosse : « Año de 1622 en Cons'° al n° 184. »

troisième période est celle de l'homme qui, rétabli dans la considération publique, mais ébranlé par les épreuves subies, revient à ses études premières, se refait ce qu'il fut exclusivement jadis, théologien, et veut, avant de mourir, revoir et publier ce qui fut son enseignement, avec les notes accumulées depuis en quarante années d'un loisir studieux. Entre temps paraissent, en 1612, le *De altera vita* de Luc, envoyé précédemment à Schott, et en 1616 et 1617, puis en 1623, les réimpressions de son Histoire en espagnol, en 1622 les Homélies de Calixte II : mais le soin de ces publications était confié à d'autres. La seule occupation qui put le distraire de la théologie fut la rédaction des Sommaires, allant jusqu'en 1612 dans l'édition espagnole de 1616-1617 et dans la latine de 1619, jusqu'en 1621 dans l'espagnole de 1623.

« Pour ne pas gâcher le temps, déclare-t-il à Morlanes, dans sa lettre du 4 octobre 1611, je m'occupe à ce qu'a dit ce père. C'est une grande entreprise, et elle a été commencée bien tard. Je ne sais ce qu'il en adviendra, car je me vois bien vieux et mal portant. C'est un travail si pénible que, s'il n'était si avancé, bien des fois je l'aurais abandonné. »

Le travail auquel il faisait ainsi allusion est désigné plus clairement dans la lettre du 7 février 1612, et n'était autre que les *Scholia in Vetus Testamentum*. Il l'avait commencé avant son procès, puisque, le 10 septembre 1608, il écrivait au Valencien Miguel Juan Bodí : « C'est un grand rocher que je roule; l'âge et ma santé précaire me permettront-ils d'aller jusqu'au bout? Il faut essayer pourtant, afin de pouvoir prouver que j'ai bien employé mon temps toute ma vie[1]. » Qu'il s'agisse bien, là aussi, des *Scholia*, c'est ce que suggère, semble-t-il, l'identité des expressions qu'il emploie ici et de celles qu'on trouvera dans la préface de ces mêmes *Scholia*; la même image lui revient, celle d'un rocher qu'il faut monter, comme Sisyphe, en haut d'une montagne[2]. On pourrait penser à l'Histoire ecclésiastique dont avait entendu parler Dávila en 1605; mais il faut songer que le théologien Mariana considérait l'Histoire comme une distraction, et qu'il devait réserver aux travaux d'exégèse cette comparaison mythologique, qui exprime tout autre chose que l'agrément d'une occupation facile. Au reste, une Histoire ecclésiastique, qu'elle fût générale, ou qu'elle ne concernât que l'Espagne, si elle fut comprise par Mariana comme l'Histoire d'Espagne, devait trouver l'auteur assez bien préparé, et ne pouvait guère lui

---

[1]. « Maius saxum volvimus si per aetatem et valetudinem parum firmam liceat. Tentandum est tamen, ut temporis, dum vita suppetat, bene collocati rationem reddamus. » Ce passage est reproduit par Noguera, p. LXXX, d'après les *Escritores del reyno de Valencia* de Ximeno, t. I, p. 285.

[2]. « Rem prorsus magnam, supra vires conatum, si libros singulos explicare ardua est, omnes aggredi quantum? Non conquievi tamen, priusquam saxum hoc, quod multo tempore versavi, ad montis cacumen perductum tandem constitisset ingenti vtique labore, magnis sudoribus ». Voir pourtant la note 2 de la page suivante.

apparaître comme un « maius saxum ». D'après ce que dit Burriel, ce devait être une sorte de manuel : aucun rapport par conséquent avec le *Theatro de las Iglesias de España* de González Dávila, ni surtout avec l'*España Sagrada*. Il est donc bien probable que l'ouvrage si considérable dont s'occupait Mariana en 1608 comme en 1611 n'est autre que celui des Scolies. La remarque n'est pas sans importance, car elle montre quelle place tient dans la vie de l'historien et quelle peine lui a coûtée l'œuvre qui, par sa nature même, lui vaut aujourd'hui le moins de renommée, et qui pourtant résume l'effort suprême de Mariana théologien [1].

Il s'agissait d'illustrer de notes, de commenter le texte des Livres sacrés. L'ambition de l'auteur avait été en principe de s'occuper du Nouveau comme de l'Ancien Testament. « Mais au milieu de la course ses forces le trahirent. » Il se résigna donc d'abord à s'en tenir aux Livres de l'Ancien Testament, pour les *Scholia* duquel il obtenait, en 1617, une *licencia* datée du 27 octobre. C'est cette partie, déjà très avancée en 1612, qu'il dédia à son illustre confrère, le cardinal Bellarmin. Mais le 20 décembre 1618, il obtenait la *licencia* pour les *Scholia* sur le Nouveau Testament. Et il s'excusait plaisamment auprès de son ami André Schott, à qui cette seconde partie est dédiée, de l'intempérance, du prurit qui l'empêchait, lui valétudinaire, lui vieillard, de s'arrêter enfin. « Mais il est ainsi fait. Les Scolies sur l'Ancien Testament achevées, il avait décidé de ne plus s'occuper que de bien mourir : son âge, la mort de ses amis l'avertissaient qu'il en était grand temps. Aussi, pensait-il, comme un vieux gladiateur muni de son congé, suspendre avec un ex-voto, dans quelque temple, ses armes, c'est-à-dire ses livres et son écritoire. Mais il revient dans l'arène, il a repris ses armes. Une nouvelle tâche succède à l'ancienne. Il allait publier ses notes sur l'Ancien Testament : on lui a fait comprendre que son œuvre serait incomplète, tronquée ; que le commentaire du Nouveau Testament en était le complément nécessaire, et serait encore mieux accueilli [2]. Il avait de nombreuses notes, recueillies jadis : il fallait les publier, ou tout son travail périssait avec lui. » Il s'était rendu à ces instances, à la prière du libraire, qui lui avait écrit pour le décider.

1. Selon Andrade, Mariana, lors de son noviciat à Simancas, aurait composé un « tratado de meditaciones espirituales..., sobre la Prophecia de Jeremias » sur l'ordre de son maître saint François de Borja, avec les œuvres duquel ce travail aurait été imprimé. Andrade a-t-il voulu parler de l'*Exposicion sobre los Threnos o lamentaciones de Jeremias que el B. Francisco declaró en Valladolid y Alcalá*, publiée à Madrid en 1644 avec les *Obras* de saint François par le P. Juan Eusebio de Nieremberg, et en latin, l'année 1675, à Bruxelles?

2. Il est curieux de rencontrer ici, appliqué au Nouveau Testament, un membre de phrase que l'on retrouve au début du livre XXVI de l'Histoire latine, appliqué à l'histoire contemporaine : « ... ad quod lector festinare solet minori veterum cura. » Il y a seulement *quas* au lieu de *quod* dans l'Histoire. Les deux endroits ont, d'ailleurs, d'autres similitudes. Mariana s'est répété assez souvent de la sorte.

Et c'est ainsi qu'il publiait, en 1619, ensemble et sous un titre unique, les *Scholia in Vetus et Nouum Testamentum* [1].

Le P. Richard Simon [2], qui passe encore aujourd'hui pour une autorité en la matière, déclare que Mariana est « un des plus habiles et des plus judicieux scoliastes que nous ayons sur la Bible... Il n'est pas même ennuyeux dans les différentes interprétations qu'il rapporte... Il dit beaucoup de choses en peu de mots ». Ces éloges sont malheureusement tempérés par une constatation fâcheuse, car, selon le savant oratorien, « la connaissance qu'il avait des langues grecque et hébraïque n'était que médiocre; mais la pénétration de son esprit et son application suppléent en quelque façon à ce manquement ». Nous ne prétendons pas récuser ce jugement, mais nous le trouvons difficile à concilier avec d'autres remarques du même critique : « Il choisit d'ordinaire le meilleur sens... Il a remarqué judicieusement que le verbe hébreu *bara*, qu'on traduit ordinairement *créer*, ne signifie point, selon sa propre signification, *faire de rien*, comme on le croit ordinairement... » Une bonne note est encore accordée à Mariana pour la traduction d'un mot grec. Comment donc peut-il « choisir d'ordinaire le meilleur sens » et n'avoir qu'une connaissance « médiocre » de la langue?

Non seulement il avait illustré de notes le texte de la Bible, mais il avait cherché à donner à ce texte tous les perfectionnements compatibles avec la tradition catholique. Pour l'Ancien Testament, il avait suivi naturellement, ainsi qu'il résulte de ses déclarations [3], la Vulgate, qu'il avait défendue dans un de ses traités. Sans s'arrêter aux difficultés minuscules, il propose des conjectures. Il a fait en sorte, dit-il encore, de ne laisser passer aucun passage discuté par les Juifs ou les hérétiques, ou frauduleusement corrompu, sans montrer la supériorité, comme exactitude, de l'interprétation catholique. Il est remonté aux sources, dont il avait, déclare-t-il sans fausse modestie, quelque peu l'expérience. Il s'est servi de manuscrits gothiques très anciens, dans lesquels la version hiéronymienne est conservée plus purement qu'ailleurs.

Pour le Nouveau Testament [4], il avait eu entre les mains un manuscrit gothique, vieux de huit cents ans, donné en tout cas il y avait six cent trente ans [5] à l'Église de Séville, ainsi qu'il résultait

---

1. Les Scolies du Nouveau Testament ont cependant un titre spécial, *Scholia in Nouum Testamentum*, à l'endroit où elles commencent, c'est-à-dire au verso du folio dont le recto contient la fin du *Vetus*.

2. *Hist. crit. des princ. commentateurs du Vieux Testament*, III, 13, p.426, et *Hist. crit. des princ. comment. du Nouv. Test.*, c. 43, p. 637-9.

3. Dans sa préface au cardinal Bellarmin.

4. Cf. sa préface à André Schott en tête des *Sch. in Nouum Test.*

5. Et non « antes de los años 630 », comme écrit Noguera, p. LXXXI. Mariana dit « ante sexcentos triginta annos. » Serait-ce celui qu'Haenel signale parmi les Bibles latines de la Bibl. de la Cathédrale de Tolède (col. 984), « dispuesto por S. Isidoro, saec. VIII. memb. fol. »

d'une note mise à la fin. De plus, il avait lu le texte syriaque et en avait tiré des variantes remarquables. Enfin, il avait eu à sa disposition un exemplaire grec, en marge duquel Pedro Faxardo, marquis de Los Vélez, avait indiqué, à l'encre rouge, les variantes de seize manuscrits grecs, sans marquer toutefois de quel codex il tirait chacune. Chose remarquable, il ne s'y trouvait à peu près aucun passage qui ne concordât avec la Vulgate. Cette concordance, il est vrai, pouvait donner lieu de penser, observe Mariana lui-même, que le manuscrit grec du marquis devait être un de ceux qui furent corrigés après le concile de Florence (1439) en présence de la Vulgate. Aussi, s'en était-il servi avec une prudence dont le loue Richard Simon [1]. Ces détails prouvent avec quelle conscience fut établi le texte, travail préparatoire qui s'ajoutait à la rédaction des scolies. L'ouvrage fut apprécié à sa valeur : paru en 1619, à Madrid, chez Luis Sánchez, il fut réimprimé l'année suivante, à Paris, par Michel Sonnius. Noguera dit qu'en 1620 il y eut aussi une autre édition à Anvers : il a dû confondre avec la *Biblia Sacra Vulgatae editionis* publiée, en 1624, à Anvers, chez Plantin, par Balthasar Moret, petit-fils de Christophe Plantin, et où l'on retrouve les *Scholia* de Mariana, mais sans les préfaces à Bellarmin et à Schott, et avec les Scolies du jésuite portugais Emmanuel Sa (mort en 1596) en seconde ligne [2].

Telle fut la dernière œuvre de Mariana, celle qui remplit la période de calme dont il put jouir entre ses épreuves et sa mort. Il avait eu la satisfaction de remplir sa destinée de théologien en livrant aux lecteurs, dans sa vieillesse, un travail qui, s'il ne relevait pas directement de la théologie, le ramenait au moins vers la science sacrée dont l'étude avait été en principe l'objet de sa vie.

C'est sans doute à ces travaux d'exégèse qu'il faut rattacher une traduction latine du Commentaire d'Eustache d'Antioche sur les six jours de la création (*Hexaemeron*), traduction qui est attribuée à Mariana par Philippe Labbe [3], et qui semble perdue comme celle des Homélies pascales de S. Cyrille. En 1629, Léon Allatius publia, avec une version latine et de copieuses notes, le texte grec de ce Commentaire [4], trouvé par lui dans plusieurs bibliothèques de Rome et à Munich.

---

1. *Hist. crit. des pr. comm. du Nouv. Test.*, p. 637-8.
2. On y trouve en plus les *Scholia in Librum Sapientiae*, et in *Ecclesiasticam Iesu filii Sirach*, qui ne sont pas dans les éditions de 1619 et 1620. Du reste, ni les *Prouerbia Salomonis carmine explicata*, ni le *Canticum canticorum Salomonis carmine* (en distiques), adjoints par Mariana n'ont été oubliés. Le ms. Egerton 1873 (n° 34, f° 195*) contient une copie de cette *Expositio in librum canticorum* en distiques, avec cette note marginale de la main de Mariana : [lib]er hic in ueteri codi[ce] manuscripto est inuentus [sine] auctoris quidem titulo, [ue]rum inter alios Isidori. Editio Paris. a 1601 [inte]r alia Isidori opera etiam publicauit. »
3. *Bibliotheca manuscriptorum sive specimen antiquarum lectionum*, t. II, p. 22 (ref. indiquée par Antonio).
4. Le tout est dans la *Patr. grecque*, t. XVI, col. 703-1066.

Il y en avait au moins un exemplaire dans la bibliothèque du Cardinal de Burgos[1] ; en tout cas Loaysa le cite, avec le Photius, dans la première note au *Chronicon* de saint Isidore[2]. Encore cette fois, Mariana avait devancé la découverte d'un autre et une occasion seule lui a manqué sans doute pour avoir l'honneur de publier un texte inédit. Cet ouvrage, que l'on considère aujourd'hui comme apocryphe, avait pour un commentateur de la Bible un intérêt évident. L'auteur s'occupe non seulement des six jours de la création, mais de toute l'histoire sainte, et il donne sur les êtres créés, en particulier sur les animaux, des détails curieux, qui rappellent les Bestiaires et le *Physiologus*.

« Je doute qu'il ait fait le Livre *De Republica christiana*, qu'un écrivain allemand loue beaucoup, » déclare Bayle dans son article sur Mariana, se référant à Andreas Carolus, abbé de Saint-Georges (dans le duché de Wurtemberg), qui dit que « c'est un ouvrage excellent publié par Jean Mariana en espagnol l'an 1615, et dédié à Philippe III roi d'Espagne, et qu'après plusieurs autres choses ingénieusement inventées, et sagement proposées, on y trouve la description de la tête d'un bon Prince, avec les usages légitimes des cinq sens externes »[3]. Noguera est aussi peu affirmatif que Bayle, et nous ne pouvons malheureusement ni dire si cette attribution est légitime, ni, dans le cas où elle serait fausse, en expliquer l'origine.

Une autre énigme s'offre à nous maintenant, à l'occasion d'une affirmation du plus ancien biographe de Quevedo, Pablo Antonio de Tarsia, qui prétend que « le P. Mariana, étant à Tolède, communiquait au jeune Quevedo tous les passages de ses œuvres où il y avait des textes hébreux, afin qu'il les corrigeât, s'il y avait lieu ». Dans son *Essai sur la vie et les œuvres de Francisco de Quevedo*, M. E. Mérimée[4] a insisté sur l'influence que l'auteur du *De rege* a eue sur celui de la *Política de Dios* et du *Marco Bruto*[5]. Il suppose que le second fut mis en relation avec le premier par Tamayo de Vargas : en 1612, Quevedo, qui avait alors trente-deux ans, dédiait à Tamayo un ouvrage ; en 1616 Tamayo faisait paraître une défense de Mariana contre Mantuano[6] ; la supposition est donc très vraisemblable. Mais cela est intéressant surtout pour le biographe de Quevedo. Ce qui l'est davantage pour le biographe de Mariana, c'est la raison pour laquelle, selon Tarsia, le vieux théologien était obligé de recourir aux bons offices du jeune

---

1. Cf. Graux, p. 419 et 421.
2. « Eustachius in elegantissimo opusculo Τοῦ Ἑξαημέρου, quod apud me est, nusquam hactenus editum. » Cf. plus haut, p. 21.
3. *Memorabilia Ecclesiæ sæculi XVII*, l. II, c. 27, p. 388 (référence de Bayle).
4. Je lui emprunte la traduction du passage de Tarsia (p. 33).
5. P. 31. Cf. aussi sur cette influence de Mariana, *ibid.*, p. 78, 81, 203, 218, 227, 229, 234, etc. Où cette influence paraît avoir été peu décisive, ou contredite, c'est en matière de critique historique, puisque Quevedo admettait l'authenticité des plombs de Grenade (voir ce que dit M. Mérimée, p. 272).
6. Voir la 2ᵉ partie, c. III, § III.

philosophe. Mariana, dit-il, était aveugle. Contre cette assertion devons-nous nous inscrire en faux ?

Tout d'abord, le portrait que l'on conserve à la Biblioteca provincial de Tolède et qui porte l'inscription :

P. IVAN DE MARIANA DE LA COMPAÑIA DE IESVS
DE EDAD DE 88 AÑOS I 72 DE RELIGION

ne paraît pas, il s'en faut, être celui d'un aveugle [1]. Mariana lui-même dans la préface à A. Schott de ses *Scholia* sur le Nouveau Testament, qui a dû être écrite en 1618, ne fait aucune allusion à pareille infirmité. Ce serait donc en tout cas postérieurement qu'il aurait perdu la vue, en 1619, alors qu'il préparait l'impression de ses *Scholia* sur le Vieux et le Nouveau Testament (et il y avait de quoi la perdre) ; ce serait à ce moment que Quevedo [2] lui aurait apporté l'aide de ses yeux de lynx, pour employer l'antithèse de Tarsia. Mais alors comment expliquer que ni Andrade, qui a vécu avec Mariana durant les dernières années de celui-ci, ni le P. de Buiza, supérieur de la maison de Tolède, dans la lettre dont nous parlerons tout à l'heure et où il annonce la mort de Mariana, ne laissent entendre que leur confrère ait été frappé de cécité ? D'autre part, M. Mérimée a constaté que Tarsia n'est pas toujours très exact [3]. Tout ce qu'on peut accorder raisonnablement à ce biographe, c'est que cette « cécité » n'était qu'une « grande faiblesse de vue », qui n'aurait rien de rare chez un octogénaire. Il a peut-être cédé au désir de faire une pointe. Quant à l'aide fournie par Quevedo, elle n'est sans doute pas une imagination [4]. Tarsia donne un détail que par ailleurs nous savons exact : « Mariana, dit-il, avait dû faire transcrire ses textes par un secrétaire » ; et c'est même peut-être de là qu'il a conclu à la cécité. Nous pouvons donc tenir compte de son témoignage dans la mesure où il n'est ni contredit ni invraisemblable.

II

On sait d'une façon certaine, depuis une vingtaine d'années, à quelle date est mort Mariana. La lettre du P. de Buiza, datée de

---

1. Voir la reproduction de ce portrait en tête du volume.
2. Il était précisément revenu vers la fin de 1618 à Madrid, qu'il avait quitté en 1613 pour suivre le duc d'Osuna en Sicile et à Naples, et où, dans l'intervalle, il avait, du reste, fait trois apparitions (cf. Mérimée, I, 2).
3. Voir p. VIII de l'*Introd.* du même ouvrage.
4. En 1613, Quevedo dédiait au cardinal de Sandoval une paraphrase des Thrènes de Jérémie avec commentaires, en prose et en vers, « ordenando y declarando la letra hebráica ». (Cf. Fernández-Guerra y Orbe, *Vida de D. Fr. de Quevedo*, p. XLVI, et Mérimée, p. 33).

« Toledo y febrero 16 de 1624 », et annonçant aux maisons de la Province cet événement, survenu le même jour, a été publiée dans le *Siglo futuro*, en 1884[1], par le P. Uriarte, qui a ainsi fait justice des raisons invoquées par Mayans[2] et Noguera[3], en faveur d'une autre date, celle du 16 février 1623. La date qui ressort de cette lettre était, du reste, déjà donnée par Andrade. Alegambe la retardait d'un jour; il est difficile de savoir pourquoi.

On se rappelle que le cardinal Quiroga avait donné aux jésuites de Tolède, en 1583, le collège qui fut placé sous le vocable de San Eugenio. Il est de tradition parmi les Tolédans que le P. Mariana y a vécu et qu'il y a été enterré. On omet de dire sur quoi l'on se fonde : peut-être le trouverait-on en remontant la filière des descriptions et histoires locales[4].

Si c'est là qu'il fut enterré, c'est là aussi qu'il dut vivre, semble-t-il, au moins dans les dernières années de sa vie[5]. Andrade, il est vrai, donne à penser le contraire; il déclare qu'il y avait dans la maison avec Mariana beaucoup de vieillards « achacosos », retraités, sans doute, comme l'historien : ce qui paraît plutôt convenir à une maison professe qu'à un collège ou noviciat. Cependant Mariana a pu être installé dans le collège à un certain moment[6]; car il ne faut pas prendre à la lettre ce que dit Andrade, à savoir qu'il se fixa, en revenant de Paris, dans la maison de Tolède d'une façon si assise, qu'il n'en bougea le reste de sa vie, soit cinquante années durant[7] : il n'y était pas tellement à demeure, nous l'avons vu, qu'il n'allât en villégiature, soit dans la maison de campagne que les jésuites avaient dans les *cigarrales*, soit aux environs de sa ville natale.

1. 16, 19 et 22 février, sous le titre de *El P. Juan de Mariana*. La lettre de Buiza a été reproduite dans le *Boletín de la R. Acad. de la Hist.*, t. X (1887), p. 421-3. En voici le début : « Oy viernes .16. de Febrero a las .5. de la tarde a sido el S*or* seruido de llouar a mejor uida al P*e* Juan de Mariana de una calentura maligna que le acauo el nono murio de 88 años y entrado en 89 y de compania 71 reciuidos todos los sacramentos con una muerte tan santa y con tanta quietud y sosiego que son fleles testigos de la paz de su alma y santidad de su vida... »

2. *Prefacion* aux *Advertencias* de Mondéjar, p. vii-viii.

3. P. LXXXIV.

4. Qu'il y ait vécu, c'est ce qu'affirme Vicente de la Fuente (*Hist. de las Universidades*, t. IV, p. 112): « Al tiempo de la expulsion de los Jesuitas se cedio a la Universidad (de Toledo) el edificio de su colegio, mas célebre que grandioso. Alli habian vivido Mariana, Molina y otros muchos personajes insignes. »

5. En 1621, le recteur de ce collège était le P. González de Mendoza, auteur d'une oraison funèbre de Philippe III (cf. le n° 504 de la *Impr. en Toledo*). On aimerait à savoir si Mariana lui fournit des idées.

6. Dans le *Disc. de las enf.* (§ 180), il est fait allusion à l'impossibilité de loger tous les profès dans les maisons professes « pues tan gran número de Profesos no pueden estar en las Casas por ser ellas pocas ». Tel était, sans doute, le cas de la maison de Tolède, et il se peut qu'on ait, en conséquence, logé Mariana, au moins à la fin de sa vie, dans le collège. Buiza ne dit pas expressément que Mariana soit mort dans la maison professe.

7. « ... Se fue a la Casa Professa de Toledo, y assento alli su morada tan de assiento, que no se mudo de ella en todo el resto de su vida... »

Pour ce qui concerne la sépulture, il est difficile de ne pas tenir compte du renseignement que fournit la tradition locale. Les traditions locales viennent bien souvent de sources écrites oubliées; c'est probablement le cas ici. Toujours est-il que dans une sorte de guide intitulé : *Toledo en la mano*, paru en 1857[1], on présente comme une chose connue que le P. Mariana et un autre jésuite, le P. Gerónimo de Ripalda, mort à l'âge de quatre-vingts ans à Tolède en 1618[2], sont enterrés dans la chapelle du collège de San Eugenio, laquelle était encore debout, et servait d'écurie à un particulier. Depuis, un prêtre tolédan, ayant fait fouiller le sol à l'endroit désigné, a trouvé, là où fut le cancel de la chapelle, deux sépultures sans aucune inscription, mais contenant chacune une momie, revêtue des ornements sacerdotaux. Il y avait, paraît-il, d'autres cadavres, mais aucun n'était revêtu de ces ornements. Il était assez naturel de penser que les deux prêtres ensevelis là étaient le P. Ripalda et le P. Mariana. Or les traits de l'une des deux momies étaient assez semblables à ceux du portrait de la Bibliothèque provinciale de Tolède. On aurait donc bien retrouvé là le corps du P. Mariana. Les deux cadavres ont été déposés dans l'église de San Juan Bautista, ancienne chapelle de la maison professe des jésuites[3].

1. «... Se sabe que en la capilla de este Colegio, que todavía subsiste en pie, aunque reducida á cuadra de un particular que la compró á la nacion, están sepultados entre otros muchos jesuitas, nada menos que el gran historiador Padre Juan de Mariana y el Padre Gerónimo de Ripalda. Como ya hemos apuntado, fué este colegio la casa noviciado de la Compañía, y residían en ella algunos individuos respetables de la misma, de los quales se enterraron varios en la capilla, contándose en su número los dos mencionados escritores; la desgracia es que no se tiene noticia puntual del sitio en que yacen, y por esto no ha sido posible intentar su exhumacion, como lo habria verificado la Comision de monumentos históricos; y sino, con licencia del Autoridad, lo hubiéramos hecho los particulares por no consentir que los caballos y otras bestias estén profanando tan venerables cenizas... » (Sisto Ramón Parro, *Toledo en la mano*, t. II, p. 474-475).
2. Cf. la notice de Nic. Antonio sur lui.
3. Voici les détails qu'a bien voulu me communiquer sur cette découverte D. Juan Moraleda Esteban : « Por el Muy Ilustro Señor D. Jose Aceves y Acevedo, Canónigo al presente de la Santa Primada Iglesia Catedral Basílica de Santa María de Toledo, se me ha comunicado que durante el pontificado del Excmo. y Rvedimo Señor D. Juan Ignacio Moreno, Cardenal Arzobispo de Toledo, el dicho presbítero toledano Sr. Aceves y Acevedo fué fabricero de todas las parroquias de la ciudad de Toledo — de 1875 á 1884 — en cuya época, teniendo noticia por obras históricas de la ciudad, de que los Padres Gerónimo de Ripalda y Juan de Mariana de la Compañía de Jésus, se hallaban sepultados en la Iglesia del derruido *Colegio Viejo*, ó *de San Eugenio*, casa-noviciado de la Compañía de Jésus, fundado por el Cardenal Quiroga en 1583... descubrió el presbiterio y parte de la mencionada iglesia ; en lo que fue presbiterio, halló dos sepulturas — sin lápida ninguna — que respectivamente contenian una mómia cada una, bestida con los ornamentos sagrados de celebrar el santo sacrificio de la misa. En vista de este hallazgo, continuó las escavaciones en todo el antiguo templo, y no halló mas sepultura en que el cadaver respectivo tubiera tales ornamentos; haciéndole este hecho deducir que las dos mómias con casulla, etc., encontradas en el presbiterio, debian ser las de los Padres Juan de Mariana y Gerónimo Ripalda, é inmediatamente trasladó los restos mortales de los dos hombres célebres

III

Dans cet exposé de sa vie, principalement de sa vie scientifique, nous avons pu nous faire une idée de ce que vaut Mariana comme savant, comme critique, comme historien, en dehors de son Histoire d'Espagne, à l'examen de laquelle le reste de ce volume est consacré. Comme conclusion de cette biographie, il ne sera pas hors de propos de faire ressortir ce qu'a été notre auteur comme humaniste et comme philologue.

Humaniste, c'est-à-dire imprégné des lettres grecques et latines, pénétré de l'idée que sans elles il n'y a pas de culture intellectuelle pour un moderne, Mariana l'a été entre tous. C'est parce qu'il est un humaniste convaincu qu'il a écrit presque toute son œuvre d'abord en latin, et cela précisément à une époque où une réaction se faisait sentir en Espagne, dont les initiateurs les plus connus sont Pérez de Oliva et son neveu Ambrosio de Morales. Et nous verrons à propos de son Histoire d'Espagne, en quel latin, simple, concis et vigoureux il écrivait. C'est avec une hostilité mêlée de mépris, semble-t-il, qu'il parle des *romancistas*, c'est-à-dire des gens qui écrivent en langue vulgaire [1]. Il avait à cet égard les mêmes préventions, sinon le même exclusivisme qu'Érasme. S'il a écrit en castillan son *Discurso de las enfermedades de la Compañia*, c'est probablement parce qu'il n'avait point l'intention de le publier; et s'il a traduit le *De spectaculis* ainsi que le *De mutatione monetae*, c'est qu'il voulait agir sur ses compatriotes. Nous verrons qu'il s'est fait aider pour mettre en espagnol son *Historia de rebus Hispaniae*: il ne considérait donc pas cette traduction comme un de ces travaux littéraires qui demandent de la personnalité. Eût-il admis une collaboration de ce genre pour le travail inverse?

Dans le *De rege* [2], il préconise l'enseignement en latin. Il veut que le jeune prince fasse des thèmes, des versions, des vers, qu'il écrive et parle le latin comme sa langue maternelle, qu'il lise Cicéron, les

---

que las historias citan, á la Parroquia de San Juan Bautista... depositandolos en una de las bóvedas de dicho templo parroquial, no sin poner el nombre de cada uno dentro de sus respectivas calaveras escrito en un papel pequeño arrollado, haciendole presumir cuál pertenecia al Padre Mariana el parecido que conserva esta con el retrato del eximio escritor existente en la Biblioteca Provincial de la ciudad de Toledo. Se hallan los restos de ambos sacerdotes dentro de un cajon de madera. De este acontecimiento dió el Señor Aceves y Acevedo cuenta al Excmo. Señor Cardenal Moreno, quien ordenó se instruyera expediente en el que constaran todos estos datos de excepcional importancia; expediente que se guarda en el Archivo General diocesano.» L'Academia de la Historia a chargé une commission de s'occuper de cette question de la sépulture du grand écrivain. Les résultats n'ont pas encore été publiés.

1. Voir plus loin, 2ᵉ partie, c. II, § II.
2. II, 6.

historiens, Virgile, Horace. Et s'il lui impose une telle obligation, ce n'est point par une mesure spéciale, mais parce que, n'admettant pas qu'un roi ne soit pas un homme cultivé, il le soumet, lui aussi, à ce système d'éducation intellectuelle qui est celui des jésuites, et qui repose particulièrement sur la connaissance de la langue et de la littérature latines. Quant au grec, s'il ne l'a pas inscrit dans le programme des études classiques, il en faisait certainement le complément indispensable d'une culture supérieure[1]. Il n'aimait sans doute pas ces programmes qui ont la prétention d'instruire l'enfant *de omni re scibili* et rendent impossible aucune assimilation sérieuse. Savoir bien le latin lui paraissait mieux que savoir mal le latin et le grec. Ainsi, de ce qu'il n'exigeait pas que le roi, ou le simple *caballero*, eût grécisé au collège, on ne peut conclure que son humanisme fût exclusivement latin. Pas davantage il ne serait raisonnable d'imaginer qu'il dédaignait les précieuses minuties de la philologie, sous prétexte qu'il trouvait inutile de surcharger le rudiment de subtilités grammaticales et qu'il recommandait sur ce point, avec quelle sagesse! la simplification.

Philologue, il l'a été, et non pas seulement humaniste, si ce dernier mot doit désigner, par une restriction peut-être légitime, les premiers amis, éblouis et débordés, de l'antiquité renaissante, et aussi tout admirateur passif des œuvres par eux retrouvées; si le philologue est un humaniste armé de critique, soucieux d'exactitude, et désireux non seulement de jouir des beautés littéraires et artistiques, mais de connaître les circonstances de leur production, l'histoire des peuples qui les ont créées, enfin d'une façon générale, et indépendamment des préoccupations esthétiques, l'antiquité elle-même tout entière.

Tout d'abord, si Mariana a traité en lettré, en véritable écrivain, les questions d'érudition, ce ne sont pas les questions purement littéraires qui l'ont attiré. S'il a aimé les anciens, ç'a été moins comme un lecteur passionné que comme un historien et un philosophe qui veut tirer de leurs œuvres la science et la morale qu'elles contiennent.

D'autre part, comme la plupart des érudits espagnols de tous les temps, Mariana, sans doute, a pris pour champ principal de ses investigations le passé de son pays : il n'est pas jusqu'à la publication des sermons de Calixte II qui ne tienne dans ces limites, puisqu'elle apportait un argument en faveur de la venue de saint Jacques. L'*Epitome* de Photius nous montre pourtant un homme qui songe à accroître le patrimoine commun des humanistes. Ce souci est attesté encore par le *De ponderibus*, qui, en fait, pouvait servir à illustrer les textes grecs ou

---

[1]. On a vu qu'il faisait des vers latins (p. 93 ; cf. aussi 2ᵉ partie, c. II, § II). Mais il décochait au besoin l'épigramme en grec : voir la *Nueva biografía de Lope de Vega*, par La Barrera, p. 310, note.

latins autant que la Bible, et par ce hors-d'œuvre que constitue, dans le *De spectaculis*, la description des jeux et des théâtres dans l'antiquité. Nous avons là comme des spécimens de ce qu'aurait pu faire notre auteur s'il s'était occupé plus continûment d'archéologie classique.

L'humanisme espagnol a eu quelque chose d'intéressé, si l'on peut dire. On compte ceux de ses représentants chez qui le goût pour les auteurs anciens fut purement philologique, qui ont songé à faire un livre sur des antiquités qui ne fussent pas espagnoles, ou un commentaire à des œuvres qui n'eussent pas quelque intérêt, ou patriotique, ou religieux, ou pratique. Sans vouloir formuler ici une règle générale (trop d'exceptions seraient fournies par l'*Inventario bibliográfico* qu'a dressé des travaux des humanistes ou philologues de son pays l'auteur de la *Ciencia española* [1]), on a le droit d'étendre la portée des observations présentées par Ch. Graux à propos de l'hellénisme espagnol au xvi° siècle [2]. En corrigeant ce qu'il dit du peu de goût qu'on avait en Espagne pour les historiens grecs, car les historiens qui s'occupaient de l'Espagne étaient appréciés, lus dans les traductions et dépouillés ; en entendant aussi de la littérature latine ce qu'il dit de l'attrait tout spécial qu'exerçaient les philosophes, les médecins, les auteurs canoniques et les Pères grecs, on arriverait peut-être à caractériser assez exactement le mouvement humaniste espagnol. Mariana ne s'est pas soustrait aux habitudes et a partagé les goûts de ses compatriotes. Nous avons, dans les recueils de Londres, quelques traces de ses lectures : ce sont des notes extraites d'Aristide, d'Aristote « ex libris politicorum », et de Pline l'Ancien [3]. Les premières ont trait à l'immoralité des spectacles, les secondes à la politique et à l'éducation, les troisièmes à l'histoire naturelle, à la géographie, etc. Ce sont comme des réserves accumulées pour un objet déterminé et prochain, et non pour une jouissance désintéressée. Il avait dû dépouiller bien d'autres ouvrages. Quant à sa prédilection pour ceux des auteurs grecs et des latins qui lui fournissaient l'histoire de l'Espagne ancienne, elle était assez naturelle. Aussi est-il notable que, représentant par beaucoup de ses œuvres cet humanisme particulariste et cette philologie utilitaire que l'on rencontre surtout chez les Espagnols, il ait voulu, lui aussi, travailler à cette reconstitution du monde gréco-latin qui a passionné hors d'Espagne tant d'intelligences, et qui est l'objet de la philologie classique.

A cet objet, par ses travaux d'exégèse, l'auteur des *Scholia* ajoutait la reconstitution du milieu juif. L'interprétation des textes bibliques n'était pas pour lui simple affaire d'imagination, comme elle l'était pour les León de Castro, qui n'y cherchaient que le sens allégorique

---

1. T. III, p. 265-72.
2. P. 19-20.
3. Ms. Egerton 1871, n° 19, f° 99-120 ; 1875, n° 34, f° 165-97 ; n° 43, f° 302-16.

et dédaignaient systématiquement le sens littéral. Le souci du réalisme historique le conduisait à voir, dans la Bible, d'abord une histoire, l'histoire d'un peuple, de ses croyances, de ses mœurs. Il en était donc venu à commenter la Bible en philologue, et de cette disposition nous avons une preuve frappante dans le *De ponderibus*. Sans doute il n'était pas en cela novateur : ne peut-on lui faire pourtant une place parmi les adeptes les plus sérieux des études juives?

Enfin, l'histoire et la littérature ecclésiastiques élargissaient pour lui l'horizon des humanistes et comblaient le fossé qui sépare le monde ancien du monde moderne. « La chasse aux documents de l'histoire ecclésiastique fut la grande préoccupation des hommes du xvi° siècle[1]. » On a vu qu'elle avait été l'une des grandes préoccupations de Mariana.

Une chose paraît lui avoir manqué, la connaissance de l'arabe, si nécessaire à la culture d'un Espagnol, à plus forte raison d'un historien de l'Espagne. Dozy a constaté l'ignorance générale des érudits espagnols depuis le xvi° siècle jusqu'à son temps sur ce point[2]. Il y a peut-être là une conséquence de la Renaissance, qui détourna, au profit des études grecques et surtout latines, l'attention des lettrés et des savants de la péninsule. Il convient sans doute aussi d'attribuer au mépris pour les vaincus et à l'inutilité de leur langue pour les études ecclésiastiques une négligence aussi étrange. Pour Mariana, on ne voit pas qu'il ait su plus d'arabe qu'il n'en fallait strictement pour étudier, comme il l'a fait dans le *De annis arabum*, le calendrier musulman.

Quoi qu'il en soit, on ne peut manquer d'être frappé de l'extension de ses études et ses aptitudes philologiques. Un Fernán Núñez de Guzmán, un Pedro Núñez, un Laguna, un Agustín avaient apporté des contributions importantes à la science des antiquités romaines ou grecques[3]; un Montano avait consacré à peu près toute sa vie à l'étude de la Bible; la patrologie espagnole, représentée surtout par Isidore, avait trouvé, en Espagne, de nombreux commentateurs. Mariana ne se cantonna point. Antiquités profanes ou chrétiennes gréco-latines, antiquités hébraïques, telles étaient, de son temps, les spécialités de la philologie : il n'est resté étranger à aucune.

Est-il besoin d'ajouter que, comme Páez de Castro et Alvar Gómez, comme Zurita et Agustín, il savait quelles richesses constituent les ouvrages des anciens? Mais il faisait mieux que de les collectionner, ce qui ne lui était pas, ainsi qu'à eux, possible; comme le Flamand André Schott, et par son entremise, il a fait publier ce qu'il a pu. Il n'a rien édité en grec sans doute, non plus que les autres Espagnols de son temps; mais c'était quelque chose que de donner des traductions de Cyrille, d'Eustathe, et de préparer une *epitome* latine de Photius. Il

---

1. Langlois, *Manuel de Bibliographie historique*, p. 259.
2. *Avant-propos des Recherches*. Quevedo passait pourtant pour savoir l'arabe à fond.
3. Cf. Graux, *Introduction*.

souffrait et se plaignait du manque de livres. Combien il regrettait de voir prisonniers dans le majestueux Escorial les manuscrits accumulés par Philippe II [1] ! Ch. Graux nous montre [2] les jésuites demandant à ce prince de les installer dans le monastère annexé à son palais et destiné aux hiéronymites. Le roi n'eût pas été mal inspiré de les écouter, car l'on se plait à penser qu'ils n'eussent pas manqué de préposer à la garde de la bibliothèque le P. Mariana.

Mais notre auteur n'a pas été seulement un philologue. Il n'a pas vécu toute sa vie avec les livres et les anciens. Dans sa cellule de la maison professe de Tolède, il a vécu avec ses concitoyens, souffert de leurs souffrances et cherché les remèdes. Par là, il se distingue des savants espagnols de son temps, et, plus que tout autre, impose la sympathie et le respect.

Tel est l'homme qui, vingt ans après Garibay, donnait une Histoire générale d'Espagne, la seconde qui ait été complète (en cela celle de Garibay fut la première), mais la première qui ait été lisible et qui se soit imposée par le style, le talent et la personnalité de l'auteur, puisque tel n'est point le cas du *Compendio*, malgré l'intérêt qu'il présente et la place qu'il tient dans l'historiographie espagnole [3].

1. Cf. Graux, p. 334.
2. P. 311, n. 2.
3. Voir *Les prédécesseurs de Mariana*.

DEUXIÈME PARTIE

HISTORIQUE DE SON HISTOIRE D'ESPAGNE

CHAPITRE PREMIER

I. Les vingt-cinq premiers livres de l'*Historia de Rebus Hispaniae* (1592-1595).
II. Les livres XXVI-XXX, le *Summarium* et la traduction castillane. Les éditions de 1605, 1603-1608, 1619 en latin, et de 1601 en castillan.
III. Les critiques de Ferrer et de Duarte Nunes.

I

D'après Noguera, le P. Mariana donnerait à entendre, dans sa dédicace à Philippe II, que l'idée d'écrire l'histoire de son pays lui vint durant ses voyages en Italie et en France[1]. En réalité, Mariana, qui ne dit rien de semblable dans son texte latin, déclare simplement, dans la traduction espagnole, que l'une des raisons qui lui ont fait entreprendre sa tâche est le désir qu'il a vu que l'on avait, à l'étranger, de connaître l'histoire de l'Espagne, les commencements et les causes de sa grandeur[2].

Quand a-t-il commencé à mettre ce projet à exécution? Aucun indice ne permet de répondre avec précision. L'un des manuscrits de

---

1. P. xxxviii.
2. « Juntamente me conuido a tomar la pluma el deseo que conoci los años que peregrine fuera de España, en las naciones extrañas, de entender las cosas de la nuestra, los principios y medios por donde se encamino a la grandeza que hoy tiene. »

Londres¹ contient des notes évidemment recueillies en vue de la rédaction ou de la correction de son histoire. Or elles sont toutes écrites sur le dos de lettres à lui adressées et datées des années 1579-1584. Faut-il en conclure que ces notes sont de la même époque? Sans doute, si nous pouvions être certain que Mariana se servait pour y faire ses brouillons, des lettres de ses correspondants au fur et à mesure qu'il les recevait. Ce serait même un bon moyen de savoir à quelle occupation il s'adonnait à telle ou telle époque de sa vie. C'est ainsi que les lettres au dos desquelles se trouvent des extraits d'Aristote « ex libris politicorum » sont datées de 1586, et que celles qui ont servi à prendre des extraits de Pline le sont de 1593 à 1596². Seulement il n'est pas bien sûr que Mariana, quand il avait besoin de papier pour ses notes, ne prenait pas un paquet de lettres assez anciennes pour qu'il n'eût pas besoin de les conserver davantage. Tout ce que l'on pourrait induire ici, c'est qu'il ne s'est pas mis au travail avant 1579³. Rappelons enfin que c'est en 1584 qu'il écrivait le *De annis Arabum*.

Quoi qu'il en soit, trois lettres contenues dans le manuscrit en question, et au verso desquelles se trouvent les extraits d'Aristote qu'on a cités, prouvent que son *Historia*, dès juillet 1586, était prête pour la publication. En effet, dans la première de ces lettres⁴, datée de Ségovie, 2 juillet 1586, son confrère Dionysio Vázquez promet de lire promptement « la historia », demande si l'on a parlé au roi pour l'impression, et donne des conseils pour l'envoi des exemplaires. Une autre lettre, également datée de Ségovie, 22 juillet 1586, et dont la signature a été coupée par le relieur, mais qui doit être du même correspondant, porte que la « caxa historial » c'est-à-dire, supposerons-nous, la caisse contenant le manuscrit de l'*Historia*, est arrivée à Ségovie, et l'on suggère à l'auteur, au cas où le roi ne se montrerait pas généreux, de dédier l'ouvrage à quelque protecteur « chez qui la reconnaissance et la largesse compensent ce qui lui manquerait de la splendeur royale ». Il est également fait une observation sur les personnages qui étaient

---

1. Ms. Egerton 1875, n° 41.
2. Voir plus haut, p. 132.
3. Encore ne suis-je pas sûr de bien lire 1579 sur la lettre de Francisco Davila. En tout cas celle du P. Ant. Cordeses est du 21 février 1580.
4. « Muy Rᵈᵒ en Chro Pᵉ. Pax christi. Diome extraordinario consuelo la de v. r. y con mis ruynes manos vuiera yo ganado por la mano si ella me siruiesse como el desseo, pero no faltara para seruir a v. r. y los ojos se offrecen para leer y el entendimᵗᵒ para aprobar y alabar la Histᵃ que se cierto que le terna boto y aun ciego el que no la alabaro. quisiera yo estar muy cerca de v. r. para hazer este offᵒ pero aqui y en qualquiera parte le hare con toda volᵈ. holgaré de que v. r. me escriua quien se ha de ver por orden del pᵉ Gnᵉʳᵃˡ sin my. Yo de my parte no determe mucho si ay salud la obra, scis enim et diligentiam et uelocitatem in hac parte meam. y dexare entretanto la histᵃ de la vida de nrᵒ Pᵉ Franᶜᵒ que la traygo en buenos terminos... de segᵃ 2 de julio 1586 Sieruo en el Sᵗᵒ Dionysio Vazqz. auise me v. r. si se ha a su magᵈ hablado para la impression de su historia tambien digo que v. r. si embia sus libros mire bien que vengan con persona segura. que los mercaderes de ay saben quales harrieros son los seguros que les lleuan sus paños y dineros. » (Ms. Egerton 1875, fᵒ 312.)

nommés dans la lettre de dédicace et qu'on ne trouve pas assez illustres : bon pour « Garsia » (Loaysa), dont on exprime, en un latin prophétique, les espérances et l'ambition ; mais pour les autres il n'y avait pas à les nommer dans une épître adressée au roi[1]. De cette observation, Mariana a tenu compte, car personne, pas même Loaysa, n'est nommé dans la dédicace qui a été imprimée. Quant au reste, les conseils de Dionysio Vázquez arrivaient trop tard, ainsi que le prouve la troisième de nos lettres, celle du secrétaire royal López de Velasco, déjà citée à propos du *De differentiis* : à la date du 20 juillet de la même année, le roi avait déjà accordé un secours destiné à l'impression de l'Histoire écrite par le P. Mariana ; et ce secours ne devait pas être méprisable, puisque celui que l'auteur demandait pour terminer la préparation du texte d'Isidore était jugé une *menudencia*[2].

Ainsi en juillet 1586 le *De rebus Hispaniae* était rédigé ; Mariana le faisait reviser par ses amis, comme il devait faire pour le *De rege*[3] ; et le roi avait donné sa subvention. Il n'y avait plus qu'à imprimer. Le 31 août 1591, on obtenait le privilège, et, le 23 avril 1592, la *tasa*. Il est intéressant de se rappeler ici que les cinq derniers livres de la *Coronica general de España*, dus à Ambrosio de Morales, et comprenant les rois d'Oviedo et de León jusqu'à Bermudo III inclus, avaient paru en 1586, alors que Mariana s'occupait déjà de l'impression de son ouvrage[4].

Le *De rebus Hispaniae* parut en 1592, à Tolède, chez Pedro Rodríguez[5]. Tel que Mariana le publiait, il devait comprendre vingt-cinq livres et aller jusqu'à la prise de Grenade, fermant ainsi, un siècle avant la date de son apparition, le cycle de l'Histoire de l'Espagne. Ce ne furent toutefois pas vingt-cinq livres que l'imprimeur livra d'abord au public, mais seulement vingt. Les différences extérieures que l'on remarque dans les exemplaires de cette première édition sont l'indice d'un certain désarroi. On avait imprimé et tiré le titre où étaient

---

1. « ... Yo muy contento por hallar en Segouia la caxa historial con sus cartas de v. r... buenos llegaron los libros... si alguna cosa le aduirtiere sera como v. r. dize sine scripturę injuria, notandolo a parte y sin señales. en la epistola dedicat· a su mag⁴ me parece lo que a v. r. que si se dissimula vna buena mano adiutriz y no se reconoce el seru° con algun premio para sacarle a luz, se deue tomar otro patron que lo que le falte del regio splendor lo sobre del reconocim⁽ᵗ⁾ y largueza. las personas que v. r. nombra en su carta luego que las ley me dissonaron algun tanto especialm° en carta y para Rey. lo qual si expediret vuiera de ser en vn prologo al lector. y ni esto me parece necess° siendo la obra grauiss·ᵐᵃ y los nombrados no tan conocidos en el mundo aunque honrados y doctos. y si vuiesse de dezir algo seria a my parecer de solo Garsia viuente y ad maximos honores & titulos non vana spe adspirante. en lo demas la Epist° es digna del autor y de la obra... de Seg°... 22 de julio 1586. » (F° 316 du dit ms.)
2. Voir plus haut, p. 24.
3. Voir p. 34.
4. Cf. *Les prédécesseurs de Mariana*.
5. On trouvera à l'appendice IX la description des éditions de l'Histoire d'Espagne en latin et en castillan, en particulier de celles qui ont paru du vivant de Mariana. J'y renvoie une fois pour toutes.

marqués, conformément d'ailleurs à ce qu'annonçaient le privilège, la *tasa* et la *fe de erratas*, « Historiae de rebus Hispaniae Libri XXV. » Quel accident ou quelle prohibition survint au dernier moment, c'est ce qu'il n'est pas possible de dire. Après s'être contenté d'abord de masquer par un signe le V de XXV, on fit tirer un autre titre où il n'était plus question que de « libri XX », et le libraire déclarait dans un avis au lecteur : « Re necessaria compulsi cessamus. » Il semble que ce soit du côté de l'auteur et non de l'imprimeur que surgit l'obstacle à l'apparition des cinq derniers livres. En effet, dans le même avis, on ajoute : « Reliquos libros auctor cum erit commodum et cum vacabit adjiciet. » C'était une remise presque indéfinie, et, semble t-il, à la discrétion de l'auteur, à moins que ce ne fût à celle des autorités. Quelqu'un avait-il trouvé dans les cinq derniers livres un passage dangereux pour la sûreté de l'État ou la pureté de la religion? Avait-on signifié à l'auteur l'ordre d'arrêter l'impression ou de faire des suppressions exigeant des remaniements, et avait-il préféré ne pas faire paraître les livres incriminés? Une autre hypothèse nous est présentée par Juan de Santander dans une *Noticia* que l'on conserve à la Biblioteca nacional[1]. C'est que Mariana manquait d'argent pour continuer. On ajoute aussi « de temps » : mais les cinq livres restés ainsi dans les limbes existaient en manuscrit, et le temps ne pouvait faire défaut à l'auteur pour la correction des épreuves, si tant est qu'il se chargea de les corriger. Quant à l'argent, qu'il ait manqué au jésuite historien, dont les ressources personnelles paraissent bien avoir été nulles, cela est plus que probable. Il a donc pu se décider à mettre en vente les vingt premiers livres dans l'espoir d'en tirer ce que lui demandait l'imprimeur pour continuer. On pourrait encore supposer que Mariana, dont le bon goût et même la minutieuse exigence en matière d'impression nous sont attestés par les remarques qu'il a laissées sur l'édition d'Isidore de Séville, mécontent de Pedro Rodríguez, lui aurait retiré son manuscrit pour le porter chez un autre imprimeur ; et en effet, certains exemplaires ayant les vingt-cinq livres portent l'indication « typis Thomae Gusmanii » avec la date de 1595. Mais cette hypothèse, on doit le dire, est assez improbable, d'abord parce que Rodríguez travaillait bien, ensuite parce que c'est de chez lui que devaient sortir encore la belle édition princeps du *De rege* en 1599 et, deux ans plus tard, la première édition de l'Histoire d'Espagne en espagnol. Il n'est pas sûr, du reste, que Guzmán ait été pour rien dans l'impression. Y aurait-il quelque connexion entre le transfert des exemplaires chez ce dernier et les incidents où fut mêlé Rodríguez à la même époque? Précisément en 1595, ce dernier fut emprisonné par « los del Consejo de la Dignidad Arzobispal »

---

[1]. Ms. X 230; cf. la note 5 de la p. 102.

parce qu'il avait imprimé, ou pour l'empêcher de faire paraître, le
« quaderno » où le corregidor Cárcamo, Villegas et Higuera défendaient leur San Tirso[1]. Le pauvre homme fut, il est vrai, relâché sans
tarder, mais il pouvait y avoir inconvénient pour Mariana, peut-être
même pour ses confrères, à ce que son ouvrage parût chez un
imprimeur qui sortait de la prison archiépiscopale. On aurait, en conséquence, pris des arrangements pour que Tomás Guzmán qui, précisément, débutait à Tolède cette année-là[2], couvrît de son nom encore
vierge l'Histoire d'Espagne subventionnée par le roi. Une chose est
encore à noter : c'est que l'on ne trouve en tête de cette édition de
1592-1595 le texte d'aucune permission des supérieurs de l'auteur.

Ce n'était pas tout de faire un livre, il fallait le vendre. Or la vente
des exemplaires de l'*Historia de rebus Hispaniae* paraît avoir été pour
Mariana une affaire assez difficile. Non pas qu'il ne rencontrât beaucoup de bonne volonté chez ceux de ses correspondants, des confrères
pour la plupart, qu'il avait priés de lui en placer. Les manuscrits
de Londres renferment un certain nombre de lettres relatives aux
démarches faites par eux à ce sujet. Ces lettres ne sont pas toujours
très optimistes. A Séville, d'où l'on s'occupe de faire passer des exemplaires en Allemagne et jusqu'au Pérou, aucun ne se vendait, du
moins à la date du 28 octobre 1593. Aucun espoir d'en vendre à
Jaen ni à Baeza[3]. Un des pères de la province de Tolède, qui, plus tard,
donnera, en qualité de provincial, la *licencia* pour la première édition
en castillan, le P. Francisco de Porres, arrivé à Rome le 13 octobre,
écrit à Mariana que ses volumes ne sont pas encore à Gênes[4]. Il les
a recommandés aux bons soins du P. S. Harpi, recteur (?) du collège
jésuite de cette ville. Huit mois après, on ignore encore chez qui ils
se trouvent, bien qu'on les sache arrivés à bon port[5]. De Murcie, on a

---

1. Voir p. 62, n° 4, et *Les prédécesseurs de Mariana*.
2. Cf. la *Impr. en Toledo*, p. xix et xxi.
3. « En Cordoua hize lo que V. R. me ordeno acerca de las historias de españa porque dixe al rector que me los enbiase todos aqui a Seuilla porque alli ninguno se uendia y lo mismo entendian que seria en Jaen y baeza &. ya tengo preuenido a Pedro Zarzo para que me haga *(sic)* lleuar a alemania o al peru la parte que le diese, y asi V. R. enbie luego los que quiere que se enuien... de Seuilla 28 de otubre de 1593. illefonso de ª. » (Ms. Egerton 1874, lettre au verso du folio 382.)
4. « A Roma llegamos los de esa prouincia con salud a los 13 del presente... los libros de v. r. no han llegado a gonoua, en llega[do] se hara lo que v. r. me escriba y assi me lo ha prometido el pᵉ [rector?] de aquel collᵒ que se llama simon harpi... » (Lettre de « franᶜᵒ de porres », datée « de roma a 24 de otubre 1593. » Ms. Egerton 1875, n° 34.)
5. «... la ultᵃ que a V. r. escreui donde le daua auiso de como los libros estauan en Genoua sanos y saluos... el Sʳ Mayolo era ya partido para Cartagena quando llegaron las de V. r. enuiaronsele luego y el yua bien encargado de hazer diligencia para saber en cuyo poder estauan en Genoua, y con la de V. r. la hara mayor, yo estuue quasi determinado quando supe de su partida enular en estas galeras los libros que aqui

a) Le nom est coupé.

chargé un Sr. Mayolo, qui va à Gênes, de se renseigner. Quant aux exemplaires envoyés à Murcie, on ne sait qu'en faire; il n'y a aucune chance de s'en débarrasser; et moins encore à Orihuela, où l'on ne trouverait pas, dit le correspondant, assez d'argent pour les payer, et où, d'ailleurs, on ne s'occupe point de ces choses. Il a eu recours à cent moyens. « On pourrait laisser en dépôt des exemplaires, cela engagerait à les acheter, » suggère-t-on d'Evora à l'auteur [1]. Le P. Pablo Ferrer (un jésuite qui s'est trouvé à Alcalá quelque temps, il y a une quarantaine d'années, en 1559, avec le futur historien, et qui l'a perdu de vue, ayant été bientôt envoyé à l'Université d'Evora, alors à ses débuts), y a appris, l'apparition de l'ouvrage, mais ne l'a lu qu'à Lisbonne, dans la maison professe de Saint-Roch, où on le lui a prêté [2]. Le P. Ferrer était, il faut croire, vraiment désireux de lire l'histoire de son pays. Une vingtaine d'années avant, il écrivait au *doctor* Juan de San Clemente, neveu de Morales, en le chargeant de presser celui-ci de finir la *Coronica* [3]. Morales s'étant arrêté au moment où se forme le royaume de Castille, ce dut être avec joie que le jésuite d'Evora ouvrit l'in-folio qui contenait l'œuvre de Mariana. Il écrit à l'auteur, le 26 mai 1596 [4], qu'elle est « bien rescebida entre los que entienden ». Il ne dit pas si ceux qui « entienden » achètent le livre. Mais on peut en juger par le trait de l'historien portugais Duarte Nunes de Leão. Il avait des critiques à faire à Mariana. Quand celui-ci lui fait demander par Ferrer de les lui communiquer, il répond qu'il

tengo de V. r. por parecerme que alla se saldria mejor dellos que aqui, y lleuandoles el Sᵣ Mayolo a su cargo yrian muy seguros, pero por no saber de la voluntad de V. r. no lo he hecho. Si [a] v. r. le pareciere buena traça esta atento que aqui sin duda no se venderan ni en origuela se hallara otro tanto dinero como ellos valen por ser gente muy pobre y por no auer alli trate destas cosas... yo he intentado cien cosas y ningᵘ me ha salido, dos o tres personas que podian comprar este libro ya le tienen y asi no se que me haga. Solo ay esperanza que vn mercader de Cartagena que tiene correspondencia en Genoua ha dicho que en sabiendo que alla se despachan los libros el comprara estos y algᵒˢ mas. » (Lettre de Philippe (?) de Peralta « de Murcia y junio 8 de 94 ». Ms. Egerton 1875, nᵒ 34.) Je ne sais s'il faut lire *Philippe*, comme fait Gayangos. Dans la liste des signataires de la protestation dont il est parlé p. 118, on trouve Francisco de Peralta, recteur du collège de Marchena, et Juan de Peralta, de la province de Tolède.

1. Quiza los q(uieran?) comprar fiandoselos ». (Lettre du « doctor Phelipe de la Quadra », datée « debora y julio 19 de 1596 ». Ms. Ergerton 1875, nᵒ 34.)

2. « El Pᵉ Maestro Ferrer natural de Malaga entro a 21 de junio Maestro en Artes y acabada su Theologia y de muy señalada memoria y ingenio. fue embiado a Portugal donde ha leido muchos años con grande accepcion escritura en la Vniuersidad de Euora y agora haze alli officio de Cancellario. » (Crist. de Castro, fᵒ 311 : « De los que entraron en el Collegio de Alcala el año de 1559. »)

3. « ...recebi una carta de Evora de un Padre de la Compañia, el Doctor Paulo Ferrer, Catedratico alli de Teologia, y me rogo mucho suplique a Vm. se de priesa en su obra, porque no quedase todo escrito imperfecto, y por consolalle le respondi, y le envie el mesmo quaderno (celui de la *Coronica*, 2ᵉ partie, que San Clemente avait reçu de son oncle), aunque no he tenido certidumbre del recibo. » (Lettre de San Clemente à Morales en date de « Badajoz 12 de Febrero de 1577 », publiée dans le tome II des *Opusculos castellanos*, p. 110.)

4. Voir cette lettre à l'appendice V, 1.

n'a gardé que quelques jours un exemplaire emprunté au libraire, et qu'il l'a rendu parce qu'il le trouvait trop cher [1]. Voilà qui dut faire plaisir à l'auteur. A Salamanque, la ville universitaire, la ville savante, on est tout aussi froid, au mois de mai 1597. Aucune occasion de placer une *Historia* ne s'est encore offerte. Il s'est par contre perdu en route les tables d'un des volumes [2]. En somme, ce que Mariana pouvait espérer de mieux, c'était ce que lui promettait candidement un correspondant de Cuenca au mois de mars 1594 : « los libros estaran guardados y limpios y todo lo demas [3]. » Plus tard, un lot de trente-deux volumes d'histoires, de l'édition en espagnol de 1601 sans doute, arrive à Séville tout mouillé et abîmé. Chose plus navrante, hélas ! pour résumer cet épisode de l'histoire de la librairie en Espagne au xvi° siècle, on déclare (et c'est, semble-t-il, le propre cousin de l'auteur qui fait cette constatation) qu' « il n'y a pas un real, ni personne qui demande ni qui donne, tant qu'on n'amènera pas les galions » [4]. Honneur pourtant à Valence, où, avant la fin de 1597, l'on avait vendu déjà la moitié des *Historiae* envoyées [5] !

Force nous est donc d'avouer que l'*Historia de rebus Hispaniae* ne fut pas à son apparition, en Espagne du moins, ce qu'on appelle un succès de librairie. Cette mévente s'explique un peu par la pauvreté, la détresse du pays. Du reste, l'ouvrage était cher. Taxé à quatre maravédis le *pliego*, c'est-à-dire la feuille de seize pages, et comprenant, tel qu'il parut d'abord, en vingt livres, neuf cent quatre-vingts pages en tout, il coûtait deux cent quarante-cinq maravédis, ce qui était beau-

---

1. Voir la deuxième lettre de Ferrer en date du 4 octobre 1596 à l'appendice V, 3.

2. «..., recibi los libros que me imbiaron de talabera que fueron cinco cuerpos... es de aduertir que el un cuerpo de los cinco uino sin las tablas sin la general y particular de montes y ciudades speciales y antiguos cargos de españa [a] y assi sera bien v. P. le escriua a uillalobos [b] las busque o me las imbie v. P. que de un dia a otro puede ser se ofrezca ocasion para uenderlos aunque asta aora no e podido atar nada aunque lo e procurado. » (Lettre du « dotor Joan de ulloa » en date « de Salamanca mayo 19 de 97 ». Ms. Egerton 1875, n° 49.)

3. Lettre de « B⁰° Matheo » en date « de Cuenca y Março de 1594 ». (Ms. Eg. 1875, n° 34.)

4. Lettre de Luis Martínez de Mariana en date du 8 nov. 1605. Voir plus haut, p. 100.

5. «...de los libros que se embiaron aqui se auran vendido ya la metad segun me a dicho el p° Sotelo, el lo aura escrito ya a V. r. yo hare quanto pudiere de mi parte, para q̃ se despidan los demas. y vea V. r. demas desto en q̃ le puedo seruir y mandemelo que ninguno le seruira con mas aficion y el S⁰° sea siempre con V. r. y le gu°. de Valencia 10 de Set. fran⁰° escriua. » (Ms. Egerton 1875, n° 28.)

Cette lettre est antérieure au 20 décembre 1597, puisqu'on trouve au dos une partie du brouillon de la dissertation sur les reliques adressée à Philippe II à cette date. (Cf. plus haut, p. 54.)

a) Il s'agit de l'*Index generalis* et de l'*Index nomina continens gentium*, etc., qui se trouvent dans les exemplaires complets de 1592 en 25 livres tels que celui de la Bibl. mun. de Bordeaux.

b) Qui les lui avait adressés, selon ce que dit précédemment l'auteur de la lettre.

coup, si l'on songe que vingt ans plus tard deux ares de vigne ne valaient pas plus cher[1].

La même raison expliquerait aussi pourquoi il ne fut pas réimprimé, ni même en somme, abstraction faite de l'édition bien tardive de 1733, imprimé un seule fois dans son entier en Espagne : encore l'édition dont il s'agit ne comprend-elle pas le sommaire. La *Noticia* déjà citée nous indique peut-être deux autres raisons de ce fait, qui est comme l'envers du succès du texte castillan. C'est d'abord que, en 1598, au roi quelque peu latinisant Philippe II avait succédé Philippe III, qui l'était beaucoup moins ; ensuite, raison meilleure, que le latin était alors encore une langue mystérieuse pour beaucoup d'Espagnols. Voilà sans doute pourquoi l'auteur, qui, dès 1598, s'était muni d'un privilège pour ses trente livres en latin[2], s'abstint d'en profiter pour le moment ; il préféra ne pas tenter à nouveau, auprès d'un roi et d'un public non latinisants, une aventure qui pécuniairement pouvait être un désastre. L'insuccès de la première édition n'était pas de nature à donner confiance aux libraires espagnols.

Encore Mariana ne pouvait-il se plaindre, car, si l'on en juge par les lettres qu'il recevait, il trouvait une assez grande obligeance chez ses amis et confrères, qui se faisaient pour lui courtiers en librairie. Ce n'est, d'ailleurs, que l'impossibilité de se passer de leurs bons offices qui l'y faisait recourir. Il s'en explique dans sa réponse à Ferrer, quand il lui demande de renseigner le porteur de sa lettre sur les moyens de placer des exemplaires à Lisbonne : « Il évite de se servir de ses confrères pour de telles besognes, mais les séculiers ne font rien ou presque rien. » L'esprit de charité que Ferrer loue en Mariana devait animer toute la Compagnie : heureusement, car les *seglares*, eux, n'étaient pas plus sûrs qu'actifs, si l'on en juge par ce Juan Seldaño que Mariana adresse à Ferrer, et qui, sa visite faite, ne paraît plus. Il faut dire que Mariana n'avait pas trop bon espoir dans l'habileté du commissionnaire. Il lui croyait pourtant plus de bonne volonté et d'honnêteté. Dans une lettre postérieure[3], Ferrer apprend à Mariana que ce Seldaño lui a remis un exemplaire qui lui était destiné par l'auteur ; mais c'est en vain que la bibliothèque du couvent a réclamé l'exemplaire qui était pour elle : « et à la fin il est venu me dire qu'il ne l'avait pas, qu'il l'avait donné aux libraires, » c'est-à-dire sans doute vendu. Malgré tout, « alioquin videtur vir bonus, » opine, en signalant cet abus de confiance, le bon Ferrer, bien content par ailleurs d'avoir

---

1. *Une aranzada de majuelo albillo*, soit environ quarante ares de chasselas, est estimée cinq mille maravédis dans le *traspaso* publié par M. C. Pérez Pastor dans ses *Documentos Cervantinos*, t. I, p. 169. Cf. les indications que donne de son côté M. Bordes, dans le compte rendu qu'il a publié de ce livre (*Revue des Universités du Midi*, 1898, p. 410).
2. Voir p. 143, n. 4.
3. Noguera l'a publié, p. xcvi.

son exemplaire à lui sans bourse délier, comme il avait eu déjà la *Coronica* de Morales.

Hors de la péninsule, la vente n'allait pas sans peine, ni l'envoi des exemplaires sans inconvénient. On conseillait à l'auteur de ne pas en adresser à Lyon plus d'un ou deux, à titre de spécimen. Si là-bas on en désire, soit pour la France, soit pour l'étranger, on n'aura qu'à en demander. Il faudra toucher le montant avant la remise des colis, sans quoi l'on risque beaucoup, outre que l'expéditeur a des transports et des droits à payer, et que les livres peuvent rester longtemps en boutique sans se vendre [1].

Si l'on songe que Lyon était alors un centre fort important pour la librairie, on concevra que la difficulté des relations commerciales avec cette ville fermait un débouché considérable. Au surplus, il est possible que l'*Histoire générale d'Espagne* de Loys de Mayerne Turquet, parue en 1587, ait fait tort, en France, à l'*Historia de rebus Hispaniae* [2]. Écrite par un protestant, dans un esprit nettement hostile aux Espagnols, elle flattait les sentiments anti-espagnols de la plupart des Français d'alors. Faite à l'aide de l'ouvrage de Garibay, elle était au courant, autant que peut l'être un ouvrage de seconde main. Il n'y avait donc pas de raison pour qu'elle fût délaissée en faveur d'une histoire écrite en latin par un jésuite espagnol.

II

L'ouvrage finit pourtant par être connu et sans doute apprécié, au moins en Allemagne [3]. C'est à Mayence qu'en 1605 il parut, pour la première fois, complet en trente livres, « cum priuilegio S. Cæs. Maiest. & permissu superiorum » [4]. Déjà, en 1603, André Schott

---

1. (Début de la lettre reproduite p. 145, n. 5) « No piense V. r. q̃ he tenido descuydo en lo q̃ se me encargo sino que la persona con quien se auia de tratar a estado ausente. Dize q̃ le parece no embie V. r. aora a Leon sino vno o dos libros para q̃ alla los vean, y si les contentaren, y le pareciere que por alla se an de despedir q̃ ellos mismos tornan cuydado de pedir quantidad dellos no solo para francia sino para otras partes, y que desta manera sera la venta segura, y cobrarsea aqui el dinero antes q̃ se entreguen los libros. y desotra auenturase mucho. Demas de que aura V. r. de pagar portes y portazgos. Y por ventura se estaran alla mucho tiempo sin q̃ se vendan los libros. pareceme dize bien, si a V. r. le pareciere, auisemelo, q̃ por medio desta persona se negociara todo muy bien. »

2. Voir *Les prédécesseurs de Mariana*.

3. « L'Allemagne était alors considérée à ce point comme la patrie des études relatives au Moyen-Age que les médiévistes des autres pays, sûrs d'y trouver un public, s'y faisaient volontiers imprimer. » (Langlois, *Manuel de Bibliographie historique*.) L'*Historia de rebus Hispaniae* entrait dans cette catégorie d'études, comme la plupart des textes que l'on trouve dans l'*Hispania illustrata*.

4. L'édition latine parue à Mayence en 1605 est précédée de deux permis d'imprimer donnés l'un par « Stephanus Hojeda Visitator Societatis Iesu in prouincia Toletana... Madriti in collegio nostro, quarto Nonas Decembris MDLXXXXVIII », l'autre

avait publié, dans le t. II de son *Hispania illustrata*, les vingt premiers livres, d'après l'édition incomplète de 1592. En 1606 les dix derniers livres, empruntés à l'édition de Mayence étaient également incorporés à cette collection, et le tiré à part des trente livres constituait une troisième édition, celle de Francfort. Il est à noter que les héritiers d'André Wechel, aux frais desquels Balthasar Lippius imprima l'édition de Mayence, n'étaient autres que « Claudius Marnius et haeredes Ioannis Aubrii », éditeurs de l'*Hispania illustrata*, et, par conséquent, de l'édition de Francfort. Remarquons aussi que c'est Wechel qui, en 1579, avait édité les deux tomes des *Rerum hispanicarum scriptores aliquot* de Beale, auxquels avait été joint, en 1581, le *De rebus gestis a Francisco Ximenes* d'Alvar Gómez. Sa maison avait donc comme la spécialité des publications relatives à l'histoire de l'Espagne.

Les difficultés que Mariana rencontra du côté commercial pour la publication et la vente de ses *Libri XXV* durent le faire hésiter quand il s'agit d'imprimer la traduction espagnole. Celle-ci était terminée avant la fin de juin 1593, date du privilège de la première édition en cette langue, qui ne parut qu'en 1601, à Tolède, chez Pedro Rodríguez. Ce privilège avait été demandé seulement pour vingt-cinq livres, et il fallut en obtenir un autre, en date de septembre 1600, pour les livres XXVI-XXX.

Dans une lettre adressée à Mariana et datée « de Villarejo y mayo 6 de 94 », un confrère, Francisco de Heredia[1], s'excusait auprès de lui de ne l'avoir pas aidé à la traduction de « aquel su libro » et demandait en post-scriptum, où en était l'impression « del romance »[2]. De quel ouvrage de Mariana peut-il être question à cette date, et surtout de quel ouvrage à traduire, et dont la traduction est supposée en voie d'être imprimée, sinon l'Histoire elle-même ? On voit donc que Mariana pria des *romancistas*, ses confrères sans doute, de traduire son latin,

---

par « Ludouicus Guzman Praepositus Prouincialis Societatis Iesu in prouincia Toletana... Toleti die Iulii quincto anno millesimo sexcentesimo quarto ». Le premier porte « vt imprimantur libri triginta quos de Rebus Hispaniae composuit P. Ioannes Marianae... ; » la seconde : « vt triginta libri de rebus Hispaniae à Patre Ioanne Mariana compositi... typis denuo mandentur. » Quelques confrères s'étaient choqués de voir paraître la première édition sans la mention du permis des supérieurs. C'est ce que Ferrer, à la fin de sa première lettre, fait comprendre à l'auteur, qui cette fois voulut ou dut se mettre en règle.

1. Le P. Francisco de Heredia était entré dans la Compagnie à Alcalá le 17 janvier 1555. « Fue muy *estudioso y abstinente*, muy çeloso del instituto de la comp°. En sus postreros dias se recogió en el Villarejo de Fuentes con los nouicios, donde dandoles exemplo de vida rigurosa y muy obseruante murio a los 20 de abril de 1595. » (Castro, p. 156).

2. «... pero ni para su seruicio valgo nada ni para otra cosa sino para comer y holgar que lo se bien hazer, y asi me peso no acertalle a seruir en la traduçion de aquel su libro porque no es manera de hablar o de cumplir dezir que soy para nada... » Après la date : « Si es seruido V. r. digame en que termino esta la impresión del romance » (Ms. Egerton 1875, n° 34). Si nous en croyons Castro, le bon religieux, qui se traite ici de gourmand et de paresseux, s'accusait bien à tort.

On aimerait à penser qu'il ne rencontra que des gens bien intentionnés, mais peu désireux d'entreprendre une pareille tâche, et préférant, comme le confesse avec un charmant cynisme le bon Francisco de Heredia, « manger et ne rien faire »; qu'enfin il s'y mit lui-même, en homme qui méconnaissait ou méprisait les douceurs du *farniente* sous le ciel de Castille.

Mais n'eût-il décidément aucun collaborateur dans ce travail assez ingrat de traduction? Il est difficile de l'affirmer, en présence d'un témoignage, peu clair, il est vrai, et toutefois assez inquiétant, fourni par un auteur assez bien renseigné, Tomás Tamayo de Vargas. Dans un ouvrage qui nous servira pour l'exposé des démêlés que Mariana eut avec Fernández de Velasco et Pedro Mantuano, Tamayo écrit en effet (traduisons-le aussi littéralement que nous pourrons) : « Dans la traduction, bien qu'il n'y ait pas une lettre qui ne soit du P. Mariana, quelques-uns désirèrent l'aider; mais il leur fut impossible (à qui cela ne l'eût-il pas été?) d'atteindre la grandeur de son style latin, de manière non seulement à l'égaler, mais à le comprendre; rien d'étonnant donc, si l'on y trouve quelque faute que l'auteur lui-même, dans sa *censura*, a pu ne pas remarquer[1]. »

Que veut dire le mot *censura*? Bien probablement la revision à laquelle Mariana soumit la traduction due à ses collaborateurs. Il est donc certain qu'il s'est fait aider, au moins pour le gros œuvre. Resterait à savoir s'il s'en est réservé une partie, et laquelle. En tout cas, la traduction a été revue par lui : c'est ce que signifie évidemment la restriction exagérée qu'apportent les mots : « bien qu'il n'y ait pas une lettre qui ne soit du P. Mariana; » et il est indéniable qu'on retrouve dans cette traduction les qualités ordinaires de son style. Bien entendu, nous ne perdrons pas de vue cette importante particularité quand nous étudierons la phrase et le style de Mariana dans l'*Historia de España* : nous saurons que c'est en quelque façon la phrase et le style d'une collectivité.

En 1598, il était enfin sérieusement question d'imprimer l'*Historia general de España*, puisque, dans une lettre datée du 17 juin de cette année-là, Ferrer écrit à Mariana, qu'il a appris son intention de publier l'Histoire d'Espagne en *romance*, et l'en félicite, car dit-il, ce sera une richesse plus commune à tous, par conséquent plus agréable

---

1. « En la traduccion aunque no ai letra que no sea del P. Mariana, algunos le desearon aiudar, pero fueles impossible (i a quien no?) alcançar la grandeza del estilo Latino, no solo para igualarle, mas para entenderle; i asi no fue marauilla auer algun descuido que en su censura pudo dexar de aduertir aun su mismo auctor. » (*Raçon de la Historia del P. D. Iuan de Mariana*, p. xliii; cf. plus loin, p. 198.). D'autre part Tamayo considère comme une inadvertance du traducteur une erreur relevée par Mantuano : *Henricus* traduit par *Henrique*, alors qu'il fallait *Henriquez* (cf. plus loin, p. 211). Je ne sais où s'est renseigné, si ce n'est dans Tamayo, l'auteur d'une note mise en français sur un papier qu'on trouve collé au dernier folio utilisé du ms. Egerton 291 : « La traduction espagnole n'est pas toute de Mariana. »

et plus utile. Il attend donc cette édition qui sera plus complète et aussi « mas vendible por ser en romance »[1]. *Mas vendible!* n'exagérons pas, mais n'oublions pas non plus cette forte raison parmi celles auxquelles on doit la traduction de l'*Historia de rebus Hispaniae* en espagnol. L'auteur avait dû comprendre que beaucoup de gens pouvaient s'intéresser à l'Histoire d'Espagne, qui ne savaient pas le latin. En dédiant à Philippe III sa traduction, il exprime l'espoir que le monarque, qui a bien voulu occuper quelques moments à la lecture de l'Histoire latine (sans doute dans les exercices écrits ou oraux donnés jadis par Loaysa), pratiquera davantage le même ouvrage, devenu d'une lecture plus commode et plus agréable[2]. Il aurait pu en dire autant à la plupart de ses compatriotes.

De même encore Mariana avait d'abord pensé mettre le point final après la prise de Grenade. Mais on lui fit comprendre que son œuvre était imparfaite, et que ce qui avait chance d'intéresser le plus, c'était l'histoire contemporaine, et non l'histoire ancienne. C'est ce qu'il déclare dans le chapitre I de son livre XXVI ; non sans une pointe de dépit, car, pour lui, il pensait s'être approché suffisamment, et autant qu'il était permis et sûr, de l'époque contemporaine, en s'arrêtant un siècle avant l'année où il faisait paraître son Histoire.

Parmi les « personnes doctes et graves » qui lui firent si heureusement modifier ses projets, on doit compter le P. Ferrer. La lettre que celui-ci lui avait envoyée en mai 1596 contient des observations intéressantes sur lesquelles nous reviendrons : elles étaient enveloppées de beaucoup de déférence et d'une flatteuse invitation à continuer en cinq autres livres jusqu'en 1516. Dans sa réponse[3], Mariana, tout en s'excusant de ne pas se conformer à ce désir, donnait à comprendre qu'il réfléchirait. « Il n'ose pas aller plus loin, par la raison qu'il a dite dans sa préface, » c'est à savoir « parce qu'il est fatigué, parce qu'il faut bien laisser à faire aux autres. Il ne sait toutefois ce qu'il fera. » Cette réponse est datée du 24 juin 1596. Elle n'est pas des plus aimables. On dirait que la politesse un peu mielleuse de l'ancien confrère d'Alcalá surexcite la sauvagerie du retraité de Tolède.

Et pourtant, il ne tarda pas à s'exécuter. Moins de deux ans après, il envoyait à Ferrer son chapitre XX du livre XXVI, sur la navigation du Portugal aux Indes orientales. Chose curieuse même, et tout à l'hon-

---

1. « He sabido que V. R. quiere imprimir en romance las historias de España : pareceme muy acertado, porque sera bien mas comun, y asi mas grato y mas provechoso... esperemos por esta edicion *española* que sera mas copiosa y mas vendible por ser en romance. » Lettre publiée par Noguera, p. xciv-vii. Elle est dans le manuscrit Egerton 1875, n° 20.

2. « ... si como V. Magestad ha ocupado algunos ratos en la leccion de mi historia latina, ahora que el lenguage es mas llano y la traza mas apacible, la leyere mas de ordinario. »

3. Ms. Egerton 1874, n° 48. Voir à l'appendice IV, *1*.

neur de Pablo Ferrer, il se conforma en tout au programme tracé par ce dernier. Il ajouta cinq livres à son Histoire, qu'il conduisit jusqu'en 1516; il osa aborder le grand sujet que lui indiquait avec enthousiasme son correspondant : « la découverte et la conquête des Indes orientales et du Nouveau-Monde, celle de Naples, de la Navarre, de plusieurs villes d'Afrique, la description de pays naguère inconnus, comme la Nouvelle Espagne, la Perse, la Chine, le Japon, l'histoire de l'évangélisation de ces contrées, évangélisation qui constitue la plus grande gloire de l'Espagne. » Il y avait de quoi effrayer, mais attirer aussi; et c'eût été laisser, comme le dit si bien l'auteur de cette lettre, comme après lui le répète Mariana[1], un *opus imperfectum*, que de ne pas exposer aux lecteurs la grande histoire du quart de siècle qui va de la prise de Grenade à l'avènement de Charles-Quint. Une chose est à noter : non seulement Mariana a suivi pour ainsi dire point par point le canevas envoyé par Ferrer, mais, dans la préface des cinq livres ainsi ajoutés, il a reproduit dans des termes tout semblables les arguments par lesquels celui-ci l'avait exhorté à parfaire son œuvre. Voilà un trait qui nous mettra en garde contre la légende d'un Mariana intraitable et entier dans ses idées. Il sait parfaitement mettre en pratique les idées des autres, quand il les croit bonnes. A la vérité, il ne se résout pas de très bonne grâce. « No se lo que me hare; » c'est tout ce qu'il trouve à répondre à des instances si aimables. Il se réservait déjà sans doute de répondre par des actes, ce qui valait mieux qu'une phrase polie. Et puis, peut-être bien n'aimait-il pas beaucoup les donneurs de conseils. Mais, cette fois du moins, il avait tort. Et la preuve, c'est que le premier moment d'humeur passé, il se conforma aux avis venus de Portugal.

C'est dans l'édition espagnole de 1601 qu'il publia pour la première fois sa continuation. Elle parut ensuite en latin dans les éditions latines de Mayence 1605, et de Francfort 1606. Mais contrairement à ce que dit la *Bibliothèque des écrivains de la Compagnie de Jésus*, ni les dix derniers (ce qu'elle a imprimé par erreur, évidemment), ni même les cinq derniers des trente livres parus ces années-là, n'ont été tirés de l'édition espagnole de 1601. Il serait sans doute assez naturel de croire que, les livres XXVI-XXX ayant été publiés en espagnol d'abord, c'est d'abord en espagnol qu'ils furent rédigés, et qu'ils ne furent mis en latin qu'ensuite. On s'assurera du contraire en considérant deux brouillons de Sommaires qui se trouvent dans les recueils de Londres[2], et qui tous deux, écrits et corrigés par Mariana, sont en

---

1. XXVI, 1.
2. Ms. Egerton 1875 n° 42 et 1874, n° 5. Les extraits qui sont reproduits à l'appendice VI donneront une idée de ce que sont ces deux rédactions. De la première, j'ai transcrit les années 1492 et 1598-1600; et j'ai mis en bas de page les années 1598 et 1599 telles qu'elles existent dans le ms. Egerton 291, folio 250, où sont comparées

latin et partent de l'année 1492. Le premier va jusqu'à l'année 1600 incluse, le second jusqu'à 1590. Celui-là consacre à chaque année de deux à dix lignes; celui-ci, une ou plusieurs pages. Tous deux paraissent bien être comme les deux phases par lesquelles est passée la continuation avant d'arriver à l'état où nous la trouvons dans les livres XXVI-XXX du texte latin et le *Summarium* paru à Mayence en 1619. Le plus développé représente évidemment la rédaction intermédiaire. A la fin d'une de ses lettres à Mariana (la deuxième des trois que nous connaissons), en date du 4 octobre 1596, Ferrer dit qu'il a appris que celui-ci a composé « de courtes annales d'Espagne jusqu'à notre temps ; il ne faut pas les laisser perdre ni en priver le public ». C'est probablement là une allusion à l'un des deux sommaires: le plus succinct, car l'autre, dans la préface duquel Mariana s'est manifestement inspiré de la lettre de Ferrer, ne constitue pas précisément des « anales breves »; il est vrai que le premier va jusqu'en 1600, et que la lettre citée est de 1596; mais Mariana a pu, ayant commencé ce sommaire avant 1596, le reprendre en 1600 comme une sorte de *memento*, et rédiger ensuite ou dans l'intervalle le second, qu'il arrête avec l'année 1590. Celui-ci est suivi du brouillon d'un avis au lecteur, qui constitue la préface à laquelle nous venons de faire allusion, et où Mariana expose son intention : il a voulu compléter son travail, mais il s'est borné à rédiger une sorte de journal (in diarii morem), sans chercher à mettre, comme précédemment, de la continuité dans le récit [1].

On est donc déjà induit à supposer que les livres XXVI-XXX ont été rédigés en latin avant de l'être en espagnol. Mais il se pourrait que l'auteur eût écrit d'abord en espagnol les livres XXVI-XXX ainsi que le *Sumario* qui parut en 1616 et 1617, en les formant à l'aide de son sommaire des années 1492-1590, et qu'il eût traduit ensuite ce travail en latin. Une conclusion contraire s'imposera si nous comparons avec les textes de 1601 et de 1605 celui que nous présente l'un des manuscrits de Londres, et qui est constitué par une mise au net des livres XXVI-XXX en latin [2]. Cette mise au net comporte des corrections et additions qui sont sûrement de la main de Mariana. Le texte, y compris ces corrections et additions, est conforme à celui des mêmes livres dans les éditions de 1605 (abstraction faite des fautes d'impression) et de

---

les éditions du Sommaire en latin (1619) et du Sommaire en espagnol (1616 ou 1617, et 1623). De la seconde rédaction, j'ai transcrit : 1° l'année 1492, avec, en bas de page, le passage du livre XXVI, chap. 1, relatif à l'expulsion des juifs, tel qu'il est dans le ms. Egerton 1869, auquel sont conformes les éditions de 1605 et 1606; 2° l'année 1590 (cf. la même année dans le *Summarium* de 1619).

1. Voir la fin de l'appendice VI.
2. Ms. Egerton 1869. Il porte à la fin la signature de « Pedro Çapata del Marmol » et un paraphe (celui du même personnage sans doute) au bas de chaque page. Voir le fac-similé II qui est à la fin du volume.

1606 (où ces fautes sont à peu près toutes corrigées)[1]. Or telle de ces additions (un épisode du siège de la Mirandole) se trouve déjà dans le texte espagnol édité en 1601[2]. Si le texte latin des cinq derniers livres avait été rédigé d'après l'espagnol de 1601, ce n'est pas en marge, mais dans le corps même de cette copie manuscrite qu'on rencontrerait le passage en question.

D'autre part, le texte espagnol de 1601 n'a pas été tiré par Mariana du même manuscrit revu et augmenté tel qu'il est aujourd'hui. En effet, parmi les additions et corrections de ce manuscrit, il en est dont l'équivalent ne se trouve dans aucune des éditions en espagnol[3]. Donc, la rédaction espagnole de 1601 étant, comme il vient d'être prouvé, postérieure à cette mise au net, a été faite toutefois avant que toutes les additions marginales n'y eussent été mises : car l'auteur n'aurait pas omis dans sa traduction des phrases qu'il aurait pris la peine d'ajouter en marge de son texte latin, et qui ne sont pas, certes, de celles dont il pouvait dire : « autre chose pour les doctes, autre chose pour le vulgaire[4]. »

1. Ainsi au c. 2. du l. XXVI (je mets entre < > les lettres ou mots biffés, et en italiques les lettres ou mots mis à la place ou ajoutés) : « ... deinde <Ludouico> *Alfonso* Aragonio Vrsellis Duci... — ...successionis ius <quæsitum> *pertinere* disputaret ... — ... Quæ omnia < iis Regibus > *ad eos Reges* promerend[i]os gentisque mot[ib]us pacand<i>os <sunt> spectabant <data> ». L'édition de 1605 a d'ailleurs ici « expectabant », faute d'impression pour « spectabant ». Au c. 4 : «... propter ætatem *imbecillitatemque...* — *...Constitutam* <uenit> ut delecti... — ... præteruolat *festina et præceps* ... — ...ut <conuenerat> *pacti erant*... » Au c. 7 : «...ut Genuensium <rerum statum> *ditionem et littora* <solicitaret> <inuaderet> *uastaret*. » Le mot « inuaderet » est une première correction, corrigée à son tour en « uastaret ».

2. XXX, 2 (édition de 1601) : « Viose el papa en este cerco en peligro de la vida, porque vna bala abatio ia tienda en que estaua, con otros cardenales. Grande fue el espanto, el daño ninguno. Para memoria deste milagro, mando colgassen la bala, que es como la cabeça de vn hombre, delante la imagen de nuestra señora de Loreto, y alli esta hasta el dia de oy, al lado de la epistola. »

3. Au l. XXVI, c. 20, on lit dans l'édition de 1601 : « Adelante de Zofala, a mano derecha, cae la gran ysla de San Lorenço, que los naturales llaman Madagascar, y a mano yzquierda esta Moçambique, puerto de gran trato, en quinze grados de altura : el qual passado, casi en yguales distancias estan Quiloa, y Mombaça, con la ysla de Zanzibar, y Melinde casi debaxo la linea. Magadaxo esta desta parte cinco grados... ». Le passage qui se trouve en marge dans le ms. Egerton 1869 à l'endroit correspondant (tuta nauibus... et aspera) et qui se trouve dans le texte de 1605 et 1606 (*Hisp. ill.*), n'est point passé dans l'espagnol de 1601. Il n'y a pas non plus, dans l'espagnol de 1601, de traces du passage « graues plerumque... tabo gingiuae » qui est également en marge dans le ms. Eg. 1869, vers la fin du même chapitre (voir le fac-similé II). Le texte espagnol est en effet : « ...de otra manera passan aquel golfo y la linea, hasta llegar en pocos dias a Goa. Tienese por muy prospera la nauegacion que se acaba en cinco o seys meses ». Enfin au l. XXVII, c. 12, on lit dans l'espagnol de 1601 : « Alli se dio orden a *Juan de Conchillos que en vna galera le lleuase a Sicilia, y a España*, por entender que en presencia las partes mejor acordarian sus haziendas », et les mots *Iuan... España* disent précisément en espagnol ce qui est biffé à cet endroit dans le texte du ms., et non ce qui a été écrit par l'auteur sur un bout de papier inséré entre les deux folios. Les éditions de 1608-16-23, ont le même texte que celle de 1601.

4. Voir plus loin, p. 153.

Ainsi Mariana, pour continuer ses vingt-cinq premiers livres, rédigea d'abord en latin successivement un sommaire succinct de 1492-1600, puis un autre plus détaillé de 1492-1590, ensuite ses cinq derniers livres (1492-1516), tels que les présente la mise au net dont nous parlons, abstraction faite d'une partie des corrections et additions. Cette rédaction, il ne l'a pas publiée telle quelle; mais il s'en est servi pour rédiger le texte espagnol des mêmes livres, tel qu'il le publia en 1601. Enfin, il a revu son manuscrit latin, y faisant encore des corrections et ajoutant des passages dont quelques-uns, d'ailleurs, ont pu être tirés du texte espagnol. C'est ce texte qu'on retrouve dans l'édition de 1605 (fautes d'impression à part) et dans celle de l'*Hispania illustrata* (1606).

Il ne s'agit naturellement là que des cinq derniers livres. Toutefois, comme l'implique une note placée sur le dernier folio du manuscrit qui les contient[1], ce ne sont pas seulement les livres XXVI-XXX qui furent compris dans cette revision, mais les trente livres en entier. Il est naturel de croire que l'édition de Mayence, qui représente, pour les cinq derniers livres, le texte ainsi revu par l'auteur, le représente aussi pour les vingt-cinq premiers. Quant au manuscrit qui contenait les vingt-cinq premiers livres, ou plutôt peut-être l'exemplaire de 1592 ou de 1595 qui portait les corrections de l'auteur, il s'est trouvé séparé de celui qui est conservé à Londres.

En résumé, la rédaction espagnole de 1601 dépend tout entière d'une deuxième rédaction latine, représentée, pour les livres I-XXV, par l'édition de 1592-1595 corrigée et augmentée, et, pour les livres XXVI-XXX, par le manuscrit de Londres dans sa teneur primitive, y compris quelques corrections et additions. Elle est antérieure à une troisième rédaction latine, dont une partie (les livres XXVI-XXX) est représentée par le même manuscrit y compris toutes les corrections et additions, et dont la totalité se trouve, d'après ce que nous pouvons induire, dans l'édition de Mayence. Elle est d'ailleurs plus voisine de cette troisième rédaction que de la première, non seulement par le fait qu'elle a aussi trente livres, mais aussi parce que l'on trouve dans

---

1. Sur le dernier folio on lit :
« In extremo opere atque post indicem subiecta uerba adscribantur.
» Librariis.
» Si quis uestrum aliquando hos commentarios ad incudem reuocare uoluerit, quod suo et publico commodo neque nobis inuitis contingat; eum monemus ut exempla quæ nunc damus, sequatur potius quam priora. Illa enim eruditorum iudiciis examinanda proposuimus nondum plane perfecta, sed quasi pendenti stylo inchoato. In his innumeros locos castigauimus quosdam amicorum monitu, multo plures nostro marte, nullo amplius ad lineam regressu. Quinque præterea postremos libros adiecimus longissimi spatii supremam omnino metam. Valete. »
Il n'y a pas un grand nombre de corrections ou d'additions : à peine le double de celles que je relève ci-dessus. Les nombreuses corrections dont parle Mariana, ont donc été faites sur le texte des livres I-XXV, dont nous n'avons rien ici.

les vingt-cinq premiers livres de 1601 et de 1605 beaucoup de corrections communes [1]. Quant à cette troisième rédaction, à une époque que nous ne pouvons déterminer, elle a été considérée par l'auteur comme une *ne varietur*. Dans la note qui a été mentionnée plus haut, il recommande en effet aux libraires qui voudront publier à nouveau son Histoire,« ce à quoi il ne s'oppose nullement, » de suivre de préférence le texte de ce manuscrit. Ce qu'il avait publié d'abord, donne-t-il à entendre, n'était qu'un essai présenté à l'examen des érudits. Il avait apporté, depuis, de nombreuses corrections, soit sur les conseils de ses amis, soit de son propre chef. Il ne devait plus y revenir (nullo amplius ad limam regressu). Les éditeurs de Mayence n'ont pas reproduit cet avertissement; mais on comprend qu'ils n'aient pas tenu à encourager la concurrence.

Le texte latin des trente livres était prêt, on l'a vu, dès 1598. Il se trouvait alors très probablement constitué par la deuxième rédaction. La permission de 1604 (pour l'édition de Mayence) fut sans doute demandée à cause des corrections et additions apportées dans l'intervalle, et concerne par conséquent la troisième rédaction. Quant à la traduction espagnole, seuls les vingt-cinq premiers livres en étaient prêts dès 1593; les autres ne le furent sans doute pas beaucoup avant le milieu de 1600.

Dans une lettre datée du 4 juin 1616 [2], Mariana confirmait à Morlanes une nouvelle dont celui-ci avait eu connaissance. Il pense, en effet, dit-il, réimprimer chez Plantin son Histoire latine, « qu'il a beaucoup améliorée et augmentée. » Or la Bibliothèque de S. Isidro, à Madrid, possède un exemplaire que personne n'a signalé jusqu'ici, et qui est constitué par un exemplaire de 1605, mais avec un titre qui porte la date de 1619 et (au verso) une approbation de l'archiprêtre de la cathédrale d'Anvers, datée précisément du 4 juin 1616. Comment expliquer le fait? Faut-il croire qu'il a existé une édition qui représenterait une quatrième rédaction du texte latin, et que le titre, arraché à l'un des exemplaires, a été mis en tête d'un exemplaire de 1605? ou que ce titre n'est qu'une supercherie des éditeurs, Daniel et David Aubry et Clément Schleichius, qui auraient cherché à écouler des exemplaires de 1605, provenant de chez Lippius, au lieu de faire réimprimer un nouveau texte (si toutefois c'est à eux que Mariana s'adressa en définitive), ou pour faire une concurrence malhonnête à Plantin, dont ils avaient pu connaître les projets? De toutes façons, notons que les mêmes

---

1. En voici un exemple. Il disait en 1592 : «... vsque eo vt ne Eginardus quidem, qui Carolo Magno a secretis fuit, in eius vita vllam de hac pugna mentionem faciat». En 1605 il écrit : « vsque eo vt Gallici quidam historici nullam de hac pugna mentionem faciant » (VII, 11). Or, dans l'édition de 1601, on trouve l'équivalent de cette dernière phrase (voir plus loin, p. 214, n. 6). On verra aussi que certaines corrections inspirées par Ferrer ont été faites dans le texte de 1601 et celui de 1605.
2. Voir l'appendice IV, 4.

éditeurs, la même année, publiaient le *Summarium* latin, que suivent, dans certains exemplaires, des *Castigationes editionis Moguntinæ in 4*[1].

1. Voici, tel que je me le représente, le schéma des rédactions et éditions de l'Histoire d'Espagne, y compris les Sommaires :

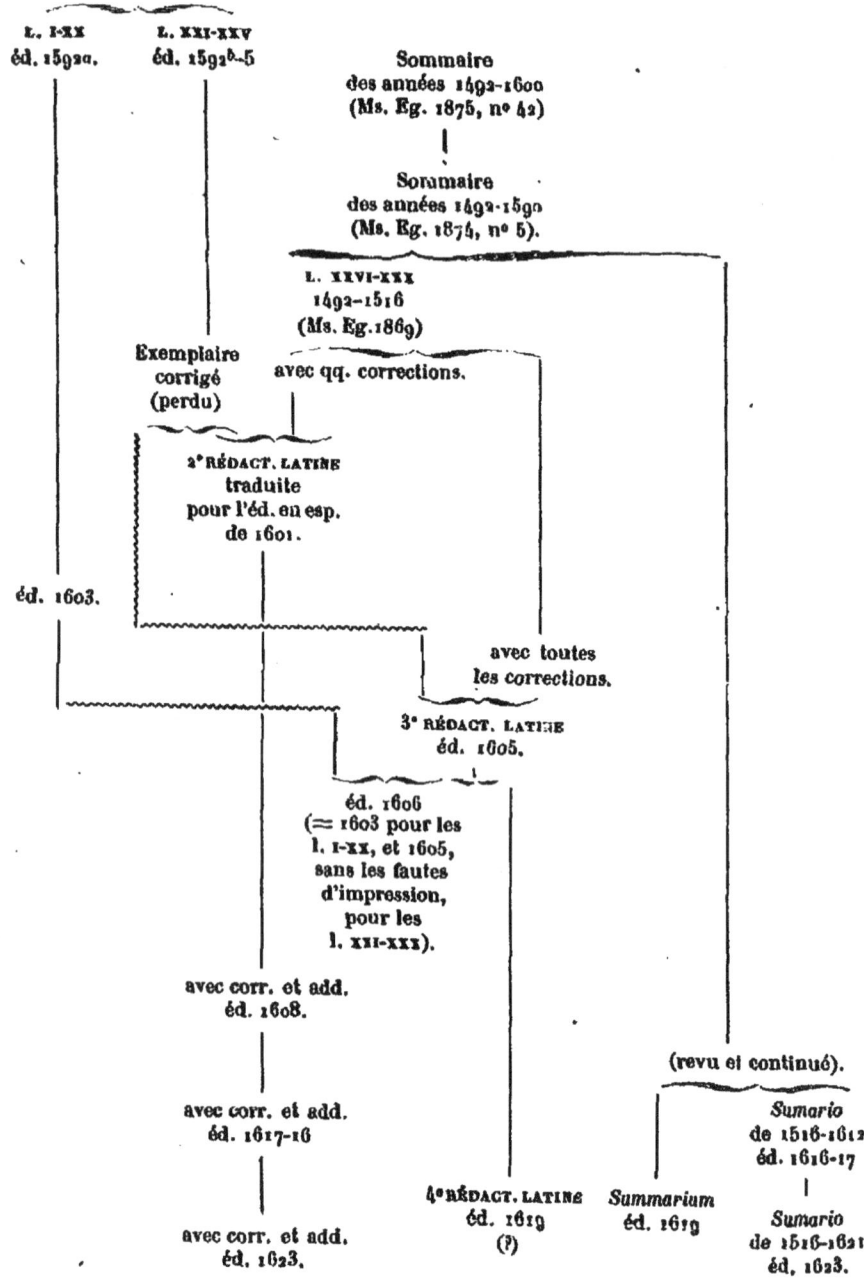

Jusqu'à ce que l'on retrouve le texte de cette quatrième rédaction « muy mejorada y añadida », comme écrit l'auteur à Morlanes, « ab auctore recensita, » comme annonce le titre daté de 1619, nous devons considérer l'édition de 1605, une fois corrigée de ses innombrables fautes d'impression[1], comme la meilleure du texte latin, car celle de Francfort 1606 n'est qu'un tiré à part des livres I-XX publiés par A. Schott dans le tome II de l'*Hispania illustrata* en 1603, et des livres XXI-XXX parus en 1606 et rattachés à la même collection : pour les livres I-XX c'est le texte de 1592-95 qui a été reproduit[2], et l'on verra que celui de 1605 présente d'assez nombreuses modifications ; c'est seulement pour les dix derniers livres que cette édition de l'*Hispania illustrata* est préférable, parce que les *errata* de 1605 y sont corrigés.

A s'en tenir aux déclarations que Mariana a mises en tête de sa traduction, on pourrait croire que celle-ci diffère grandement, quant au fond, de l'Histoire latine. Il nous prévient, en effet, qu'il ne s'est pas fait scrupule de modifier ce qu'il avait mis d'abord : « il y a des choses qui conviennent pour les savants, et d'autres pour le vulgaire[3]. » En réalité, ainsi que l'a fait observer, sans doute à bon escient, l'auteur de l'*Historia de los Falsos Cronicones*, Godoy Alcántara[4], malgré la distinction que Mariana établit si peu aimablement entre le public auquel est destinée la traduction castillane et celui auquel s'adressait le texte latin, on ne trouve pas entre ces deux versions une différence proportionnée à celle qu'on peut mettre entre ces deux publics[5]. Il a omis de reproduire dans son texte espagnol l'inscription de Sertorius, qu'il avait empruntée sans grande confiance à Morales, et la lettre de Vespasien trouvée à Cañete ; pour cette dernière il renvoie à son latin quiconque « gustare destas antiguallas »[6]. Mais les différences paraissent surtout tenir, en général, à ce fait que le texte espagnol dépend en somme, nous venons de le voir, d'une rédaction

---

1. Comme dans l'exemplaire du British Museum dont il est question à l'appendice IX.
2. Ainsi, par exemple, le texte de l'*Hisp. ill.* est conforme à celui de 1592 dans le texte indiqué p. 151, n. 1. De même pour les passages qu'on trouvera en note p. 160-4.
3. « Cosas son a proposito para la gente docta, otras para la vulgar. » (Prol. de l'éd. 1601.)
4. « Aunque Mariana entendía que de diferente manera hay que escribir la historia para los doctos y para el vulgo, y asi se propuso hacerlo, sistema que se pudiera añadir á los varios que se citan de escribir la historia, entre las versiones de la suya no hay la diferencia que tan opuestos fines llevan á suponer. » (P. 255).
5. Seule la comparaison ligne à ligne de toutes les éditions parues du vivant de Mariana pourrait nous permettre ici une affirmation sans réserves. On va voir que le travail a été fait pour les éditions de 1608 et 1623 par rapport au texte latin de 1605. Je n'ai rien trouvé qui allât contre ce qu'avance Godoy : il y a des différences de fond, mais aucune ne m'a paru de nature à faire penser que le texte latin soit plus « savant » que le texte espagnol.
6. III, 4, et IV, 4.

latine intermédiaire, et que, dans les éditions postérieures du même texte, l'auteur n'a pas cherché à le mettre partout d'accord avec sa troisième rédaction latine, c'est-à-dire avec le texte de l'édition de Mayence. Il lui aurait fallu pour cela opérer un remaniement considérable dans sa traduction, et cette besogne lui a paru sans doute ingrate et inutile, les doctes ayant la ressource de consulter cette édition. Certaines corrections apportées au texte espagnol dans les éditions postérieures rendent par contre celles-ci préférables. La difficulté sera de distinguer, parmi ces corrections, celles qu'on peut raisonnablement attribuer à notre auteur.

III

On aurait tort de croire que Mariana ne tolérait point les critiques, et par conséquent ne se corrigeait point. Cela dépendait d'où venaient ces critiques, et aussi de leur valeur intrinsèque. Un des recueils de Londres [1], qui contient exclusivement, transcrites par un patient et consciencieux marianiste, les variantes des éditions espagnoles de 1608 et de 1623 par rapport au texte latin de 1605, constitue de ce fait un volume de cent cinquante-six folios écrits au verso comme au recto, soit deux cent quarante-deux pages pour les trente livres, sans compter ce qui est consacré aux tables et aux sommaires, et cela pour trois éditions seulement. Il y a là une preuve palpable du souci avec lequel Mariana poursuivit le perfectionnement de son œuvre. A la vérité, un certain nombre des additions que présente le texte de 1623, et par conséquent le texte dans son entier, sont l'objet d'une suspicion, que, du reste, la collation en question semble avoir été destinée à rendre légitime.

Cette collation, c'est peut-être Mayans qui l'a inspirée, car, dans sa *Prefacion* aux *Advertencias* de Mondéjar, il dit qu'il souhaiterait posséder, pour en faire un « diligente cotejo », les deux premières éditions en latin et les quatre premières en espagnol [2]. Pour lui, il s'est contenté, au moins dans la préface indiquée, de marquer la référence des passages incriminés de 1623, ainsi qu'une variante de 1608 sur laquelle nous aurons à revenir ; sur deux différences qu'il signale entre le texte latin et celui des éditions espagnoles, il n'y en a qu'une réelle, car, pour l'autre, le texte de 1601 est conforme au texte latin [3]. Il en note deux autres ailleurs, sans plus

---

1. Voir l'appendice VII.
2. P. VIII.
3. La première consiste dans la suppression du texte de l'inscription de Sertorius ; la seconde est une correction sur laquelle voir p. 187, n. 2.

'exactitude¹. Le travail de comparaison entre les éditions latines et l'édition de 1601, d'une part, entre cette dernière et les éditions de 1608 et 1617, d'autre part, est encore à faire. Faute de pouvoir assumer une tâche aussi énorme, et, somme toute, d'une utilité secondaire, nous aurons ici la ressource, quand nous étudierons un passage de l'Histoire d'Espagne, de conférer toutes les éditions parues du vivant de l'auteur².

En tout cas, si nous voulons savoir dans quelle mesure Mariana a fait droit aux observations qui lui furent adressées, le plus court est de comparer les différentes éditions aux endroits visés par ces observations. C'est la méthode que nous adopterons parce qu'elle aura l'avantage de nous faire connaître ces observations elles-mêmes, le cas que Mariana a pu en faire, et de suivre l'ordre chronologique dans lequel elles se placent par rapport aux éditions elles-mêmes.

Les premières, qui, semble-t-il, lui furent faites, le furent, et de façon la plus courtoise, la plus confraternelle, par le P. Pablo Ferrer, dans sa lettre du 26 mai 1596, déjà citée. L'aimable jésuite débute par des éloges un peu vagues, d'accent sincère néanmoins. Il loue le style, qui tient le milieu entre celui de Salluste et celui de Tite-Live, comme paraît l'avoir tenu celui de Tacite ». De plus, il se réjouit de voir une histoire moralisante « à la façon du *De rebus Alexandri* d'Arrien, laquel celle-ci, du reste, est bien supérieure en coloris ». C'est ici qu'il demande à l'auteur de pousser le récit jusqu'à la mort de Ferdinand,

---

1. Il les signale dans sa préface à l'édition latine de 1733. L'une est une correction : *cardo*, à la place de *Henricus Angliae Rex* (XI, 21), qu'on lit du reste non seulement dans l'édition de Tolède, mais aussi dans celles de *Hispania illustrata* et de Mayence ; y a *Enrique* dans celles de 1601 et 1608 ; l'autre consiste en un passage que Mayans croit à tort supprimé dans le texte espagnol (XXVI, 3), alors qu'il se trouve dans les éditions de 1601-8-16-23. Comme sur bien d'autres points, l'érudit valencien s'était ici assez mal renseigné. Voici, en regard, le texte de 1605 et 1606 et celui de 1601 (= 1623) ; le passage, d'ailleurs, se trouve intégralement dans le texte du ms. Egerton 1869 :

« Post littora omnia ad mare nostrum cursa Vascus Nunnius Balboa Pacis augustae ciuis magnorum spirituum vir in prime pugnax, constans aduersus vetus Isthmum, qui castigatis immensum ab vtraque parte littoribus à portu Nominis Dei ad Panamam pertinet, imus nostrorum aperuit : mareque antarcticum inuenit anno 1513 magna nostrae gentis gloria fructuque. »

« Despues de corridas casi todas las riberas hazia nuestro mar del norte con diuersas nauegaciones que se emprendieron por personas differentes, entre ellas Vasco Nuñez Balboa, natural de Badajoz, varõ de gran coraçon, fue el primero que descubrio el estrecho que ay de tierra, a causa de aquella ensenada que haze el mar, desde el puerto de Nombre de Dios, hasta Panama, y hallo el mar del Sur, el año de mil y quinientos y treze, para grande honra y prouecho de nuestra España. »

2. Pour tous les passages que j'ai étudiés au point de vue du fond, j'ai opéré cette confrontation, mais seulement entre les éditions latines de 1592 et 1605, et les espagnoles de 1623 et de Valence (laquelle reproduit celle de 1608 et donne en bas de pages les variantes et additions de 1617-16 et de 1623), les seules dont je possède un exemplaire. Néanmoins, pour les passages que je cite en note, j'ai comparé, autant que cela a été nécessaire, toutes les éditions parues du vivant de Mariana.

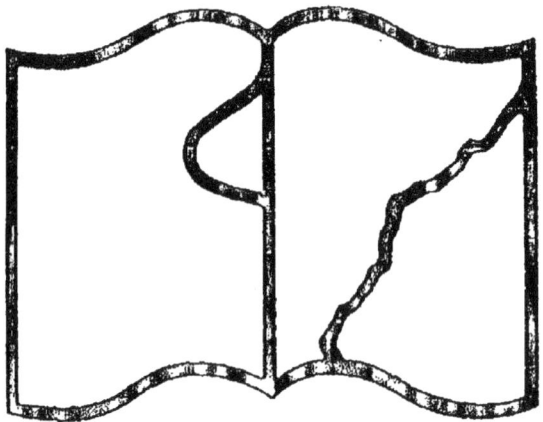

Texte détérioré
Marge(s) coupée(s)

et lui trace un programme que notre auteur devait, en effet, remplir fidèlement. Puis il en vient aux critiques, formulant d'abord celles que lui avait communiquées l'historien portugais Duarte Nunes de Leão.

Ce que celui-ci reprochait, en gros, à l'historien castillan, c'était d'avoir suivi Garibay pour l'histoire du Portugal. Quant au détail, il l'avait consigné sur une demi-feuille de papier que Ferrer envoyait à Mariana dans sa lettre, mais qui n'a pas été conservée. Il s'agissait en grande partie, dit Ferrer, d'erreurs touchant des noms de personnes ou de lieux. Pour son propre compte l'hôte de la maison de São Roque énonce un grief qu'il a entendu exprimer autour de lui; il s'agit de l'épithète de bacchanales que Mariana applique aux fêtes qui avaient lieu jadis à Lisbonne en souvenir de la bataille d'Aljubarrota. Il a, lui aussi, trouvé des fautes concernant la géographie et les a relevées sur un papier qui était joint à la lettre et qui se trouve à la suite de celle-ci dans le recueil de Londres.

A cette lettre aimable, Mariana répondit, un mois plus tard, par des remerciements, ainsi qu'il convenait, pour les corrections proposées. Beaucoup de personnes, déclare-t-il, avaient vu l'ouvrage en manuscrit, mais aucune n'en avait indiqué d'aussi fondées. Il amendera les endroits signalés, car il est plus disposé à suivre l'avis d'autrui que le sien propre. Toutefois il se défend d'avoir voulu faire autre chose que de mettre en bon style les matériaux réunis par d'autres; il n'a pas cherché à vérifier tous les détails, ce dont il n'eût jamais vu la fin. Du reste il a suivi de bons auteurs, et on ne peut rien lui demander de plus. Pour le *fretum Gaditanum* (dont Ferrer contestait les dimensions) et le promontoire *Artabrum*, sans ignorer ce que dit Strabon de ce promontoire, il s'en est rapporté à Solin. Le témoignage de Ptolémée lui permet de mettre Augustobriga *in Pelendonibus;* celui de Juan León, d'identifier *Tharsis* et Tunis; celui de Paul Émile de dire que Mahomet mourut au delà du Taurus; celui de Masson et autres écrivains français, d'employer la forme *Turonum* sur le modèle de *Pictauium, Andegauum.* Il a, d'après Florian, identifié le *Belon* et le Guadalete, Tariffa et *Tartessus,* Rodes et *Rhodope.* Zurita lui a fourni l'étymologie de Grenade. Quant à l'orthographe de *Turinso* et de *Calicia,* les auteurs ne sont pas d'accord. En ce qui concerne la nationalité des fondateurs du royaume du Portugal, qu'ils aient été lorrains, comme dit Damien de Goes, ou bourguignons, comme veut Duarte Nunes (Ferrer lui avait opposé ces deux autorités), ce n'en étaient pas moins des Français. Ferrer avait contesté que le portugais fût un mélange d'espagnol et de français, et y voyait un galicien mêlé de bourguignon et d'espagnol : là-dessus Mariana ne répond rien, non plus que sur le reproche qu'on lui faisait d'avoir traité de bacchanales une fête patriotique. Pour

1. Les trois principales observations sont les trois qui viennent en tête. Je les ai reproduites à la suite de la lettre, à l'appendice V, 1.

l'histoire même de ce pays, il regrette de n'avoir eu d'autres sources que Garibay, et de s'être exposé par là à des méprises; mais si le *caballero* dont Ferrer lui a parlé (Duarte Nunes) veut bien lui communiquer ses observations, il en sera très heureux. Il se défie des modernes, qui veulent toujours tout changer et se trompent sans doute parfois, par exemple sur la différence de sens qu'ils voient dans le mot *Imperator* suivant qu'il précède ou suit le nom. Enfin, en ce qui concerne l'orthographe (des noms géographiques probablement), il cherche à se conformer aux usages anciens. En résumé, Mariana accepte en principe qu'on lui fasse des critiques; mais celles que lui adresse Ferrer, s'il ne les rejette pas toutes, il les écarte en se retranchant derrière ses autorités.

Aussi n'est-ce pas sans finesse ni sans à propos que dans sa deuxième lettre, en date du 4 octobre 1596, Ferrer renouvelle le conseil, déjà donné par lui, de consulter non seulement de bons auteurs, mais tous les auteurs ou le plus grand nombre, et de choisir le plus sûr ou le plus probable, « sans quoi l'on ne peut faire une œuvre parfaite ni satisfaisante[1]. » Sauf du reste ce qui concerne *Augustobriga*, au sujet de laquelle il confesse s'être trompé en reprenant Mariana (et il s'en excuse sur ses soixante-sept ans), ayant confondu *Augustobriga in Pelendonibus* et *Augustobriga in Lusitania*, il n'abandonne rien de ses précédentes critiques. Malgré l'autorité de Juan León[2], mauvais géographe pour l'antiquité, *Tharsis* désigne Carthage, comme le dit S*t* Jérôme, et non Tunis. Si les Maures donnent à cette dernière ville le nom de Tharsis, c'est à cause de la proximité de Carthage, d'ailleurs en ruines. Il n'admet pas l'analogie de la forme *Turonum* et de celles de *Pictauium* et *Andegauum*: autrement, pourquoi ne pas tirer *Parisium, Remum, Venetum*, de *Parisii, Remi, Venetes*, comme *Turonum* le serait de *Turones*. *Pictauium* et *Andegauum* sont des corruptions de *Pictones* et *Andes*. (Ferrer veut dire sans doute que le rapport *Pictones : Pictauium* n'est pas le même que le rapport *Turones : Turonum*[3].) Il rappelle avec raison la règle *nomina populorum tribuuntur præcipuis eorum urbibus, maxime quando non constat de propriis eorum nominibus*. Il n'admet pas que les Bourguignons soient Français; quant aux Lorrains, ce sont des Allemands *de ambos a dos*, bien qu'ils habitent l'ancienne Gaule. Il tient à ce que *Imperator* titre du général auquel est accordé le triomphe aille après le nom, et *Imperator*, titre des empereurs romains, avant le nom.

Tels étaient, pour l'instant, les *desiderata* de Ferrer. On aimerait à

1. Ferrer ne pose-t-il pas déjà le principe qui ressort des observations présentées p. 167-9 de l'*Introduction aux études historiques* de MM. Langlois et Seignobos?
2. Voir la notice sur cet auteur dans la *Bibl. h. n.*
3. Il aurait pu faire observer que *Pictauium* et *Andegauum* désignent des pays et non des villes.

savoir quels étaient ceux de Duarte Nunes de Leão, puisque Mariana l'avait invité à les exprimer. Malheureusement, on l'a vu, l'érudit portugais, qui n'avait pas d'argent pour faire imprimer son « Historia portuguesa », c'est-à-dire sans doute sa *Primeira parte das Chronicas dos Reis de Portugal reformadas* [1], non plus que sa « cuarta decada de cosas de India » [2], n'en avait pas non plus assez pour acheter près de douze cents pages d'imprimé à quatre maravedis le *pliego* [3]. De sorte qu'au lieu d'envoyer des notes (qu'il n'avait pas eu le temps de prendre avant de rendre l'exemplaire emprunté au libraire), il fit à l'auteur du coûteux in-folio l'hommage d'un exemplaire de son « Compendio de las cosas de Portugal », c'est-à-dire de son *De vera Regum Portugaliae genealogia*, paru, ainsi que sa *Censura in libellum de Regum Portugalensium origine*, en 1585 [4], ou peut-être de sa *Genealogia verdadera de los Reyes de Portugal con sus elogios y summario de sus vidas*, parue en 1590 [5].

1. Elle parut en 1600. Voir la *Bibliographia historica portugueza* de Jorge Cesar da Figaniere, n° 21, et le *Catálogo* Salvá. n° 2901. La Biblioteca nacional possède deux exemplaires d'une « Chronica de los Reyes de Portugal, D. Juan I, D. Duarte y D. Fernando V » mise sous le nom de Nuñez de Leon (cf. l'*Indice* de Gallardo, à ce nom), bien que les Chroniques des deux premiers de ces rois et d'Alphonse V, parues en 1643, sous le titre de *Cronicas del Rey Dõ Ioam de gloriosa memoria o I. deste nome, e dos Reys de Portugal o X. e as dos Reys D. Duarte, e D. Affonso o V*, sans nom d'auteur (n° 2902 de Salvá et 21 de Figaniere) ne soient pas considérées comme son œuvre. Nicolas Antonio (*Bib. h. n., Eduardus Nuñez de Leon*), qui croyait ces trois dernières chroniques inédites quand il publia sa *Bibliotheca hispana nova*, en 1572, mais qui les connaissait néanmoins, les met d'ailleurs sous son nom. On les considère en tout cas comme faisant suite à la *Primeira parte*. Dans celle-ci, du reste, comme l'indique dans le titre le mot « reformadas », tout n'est pas de Nunes : seules seraient de lui les Chroniques d'Affonso Henriques et d'Alphonse III ; les autres, qui concernent le comte Henri et les rois ses successeurs jusqu'à Ferdinand I compris, auraient été seulement revues par lui ; mais je m'en rapporte ici à ce que dit Salvá. Antonio, faisant allusion à toutes ces chroniques, tant de la première que de la seconde Partie, dit : « Necnon et manuscripta adhuc Ferdinando Lupi et quibusdam aliis auctoribus, veterum Regum usque ad Alphonsum V cognomento Africanum chronica..., in compendium justi corporis, vere pulchrum ac luculentum, redegit. » ; les deux parties seraient donc l'une comme l'autre passées par les mains de Nunes.

2. De cet ouvrage, commandé, nous dit Ferrer, par le roi lui-même, il n'est question ni dans Nic. Antonio, ni dans Figaniere. ni dans Gallardo, ni dans Salvá.

3. V. plus haut, p. 140-1.

4. Cf. le n° 3085 de Salvá. Ces deux ouvrages furent réédités dans le tome II de l'*Hispania illustrata* (1603), où se trouvent aussi, rencontre curieuse, les vingt premiers livres de l'*Historia de rebus Hispaniae* de Mariana. La *Censura* est une réponse à l'œuvre d'un partisan du Prieur de Crato, parue en 1582, sous le titre de *De Portugalliae ortu, regni initiis, denique de rebus a Regibus, universoque regno praeclare gestis compendium*, et où l'on soutenait que la royauté était élective en Portugal, et que par conséquent la proclamation de D. Antonio était valable. Le dominicain José de Texeira, à qui Nunes attribuait ce factum, se défendit auprès de celui-ci d'en être l'auteur et en rejeta la paternité sur un de ses confrères. (Cf. Nic. Antonio, *Bibl. h. n., Eduardus Nuñez de Leon* et *Josephus de Texeira*.)

5. N° 3086 de Salvá. Le même auteur avait publié en 1576, une *Orthographia da lingoa portuguesa* (n° 2359 de Salvá), et en 1606, devenu « desembargador da casa da supplicação », il devait donner son *Origem da lingoa Portuguesa* (n° 3246 de Gallardo). Nic. Antonio signale encore un ouvrage posthume, *Descripção do Reino de Portugal* (n° 736 de Figaniere).

Quant à Ferrer, il maintenait donc, à une exception près, ses critiques antérieures. Mariana dut répondre à cette deuxième lettre, puisque dans une autre de Ferrer, en date du 17 juin 1598[1], celui-ci fait allusion à une précédente lettre écrite par lui en réponse à une question posée par Mariana. Il s'agit de la raison pour laquelle D. Manuel, plutôt que l'empereur Maximilien I[er2], monta sur le trône de Portugal, point que n'avait pas éclairci Zurita. Or cette question n'est pas posée dans la lettre de Mariana que nous venons d'analyser. Elle le fut donc dans une suivante, à laquelle Ferrer répondit. Mais la réponse de celui-ci se croisa avec une nouvelle lettre, la troisième par conséquent, de son confrère tolédan. D'après ce que dit Ferrer, Mariana lui envoyait cette fois « el capitulo XX de la nauegacion que se hace de Portugal a la India oriental », ce qui correspond bien au titre du chapitre XX du livre XXVI « de la nauegacion que hoy se hace a la India oriental » ou en latin « Nauigatio qua hodie in Orientalem Indiam itur ». Il demandait en même temps des renseignements sur le sujet qu'il y traitait, c'est-à-dire qu'il soumettait son chapitre à son correspondant de Lisbonne et sollicitait des corrections et additions.

Cette fois Ferrer mit de longs mois à répondre. Il avait, dans l'intervalle, relevé dans l'*Historia de rebus Hispaniae* d'autres détails sur lesquels il n'était pas d'accord avec l'auteur, et, ayant appris que celui-ci songeait à publier en espagnol son ouvrage, il les signale à son attention, en indiquant généralement la page de son exemplaire (édition de 1592 ou 1595), où se trouve l'endroit incriminé.

A cette lettre, Ferrer joignait une relation de la « nauegacion de la India », qui se trouve en effet dans le même recueil de Londres[3]. Il indiquait sur la question quelques sources, Juan de Barros, Castañeda, Damian de Goes et Osorio, les routiers du vice-roi D. Juan de Castro[4].

Quel cas Mariana a-t-il fait de toutes les remarques de Ferrer? A défaut de sa réponse, nous pouvons en juger par la confrontation des textes des différentes éditions[5]. Ainsi en ce qui concerne la géographie sur laquelle son collègue lui dit nettement qu'il voudrait le voir plus attentif, nous voyons que pour les dimensions du détroit de Gibraltar il a indiqué dans l'espagnol les mesures fournies par Ferrer, tout en signalant sa source (Solin) pour celles qu'il avait précédemment marquées. Dans l'édition de 1605, qui a pu être préparée sans que l'auteur

1. Elle est dans le ms. Egerton 1875, n° 20; Noguera l'a publiée, p. XLIV.
2. Petit-fils, par sa mère l'impératrice Léonore, d'Edouard I de Portugal.
3. Ms. Egerton 1875, n° 20, f° 42.
4. Voir la 3ᵉ partie, c. 1. § IV.
5. J'ai mis en italique les additions faites pour satisfaire aux critiques de P. Ferrer. Les deux textes de 1592-5 (avec les variantes de 1605) et de 1601 (avec les rares variantes de 1623) sont en regard. Je ne reproduis pas les abbréviations du latin. L'édition de 1603 a été faite sur celle de 1592, et celle de 1605 présente un texte corrigé, dans lequel Mariana a tenu compte de quelques-unes des observations de Ferrer, mais qui n'est pas toujours dépendant du texte espagnol de 1601.

se reportât sans cesse à celle de 1601, on ne trouve que les mesures de Solin, avec cette seule phrase ajoutée au texte de 1592-1603 « sic certe Solinus ait »¹. Dans l'espagnol comme dans l'édition latine de 1605 il a mis, conformément à une correction proposée par Ferrer dans sa dernière lettre, *Castulo* chez les Orétains, et non plus dans la Bétique²; Malaga, sur la mer méditerranée, et non plus sur le *mare inferum* ³. Quant au reste, il n'a rien corrigé, ni pour l'*Ulyssea* de Strabon, qu'il persiste à confondre avec *Olisipo Lusitaniae*, au lieu de la placer dans la Bétique⁴; ni pour *Pax Augusta*, qu'il identifie toujours avec Badajoz, et non avec Beja⁵; ni pour le fleuve *Belon*, qu'il continue à reconnaître dans le Guadalete⁶ : trois points sur lesquels Ferrer, dans sa dernière lettre, se montrait en désaccord avec lui. *Tartessus* reste Tarifa, et Carthage-*Tharsis* ne se distingue pas de Tunis⁷. Il a

1. I, 2 : « Herculeum fretum vocitatum est, quòd Hercules suscepta expeditione in Hispaniam, ...exaggerans eas maris angustias arctasse obturareque voluisse dicatur : quarum longitudo quindecim millia passuum efficit, latitudo, qua breuissimus traiectus est, vix septem*. Idem Gaditanum fretum à Gadibus vocatum est... »

a) 1605 : « *Sic certe Solinus ait* ».

2. I, 12 : « Milici nepotes non procul Biatia Castulonem condiderunt in Bæticæ agro* vrbem quondam inter primas nobilem. »

a) 1603 : *in Oretanis* au lieu de *in Bæticæ agro*.

3. VI, 21 : « Malacæ, quæ vrbs infero mari* alluitur. »

a) 1605 : *mediterraneo mari* au lieu de *infero mari*.

4. I, 12 : « Vlyssem tandem venisse in Hispaniam, atque in Lusitaniæ littore vrbem Vlysiponem condidisse Strabo Solinusque ipsoque ex nomine ducta coniectura confirmant. Refellunt quidam tum nominis argumento, nam Olisipo ex antiquis monimentis*, & lapidum inscriptionibus nominari scribique debet...»

a) 1603 intercale « ære prisco. »

5. III, 25 : « Præterea Pax Augusta in extrema Lusitania, quam hodie vrbem corrupta voce Badajòz* vulgus nuncupat, ad fines Portugaliæ... »

a) 1605 : Badajoz.

6. I, 12 : « ... qua parte Belon, qui Guadalethes est, in mare influit... »

7. I, 2 : « Mox Tartessus, nostris Tariffa, vnde totum fretum Tartessiacum

« El mismo estrecho se llamó Herculeo, a causa de Hercules, el qual venido en España, ...se dize quiso cerrar y cegar aquellas estrechuras, cuya longitud es de quinze millas, la anchura por donde mas se estrecha el mar a penas es de siete, *conforme a lo que Solino escriue, dado que oy mas de doze millas tiene de anchura por la parte mas estrecha, la longitud passa de treinta*. El mismo estrecho se llamò Gaditano, de Cadiz... »

« ...dizen... que los descendientes deste Milico, no lexos de donde al presente esta Baeça, fundaron a Castulon *en los Oretanos*, ciudad... que antiguamente se contò entre las mas nobles de España. »

« En la ciudad de Malaga, que esta a las riberas del *mar Mediterraneo*. »

« Por conclusion Estrabon y Solino testifican que Vlysses entre los demas vino a España, y que en la Lusitania o Portugal fundò la ciudad de Lisboa : cosa de que el mismo nombre de aquella ciudad da testimonio, que segun algunos en Latin se escriue Vlysipo. »

« Demas desto, a los linderos de la Lusitania fundaron otra ciudad que se llamò Pax Augusta, y oy, corrompido el nombre, se llama Badajoz, puesta en la frontera de Portugal, de la parte de Estremadura. »

« ... a la boca del río Belon, que oy es Guadalethe, por donde desemboca en la mar... »

« Luego se sigue Tartesso, o como vulgarmente la llamamos Tariffa, de

laissé le promontoire *Artabrum* là où il l'avait mis avec Solin ¹. Roses est toujours l'ancienne *Rhodope* ou *Roda*, comme voulait Florian ². Pour les noms géographiques latins, il a bien corrigé, en 1605, quelques formes signalées en dernier lieu par Ferrer, mais autrement que celui-ci ne voulait : il transforme *Myro* en *Mero*, et non en *Myris*; *Lybius* en *Lybicus* et non en Lybs ³.

Dans sa dernière lettre, Ferrer avait aussi noté plusieurs points d'histoire assez importants sur lesquels il aurait voulu des modifications. Au folio 21 (édition de 1592-5), Gargoris est dit avoir régné en Espagne, alors qu'au folio 19 on le compte parmi les rois fabuleux. Le Nabuchodonosor qui prit Jérusalem et celui qui conquit l'Espagne ne font qu'un, selon Josèphe : Mariana les distingue sans donner de preuves. L'apôtre Jacques fut martyrisé au mois d'avril et non au mois de mars. Pierre, son disciple, fut évêque de Bracara, et non d'Evora, dont le premier évêque passe pour avoir été Mantius. D'autre part Ferrer aurait voulu qu'un historiographe espagnol eût tiré parti du texte d'Abdias : *Transmigratio Hierusalem quae est in Bosphoro possidebit ciuitates austri*, « à propos duquel, ajoute-t-il en latin, on aurait pu dire de bien jolies choses sur Sepharad, c'est-à-dire l'Espagne⁴, sur les découvertes de ses navigateurs, et sur la conversion des peuples du

dictum est : & fortassis virumque nomen à Tharsis hoc est Carthagine vel Tuneto manauit, ob frequens quondam Pœnorum iis in° locis commercium nouis, vt fit, appellationibus factis. »

donde todo el estrecho antiguamente se llamò Tartessiaco : Si ya los nombres de Tartesso, y Tartessiaco, no se deriuan y tomaron de Tharsis, que assi se dixo antiguamente Carthago o Tunez, y pudo ser que se mudassen los nombres a estos lugares por el mucho trato que aquella gente de Africa tuuo en aquellas partes. »

1, 18 : « Obtinebant ea tempestate Carthaginenses maris imperium numerosis classibus, siue commercio seruientes, quo nomine per hæc tempora, vti ex diuinis libris intelligitur, naues Tharsis celebres erant... »

« Eran en aquel tiempo señores del mar los Carthagineses : tenian en el gruessas armadas, quier por la contratacion, que es el titulo con que por estos tiempos las naues de Tharsis, o Carthago se celebran en los diuinos libros... »

1. I, 2 : « ... vrbs Olisipo... : propeque Artabrum promontorium... »

« ... la ciudad de Lisboa... Esta cerca de Lisboa el promontorio Artabro... »

I, 3 : « ... ad oppidum Sintram demum Tagro monti viginti octo millibus passuum ad septentrionem ab Olisipone vrbe impositum, occiduum Oceanum attingunt, desinuntque promontorio in mari constituto, cui Artabro apud Solinum quidem certè nomen est. »

« Vltimamente se rematan en el lugar llamado Sintra, que esta puesto sobre el monte Tagro, siete leguas de Lisboa, hazia septentrion, donde dexan formado en el mar Oceano, el promontorio, o cabo, que por lo menos solino lo llamo Artabro ».

2. I, 14 : « ... ad Pyrenæi montis radices Rhodope constituta ad idoneam maris stationem. quæ vrbs ª à nostris Roses vocatur... »

« Particularmente a las haldas de los Pyrineos fundaron a Rhodope o Rhoda, que oy es Roses... »

a) 1605, intercale « à Liuio Rhoda. »

3. I, 8,

4. Ferrer voulait probablement parler de la théorie d'Arias Montano, pour qui le radical 'Εσπερίδ est une transcription de Sepharad (cf. *Les prédécesseurs de Mariana*).

Nouveau Monde et des Indes, opérée par les descendants de l'Apôtre Jacques [1]. » On aurait pu le combiner avec le texte d'Isaïe : *Vae terrae cymbalo alarum*, « ce qui, déclare-t-il encore en latin, concerne très probablement les Espagnols et les Portugais [2]. » Pourquoi Mariana ne dit-il rien sur l'émigration des Juifs en Espagne sous Hadrien, de laquelle parle saint Jérôme *in Abdiam*, et qui est bien connue parmi les Juifs et parmi les Espagnols ? Enfin, c'est à tort qu'il dit qu'Antonin le Pieux ne persécuta pas les chrétiens. Les Histoires ecclésiastiques témoignent du contraire.

Sur tout cela, Mariana s'en est généralement tenu à ce qu'il avait dit. Pour Gargoris Mellicola, le dernier roi de la série d'Annius, il n'avait pas à l'écarter [3], puisque Justin le nomme et que c'est par lui que cette série d'Annius rejoint la série anciennement connue, historique ou légendaire, des rois espagnols. Ce sont la plupart de ses prédécesseurs, et non précisément lui-même, qui, aux yeux de Mariana, sont une pure invention. A propos de Nabuchodonosor, une demi-satisfaction est accordée à Ferrer dans le texte espagnol, où il n'est plus question d'un Nabuchodonosor fils ; mais le texte latin reste ce qu'il était [4]. Mariana persiste à mettre en mars le martyre de saint Jacques ; il renforce son assertion, dans le texte espagnol comme dans le latin de 1605, d'une considération tirée du cycle hébraïque, et, dans le latin de 1605 seulement, d'un texte de saint Jérôme [5]. Il fait toujours de Pierre, disciple de saint Jacques, l'évêque

---

1. « Vbi de Sepharad, id est Hispania, eiusque nauigationibus, et conuersione gentium Noui orbis et Indiæ a posteris Iacobi Apostoli nostro tempore facta, breuiter quædam exquisita et plausibilia dici potuissent. » (Deuxième lettre.)

2. « Quod totum ad Hispanos et Lusitanos pertinere valde probabile videtur. » (*Ibid.*)

3. I, 11 : « Mellicola alio nomine Gargoris, de quo Iustinus meminit... neque verum ea probare, quæ ad anicularum fabulas ablegenda potius esse, præiudicatum habebamus. »

« El postrero en el cuento destos Reyes, es Melicola ; el qual [b] por otro nombre se llamo Gargoris : mas deste en particular haze mencion el historiador Iustino... ni tampoco era justo aprouar lo que siempre hemos puesto en cuento de hablillas y consejas. »

I, 12 : « Gargoris in Hispania regnauit, mellis colligendi inuenta arte vsuque nobilis, vnde Mellicolæ cognomen [a] affingendi occasio. »

a) 1605 intercale « ipsi ».

« Reynò en España Gargoris el qual fue [c] famoso por la invencion que hallò de coger la miel, por donde assi mismo le llamaron Melicola. »

b) 1623 : que.
c) 1623 supprime « el qual fue ».

4. I, 17 : « In extrema Hispania ad Pyrenæi radices exposito milite, reliquam Hispaniam Gadeis vsque peruagatus victoriis est. (Iosephus in Antiquitatibus a Nabuchdonosore affirmat, huius Nabuchdonosoris filio, Hispaniam subiugatam, Tyrum obsessam.) »

« Desembarcò con su gente en lo postrero de España, a las vertientes de los Pyrineos : desde alli sin contrasto discurrio por las demas riberas y puertos, sin parar hasta llegar a Cadiz. Iosepho en las Antiguedades dize que *Nabucodonosor* se apoderò de España. »

5. IV, 2 : « ...interfectus est, anno salutis quadragesimo secundo, octauo kalendas Aprilis, quando per eos dies Iudæi

« ... fue martyrizado en los dias de los Azymos, a veynte y cinco de Março ... sobre el año en que padecio, ey alguna

d'Evora en Portugal¹, ce qui ne s'accorde pas avec ce qu'il dit plus loin de Mantius, qu'il fait premier évêque de la même ville², et cela dès sa première édition. A la vérité, il ne dit pas que le premier évêque fut Pierre : celui-ci a pu venir après Mantius, disciple direct du Christ ; et, d'ailleurs, il ne prend pas pour son propre compte toutes ces assertions. Il délaisse le beau développement à tirer des textes d'Abdias et d'Isaïe, reste muet sur la migration des Juifs en Espagne au temps d'Hadrien³, et semble se refuser à voir dans Antonin le Pieux un persécuteur⁴.

Voici maintenant pour ce qui touchait de plus près l'histoire du Portugal. Lorrain par sa famille (ce qui concorde avec la thèse de Damian de Goes), mais Bourguignon par sa ville natale, Besançon (ce qu'ajoute le texte espagnol, d'après Ferrer et Duarte Nunes), le comte Henri, fondateur de ce royaume, n'en reste pas moins pour Mariana un Français⁵ ; et la langue portugaise demeure un mélange de castillan et de français⁶. Quant au titre porté par Affonso Henriques avant son couronnement, infant, prince ou duc, rien n'est décidé, malgré Ferrer qui, dans sa dernière lettre, demandait *infans inclytus*⁷. Mais, sur les fêtes anniversaires d'Aljubarrota, une demi-satisfaction est encore donnée au collègue de Portugal (il était revenu à la charge), par la suppression de l'épithète de *bacchanales* et l'introduction d'un

Azyma celebrarunt*, tempus à Luca Iacobi cædi dosignatum ᵇ. Corpus à discipulis sublatum... nam mense martio, quo tempore occisus est... »

a) 1603 intercale *vti ex cyclo Hebraico perspicitur, idque*.
b) 1605 : « designatur. *Hieronymus quoque die secundo Paschatis occisum ait. Corpus...* »

1. IV, 2 : « ... Petrum Eboræ in Lusitania Episcopum, pro quo nonnulli Thesiphontem substituunt Præsulem Bergitanum... »
2. IV, 5 : « Mantius Eboræ in Lusitania primus Episcopus... »
3. On ne trouve rien sur cette migration dans aucune édition.
4. IV, 6 : « In Christianam religionem nihil mouit. »
5. I, 4 : « Portugaliæ gentem, nomen, regnum, & linguam primi condiderunt Galli Henrico Lotaringo duce. »

6. I, 5 : « Extremis Lusitanis peculiaris lingua est ex Gallico sermone & Hispanico temperata atque confusa, eòque elegans audituque grata. »
7. X, 17 : « Alphonsus Portugaliæ Comes ᵃ... »
a) 1605 supprime « Comes ».

diuersidad ; mas del cyclo Hebreo se saca, que el año quarenta y dos de Christo, los Iudeos celebraron su pascua sabado, a veynte y quatro de Março, y començaron los dias de los azymos o pan conceño ; en los quales dize san Lucas en los actos, que le dieron la muerte. Su cuerpo fue tomado por sus discipulos... pero en el mes de Março quando fue muerto... »

« ... Pedro obispo de Ebora en Portugal, en cuyo lugar otros ponen a Thesiphonte obispo Bergitano... »

« Entre los demas fue martyrizado Mancio, primero obispo de Ebora... »

« No persiguio a los Chistianos como lo hizieron los Emperadores passados. »

« El reyno de Portugal y su gente, tiene por fundadores a los Franceses, con su caudillo don Enrique, que fue del linage de los Principes de Lorena, *dado que nacio en Besançon, ciudad de Borgoña*. »

« Los Portugueses tienen su particular lengua, mezclada de la Francesa y Castellana, gustosa para el oydo y elegante. »

« Don Alonso, quien dize *infante o principe*, quien duque de Portugal .. »

« con mucha razon », qui, à son tour, risquait de déplaire en Castille[1]. L'argument de Ferrer avait porté : « pro bono pacis, et unionis christianæ inter has duas nationes iam pridem dissidentes[2]. » Mariana fit preuve de bon vouloir, en sacrifiant son appréciation, la vérité historique n'étant pas en jeu, « salua veritate, quae est praecipua laus historiae, » comme disait encore Ferrer[3]. Il n'était pas très habile, en effet, de dire du mal des Portugais dans une Histoire générale d'Espagne, une douzaine d'années après la réunion de leur pays à la Castille, dont moins de cinquante ans plus tard une révolution devait les séparer pour toujours. Même de Castille, Ferrer avait reçu des plaintes à ce sujet; et lui-même, membre d'une université fondée par le cardinal D. Henri, comprenant l'intérêt qu'il y avait, pour les jésuites, à ne pas mécontenter les hôtes qui les avaient si bien accueillis, il avait cru devoir, par deux fois, prévenir son confrère castillan du mauvais effet produit. Malgré tout, le texte latin de 1592 se retrouve dans l'édition de 1605, comme dans celle de l'*Hispania illustrata*. L'auteur oublia-t-il de faire passer la correction de son édition de 1601 dans celle de 1605? Peut-être pensa-t-il que c'était assez d'avoir adouci son jugement dans le texte espagnol. Ferrer avait aussi reproché à l'historien d'avoir employé les termes « stulte et inaniter » en parlant des armes de Portugal, et de n'avoir pas rapporté, ne fût-ce qu'en la présentant comme une tradition, l'apparition du Christ en croix à D. Alphonse. Cette tradition, Mariana n'a pas cru pourtant devoir la mentionner; quant au « stulte et inaniter », il l'a laissé dans le latin, mais remplacé dans l'espagnol par « no se si con fundamento bastante », ce qui est une atténuation sensible[4].

---

1. XVIII, 9 : « Victoriæ memoriam gens Lusitana anniuersariis sacris Olisipone instaurat, sed peruigiliis, & Bacchanalibus magis, quam Christianæ disciplinæ simili lætitia. Orator è suggestu declamantis in morem, in Castellæ ignauiam inuehitur. Lusitanorum virtutem effert, præclaraque facta; ac ne à verborum obscœnitate nonnunquam abstinet. Consequitur magnus astantium visus, plaususque, turpe dictu : sed danda venia ob partam retentamque, eius prælii euentu, patriæ libertatem. »
a) 1623 : celebrauan.
b) 1623 : encarecia.
2. Dernière lettre.
3. Première lettre.
4. X, 17 : « Ex eo Regum Lusitaniæ insignia in clypeo cæruleo, quinque alia scuta minora esse cœperunt. alias alii significationes captant : & quinque Christi Dei vulnera significari contendunt, stulte scilicet & inaniter. » (Cf. la dernière lettre de Ferrer.)

« Los Portugueses cada vn año celebran con fiesta particular la memoria deste dia, *con mucha razon*. El predicador desde el pulpito encarece la afrenta y la couardia de los Castellanos : por el contrario el valor y las proezas de su nacion, con palabras a las vezes no muy decentes a aquel lugar. acude el pueblo con grande risa y aplauso : regozijo y fiesta, mas para theatro y plaça, que para Yglesia : excesso en que todauia merecen perdon, por la libertad de la patria que ganaron, y conseruaron con aquella victoria. »
c) 1623 : acudia.

« Principio y ocasion de las armas de que vsaron en adelãte los reyes de Portugal, en escudo, y campo ezul, cinco menores escudos. Otros dan diuersa interpretacion, y pretenden que significan las cinco plagas de Christo, hijo de Dios : pero *no se si con fundamento bastante*. »

CHAPITRE II

I. La polémique avec les Argensola.
II. Premières attaques du connétable de Castille D. Juan Fernández de Velasco et de Pedro Mantuano.
III. L'édition de 1608.

I

Une des grandes occupations des érudits espagnols, dès le temps de Mariana, a été l'identification des villes modernes et des villes hispano-romaines. C'était l'occasion de discussions sans fin, et peu désintéressées, car chaque savant local prenait naturellement parti pour sa cité, qu'il voulait voir figurer sous un nom antique dans les tables de Ptolémée ou dans les géographes soit grecs, soit latins : ce sont de ces titres auxquels on tient en Espagne plus qu'ailleurs peut-être. Onze ans après la mort de Mariana, en 1635, Tamayo de Vargas, contre la propre autorité du faux Luitprand, dont il donnait, avec une confiance quelque peu atténuée, la première édition, déclarait que l'antique *Complutum* était bien, comme on avait cru jusqu'alors, Alcalá, et non Guadalajara. Cette dernière ville trouvait un défenseur dans la personne d'un de ses historiens, qui, naturellement, soutenait que le Luitprand était authentique d'un bout à l'autre [1]. Mariana lui-même avait appuyé de son autorité l'identification de sa ville natale avec *Eltora*, contre ceux qui, comme Resende, reconnaissaient celle-ci dans l'Evora de Portugal. Il ne put donc s'étonner de voir d'autres érudits revendiquer en faveur de leur patrie la gloire d'avoir eu pour enfant un homme illustre de l'antiquité.

Tel fut le cas des deux frères Lupercio et Bartolomé Leonardo de Argensola, célèbres tous deux dans les annales de la poésie comme aussi dans celles de l'historiographie. Mariana déclarait dans son Histoire que Prudence était de Calahorra [2]. C'était enlever une gloire trop précieuse à Saragosse, qui pouvait se prévaloir de deux vers où le poète, en parlant d'elle, dit *nostra*. Le 15 août 1602 (l'*Historia general* avait paru l'année précédente), Lupercio écrivait, de cette

1. Ms. VII-F-4 de la Bibl. real.
2. IV, 17.

ville, à l'auteur. Il exposait les raisons qui appuyaient la thèse de ses concitoyens. Le 23 août, Mariana répondait. Après des compliments non dénués d'une certaine ironie sur l'érudition et l'ardeur combattive de son correspondant, il commence par reconnaître la valeur du grand argument présenté, puis, avec une jolie aisance, il le retourne, faisant observer que si Prudence appelle deux fois *nostra* la cité de César Auguste, il dit aussi deux fois *nostra* en parlant de *Calagurris*. Est-il vraisemblable, ajoute-t-il, qu'un habitant de *Caesaraugusta* ait dit « notre *Calagurris* », sous prétexte que cette dernière ville appartenait au *conventus* de Saragosse? et n'est-il pas plus légitime de supposer qu'un habitant de *Calagurris* ait pu dire « notre *Caesaraugusta* »? Un Talavéran dirait « notre Tolède »; un Tolédan ne dirait pas « notre Talavera ». D'autre part, le vers *Nos Vasco Iberus diuidit*, par lequel le poète exprime que l'Èbre (c'est-à-dire aussi les Pyrénées et les Alpes) sépare ses compatriotes de la région où repose S. Laurent (c'est-à-dire Rome), s'explique fort bien si l'on entend par *nos* les Calahorrans, qui sont au sud de l'Èbre, tandis que Saragosse est au nord.

Cette réponse, bien que l'auteur n'eût pas la prétention d'imposer son opinion [1], en suscita deux autres, l'une de Bartolomé, qui, intervenant dans la polémique en l'absence de son frère, adressait à un personnage dont on ignore le nom une lettre datée du dernier jour d'août; et Lupercio lui-même en rédigeait une autre à une date qui n'est pas indiquée. Cette correspondance, que Pellicer y Saforcada a publiée en 1778, parmi les *Noticias literarias para la vida de Lupercio Leonardo de Argensola*, annexées à son *Ensayo de una Biblioteca de traductores españoles* [2], ne paraît avoir convaincu aucune des parties. Si en effet, pour ce qui concerne Mariana, l'on trouve, dans l'édition de l'*Historia general* qui parut en 1623, un passage qui semble donner raison aux Argensola, nous verrons qu'il y a des raisons sérieuses pour en suspecter l'intercalation.

II

Le P. Ferrer avait eu la charité, et les Argensola le bon goût, de garder leurs remarques pour eux, leur entourage et Mariana. Tel ne fut point le cas de Pedro Mantuano, qui publia, du vivant de Mariana, un livre de critiques, d'*advertencias*, comme on disait alors, contre l'Histoire d'Espagne. Ce personnage est assez intéressant

---

1. « Quien juzgare otra cosa podra seguir su parecer, que cada qual en semejantes materias tiene libertad de seguir lo que le pareciere mas probable, y aun todos debemos pensar que nos podemos engañar en nuestras opiniones... »
2. P. 50-74.

comme type de cette race de gens qui se font des réputations en écrivant contre les ouvrages des autres.

On n'a guère connu, jusqu'à présent, la genèse de ses *Aduertencias a la Historia del Padre Iuan de Mariana* que par ce que nous raconte son adversaire, le défenseur de l'historien, Tomás Tamayo de Vargas, dans la *Raçon de la Historia del P. D. Iuan de Mariana*. D'autres pièces nous permettront de mieux connaître l'homme et les circonstances de son œuvre.

Depuis 1601, nous dit Tamayo, Pedro Mantuano était quelque chose comme bibliothécaire chez le connétable de Castille, D. Juan Fernández de Velasco. Il est vrai que Tamayo désigne ces fonctions peu nettement et d'une façon assez dépréciatrice [1], comme si elles consistaient dans le maniement du plumeau. De son côté, Pedro, en 1611, se donne le titre de secrétaire du même connétable; mais il avait pu débuter plus modestement. Au commencement de décembre 1607, il publiait, sans mention de lieu, d'auteur ni d'imprimeur, six « pliegos » (feuilles) qui, nous dit Tamayo, contenaient un certain nombre de critiques touchant l'Histoire d'Espagne du P. Mariana.

Ce n'était pas de la veille qu'elles étaient rédigées. Une lettre, adressée par Mantuano, le 17 avril 1614, à un ami de Mariana, Alvaro de Piña y Rojas, et reproduite par Tamayo [2], nous apprend qu'en 1603 Mantuano faisait déjà courir sous le manteau un « quadernillo ». La lettre citée ne précise pas l'objet de ce libelle; cependant le contexte indique bien qu'il s'agit d'une première ébauche des *Advertencias*. C'est bien l'avis de Mayans et de Noguera. Toutefois Mayans y voit un écrit différent des « seis pliegos » dont parle Tamayo, tandis que Noguera incline à y reconnaître le manuscrit des « seis pliegos »,

---

1. « ...auia entrado a tener cuenta con el asseo de la libreria insigne del Hercules de las letras (que este nombre mereció en Italia) Iuan Fernandez de Velasco... » (p. 11 de la *Raçon*).

2. Il ne sera pas inutile d'en reproduire ceci : « Mandarme escribir las aduertencias despues el quadernillo que v. md. vio el año de 603 no fue seueridad del Condestable mi señor, sino solamente el deseo que tenia de que se emendasse la Historia de España, i aunque me aconsejaron amigos que las advertencias fuessen sobre todos los Chronistas, nombrandolos, no lo hice, pareciendome que escribiendo io sobre la historia del P. Iuan de Mariana (principe de los historiadores de Castilla, sin competencia con ellos por no admitir igualdad con ninguno ni con todos juntos) que aduirtiendo a su historia lo escrito per mi, los demas auian de pasar la misma censura... No me costaron tanto trabajo como a v. md. le parece, porque el dia que me puse a hacerlas pudiera de memoria, sin tomar libro en la mano, escribir otra historia como la del P. I. de Mariana, con auctores que lo dicen, i otras aduertencias sobre ella, i fuera Dios seruido, en que quando las hiciera de memoria no me errara trocando las auctoridades; asi que aun no tardè en escribirlas seis meses, i que fue el tiempo en que dos escribientes me escribian a vna, i el seruicio del Condestable mi señor, i los entretenimientos de vn hombre moço, i en medio de la corte dieron tiempo bastante a poderlos hacer. » (P. XII de la *Raçon*.)

et c'est ce qui paraît le plus probable. Mais de 1603 à 1607, le « quadernillo » eut le temps de grossir. Mayans déclare, sans qu'on voie d'où il tire ce renseignement, que le « quadernillo » fut envoyé à Mariana, et il suppose que celui-ci répondit « avec la modestie qui lui convenait, et avec les égards dus au connétable ». En fait, on peut aussi bien croire que le premier et le seul croisement de fer entre le vieil historien et le jeune bibliothécaire eut lieu en 1607, lors de la publication du « quadernillo » devenu les « seis pliegos ». D'autre part, les « advertencias » dont parle Mantuano dans la même lettre ne peuvent être que l'ouvrage édité par lui à Milan en 1611, puis à Madrid en 1613, et non les « seis pliegos », car il ne se vanterait pas, comme il fait, de les avoir écrits en moins de six mois, si elles avaient tenu en six feuilles. L'ordre chronologique paraît donc bien être : 1° le « quadernillo » vers 1603 ; 2° les « seis pliegos » qui, imprimés en 1607, provoquèrent, ainsi qu'on verra, une réponse de Mariana, et furent suivis d'une *Antirespuesta* imprimée ; 3° les *Advertencias*, imprimées en 1611 et 1613, entre lesquelles, ou avant lesquelles, doivent se placer certaines *Animadversiones*, qui sont restées manuscrites et dont il sera question plus loin.

Mayans et Noguera attribuent la publication des *Advertencias* à un motif peu élevé, au ressentiment qu'éprouva D. Juan Fernández de Velasco à la suite de la critique dont les deux *Discursos*, écrits par lui sur la venue de saint Jacques en Espagne[1], avaient été l'objet de la part de Mariana. Tamayo, cela se comprend, ne dit et n'eût osé dire rien de tel. Il donne seulement à entendre que la protection du connétable n'avait pas été inutile à Mantuano en cette affaire[2]. Mais le fait allégué est bien certain. On se rappelle la lettre que Mariana avait écrite en 1605, relativement aux *Dos discursos*[3]. Le ton sur lequel l'historien énonce ses critiques est non pas agressif, mais assez dédaigneux pour qu'un connétable de Castille, et même un auteur qui n'eût pas été connétable, s'en trouvât offensé. Or, c'est bien ce papier qui fut communiqué à Velasco ; car, dans ses *Advertencias*, Mantuano a inséré une réponse à des *dificultades* qu'il dit avoir été formulées contre les *Discursos* en question : le fond et même le texte en sont conformes à ce qu'on lit dans la lettre de Mariana. Le nom du destinataire n'est pas marqué sur la lettre ; mais Mantuano lui-même, et Tamayo, qui lui reproche de s'être attaqué à une lettre adressée par Mariana à un tiers, non publiée ni destinée à l'être, nous apprennent que ce correspondant du jésuite était un de ses amis, curé

---

1. Mayans, *Prefacion* aux *Advert.* de Mondéjar ; Noguera, p. L.
2. C'est lorsqu'il parle des difficultés qu'éprouva l'auteur des *Advertencias* pour obtenir la *licencia* en Espagne : « Sin duda experimentara la differencia que de el solo, o con aquel arrimo, cuia falta llora tan justamente España, se dexa entender que ai » (p. v de la *Raçon*).
3. Cf. plus haut, p. 66.

de Bayona[1]. En fait, l'auteur du *De adventu Iacobi apostoli Maioris in Hispaniam* n'avait pas, touchant l'évangélisation de l'Espagne par l'apôtre saint Jacques, une autre opinion que l'auteur des *Discursos*. Ce n'était donc point la foi ni le patriotisme, mais les préten...ions et le pédantisme, que le jésuite avait froissées chez D. Juan Fernández de Velasco, sixième connétable de Castille, qu'une importante ambassade à Londres venait de mettre au premier rang des hommes d'État[2].

D. Juan avait un second grief. S'en rapportant à Garibay, Mariana déclarait, dans son Histoire, que la concession des « diezmos de la mar » à D. Pedro Fernández de Velasco par Henri IV n'était attestée par aucun document. Mantuano, dans ses *Advertencias*, exhibe le texte d'une charte de ce roi, avec l'analyse de plusieurs autres, et fait

---

1. « Con la misma clausula ª ay otro codice en la Yglesia de Toledo de Antiguedad de mas de trezientos y cinquenta años. De esto sacò vn traslado el mismo Cura de Bayona, amigo del Padre Iuan de Mariana, hombre docto, y virtuoso, y con el tuuo ᵇ alguna porfia despues, sobre que aquella clausula era añadida, sin ser de Braulio, por no auerle topado en otro, de que tenia el copia, y en esta obstinacion perseuera todauia, pues en la carta de la censura muestra sospechar, que el cura aya sido causa de la citacion della » (*Advertencias* de Mantuano, p. 110). « Vengamos ahora a la respuesta que da Mantuano a la carta que el Padre Doctor Iuan de Mariana escribio familiarmente a vn su amigo Cura de Baiona, diciendole quan bien le auian parecido los *Discursos* que andan en nombre del señor Condestable que està en gloria; Mantuano no la da nombre de carta en su inscripcion, porque no parezca que escribe contra lo no impresso, sino habla della con tanta confusion, que nadie creera por sus palabras, que el P. Mariana no à echo tratado particular contra lo que el defiende. » (P. 128 de la *Historia defendida*.) Il est évident que la ville de Bayona, dont le correspondant de Mariana était curé, n'est pas notre Bayonne. Il y a plusieurs *Bayona* en Espagne : une en Gallice, au nord de Miño, une près d'Aranjuez et une près de Ciempozuelos, non loin de Madrid. Morales parle de la deuxième dans ses *Opusculos* (t. II, p. 256) et de la troisième dans ses *Antiguedades* (t. IX, p. 370 de l'éd. Cano). Ce doit être l'une des deux dernières.

2. Une relation de son voyage a été publiée en 1879 dans le t. LXXI de la *Colección de doc. inéd.*, p. 465-94, d'après un ms. de la Bibliothèque du marquis de la Fuensanta del Valle. Ce n'est là qu'une reproduction, moins les discours, de la « RELACION | DE LA IORNADA DEL | EXCELLENTISSIMO CONDES | TABLE DE CASTILLA, | A LAS PAZES ENTRE | ESPAÑA, Y INGLATERRA, QVE | SE CONCLVYERON Y IVRARON | EN LONDRES POR EL MES DE AGOSTO | año MDCIII | (écusson) | EN VALLADOLID | Por los herederos de Iuan Yñiguez | MDCIII. » (Grand in-4° de 15 folios. Brit. Mus..) La même relation, avec le même titre, fut publiée « En Milan, por Pandolfo, y Marco Tulio Malatesta, Impressores Regios Camerales, 1605 » (46 p. ; Brit. Mus.). Également à Milan, en 1604, et chez les mêmes imprimeurs, parut une relation du retour de Velasco par la France, sous le titre de « RELACION | DE LA BUELTA | DEL EXCELLENTISSIMO | CONDESTABLE DE CASTILLA | De las pazes entre Hespaña y Inglaterra, | y concordia de los placartes entre Hespaña y Francia. | Año MDCIV » (112 folios in-4°). Enfin la première de ces deux relations fut mise en latin : « Legatio illa celeberrima | Summæ grauitatis & prudentiæ plena, | qua | Illustris.ᵐᵘˢ & Excellentiss.ᵐᵘˢ | IOANNES FERNANDVS | VELASCVS, | Comestabilis Castellæ & Legionis, Dux Frias, &c | Supremi Italiæ Consilii præses, &a | Potentiss. & opt. Regis seu Philippi III. | nomine | Cum Sereniss. IACOBO Britanniæ Rege | Pacem conciliauit, & fœderis leges sanciuit. | Londini Mense Augusti MDCIII. | Hispano sermone descripta, & in Latinum conuersa. MEDIOLANI, | Apud hær. Pacifici Pontij, & Io. Baptistam Piccaleum. | MDCVI. » On voit que l'ambassadeur savait faire sa réclame.

a) Il s'agit de la phrase relative à S. Jacques et que Mariana nie être dans la Vie de saint Isidore par Braulion.
b) Mariana est évidemment le sujet de cette phrase peu claire.

allusion à un procès que le connétable soutenait en ce moment contre le *fiscal de su Magestad* au sujet de ces *diezmos*. Il y allait du droit de percevoir une dîme sur le commerce maritime du royaume de Castille[1] : ce n'était donc pas un intérêt mesquin qui était en jeu.

Au reste, Mantuano dit parfaitement, dans sa lettre à Alvaro de Piña, que c'est sur l'ordre du connétable, son maître, qu'il a écrit les *Advertencias*. Il ajoute, à la vérité, que le mobile de celui-ci ne fut pas la « seueridad » (traduisons « le ressentiment »), mais « le désir de corriger l'Histoire d'Espagne ». Quelle Histoire d'Espagne? Il semble vouloir dire l'Histoire en général, telle qu'elle est racontée par les historiens, l'Histoire traditionnelle. Toujours est-il que des amis conseillèrent à ce redresseur d'erreurs de faire porter ses *advertencias* sur tous les historiens en les prenant chacun à partie. Il trouva plus expéditif et plus glorieux de s'en tenir au seul Mariana, qu'il proclame « le Prince des historiens castillans, sans rivalité possible de leur part, puisqu'il n'admet l'égalité ni avec un seul ni avec tous réunis » : éloge assez inattendu, après onze ou douze ans de tracasseries, s'il n'était certainement ironique ; car, bien que ni Tamayo, ni Noguera, ni enfin le P. Garzón, dernier panégyriste de Mariana[2] ne s'en soient aperçus, Mantuano parodie tout simplement ici un passage de la préface espagnole où Mariana dit : « Con algunos de nuestros Coronistas ni en la traza ni en el lenguage no deseo me compare nadie; » ce qui ne signifie nullement qu'il n'admettait pas qu'on lui égalât, ni même qu'on lui comparât qui que ce fût : il demandait seulement en grâce de n'être pas l'objet de comparaisons, toujours oiseuses et blessantes soit pour les uns, soit pour les autres.

Mantuano s'attacha donc à Mariana. Il avait là une trop belle occasion d'assouvir sa soif de célébrité et les rancunes de son maître. Car, quoi qu'il en dise, la chose est trop claire, ce fut bien au dépit du connétable qu'il dut l'ordre de rédiger les *Advertencias*. A part le ressentiment que le défenseur de l'Apôtre dut concevoir du peu d'estime qu'on manifestait pour son argumentation, et du peu de cas que l'on faisait de ses droits sur les dîmes, on ne voit point par ailleurs ce qui le désignait pour entreprendre ou faire entreprendre l'amendement de l'Histoire d'Espagne.

---

1. L'impôt sur les marchandises à l'entrée ou à la sortie du royaume était perçu dans les *puertos secos* (frontières d'Aragon, de Navarre et de Portugal) et dans les *puertos mojados ou de la mar*, qui n'étaient pas forcément des ports de mer : Pancorbo et Vitoria sont classés comme *puertos de la mar* par les *Cortes* de Valladolid en 1351 (Cf. Cedillo, *Contribuciones é impuestos en León y Castilla durante la Edad Media*, p. 283, 486). Par un document publié par Mod. Lafuente (*Hist. gen. de Esp.*, app. de la 3ᵉ partie, t. II), on voit le produit de ces *diezmos* évalué, pour les trois derniers mois de l'année 1560, à dix-huit mille ducats. Voir plus loin, p. 212, n. 2.

2. *El Padre Juan de Mariana*, p. 498.

On a supposé que le connétable était l'auteur des *Advertencias*[1], ou tout au moins qu'il n'était pas étranger à leur rédaction. Cette dernière opinion est celle de Mayans. Il est vraisemblable, en effet, que Velasco ne se désintéressa pas de la besogne qu'il avait commandée, et qu'il dut y concourir en annotant l'ouvrage de Mariana. Cela s'entend assez à lire la lettre du 20 décembre 1612, où le jésuite, parlant de « el de Milan » (c'est-à-dire Mantuano qui venait de publier ses *Advertencias* à Milan l'année précédente) fait allusion au « patron que le haze espaldas »[2]. En tout cas, Pedro Mantuano n'est pas un mythe. Tamayo l'a connu et a eu des relations avec lui[3]. D'autre part, une supplique, par lui adressée au roi à une époque qui sera déterminée plus loin, se trouve dans un manuscrit de la Bibliothèque de l'Academia de la Historia[4]. Elle nous apprend qu'avant d'aller à Milan comme secrétaire de D. Juan Fernández, il avait été employé

1. Gaspar Escolano, dans son *Historia de... Valencia* (Valencia, 1610-11, n° 2929 de Salvá), l. VI, c. 23, cité par Mayans dans sa préface aux *Advertencias* de Mondéjar.
2. Voir plus haut, p. 118, et l'appendice IV, 3.
3. « Algunos dicen, y aun del oi lo varias veces » (p. III de la *Raçon*); « lo dexè á Mantuano en Madrid casi del todo descontado del despacho bueno de su libro » (p. VI).
4. Fonds Salazar Est. 7°, gr. 2°, n° 60; papier in-4°; f° 151 :

« Señor

Pedro Mantuano natural de Malaga Dice que el a seruido a V. Mg⁴ escriuiendo la jornada felicissima de los casamientos de los hijos de V. M. con las cossas tocantes a la Raçon destado dellos y dio a V. M. el discurso contra los casamientos de Ynglaterra en que no debian hacerse[a] y a enmendado la Historia despaña que de 400 años a esta parte han errado nros coronistas como consta por sus adbirtencias a la Historia del padre Mariana ynpresas en ytalia y en spaña. y hauiendo el padre Mariana Garibay y otros modernos oscrito como V. M. no era Rei de Castilla segun derecho de las leyes y gentes sino el Rei de francia que oy es por ser sucesor de doña Blanca Hija mayor del Rei don Alonso el bueno y madre de san Luis Rei de françia. V. M. de doña berenguela Hija segunda del dho Rei y madre de don fernando el sancto y que por materia destado quitaron el Reino a la sucessora del contra el derecho de las leyes y gentes por dar lo a quion no tocaba la suçesion. el dho Pedro Mantuano en sus adbirtencias desde el f. 238 hasta el 244 Prueba con ebidencia no solo que doña blanca no fue Hija mayor mas que fue la terçera hauiendo despues de doña Berenguela doña Urraca Reina de portugal y esto ynporta tanto a la corona de V. M. que catarina Medicis Reina de francia pidio el Reino de portugal por el dr° de matilde condessa de boloña, que murio mas a de 350 años dando a todos los Reyes de portugal hasta oy por bastardos, como sucesores de beatriz hija del Rei Alfonso el sabio y segunda muger de Alfonso de portugal Rei prim° del algarue como lo dice el conestaxio en su historia y pierres Matheu en la vida del padre de V. M. y despues saliendo otro libro con la misma opinion del padre Mariana hizo vn discurso que dio al consejo destado en que probo lo que importaua con los exemplos de los daños de otras monarquias el Recogello y el consejo mobido de sus Raçones lo consulto a V. M. y con su orden lo recogio[b] (.) y enmendo. Por mandado del consejo de ytalia. Los discursos que se imprimieron de la monarquia de cicilia y respondio en ellos a las Raçones que el cardenal Baronio probaba la pos⁵⁽ⁿ⁾ juridica del pontifice en la Isla. Hasta el no respondidas de nadie. Por el qual seruicio le Hizo V. M. m͞d de 300

a) Note marginale, autre main : « por el qual por cumplir con el rey de Ingalaterra vmd le a desterrado en lugar de premiatle el auerlo escrito ».
b) C'est évidemment une autre phrase qui commence ici : la ponctuation de ce document est des plus défectueuses. Dans la phrase qui précède, Mantuano fait allusion à l'*Historia... defendida* de Tamayo de Vargas et au mémoire que l'on trouvera reproduit au c. II, § III.

[Marginalia:] Tout ce qui suit nous dénoté entre mariana et mantuano est frivole et vide d'un esprit critique et discipliné dans la méthode objective de l'historien véritable.

par la « Junta general del Catalogo » de l'Inquisition : celle-ci lui avait confié la censure de plusieurs ouvrages, le *De Bello Gallico* de Richard Dinoth[1], la *Methodus ad facilem historiarum cognitionem* de Jean Bodin[2], les neuf parties de l'*America*[3], les « seis cuerpos de los escritores de Germania »[4]. Plus tard, sans doute, quand il fut en Italie, il fut chargé par le Conseil d'Italie de corriger « les discours qui parurent sur la monarchie de Sicile », et y attaqua les arguments par lesquels Baronius soutenait la « posesion juridica » de l'île par le Saint-Siège[5]. Ce dernier service lui valut du roi trois cents ducats. Il rappelle dans la même supplique la relation qu'il publia en 1618 sur le double mariage de Louis XIII avec Doña Ana et du prince des Asturies avec Isabelle de Bourbon[6], et les *Advertencias* qu'il adressa, peu après, sans doute,

du** de ayuda de costa, y la junta g' del catalogo de la ynquisicion le tenia ocupado en la censura de los libros antes que fuese a milan y aussi a censurado a Ricardo Dinotho. de Vello Gallico. el metodo de la Historia de Juan Bodino las nueue partes de la america los seis cuerpos de los escritores de germania como se vera por los papeles que tiene de la ynquisicion en que le da las gracias por ello. Despues fue a Milan sirbiendo al condestable de secretario. Hasta que murio (.) por los quales seruicios supp" a V. M. le haga m̃d de darle vna pension * con que se pueda sustentar y so animo de acabar de escriuir la Relacion del estado de la Europa desde el año de 585 hasta el de 95. que ha escriuiendo donde se ueran los secretos destado de todos los principes de europa y el odio y amor que tienen a nr̃a monarquia, cossa no escrita de nadie de dentro ni fuera del Reino y necesarisima. Para ser sabida de los que asisten Al Gobierno de los Reinos que dios a dado a V. Mag'. »

1. Paru à Bâle en 1585.
2. Paruo en 1566.
3. Jo suppose qu'il s'agit de l'*Historia general de los hechos de los Castellanos en las Islas i tierra firme del Mar Oceano* d'Antonio de Herrera, parue, d'après Salvá (n° 3340), en deux fois, en 1601, puis en 1615, mais qu'Antonio dit avoir été publiée tout entière d'abord en 1601, ensuite en 1615. Elle est composée de huit décades et d'une *Descripcion de las Indias ocidentales*.
4. Peut-être s'agit-il des trois tomes des *Rerum Germanicarum Scriptores* publiés par Pistorius à Francfort de 1583 à 1607, et des trois tomes publiés sous le même titre par Freher, également à Francfort, de 1600 à 1611. Cependant Mantuano dit qu'il fut chargé de la censure de ces « seis cuerpos » avant d'aller à Milan ; or, en 1611, il devait être à Milan déjà, puisque c'est cette année-là qu'il y publia sa première édition des *Advertencias*.
5. La *De monarchia Siciliae Dissertatio* de Baronius, insérée au tome XI des éditions de Rome et de Cologne des *Annales ecclesiastici* mais supprimée dans les éditions d'Anvers, a été tirée à part en 1649, à Paris (34 pages in-folio). On l'avait aussi éditée en 1609 sous le titre de *Caesaris cardinalis Baronii Tractatus de monarchia Siciliae* (239 pages, petit in-8°), avec *Ascanii Cardinalis Columnae de eo tractatu iudicium*, une réponse de Baronius, et une lettre adressée par lui à Philippe III. Le ms. Add. 28463 (cf. Gayangos, t. IV, p. 42) contient une « Carta de Varonio [Cesare Baronio] para Su Mag* en disculpa de lo que escriuio [sobre la monarquia de Sicilia] », datée de Tusculo, 13 juin 1605. C'est la lettre qui se trouve dans l'imprimé de 1609. Elle n'empêcha pas l'interdiction du *Tractatus* par Philippe III, en 1610. Cf. Niceron, t. XXVII, p. 303.
6. *Casamientos de España y Francia, y Viage del Duque de Lerma*, Madrid, Tomas Junti, 1618 (n° 3,012 de Salvá). Cf. la *Nueva biografía de Lope de Vega* par La Barrera, qui en donne le titre et un fragment (p. 228-31). Mantuano avait fait partie de la suite qui accompagna la nouvelle reine de France jusqu'à Béhobie. Le ms. Add. 28708 (cf. Gayangos, t. III, p. 327, n° 16) contient une critique de cet ouvrage. Je ne l'ai pas examinée.

a) Note en bas du papier, autre main : « en el Arçobispado de Sevilla que esta uaco pues vm* le tiene dado orden que se lo acuerde quando uacare. »

à Philippe III contre les projets d'union alors ébauchés entre l'infante Doña María et le prince de Galles, le futur Charles I[er]1. Mais s'il était permis de s'enthousiasmer officiellement pour les mariages français et la « jornada felicissima » qui se termina le 9 novembre 1615 par l'échange de deux futures reines sur les bords de la Bidassoa, il était interdit de dire tout haut la répugnance du peuple espagnol et du roi lui-même pour le mariage anglais et hérétique. Mantuano s'attendait à une récompense; il fut puni de l'exil. C'est à quoi il est fait allusion dans une note marginale de la même supplique.

Ce document, qui paraît être un brouillon de la lettre envoyée au roi, n'est point daté. C'est bien à Philippe III que s'adresse « Pedro Mantuano natural de Malaga »2, puisque, rappelant sa relation des *Casamientos de España y Francia*, il dit « los casamientos de los hijos de V. M. ». Ce qu'il demande, c'est une pension qui lui permette de vivre et de terminer une « Relacion del estado de Europa desde el año de 1585 hasta el de 95 », où il promet de dévoiler les secrets d'État de tous les princes d'Europe, chose, ajoute-t-il, qui n'a jamais été écrite par personne3. Une addition faite au bas de la lettre suggère au roi de prélever cette pension sur l'archevêché de Séville, qui est vacant, S. M. ayant donné l'ordre (à Mantuano, semble-t-il) de lui rappeler sa promesse quand cette vacance se produirait. Cette addition, qui n'est pas de la même main que le texte, n'a pu être mise avant le 20 décembre 1623, date de la mort de l'ancien archevêque de Grenade, D. Pedro Vaca de Castro y Quiñones, qui siégeait à Séville depuis 1610. On peut donc supposer avec vraisemblance que cette supplique, rédigée avant la mort de Philippe III, c'est-à-dire avant le 31 mars 1621, ne fut adressée à son successeur, si elle le fut, qu'entre le 20 décembre 1623 et le 5 juillet 1624, date où le siège de Séville fut pourvu par la nomination de D. Luis Fernández de Córdova.

Or déjà, du vivant de Philippe III, Pedro avait obtenu son pardon et la permission de rentrer en Espagne, sauf pourtant à Madrid. C'est ce que nous apprend un second document, compris dans le même recueil manuscrit4 : un certificat en date du 18 mars 1621, délivré par

---

1. C'est, sans doute, le n° 26 du ms. Egerton 339 (cf. Gayangos, t. II, p. 12).

2. Nic. Antonio supposait qu'il était né à Madrid, dont le nom ancien, selon les érudits du temps, était *Mantua Carpetanorum* : le nom *Mantuano* n'aurait donc été, selon lui, qu'un pseudonyme. Néanmoins, Antonio savait que Tamayo de Vargas, « in Collectione librorum hispanorum, » c'est-à-dire dans l'*Historia literaria o junta de libros* dont il sera question plus loin, dit que Mantuano était de Málaga. Tamayo était bien renseigné, on le voit.

3. L'Academia de la Historia possède une *Relacion del estado universal de Europa en 1595* (12-7-2) que je regrette de n'avoir pas examinée, et qui est, sans doute, le travail auquel fait allusion Mantuano.

4. F° 155. « Yo laçaro de Rios Angulo escriuano de camara de su magestad de los que en su consejo presiden certifico y doi fe que su mag[d] por consulta del su consejo destado de siete de Henero de este año ha resuelto que se permita a pedro mantuano el entrar en las partes que le estauan prohibidas como no sea en esta Corte la qual

l'entremise d'un chapelain du roi, le *maestro* Pedro Arias de la Hoz, et attestant que cette grâce avait été accordée le 7 janvier dernier. Philippe III étant mort le 31 mars, le 12 avril, Galcerán Albanell, nommé archevêque de Grenade le 8 février précédent, demandait à son ancien élève Philippe IV la grâce du même Pedro. Cette requête, dont le texte a été publié depuis peu², a dû être écrite à un moment où Galcerán ignorait que son protégé avait déjà reçu l'autorisation qu'on vient de voir; ou bien l'archevêque entendait que l'interdiction de séjourner à Madrid fût levée pour que l'exil cessât complètement: en tout cas, il déclare que « lo tienen desterrado ». Il demande, en outre, que l'auteur des *Advertencias* adressées à Philippe III sur le mariage anglais soit restitué « con mucha honra », pourvu de bonnes pensions et de rentes ecclésiastiques, afin qu'il vive tranquille et, ajoute pompeusement le prélat, que tout le monde voie que S. M. défend la gloire de Dieu, et foule aux pieds, et met en déroute ses ennemis. C'est sans doute cette recommandation de l'ancien précepteur royal qui valut à Mantuano la promesse d'un bénéfice à laquelle fait allusion la note additionnelle que nous avons relevée au bas du premier document. Il faut nous résigner à ignorer ce qu'il en advint. La manie des *Advertencias* avait fini par coûter cher au pauvre secrétaire. On ne voit pas qu'il soit question de lui désormais.

Il mourut en 1656, dit Antonio. Trois ans auparavant, il avait, par testament, désigné comme légataires universels les jésuites de la Pro-

horden se yuuio firmada del secretario Iu° [...?..] a su ss.ᵃ Ill.ᵐᵃ del señor don fernando de acebedo, arçobispo de burgos presidente de Castilla para que se siruiese dar en lo suso dicho la horden que conuiniese. = y hauiendose uisto por los señores del consejo oy dia de la fecha deste, se mando guardar y cumplir la dicha Horden de su mag.ᵈ y se diese testimonio al dcho p° mantuano dello para que conste de lo suso dcho de pedim.⁰ del maestro pedro arias de la oz Capellan de su mag.ᵈ en nombre del dho Pedro Mantuano doi esta fee. en madrid a diez y ocho dias del mes de março de mill y seiscientos y beynte y un años = y los decretos que dan originales en mi poder. Lazaro de Rios. »

2. « A Pedro Mantuano que lo tienen desterrado porque hizo unas advertencias a su Mag.ᵈ que esta en gloria sobre el casamiento de la S.ʳᵃ Infanta Doña Maria con el Principe de Inglaterra mostrado que grave mal hera tratar desto y con muchos exemplos. La mando V. Magestad restituir con mucha honra y le haga merced de buenas pensiones y renta eclesiastica la que pudiere tener con que vino muy descansado y vea todo el mundo que V. Magestad buelve por la honra de Dios y pisa y desase sus enemigos. » Cette lettre a été publiée dans la *Revista critica* (1900, p. 149) par M. Elías de Molins. Il y a des fautes de copie : *la* pour *le*, *vino* pour *viva*.
Peut-être Galcerán connaissait-il Mantuano; en tout cas, il n'avait pas besoin de le connaître pour s'intéresser à lui, car sa haine de l'Anglais hérétique était assez forte pour lui dicter cette demande au roi en faveur d'un *fiscal* qui avait refusé de signer un document désignant le roi d'Angleterre sous le titre de Défenseur de l'Église, et qui avait préféré démissionner : « Dele (la V. Magestad) mi Arçobispado que yo le renunciaré en favor suyo por cosa tan exemplar » (*ib.*); or, ce *fiscal* héroïque, il déclare ne pas le connaître. On comprend que dans ces conditions il ait considéré comme un homme des plus méritants l'auteur des *Advertencias* contre le mariage anglais.

vince de Tolède¹. Voilà un épilogue assez inattendu de ses démêlés avec le plus célèbre et le plus respecté d'entre eux.

Si nous rappelons que le même Pedro Mantuano édita en 1611, à Milan, le *Seguro de Tordesillas* du « buen conde de Haro », D. Pedro Fernández de Velasco, ouvrage oublié jusqu'alors dans la bibliothèque des Velasco², nous aurons dit ce que fut la carrière littéraire de ce personnage assez énigmatique, qui ne paraît pas avoir occupé les soixante-dix ou soixante-quinze années de sa vie³ comme aurait pu le faire espérer le zèle bruyant et hâbleur de ses débuts. Dans la lettre à Alvaro de Piña, malicieusement reproduite par Tamayo, il déclarait que le jour où il s'était mis à rédiger ses *Advertencias*, il aurait pu écrire une histoire comme celle de Mariana sans le secours d'aucun livre, et de mémoire, tout en citant (et sans se tromper) ses autorités ; et même, il aurait pu trouver à rédiger sur son propre travail d'autres « advertencias » : à la fois Mariana et Mantuano! Et il avait alors vingt-six ans! On serait tenté de supposer que cette lettre n'est qu'une invention plaisante de Tamayo, si celui-ci ne nommait le destinataire.

Hélas! l'*Historia general de España* de Pedro Mantuano est restée à l'état de rêve. Nous n'avons que les *Advertencias*, et encore ne pouvons-nous jouir de celles-ci dans leur première fleur, c'est-à-dire ni dans le « quadernillo » manuscrit de 1603, ni dans les « seis pliegos » de 1607. Mayans et Noguera n'ont pas été plus heureux, car ils ne parlent, semble-t-il, de ceux-ci comme de celui-là que d'après Tamayo. En tout cas, Tamayo cite⁴ une des critiques contenues soit dans le « quadernillo », soit plutôt dans les « seis pliegos » (car bien qu'il parle ici du « primer quaderno », il ne semble pas avoir vu le « quadernillo » auquel fait allusion la lettre à Alvaro de Piña, et le mot « quaderno » peut bien désigner les « seis pliegos »). Cette critique, que Mantuano a renouvelée dans les *Advertencias* de Milan et qu'on ne trouve point dans celles de Madrid, avait trait au reproche d'in-

---

1. Bibl. de l'Academia de la Historia, Fonds Salazar, Est 14, gr. 4°, n° 4, fol. 347-351 :

« Fundaciones, legados, mandas, y rentas, que se han dexado en uarias partes para la missiones en esta Prov° de Toledo.

» A la prov° don Pedro Mantuano secretario que fue de el Exs° S°. Conde estable de Castilla, en su ultimo testamento otorgado en Madrid ante Mathias serrano escrivano publico de la dicha villa, en 7 de Abril de 1653 años, a el fin de el tiene una clausula de el tenor siguiente.

» Y despues de cumplido, y pogado este mi testamento, mandas, y legados, de el, en el remanente que quedare de todos mis bienes, derechos, y acciones habidos, y por aber, deio instituyo, y nombro por mi heredero universal de todos ellos à la dicha provincia de Toledo para que se gasten, y distribuyan en las missiones q. hacen de una parte, y otra en servicio de Dios N° S°, etc. »

2. Publié à nouveau par Flores, en 1783-1784 (n° 2900 de Salvá). Voir Amador de los Ríos, *Hist. crit. de la lit. española*, t. VI, p. 236-239.

3. Voir plus loin, p. 195.

4. P. 340 de la *Historia ...defendida*.

conduite que Mariana adresse à la reine D̂ Marie, mère de Henri IV[1]. C'est encore seulement d'après Tamayo que Mayans parle de la réponse de Mariana, publiée[2], mais seulement en partie, par Noguera.

Tamayo nous dit en effet que Mantuano, qui n'avait pas mis son nom sur ses « seis pliegos », s'en révéla comme l'auteur en les adressant au P. Mariana. Il relève dans la préface une phrase d'une modestie cauteleuse, qui présentait comme une œuvre de charité ces critiques parues sous l'anonymat. « Sachant que le P. Mariana voulait réimprimer son Histoire, l'on croyait bien faire de lui indiquer quelques points à revoir, rien de plus[3]. »

Les « seis pliegos » avaient paru au début de décembre 1607, et la réponse de Mariana est du 19 septembre 1608. Dans une réplique dont il sera question tout à l'heure, Mantuano plaisante Mariana sur le temps que celui-ci mit à répondre. Mais peut-être ne lui avait-il pas envoyé tout de suite son chef-d'œuvre orné de sa dédicace, et ne le fit-il qu'au bout d'un certain temps, après avoir attendu vainement la riposte publique sur laquelle il comptait pour la réclame tant souhaitée. Peut-être aussi Mariana ne se décida-t-il à répondre que pressé par ses amis, ou agacé, à la longue, de voir circuler un pamphlet contre lui. Selon Tamayo, la réponse fut faite en marge du texte de Mantuano. C'est évidemment celle que Noguera a publiée (bien qu'il ne dise point si elle était marginale ou non), car elle porte la date du 19 septembre indiquée par Tamayo : elle fut, selon son expression, « acre y llena de agua fuerte ».

Elle commence par neuf hexamètres latins, qui forment un apologue des moins aimables pour le destinataire. Les personnages sont un sanglier (tel est le représentant peu sociable que Mariana se choisit dans le monde de la fable) et un âne (l'homme aux *Advertencias*, évidemment). L'âne se permet de plaisanter le sanglier, qui lui répond par le mépris le plus outrageant : « Ta lâcheté te protège, car tu auras beau me harceler, je ne m'abaisserai pas à souiller de ton sang vil ma dent généreuse, ni à enlever les immondices que tu as vomies de ta bouche impure. » Au surplus, la portée de l'apologue est soulignée par cette note : « Entienda bien estos versos que son

---

1. XXII, 2.
2. P. xcii-xciv.
3. « Pasaron por suias sobre su palabra, porque las diligencias que para encubrir el nombre de quien las auia escrito manifestaban ellas no teniendo alguno, fueron iguales a las que en decir el suio, i darse por su autor hizo, no encubriendole del mismo P. Mariana, a quien se las embio. Su Paternitad agradecido al zelo que aquellas palabras de su prefacion mostraban. *Notanse algunos puntos de la Historia del P. Mariana, i sabiendo que trata de voluella a imprimir á parecido conueniente aduertirselo ; officio es de caridad, i en qualquier caso util &c.* dio respuesta breue i facil a todas, i desengañò a su Censor del error en que pensando que lo era el mismo acierto, auia incurrido, embiando su respuesta marginal a XIX de septiembre de MDCVIII. » (P. II de la *Raçon*.)

muy al proposito. » Puis une réponse dédaigneuse en plusieurs points : 1° L'auteur n'est ni historien ni humaniste, mais seulement théologien; il a écrit l'histoire pour son plaisir, « y a falta de hombres buenos », c'est-à-dire, sans doute, faute de voir personne capable de mieux faire; 2° c'est la main forcée qu'il a traduit son ouvrage; il ne voulait pas avoir affaire avec les « romancistas », qui moins ils savent, plus ils trouvent à critiquer; 3° il n'a voulu que mettre en ordre et en bon style les matériaux amassés par d'autres : s'il s'est trompé, c'est aux auteurs suivis par lui qu'il faut s'en prendre; 4° la loi de l'Histoire est de dire non seulement la vérité, mais aussi le mal comme le bien : l'infamie éternelle dont elle marque les mauvais princes est le seul châtiment qui puisse les atteindre; 5° il n'y a aucun inconvénient à donner à un personnage, dont on parle incidemment, un titre qu'il n'eut que dans la suite, à dire, par exemple : l'empereur Charles-Quint naquit à Gand, ou le roi Alphonse le Sage conquit le royaume de Murcie. Noguera n'a reproduit que ces cinq points avec la conclusion : « Toutes ces critiques ne sont que de la bourre mise là pour gonfler le paquet et je n'ai pas le temps de m'y amuser : on peut voir par cet échantillon le zèle, l'érudition et le talent du Censeur, « en cuya buena gracia y de los consortes me encomiendo. » L'allusion peu révérencieuse aux « consortes » doit viser l'inspirateur de Mantuano, le connétable lui-même. Mariana n'était pas dupe. Il savait d'où lui venait le coup : « Tira la piedra y esconde la mano, » put-il se dire en recevant les « seis pliegos ».

Il eut pourtant bien tort de se fâcher. Ou les critiques étaient misérables, il fallait alors les mépriser *in petto* et ne pas les honorer d'une réponse; ou elles étaient, en partie au moins, raisonnables, même seulement spécieuses : si une défense semblait indispensable, elle devait être rédigée non seulement avec cette modestie de convention qui sied toujours aux auteurs, mais avec politesse, et, autant que possible, sans apologue désobligeant. Mariana se fit modeste; mais ses coups de boutoir de sanglier irascible ne pouvaient qu'irriter l'âne qu'il voyait dans la personne de son censeur : car, tout en affectant de ne pas vouloir en prendre la peine, il se mit bien en devoir de le découdre. L'apologue était spirituel, sans doute, mais injurieux en même temps. Au reste, n'eût-il été que spirituel, il ne suffit pas d'avoir de l'esprit pour se débarrasser d'un Mantuano. On voulait une réponse, on l'avait : vite une réplique, et l'on irait comme cela indéfiniment. Au lieu de comparer son critique à un âne, Mariana aurait été mieux inspiré en le traitant comme un de ces chiens hargneux qui vous aboient aux chausses, et qu'il faut bien se garder de menacer du pied ou du bâton.

La réplique vint. C'est celle qui est reproduite, mais en partie seulement, à la suite de la réponse de Mariana, dans l'édition de Valence.

Tamayo, qui avait bien entendu parler de cette réplique, mais ne l'avait pas vue, doutait de son existence [1]. Elle existait si bien que Noguera en posséda un exemplaire imprimé, incomplet d'ailleurs, car, d'après ce qu'il dit lui-même, la réponse de Mariana, dont il vient d'être question et qui avait été mise en tête, ne s'y trouvait pas, et il dut avoir connaissance de cette réponse par un autre exemplaire ou par une copie, ou encore par l'original lui-même; quant à la réplique de Mantuano, il dut la posséder dans sa teneur primitive, aussi bien que dans le texte imprimé, puisqu'il note que celui-ci est plus étendu et comprend, en outre, des vers qui forment la repartie de l'apologue de Mariana. Juan de Santander, de son côté, a eu en mains l'imprimé et en a noté le titre : *Antirespuesta a lo que escribio Juan de Mariana contra las Advertencias que salieron a su Historia* [2].

L'auteur de la réplique est censé être un Juan de Aragon, esclave du connétable et balayeur de son cabinet de travail [3]. En remplissant ses fonctions, il a remarqué que Pedro Mantuano lisait en se gaussant certain papier; un ami étant survenu, Mantuano a échangé avec lui des réflexions injurieuses et méprisantes pour l'auteur; eux partis, le Juan a lu le papier, qui n'était autre que la lettre du P. Mariana; comme il se confesse aux jésuites et qu'il trouve là une bonne occasion de se venger des coups de fouet que lui fit donner Mantuano, il veut prévenir le Père. Suivent les réflexions qu'il a entendues formuler en réponse aux observations de Mariana : « 1° S'il n'était pas historien, pourquoi s'était-il mêlé d'écrire l'Histoire? pour se récréer? mais on ne travaille pas d'ordinaire si longtemps pour son plaisir [4]; 2° son latin ne valait pas mieux que son espagnol : il n'avait fait que coudre des phrases collectionnées dans ses cartons, et qu'embrouiller l'histoire de l'Espagne; 3° ses prologues étaient loin d'affecter tant de modestie : il y déclarait qu'il ne voulait être comparé à personne, sans vouloir reconnaître les droits de la critique; 4° personne ne contestait que l'histoire dût raconter le mal comme le bien, mais l'auteur avait manqué de respect envers des personnages de haut rang; 5° la phrase « l'empereur Charles-Quint naquit à Gand » est un exemple mal choisi; de plus, un annaliste relatant les faits année par année est tenu de donner aux personnes les titres et qualités qu'elles ont aux époques dont il parle ». Après d'autres ripostes, que ne reproduit pas l'édition de Valence, vient cette conclusion : « Pour de la bourre, vous en trouverez, sans aller bien loin, dans vos propres ouvrages; car il n'en manque pas dans vos discours affectés, volés du reste à d'autres écri-

---

1. P. III de la *Raçon*.
2. « Consta de cinco pliegos en fol. sin nombre... de autor, de lugar de impression y de impressor, y año... » (Ms. X 230).
3. « Esclavo del condestable y barrendero de su estudio. »
4. « Que para recreacion no se suele trabajar. »

vains, ni surtout dans la lettre de la Cava à son père, tirée sans doute du livre fabuleux de la destruction de l'Espagne, que son auteur a fabriqué pour se moquer des ignorants et des gens crédules¹. » L'épilogue était formé de neuf trimètres iambiques, qui n'ont pas le mordant des hexamètres de Mariana : « Hippocrate ayant manqué une opération, le confessa ingénument. C'est là le fait d'un grand esprit. Les petits esprits, qui n'ont rien à eux, ne veulent rien perdre. » Ils sont aussi moins injurieux, et si la leçon se fût bornée là, si, surtout, celui qui se chargeait de la donner avait eu le droit de la donner, Mariana, qui, en traitant d'âne son interlocuteur, avait mis quelque peu les torts de son côté, l'eût, convenons-en, presque méritée.

Seulement, on remarquera que Mariana n'avait pas publié sa réponse, non plus que sa lettre au curé de Bayona, et que l'on répliquait par la voie de la presse. Ce qu'on voulait était donc bien une querelle publique.

III

La meilleure réponse aux critiques n'était-elle pas d'en tenir compte, s'il y avait lieu, et de publier à nouveau son œuvre en l'améliorant par tous les moyens? C'est ce que Mariana avait fait en 1601, puisque, tout en ayant l'air de ne point céder, il avait donné satisfaction à Ferrer sur un certain nombre de points. Agit-il de même avec Mantuano en 1608, pour la seconde édition de son texte espagnol? Il faut noter un fait bizarre. Si Mantuano, en rédigeant ses *Advertencias* de 1611 et de 1613, avait eu la curiosité et l'honnêteté de comparer ce texte de 1608 à celui de 1601, il aurait constaté que bon nombre de ses observations devenaient inutiles, les endroits visés se trouvant corrigés. Faut-il donc admettre que ces observations étaient déjà formulées dans les « seis pliegos », et que le jésuite en avait fait son profit, malgré le peu de cas qu'il semblait en faire? D'après un document dont il sera question tout à l'heure, à savoir le traité passé entre le représentant de Mariana et l'imprimeur Luís Sánchez, celui-ci s'engageait à finir l'impression de cette seconde édition le 1ᵉʳ juillet 1608. Le traité datant du 30 mai 1607, et Sánchez ayant intérêt à se presser, puisque Mariana s'engageait de son côté à lui avancer cent ducats à chaque livraison de cent feuilles en quatre-vingts exemplaires, il est probable qu'une certaine quantité de feuilles était ainsi composée et livrée quand Mantuano fit paraître ses « seis pliegos » en décembre 1607, et à plus forte raison quand Mariana en eut connaissance. Or, les corrections qu'on peut croire ainsi inspirées par Mantuano ne se ren-

---

1. Allusion à *La verdadera hystoria del Rey don Rodrigo* (cf. p. 46).

contrent qu'à partir du livre XII. La première nous arrêtera tout à l'heure assez longuement; elle a trait à Blanche et Bérengère, filles d'Alphonse VIII « el de las Navas ». Les autres, qui seront examinées plus loin, se trouvent dans les livres XVI-XXIII. Il y en a en tout une dizaine. On avouera que la coïncidence est étrange, et que le rapprochement des dates avait encore ici son intérêt.

Notre conclusion sur ce point ne peut être absolument catégorique, puisque nous ne connaissons pas la teneur des « seis pliegos ». Mais il est assez probable que les passages corrigés de la sorte en 1608 y étaient déjà visés. Ils le sont dans les *Advertencias* de 1611; et s'ils le sont encore, ce n'est pas que Mantuano ignorât la nouvelle édition, c'est qu'il ne voulait pas laisser perdre des critiques déjà rédigées. Il ne se serait sans doute pas avisé de les rédiger alors qu'il savait qu'elles n'avaient plus de raison d'être.

Une dizaine de corrections, tel serait donc le résultat obtenu par lui. En tout cas, on ne lui donna pas raison sur tous les points : la lettre de la Cava, dont il se moque dans son *Antirespuesta*, ne fut supprimée ni en 1608 ni plus tard; et la reine Doña María, mère de Henri IV, et sa sœur Doña Leonor, reine de Portugal, restèrent sous l'accusation contre laquelle Tamayo nous dit que le « primer quaderno », c'est-à-dire sans doute les « seis pliegos », avait déjà protesté [1], et à laquelle fait allusion le quatrième point de la réponse de Mariana et de la réplique de Mantuano.

Ce texte de 1608, avons-nous dit, présente une correction importante. Mayans la croit inspirée par les « seis pliegos » de 1607 [2] : il est vrai qu'il ne paraît pas avoir vu ces « seis pliegos »; mais elle porte sur un point que Mantuano, on le verra, considérait comme des plus graves, et l'on peut en induire qu'il fut un des premiers relevés. Dans ses éditions antérieures, Mariana affirmait de la façon la plus formelle que Blanche de Castille, mère de saint Louis, était plus âgée que sa sœur, Bérengère. Dans celle de 1608, tout en reproduisant la même assertion, il y apporte un correctif qui équivaut à une rétractation. Ce n'est du reste qu'au prix d'une contradiction flagrante. En effet, après avoir avancé que Blanche était l'aînée des deux sœurs, et que c'est elle qui aurait hérité de leur frère Henri Ier « si le droit de succession au trône était régi par les lois et les ouvrages des juristes et non par la volonté du peuple, la force, l'activité et le bonheur des prétendants »; après avoir expliqué comment on passa outre aux droits de Blanche, afin d'éviter dans l'avenir une réunion de la Cas-

---

1. XXII, 2 : « Auxit vulgi opinionem, quod haud satis honeste pudicitiam habuisse, frequenti rumore iactabatur » (éd. 1605).
2. Préf. de l'éd. de 1733.

« ... comunmente se dezia dellas que no biuian muy honestamente » (éd. 1608; 1623 est conforme; 1601 a della et biuia).

tille à la France et le gouvernement des étrangers, il concluait, dans son texte latin de 1592-1595 et de 1605, en disant que l'affirmation de Rodrigue de Tolède, qui fait de Bérengère l'aînée, était plutôt fondée sur la politique que sur la vérité, et, dans son espagnol de 1601, en déclarant simplement que l'on ne tient pas pour vraie cette affirmation. En 1608, il conclut au contraire, d'une façon bien inattendue, qu'il la tient pour plus vraisemblable, bien que d'autres auteurs (celui de la *Valeriana* et Garibay, cités en marge) soient d'un autre avis [1].

Ni Mantuano, qui, dans ses *Advertencias*, citant le texte latin de Mariana, y oppose l'autorité de Luc de Tuy, de Rodrigue, etc., sans paraître savoir que le texte de 1608 lui donnait raison; ni Tamayo, qui, lui, allègue triomphalement ce même texte de 1608; ni Mayans, ni Vicente Noguera, ne paraissent frappés de cette contradiction. Les trois derniers y voient, en bons Espagnols, une heureuse correction dont ils se félicitent pleinement. Nous qui n'avons pas les mêmes

---

1. Édition 1592-95, XII, 7 (p. 579) : « Blancam ætatis prærogatiua subleuabat, vt fraterni imperii heres esset, legesque Hispaniæ : si iura regnandi leguleiorum modo tabulis cötinerentur, & non potius studiis populi, & Principum dexteritate, virtute, festinatione, felicitate. quod in presenti accidit. Nam maturatis comitiis Blanca prætermissa, procerum & populi consensu Berengariæ regnum delatum est. externum imperium exhorrebant: & nouorum motuum materiem, si Gallia Hispaniæ cömissa esset, subtrahendam iudicabant. pauló illa ante regnum delatum... — (P. 580)... Vallisoletum Reges abierunt, municipium in Vaccæis amplum & validum. in eo ex vniuersa ditione cöuentus generales agitati sunt: omniumq; ordinum consensu & sententia pronunciatum, Berengariam regni Castellæ a morte fratris iustissimam hæredem esse : quod patre superstite semel & iterum fuerat declaratum, vt Rodericus Præsul est auctor. nam quod addit inter sorores primogenitam fuisse, magis ex partium studio, quàm ex fide positum arbitramur, tametsi Roderici opinioni plures alii suffragantur. » 1605 est conforme.

a) A la place de ce qui est en italique : *en Castilla* (1608-17-23).
b) A la place de ce qui est en italique : *en que* (1608-17-23).
c) 1617-23 : *a lo tenían* au lieu de *estaua*.
d) Ce qui est en italique est supprimé en 1608-17-23.
e) 1608-17-23 ajoutent : *que lo tengo por mas verisimil, y*.
f) Au lieu de *deste mismo*, 1608-17-23 : *de*

Edit. 1601, t. I, p. 771 : « Doña Blanca se auentajaua en la edad, ca era mayor que su hermana : y parecia justo succediesse en el reyno de su hermano difunto. Si el derecho de reynar se gouernara por las leyes y por los libros de Iuristas, y no mas ayna por la voluntad del pueblo, por las fuerças, diligencia, y felicidad de los pretensores, como succedio en este caso. Iuntaronse muchos donde la reyna estaua, con toda breuedad, para consultar este punto. Salio por resolucion, de comun acuerdo, sin hacer mencion de doña Blanca, que el reyno y la corona se diessen a su hermana doña Berenguela. Aborrecian, como es ordinario, el gobierno de estrangeros, y recelauanse, que si Castilla se juntaua con Francia, podrian dello resultar alteraciones y daños... Los reyes passaron a Valladolid, pueblo grande, y abundante, *en tierra de Campos*[a]. Iuntaronse en aquella villa (p. 773) cortes generales del reyno : *in las quales*[b] por voto de todos los que en ellas se hallaron, se decreto que la reyna doña Berenguela, era la legitima heredera de los reynos de su hermano, segun que por dos vezes *estaua*[c] ya determinado en vida del rey su padre. Assi lo refiere el arçobispo don Rodrigo : *verdad es que no se tiene por verdad lo que*[d] añade luego, que era la mayor de sus hermanas[e], si bien algunos otros autores son *deste mismo*[f] parecer... »

otro. 1608, en regard de la dernière phrase et en marge : « *Lib. 9, c. 5* (pour Rodrigue). *Garibay lib. 12 ca. 14.* » (1617-23 ajoutent : *La Valeriana, L. 4, tit 3. c. 5.*) 1608 écrit *sucediesse, sucedio, rexelauanse.*

raisons de nous féliciter, nous trouvons là plutôt de quoi nous inquiéter.

Il ne peut être question d'une faute d'impression *(mas* pour *menos verisimil),* puisque les auteurs cités en marge comme ayant une opinion contraire à celle de Rodrigue, contraire aussi à celle que Mariana adopte en fin de compte, sont bien en effet favorables à Blanche.

Ce qui prouve la manière hâtive et inconsidérée dont la retouche a été faite, c'est en premier lieu que dans ce même texte de 1608, quelques pages plus haut, dans un passage où il y a plusieurs corrections *(que* pour *el qual,* trois fois, *juntamente* supprimé), on lit que Doña Blanca « como fue la mayor, asi bien fue la mas dichosa » [1]; c'est en second lieu, que la table, qui du reste reproduit page à page et ligne à ligne celle de 1601 (sauf en ce qui concerne les chiffres qui renvoient au texte), nous présente, ainsi que cette dernière, Bérengère comme la cadette, et Blanche comme l'aînée [2].

Qu'on se rappelle maintenant l'exigence méticuleuse que Mariana

---

1. Édit. 1592 (1605 est absolument identique), XI, 17 «... Alfonsus Castellæ Rex prole, quàm cæteri multo felicior fuit, ex vnis nuptiis undecim filiis procreatis. In eo numero Blanca ut reliquos ætate superauit, sic etiam felicior extitit, Ludouico Regi Galliæ eius nominis octauo, viro suo enixa felici partu Ludouicum eum, cui spectata vitæ probitas, & multis testimoniis comprobata pietas, Sancti cognomen peperit. Blancam sequebantur Berengaria, Sancius, Vrraca, Ferdinandus, quem anno millesimo centesimo octogesimo nono, ad tertium Kalend. Decembris, Mercurii die, natum constat. consecutæ sunt Malfada, Constantia : atque his proximè duæ aliæ sorores, quarum nomina ignorantur. præterea Eleonora, & postremo partu Henricus, mira rerum varietate patris successor. »

a) 1601 : *loqual.*
b) 1601 n'a pas *juntamente.*
c) 1617-23 ont à la place des mots en italique : *entre los demas Doña Blanca fue la mas dichosa.*
d) 1601 : *qual.*
e) 1617-23 : *nombre.*
f) Le texte en 1617 et 1623 est ici resté tel quel.

Edit. 1608 : « En *que* don Alonso Rey de Castilla, fue muy mas modido, y juntamente dichoso en succession, porque de vn solo matrimonio tuvo onze hijos, entre los *quales, doña Blanca*, *como fue la mayor, asi bien fue la mas dichosa,* porque casada con Luys, rey de Francia, octauo deste nombre, con dichoso parto dio al mundo vn hijo de el mismo nombre de su padre el *que* por la conocida bondad de su vida, y por su piedad muy señalada, alcançó renombre de Santo, y se llamó san Luys. *Despues de doña Blanca, se siguieron doña Berenguela, don Sancho, doña Urraca, y don Fernando*, que consta auer nacido el año mil y ciento y ochenta y nueve, a veynte y nueue de Nouiembre, dia miercoles. Despues del se siguieron doña Malfada, y doña Costança, y luego adelante dos o tres hermanas, cuyos nombres no se saben. Demas destos, doña Leonor, y el menor de todos don Enrique; que con maravillosa variedad de las cosas, vino a succeder en el reyno a su padre... »

g) 1601 : *del qual.*

2. *Tabla general* de l'édition 1608 : « Berenguela muger del empe. dõ Alfonso a 498. 2. *a.* la madre de don Fernando el Santo, menor q̃ doña Blanca. a. 588. 30. a...

D. Blanca caso en Francia. a. 558. 7. *b.* mayor que doña Berenguela. a. 588. 30. a n.

La table de 1617 est identique, mais sans abréviations et sans les lettres *a., b.,* qui suivent les chiffres.

Tabla general de 1623 : « Berenguela muger del Emperador don Alfonso, a. 489. 2. la madre de don Fernando el Santo, menor que doña Blanca, a. 580 ; 2...

Doña Blanca caso en Francia, a. 550. 2. no mayor que doña Berenguela, a. 561. 2. »

montrait en matière d'impression, quand il s'agissait, une dizaine d'années auparavant, de l'édition d'Isidore de Séville. Ne disait-il pas en 1605 : « En libro que se imprime qualquier descuydo es culpable »[1] ? On aura de la peine à admettre que le même auteur ait été si négligent dans la surveillance de ses propres œuvres. Le fait est qu'il avait pris ses précautions pour avoir une impression soignée et conforme à l'original. Deux documents nous apprennent dans quelles conditions fut publiée la seconde édition de l'*Historia General*. Mariana avait chargé un de ses confrères, un de ces coadjuteurs qui s'occupaient des affaires de la Compagnie, de le représenter vis-à-vis des imprimeurs, et cela, à partir du 15 mai 1607, date du premier document[2], qui confère ces pouvoirs à l'*hermano* Cristóbal López[3]. Il y est question plus spécialement de Luís Sánchez, l'imprimeur madrilègne à qui est due l'édition de 1608; et c'est particulièrement en vue de cette édition que Mariana prenait ici ses mesures, puisque le trente du même mois, ledit *hermano* et ledit imprimeur signaient le traité qui la concerne, et qui est notre second document[4]; mais Mariana donnait

1. Dans la lettre au curé de Bayona.
2. « Sepan quantos esta carta de poder vieren como yo el padre Juan de Mariana de la casa profesa de la Compañia de Jesus desta ciudad de Toledo otorgo y conozco que doy y otorgo todo mi poder cumplido bastante el que de derecho se requiere al hermano Xpoval Lopez de la Compañia de Jesus residente en corte de su magestad especialmente para que en mi nombre y como yo mesmo representando mi propia persona... se pueda convenir y concertar con Luys Sanchez impressor de libros o con otro qualquier impressor en razon de qualesquier impresion que en mi nombre les encargue de las obras que yo he compuesto para que las impriman por el precio i de la forma que quisiere e obligarme a la paga de lo que montare la dicha impression, que fue fecha y otorgada en la ciudad de Toledo a quince dias del mes de Mayo de mil y seis cientos y siete años. » (Archivo de protocolos de Toledo. Blas Hurtado, 1607.)
C'est à M. Cristóbal Pérez Pastor que je dois la communication de ce document et de celui qui suit.
3. Sur la qualité et le rôle de ces *hermanos*, voir Rib., *Vida del P. Ign.*, III, 21, et le *Discurso de las enferm.* (c. VII-IX, *De los Coadjutores temporales, De las haciendas temporales, De las grangerias*).
4. « En la villa de Madrid a treynta dias del mes de mayo de mil y seis cientos y siete años ante mi el escribano y testigos paresció presente de la una parte el hermano Cristobal Lopez de la Compañia de Jesus en nombre del padre Juan de Mariana de la dicha Compañia y por virtud de su poder que para jlo aqui contenido y otros mas otorgó en la ciudad de Toledo ante Blas Hurtado...
(Ici le texte du *poder* qui précède.)
Y en virtud del dicho poder suso incorporado y dél mando el dicho hermano Cristobal Lopez en el dicho nombre de la una parte y de la otra Luis Sanchez, impressor de libros y Ana de Carassa, su muger..., dixeron que estan convenidos y concertados acerca de la impression que por una vez el dicho Luis Sanchez ha de hacer en esta villa del libro e ystoria de España que el dicho padre Juan de Mariana tiene hecho en romance en la forma siguiente. Que el dicho hermano Cristobal Lopez en nombre del dicho padre Mariana se obliga le entregar al dicho Luis Sanchez impressor el libro original corregido para que por el se imprima sin mudar cosa alguna ni en las cosas ni en la ortografia porque quieren se guarde la que esta en la primera impression que es la antigua.
Que para el dicho efeto el dicho padre Mariana ayudará para el gasto de la dicha impression y dará al dicho Luys Sanchez quatro cientas y ochenta y dos resmas de

ses pouvoirs d'une façon générale vis-à-vis de tout autre éditeur et pour toutes les œuvres qu'il avait composées.

Le traité passé entre Luis Sánchez et le représentant de Mariana porte, en ce qui touche l'impression même, que Cristóbal López, au nom du P. Mariana, s'engage à remettre à Sánchez « el libro original corregido », c'est-à-dire évidemment un exemplaire de l'édition de 1601 corrigé ; que l'impression se fera sans aucun changement dans le texte (mais naturellement en tenant compte des corrections, cela va sans dire), ni dans l'orthographe, que l'on veut conserver, et « qui est l'ancienne ». Par orthographe, il faut entendre sans doute non seulement la manière d'écrire les mots, mais l'emploi des mots et des formes, et il s'agit en somme de défendre les archaïsmes qu'affecte l'auteur, contre le savoir grammatical des protes. Chaque semaine, Sánchez enverra une feuille de tout ce qui s'imprimera pour servir de « rexistro » : c'est-à-dire qu'il fera parvenir, non pas des épreuves, mais un exemplaire de chaque feuille au fur et à mesure du tirage. L'impression doit être « muy correta », et si une feuille ne l'est point, elle sera refaite « a voluntad y parescer del dicho padre (Mariana) ». Toutes les précautions étaient donc prises et toutes les garanties assurées pour mettre l'auteur à même de surveiller le travail, autre-

papel de corazon y catorze rezmas de papel de peso, todo en valor de quinientos ducados, los quales el dicho Luys Sanchez ha de pagar al dicho padre Mariana en la forma que irá declarada.

Que para la seguridad que el dicho papel de corazon es conforme a la muestra con los demas requisitos necessarios el dicho padre Mariana entregará al dicho Luys Sanchez la cedula que tiene del corredor que lo vendio el dicho papel para que con ella pueda hacer se cumpla que todo sea conforme a la muestra sin que el dicho padre Mariana ha de quedar obligado a mas de entregar la dicha cedula para que con ella haga la dicha diligencia.

Que el dicho padre Mariana le haya de prestar y que prestará al dicho Luys Sanchez otros quinientos ducados en moneda en esta manera : luego le dará cient ducados y cada vez que tuviere impressos cient pliegos del dicho libro le irá dando y dará otros cient ducados hasta que sean cumplidos enteramente los dichos quinientos ducados en dinero y con ellos el dicho Luys Sanchez haya de acabar y fenezer el dicho libro enteramente sin que haya de pedir ni pida mas al dicho padre Mariana para la dicha impression.

El dicho Luys Sanchez y la dicha su muger debajo de la dicha mancomunidad acetaron lo susodicho y por lo que a ellos toca se obligaron de dar y que daran impresso el dicho libro dentro de un año primero siguiente que ha de correr y contarse desde primero de Julio primero que verná deste presente año de seis cientos y siete siendo la impression muy correta, y si algun pliego no saliere tal lo reharán a su costa y esto a voluntad y parescer del dicho padre y que la impression del dicho libro será en letra llamada de atanassio nueva y en coluna y con buenas marjenes de una parte y de otra.

Item que nos los dichos Luys Sanchez y Ana de Carassa su muger nos obligamos de dar y pagar y que daremos y pagaremos al dicho padre Mariana o a quien su poder hubiere los dichos mil ducados que el dicho padre Mariana nos presta en el dicho papel y quinientos en dinero dentro de tres años que han de empezar a correr y contarse el primero desde que la impression se acabare que será para primero de Julio del año de mil y seis cientos y ocho y asi sucessivamente cada un año su terzia parte hasta que sean cumplidos los dichos tres años, con que hayamos de pagallo cada un año por los terzios del, de quatro en quatro meses, y si para cada una de las

ment, il est vrai, qu'elles ne le sont généralement aujourd'hui. L'*hermano* ne paraît avoir été interposé que pour faciliter les pourparlers avec l'imprimeur madrilègne et défendre les intérêts pécuniaires de son confrère profès.

Faut-il croire que, malgré tout, la lutte était difficile pour défendre contre les imprimeurs espagnols la correction et l'intégrité des ouvrages qu'on leur confiait, et que Luis Sánchez, en 1608, ne donna pas plus de satisfaction que les autres ? L'année suivante, Mariana, répondant à l'évêque des Canaries, qui l'interrogeait dans sa cellule du couvent de S. Francisco, déclarait que, s'il avait fait imprimer ses Sept Traités à Cologne, c'était parce qu'il était fatigué des ennuis qu'il avait eus avec les imprimeurs espagnols. En dépit des stipulations sévères du traité conclu, l'*Historia general de España* sortie de chez Luis Sánchez n'aurait donc pas été beaucoup mieux soignée que le *Don Quixote* sorti trois ans plus tôt de chez Juan de la Cuesta, et sur lequel l'auteur avait perdu ses droits de surveillance par suite de la vente du manuscrit au libraire Francisco de Robles[1].

Pourtant, il est possible que Mariana ait voulu effectivement corriger

dichas pagas no lo diremos y pagaremos, pueda el dicho padre Mariana o quien su poder hubiere ynviar una persona a la cobranza de cada una de las pagas do quiera que nos o nuestros bienes residieremos a la cobranza a la qual nos obligamos de pagar quinientos maravedis en cada un dia de los que se ocuparo en la cobranza contando a razon de a ocho leguas por dia y la liquidacion de los dias diferimos en el juramento de la tal persona sin otra probanza ni diligencia alguna, por los quales salarios :emos de poder ser executados como por el principal.

Item que sea obligado yo el dicho Luys Sanchez, como desde luego me obligo, de dar al dicho padre Mariana ochenta juegos de la ystoria a mi propia costa y los seis dellos del papel de pesso que el dicho padre me da y todas las tablas y principios de todos los dichos ochenta libros han de ser del dicho papel de pesso los principios del un tomo y del otro y la tabla haré acomodar a los numeros de la nueva impression de suerte que el dicho padre Mariana quedo descuidado de todo lo susodicho.

Item que haya de ser obligado yo el dicho Luys Sanchez que luego como acabare de imprimir los primeros cient pliegos los ynviaré todos los quadernos de los dichos ochenta juegos alzados y concertados, y lo mismo iré haziendo adelante en cada cient pliegos, y demas de lo susodicho cada semana he de ynviar un pliego de todo lo que se imprimiere para que sirva de rexistro.

Item asi mismo yo el dicho Luys Sanchez e yo la dicha Ana de Carassa, su muger, debajo de la dicha mancomunidad nos obligamos al dicho padre Juan de Mariana de le pagar todo el porte del papel y todos los otros gastos que se ofrecieren en razon de lo susodicho sin que el dicho padre Juan de Mariana tenga obligacion a hacer ni cumplir de su parte mas de lo que está dicho y declarado.

Y si para la paga de los dichos mil ducados y cada una cosa y parte de lo referido fuere necesario ynviar una persona a la cobranza, lo puedan hacer a la qual nos obligamos de pagar el dicho salario de quinientos maravedis cada dia de los que se ocuparo,.... siendo testigos Valentin de Herrera y Francisco Fernandez y Fernando Arroyo, estantes en esta villa y los dichos hermano Christobal Lopez y Luys Sanchez lo firmaron y por la dicha Ana de Carassa un testigo, que dixo no saber, a todos los quales doy fee que conozco. = Luys Sanchez. — X'ual Lopez. — Testigo : Valentin de Herrera. — Ante mi Jhoan de Obregon. » (Protocolo de Juan de Obregón, 1607, tomo I., fol. 419 et ss.)

1. Voir la préface de MM. Fitzmaurice-Kelly et Ormsby à leur édition du *Don Quixote*.

sa première affirmation. Or, d'après le calcul que nous avons fait, l'imprimeur ne devait pas être bien loin du livre XII, il était peut-être sur le point de tirer la feuille qui contenait le passage relatif à Blanche et Bérengère, quand Mariana, faisant droit à l'observation de Mantuano, supposerons-nous, s'avisa de mander une modification. Celle-ci ne pouvait porter que sur quelques mots, sous peine de bouleverser la composition. Il aurait donc simplement supprimé « verdad es que no se tiene por verdad lo que », ajouté « que lo tengo por mas verisimil », et remplacé « deste mismo » par « de otro ». Quant à la table, c'était l'imprimeur qui, en vue du traité, était chargé de la dresser conformément à celle de 1601, en changeant les chiffres. Mariana put oublier de lui rappeler le changement à faire au sujet de ce passage, et l'imprimeur n'aura pas songé à la faire concorder avec le texte. Il reste seulement à expliquer comment la correction n'a pas été plus complète dans les éditions suivantes : la chose n'est en effet explicable que si l'on admet, comme nous essaierons de le prouver, que ces éditions ont été faites sans que Mariana s'en soit occupé personnellement et d'une façon sérieuse; mais cette conclusion s'imposera quelle que soit l'hypothèse admise ici.

Il est bien possible aussi que Mariana se soit un peu trop reposé sur le coadjuteur. Celui-ci n'a-t-il pu prendre sur lui d'apporter quelques corrections qui lui paraissaient s'imposer? Or la thèse de son confrère touchant les droits de Doña Blanca avait déjà pu être attaquée par Mantuano ou émouvoir quelque autre érudit patriote : et l'*hermano*, ou même l'imprimeur, put trouver indispensable de la transformer en la thèse contraire, ce qui fut opéré tant bien que mal. Mantuano savait que Mariana préparait une réimpression de son Histoire, et, dit-il, c'est pour cela qu'il lui avait adressé une première série de remarques[1]. Il n'ignorait sans doute pas où se faisait cette nouvelle édition, et il avait bien pu y faire parvenir ses *desiderata*.

Enfin, il est encore possible que la correction ait été imposée. Dans ce cas, on comprendrait que Mariana n'ait pas cherché à la faire plus complète et plus nette.

Nous ne pouvons qu'émettre des hypothèses pour expliquer l'incohérence des passages qui nous occupent. Tout ce que nous pouvons affirmer, c'est que pour une raison ou pour une autre, l'auteur s'est trouvé en défaut, et que l'édition de 1608 ne mérite pas tout à fait la faveur dont elle jouit.

Mayans est le premier qui ait indiqué l'édition de 1608 comme offrant, de toutes les éditions de Mariana, le meilleur texte. Ce qui a déterminé chez lui cette préférence, par rapport aux éditions latines et à l'édition espagnole de 1601, c'est ce que dit Mariana dans sa

---

1. Dans les préfaces de ses *Advertencias* et de ses *Animaduersiones* (V. plus loin, p. 191 et 197).

préface de 1608 : « En la traduccion no procedi como interprete, sino como autor, *hasta trocar algun apellido, y tal vez mudar opinion : que se tendra por la nuestra la que en esta impression se hallare*¹. » L'auteur ne pouvait parler plus clairement. Nous n'en avons pas moins le droit, si nous la trouvons fautive, surtout si nous y rencontrons des absurdités, d'en préférer une autre. La même phrase se retrouve dans les éditions de 1617 et de 1623, ce qui n'a pas empêché Mayans, et après lui Noguera, de les considérer comme interpolées. Néanmoins, le texte de 1608 renferme trop d'additions et de corrections, par rapport tant au texte de 1605 qu'au texte de 1601, pour que nous puissions le rejeter². Il n'est pas possible d'admettre qu'il n'ait pas été préparé par Mariana. Nous en avons la preuve dans l'acte passé entre le libraire et l'*hermano*. Tout ce qu'on peut dire, c'est que toute l'attention désirable n'a pas été apportée à la correction des épreuves, que Mariana n'a pas dû s'en charger exclusivement, et qu'il y a laissé un passage grandement suspect.

Quant aux raisons qui ont fait préférer à Mayans le texte de 1608 à ceux de 1617 et de 1623, elles ont consisté, en principe, tout simplement dans la croyance que l'édition de 1608 a servi de modèle, d'archétype, selon son expression, aux éditions postérieures³. Il n'indique pas, en effet, d'autre raison dans sa préface à l'édition latine de 1733. Il ne savait pas alors, sans doute, que le texte de 1617, et plus encore celui de 1623, diffère de celui de 1608. En tout cas, pour la bonne règle, il aurait dû conseiller, de préférence, la dernière édition parue du vivant de l'auteur. Au surplus, il s'est peut-être imaginé qu'en disant dans sa préface de 1608 « se tendra por la nuestra la

---

1. Ce qui est en italique n'est pas dans l'édition de 1601.
2. Cf. l'appendice VII, et plus loin, p. 211. Dans sa *Pref.* aux *Advert.* de Mondéjar, Mayans en signale une qui est typique, mais sans se douter que le texte de 1601 est équivalent au latin de 1592-1605.

VI, 1 : « ... a Gregorio Magno Romano pontifice, qui Pelagio II defuncto substitutus ad tertium Nonas septembris, salutis anno quingentesimo nonagesimo primo (errant qui priorem annum ponunt) nostra sacra cœpit gubernare. » (éd. 1592-1605).	« ... el qual por muerte de Pelagio segundo, succediera en aquella dignidad, a tres de setiembre, año del Señor de quinientos i nouenta ⟨ y vno (yerran los que ponen el año antes deste) ⟩ *al fin de la Indiccion octaua como del Registro de sus Epistolas se saca. En la Historia latina pusimos un año mas*. » (Texte de 1601. Les mots entre ⟨ ⟩ ont été supprimés, et les mots en italiques, ajoutés en 1608.)

3. « Quapropter prudentes cautique viri, qui Joannis Marianae Historiam latine scriptam allegare volent, non antea id debebunt facere, quam prius inspexerint, num in Historia Generali Hispaniae edita anno 1608, quam ut Archetypum posteriores sequutae sunt, docuerit aliud. » (Préface de l'éd. latine de 1733.) Il ne craint pas de se répéter, car il a dit exactement la même chose un peu plus haut : « Quapropter quicumque voluerit allegare testimonium aliquod ex Historia latina Joannis Marianae, prae oculis semper habere debet illa eiusdem verba, eam ipsius habendam sententiam, quae in editione Hispana (anni 1608) invenietur. » C'est ici qu'il relève les deux prétendues corrections dont il est parlé plus haut, p. 155, n. 1.

(opinion) que en esta impression se hallare », Mariana s'interdisait à l'avenir toute retouche.

Plus tard, Mayans se rendit compte ou, plus exactement, fut averti de certaines différences qu'il y avait entre l'édition de 1608 et les suivantes [1]. Mais il comprit mal l'indication que lui fournissait, dit-il, « un érudit ami ». Car, si les additions tirées des Fausses Chroniques se trouvent bien aux endroits indiqués par lui (d'après cet ami [2]) dans l'édition de 1623, elles ne se trouvent pas dans celle de 1617. C'est pourtant ce que s'est imaginé Mayans [3]. Il n'avait pu vérifier, sans doute, faute d'un exemplaire de 1617 : il dit, en effet, lui-même, on se le rappelle, qu'il voudrait avoir pour en faire un « diligente cotejo » les deux premières éditions latines et les quatre espagnoles; il avait probablement celles de 1601 et de 1608, mais non celle de 1617, sur laquelle il donne un renseignement invraisemblable [4]. Il n'est pas étonnant, après cela, que cet érudit conclue, en 1745 comme en 1733, en recommandant le texte de 1608 sans avoir égard à celui de 1617.

C'est le texte de 1608 que Benito Monfort, dans son *Plan* de l'édition de Valence (1783-96), promettait de donner. Or, comme une note du prologue de cette édition le confesse ingénument, il se trouva que feu D. Domingo Morico, qui avait assumé le soin du commentaire, et qui, sans doute, avait indiqué à Monfort le texte de 1608 comme étant celui qu'il fallait reproduire, n'avait pas eu d'autres raisons pour cela que ce qu'avait dit Mayans; puis, peu conséquent avec lui-même, pour la rédaction de ses notes, l'édition de la Bibliothèque royale ayant paru (1780), il en avait suivi le texte, qui n'était autre que celui de 1623.

D. Vicente Noguera Ramón et son fils, D. Vicente Joaquín, ayant recueilli la succession de cet éditeur quelque peu fantaisiste, n'en choisirent pas moins le texte de 1608. Étant donnée l'entière bonne foi avec laquelle ils avouent le fait de Morico, on ne peut croire que, s'ils adoptèrent ce texte, ce fut parce que le *Plan* l'avait promis, ni parce qu'en somme la raison d'être de l'édition préparée par Monfort était de donner ce texte de préférence à celui de 1623, suivi par les éditeurs de Madrid. Et nous verrons en effet que si les motifs qu'ils allèguent pour rejeter le texte de 1617 sont insuffisants, ceux qu'ils font valoir contre le texte de 1623 ne sont assurément pas négligeables.

---

1. *Prefacion* aux *Advertencias* de Mondéjar.
2. L. IV, c. 5, 13, 17; l. V, c. 14; l. VI, c. 10. Il y en a d'autres encore : cf. le ch. IV, § III.
3. « ... estas citas se hallan y empezaron a verse en el Tomo Primero de la tercera impression, hecha en Madrid en ausencia, i estando su Autor cerca de morir. »
4. Cf. l'appendice IX sur l'édition de 1617-1616.

CHAPITRE III

I. Le dominicain Urreta.
II. Les *Advertencias* et les *Animadversiones* de Pedro Mantuano.
III. L'*Historia... defendida* de Tomás Tamayo de Vargas.
IV. Mauvaise foi de Mantuano.
V. Autres apologies de Mariana.
VI. L'édition de 1617-1616.

I

En 1610, paraissait à Valence une *Historia ecclesiastica politica natural y moral de los grandes y remotos Reynos de la Etiopia*, etc.[1]. L'auteur, un dominicain, Fray Luís de Urreta, avait trouvé le moyen, à propos des missions éthiopiennes, d'attaquer Mariana, qui, certes, ne pouvait guère s'attendre à se voir combattre dans un pareil livre. Il lui reprochait de n'avoir cherché qu'à faire parade de son latin; d'avoir écrit beaucoup de choses fausses, parlé avec peu de révérence du martyre de saint Herménégild, un saint canonisé, raconté ce qui lui passait par l'esprit touchant la bataille de las Navas, et nié l'apparition de saint Georges aux Aragonais dans les batailles, etc.[2]. D'autre part, dans sa préface, faisant évidemment allusion à Mariana, il déclarait ne pas vouloir étaler la liste de ses autorités, que c'était là une vaine ostentation, peu habile et sans utilité[3]. Au fond, ce que voulait Urreta,

---

1. N° 3416 de Salvá. Cf. Tamayo de Vargas, *Raçon*, XLVI-LV.
2. P. 613, où il parle de « lo que escriuio en sus historias Indicas el padre Pedro Maffeo, a quien sigue Ribadeneira », Urreta ajoute en marge : « Fundose Maffeo en relaciones, y procurò poco aueriguar verdades, porque solo tenia la mira en que el mundo supiesse que era elegante en Latin. La misma censura se ha de dar a Mariana en las historias de España, pues solo procurò hazer alarde del Latin, escriuiendo muchas cosas falsas, y contra toda verdad : como podra ver el que le leyere. Y aun habla con poca reuerencia del glorioso martyr san Ermenegildo, siendo santo canonisado. De la batalla de las Nauas dize lo que le da gusto, y niega que S. Jorge no aparecio en las batallas de Aragon, y otras muchas faltas. »
3. « No hago aranzel y catalogo de los autores que se citan, porque me parece curiosidad (quando lo sea) de poca habilidad, y de ningun prouecho; antes es vna vana ostentacion, y ambicioso aparato, basta que se citan en las margenes... Va esta obra en la pobreza y cortedad de mi lenguaje, porque escriuiendo para todos, no era bien que escriuiera en Latin, que no todos le entienden, y pareciera querer enseñar a doctos, y no es razon que llegue tal disparate al pensamiento. » (*Prologo.*)

c'était rabaisser le mérite d'un jésuite. Notons seulement la coïncidence de cette attaque avec l'emprisonnement de Mariana. Les privilèges, censure et permissions des supérieurs et de l'évêque pour cette Histoire d'Éthiopie sont datés de novembre 1609; la *licencia* du provincial l'est du 30 septembre de la même année : à cette dernière date Mariana était en prison depuis quelques semaines. Le passage où il est pris à partie nommément étant glissé dans une note, il est probable que la note elle-même aura été glissée dans l'ouvrage quand on le savait hors d'état de se défendre. Cela donne une belle idée du courage de ce moine [1].

II

Mariana n'en avait pas fini avec Mantuano. Nous pouvons supposer qu'il avait eu la sagesse de ne pas répondre à la réplique que lui avait value sa première réponse. Mais Mantuano avait trouvé sa voie : la critique de l'histoire d'Espagne de Mariana. Il donna l'exemple aux Mantuanos de la postérité. Il prouva que rien ne vaut comme de s'acharner après un homme considérable et que, pour un sujet médiocre, c'est un bon moyen de survivre. Il continua.

En 1610, si nous nous en rapportons à Tamayo, Mayans et Noguera, en 1611 seulement suivant Agustín de Sales, auteur de la censure qui est en tête des *Advertencias* de Mondéjar éditées par Mayans, Mantuano publia à nouveau ses *Advertencias*, considérablement augmentées. Mayans dit que le lieu d'impression marqué était Valladolid; mais, probablement sur la foi de Tamayo, et comme Sales et Noguera, il admet que l'ouvrage fut imprimé à Milan [2]. Noguera ne paraît pas du reste avoir eu entre les mains cette édition. Quant à Sales, il n'insiste pas autrement. C'est pourtant lui qui a raison. Les exemplaires de l'édition signalée par lui ne sont pas rares. Mayans a-t-il été mal renseigné touchant la date et le lieu marqués? ou bien a-t-il vu un exemplaire de Valladolid 1610, qu'il aura cru, à cause de ce que dit Tamayo, imprimé en réalité à Milan? Tamayo aurait donc confondu deux éditions, et aurait retenu de l'une la date, de l'autre le lieu d'impression? Rien ne prouve, au surplus, qu'il ait connu par lui-même d'autre édition que celle de 1613; le contraire est plutôt probable, puisque, comme on va le voir, celle de Milan ne put pénétrer en Espagne. Et comme c'est à lui que paraissent empruntés les détails que nous fournissent, sur les avatars des *Advertencias*, Mayans, Sales et Noguera, il est prudent de n'accepter les indications de ces

---

1. Cf. la préface de Charenton, p. xix-xx.
2. « Alargó sus *Advertencias*, i las imprimió en Milan año 1610 aunque la impression suena en Valladolid. » (P. 11 de la *Prefacion* aux *Advertencias* de Mondéjar.)

derniers que sous bénéfice d'inventaire. Nous nous en tenons donc à l'édition de Milan 1611[1]. C'était une des misères qui attendaient Mariana à sa sortie de prison. A Morlanes, qui probablement lui avait dit son indignation, il avoue implicitement, dans sa lettre du 7 février 1612[2], le dépit, ou peut-être plutôt le dégoût que lui causent ces attaques. Il en connaissait l'origine et l'inspiration : il savait que l'amour de la vérité n'avait pas seul fait prendre la plume au secrétaire, à « ese hombrecico », comme il l'appelle.

Peu modeste, et, du reste, sentant la lutte facile, l' « hombrecico » prévoyait déjà une nouvelle édition : il l'annonce au verso du titre.

---

1. « ADVERTENCIAS | A LA HISTORIA | de IVAN DE MARIANA | DE LA COMPAÑIA DE IESVS, | Impressa en Toledo en latin año 1592. y en | Romanço el de 1601. | EN QVE SE ENMIENDA GRAN PARTE | de la Historia de España. | Por Pedro Mantuano, Secretario del Condestable de | Castilla y Leon, &c | CON PRIVILEGIO | (vignette) | EN MILAN, por Hieronimo Bordon, el año de MDCXI. | Con licencia de los Superiores. » In-4°.
Au verso « APPROBATIO. Imprimatur, Fr. Aloysius Bariola Augustinianus Consultor Sancti Officii, pro Reuerendiss. Inquisitore. Aloysius Bossius. Can. Ord. Theol. pro Illustrissimo Card. Archiepiscopo. Vidit Saccus pro Excellentiss. Senator. — Este libro esta lleno de erratas, por no entender la lengua el impressor, en la secunda impression se procurará la enmienda de todas. »
Au folio suivant : « Ivan Fernandez de Velasco, Contestabile di Castiglia &c ... In virtù della presente concediamo ampla licenza, e priuilegio à Gieronimo Bordon mi Blibiopola. — Dat. in Milano à 30 marzo 1611... »
Au folio suivant : « A Juan Fernandez de Velasco Condestable de Castilla y de Leon... Presidente de Italia... Gouernador del estado de Milan & c. Pedro Mantuano su Secretario. Aduerti dias hà al Padre Iuan de Mariana algunos errores de su Historia para que en la misma impression, que trataua de hazer pudiese corregillos : mas hauiendose hallado despues muchos, y muy notables, que entonces (porque las aduertencias llegassen à su noticia antes que esta estampasse) no tuue lugar de ajustar; me mandò Vuestra Excell. que las sacasse à luz, juntamente con las primeras. He lo obedecido : y aunque es trabajo començado, y acabado en los veynte y seys años de mi edad, no quiero que me valga esto por escusa, si la verdad estuuiere en algo por la parte contraria. »
La table des matières commence au verso et comprend six autres pages préliminaires. On y trouve trois titres qui ne sont pas dans celle de 1613 : Causa como fue la destrucion de Hespaña 98. 102... Contradizion muy euidente del Mariana 201 y otra 203 y otras 213... Puerta de la Caua en Malega porque se llama 103. Le premier et le troisième correspondent à une advertencia qui a été supprimée dans l'éd. de 1613, mais celle à laquelle renvoie la deuxième y a été conservée (p. 302-3). Le texte des advertencias va de la p. 1 à la p. 216. Leurs débuts respectifs ne sont pas toujours pareils dans les deux éditions. Dans celle de 1611, presque toutes commencent par : « Probaré como... » (la première, par exemple), formule qui a disparu en 1613. L'advertencia qui concerne Bernardo del Carpio a été supprimée dans l'édition de 1613, dans la table de laquelle on lit pourtant, exactement comme en 1611 : Bernardo del Carpio no huuo. 108. y de donde tuuieron origen tantas patrañas, que se inuentaron del. 112. »
L'éd. de 1611 n'a pas la longue réponse au P. Pineda sur la « venida de Nabuchodonosor » qui occupe les pages 33-64 de l'éd. de 1613, ni la réponse à Mariana touchant les critiques contenues dans la lettre de celui-ci contre les Discursos du Connétable sur Saint Jacques (p. 108-143 de l'éd. de 1613). Les titres qui sont dans la table de 1613 et manquent dans celle de 1611 correspondent précisément à ces deux discussions insérées dans la deuxième édition, sauf les titres Artabro, Don Henrique, Ebro nace (la matière correspondante se trouve pourtant dans le texte de 1611 comme dans celui de 1613), et un autre, Cartago no es Tarsis, qui correspond à six pages ajoutées en 1613 à une aduertencia.
2. Voir l'appendice V, 2.

Bien nécessaire la rendaient, par ailleurs, les fautes amoncelées par l'imprimeur italien. Mais une autre cause, inattendue probablement, l'obligea, pour se faire lire en Espagne, à se faire réimprimer. D'après ce que nous raconte Tamayo, Pedro, revenu à Madrid et ne pouvant faire passer en Castille un livre qui n'avait pas la permission pour ce royaume, présenta ses *Advertencias* au Conseil royal, qui le retint longtemps; D. Juan Fernández était mort sur ces entrefaites [1], malheureusement pour son bibliothécaire, qui, fort perplexe, fut sur le point de retourner en Italie, sans doute pour y chercher un moyen de sortir d'embarras.

Mais Mantuano complète lui-même les renseignements fournis par Tamayo. La Bibliothèque de l'Academia de la Historia possède, on se le rappelle, un recueil comprenant, entre autres manuscrits de Mantuano, une requête adressée par celui-ci au roi; on en trouve une seconde, avec cette mention : « Mantuano, sobre la censura de P° de Valencia [2]. » Ce n'est que la minute, et il n'y a pas de signature, mais c'est bien Mantuano qui parle, et il s'agit de ses *Advertencias*.

---

1. Voir plus haut, p. 118.
2. Ms. de l'Acad. de la Hist. Fonds Salazar, Est. 7°, gr. 2°, n° 60, f° 108-17 (écriture du xvii° s.):

« Mui P.ᵒˢ Señor ª.

La persona a quien V. Mg⁴ remitio mi libro de las aduertencias a la historia de España Despues de hauer alauado el cuidado diligencia y erudicion del autor dellas. Dice en llegando a los lugares en que muestro con euidencias que no ay caba ni Berᵈᵒ que V. M.ᵗ los mande quitar por seruir de dechado a la gentte Española de imitar al vno y de que en el otro se vea el castigo de Dios sobre el Rei Rodrigo por la fuerça de la caua siendo esto la caussa por la qual Dios [d]estruyo a España traiendo los Moros Don Julian su padre en Venganza de la afrenta de su hija. Pregunto a esta persona, parecele que por solo el peccado particular del rei hecho en la fuerça de la caua ; pecado de Principe con solo vna muger siendole prometida en matrimonio en materia que apenas se ha cometido quando el arrepentimiento esta dando aldauadas al alma : sin tener en el parte sus reinos y vassallos hauia de uenir luego el açotte de la mano de Dios a asolar los Reinos de España...

Veamos aora que ejemplo sacaran los españoles (hauiendo Caua) para las costumbres como quiere esta persona. Lo primero las damas sabran vengar las fuerças que les hicieren ᵇ los Principes en los palacios reales y se animaran con semejantes exemplos a destruir vna Prouincia y la Religion della satisfaciendo la Vengança de su afrenta y los Principes por cumplir sus apetitos a exemplo de Rodrigo auenturaran sus estados sin tenᵉʳ la destruiçion dellos porque la volundad cumpla sus gustos y los ssᵒˢ de Castilla se moueran imitando a Julian aora gouiernen en Italia aora en flandes aora en Africa a Oran o las demas fuerças y fronteras a acometer lo que el conde si tal agrauio (por desdicha) nʳᵒˢ Reies les hiziesen, i admitiendo los françes (sic) o alemanes en flandes o Italia y a los moros en España siguiendo las pissadas de Jullian. Que el mouerse vn rei moço guiado de la fuerça de amor a agrauiar vna dama, en su palaçio Rˡ puede subçeder al Principe que anda entre ellas, y como la nobleça de Castilla se cria en las cassas reales a qualquier Dama que el Principe llegare llegara el agrauio al padre o hermano que entonces por ventura puede estar vna de estas Plaças gouernando y la passion siguiendo el exemplo de Julian satisfara sus desseos. Estos son los vienes que españa tendra de que aia caua ynuençion hecha en odio de las mugeres contra raçon y justiçia.

En quanto a lo de Bernardo diçe que quitarle es quitar a la Grecia vn Achiles y

a) Au verso du folio 117 et en travers : « Mantuano sobre la censura de P° de Valencia. »
b) Je corrige par le second texte (cf. la n. a de la p. 193) : celui-ci a *hicieron*.

Le Pedro de Valencia à qui avait été confiée la censure des *Advertencias* avait joué un rôle honorable dans l'affaire des plombs de Grenade. Sur la demande de l'archevêque de Tolède, D. Bernardo de Rojas y Sandoval, il avait rédigé un mémoire, daté du 26 novembre 1607, où il démontrait, comme avaient fait Juan Bautista Pérez et le mystérieux *licenciado* Valcárcel, la fausseté et l'inanité de ces découvertes. A quel moment lui donna-t-on à examiner le travail de Mantuano? Ce fut sans doute quand l'auteur présenta son édition de Milan pour la faire admettre en Espagne. Il faut avouer que, de la part d'un homme de jugement et de bonne critique, d'un « libre pensador », comme Godoy appelle ce champion de la vérité historique [1], Mantuano pouvait attendre des objections moins frivoles. Le fait est que le censeur demanda la suppression des *advertencias* où Mantuano démontrait que ni la Cava, ni Bernardo del Carpio n'avaient jamais existé; et cela, attendu que l'histoire de ces deux personnages était un excellent

otros semejantes heroes, y que Bernardo sirue de exemplo a nros Españoles con que se animan a sus haçañas. No considera esta Persona la afrenta y desastre de la cassa R. la hermana del Rei cassandose con el vassallo de secreto, vltraxando su honrra y fama, por venir en semejante matrimonio. Exemplo bueno a las hijas de los Principes las quales a imitacion de sus passados se entregaran a la deshonrra, a trueque de cumplir sus gustos sin reparar en la afrenta de los Palacios R^{les} pariendo hijos afrentosos, a los Reies y Reinos en cuias cassas se engendraron. Pues que dire de Bernardo hombre que solo nacio para correr las tierras de los christianos y los Reies sus tios haciendo ligas con los moros con cuio fauor los Reies de Leon padecieron tanto daño caussado por las rebeldes armas de Bernardo los Estandartes R^{les} tendidos en campaña contra vn vassallo cuias fuerças las mas veçes vencieron los exerçitos del Rei. Este es buen exemplo de imitar para que los ss^{res} y grandes a imitaçion suia hagan otro tanto contra la corona de Castilla, labren fortaleças y se junten con los enemigos de la fee, para ofender a los christianos sin culpa dellos sino solo ser vassallos de los Reies catholicos contra los quales se enojaron. Mire aora esta persona que exemplo tan digno de imitar de vna nacion que desde que las armas Carthaginesas entraron en España ha hecho haçañas tan grandes que pareçen impossibles dignas de imitarse y alabarse de las naçiones del mundo. Vemos vna sagunto conuertirse en cenizas por guardar la fee a los romanos... D. Sancho de Velasco adelantado maior de Castilla muere sobre Gibraltar peleando...

D. Pedro Fernandez de Velasco llamado el buen conde de haro, que desde que nacio asta que se recojio en la Cartuja de Medina nunca se quito las armas en defensa de sus Reies... D. P^o de Velasco, Condestable de Castilla defiende en la de Olmeda a Enrrique 4°. Don Iñigo de Velasco vi rei de Castilla cuia espada corta el cuello a los que contra su rei leuantaron estandarte...

Y si semejantes vanidades an de mouer los animos de los españoles a seguirlos como quiere esta persona. Lean de aqui adelante al cauallero de febo, amadis [a], don Belianis el cau° de la ardiente espada, el de la cruz de Trapissonda, D. Policisne de Boeçia, Cirobante(?) de Dinamarca, Traquitantos(?) del Ponto, el Constantinopolitano rei de los Godos, D. floriponesio de Vngria(?), al gran almirante de la Valaquia, Don Rolando y si mas mendosas haçañas quissieren ai esta D. Quixote que en la Mancha passa tantas auent^{ras} por defender la lei de caual^{ria} como Achiles y Diomedes s^r Troia y los demas, que las ocios^{os} de los Griegos ã inuentado.

V. M. mire aora si es raçon que en nra España quede borrado el nombre de la caba y de Bernardo. »

1. P. 115.

a) Le même écrit se trouve, d'une autre main, du folio 118 au fol. 122, mais avec une fin différente et plus longue à partir du mot *amadis*. L'écriture est du milieu du xviie siècle.

enseignement pour les lecteurs. Bernardo était un modèle à imiter pour tout Espagnol ; le châtiment qui fondit sur l'Espagne et son roi, parce que celui-ci avait abusé de la fille d'un de ses comtes, était une belle leçon pour les débauchés.

Ces considérations jettent un certain jour sur la façon dont l'histoire était comprise au temps de Mariana, même par des hommes que l'on voyait si méfiants à l'égard des révélations récentes de l'épigraphie; mais devons-nous nous étonner si ceux qui avaient bonne vue pour certaines questions, étaient parfois aveugles pour d'autres? On pouvait percer à jour les supercheries de Grenade, et ne pas se douter que les histoires de la Cava et de Bernardo pouvaient n'être que des légendes. Le discernement entre la légende et l'histoire est précisément ce qu'il y a de plus difficile. Chose plus étrange, on ne se demandait point, on refusait de se demander si ces histoires étaient fondées sur des textes sérieux ; elles paraissaient morales, ou moralisantes, donc il fallait que la critique les respectât.

Les choses ainsi envisagées, la discussion n'était plus en effet possible. C'est ce qu'aurait dû dire Mantuano. Nous voyons au contraire que, dans sa requête au roi, il suit son censeur sur le terrain de la morale, et s'efforce de démontrer qu'il est dangereux de laisser figurer dans les fastes espagnols les deux personnages en cause. Les dames qui seront violentées par les princes dans leurs demeures royales voudront imiter la fille du comte Julien, et la conduite de celui-ci pourra encourager un père ou un frère à livrer les places que le roi lui aura confiées, pour se venger d'une injure semblable: or, ajoute non sans ingénuité le secrétaire du connétable, le cas peut bien se produire, qu'un roi manque de respect à une dame du palais. Et quel exemple encore pour les filles de rois, que celui d'une princesse épousant secrètement un vassal ? Quel exemple pour les grands, que celui d'un vassal sans cesse en lutte contre le roi ? Ces arguments ne manquent pas de piquant: la conclusion en a davantage encore. « Et vraiment, si de pareilles vanités doivent être proposées aux Espagnols comme des modèles à suivre, qu'ils lisent alors le Chevalier de Phébus, Amadis, Don Bélianis, le Chevalier de l'Ardente Épée, celui de la Croix de Trébizonde, Don Policisne de Béotie, Cirobante de Danemark, Traquitantos du Pont, le Roi Constantinopolitain des Goths, Don Floriponesio de Hongrie, le Grand Amiral de Valachie, Roland, et s'ils veulent des exploits plus modernes, voilà Don Quichotte, qui dans la Manche a traversé autant d'aventures pour défendre la loi de chevalerie, qu'Achille, Diomède devant Troie, et que tous ceux qu'inventa la fantaisie des Grecs ! » En somme, jolie page, dont la saveur, la verve, et la vérité nous réconcilieraient avec l'acharné censeur de Mariana, si nous n'avions au fond quelque plaisir à le voir censuré à son tour, même injustement. Notre Pedro avait compris la bonne leçon de bon sens donnée par le *Don Quichotte*, et sa réponse s'en inspire ici très à propos [1].

On donna tort à Mantuano pourtant. La licence vint enfin, le 15 juillet 1613 : mais il avait fallu faire les coupures indiquées par le censeur. Il est bon de noter qu'on ne peut soupçonner Mariana ni ses confrères d'avoir agi sur ce dernier. Pour tant faire, ils ne se seraient pas contentés de faire supprimer les critiques qui concernent la Cava et Bernardo : c'eût été une satisfaction trop insignifiante.

Pour « bourrer » le livre ainsi dégarni, le pauvre critique avait doublé d'une réfutation, en trente-deux pages, de ce qu'avait écrit le P. Juan de Pineda sur la venue de Nabuchodonosor en Espagne, l'*advertencia* qu'il avait consacrée aux assertions de Mariana sur le même sujet ; il y avait joint une réponse, en autant de pages, aux « Difficultades puestas por el Padre Juan de Mariana, a los discursos sacados de la libreria del Condestable mi señor, sobre la venida de Santiago a España »[2]. C'était une soixantaine de pages de supplément. Tel qu'il parut, malgré les retranchements, mais, il est vrai (pour reprendre une plaisanterie assez lourde de Tamayo), après une gestation de dix ans, le petit in-quarto avait encore trois cent vingt-deux pages, plus dix feuilles préliminaires, au lieu des deux cent seize pages et six feuilles de 1611. *Vires acquirit eundo*, aurait pu suggérer à l'auteur, comme épigraphe, son contradicteur Tamayo, qui, on le verra, en cette matière avait l'invention facile.

Dans la dédicace de son édition de Madrid, présentant à son maître « D. Bernardino Fernández de Velasco, septimo condestable de Castilla » les *Advertencias* commandées jadis par D. Juan Fernández, Mantuano prétend qu'il les a commencées et finies à l'âge de vingt-six ans. Il serait difficile de deviner de quelles *Advertencias* il parle, de celles de 1607, de 1611 ou de 1613, s'il n'était probable qu'il s'agit de celles qui avaient pris six mois à leur auteur, c'est-à-dire sans doute celles de 1611 [3].

Tamayo raconte que Mantuano lui avait, à lui-même comme à d'autres, exprimé l'intention de mettre dans cette édition une préface pleine d'éloges pour le P. Mariana. En fait d'éloges, on ne trouve que la phrase ironique que nous avons vue ; et, en fait de préface, il ne parut que la dédicace au fils de D. Juan Fernández, une « Carta al condestable de Castilla del secretario Juan Baptista Sacco, que fue el

---

1. Cette mention du *Don Quichotte* avant le 15 juillet 1613, date de la *Suma de la licencia* de la seconde édition des *Advertencias*, est par elle-même assez intéressante. Toutefois elle ne se trouve pas dans la rédaction plus longue dont il est question p. 193, n. a.
2. P. 108-143.
3. Dans ce cas, il serait donc né, au plus tard, en 1585, et il aurait écrit le « quadernillo » à dix-huit ans. Mort en 1656 (cf. p. 174), il devait donc plus que septuagénaire. S'il veut parler des « seis pliegos », la date de sa naissance se placerait en 1581.

censor de estas advertencias, por mandado del Senado de Milan, quando se imprimieron en aquel Estado », et une « Carta de Henrique Puteano sucessor en la Catreda de Iusto Lipsio, en Louaina », adressée de Louvain « postridie non. Novemb. MDCIX » à Mantuano lui-même. Toutes deux sont naturellement des plus flatteuses pour le secrétaire des Velasco. Sacco, « à qui, pour sa grande érudition et ses connaissances variées, le sénat de Milan a confié la censure des livres qu'on imprime, » comme on a eu soin de dire en tête de son épître, nous dépeint l'extase dans laquelle lui et le moine augustin Aloysius Barriola, « consultor sancti Officii pro Reverendissimo Inquisitore, » furent plongés par la lecture des *Advertencias*. « Mais comment avez-vous trouvé le temps de lire, conférer et retenir tant d'auteurs? » avait demandé Barriola à Mantuano, qui venait chercher son *imprimatur*, comme si remuer des in-folio semblait au délégué du Saint-Office chose surhumaine ; « si j'en juge par l'âge que vous avez, il faut que vous soyez né savant! » L'excellent Barriola avait l'admiration facile pour les jeunes pédants, et la flatterie adroite pour les secrétaires de connétables. Quant à la lettre du successeur de Juste Lipse, elle est lyrique. Ce qui étonne, c'est l'animosité qu'elle décèle contre l'auteur de l'*Historia de España* : « Vous avez eu le courage d'attaquer l'orgueil et de dévoiler l'ignorance de ce nouvel historien. Allons ! ils verront à la longue leur erreur, honteuse et obstinée, ceux qui se targuent de tout savoir. Hommes qui ne sont pas des hommes! Ils se croient infaillibles, ils font parade de leurs talents, ils aiment mieux défendre leur ignorance que la corriger! » C'est ainsi que Henry Dupuy déplore, en s'adressant à Mantuano, l'entêtement du « nouvel historien » à ne pas s'amender. Et il termine sa tirade en demandant au secrétaire de le recommander à son maître [1].

Mariana avait écrit son Histoire en latin et en castillan : Mantuano s'était cru obligé de mettre aussi ses critiques en latin, afin que l'Europe érudite pût les apprécier. Dans son *Ensayo de una Biblioteca española* Gallardo fait connaître le titre et une partie de la dédicace d'une rédaction latine des *Advertencias*, qui a appartenu à la bibliothèque Villaumbrosa, et à laquelle sont adjoints d'autres papiers du même auteur [2]. Ce doit être ce manuscrit qui se trouve aujourd'hui à l'Academia de la Historia, ainsi qu'une quarantaine d'autres de la même provenance. En tout cas, c'est à la suite de cette rédaction que viennent les deux requêtes déjà signalées et une troisième dont il sera parlé plus tard.

[1]. « Il le croyoit (Mantuano) fort agréable à son maître et en état de lui rendre service dans le dessein qu'il avoit de se faire nommer professeur d'éloquence à Milan, où le Connétable pouvoit tout, » remarque le P. Charenton (préface, p. xxi), qui, ne trouvant pas dans le recueil que Dupuy a publié de ses lettres les expressions injurieuses de la lettre reproduite par Mantuano, en conclut « que *Puteanus*, qui avoue qu'il n'avoit pas encore lû Mariana, l'ayant lû depuis, se repentit... ».

[2]. N° 2899.

Le titre est bien celui que reproduit Gallardo : *Animaduersiones ad Historiam Patris Johannis Marianæ*, etc. [1]. C'est une mise au net, avec des corrections qui sont de la même main que la dédicace. On y trouve incorporés plusieurs folios de l'édition de Milan, qui contiennent les citations relatives à la Cava, à Rodolphe de Habsburg, et à la bataille de Gallipoli [2]; d'autre part, l'*animaduersio* à laquelle est relative cette dernière citation n'a pas été mise [3]. La constitution, sinon la rédaction, de ce manuscrit est donc postérieure à l'impression des *Advertencias* de 1611, dont nous avons là, soit une traduction latine incomplète, soit une ébauche en latin. Il est dédié à D. Juan Fernández de Velasco, auquel sont donnés les mêmes titres que dans la dédicace de 1611, entre autres celui de gouverneur du Milanais. Or Velasco eut cette fonction de 1592 à 1595, et de 1610 à 1612. C'est donc probablement entre 1610 et 1612 que ces *Animaduersiones* furent rédigées.

III

Ici entre en scène un autre personnage dont nous avons souvent prononcé le nom, car c'est précisément lui qui nous a présenté Man-

---

1. Est. 7°, gr. 3°, n. 60. En voici le début complété : « Animaduersiones ad Historiam Iohannis Marianæ, societatis Iesu, quæ latino quidem idiomate prodiit Toleti anno Salutis nostræ millesimo quingentesimo secundo; hispanico vero, millesimo sexcentesimo decimo[a]. In quibus non exigua pars Hispaniæ Historiæ emendata est. Auctore P. Mantuano, Comitistabuli Regnorum Castellæ et Legionis a Secretis. ILL.º et Excell.º Principi Ioanni Fernando Velasco Comiti stabuli Regnorum Castellæ et Legionis... Supremi Concilii Italici in Hispania præsidi. In sanctiori Consessu Regi a Consiliis : Ejusdem... Summa cum potestate Insubriū Gubernatori ac Regis exercitus Imperatori. Petrus Mantuanus eidem a Secretis. — Jam pridem indicauerem Patri Ioanni Marianæ aliquot Historiæ suæ loca, in quibus non leuiter halucinatus est; ut ea in secunda editione, quæ in præcinctu erat, corrigeret ac emendaret. Postea autor his plura multo reperi, in quibus etiam grauius lapsus est : quæ quia adeo expediŧ in unum colligere, ipsique indicare non potui, antequam editio illa curaretur, injunxit mihi tua Ex.ª cum prioribus eam proferrem in lucem. Ecce obtempero, et etiamsi auspicia hæc tantum sint, et quædam iuuentutis meæ primitiæ, ætatis quippe annorum viginti sex[b]; nullum tamen indulgeri mihi ob hoc vel in patrocinio, si alicubi a recta via defloxisse reperiar, cùm ad hanc reducere illum conatus sum. » On voit que la dédicace dit en latin ce qui est dans celle de 1611.
Ces *Animaduersiones* tiennent, dans le ms., du f. 3 au f. 106. La première commence par ces mots : « Urbem Tariffam diuersam olim a Tartesso fuisse contra mentem Marianæ plurimorum Authorum testimonio probaturus sum ». La dernière finit par «... ubi agit de familia Henricorum, cui suffragatur Arbor Genealogica dictæ Borgiarum familiæ. »

2. Ce sont les pages 99-102, 107-170, 175-180 de l'édition de Milan; elles contiennent respectivement les passages tirés de la Chronique dite de Sebastián, de Fr. Guillenmann et de Jean Cantacuzène; dans l'édition de Madrid, on ne trouve que les deux derniers, p. 247-264, p. 268-276.

3. Par contre, les *animaduersiones* qui correspondent aux *advertencias* supprimées en 1613, sur la Cava et Bernardo del Carpio, y sont tout au long.

a) Lapsus évident pour « millesimo sexcentesimo primo »; dans les deux éditions des *Advertencias* on trouve à l'endroit correspondant « 1601 ».
b) En marge : « et eas auspicatus sum, et absolui. »

tuano : le *doctor* D. Tomás Tamayo de Vargas. En 1616, à Tolède, chez Diego Rodriguez, qui devait imprimer le tome II de l'*Historia de España* en 1623, D. Tomás publiait trois ouvrages qu'on trouve d'ordinaire reliés ensemble et qui durent sortir des presses en même temps. Le premier était destiné à répondre aux critiques adressées par Mantuano à l'Histoire d'Espagne de Mariana; le second, à expliquer pourquoi l'on se chargeait de cette réponse; et le troisième, à défendre la tradition qui faisait donner par la Vierge à saint Ildefonse une chasuble d'honneur[1].

L'auteur était présenté au monde érudit par deux parrains, Pisa, « Dean de la Facultad de Theologia i Doctor en ambos derechos, etc., Historiador de la Ciudad de Toledo, » et le « R. P. F. Lucas de Montoia Corrector del Conuento de N. Señora de la Victoria de Madrid, i Historiador de la Religion », lesquels rédigèrent chacun une censure: deux historiens, comme il convenait, l'ouvrage étant destiné à défendre un historien.

La censure de Pisa complimente « D. Thomas Tamaio de Vargas, théologien, également versé dans la littérature sacrée et la profane, dans les langues latine, grecque et hébraïque », du zèle qui l'a incité à défendre contre les *Advertencias* de Pedro Mantuano la « famosa historia general de las cosas de España » du P. Mariana. A celui-ci est décerné au passage un éloge sans restriction pour sa rare érudition, sa prudence, sa modestie[2]; et la chose est méritoire, si Pisa connut les *Advertencias sobre dos capitulos del libro de la historia de Toledo*

---

1. HISTORIA | GENERAL | DE ESPAÑA | DEL P. D. Iuan de Mariana | DEFENDIDA | POR EL DOCTOR DON | THOMAS TAMAIO DE VARGAS | CONTRA LAS ADVERTENCIAS | de Pedro Mantuano. | Al Illustriss. Don Bernardo de Sandoual i | Rojas Cardenal, Arçobispo de Toledo, | Primado de las Españas, Inquisidor | General, Chanciller maior | de Castilla, &c. | CON PRIVILEGIO | En Toledo, por Diego Rodriguez, | Año M. DCXVI. » Ni l'exemplaire que je possède ni l'exemplaire de la Bibl. nat., ni celui de la Bibl. provinciale de Tolède décrit par M. Pérez Pastor (n° 487 de son *Imprenta en Toledo*), ne sont conformes au numéro 3195 de Salvá, puisqu'ils n'ont que quatre feuillets préliminaires et que l'ordre des trois écrits contenus dans le volume y est 1° *Historia general... defendida* (341 pages); 2° après une page et une feuille blanches, la RAÇON DE LA HIS- | toria del P. D. Iuan de Mariana: de | las Aduertencias de Pedro Man- | tuano contra ella : de la defensa | del Doctor Don Thomas | Tamaio de Vargas (LV p.); 3° DEFENSA | DE LA DESCEN | ION (sic) DE LA VIRGEN N. S. A | LA S. IGLESIA DE TOLEDO | A DAR LA CASVLLA A | SV B. CAPELLAN S. | ILEPHONSO. | POR EL D. DON THOMAS | TAMAIO DE VARGAS | AL IL. S. CARDENAL ARÇO | BISPO DE TOLEDO, PRIMA | DO DE LAS ESPAÑAS. » (2 f. prél. et 47 p.). La profession de foi qui suit est datée dans mon exemplaire « a XIV de Junio an. MDCXVI » et non MDCXV comme dit M. Pérez Pastor. Ni dans mon exemplaire, ni dans celui de la Bibl. nacional, ni dans celui que décrit M. Pérez Pastor, la Raçon n'a l'indication de lieu et de date que la *Bibliothèque des écriv. de la Comp. de Jésus*, ajoute au titre (Toledo, 1616). Le texte y commence au-dessous du titre. La table des matières qui, dans mon exemplaire, suit, et dans celui de la Bibl. nac. précède le troisième ouvrage, est commune aux trois ouvrages. Elle est intitulée « Summa de lo mas particular destas defensas ».

2. « ...para que la historia del P. Mariana sea mas conocida i estimada de todos, como merece, por sus grandes letras, i rara erudicion, con eminencia singular, prudencia, i religion, todo acompañado de vna sancta modestia. »

dues au même P. Mariana. Tamayo ne devait pas se montrer ingrat : c'était plaisir de l'obliger. En 1617, il éditait à nouveau la *Descripcion de la Imperial Ciudad de Toledo* du même Pisa : « nihil de suo adjungens, » observe Antonio ; il y ajouta pourtant, comme l'indique Salvá, le catalogue des œuvres et une biographie de l'auteur, décédé en 1616[1].

Montoya renchérit sur les éloges décernés par Pisa à Tamayo. Il voudrait pouvoir transformer cette approbation, qu'il est chargé de décerner, en un éloge du jeune auteur, qu'il compare à Scot, à Pic de la Mirandole, à Juste Lipse[2].

N'était-ce pas un bonheur en vérité pour un écrivain dont la vieillesse était harcelée par un Mantuano, de rencontrer un défenseur aussi remarquable? Ce n'est donc pas sans quelque stupéfaction que l'on trouve dans l'une des lettres adressées à Bartolomé de Morlanes par le P. Mariana, des phrases qui témoignent d'assez peu de reconnaissance pour celui qui s'était constitué son champion : « C'est un garçon assez bien doué, aimant à honorer les autres, et à être payé de retour : agréable caractère! Il entreprend beaucoup de choses. Il n'est pas encore fait, qu'il est déjà en fermentation. Cela lui passera avec l'âge... Si Morlanes désire un correspondant, en voilà un qui sera toujours bien renseigné, et qui ne chômera pas, même quand il s'agira de choses désagréables. C'est bien à son corps défendant que lui, Mariana, a laissé publier le livre écrit contre Mantuano ; il ne l'a, du reste, pas plus voulu lire qu'il n'a lu celui de Mantuano. Il n'a eu garde de se mêler de ces histoires[3]. »

On croirait malaisément que Mariana n'a lu ni le livre de Tamayo, ni celui de Mantuano, si Tamayo n'attestait lui-même la chose. Quant aux *Advertencias*, il faut supposer que les prémices dont on lui avait fait hommage en 1607 lui avaient suffi, et qu'il ne désira pas les savourer dans leur maturité en 1611, non plus qu'en 1613. La réplique attirée par sa réponse fut une leçon. Il comprit qu'il valait mieux désormais opposer à son « censeur » le silence et le dédain, et qu'il y a des gens à qui on ne répond point[4]. Il comptait sans Tamayo, dont la bouillante et généreuse jeunesse était toute prête à se jeter chevaleresquement dans la mêlée pour défendre un grand homme et attirer les regards de la galerie.

On verra que l'homme aux *Advertencias* s'attira d'autres ripostes.

---

1. Cf. plus haut, p. 68. Antonio donne la date de 1618 pour cette édition, mais l'exemplaire de Salvá a la date de 1617, ainsi que celui du British Museum.
2. Sur Montoya voir la *Bibl. h. n.*, et l'*Ensayo* de Gallardo.
3. Voir l'appendice IV, 5.
4. Le P. Charenton (préface de sa traduction, p. xix), ainsi que le note la *Bibliothèque*, dit que Mariana, après avoir lu les *Advertencias*, mit les réponses à la marge et renvoya le tout à Mantuano qui eut beaucoup de chagrin de se voir ainsi méprisé. Le P. Charenton, qui suit évidemment le récit de Tamayo, l'a mal compris et a confondu les *Advertencias* de 1613 avec celles de 1607.

Mais un adversaire digne de lui, il ne pouvait le trouver que dans l'homme aux *Defensas*. Il prétendait n'avoir mis que six mois à coucher par écrit l'œuvre qui devait le rendre immortel, et ce, au milieu des « amusements ordinaires d'un jeune homme »[1]; l'autre eut assez de quinze jours pour le réfuter. Pedro avait, ou prétendait avoir vingt-six ans, quand il commença et finit son travail; Tomás en avait seulement vingt-quatre[2].

Et quel feu! On sent que le jeune théologien est aussi plein de foi dans la justice de sa cause que d'érudition profane et sacrée. Il n'a pas assez d'épigraphes à mettre en tête et en queue de son livre, pour stigmatiser l'adversaire. Une en grec, pour commencer : trois vers de Synesios, qu'il a eu soin de traduire en latin : « Decertatum est pro Musis contra ineruditos, qui malitiose declinant crimen ruditatis & imperitiæ, dum confugiunt ad vituperia illorum, quæ ignorant. » Pour finir, une d'Esdras (III, 4) : « Veritas magna, et fortior præ omnibus, » et une autre tirée de saint Pierre (apud D. Clementem) : « Si quis a veritate vincatur, non ipse vincitur, sed ignorantia. » Si, après cela, Mantuano ne rendait pas les armes, c'est qu'il y mettait de l'obstination.

Né à Madrid à la fin de 1588 ou au début de 1589[3], Tamayo avait commencé ses études à Pampelune, et les avait achevées à Tolède. Il compta peut-être parmi ses maîtres le jésuite Martín Antonio del Río, commentateur de Solin, de Claudien et de Sénèque le Tragique, auteur de travaux d'exégèse[4]; peut-être aussi Jerónimo Román de la Higuera[5]. Mantuano, dans un mémoire que nous examinerons, dit de lui qu'il avait été chez les jésuites[6]. Cela veut dire sans doute qu'il avait suivi leurs leçons dans leur collège de Tolède.

D. Tomás Tamayo de Vargas tient une place assez importante parmi les érudits espagnols du xviie siècle, et il est bien connu à ce

1. Lettre à Alvaro de Piña y Rojas, cf. plus haut, p. 167, n. 2.
2. Nic. Antonio dit de Tamayo : « vicesimum tantum agens annum pro Ioannis Marianæ nomine in certamen iam descendere scriptisque editis famam provocare ausus... » Il a peut-être bien arrondi le chiffre. C'est vingt-quatre ans que Tamayo avait en juin 1613 (cf. la note suivante, et p. 203). La censure de Montoya, datée du 16 janvier 1615, admire la science de ses vingt-quatre ans, ce qui s'accorde seulement par approximation avec l'âge qu'il se donne dans la *Raçon*, p. 19 : « Los veinte i cinco años, en que entro, de mi edad. »
3. Dans sa *Nueva Biografía de Lope de Vega* (p. 179, note), La Barrera dit qu'il fut baptisé le 8 janvier 1589.
4. Cf. la *Bibl. h. n.* aux noms *Thomas Tamajus* et *Martinus Antonius Delrio*.
5. L'auteur d'une apologie de Higuera contre Tamayo, un jésuite qui était recteur du collège de Plasencia en 1635, écrit : « ...para que se vea quan mal habla Don Thomas de vna persona tan venerable que fue Maestro suyo, de quien aprendio todo lo que escribio en el libro de las Novedades antiguas de España, y Defensa de Lucio Flauio Dextro, y en las Notas que escribio sobre Luitprando. » (Ms. VII-F-4 de la Bibl. real.) Mais peut-être a-t-il simplement voulu dire que Tamayo était redevable à Higuera de connaître les Chroniques de Dexter et de Luitprand.
6. Voir p. 204, n. 1.

titre. Son nom revient souvent dans les ouvrages de bibliographie, car lui-même a été un bibliographe et un bibliophile. Il a laissé une *Historia literaria ó junta de libros la mayor que España ha visto, hasta el año 1624*, que l'on conserve à la Biblioteca nacional[1], et *Doce tratados varios en que se disputan algunas cosas singulares de España*, que signale Antonio, sans compter d'autres ouvrages que nous ne citerons pas tous ici[2], car nous ne nous proposons pas de faire entrer une étude sur lui dans celle que nous consacrons à Mariana. Quant aux éditions qu'il a données d'une partie des Fausses Chroniques, et auxquelles il doit une célébrité fâcheuse, nous n'aurons que trop l'occasion d'en reparler. Disons, toutefois, que D. Tomás avait de bonne heure donné la preuve de ses aptitudes. Dès 1612 il faisait approuver une *Cifra, contracifra, antigua, moderna*[3]. Cent dissertations, *schediasmata*, comme il les appelle, sur les sujets les plus divers, groupées en dix décades, telle fut, sans doute, sa seconde production; il l'appelle lui-même « pueritiæ opus ». Le manuscrit en est conservé à la Biblioteca real[4]. Il porte une dédicace à Philippe III. Chaque *schediasma* est

1. Ms. Ff 23, 24 de la Bibl. nac.
2. Cf. la *Bibl. h. n.*, et l'*Indice* de Gallardo. Son nom revient souvent dans la Biographie de Lopo de Vega par La Barrera. Lope lui dédia une comédie (*ibid.*, p. 115 et 323), et fut payé en éloges, en vers castillans et latins (p. 180, 304, 316).
3. Cf. le n° 4007 de l'*Ensayo* de Gallardo.
4. Ms. de la Bibl. real, VII -Y- 1 : assez gros volume in-folio non paginé. Quatro *portadas* manuscrites, la première : « Dn Thomæ Tamaio de Vargas Philippi IV Hispaniarum Regis Catholici Historiographi Decadum verosimilium Pars prima hoc est subseciuarum Horarum ad Amicos, Doctos, nobiles Pensa Theosopha, Physiologa, Polyhistorica, Philologa, Politica. Pueritiæ opus, nuper ex interuallo duodecim annorum repetitum. » La quatrième, en majuscules romaines : « Philippo III Ermenegildo Philippi Prudentis Caroli V Maximi etc. »

Il y a dix décades, comprenant chacune dix *schediasmata*, dont chacun est dédié à une célébrité : par exemple : « Sanctio Dauila Episcopo Saguntino, Jo. Marianæ, Franc. Gomez de Quevedo, And. Schotto, Fonseca de Figueroa, Lupo Felici de Vega Carpio, Auberto Mireo, Jo. Bapt. Sacco, Erycio Puteano, Ludou. de Gongora, Barthol. et Lupercio Leonardo de Argensola, Roberto Bellarmino cardinali, » etc. Il y a des noms biffés, par exemple : « Francisco de Medina, Joanni Meursio, » remplacés par « Ludovico Tribaldo, Federico Morello ».

Le schediasma II de la première décade, dédié « R. P. IOANNI MARIANA SOC. IESV viro Theosophiâ, Historiâ, Religiône summo », est intitulé : « Celebrandorum natalium ritus sacris profanisque in hanc rem lux Hieronymi ac Bedæ lapsus primo detectus, fortean et leuiter tectus. » Il commence ainsi :

« Cum illo, quisquis est, Vir SVMME,

τοὶ μὲν ἐγὼ τοι ταῦτα μαλ' ἀτρεκεὼς ἀγορεύσω

non alia, nisi quæ

SVMMA, petit liuor

instar fulminis, quod duriora transadagit; Tua omnia SVMMA; tu SVMMVS; quæ in multis singula, in te vno et admirari fas, et fateri necessum. Quid Theologiâ augustius? Quid exoticarum linguarum peritiâ difficilius? Quid Historiarum cognitione maius? Prudentiâ laudabilius? Philologiâ amœnius? Philosophiâ amabilius? Scientiâ dignius? Sapientiâ varius? Virtute diuinius? imo quis te his omnibus notior? uel à quo magis omnia hæc, quam à te, nosci tractarique auent? Æternum tibi[a] TOLETVM debuit nascenti, Hispania debet inlustranti, orbis debebit docenti. sed

a) En marge, autre main : « Etiamsi Elborensis seu Talabricensis fuerit Toletum tamen Carpetaniæ ubi Elbora, caput est. »

dédié à une célébrité soit espagnole, soit étrangère. Le second l'est à Mariana. C'est à cet ensemble imposant qu'il fait allusion quand il dit, ainsi qu'on verra plus loin, qu'il était allé en 1613 à Tolède pour faire voir ses *Varias latinas* au grand historien[1]. Douze ans après, il l'avait repris pour le corriger ou l'allonger. On y constate sans peine un grand désir de faire connaître son savoir.

Ce savoir fut connu et apprécié. Reçu docteur de l'Université de Tolède, il y fut quelque temps professeur; en 1621, il suivit à Venise, en qualité de secrétaire, l'ambassadeur D. Fernando Alvarez de Toledo; il fut ensuite précepteur et secrétaire de D. Enrique de Guzmán (neveu du comte d'Olivares), *cronista* de Castille après Antonio de Herrera (mort en 1625), précepteur du comte de Melgar[2], enfin *cronista* des Indes après Luis Tribaldos (mort en 1634). De cette dernière fonction, beaucoup mieux rétribuée, et plus honorée par conséquent (comme remarque l'auteur de la *Bibliotheca hispana nova*), il devait jouir bien peu de temps : il mourut en effet en

æternum a quo nisi a Æterno? Hic tibi, tu nobis æternum amicus, à Patriâ, doctriâ, constantiâ; nam

    iustum et tenacem propositi virum
    non ciuium ardor praua iubentium
   . . . .
    mente quatit solidâ.

Potius

    duris vt ilex tonsa bipennibus
    Nigri feraci frondis in algido
    per damna, per cædes, ab ipso
    ducit opes, animumque ferro.

Tu haud secùs, mirum virtutis et sapientiæ specimen! illà verbum illud, quo in sedandis discordiis ait Cicero vsam esse Atheniensium ciuitatem, non primoribus solùm labris, verùm imæ tui constantissimi animi (sic dicam) menti verè inscriptum infixumuè agnoscimus μη μνησικακειν (sic).

Quæ tam seposita est, quæ gens tam barbara, quæ te non uereatur, ac augustissimo nomini tuo lubens adsurgat? insurgunt alii fateor; sed qui illi, bone Deus? cum Lucillio dicam:

    Baronum et rupicum squarrosa incondita rostra;

Quorum ego nescio audaciamnè mirer an τραυλότητα invideam. Tu ἀπαθὴς non pluris hos, quam caninos latratus luna : bene; quia verum illud sapientiæ ipsius pulchrum scitum

    εἰ μὲν ἦν μαθεῖν, ἃ δεῖ παθεῖν
    καὶ μὴ παθεῖν καλὸν ἦν το μαθεῖν
    εἰ δὲ δεῖ παθεῖν ἀδ'ἦν μαθεῖν
    τι δεῖ μαθεῖν; χρὴ γὰρ παθεῖν... » (sic).

L'un des derniers *schediasmata*, dédié à « Heriberto Rosweido » a pour titre « A. Prudentium Clementem V. C. Calagurri vere, veritati eius plures locos restituo ». Il y est question de « Petrus Mantuanus » et de sa thèse sur *Salia*. Ce doit être la première ébauche de la réponse à l'*advertencia* de Mantuano touchant cette question, et c'est à ce *schediasma* que Tamayo fait probablement allusion quand il dit, p. 231, de son *Historia defendida :* « Escrito este papel mucho antes que me determinàra a responder a lo demas. »

1. P. vi de la *Raçon*; cf. p. xxxii.
2. Fils de l'amiral de Castille, D. Juan Alonso Enriquez de Cabrera.

1641[1]. Il savait quels étaient les devoirs de sa charge, puisqu'il a laissé un mémoire inédit intitulé : *El coronista y su oficio, calidades y prerogativas*[2]. Que ne s'occupa-t-il davantage de l'histoire des Indes ou de l'Espagne de son temps, et un peu moins de Dexter et de Luitprand !

Laissons maintenant D. Tomás raconter la genèse de son *Historia defendida general de España del P. D. Iuan de Mariana*. Il l'a fait dans une sorte d'historique de la cause, intitulé *Raçon de la Historia del P. D. Iuan de Mariana : de las advertencias de Pedro Mantuano contra ella : de la defensa del Doctor Don Thomas Tamaio de Vargas*, et qui nous a déjà servi pour reconstituer, depuis leur éclosion jusqu'à leur plein épanouissement, la formation des *Advertencias*.

Au moment où Mantuano publiait son livre à Madrid, par conséquent en 1613, Tamayo partait pour Tolède afin de montrer à Mariana ses *Varias latinas* et obtenir de lui une « censure ». Il lit les *Advertencias*. Il les trouve d'abord très bien, puis s'aperçoit qu'il y a des erreurs, si bien qu'il se met dans l'esprit de répondre. Il comprenait que dans un pays de théologiens, si l'on veut arriver vite, le bon moyen n'est pas d'être théologien. Il avait vu que sa vocation était d'être historien. Il se recueille, s'éloigne des amis. C'était à la fin de mai. Le 14 juin, malgré le peu d'agrément du sujet, malgré même la chaleur de l'été castillan, il a terminé sa tâche ; aussi est-il à bout de forces quand il court avec son brouillon chez Mariana. Il lui expose son dessein de répondre à Mantuano ; le jésuite le prie de n'en rien faire. Il montre son papier ; le Père s'étonne, remercie, mais ne veut rien lire. L'autre d'insister : qui sait si l'on n'aura pas la méchanceté d'attribuer au P. Mariana cette apologie ? car qui croira qu'une piété toute désintéressée a pu induire à l'entreprendre un homme qui n'avait aucune raison d'intervenir ? Cet argument n'a pas plus de succès. Voilà Tamayo bien déconcerté.

Il n'y avait qu'une ressource. C'était de publier quand même. Mais ce fut long. Pisa donne sa « censure » en date du 30 mai 1613 (ce qu'il faut corriger évidemment en 30 mai 1614, puisqu'à la fin de mai 1613 Tamayo ne faisait que de se mettre à la tâche et qu'il ne terminait qu'à la mi-juin[3]). C'est du 6 août 1614 qu'est datée la *licencia* du « licenciado Iuan Delgado de Aguero prouisor i vicario general del Illustrissimo de Toledo » par commission duquel Pisa avait été chargé de la censure. Du 16 janvier 1615 est la censure de Montoya « por Commission del supremo consejo de Castilla » ; du 26 février la *Summa del privilegio*[4].

1. Le 2 septembre (La Barrera, *ibid.*). Il n'atteignit donc pas cinquante-quatre ans, comme dit Antonio, ni même cinquante-trois probablement.
2. *Bibl. h. n.*
3. Il y a d'autres fautes d'impression dans la censure de Pisa.
4. L'année marquée est MDCV ; mais il manque évidemment un X, comme le remarque M. Pérez Pastor.

Il ne fallait pas être pressé d'imprimer, et le bouillant apologiste dut quelque peu s'impatienter de voir que pendant ce temps l'erreur et l'injure triomphaient. Le petit in-quarto de Tamayo, qui, pour la taille, ressemble à celui de Mantuano, ne parut qu'en 1616. Au dernier moment, une excellente idée était venue à l'auteur, c'était de dédier son œuvre au cardinal D. Bernardo de Sandoval y Rojas, archevêque de Tolède, inquisiteur général et grand chancelier de Castille. La dédicace porte la date du 7 juillet 1616. Le 19 juillet, le livre ayant enfin paru, Mariana, qui n'avait pas voulu le regarder, écrivait la lettre qu'on a vue, et que D. Tomás, s'il l'avait connue, se serait probablement abstenu de publier.

L'auteur avait donc eu le temps de revoir le brouillon rédigé dans la fièvre de dévouement qui l'avait saisi en mai 1613. Dans l'intervalle quelqu'un avait essayé d'empêcher la publication; ce quelqu'un, nous le savons maintenant, n'était autre que Mantuano lui-même, qui, familier avec les enquêtes policières, avait éventé l'existence de quinze cents exemplaires du livre de Tamayo chez l'imprimeur de Tolède, Diego Rodríguez; on n'attendait que la *tasa* pour les faire paraître. Nouvelle supplique de Pedro à Sa Majesté: il demande qu'on opère une saisie sans tarder, ou l'État et la dynastie sont en péril. Ce papier, minute ou copie, se trouve dans le même recueil que ceux que nous avons examinés[1]. Mantuano y expose les motifs de ses craintes.

---

1. Ms. de l'Acad. de la Hist. Est. 7, gr. 2ª, n° 60, f°. 124 :

« Pedro Mantuano secretario del conde[stable de Castilla[a]] dize que escriuio vnas adbertencias sobre la Historia de España que compuso el Pᵉ Juº de Mariana el qual auiendo dicho en la latina que doña Blanca Reyna de Francia Madre de Sᵗ Luis cuyo sucessor es el Rey de Francia que oy viue por linea Reta de varon hera mayor en edad que doña Berenguela Madre del Rey don Fernando el santo y que muriendo el Rey don Enrrique el primᵒ elexieron los castellanos a doña Berenguela su segunda hermana por Reyna de Castilla por razon de estado quitando estos Reynos a doña Blanca Reyna de Francia su hermana que hera sucessora dellos por derecho natural y de las gentes y que hauiendo esto llegado a su noticia y sabiendo que hera contrario a la verdad de lo que passaba y viendo que ponia mala voz a la sucession que V. Magᵈ con tan justos titulos y meritos posehe mobido de çelo de su Real seruiᵒ y deseando como leal vassallo hazerle a esta Corona y que en ningun tiempo pareciesse que se hauia passado en silencio tal cosa probo lo contrario en sus adbertencias desde el folᵒ duzientos y treynta y nueue hasta el docientos y quarenta y quatro mostrando con el Arçobispo de Toledo don Rodrigo y don Lucas de Tuy que la conocieron y juraron como hija primoxenita de su Pᵉ por Reyna de Castilla... todos los autores que de ciento y cinqᵗᵃ años arriba han viuido en españa sin hauer alguno deste tiempo que se oponga a esta verdad, y hauiendolo tratado solo de lo que a esto tocaba sin dezir mas de lo que la misma materia obligaua omitiendo cosas que pudiera decir a salido contra sus adbertencias vn don Thomas Tamayo de Vargas que ha estado en la compañia y en lugar de dexar de tratar mas de cosa tan odiosa a Impresso vn libro que aora sea suyo, o, del Pᵉ Mariana buelbe a defender la opinion de que doña Blanca Reyna de Francia Madre de S. Luys era mayor y primoxenita a su hermana doña Berenguela Reyna que fue de Castilla y trahe en su defensa para contra los autores puestos por mi a Garibay y a Balerio Ilustrado que ambos ignoran lo passado y no son de la autoridad que conuiene respeto de los tiempos de que ablan y siendo contra tantos y tan graues autores como estan citados en sus adber-

a) Ces mots ont été mis postérieurement par une autre main. Il y avait « *conde de L...* »

L'auteur du livre qu'on veut publier contre ses *Advertencias*, « un don Thomas Tamayo de Vargas qui a été dans la Compagnie, » si tant est que ledit livre soit de lui et non du P. Mariana, a repris et défend, en effet, la thèse qu'on trouve dans l'*Historia general de España* sur

tencias y contra el preuilegio que esta en Burgos; le pudiera bastar al P° Mariana y a don Thomas que lo defiende dexar de boluer a lo que hauian dho pues Garibay y Valerio Ilustrado son muy flacos fundamentos para tratar de materia tan grabe en la qual han escrito tantos y tan verdaderos y christianos autores y de tal calidad y en tal tiempo que no pudieron dexar de saber la verdad y no dar motibo a que extranxeros puedan poner dolo en la succession tan justa que V. M⁴ tiene en estos Reynos : viendo que vassallos de V. M⁴ y naturales deltos le ponen, y esto no es de poca cons™ pues escriue Hier™ Conestaxio Libro 3° de la Historia de Portugal que Catalina de Medecis Reyna de Francia pidio aquel Rey° por dezir que Matilde Condesa de Bolonia fue casada con Alfonso 3° de Portugal y que deste matrimonio quedo vn hijo llamado Roberto del qual ella sucedia y que el Rey don Alfonso se caso despues con Beatriz hija del Rey don Alfonso el Sauio de los quales nacio el Rey don Dionis y que segun esta succession ella era Reyna legitima de Portugal y todos los Reyes hasta don Enrrique Car¹ Intrusos y sin derecho y dize Augusto Thuano en la 4 parte de la Historia de Francia que por esta razon y este derecho hizo la Reyna Madre las armadas en fauor del Prior de Ocrato que se perdieron con su g¹ Phelippe Estroci y que con este titulo justifico la guerra que hazia al Rey N. s. que Dios tiene en su gloria fue menester reboluer los archiuos de Francia y Torre de O tonbo de Portugal para sauer si hauia quedado succession de Alfonso y Matilde y hallaron que no. aora si el Rey de Francia con los varios sucessos de las Monarchias yntentase alguna cosa en estos Reynos y quisiesse justificar sus armas hallaria arto camino por el derecho que el P° Mariana y agora don Thomas le dan y estara capaz del sin rebolber los archiuos de Francia y le hallara defendido por estas personas e Inpresso con licencia del sup° cons° de Justicia de V. M⁴ que es calidad que requiere atencion pues no reprobo cosa a que parece se debiera atender como se vera desde fol. 284 hasta 88 y supp™ a V. Mag⁴. mande se considere que segun los exemplares que por lo passado se han visto no ay prescricion en los reinos pues el s. Rey don fernando el Catholico de Aragon hauiendo conquistado a Nauarra el año de 1512 de don Juan de Labrit no la incorporo con la corona de Aragon siendo el Rey della y casado con Madama Germana y deseando tener vn hijo que succedlesse en los Reynos de Aragon y Napoles y hauiendo sido Nauarra del de Aragon en los tiempos de don Sancho don P° y don Alonso el de Fraça y siendo apartado de su corona por biolencia y considerando lo que dize el Principe don Carlos de Viana en su historia que quando murio el Rey don Enriq¹e de Nauarra dexo vna hija llamada Joana a la qual llamaron La trocada por la fama de que no era su hija sino supuesta y el Rey don Alonso el decimo biendo esto y que la Nauarreria que hera vn Barrio muy grande de Pamplona tenia su voz dando grita a los de la Ciudad llamandolos los de La Trocada entro con exercito a conquistar el Reyno que le tocaua por sucession por venir de doña Blanca muger de don Sancho el deseado su antepassado hija de don Garcia Ramirez el Rey de Nauarra y que su Madre la Reyna doña Juana se passo con su hija en Francia y la caso con Phelippe el hermoso y acudio a la defensa del Reyno de Nauarra toda francia y echaron del a don Alonso el sauio y el S' Rey don fern° no ygnorando que no auia prescricion en los Reynos y que el derecho era de su hija la 8ª Reyna doña Juana yncorporo a Nauarra con Castilla por este derecho y no con Aragon por el suyo.

Lo mesmo sucedio en francia en la guerras de Enrique 4° que de parte de los Duques de Guisa y Humena cabeças de la Liga se escriuio en las vniuersidades de Italia y Francia si por auerse alçado con el Reyno de francia hugo capeto por muerte de Ludouico hijo de Lotario ultimo de la sangre de Carlo Magno y con esto quitado el Reyno a Carlos Duque de Lorena hermano de Lotario P° de Ludouico si los Duques de Guisa y Humena sucessores de Carlos si podian con este derecho quedarse con el Reyno de Francia pues eran successores solos de Carlo Magno en lo qual huuo grandes pareceres y a lo ultimo la Mag⁴ del Rey N. S. que Dios tiene propuso en las Cortes de francia el coronar por Rey al Duque de Guisa y no algun

Blanche et Bérengère, filles d'Alphonse VIII. Or, cette thèse, déclare Mantuano, n'a d'autres garants que Garibay et le *Valerio ilustrado;* Rodrigue de Tolède et Luc de Tuy, contemporains de ces reines, considèrent Bérengère comme l'aînée. A cette raison d'ordre critique,

principe de la sangre que fuesse chatolico pues la guerra se hacia por que el Rey de Nauarra no lo hera por este derecho de sucesor de Carlo Magno por Carlos Duque de Lorena hermano de Lotario padre de Ludouico ultimo Rey de francia de aquella sangre a quien quito el Reyno Hugo Capeto fundador de las casas de Valois y Borbon *por que del Duque de Lorena aunque era cabeça de aquella casa mas por ser estranjero i no natural del reino lo excluian por las leies fundamentales de francia de que a de ser natural su rei* ansi V. Mag⁴ podra mandar ver que no prescriben los derechos de los Reynos y mas quando las armas son vn poco poderosas y esto parece aora cosa de poca importancia mas con el tiempo podia ser se haga vn Monte tan grande que no se pueda deshazer con grandes exercitos y las Monarchias por estendidas que sean siempre que hallan camino para aunque sea con apariencias justifican las armas como lo yntento de hazer el Gran Turco Soliman que escriue Juan Tonso en la Historia del Duque de Sauoya Filiberto Emanuel auer embiado a pedir a su Pᵉ del Duque que oy viue Carlos Emanuel su derecho a la isla de Chipre para conquistarla a los benecianos por el del Duque sin quebrar las Pazes juradas con ellos i el Duque no quiso darselo. y oy los Jinobeses tratan del final sin tener algun derecho mas del que se puede pensar de ver a V. Mag⁴ embarcado en la guerra de Saboya y parecelles ser forzosso que V. Mag⁴ tenga necessidad de ellos y si tuuieran vn derecho tan apoiado como este del Pᵉ Mariana que mas quisieran para justificar lo que pretenden tan fuera de tiempo y pone en consᵐ a V. Mᵈ que este derecho que da el Pᵉ Mariana a la corona de francia y le defiende don Thomas es mejor que el que la Sᵃ Reina Infante doña Ana le pudo lleuar y assi se hara poco caudal de la renunciacion que se hizo pues segun esta opinion es mexor el derecho que el que posehe y en cosas tan grandes aun las pequeñas causas se han de escusar pues el Cardˡ Baronio tuuo en su Martirologio que Santiago vino a españa y predico en ella hasta que Garcia de Loaysa publico los concilios y entre ellos vn papel hallado en el Archiuo de Toledo que es vn libro de cauallerias donde dize que Santiago no vino a España imprimiose y llego a manos del carˡ Baronio y luego retrato la opinion tenida en el Martiroloxio y publico la contraria contra la qual tanto se ha escrito y tantas pesadumbres se han tenido y se huuieran escusado con no hauer dejado imprimir a Garcia de Loaisa aquellos papeles.

Dize tambien don Thomas que no es poner mala voz a los ssᵐ Reyes progenitores de V. Mag⁴ refiriendo que don Sancho Brabo fue hijo segundo y que don fernando su hijo no era de legitimo Matrimonio y que don Enrrique segundo era bastardo. a esto respondo que es verdad y lo de doña Blanca no y que V. Mᵈ no possee los Reynos por ninguno destos tres derechos sino por doña Juana de la Cerda Nieta de don fernando de la Cerda Madre de don Juan primᵒ assi lo dize su coronica año 8 capᵒ nono biniendo el Duque de Lencastre a pedir los Reynos de Castilla por su muger doña Costanca hija mayor del Rey don Pedro. Le respondio el Rey don Juan primᵒ que el *no posseya el Reyno por su Padre sino por su Madre doña Juana de la Cerda nieta del Infante don fernando de la Cerda*. Tambien el Pᵉ Mariana dize de don Enrrique 4 ablando del repudio que dio a Doña Blanca su muger. Rex alienæ culpæ pœnas diremptᵒ coniugio dedit uiro prepostere libidis (sic) auido quod sepe uitium castigare pater conatus erat. Las palabras son tan torpes que no se atreuio a interpretarlas fielmente en la Historia española y fuera de menor Inconuiniente diffamar a este Rey en la bulgar de pecado nefando que en la Latina que corre por las naciones y el dicho Pedro en sus adbertencias prueua que no ay autor que tal diga Español ni estranjero.

Responde aora don Thomas en el fᵒ 328 que el no quiso dezir aquello y que la malicia de los caluniadores y la fama no buena de aquel personaje ablando de don Enrrique 4 sauida de todos hizo entrar en este pensamiento que sin horror no puede apartarse la imaxinacion y quando se dixera lo que pretenden que no lo dixo si fuera

a) Addition marginale.

déjà développée dans les *Advertencias* [1], il en ajoute une autre, d'ordre politique, plus intéressante à coup sûr pour le roi. Si les sujets de S. M. soutiennent les droits de Blanche, mère de S. Louis, n'est-il pas à craindre que le roi de France ne pense un jour à se prévaloir de ces droits pour réclamer la couronne d'Espagne? La reine Catherine de Médicis n'a-t-elle pas revendiqué le trône de Portugal sous prétexte qu'elle descendait d'un fils né du mariage d'Alphonse III de Portugal avec Mathilde, comtesse de Bologne, et que Denys, successeur d'Alphonse, était né d'un mariage postérieur? N'a-t-elle pas soutenu pour cela le prieur de Crato? On a pu, il est vrai, en fouillant les archives de France et de Portugal, prouver que le roi Alphonse n'avait jamais eu d'enfant de la comtesse Mathilde; mais le roi de France n'aura pas la peine de faire pour son compte tant de recherches, puisque les ouvrages du P. Mariana et de D. Tomás, imprimés avec l'autorisation du Conseil Suprême de Justice de S. M. le Roi d'Espagne appuieront ses prétentions. D'autre part, en pareille matière, il n'y a pas de prescription. Ferdinand le Catholique, lorsqu'il conquit la Navarre en 1512, au lieu de l'incorporer à son royaume d'Aragon, ne l'a-t-il pas réunie à celui de Castille, à cause des droits que la princesse Jeanne, sa fille, tenait de Doña Blanca, fille du roi de Navarre [2] García Ramírez, et femme de Sanche III « el Deseado » [3], droits qu'Alphonse X n'avait pu réussir à faire prévaloir? N'a-t-il pas été question, en France, de donner la couronne au duc de Guise, descendant de Charles, duc de Lorraine, de la race carolingienne? En sorte que le P. Mariana et D. Tomás confèrent au roi de France un droit imprescriptible, bien supérieur à celui qu'a pu lui donner son mariage avec Dª Ana [4], dont la renonciation n'est donc qu'un leurre. Et il aura suffi

---

berdad y publico que delicto ª. y no tiene don Thomas por delicto publicar a vn Sʳ Rey de cuya corona es vassallo que aya cometido semejante peccado y mas no hauiendo autor alguno que lo escriua fuera del Pᵉ Mariana y ansi dize que la fama no buena del Sʳ Rey don Enrrique 4 sauida de todos hizo entender esto (.) cierto que con hauer yo lehido algunos libros nunca lehi del Rey lo que escriue don Thomas de aquella fama del Rey don Enrrique el 4 de Castilla acerca deste torpe pecado ni me moui a entender esto hasta que lo vi en las palabras latinas que puse arriba. Dejo lo que dize de las casas de Castilla como de la de Mendoça Hurtado Sandoual Enrriquez Gunigas Pimenteles Faxardos que esto toca a los señores della el boluer por si demas de lo que yo he escrito en fauor de ellos en mis aduertencias (.) suppᶜᵒ a V. Magᵈ mande se vea y considere con la atencion que conuiene y si es prudencia de estado que este libro de Don Thomas se publique, o, es bien que se recoja, y si V. Mᵈ lo ha de mandar recojer a de ser luego por que ay mil y quinientos ympressos en Toledo para publicarse y no aguardan sino la tasa para salir a luz; el consᵒ como remite este libro alguna persona que lo vea no lo deue de ver y ansi se imprimen semejantes cosas sin culpa suya. »

1. P. 239 de l'éd. de 1613.
2. 1134-1150.
3. 1157-1158.
4. Anne d'Autriche.

a) Phrase tirée de l'*Historia... defendida*, p. 329, où toutefois il y a « no se dixo » et un ? après *delicto*.

pour cela de laisser paraître un ouvrage contenant une assertion comme celle qui fait de Blanche l'aînée de Bérengère. On a vu de grosses questions décidées de cette manière : il a suffi que García de Loaysa ait inséré dans son édition des conciles un papier « qui est un roman de chevalerie », et où il est dit que saint Jacques n'est point venu en Espagne, pour que Baronius ait annulé la mention qu'il faisait en son martyrologe de la prédication de l'apôtre dans ce pays. Qu'on aurait évité d'ennuis si l'on avait empêché la publication de tels documents!

Et Mantuano, qui raisonne ici certainement mieux qu'il n'écrit, n'oublie point de faire observer ceci : il est autrement grave pour le roi d'Espagne de ne descendre que d'une fille cadette d'Alphonse VIII, que de compter parmi ses ancêtres Sanche IV, qui n'était pas fils aîné, Ferdinand IV, non issu de mariage légitime, Henri II, un bâtard ; car ce n'est pas de ceux-ci qu'il tient ses droits, mais de Jeanne de la Cerda, mère de Jean I, femme de Henri II, petite-fille de Fernando de la Cerda, et, par conséquent, héritière légitime du trône d'Alphonse X ; au lieu que si le droit de Bérengère est contesté, que reste-t-il?

Un autre point déjà relevé dans les *Advertencias* l'est encore dans ce papier. Il s'agit de l'accusation lancée par Mariana[1] contre les mœurs de Henri IV, accusation d'autant plus infâme qu'elle est sans preuve, déclare Mantuano, qui ne l'a jamais vue formulée nulle part que dans cet auteur.

Enfin, le secrétaire des Velasco n'oublie pas un grief qui, certainement, dut indisposer contre l'historien jésuite l'aristocratie espagnole. Il avait déjà, dans ses *Advertencias*, dénoncé la façon peu révérencieuse dont Mariana parlait de l'origine des Fajardo, des Henríquez, des Sandoval, des Pimentel, des Zúñiga, disant que leurs maisons avaient été élevées avec les décombres de celle d'Avalos[2] ; le rajeunissement qu'il avait infligé à la famille des Mendoza[3] ; mais surtout le scepticisme dont il avait fait preuve touchant les droits des Velasco à percevoir les *diezmos de la mar*. On revient ici à la charge, mais sans insister, car, remarque-t-on, c'est aux seigneurs de ces familles à se défendre. Cette réflexion est-elle une invite aux Mantuano et à leurs maîtres? Elle aide à comprendre comment D. Antonio Hurtado de Mendoza, dans un ouvrage sur les *Títulos y grandezas de España*, a pu reprocher à Mariana d'avoir été animé de sentiments hostiles à la « nacion española » et tirer même de là une preuve de sa bâtardise et de son origine française[4]. Par « nacion española », nous devons

1. XXII, 14.
2. P. 291 de l'éd. de 1613.
3. P. 264. Cf., sur ce passage de Mariana, plus loin, p. 211, n. 2.
4. Cf. Noguera, p. 111. Cet ouvrage, signalé sous des titres différents dans la *Bibl. h. n.* et dans l'*Indice* de Gallardo, a pour titre, dans un exemplaire de la Bibl. nacio

entendre évidemment la haute noblesse espagnole, dont ce poète de cour expose les titres et les privilèges.

En terminant, Mantuano émet un soupçon qui, s'il était vérifié, ne donnerait pas une très haute idée de la conscience professionnelle des censeurs espagnols : il accuse, en effet, les gens à qui le Conseil confie l'examen des livres à imprimer, de ne pas les regarder. Était-ce, pour ces censeurs, une manière de protester contre l'existence de la censure? Ou les ouvrages étaient-ils trop rares, dont ils pouvaient dire, comme Fr. Pedro de Oña du *De rege*, qu'ils voudraient les relire « iterum et tertio »? Mantuano, en tout cas, concevait les devoirs de la fonction avec plus de rigueur.

Il eut gain de cause cette fois, et la saisie des exemplaires fut décidée, ainsi qu'il le déclarait plus tard dans la requête que nous avons examinée précédemment, et où il demande une pension [1]. Mais celui qui fut chargé de l'opération ne se montra pas plus sévère que le censeur, et ne confisqua que ce qu'on voulut bien lui livrer, car un certain nombre d'exemplaires ont survécu; ce sont peut-être ceux que l'auteur avait envoyés en hommage aux amis : par exemple, celui que Mariana annonçait à Morlanes. En tout cas, il y eut certainement quelque chose de précipité, et même d'irrégulier dans la publication, car on attendait la *tasa*, nous dit Mantuano, et précisément il n'y a point de *taṣa* dans les exemplaires connus. L'intervention de l'auteur des *Advertencias* fut-elle aussi la cause qui en arrêta l'apparition jusqu'au milieu de 1616? C'est possible, mais sa supplique, qui n'est point datée, doit être postérieure au mariage de Louis XIII et d'Anne d'Autriche, puisqu'il y est parlé de la renonciation de celle-ci comme d'une chose accomplie; elle ne fut donc pas écrite avant la fin de 1615 et ne causa pas, de toute façon, un retard bien prolongé. Peut-être aussi la dédicace à l'archevêque de Tolède, faite, semble-t-il, *in extremis*, fut-elle une adroite démarche de D. Tomás pour parer le coup de son adversaire. Pedro de Valencia, qui paraît avoir eu la confiance du prélat, ne resta sans doute point, supposerons-nous encore, étranger à l'affaire. Dans une *Vida de Doña María de Toledo* qu'il publia à Tolède en 1616 (la *tasa* est du 11 novembre), Tamayo fait allusion aux retards apportés à la publication de sa *Defensa de la Historia de España*, c'est-à-dire de son *Historia... defendida*, malgré trois sentences favorables du Conseil suprême. L'obstacle a été apporté par des « relaciones siniestras »[2], dit-il; il voulait, sans nul doute, parler du mémoire si pessimiste de Mantuano.

nal que m'indique M. Morel-Fatio (Oo 184) : *Discurso político de la creacion, antigüedad y prerrogativas de los titulos y grandes de Castilla, por D. Antonio Hurtado de Mendoza, secretario de cámara de Felipe IV*. L'auteur obtint les fonctions mentionnées ici en 1623 (La Barrera, *Catálogo... del Teatro antiguo espagnol*, p. 247).

1. Voir p. 171, n. 4.
2. Gallardo, *Ensayo*, n° 4005.

IV

Il faut faire trois parts dans les critiques de Mantuano. Il y a les critiques justes : nous verrons qu'il a été tenu compte d'un certain nombre d'entre elles dans l'édition de 1617. Il y a les critiques qui marquent simplement une opinion différente, plus ou moins discutable : nous en examinerons quelques-unes quand nous nous occuperons de préciser la valeur de l'Histoire générale d'Espagne. Il y a enfin les critiques qui n'auraient pas dû être formulées, ou qui n'avaient plus à l'être en 1611, le texte latin soit de 1605, soit même de 1592, ou le texte espagnol soit de 1608, soit même de 1601, donnant précisément ce qu'on réclame : en maint endroit, Tamayo n'a pas eu d'autre réponse à donner que cette simple constatation. Une conclusion s'imposera : c'est que Mantuano n'a pas apporté en cette affaire toute la bonne foi désirable.

On comprend qu'il ait pris à la lettre ce qui est déclaré dans la préface de l'édition de 1608 (bien qu'il ait affecté d'ignorer cette même édition) : « se tendra por la nuestra la (opinion) que en esta impression se hallare » ; et que, par conséquent, il se soit cru en droit de négliger le texte latin même lorsque celui-ci était irréprochable, pour ne considérer que l'espagnol. Ne pouvait-il supposer cependant une erreur de traduction là ou l'espagnol affirmait que Hannon était *mort* à la bataille de la Marche d'Ancone, quand le latin disait seulement *oppressum;* que César fut assassiné le *7 mars*, quand le latin marquait *idibus;* que Corradin fut exécuté à *Messine*, quand le latin n'indiquait ni *Naples* ni *Messine;* que l'Alava est *dans la Bizcaye*, quand le latin mettait *in Cantabriæ parte;* qu'Alonso de Guzmán mourut dans *sa ville de San Lucar*, quand le latin donnait à entendre, peu clairement, il est vrai, *au siège d'Orihuela* ¹ ?

---

1. Je mets en regard le texte de 1592 (= 1605) cité par Tamayo, et celui de 1601 (= 1608), cité par Mantuano. Je m'abstiens de donner les références de chaque *advertencia* et de la réponse correspondante, puisqu'on tête de l'une comme de l'autre on trouve toujours celle du passage visé.

II, 17 : « Hannonem nunciarunt... in Piceno agro cum copiis omnibus oppressum fuisse. »

« Hannon... fue en la marca de Ancona con todas sus gentes vencido, desbaratado, y muerto. »

III, 23 : « Cæsar in Senatu tribus & viginti vulneribus a coniuratis in eius necem Romæ confossus est Martii Idibus sequentis anni qui fuit ab Vrbe condita septingentesimus decimus. »

« Matarenle con veynte y tres heridas que en el senado le dieron, a los siete de Março, del año siguiente de setecientos y diez. »

XIII, 17 : « De Corradino & Friderico dicta caussa supplicium est sumptum nouo & crudeli exemplo... »

« A Corradino y Federico, en juyzio cortaron en Mecina las cabezas : nueuo y cruel exemplo... »

XVI, 13 : « ... in Cantabriæ parte, cui Alauæ nomen est... »

« ... en aquella parte de Vizcaya, que se llama Alava... »

XVII, 7 : « a Castellæ Rege Orihuela

« En siete dias del mes de Iunio deste

Et si, où le latin pourrait disculper l'espagnol, l'on se garde de le produire, pourquoi d'autres fois ne citer que le latin, bien qu'il n'apporte pas autre chose que l'espagnol ? C'est le cas lorsqu'il s'agit de la présence des Espagnols à Mantinée, ou de la date du martyre de saint Jacques. « Si ce n'est pour la beauté que la variété apporte, » ainsi que se le demande malicieusement Tamayo[1], était-ce pour prouver qu'on n'avait pas besoin de la traduction pour lire les *Historiae de Rebus Hispaniae libri XXX*? Mais que faut-il imaginer, là où l'espagnol présente la correction que réclame l'*Advertencia*, comme il arrive pour le passage relatif à Blanche et Bérengère, où dès 1608 satisfaction était donnée aux susceptibilités de ceux qui auraient cru l'Espagne en danger si Blanche eût été plus âgée que sa sœur ? Et pourquoi, à défaut du latin, s'acharner sur le texte de 1601, quand celui de 1608 donne ce qui est réclamé ? Car c'est ce que fait jusqu'à neuf fois Mantuano. Il se plaint qu'on ait vu dans D. Pedro González de Mendoza le fondateur de la maison des Mendoza (alors que, dans le texte de 1608, il y a cette restriction : « je veux dire de sa grandeur actuelle[2] »); qu'on ait fait de Juan Ramírez de Arellano le *camarero* du roi de Navarre (quand le même texte dit : « du roi d'Aragon[3] »); que l'on ait donné à D. Diego de Sandoval le titre de *comendador mayor de Castilla* (le même texte le lui a retiré pour lui conférer celui de *chanciller mayor del sello de la puridad*[4]); que l'on ait mis « Don Henrique » pour « Don Alonso Henriquez », et « Don Juan de Guzman » au lieu de « Don Henrique de Guzman » (or les substitutions exigées ont été opérées[5]); que l'on croie évêque de Palencia, en 1429, D. Gutierre Gómez de

diuturna[a] obsidione in potestatem redacta. Iunii mensis die septimo, Alfonsus Gusmanius Sancti Luciferi regulus, Henrico cuius is partes sequebatur eximia opera nauata ad eam urbem occubuit... »

mismo año, murio en su villa de Saulucar, Alonso de Guzman, despues que hizo grandes seruicios a don Henrique, cuya parcialidad seguia. »

1. *Historia... defendida*, p. 85-6.
2. Dans les neuf passages que je cite à la suite, je donne le texte en 1601, en mettant entre ⟨ ⟩ les mots supprimés, et en italiques les mots ajoutés en 1608.
XVI, 18 : « Pero Gonçalez de Mendoça, fundador de la casa de Mendoça *(digo de la grandeza que oy tiene)*, que entonces en aquella parte de Vizcaya, que se llama Alaua, possoya vn pueblo desto nombre. »
3. XVII, 6 : « Y mas que era camarero del ⟨Nauarro⟩ *aragones* ».
4. XX, 7 : « Nacio deste casamiento, Diego Gomez de Sandoual ⟨adelantado de Castilla, conde de Castro Xeriz, comendadòr mayor de Castilla⟩ *conde de Castro Xeriz adelantado mayor de Castilla i chanciller mayor del sello de la puridad.* »
5. XX, 14 : « Sacaronle de pila, por orden de su padre el almirante don ⟨Enrique⟩ *Alonso Enriquez*, don Alvaro de Luna... » Cf. p. 145, n. 1.
Ib. : « Don ⟨Iuan⟩ *Enrique* de Guzman conde de Niebla, despues de grandes diferencias y debates, se aparto de doña Violante su muger. »
XX, 15 : « ⟨Fallecio tambien don Henrique⟩ *Adolescio otrosi grauemente D. Alonso Enriquez, que finò tres años adelante*[b] *en Guadalupe*, esclarecido por ser de la alcuna real. » Cf. p. 145, n. 1.

a) Tamayo écrit « diurnâ ».
b) Ce mot se trouve sur un petit morceau de papier et recouvre le mot *antes*, imprimé par erreur (exempl. de la Bibl. nac.).

Toledo, qui ne le fut que plus tard, et qu'on doute de la valeur des documents qui attestent l'attribution à D. Pedro Fernández de Velasco des *diezmos de la mar* (et pourtant, dans le texte de 1608, on pouvait lire que Don Gutierre ne fut évêque de Palencia que plus tard[1], et que sûrement les *diezmos* furent accordés[2]); qu'enfin l'on donne comme femme à Jean de Borgia une fille bâtarde d'Alphonse II de Naples (et Mariana disait maintenant « Maria Enriquez », comme voulait Mantuano[3]). L'auteur des *Advertencias* ignorait-il la deuxième édition de l'*Historia general de España*? Ce serait bien étonnant de la part d'un bibliothécaire si bien informé; et il dit lui-même qu'il avait su qu'on la préparait. C'est donc simplement qu'il trouvait fâcheux de supprimer dans son travail huit ou neuf titres, soit une dizaine de feuillets.

Il y a mieux encore. Mantuano tronque les textes qu'il incrimine. Rencontre-t-il une parenthèse ou une note marginale dans laquelle est indiquée l'autorité suivie, et qui couvre Mariana, ou qui apporte à l'opinion énoncée une restriction? Il omet de la transcrire: et pourtant dans trois cas on trouve cette parenthèse ou cette note dans l'édition de 1601 (c'est l'espagnol qu'il cite), comme du reste dans le latin. Il a ensuite beau jeu pour attaquer l'opinion de Mariana[4].

Après avoir cité le passage où Mariana expose les raisons qui lui laissent des doutes sur la conduite d'Osius *in extremis*, et reproché à l'auteur de condamner un centenaire tombé en enfance[5], il omet d'ajouter une restriction que donne l'espagnol de 1601 comme de 1608 quant à la conclusion à tirer des textes d'Isidore, d'après Marcellin, et

1. XXI, 2 : «... a Don Gutierre Gomez de Toledo, obispo que ⟨ora⟩ *fue adelante* de Palencia ».
2. XXIII, 10 : « Por esto seruicio alcançò se le hiziesse merced de los diezmos de la mar. Assi se dize comunmente ⟨sin que dello aya testimonio alguno, o instrumento bastante⟩ *y es cierto que se los dio* »[a].
3. XXVI, 2 : «... y en su lugar puso a Iuan su tercero hijo, al qual dio por muger ⟨vna hija bastarda de don Alfonso el Segundo, rey de Napoles, por nombre doña Maria⟩ a doña *Maria Enriquez, hija de don Enrique Enriquez mayordomo mayor de los Reyes Catholicos y de doña Maria de Luna su muger*, de quien nacio el duque don Iuan padre de don Francisco de Borgia. »
4. Je mets entre ⟨ ⟩ ce que Mantuano a suprimó du texto de 1601 (= 1608).
II, 6 : «... se dio vna batalla naual, año de la fundacion de Roma de quinientos y dos : en la qual las fuerças de los Romanos fueron trabajadas : ca el general Romano Cecilio Metello fue vencido y puesto en huyda ⟨con perdida, si creemos á Eusebio, de nouenta naues⟩. » Bien qu'Eusèbe ne semble cité ici qu'à propos du nombre des vaisseaux perdus (de même dans le latin, où il y a « nonaginta, si Eusebio creditur, amissis nauibus »), il est clair que le fait même de ce combat lui est emprunté, et Mantuano, qui le conteste, aurait dû s'en prendre à Eusèbe (*Patr. gr.*, t. XIX, col. 499).
II, 9 : « Los Olcades, donde ahora esta Ocaña ⟨⟨Estephano pone los Olcades cerca del rio Ebro⟩⟩ fueron los primeros sujetados. »
IV, 16 (en marge) : « ⟨Seuero Sulpicio en el libro 2 de su historia pone dos Arrios, i de entrambos se hace memoria en el libro I de la historia de Theodorito cap. 4.⟩ »
5. « Y bastaua esto, para no condenarse vn hombre de cien años, fuera de juyzio. » (P. 175.)

a) On trouve de plus, en marge, dans l'éd. de 1608 : *Garibay lib. 17, ca. 16.*

de saint Hilaire[1]. Il ne manque pas l'occasion qui s'offre à lui de renvoyer au critique des *Dos discursos* le blâme que celui-ci adressait au connétable. Il lui reproche, en effet, de s'être servi de « vn libro apocripho que anda debaxo del nombre del Arçobispo Turpino ». Seulement l'objet pour lequel le connétable utilisait le livre de Turpin consistait à démontrer la venue de saint Jacques en Espagne; au lieu que celui de l'historien se bornait à faire connaître en résumé les faits plus ou moins légendaires qui ont trait aux interventions de Charlemagne dans la péninsule hispano-mauresque, et cela avec des réserves très explicites, principalement en ce qui concerne la bataille de Roncevaux[2]. Ces réserves, Mantuano oublie de les mentionner; et, à lire l'*Advertencia* où il prétend montrer « la verdad de la batalla de Roncesvalles, y la poca que tiene el libro de Turpino, a quien siguieron el padre Iuan de Mariana, y los demas autores modernos[3] », ne se persuaderait-on pas que la chronique de Turpin passait aux yeux de Mariana pour une source sérieuse?

Les *Advertencias* de 1613 comprennent une soixantaine de titres, se partageant à peine soixante-quinze « erreurs ». On vient de voir combien de ces « erreurs » sont, par le fait, imputées à tort à Mariana, dont le seul texte qui dût faire foi était le dernier, celui de 1608 : encore était-il honnête de s'assurer qu'une distraction de traducteur n'y avait pas introduit des fautes qui n'existaient pas dans le latin, chose possible, remarque Tamayo[4], qui savait dans quelles conditions s'était exécutée la mise en castillan.

Il serait fort inutile d'insister. L'incorrection de tels procédés explique la vivacité des répliques de Tamayo. Et D. Pedro Salvá, s'il avait eu la curiosité à laquelle nous n'avons pu résister, s'il avait regardé de près les *Advertencias*, n'aurait pas taxé Tamayo de partialité contre leur auteur[5]. Si quelqu'un est passionné, acharné, c'est bien celui qui depuis 1603 semblait n'avoir eu d'autre occupation que celle de chercher noise au jésuite historien.

Non pas, du reste, que le ton des *Advertencias* de 1613 soit agressif. Il n'est formellement insolent qu'une fois ou deux, par exemple lorsque

1. « Y sin embargo cada vno podra sentir lo que le pareciere en esta parte, y escusar si quisiera a este gran varon » (IV, 17, texte de 1601; 1608 est conforme).
2. « Entiendo que la memoria destas cosas esta confusa, por la afficion y las fabulas que suelen resultar en casos semejantes, en tanto grado que algunos escritores franceses no hacen mencion desta pelea tan señalada... Esto baste de la empresa y desastre del Emperador Carlo Magno. El lector por lo que otros escriuieron podra hazer libremente juyzio de la verdad. » (VII, 11; texte de 1601; celui de 1608 est conforme.)
3. P. 204.
4. P. XLIII de la *Raçon*; cf. plus haut, p. 145.
5. « Por la manera acre y apasionada con que esta escrita esta impugnacion á Mantuano (l'*Historia ... defendida*), se me figura no debe ser mui justificada é imparcial : la *Defensa de la descension de N^a S^a á la iglesia de Toledo* confirma plenamente mis sospechas. » (*Catálogo*, n° 3195.)

l'auteur déclare que pour prouver que Blanche était l'aînée et Bérengère la cadette, il faudrait une autre autorité que celle de Mariana[1], ou lorsqu'il s'élève contre les assertions de celui-ci touchant la moralité de Henri IV. L'insolence est dans cette manière sèche et tranchante de faire la leçon à l'historien[2] avec des conclusions comme « Por esto verá el Padre Iuan de Mariana como... », dans cette confiance, dans cette foi imperturbable en sa propre infaillibilité, Tamayo est donc bien excusable de n'avoir pas ménagé son contradicteur, qu'il attaque avec autant d'ardeur que si c'eût été un adversaire personnel. Il connaissait un peu les circonstances de l'affaire, et savait à quoi s'en tenir sur la modération apparente des *Advertencias* de 1613. Cette modération, il l'attribuait aux conditions posées à l'auteur pour l'obtention de la *licencia*, et non aux bonnes intentions d'un critique courtois et sans rancune. Il n'avait pas tort.

Où il a tort, c'est d'abord quand il se trompe dans le détail : quand, par exemple, il avance que Henri a été remplacé par Richard dans les éditions latines « de fuera del Reino »[3] ; quand il interprète de travers ce que dit là-dessus Mantuano[4], ou même Mariana[5] ; quand, s'en rapportant au texte de 1592, où l'auteur prétend qu'Eginhard ne parle pas de la bataille de Roncevaux, il ne s'aperçoit pas que cette assertion erronée a été supprimée en 1605, et même dès 1601[6], et que Mantuano reproduit précisément le texte d'Eginhard sur cette bataille. C'est ensuite quand il trouve clairs certains passages assez équivoques de l'*Historia*[7]. C'est encore quand il refuse d'avouer que Mariana s'est trompé, alors qu'il aurait dû se contenter de montrer, comme nous ferons nous-mêmes[8], que les erreurs commises ou bien portent sur des faits étrangers à l'histoire de l'Espagne, ou bien tiennent à une insuffisance très excusable de documentation. C'est enfin quand il oublie de se demander si les corrections que présente le texte de 1608 et qu'il oppose si triomphalement à Mantuano n'ont pas été inspirées par les « seis pliegos ».

1. « Si el Padre Iuan de Mariana reboluiera mas libros, no se engañara por la opinion errada de algun moderno, y para apartarse de la comun de tantos, y tales autores, huuiera menester fundarse en mayor autoridad que la suya » (p. 244).
2. « Deuiera seguir estos autores, y no las pullas de los Prouinciales viejos, tan mal recebidas, y vedadas por leyes del Reyno » (p. 308).
3. P. 283. Cf. plus haut, p. 155, n. 1. C'est probablement lui qui a induit Mayans en erreur.
4. « Mantuano dice que Iuan *no* succedio à su hermano Ricardo el muerto del saetazo en Limoges. » Mantuano dit exactement le contraire.
5. « ... acojase a la emienda, i veranos libres de su calumnia, diciendo el P. Mariana que Ricardo, no Henrique, fue successor de Iuan. » Il a voulu dire, sans doute : « diciendo el P. Mariana quo Iuan fue successor de Ricardo, no de Henrique. »
6. Voir plus haut, p. 151, n. 1.
7. Par exemple, la référence d'Eusèbe dans le premier passage qui est cité à la note 4 de la p. 212 ; ou encore le passage où il est question des vices de Henri IV, et qui est équivoque dans l'espagnol comme dans le latin (XXII, 14).
8. Voir la 3ᵉ partie, c. I, § I.

Malgré tout, il faut bien reconnaître qu'ailleurs, c'est-à-dire d'ordinaire, l'avocat de Mariana n'éclate à faux ni ne se trompe. La plupart de ses affirmations, principalement celles qui sont relatives à la teneur du texte latin ou de celui de 1608, sont rigoureusement exactes. C'est lui qui nous a montré à peu près toutes les « incorrections » que nous avons relevées à la charge de Mantuano. A défaut de la gratitude de Mariana lui-même, il a droit à celle des marianistes; et il convenait, certes, de lui laisser ici l'honneur de défendre encore notre auteur [1].

V

Tamayo n'est pas le seul défenseur qu'ait trouvé Mariana contre Mantuano et le connétable. Il existe d'autres réfutations des *Advertencias*. Elles sont restées en manuscrit, précisément peut-être parce que leurs auteurs eurent, dans la suite, connaissance du livre de Tamayo, avec lequel elles auraient fait double emploi. Deux d'entre elles sont, en effet, conçues dans le même esprit et sur le même plan. Les *Advertencias* de Mantuano sont d'abord reproduites ou analysées, et l'on répond en maniant tour à tour l'indignation et l'ironie.

L'une de ces réfutations est conservée à la Biblioteca nacional [2]. Le

[1]. Le catalogue du British Museum porte l'indication d'une édition des *Advertencias* qui aurait paru en 1621, et qu'il m'a été impossible de consulter. Peut-être, d'ailleurs, faut-il lire *1611*. Dans la préface de ses *Novedades antiguas*, publiées en 1624 (voir plus loin, p. 232), Tamayo donne à entendre qu'il avait entrepris la continuation de l'Histoire d'Espagne de Mariana. Je n'ai pu trouver traces de ce travail, non plus que d'une Vie du P. Mariana, qu'il avait écrite, selon la *Bibl. des écr. de la Comp. de Jésus*, à moins qu'il ne s'agisse des détails donnés par lui sur notre historien dans la *Raçon*, p. xxxii (lire xl)-xlvi. Dans sa *Junta de libros*, il ne signale de Mariana que l'« *Historia general* de España añadida hasta el año de 12. Mad. por J. de la Cuesta, 1616 (cf. plus loin, p. 221), 2 tom. fol. mas añadida hasta el de 20 » et le « tratado del instituto de la Compañia. Ms. 4. Anda en francés y en ytaliano impresso » (cf. p. 117.)

[2]. Le ms. T 113 (= 6946) de la Bibl. nacional est intitulé : *Deffensa de la Historia general de españa que en latin y castellano escriuio el padre Juan de Mariana de la compañia de Jhs por Lope de deça* (94 folios). Non daté, il est paraphé à chaque folio et porte, à la fin, la signature « P. Montemayor del Marmol ». Il débute ainsi :
« Vino a mis manos la Historia general que en Latin y castellano saco a luz el padre Juan de Mariana de la compañia de Jesus obra de un ingenio leuantado, illustrado, diestro, auisado, copioso, judicioso, eloquente, sentencioso, proprio, maduro, entero, y neutral. A que responden gran natural, sciencia, experiencia, erudicion, abundancia, eleccion, eloquencia, consejo, estimacion, discurso, uerdad, y justicia. Pues por alta que los Historiadores Romanos, y griegos, dexaron la raia en sus lenguas vulgares, el Padre Mariana en la estre.ha (modestamente lo digo) a llegado a ella, siendo pues aora mas posible su embidia, que su imitacion, y a las grandezas de españa se le a añadido la desta Historia por colmo... Con todo esto la enmienda precissa y affinada de la Historia de España (ansi se dixo) dio motiuo a cinquenta aduertencias contra ella, impressas en Madrid año de 1613 con uoz de uno, y manos de muchos y si este libro (aunque vario y erudito) ubiera conseguido su fin, escusara este mio, y otras cinquenta impugnaciones, que guiado del mesmo zelo (qual mejor que el de las cosas publicas?), halle a mi juizio que enmendar en estas enmiendas...
Primero se pondra el texto de la Historia contradicho, luego la aduertencia contradi-

nom de l'auteur s'y trouve indiqué : celui-ci n'est autre que Lope de Deza, dont précisément Nic. Antonio nous dit qu'il avait écrit une *Apologia por el Padre Mariana contra los errores de su contradictor*. Ce Deza, d'après le même biographe, serait le neveu, « nepos ex fratre », du jésuite théologien Alfonso de Deza; il était Ségovien, avait étudié les humanités à Oropesa (non loin de Talavera de la Reina), et le droit à Salamanque; il s'était marié, et s'était consacré à l'histoire et à la philosophie dans le loisir de sa demeure d'Hortaleza, près de Madrid. Ce dernier renseignement concorde avec ce que Lope lui-même déclare dans l'introduction de son travail, à savoir que probablement ni Mariana ni son contradicteur n'avaient jamais entendu parler de lui ni de la « petite bourgade » aux canaux de laquelle

cerca, ultimamente su impugnacion, no sin auisos y documentos importantes para leer, y concertar Historias, y puntos nueuamente desencarcelados de errores, no so si mas antiguos, o mas authorizados. Los lugares que se citan en latin, iran traducidos fielmente en castellano para todos ; y a todos conste de mi neutralidad, pues de los dos autores, del que Historia, y del que aduierte, solo e uisto los libros, y oido los nombres, y ellos por uentura jamas abran oido el mio, ni el de la pequeña Aldea, con cuios canales se termina mi noticia. De lo malo a mi la culpa; de lo bueno a Dios los gracias...

Impugnacion 1ª. Dice el padre Juan de Mariana en su Historia General de España, en castellano : luego se sigue Tartesos...
Replica la primera aduertencia : que Tarifa nunca se dixo Tartesso lo segundo que Carthago no fue Tarsis. Prueua lo primero con este argumento... »

(F° 63°) « ...Por lo dicho consta que Mariana hizo cuerdamente en seguir lo mas comun, que es lo mas honrroso a nuestra Castilla ; quieranle tan bien los de Saragoza, pues tan bien nos cabe parte por ser español, aunque a mi parecer jamas trato Prudencio de su patria natural, pues no pudo tener dos siendo tan iguales y de vn mesmo genero los fundamentos de ambos, que arguion, mas residencia en esta o en la otra, donde se hallaba quando escriuia, que naturaleza (.) que, nuestro, se entiende, por habitacion. Los nombres Aurelio, Clemente, Prudencio, poco olfato tienen de españoles. Auer sido abogado no es buen indicio, officio en aquellos tiempos mas romano que español. Auer residido en España con cargo honrroso de guerra, mudandose deste pueblo al otro en buen ora, ya por aqui le tendremos por nacido naturalizado.

(F° 76) « ...De suerte que donde en el castellano dice que algunos autores *Franceses* no quentan esta batalla, en el latin nombra a Eginardo secretario del emperador Carlomagno, que es el autor unico que la aduertencia alega como no uisto del pe Mariana, el qual quenta la primera uenida de Carlo Magno a España, y no la segunda. En este autor frances es toda la confianza de la aduertencia, pretendiendo por el que no aya auido otra batalla de Roncesualles, ni en otro modo sino como el la quenta, y la que quenta. Fuera bien decir que el padre Mariana referia este autor y no atribuirsele asi con esta nouedad. Pues los que no leyesen la historia latina creerian facilmente que le auia ignorado. Por lo dicho constara de las patrañas uulgares que la aduertencia dice quenta el padre Mariana en esta batalla, no diciendo palabra que no pese vn quintal, y tenga firmissimo fundamento, en grauissimos autores, que los uio todos, Castellanos Nauarros y Franceses, puniendo sus opiniones de manera queste solo capitulo entendido, cierra la puerta a toda calumnia, y es superior a toda embidia, con su substancia, breuedad y authoridad, puniendo lo cierto por cierto, lo falso por falso, lo dudoso por dudoso, dexando a cada vno libre su juizio y eleccion. »

(F° 80°) « Impugnacion 33ª. Dice el Pe Mariana ansi en la historia latina como castellana que de las hermanas del Rey de Enrrique el segundo, de Blanca y de Berenguela, d. Blanca era la maior...

Exclama la aduertencia diciendo que se pone mala uez a nuestros reyes en la

s'arrêtait sa renommée Il mourut en 1626¹. Antonio dit encore que le manuscrit de cette défense du P. Mariana fut, avec deux autres ouvrages du même Lope, au pouvoir de Tomás Tamayo, mais qu'aujourd'hui « alicubi latent ». Il n'est pas étonnant que Tamayo de Vargas, bibliophile et défenseur de Mariana, ait pu mettre la main sur un travail où l'on défendait Mariana. On ne voit pas, en tout cas, malgré la similitude du plan, qu'il s'en soit inspiré pour son *Historia defendida*.

Lope professe pour l'auteur de l'*Historia de España* une admiration sans réserves. Il va jusqu'à dire, à propos du récit de la bataille de Roncevaux, qu'il n'y a pas là une parole qui ne « pèse un quintal ». C'est peut-être beaucoup ! Il n'a vu, ni que Mariana s'était trompé en disant qu'Eginhard ne parle pas de cette bataille, ni qu'il avait reconnu son erreur, ainsi qu'en témoignent les éditions de 1601 et de 1605. Ses remarques, au reste, sont souvent judicieuses. Il sait même être juste. Il reconnaît à l'ouvrage qu'il réfute de la variété et de l'érudition. Chose curieuse, il n'en nomme pas une fois l'auteur par son

succesion de Castilla, profiriendo en edad y derecho a d. Blanca muger de Luis rey de Francia, y que no fue ansi, sino que la dicha d. Blanca fue menor, y d. Verenguela a quien se dio el reino la maior, y a quien uino de derecho. Desta exclamacion y mala uoz ay que cuidar poco, pues los mesmos reinos que pueden por su comun prouecho, quitarse o ponerse leyes, pudieron disponer en ellos con justas causas, estando maiormente asegurado esto con prescripcion de tantos siglos, y multitud de tantos succesores castellanos, a uista, paciencia y consentimiento de tantos reyes franceses, auiendo faltado en los presentes totalmente aquella sangre. Y esto quedo por entonces muy llano, con el reclamo que el rey luis de Francia, y su hijo d. Luis marido el uno, y hijo el otro de d. Blanca, tuuieron por los reinos de Castilla y de Toledo, diciendo auian pertenecido a d. Blanca, y de ellos como a conjunta persona, y sucesor, de la dicha su muger y madre. Sobre lo qual ubo muchos dares y tomares, hasta el tiempo del rey d. Alonso el Sabio, que caso a su hijo primogenito d. Fernando con hija de s. Luis y con esto se aparto desta pretension, y renuncio todos y qualesquier acciones y derechos, que podia tener a los reinos de Castilla. esto le refiere y sigue Zamalloa* siguiendo graues y antiguos autores. Y a los Castellanos entonces fue muy util y gloriosa su determinacion y expulsion de dominio ageno, siruiendo en esto de exemplar a lo futuro.

Al fin ay en esto dos opiniones, y refiriendo la aduertencia los autores de la suia, a d. Lucas, d. Rodrigo, d. Alonso de Cartagena y los demas concluye con este epiphonema : si el padre Mariana reuoluiera mas libros, no se engañara por la opinion errada de algun moderno. Que libros queria que vbiese rebuelto Mariana? sin duda estos que alega que en la leccion ansi de Zamalloa como de Mariana se enquentran mil ueces ; y en los indices que antepusieron de sus historias de los autores que para ellas uieron, ninguno destos falta y ay otros muchos. Dice Zamalloa que los autores que dicen que D. Berenguela fue la maior reciben engaño, luego supo que auia autores que lo decian. y creo el engaño pareciendoles que pues auia sucedido en el reino seria la maior. y pues el p. Mariana uisto todo lo antiguo y moderno como tan eminentes y uniuersales elegieron esta opinion me atengo a ella, y no se como pueda dexar de ser la cierta, auiendo sido tan publica, tan altercada y larga la pretension de Francia por esta causa hasta el tiempo del Rey d. Alonso el Sabio que se compuso, sin auer podido tener otro fundamento sino la mayoria de d. Blanca, que totalmente cierra la puerta a la opinion contraria. »

1. Il est aussi l'auteur d'un *Gobierno politico de agricultura* que signale Gallardo (nº 2005, un exempl. au Brit. Museum). C'était, on le voit, un campagnard lettré.

a) Note marginale : « lib. 13, c. 10. »

nom; il parle seulement des « cinquante *Advertencias* imprimées à Madrid en 1613 », ce qui ne convient évidemment qu'aux *Advertencias* de Mantuano; et, ce qui prouverait qu'il était, ou assez bien renseigné, ou assez perspicace, il déclare qu'elles ont paru sous le nom d'un seul, mais par la main de plus d'un. L'hypothèse d'une collaboration de plusieurs anonymes, en dehors du connétable, est en effet fort plausible.

La seconde réfutation est conservée à la Biblioteca real [1]. Elle est anonyme et porte en marge des notes ou corrections qui ne paraissent pas toutes provenir de l'auteur, le mot « malo » y revenant assez souvent. Le volume qui la contient a appartenu au Colegio mayor de Cuenca à Salamanque. Mantuano y est nommé sans détour, mais aucune explication n'est donnée ni sur lui, ni sur les circonstances où furent rédigées ces contre-remarques, ni enfin sur celui à qui elles sont dues. L'auteur donne seulement à entendre qu'il les écrivait étant à Rome. On ne voit pas que Tamayo les ait eues sous les yeux quand il écrivait les siennes.

Voilà donc trois Défenses de l'Histoire du P. Mariana. Elles ne

---

1. Ms. de la Bibl. real VII-A-2, 183 folios. Lo 1ᵉʳ folio contient la table des matières, et porte la mention « De la Biblioth* del Coll* m* de Cuenca ».

Les folios 1-69 contiennent, comme indique la table, des « Notas a las advertencias de Mantuano en la istoria de españa del p* Jū de Mariana ». Le folio 1 reproduit le fol. 2 (recto et verso) et l'addition marginale qui s'y trouve. Il débute ainsi :
« Advert* 1*
Tarifa no es Tartesso como dice el P* M. lib. 1* cap. 10 porque de tres Tartessos que nombran los antiguos la una segun Strabon estaua en la boca del Betis... »

Cette réfutation répond sur la question de la Cava et celle de Bernard. Elle a donc été faite par rapport aux Advertencias de 1611, et peut être antérieure à celle de Tamayo.

(F° 52) « Adv* 35. El P* M. pone mala bos a la sucesion de nuestros reyes diziendo que doña Blanca m* del rey s. Luys de francia era mayor que doña Berenguela m* del rey s. fernando de Castilla hijas ambas del rey don Alfonso 8 lib. 12 c. 7. côsta lo contrario porque el arçobispo don Rodrigo lib. 9 c. 5 a quien sigue la chronica del s*° rey don fernando la general y otras dizen que a la infanta doña Berenguela era deuido el reyno como a primo genita segun constaua por priuilegio del rey su P* en cuya uida se le auia jurado ⟨obediencia⟩ *la fidelidad y sujecion*ᵃ no auiendo hijo varon.

No puedo dejar de alabar la gran fidelidad de Mantuano pues al cabo de 400 años rehuye no se leuante algun pleyto à los reyes de españa acerca del derecho con que reynan. O fiel y leal vasallo ᵇ mas no entiendo que se tienen por menos leales ni por menos españoles los que tienen por historia llana lo que acerca de este punto propone el P* M.

Mas antes de alegarlos me holgara entender que priuilegio fue aquel por el qual la reyna doña Berenguela eredo el reyno y por que hazen fuerça en el el arçobispo D. Rodrigo y las demas chronicas que le siguen que necesidad auia de priuilegio si era la mayor ni indulto del rey su P* guard[ad]o en archivo y en Iglesia con tanta solemnidad que quien esto aduirtiere uera como no fue mas que preuenir que el reyno de Castilla no recayesse en francia faltando erederos varones y para esto fue la diligencia de jurar a d. Berenguela en uida de su P* el qual de consentimiento del reyno vuo de ser de aquel acuerdo pues dio el priuilegio tan inculcado de estos

a) Correction de la même main.
b) En regard de ces quatre lignes, note marginale : « malo ».

dépendent pas l'une de l'autre : il est facile de s'en rendre compte en comparant leurs réponses respectives touchant une même *advertencia*, par exemple, celle qui concerne Blanche et Bérengère; les mêmes arguments peuvent revenir ici ou là, mais l'expression en est très différente. Il est honorable pour un homme qu'on attaque de se voir ainsi défendu spontanément par ~~les gens~~ qui ne se sont point concertés. Mais il est honorable pour le pays et le temps où fut écrit un ouvrage comme l'*Historia de España*, qu'il y ait eu des lecteurs assez enthousiastes et assez érudits pour soutenir une joute aussi savante, et rompre des lances contre un critique malveillant, mais assurément bien informé [1].

Non seulement Tamayo ne fut pas le seul défenseur de Mariana, mais quand il vit enfin sortir de chez l'imprimeur son *Historia defendida*, il avait perdu l'honneur d'être le premier en date. Déjà, en effet, entre Mantuano et les marianistes, les escarmouches avaient commencé : Tamayo n'en fut pas. On a cité la lettre, reproduite par lui, dans laquelle Mantuano explique à Alvaro de Piña y Rojas les raisons qui l'ont amené à critiquer l'*Historia de España*. Cet Alvaro, ami de Mariana, nous raconte Tamayo, avait en effet écrit de Tolède

autores y no es esto adiuinar pues como dijo bien Polidoro Virgilio en las cosas inciertas se deue seguir lo que pide el suceso y orden de las cosas y lo que ⟨se colige⟩ con buenas conjecturas se infiere.

Mas [a] que la infanta doña Blanca fuese mayor consta del concierto que dicen(?) los autores ingleses que hizo su tio el rey de ingalaterra del casamiento de esta señora con el principe de francia y de auerse casado tantos años antes que doña Berenguela a quien su P° huuo concertado de casar en alemania a principe mas remoto y mas extrangero que el de francia cosa que por ser tan comun la supongo finalmente (.) el diligente esteuan de Garibay que fue el que mas aueriguo de escrituras antiguas lib. 12. c. 43 dize los grandes de Castilla que de la libertad del regno tenian zelo se dieron tal presteza que no dieron lugar a que los reynos de Castilla se juntasen con los de francia por que la infanta doña Blanca primogenita del rey don Al° pudiera uenir a reynar en estos reynos (.) en el cap. 24 del mismo libro hablando del nascimiento de estas infantas dize fue la primo genita doña Blanca que fue reyna de francia y todos los autores que escriuen que esta infanta no era primo genita reciben engaño, y poco antes auia dicho no fue la primo genita doña Berenguela segun diuersos autores quieren por que sin suda lo fue la infanta doña Blanca. Esto Garibay.

Confieso que me holgara saber los originales por donde tan determinadamente Garivay y el P° M. dizen que fue manifiesto engaño de los que dizen lo contrario mas la poca ocasion que ay en Roma para aueriguarlo no da lugar a mas que a creer que pues hombres tan diligentes lo quisieron(?) tan manifiestamente y con tanta aseueracion que uieron y aueriguaron esta uerdad y esto deuiera considerar Mantuano mas como no trato mas que de poner al P° M. lld lo que dixo en algo le contradezia dando luego sent° definitiua ni trajo ni parese que supo estos fundamentos (.) al parecer de Gariuay siguio Tarrafa en su chronicon prefiriendo como a mayor a la infanta doña Blanca y posponiendo como a menor a la infanta doña Berenguela cosa que en ninguna manera la contradizo Mosen Valera ni el Burgense don Alonso de Cartajena en sus historias como consta de sus textos que dejo(?) porque los refirio Mantuano como se puede uer en el. »

1. Il existe à la Biblioteca nacional une autre Défense de Mariana, due à Andrés Almansa y Mendoza, et intitulée *Yerros que advirtió en el libro de Pedro Mantuano* (d'après le Catalogue; cf. l'*Indice* de Gallardo). Je n'ai pas eu le loisir de l'examiner.

a) En regard de cette ligne et en marge : « malo ».

à Mantuano, le 2 avril 1614, pour lui signaler « algunos ierros essencialissimos de computo » qu'il avait relevés dans les *Advertencias*[1]. La réponse de Mantuano est du 17 avril. Un second échange de lettres eut lieu (15-20 mai). Cet autre défenseur fut moins bruyant. Il nous a rendu le service de provoquer la lettre, invraisemblable d'outrecuidance, du Mantuano, et que Tamayo n'a pas laissé perdre.

D'autres s'en étaient tenus aux intentions. C'est Tamayo lui-même qui les nomme[2]. Outre l'archevêque de Compostelle, président du Conseil d'Italie, Juan Beltrán de Guevara, et le célèbre Luis de Góngora, qui se contentèrent de louer son projet d'apologie, deux érudits avaient formé pour leur compte le même projet. L'un était Francisco Fernández de Córdoba, qui semble s'être préoccupé surtout de prouver la venue de Nabuchodonosor en Espagne, mais avait eu aussi « à plusieurs reprises » le désir de défendre Mariana sur beaucoup de points contestés par Mantuano. L'autre est Francisco Gómez de Quevedo, qui, nous dit Tamayo, eût aussi écrit une Défense, s'il n'eût quitté l'Espagne pour suivre le duc d'Osuna : preuve que les affirmations de Tarsia[3] touchant les rapports du vieil historien avec le jeune traducteur des Thrènes de Jérémie ne sont pas de pure fantaisie.

Tamayo lui-même déclare avoir eu un collaborateur, José González de Salas[4]. Il savait qu'un Italien, Francesco de Plaça (Piazza?), bibliothécaire de l'archevêque de Compostelle, et un autre érudit qu'il ne nomme point, avaient commencé un travail pareil au sien. On voit que les attaques de Mantuano avaient soulevé une certaine émotion : l'auteur de l'*Historia general de España*, malgré ce qu'un patriotisme ombrageux ou la vanité de quelques aristocrates pouvaient lui reprocher, avait décidément conquis l'estime et la sympathie : il en devait peut-être quelque chose à son censeur.

En 1618, en tête de son *Triunfo de la Fee en los Reynos del Japon*, dédié au cardinal de Sandoval, Lope de Vega mettait un *Prologo al Tito Libio, christiano, Luz de la Historia de España, el P. Juan de Mariana*[5]. Quant à Mantuano, le même poète (qui précisément se disait descendant de Bernardo del Carpio) paraît avoir partagé les sentiments de Tamayo à son égard. Vers le même temps, remerciant le duc de Sessa d'une libéralité, il lui avoue plaisamment qu'il se trouvait « plus à court d'argent que Mantuano de bon sens »[6]. Ce n'est sans doute pas à Lope de Vega que nous demanderons de nous dire ce

---

[1]. *Raçon*, p. xi. Cf. plus haut, p. 167.
[2]. P. xxxvi-xxxix.
[3]. Voir plus haut, p. 126.
[4]. L'auteur de *La descripcion del sitio de la tierra, escrita por Pomponio Mela...* (Madrid, 1644; n° 2385 de Gallardo).
[5]. La Barrera, *Nueva Biogr. de Lope de Vega*, p. 299.
[6]. *Ibid.*, p. 617, où l'on verra aussi comment Lope se moque de la relation des *Casamientos de España y Francia*.

que valent la critique de Mantuano et celle de Mariana : sa plaisanterie n'en est pas moins une agréable conclusion à l'historique des démêlés qui viennent d'être racontés.

VI

La troisième édition du texte castillan de l'*Historia general de España* est constituée, à notre connaissance, par un premier tome, daté de 1617, et un second, daté de 1616 : tous deux imprimés à Madrid aux frais du libraire Alonso Pérez, mais celui-là chez la veuve d'Alonso Martín, celui-ci chez Juan de la Cuesta. Les exemplaires ainsi formés sont complétés par un *Sumario* qui comprend les années 1516-1612, et qui, imprimé par Juan de la Cuesta et aux frais du même libraire, porte soit la date de 1616, soit celle de 1617. On peut se demander s'il n'y a pas eu deux éditions commandées successivement par Alonso Pérez, et parues l'une en 1616, l'autre l'année suivante. On s'expliquerait ainsi comment, dans la préface de l'édition de 1623, il est dit « se tendra por la nuestra la (opinion) que en esta quinta impression se hallare ». Si, en effet, les volumes datés de 1617 et 1616 ne forment qu'une édition, celle de 1623 se trouve n'être que la quatrième du texte castillan. Il faut remarquer pourtant que celle-ci est la cinquième des éditions de l'*Historia* parues en Espagne tant en latin qu'en espagnol : c'est peut-être ce que l'auteur ou l'éditeur a voulu dire. D'autre part, il est douteux qu'un même libraire ait fait deux fois en deux ans les dépenses d'une impression considérable. Tout ce qu'on pourrait admettre, ce serait qu'il y ait eu une édition complète datée de 1616[1], et qu'un certain nombre d'exemplaires, avec un titre daté de 1617, aient passé pour former une nouvelle édition.

On a vu que l'édition de 1608 a été considérée par Mayans et les éditeurs de Valence comme préférable à celles de 1617-1616 et 1623. Nous devons examiner de près leur thèse, car le choix de l'édition a un intérêt pratique au point de vue littéraire et philologique, comme en ce qui concerne l'idée que nous avons à nous faire de la critique de Mariana.

Contre l'authenticité de l'édition de 1617 on ne peut tirer argument de l'âge de l'auteur, bien qu'il fût octogénaire lorsqu'elle parut. En 1619, il faisait paraître ses *Scholia in Vetus et Nouum Testamentum* avec une préface autobiographique. Or si les Scolies sur l'Ancien Testament étaient déjà prêtes à la fin de 1617, il ne composa les Scolies du Nouveau Testament qu'ensuite et dut pour celles-là demander une autre licence qui lui fut accordée le 20 décembre 1618[2]. Du

---

1. C'est ce qui semble résulter d'une indication de Tamayo (voir p. 215, n. 1).
2. Voir p. 123.

moment qu'il pouvait, à cette époque, rédiger un volume pour lequel il fallait à tout le moins reprendre d'anciennes notes et les mettre au point[1], il n'était pas incapable de corriger son histoire et d'en préparer une nouvelle édition vers 1616 ou 1617 : d'autant qu'il avait pu commencer les corrections peu après 1608.

Toutefois. précisément à cause de ses occupations d'exégète, Mariana n'a-t-il pu s'en remettre à d'autres du soin de préparer cette édition ? Il avait pensé, dit-il plaisamment, prendre son congé : s'il a repris ses armes, c'est pour faire œuvre pie, et non pour retourner aux luttes profanes. N'eût-ce été pour compléter son commentaire de la Bible, il se serait retiré dans le repos pour songer au grand départ[2] ; cela valait mieux pour le salut, que de faire le « regratteur de syllabes », s'il nous est permis d'employer une expression de son contemporain, Malherbe ; car c'est bien à un regrattage de syllabes qu'a été soumis le texte édité en 1617-1616, un grand nombre de corrections n'ayant trait qu'à la langue.

Contre cette édition, les éditeurs de Valence présentent deux arguments. Le premier consiste précisément à rejeter, comme indignes de la plume de Mariana, des modifications de forme qui n'améliorent pas et déparent plutôt le style ; le second, à rejeter des modifications de fond comme inspirées par les *Advertencias* de Mantuano, que Mariana affirme n'avoir pas lues.

Le premier de ces arguments est des plus subjectifs, puisqu'il repose sur une appréciation, au point de vue du style, des changements apportés en 1617. Il n'est pourtant pas à dédaigner. Il porte sur trois points. Certaines corrections, dit-on, consistent à substituer une forme moderne à une ancienne : *grietas* à *crietas*, *mercaderias* à *mercadurias*, *ambos* à *entrambos*, etc. ; ce qui n'est pas conforme aux habitudes de Mariana historien, qui affectait, au contraire, l'archaïsme. Il est clair que si ces changements sont le fait de l'imprimeur, l'édition se trouve du coup dépréciée. Or, rien ne prouve que Mariana ait renoncé à « se teindre la barbe pour paraître vieux », selon l'expression de Saavedra[3] ; et l'on est autorisé à penser le contraire quand on le voit mettre des archaïsmes intentionnels dans son *Sumario* jusqu'en 1623. En effet, à l'année 1616, qui ne se trouve que dans l'édition de 1623, on lit le mot *ca*, sans compter *otrosi* et *dende fin del año*, qu'on rencontre à l'année 1615, et qui sont peut-être moins affectés. Sur ce point, il faut donc donner raison aux éditeurs de Valence.

On peut encore voir une preuve, sinon de l'ingérence étrangère, au

---

1. « Multa in hanc rem, & selecta in aduersaria superiori tempore collata : quæ mecum perire, ni ita facerem, necesse erat » (Préf. aux *Scholia*).
2. « ... de discessu serio per otium cogitare » (*ibid.*).
3. Voir la 3ᵉ partie, c. III, § II.

moins de la négligence de l'auteur, dans l'insertion d'une sorte de glose corrective dans une phrase qui avait été critiquée par Mantuano. Mariana avait dit d'abord : « Destos montes hazia la parte de medio dia el monte Idubeda (llamado assi de los antiguos) se desgaja, tiene su principio cerca de las fuentes de Ebro, que estan *en* los Pelendones, pueblos antiguos de España. Al presente este monte Idubeda, se llama montes de Oca... »[1]. En 1617, on imprime « *sobre* » au lieu de « *en* los Pelendones », et l'on insère entre *España* et *al presente* : « por mejor decir nace en las vertientes de Asturias, donde está un pueblo por nombre Fontibre, que es lo mismo que fuentes de Ebro. » Les éditeurs de Valence font remarquer avec raison que cette correction n'est pas à sa place, puisqu'il s'agit ici de l'Idubeda et non de l'Ebro. On s'exagérerait pourtant la netteté du style de l'*Historia general de España*, si l'on s'imaginait que de telles fautes y fussent sans exemple. Ce second point est donc douteux.

Sur le troisième point, l'argumentation se retournerait aisément contre la thèse des éditeurs de Valence. Il s'agit de certaines corrections purement grammaticales ou stylistiques apportées au texte de 1617. Quelques-unes, en effet, n'amélioreraient pas le texte, bien au contraire. Mais dans celles que citent ces éditeurs, la nouvelle leçon, cela est évident, a été mise pour éviter le relatif *lo qual, el qual*, ou pour couper la phrase[2]. Or, que Mariana ait cherché à alléger la phrase, à la couper en supprimant les relatifs, on s'en convaincra facilement à lire une seule page de son castillan.

Le second argument est tiré de ce fait que certaines corrections paraissent avoir été inspirées par les *Advertencias* de Mantuano[3] ; or, Mariana déclare ne pas avoir lu ces *Advertencias*. Mais on doit distinguer : ne pouvait-il les connaître sans les avoir lues ? Dans l'édition de 1608 les éditeurs de Valence relèvent une correction du même genre, celle qui est relative à Bérengère (nous en avons compté neuf autres)[4] ; ils n'ont pas conclu de là que le texte de 1608 fût suspect.

La vérité paraît bien être que l'édition de 1617 a été exécutée sur un exemplaire de 1608 corrigé par Mariana, mais qu'elle n'a pas été précédée d'une revision sérieuse, car le texte continue à être contradictoire, et la table des matières à ne pas concorder avec le texte, en ce qui touche Blanche et Bérengère. Les mots « como fue la mayor » ont disparu[5] : ce qui prouverait que Mariana s'était décidément rangé du côté de Mantuano (si la correction ne lui a pas été imposée). Mais un peu plus bas subsiste encore la phrase d'où il résulte implicitement

1. I. 3.
2. Voir les passages qu'ils reproduisent à la suite de leur préface.
3. Voir la lettre à Morlanes (app. V, 5).
4. Voir p. 211-2.
5. Voir, p. 182, n. 1.

que Blanche était l'aînée. Il est dit, en effet, dans l'énumération des enfants d'Alphonse VIII, qu'après Blanche vinrent Bérengère, Sancho, etc. Ensuite, l'autre passage si contradictoire, que nous avons également signalé, est resté sans correction¹. D'autre part, l'imprimeur a pu, semble-t-il bien, introduire de son chef des modifications « en la ortografia », et non « en las cosas ». Il n'y a donc pas de raison péremptoire de recommander cette édition plutôt que celle de 1608; mais il n'y en a pas davantage pour la rejeter. On pourrait peut-être s'en servir de préférence à cause des nombreux passages où la phrase apparaît plus dégagée par suite de la suppression du relatif (*el cual* ou *lo cual* principalement) ; mais il faudrait se méfier des formes comme *grietas*, *mercaderias*, *ambos*, qui sont peut-être dues à l'imprimeur. En tout cas, comme l'édition de 1623, en dehors des passages qui seront examinés, n'est pas telle que nous devions la négliger, il s'ensuit que nous n'avons pas non plus de motif suffisant pour lui préférer l'édition de 1617, si ce n'est pour ces mêmes passages ².

1. Voir p. 181, et remarquer la correction et l'addition particulières aux éd. de 1617 et 1623. Comment Mariana a-t-il pu les faire sans remarquer l'absurdité de tout le passage? Enfin on trouvera au l. XIX, c. 15, dans le discours de Ruy López Davalos, une allusion très explicite aux droits de Blanche, sacrifiés à la raison d'État.

2. Voici les corrections apportées en 1617 et paraissant inspirées par les *Advertencias*. Je donne le texte de 1601 (auquel celui de 1608 est conforme) ; je mets entre ⟨ ⟩ les mots supprimés, et en italiques les mots ajoutés en 1617.

II, 17 : « Diole la batalla, en la qual le mató treynta mil hombres, y a el forço a huyrse a los Maurusios, que era vna ciudad *o comarca* en lo postrero de su reyno: por ventura adonde ahora esta Marruecos. »

Ibid.: « Hannon... fue en la marca de Ancona con todas sus gentes vencido, y desbaratado, ⟨y muerto⟩. »

II, 20 : « ⟨... Ni aun verla no quiso⟩ *apenas la quiso ver y hablar.* »

II, 24 : « Despues desta victoria, y de la huyda de Anibal *o antes* se hizieron las pazes... »

III, 23 : « Mataronle con veynte y tres heridas que en el senado le dieron, a los ⟨siete⟩ *quinze* de Março, del año siguiente de setecientos y diez. »

XI, 21 : « Estas cosas succedian en España, en el tiempo que ⟨Enrique⟩ *Ricardo* de Ingalaterra, en prosecucion de la guerra... fue muerto con vna saeta. »

XIII, 17 : « A Corradino y Federico, en juyzio cortaron en ⟨Mecina⟩ *Napoles* las cabeças. »

XVII, 6 : « Los reyes de Aragon y Nauarra tenian concertado que juntamente con don Enrique, se viessen en el castillo de Vncastel, que era de Aragon, en la raya de Nauarra... natural de Nauarra. *Quien dize que esta habla de los reyes fue en Sos a la raya de Nauarra.* »

XVII, 7 : « En siete dias del mes de junio desde mismo año, murio en ⟨su villa de San Lucar⟩ *Orihuela, la qual el rey don Pedro tenia cercada*, Alonso de Guzman. »

CHAPITRE IV

I. Le *capitán* Miguel Sanz de Venesa y Esquivel et les réclamations de Fontarabie.
II. Le P. Jerónimo Román de la Higuera et les Fausses Chroniques.
III. L'édition 1623. Caractère suspect des additions empruntées aux Fausses Chroniques.
IV. Les falsificateurs possibles.
V. Succès de l'*Historia general de España*.

I

Le 6 décembre 1621, un certain *capitán* Miguel Sanz de Venesa y Esquivel adressait au P. Mariana une lettre et un mémoire imprimé[1]. Le mémoire, qui porte la date du 20 novembre de la même année, avait pour objet de prouver que l'auteur de l'*Historia general de*

---

1. Voir dans la *Revue du Béarn et du Pays Basque* (à partir de mars 1904), un *Essai sur les Différends de Fontarabie avec le Labourd du XV° au XVIII° siècle*, par M. Th. Legrand, qui a utilisé pour cet historique les documents conservés à l'*Archivo* de Fontarabio, et en particulier le manuscrit de la *Relacion* ci-dessus mentionnée. Muñoz, qui signale la même *Relacion* (*Dicc. bibliográfico-histórico*, Fuenterrabia, n° 2), dit qu'il en existe une copie à l'Academia de la Historia, dans la Collection Vargas Ponce. Mais cette copie paraît introuvable. Un exemplaire imprimé existe au British Museum, avec une copie de la lettre adressée par le *capitán* à Mariana (cf. Gayangos, *Catalogue*, t. I, p. 367-8). Dans l'intitulé de la *Relacion*, tel qu'il est reproduit par Muñoz, la Bibliothèque des écr. de la Comp. de Jésus (d'après Muñoz) et M. Legrand, les mots que je place entre ⟨ ⟩ ont été omis : *Relacion de lo q° al Reverendissimo Padre Maestro Juan de Mariana de la compañia de Jesus pone en consideracion el capitan Miguel Sanz de Venesa y Esquivel en nombre de la muy noble y leal villa de Fuenterrabia sobre la enmienda que piden el capitulo quinto* ⟨*del libro vigesimo tercio, y el capitulo veinte y tres*⟩ *del libro vigesimo nono de la segunda parte de su historia de España que tratan del río Vidasoa*. Si bien que M. Legrand a pensé que l'objet de cette relation « n'est point celui indiqué dans le titre ci-dessus, car il n'est nullement question de la Bidassoa au chapitre V du livre XXIX de l'histoire de Mariana. » Il n'en est pas question, en effet, à ce dernier endroit, mais bien aux endroits que marque en réalité le titre et que le *capitán*, au cours de son mémoire, spécifie en demandant à Mariana de les corriger (voir plus loin). M. Auguste Laporte, professeur au Lycée de Rochefort, a bien voulu étudier pour moi à Fontarabie ce document, au point de vue spécial auquel je me plaçais, et après M. Legrand, qui en a signalé le premier l'existence dans cette ville. La curieuse étude de ce dernier publiée d'abord comme thèse pour l'École des Chartes (*Essai sur Fontarabie*, 1904), me dispense d'entrer dans de plus longs détails sur les revendications exprimées par le *capitán* et sur les démêlés des Guipuzcoans avec les Labourdins depuis le XV° siècle jusqu'au temps de Mariana.

España avait été mal informé quand il avait écrit que la rivière de la Bidassoa était la propriété commune de la France et de l'Espagne, en vertu d'un accord intervenu en 1510 entre les deux pays. Faisant l'historique de la question en litige, le *capitán* en arrivait à cette conclusion que la Bidassoa appartenait à l'Espagne et que la frontière était marquée par la rive droite.

Réclamation et démonstration étaient faites avec politesse et respect[1]. L'historien se laissa convaincre. Dans son édition de 1623, on trouve deux additions importantes aux endroits visés. On voit dans la première comment, lors de l'entrevue qu'il eut en 1463 avec Louis XI, Henri IV de Castille eut la précaution de traverser la Bidassoa pour venir à la rencontre du monarque français, et de lui dire, en mettant le pied sur le bord, à un endroit que l'eau recouvrait lors des fortes marées : « Ici je suis en Espagne ; » puis, posant un pied un peu plus loin : « Ici je suis en Espagne et en France ; » à quoi Louis XI répondit : « Il est vérité[2]. » Dans la seconde, relative à l'accord de 1510, l'historien rappelle l'interdiction faite alors aux Hendayais de se servir de barques à quille[3].

II

Au temps où Mariana publiait son Histoire d'Espagne en latin, vers 1594, son confrère Jerónimo Román de la Higuera lançait dans

---

1. « ... V. P. a quien suplico me perdone este atrevimiento, q* el zelo de mi patria me ha mouido á ello, y me tenga de oy mas por su muy verdadero servidor, porque soy aficionadissimo al nombre de V. P. despues que comence à leer su historia, por la qual conozco que el ingenio, y valentia con q* esta escrita es cosa superior, y gracia gratis data admirable, la del cielo alcanço V. P. con la felicidad que deseo. De Madrid á veinte de noviembre de mil y seiscientos y veinte y un años. » (Fin de la *Relacion*.)

2. « Passaron los nuestros en muchas barcas el rio Vedaso ⟨comun termino y aledaño entre Francia y España⟩ o *Vidasoa*. Puedese sospechar se hizo esto por reconocer ventaja a la magestad de Frãcia : nuestros historiadores dizẽ otra causa q todo aquel rio pertenece al señorio de España, ⟨y para hablarse a la raya de los dos Reynos, fue necessario q los nuestros lo passassen⟩ y *consta por escrituras publicas, acordadas en diferentes tiẽpos entre los Reyes de Castilla y Francia : y de lo processado en esta razon en que se declara, que passando dõ Enrique el rio Vidasoa, en vn barco llegò hasta donde llegaua el agua, y alli puso el pie, y al tiempo q quiso hablar con el Rey Luys, tenia vn bastõ en mano, desembarcado en la orilla y arenal dõde el agua podia llegar en la mayor creciẽte, dixo q alli estaua en lo suyo, y que aquella era la raya dentre Castilla y Francia, y poniendo el pie mas adelante, dixo ahora estoy en España y Frãcia, y el Rey Luys respondio en su lengua. Ite verite, dezis la verdad. En estas vistas y habla se leyõ de nuouo la sentencia...* » (XXIII, 5; t. II, p. 364 de l'édit. de 1617. Ce qui est entre ⟨ ⟩ ne se trouve pas dans l'édit. de 1623, p. 367, et ce qui est en italiques ne se lit que dans cette dernière édition.) Zurita, dans ses *Anales* (XVII, 50), parle bien de la même entrevue, mais ne dit rien de cet incident.

3. « Llegaron diuersas vezes a las manos ; y el pleyto a terminos, que se nombraron juezes por los Reyes. Los quales acordaron, que cada qual de las partes quedasse con la ribera que caia hàzia su territorio, y el rio fuesse comun. *Solo se vedò a los*

la circulation un recueil de chroniques qui lui avait été envoyé du monastère de Fulda, disait-il, et qui portait les noms de *Marcus Flavius Dexter, Maximus* et *Eutrandus*. On verra dans l'*Historia de los Falsos Cronicones* de Godoy Alcántara, comment on peut imaginer que ce faux fut élaboré; quel en était le contenu et l'intérêt; comment Juan Bautista Pérez avait écrit en 1595 à Higuera lui-même que cette chronique était apocryphe[1]; et comment enfin Higuera, compromis et confondu dans l'affaire de *San Tirso*[2], avait dû attendre des temps meilleurs pour venir à bout de son entreprise.

Quel était son but? C'est ce qu'il n'est pas facile de déterminer exactement. Peut-être y a-t-il lieu d'expliquer son cas par une sorte de manie : c'est à quoi nous autorise un passage curieux du P. Ezquerra, qui nous le montre étrangement dévot aux saints par lui découverts, et, jusque dans l'agonie, rectifiant leurs noms quand on les prononçait fautivement devant lui[3]. Toutefois, comme il a laissé trente-trois livres d'une *Historia eclesiástica de Toledo*, dont on possède plusieurs exemplaires manuscrits[4], et qu'on y trouve citées les dites chroniques on est induit à supposer qu'il avait surtout voulu enrichir et renouveler pour son propre usage les annales de sa ville natale. Sa sollicitude s'étendit de proche en proche à toute l'Espagne. Beaucoup de problèmes relatifs aux antiquités civiles ou religieuses étaient en suspens. Il se chargea d'apporter la solution à la plupart. Le plus important fut naturellement celui qui concernait l'apôtre saint Jacques[5].

Il faut, du reste, tenir compte d'une chose : *Dextero* et *Maximo*, sans prénoms, sont cités par Fray Juan de Ribuerga dans une *Coronica de las antiguedades despaña*, écrite vers 1525; *Lucio Dextero* et *Maximo* le sont dans la *Crónica de España* de Lorenzo de Padilla, archidiacre de Ronda, ouvrage qui paraît avoir été imprimé vers 1570, et que

Franceses tener alli y usar de vaxeles con quilla, es a saber grandes. Con que finalmente se sossegaron. » (XXIX, 23; t. II, p. 664 de l'édit. de 1617. Ce qui est en italiques ne se lit que dans l'édit. de 1623, p. 667.)

1. Godoy, p. 56-87; cf. Mayans, *Vida de don Nicolas Antonio* (§ 42) en tête de la *Censura de historias fabulosas* et cette *Censura* elle-même, XII, 7, § 9.
2. Cf. plus haut, p. 62.
3. « Su estudio era todo vidas de Sanctos con particular inclinacion y deuocion à dar noticia de los que no eran tan conocidos en España a los quales se encomendaba affectuosamente y reconocio en varias ocasiones (como él lo dixo) singulares fauores de ellos; y teniaslos tan en memoria que en lo ultimo de su vida, no pudiendo ya casi hablar, nombrandoselos los presentes para que se encomendasse a ellos, él los yba enmendado los nombres, y diciendo otros q̃ no sabian » (año 1611, f° 99). La notice consacrée par Ezquerra à Higuera en cet endroit a été reproduite par Alcázar (t. III de la partie ms., année 1611, c. II, § 5).
4. V. l'*Indice* de Gallardo (*Román de la Higuera*).
5. En décembre 1595, il s'occupait de la venue de saint Jacques, « para asentalla bien en una historia eclesiastica de España que al presente hago, » ainsi qu'il le déclare dans une lettre citée par Godoy, p. 132.

Higuera déclare avoir vu[1]. Il faudrait donc admettre que déjà ces historiens avaient feint de tirer des œuvres de Dexter et de Maxime des passages dont ils voulaient appuyer leurs propres assertions. C'est le procédé qu'a employé Ocampo. Higuera aurait fait davantage : recourant au procédé d'Annius de Viterbe, il aurait composé lui-même les œuvres qu'il attribue aux mêmes personnages. Ces œuvres auraient donc d'abord été supposées, mais inexistantes, puis existantes, mais apocryphes.

De ce moment on trouve Dexter, Maxime et Eutrand cités par différents érudits. Eutrand l'est, dès 1594, par le jésuite Gabriel Vázquez en témoignage de l'abjuration d'Elipand[2]; il l'est également avec Maxime, en 1601, par le bénédictin Fray Prudencio de Sandoval, qui écrivait l'histoire de son ordre[3]; Dexter l'est en 1608, en faveur de la venue de saint Jacques en Espagne, dans les *Hispaniarum Vindiciae*, traduction latine des *Dos Discursos* de Fernández de Velasco[4], et en 1610 par l'historien valencien Escolano, qui déclare posséder une copie des Chroniques de Dexter et de Maxime, et d'un fragment d'Eutrand[5]. En 1612, toujours à propos de saint Jacques, le dominicain Juan de la Puente promet mystérieusement d'utiliser le témoignage d'auteurs qui

---

1. Voir Godoy, p. 19-29.
2. *Disputationes duæ contra errores Fœlicis et Elipandi*. Cf. Godoy, p. 34; Mayans, *Vida de Don Nic. Antonio*, § 38, et la lettre du P. Tomás de León reproduite par lui à la suite de la *Censura de historias fabulosas* de Nic. Antonio, p. 672.
3. *Primera parte de las Fundaciones de los monesterios del glorioso Padre san Benito* (n° 3178 de Salvá). Cf. Antonio, *Censura de hist. fab.*, I, 2, § 4.
4. Cf. plus haut, p. 66. Velasco ne paraît pas l'avoir connu lors de la publication des *Dos Discursos* (1605), où il ne le cite pas, contrairement à ce que dit Mayans (*Vida de D. N. Ant.*, § 44). Voici le passage de 1608 : « Adjungo etiam Dexterum, auctorem grauem pariter & antiquum, &, ut quorumdam fert opinio, filium S. Paciani Episcopi Barcinonensis. is libro quem de omnimodâ Historiâ conscripsit, ait: *Anno XLII Iacobus sanctus Apostolus, Zebedæi filius, multis peragratis Hispaniæ Vrbibus, & Ecclesiis erectis, Episcopisque creatis, Petrum Braccaræ reliquit primum Episcopum*. Vertit hunc librum P. Hieronymus Romanus Higuera, Societatis Iesu, vir multæ eruditionis & sanctitatis, è codice manuscripto antiquo, quem in Germaniâ, in monasterio Guldensi (sic) inuenerat. » (P. 12.)
5. *Decada primera de la Historia de la insigne y coronada ciudad y reino de Valencia* (Valencia, 1610) : «... ha permitido Dios que en nuestros dias se tuuiesse noticia de dos libros de historia, escritos de mano, con letra Gotica, que eran guardados en Alemaña en la libreria Fuldense; el vno intitulado, Coronica de Marco Flauio Dextro Barcelones, Prefecto de Oriente, hijo de San Paciano obispo de Barcelona; dedicado primero a San Hieronymo, y despues à Paulo Orosio; que contiene vna relacion general desde el principio del mundo hasta el año quatrocientos y treynta del nacimiento de Christo en que viuia el dicho Dextro. El otro se intitula, Coronica de Maximo Obispo de Çaragoça, que prosigue la de Dextro hasta el año seyscientos y seys, con vn fragmento de vn Diacono de Toledo, por nombre, Eutrando (sic), hasta el de seyscientos y treynta. De los quales tengo en mi libreria vn traslado » (II, 1, § 10). « En el que tengo dize expressamente Dextro, que Santiago passo a España, el año de treynta y seys del Nacimiento de Christo; y que el de quarenta y cinco dexo por Obispos, a Athanasio en Çaragoça; y a Pedro, en Braga. Maximo refiere que el año quinientos setenta y vno, era tenido en grandissima veneracion en Çaragoça el templo de nuestra Señora del Pilar, que edificó Santiago. » (II, 1, § 12.)

ne peuvent être que ceux qui nous occupent¹. Il ne devait, du reste, pas tenir sa promesse.

C'est seulement vers la fin de 1619, à Saragosse, que Fray Juan Calderón, *concionator* et précédemment *guardianus* des franciscains de cette ville², édite un *Flavius Lucius Dexter*, continué par *Marcus*

---

1. *Tomo primero de la conueniencia de las dos Monarquias Catolicas, la de la Iglesia Romana y la del Imperio Español, y defensa de la Precedencia de los Reyes Catolicos de España a todos los Reyes del Mundo* (Madrid, 1612) : « Pero Santiago no solo predicó en España, sino conuirtio gran multitud de Gentiles Españoles, dando sacerdotes y Obispos a las mayores ciudades, como a Braga y Zaragoça. De todo lo qual se hara larga prouança en el lugar alegado. En la segunda persecucion que padecio la Iglesia de Ierusalem, que fue diez años despues, vinieron a España siete Obispos discipulos de Santiago, trayendo en su compañia el cuerpo de su santo maestro. Tardaron en la jornada seys dias (*en marge :* como se prouara en el lib. 6); y en dandole sepulcro a las sagradas reliquias, começaron a predicar la christiana religion a los antiguos fieles que conuirtio Santiago, y a los Gentiles del Reyno de Granada. En el lugar alegado, daremos a todo esto la firmeza y corteza necessaria. (Tenga paciencia el lector.) De lo qual consta que entre los Reynos de Europa, es España el mas antiguo miembro de la monarquia Eclesiastica, y nuestra Fè la primera y primogenita : en lo qual se funda el principal derecho de la superioridad y precedencia de vuestra Magestad Catolica, a todos los Reyes del Mundo. » (P. 366.) Le tome VI, où devait être établie cette démonstration n'a jamais paru. Voir la *Bibl. hisp.* n. *(Ioannes de la Puente).*

2. Ce sont les titres qui lui sont donnés dans les approbations et licence en septembre 1619. Je n'ai pas à faire ici la bibliographie des Fausses Chroniques ; néanmoins, il ne sera pas inutile pour notre objet de compléter l'ouvrage de Godoy par quelques notes sur les éditions. De celle qu'a donnée Calderón, la Bibliothèque nationale possède un exemplaire : *Fragmentum Chronici, siue omnimodæ historiæ Flauii Lucii Dextri Barcinonensis, cum chronico Marci Maximi, & additionibus sancti Braulionis & etiam Helecæ Episcoporum Cæsaraugustanorum... In lucem editam, & viuificatum zelo & labore P. Fr. Ioannis Calderon, Franciscanæ Familiæ... Cæsaraugustę, apud Ioannem à Lanaja, & Quartanet, Regni Aragonū, & Vniversitatis Typographum, Anno MDCXIX*. Suivent 11 folios non paginés, puis 112 pages comprenant, p. 1 : « Fragmentum Chronici, vel omnimodæ Historiæ Flavii Lvcii Dextri quondam Præfecti Pretorio Orientis. Barcinonem ait patriam suam. Exscriptum ex Libro vetustissimo manu scripto Gothico, è celeberrima Fuldensi Bibliotheca ad Vuomartiam scriptum. Anno Domini MDXCIIII. In principio erat hæc Epistola Flauii Lucii Dextri ad sanctum presbyterum Paulum Orosium... » ; puis, p. 95 : « Chronicon M. Maximi episcopi Cæsaraugustani. Ad Argebatum episcopum portucalensem. Sancto, & venerabili Domino Argebato episcopo portucalensi Marcus Maximus salutem in Domino... » ; puis, p. 105 : « Additiones S. Braulionis ad Maximum. Et etiam Helecæ Cæsaraugustanorum Episcoporum. » ; p. 106 : « Additio Helecæ Cæsaraugustani Episcopi » ; à la suite, p. 1 : « Fragmenta quædam carmina M. Maximi episcopi Cæsaraugustani, ab Heleca Cæsaraugustano episcopo collecta, de domo Beatæ Mariæ à Columna » ; enfin, p. 13 : « Catalogus Auctorum, quibus veritas, et auctoritas Chronici Flauii Dextri Barcinonensis, necnon chronici Marci Maximi Cæsaraugustani Episcopi probatur », qui se termine p. 16. L'exemplaire du British Museum contient en manuscrit le contenu des seize dernières pages.

Voici la version que donne Calderón (p. 13) touchant la découverte de ses auteurs : « Illustrissimus D.D. frater Augustinus a Iesu, Archiepiscopus Bracharensis, iens visitaturus ordinem S. Augustini, inuenit in Alemania Historiam Flauii Lucii Dextri, vnde fecit extrahi duas copias quas detulit in Hispaniam, quarum vnam presentauit Regiæ Magestati Regis domni Philippi et velut quemdam thesaurum potissimum, et vt talem recepit, ac custodiuit, altera sibi reseruata et retenta... Illustrissimus D.D. fr. Alexis Menesses Archiepiscopus Bracharensis, et Prorex Portucalensis affirmat se vidisse Chronicon Fl. Lucii Dextri, et M. Maximi in Bibliotheca Illustrissimi Cardinalis Quiroga. »

Maximus, avec des additions de *Braulio* et *Heleca*, ces trois derniers évêques de Saragosse. En 1627, deux nouvelles éditions, avec commentaires, l'une de Dexter (Flavius Lucius) seul, à Lyon, par les soins de Fray Francisco de Bivar, religieux cistercien[1] ; l'autre, complète, à Séville, due à Rodrigo Caro[2]. En 1628, à Paris, D. Lorenzo Ramirez de Prado, ambassadeur d'Espagne, publiait un *Julianus Petri* d'après une copie provenant du P. Portocarrero[3]. En 1635, Tomás Tamayo

---

1. Cette édition a été reproduite dans le tome XXXI de la *Patr. l.* (col. 9-574). La Bibl. munic. de Bordeaux en possède un exemplaire : *Fl. Lucii Dextri Barcinonensis Viri Clarissimi, Orientalis Imperii præfecti prætorio, & D. Hieronymo amicissimi Chronicon omnimodæ historiæ. Primum quidem eidem Hieronymo dicatum, sed eo ad superos translato, multis locis locupletatum, Paulo Orosio Tarraconensi iterum nuncupatum. Nunc demum opera et studio Fr. Francisci Biuarii Mantuæ Carpetani, ex obseruantia S. Bernardi Cisterciensis monachi, eiusque in Romana curia procuratoris generalis ac S. theologiæ & philosophiæ magistri commentariis apodicticis illustratum... Lugduni, Sumptibus Claudii Landry MDCXXVII...* (10-xxxii-494 pages, et Index).

Dans les préliminaires, on trouve une Vie de Dexter « ex suis & aliorum scriptis collecta », les « Elogia authorum qui cum laudo de Fl. L. Dextro meminerunt » et une « Chronici huius Apologia ».

2. Voir le titre dans Salvá (n° 2914). Après 23 folios de préliminaires et de préface viennent, p. 1 : *Fragmentum Chronici vel omnimodæ Historiæ Flauii Lucii Dextri...* qui contient 156 folios ; puis après une dédicace et un titre spécial, lo *Chronicon M. Maximi episcopi Cæsaraugustani ad Argebatum Episcopum Portucalensem* ; fol. 222-36 : *Additiones S. Braulionis Cæsaraugustani episcopi ad M. Maximi episcopi Chronicon*, et les additions d'Heleca, les *Carmina* de M. Maximus, de Braulio, Valderedus, Taio, et notices *De S. Gaudioso, De S. Victoriano, De S. Orosio*. 17 folios d'Index, 4 de *Prætermissa* et 2 d'*Auctorum testimonia pro Dextro et Maximo*.

3. Un exemplaire à la Bibliothèque nationale et un au British Museum : « *Iuliani Petri archipresbyteri S. Iustæ Chronicon cum eiusdem aduersariis, et de Eremiteriis hispanis breuis descriptio, atque ab eodem variorum carminum Collectio, ex Bibliotheca Oliuarensi. Lutetiæ Parisiorum, Apud Laurentium Sonnium via Iacobæa sub Circino aureo. Anno CIƆ IƆC XXVIII.* Au folio suivant : « Anagramma. Laurentius Ramires de Prado. Præ solo demiranda virtus... » signé « Scipion Dupleix, consiliarius, & Historiographus Regius. » La préface (p. 1-6) « Excellentissimo Domino Don Gaspari de Guzman comiti de Olivares... » est datée « Burdigalæ postridie Idus Mart. Anno salutis CIƆ IƆC XXVIII... Don Laurentius Ramirez de Prado ». Puis p. 1-3 (autre pagination) : « Oberuantissimo Patri Alberto Furnensi Iulianus indignus archipresbyter Sanctæ Iustæ salutem et obedientiam... » P. 5-142 : « Chronicon Iuliani Petri ecclesiæ sanctæ Iustæ Toletanæ Archipresbyteri qui aliquando vixit in Campo laudabili Complutensis oppidi, vixitque tempore Alfonsi Raimundi Regis... ». P. 143-9 : « Cixillæ Archiepiscopi Toletani de vita B. Ildefonsi. » Après vingt-trois pages d'index, viennent, avec une nouvelle pagination, « Iuliani Aduersaria in Chronicon » (p. 1-134), « Iuliani de Eremiteriis hispanis breuis descriptio » (p. 135-42), et « Variorum carminum collectio a Iuliano facta » (p. 143-58).

Dans la préface, Ramirez parle des copies qui existent du *Chronicon :* « ... Opus sane omni-genum, ab omnibus magnopere expetitum, laudatum à multis; & a fulgenti totius Orbis lumine Domino Antonio Augustin, Tarraconensi quondam præsule, pretio habitum, cui exscriptum exemplar misit Abbas Abis, ex ipsius Iuliani autografo, quod, ea tempestate, Ticini* asseruabatur : quamuis Doctor Salazar de Mendoça *in Monacorum S. Benedicti Fuldensi apud Germanos Bibliotheca hodie extare testetur. Huiuscemodi aliud habuit Pater Hieronymus de la Higuera è societate Iesu religiosus quem in hoc Chronicum commentaria scripsisse, legi*[b] ; vti additiones concinnasse Fratrem Ægidium Zamorensem ò Diui Francisci familia alumnum, historiographum illustrem tempore, & iussu Regis Fernandi III sancti apud omnes nuncupati*. » Il mentionne les *Aduersaria* et le *de Eremeteriis hispanis* du même *Julián*, et ajoute : « Alia vero quorum Iulianus in calce Aduer-

de Vargas donnait un *Luitprandus* [1], que Ramirez publiait à son tour en 1640 avec des notes de lui et de Higuera, mais sans indiquer la provenance de son texte ni des notes de Higuera [2]. Enfin, en 1652 paraissait à Madrid la suite du travail de Bivar, c'est-à-dire l'édition de Maximus, Braulio, Heleca, Taio, Valderedus, toujours avec commentaire [3].

L'évêque de Segorbe n'avait pas été seul à se montrer sceptique. En 1605, Pisa, dans sa *Descripción de... Toledo*, rejette les renseignements tirés de Maxime et d'Eutrand par Sandoval touchant le monastère *Agaliense* [4]. En 1618, dans sa *Pro immaculata Deiparae Virginis Conceptione Defensio*, le jésuite Fernando Chirinos de Salazar dénonce comme suspects les témoignages tirés de Flavius Dexter [5]. En 1624,

sariorum meminit, licet diligenti indagatione perquirere non destiterim, reperire minimè potui; immo nec versus, quibus dulcissimè modulatur horrisonam Almeriæ expugnationem; ex iis aliquot P. Portocarrerus refert in aureo suo libello [*]. »

Notes marginales : « *a)* Pater Franciscus Portocarrerus è societate Iesu presbyter, in libello Hispano idiomate scripto, de descensu Deiparæ Virginis Mariæ ad sanctam Toletanam Ecclesiam, fol. 2, p. 2, fol. 48 et 91. Suffragatur Fr. Franciscus Biuarius in commentariis ad Flauium Dextrum in I p. Apolog. § 1, p. 14. — *b)* Vbi supra. — *c)* Inter opera, quæ Zamoræ extant, in cœnobio S. Francisci, septem voluminibus comprehensa, & ipsius Ægidii manu scripta in membranis non inveniuntur hæ additiones. — *d)* De Descensu B. Mariæ, fol. 91. » On verra plus loin, p. 258-9 l'intérêt de ces notes.

1. N° 4006 de l'*Ensayo* de Gallardo. P. 1 des *Notæ* on lit : « *Chronicon Eutrandi siue Luitprandi*, etc. Sic titulus iste in M. S. Toletano, è quo Chronicon excerpsi, concipiebatur... » Voici le titre des *Fragmentos* que mentionne Gallardo : « *Luitprando siue Eutrando hactenus attributa fragmenta E Bibliotheca D. Thomæ Tamaio de Vargas Hist. Reg. nunc primùm erata, § ex variorum exemplarium fide recensita* » (50 pages).

2. Un exemplaire au British Museum et un à la Bibliothèque municipale de Bordeaux. Faux titre : « *Luitprandi opera*. » Titre, dans une gravure : « *Luitprandi subdiaconi Toletani Ticinensis Diaconi tandem Cremonensis Episcopi opera quæ extant. Chronicon et Aduersaria nunc primum in lucem exeunt. P. Hieronymi de la Higuera Societ. Iesu Presbyteri et D. Lauren. Ramirez de Prado conciliarii Regii notis illustrata Antuerpiæ, ex officina Plantiniana Baltasaris Moreti M. DC. XL.* » Grand in-4°. Suit un folio contenant, au recto, le portrait d'Olivares; la dédicace occupe les p. vii-xi; d'autres préliminaires sont contenus dans les p. xii-xiv. Puis, avec des titres spéciaux, les *Libri Ticinensis diaconi Rerum gestarum ab Europæ imperatoribus et regibus libri sex*, p. 1-130, avec index; p. 131-160, *Legatio Luitprandi Cremonensis episcopi ad Nicephorum Phocam* ...; p. 161-285, *Luitprandi Liber de pontificum Romanorum vitis*...; p. 285-455, *Luitprandi.. Chronicon nunc in lucem editum : P. Hieronymi de la Higuera Societatis Iesu presbyteri et D. Laurentii Ramirez de Prado... notis illustratum*; p. 457-512, *Luitprandi... Aduersaria nunc primum in lucen edita et D. Laurentii Ramirez S. Prado... notis illustrata*; p. 513-32, *Epistolæ præsulum quas collegit scholliisque illustrauit Ialianus Archipresbyter S. Iustæ, addiditque notas D. Laurentius Ramirez de Prado*; p. 533-89, *Diptychon Toletanum siue de Tabulis Toletanis episcoporum primatum eius sedis ubi de gestis eorumque fuse agitur, ad M. Maximi, Luitprandi et Iuliani illustrationem Auctore R. P. Hieronymo de la Higuera Societatis Iesu presbytero.* P. 589-92, on trouve *Omissa in notis ad Chronicon Luitprandi.* Suivent 19 folios contenant l'*Index*, etc. Le *Chronicon* et les *Aduersaria* ont été reproduits (avec les notes de Higuera et de Ramirez) dans la *Patr. l.*, t. CXXXVI, col. 965-1180.

3. N° 3041 de Salvá.

4. Voir plus loin, p. 237.

5. Godoy, p. 136, cite le passage. C'est de ce Chirinos que parle le P. Tomás León dans une lettre à Mondéjar, publiée par Mayans à la suite de la *Censura de hist. fabulosas* : « El Padre Hernando de Salazar, que imprimió en 1619 su libro de la Con-

Gabriel Pennot [1], dans sa *Generalis totius sacri ordinis Clericorum canonicorum Historia tripartita*, attaque les Chroniques. Il fait ressortir les contradictions que présentent les affirmations des uns et des autres touchant la découverte, les différences entre les textes qui circulent et entre les prénoms qu'on donne à Dexter [2].

Par contre, la même année paraissaient à Madrid, sous le titre commun de *Novedades antiguas*, un *Flavio Lucio Dextro Caballero español de Barcelona, prefecto pretorio de Oriente por los años del s.^r de CCCC, defendido por Don Thomas Tamaio de Vargas* et une *Antiguedad de la Religion christiana en el reino de Toledo por muestra de la verdad de la doctrina de Fl. Lucio Dextro*, due au même Tamayo [3]. La même année encore, Bivar rédigeait un *Apologeticus pro Dextro* contre Pennot [4]. Enfin, le jésuite allemand Mathieu Rader, dans ses *Analecta tertiis Commentariorum curis ad Martialem editis, addenda* [5], parus en 1628, ayant à son tour attaqué les Chroniques, Bivar, toujours sur la brèche, ripostait par une nouvelle apologie qu'il adressa au pape Urbain, sous le titre de *Pro L. Lucio Dextro libellus supplex & apologeticus, a Fr. Francisco Biuario, Mantuae Carpetano Hispano-Cisterciensi porrectus* [6]. On voit si la lutte était chaude vers le temps où parut la quatrième édition de l'*Historia general de España* [7].

cepcion ni de Dextro ni dellos hace caudal » (p. 673). *Dellos* désigne-t-il les continuateurs de Dexter ou les *Aduersaria* de Julián ? La phrase qui précède ne permet pas de le voir clairement. Le P. Tomás s'est, d'ailleurs, trompé d'une année pour la date de l'ouvrage en question. Le titre est : « *Ferdinandi Quirini de Salazar Conchensis è Societate Iesu in Complutensi Collegio sacrarum literarum Interpretis. Pro inmaculata Deiparæ Virginum conceptione defensio... Anno 1618... Compluti ex officina Ioannis Gratiani.* »

1. « Nouariense ex Congregatione Lateranense S. Iuliani apud Spoletum abbate, » est-il dit sur le titre.
2. I, 52 (§ 4-5) et 53.
3. N° 3194 de Salvá, qui prend à tort le titre de *Novedades antiguas de España* pour celui d'un des traités contenus dans le volume.
4. On le trouve dans la *Patr. l.*, t. XXXI, col. 591-636. Bivar l'a publié à la suite de son *Dexter*, p. 467-94, et l'a daté du 18 septembre 1624.
5. Cf. la *Bibl. des écriv. de la Comp. de Jésus* (Rader, 6) sur ces Commentaires.
6. Cette apologie commence ainsi : « Nuper ex urbe rumor sparsus ad Hispanias usque pertransiit (Beatissime Pater) apud sacram de Indice Congregationem nescio quo actore, de authoritate Chronici Fl. L. Dextri eneruanda, & libro interdicendo tractari. » Elle n'a pas paru avant le milieu de 1630 (cf. Godoy, p. 228). L'exemplaire du British Museum n'a pas de frontispice. Le titre que je reproduis est en tête du f° 1, où commence le texte (19 folios).
7. Dans le prologue de son *Flavio Lucio Dextro... defendido*, Tamayo nomme les érudits qui s'intéressaient à la défense de cet auteur : « Años à que la solicité[a] entre don Iuan de Fonseca i Figueroa Sumiller de cortina de su Magestad Catholica, i su Embaxador extraordinario a Parma... i el P. Paulo Albiniano de Rajas dignissimo ingenio de la Compañia de Iesus, para que iuntos los estudios, que en la Ilustracion deste Auctor tenian, le tuviessemos o como era, o como le podemos desear. Maiores ocupaciones los àn detenido... el Doctor Pedro de Salazar i Mendoça Canonigo Penitenciario de la sancta Iglesia de Toledo... es singular lo que con el apoio de Dextro, Eutrando, i Iuliano de nuevo le añade... Al Maestro Fr. Francisco Diago, diligente Historiador de Cataluña impidio importunamente la muerte la execucion de los deseos, que en provecho de su Ciudadano tenia ofrecida. El doctor Iuan Martinez

a) La defensa de Dexter.

Dans la *Vida de Don Nicolas Antonio*, qu'il a publiée en 1742 avec la *Censura de Historias fabulosas*, laissée en manuscrit par cet érudit, Mayans explique : comment celui-ci, qui jusqu'en 1651 avait cru à l'authenticité de toutes ces chroniques, commença à avoir des doutes. Cette année-là fut, comme remarque spirituellement le même Mayans, l'année climatérique des Fausses Chroniques. Antonio avait constaté en effet que, dans l'*Historia ecclesidstica de Toledo* de Higuera, tombée alors sous ses yeux, les fragments empruntés à Dexter, Maxime et Eutrand n'étaient pas conformes aux textes publiés. Un de ses amis, le *doctor* Siruela, lui ayant fourni une copie du texte qui avait appartenu à l'historien Escolano, il s'aperçut que ce texte coïncidait, au contraire, avec les citations qui se trouvaient dans la même *Historia de Toledo*. Il en vint donc à penser que Higuera, ayant eu entre les mains ce même texte (authentique ou non, Antonio ne décide pas), s'en était servi pour son *Historia*, mais l'avait, dans la suite, interpolé et transformé à sa guise. C'est pour le démontrer qu'il écrivit sa volumineuse, mais excellente, *Censura de historias fabulosas*. Mayans et Godoy affirment davantage : Higuera aurait tout fabriqué; mais, confondu par Pérez, il aurait recommencé son travail de faussaire sur un plan plus large, modifiant non seulement le texte, mais les noms de ses auteurs. La raison en serait assez simple. Le manuscrit que possédait Escolano étant, paraît-il, celui-là même que Pérez avait eu entre les mains, et qui avait motivé sa déclaration si catégorique, le jésuite n'aurait eu qu'un moyen de sortir d'embarras, c'était de préparer un autre texte, et de dire, comme il fit, que celui d'Escolano n'était qu'une copie infidèle [2].

Quoi qu'il en soit, nous possédons deux groupes très différents de ces Chroniques. L'un est celui d'Escolano. Il a été publié dans la *Bibliotheca hispana vetus* [3], sous les titres de *Chronicon Flavii Marci*

del Villar Regente del supremo de la Corona de Aragon, haze lugar entre la gravedad de sus ocupaciones a la confirmacion de la verdad deste Chronico ; de tan señalada doctrina bien puede prometerse Dextro, que se verà libre de las ofensas que el olvido i el Tiempo le àn hecho. Mucho se dize que trabaxò en esta libertad el P. Geronymo Roman de la Compañia : pudiera del todo alcançarla su diligencia i erudicion, si la muerte tambien no se ubiera oppuesto a la nueva vida de Dextro con quitarnosle : algunos esperanças nos àn quedado en el P. Francisco Portocarrero, a cuia religion i nobleza estan los aficionados a las letras pidiendo no detenga lo que con tantas fatigas trabajado conserva. El P. Fr. Francisco de sancta Maria de la Orden de los Descalços de nuestra Señora del Carmen me escribe, que tiene para publicar algunas observaciones a Dextro i Maximo : io lo è pedido no lo dilate... Otros ai bien intencionados i doctos que intentan exornar este singular honor de su nacion... »

1. § 71-86.
2. Voir Godoy, p. 173, note.
3. On le trouve au t. II de l'éd. 1788, p. 411-421, « ex codice qui Gasparis Escolani Valentini historici olim fuerat, postea D. Ioannis à Fonseca, serenissimi deinde Ferdinandi Hispaniarum Infantis, & nunc Estepani Marchionis in bibliotheca adservatur ». La *Patr. l.* reproduit de ce texte la partie qui est attribuée à Maxime et à Eutrand (t. LXXX, col. 617-36).

Dextri Acephalon (avec une lettre « Sanctissimo domino Paulo Orosio presbytero Tarraconensi »), de *Chronicon Maximi Caesaraugustani episcopi ab anno CDXXX* (précédé d'une lettre « ad Argebatum episcopum Portugalensem), et de *Chronicon Eutrandi Ticinensis diaconi et subdiaconi Toletani* (précédé d'une lettre « S. Patri Regimundo Episcopo Eliberitano »). Cette dernière Chronique est d'ailleurs présentée comme un simple fragment, et le nom *Eutrandus* comme une corruption de *Luitprandus*. C'est ce groupe de chroniques que connaissaient, partiellement ou intégralement, Vázquez en 1594, Sandoval en 1601.

L'autre groupe est composé de deux séries. D'abord celle qu'ont publiée Calderón, Bivar et Caro : les auteurs s'appellent *Flavius Lucius Dexter* et *Marcus Maximus;* à eux sont joints *Heleca, Braulio, Taio* et *Valderedus*. Ensuite celle que forment le *Luitprandus* (ce n'est décidément plus *Eutrandus*[1]), édité par Tamayo en 1635 et par Ramírez en 1640, et le *Julianus Petri (Julián Pérez)* que ce dernier fit paraître en 1628.

C'est en 1608, du collège de Belmonte, que Higuera envoya à Bartolomé Llorente, prieur du Pilar, la première série de ce second groupe; il y joignit une attestation signée[2]. Cela, si nous en croyons deux certificats datés de 1614 et de 1615, l'un par un *licenciado* La Porta y Cortés[3], l'autre par un Fulgencio Marín. En tout cas, c'est le Dexter de ce groupe que cite Velasco en 1608[4]; et Castella Ferrer, en 1610, dans son *Historia del apostol de Jesuchristo Santiago Zebedeo* déclare avoir vu la copie de Llorente[5]. Cette copie se trouvait en 1614 dans la bibliothèque de Llorente, atteste La Porta y Cortés. C'est le texte de Llorente que le franciscain Fray Diego de Murillo opposait, en 1616, à une « epitome o depravacion » de Dexter et de Maxime qui était tombée entre ses mains[6]; et c'est aussi ce texte que Calderón publia, en recommandant de se défier d'un certain autre « qui n'est

1. Le changement de nom imposé à Eutrand est une des choses bizarres de toute cette histoire de faux. Il est bon de rappeler ici qu'en 1602 avait paru, à Mayence, chez Jean Albin, en même temps que *Anastasii S. R. E. Bibliothecarii Historia de Vitis Romanorum Pontificum... ex bibliotheca Marci Velseri Augustanæ R. P. II Viri*, un *Luitprandi Ticinensis Diaconi opusculum de Vitis Romanorum pontificum... ex peruetustis mss cod. membraneis descriptam*, lequel passe pour un faux.
2. Elle se trouve dans les ms. F 93 (= 1334) et S 76 (= 6712) de la Biblioteca nacional, à la suite du texte Llorente. Godoy l'a reproduite. Dans les deux manuscrits, elle est suivie d'une autre, de la même main, signée Fulgencio Marin, et datée de 1615. Elle n'est donc, de part et d'autre, qu'une copie de celle qu'aurait envoyée Higuera.
3. Mayans l'a reproduit au paragraphe 48 de sa *Vida de D. Nic. Antonio*.
4. Cf. le texte cité p. 228, n. 4, et celui de Dexter dans la *Patr. l.*, t. XXXI, col. 109-10. Il est vrai que, dans ce dernier, l'année indiquée est 37 au lieu de 42. Mais la concordance est à peu près entière pour le reste, et le texte Escolano ne contient rien de pareil.
5. Voir Mayans, *ibid.*, § 49.
6. *Ibid.*, et Antonio, *Censura*, I, 12, § 7; Godoy, p. 173, note.

qu'un abrégé, et qui a trompé l'évêque de Segorbe »¹. Cette première édition ne fut pourtant pas jugée exacte. En 1622, le P. Martín de Roa publiait à Málaga un livre intitulé *Malaga, su fundacion, su antiguedad eclesiastica y seglar, sus santos...* Il avait fait des emprunts à Flavius Lucius Dexter, qu'il déclare mal édité; et il affirme avoir vu une copie « harto antigua de la ciudad de Veceli en Lombardia ». Bivar opposait au texte de Calderón une copie du comte de Mora, revue par Higuera, et une de l'Escorial². Tant de copies avaient été répandues³, qu'on ne peut s'étonner de voir des conflits se produire entre elles.

Il paraît certain, en tout cas, que la première série du second groupe émane de Higuera. Mais la seconde?

Le peu que l'on voit cité d'Eutrand ou Luitprand dans l'*Historia eclesiástica de Toledo* est conforme au texte d'Escolano, et non à celui de Tamayo et de Ramírez, si ce n'est quand ces deux textes se rencontrent⁴. Une pareille discordance existe, il est vrai, entre les passages de Dexter et Maxime cités dans la même Historia, et le texte Llorente; et cela ne nous empêche pas d'admettre que ce texte provient de Higuera. Mais que le Luitprand de Tamayo et de Ramírez ait la même provenance, nous n'en avons d'autre preuve que le témoignage des deux éditeurs, qui ont pu être abusés. Quant au Julián, Higuera le cite très souvent dans son *Historia;* mais d'abord il ne lui donne nulle part le patronymique *Pérez*, et ce qu'il produit de cet auteur, ou bien ne se trouve pas dans le texte de Ramírez, ou bien ne concorde pas; et, souvent aussi, il arrive que Higuera ne signale pas des passages de ce même texte, alors qu'il avait tout intérêt à le faire. C'est ce qu'Antonio a montré patiemment et en détail au cours de sa *Censura*⁵. Or, par ailleurs, pas plus pour ce Julián Pérez que pour le Luitprand du second groupe, la paternité de Higuera n'est prouvée. C'est seulement en 1616 que nous les trouvons connus et cités. Par qui et dans quelles circonstances, c'est ce que l'on verra plus loin. Pour le moment, il nous suffit d'entrevoir l'hypothèse d'une continuation, par quelque complice, de l'œuvre ainsi entreprise. Nicolas Antonio ne paraît pas savoir quand Higuera est mort. Mayans

---

1. « Et nê (sicùt Dominus Ioannes Perez Episcopus Segorbensis) decipiaris, vagatur quędam Chronici Lucii abbreuiatio, quę potius dicetur corruptio, vbi nonnulla, & veritati & grauitati eius Historię inueniuntur, & contraria, & indigna. » (Préface.) Sur l'identité du texte Llorente et du texte Calderón, voir Mayans, *ibid*. Le texte Escolano et le texte Llorente, ces deux frères ennemis, se trouvent réunis dans le ms. S 76, où ils commencent, celui-là au folio 95, celui-ci au folio 43 (l'attestation signalée plus haut est au folio 93).
2. *Apologeticus*, § 7 (Patr. l., t. XXXI, col. 628).
3. Voir Godoy, p. 172, n. 2.
4. Voir la *Censura de hist. fab.*, lib. IX.
5. Par exemple X, 1, § 15; XII, 3, § 3 ; XII, 9, § 6.

disait : en 1624[1] ; Godoy : avant 1618[2]. Il mourut en 1611, le 14 septembre, précise le P. Ezquerra[3].

III

Si nous avons eu à rappeler l'histoire des faux imputés à Higuera, c'est que Mariana s'y est trouvé compromis. La dernière édition de l'*Historia general de España* qui ait paru de son vivant, celle de 1623, contient, en effet, des emprunts faits aux Fausses Chroniques. Mais la question d'authenticité se pose pour cette édition comme pour les deux précédentes. Nous n'avons pas les éléments d'une solution indiscutable ; nous verrons pourtant que les motifs de suspicion sont aussi sérieux que nombreux. Disons d'abord que, si l'âge de l'auteur (quatre-vingt-sept ans) peut être pris ici en considération, nous ne devons pas faire état de ce qui a été dit d'un Mariana devenu aveugle sur la fin de ses jours. Rien ne prouve, nous l'avons constaté[4], que cette infirmité ait atteint le vieil historien.

On se rappelle comment l'édition de 1617 avait donné une satisfaction de plus à Mantuano, touchant Blanche et Bérengère, en supprimant les mots « como era la mayor ». L'édition de 1623 lui en accordait une nouvelle ; la table des matières, qu'on avait jusque-là négligé de mettre d'accord avec le nouveau texte, était corrigée. On ne fit la chose pourtant qu'à moitié, car on déclarait bien Doña Blanca « no mayor que Doña Berenguela », mais en même temps on disait que Doña Berenguela était « menor que Doña Blanca »[5]. Ne sommes-nous pas déjà fondés à dire que Mariana ne s'est pas occupé bien sérieusement de la correction ni même de la préparation de cette édition ?

L'édition de 1617-16 a servi de base à l'édition de 1623, puisque les corrections et additions de celle-là sont passées dans celle-ci, sauf une addition que nous examinerons plus loin, et à laquelle, en 1623, on a été substituée une autre, inspirée par les Fausses Chroniques. Cette dernière n'est du reste pas la seule qui ait une telle provenance. Il y en a plus que Mayans ne croyait[6]. Les éditeurs de Valence, qui

---

1. § 72.
2. P. 236.
3. Dans la notice citée plus haut, p. 227, n. 3 : « A catorce de Setiembre lleuo el Señor para si al P. Jeronimo de la Higuera » (año 1611). Je m'occuperai de Higuera dans mon article sur *Mariana jésuite*. Voir le curieux document qu'a publié sur lui M. Ignacio Olavide dans le *Boletín de la R. Acad. de la Historia* (*La Inquisición, la Compañia de Jesús y el P. Jerónimo Román de la Higuera*, 1903, p. 107-119).
4. P. 127.
5. Cf. plus haut, p. 182, n. 2. Le passage du l. XIX, c. 15, signalé aussi p. 224, n'a pas été corrigé davantage en 1623.
6. Voir p. 188.

en comptent quatorze[1], se refusent avec plus d'énergie encore que pour celles de 1617 à les attribuer à Mariana ; et ils font ressortir, dans leur prologue, le caractère apocryphe de quelques-unes d'entre elles.

Tout d'abord, il est à remarquer que du Luitprand, édité en 1635 par Tamayo, et en 1640 par Ramírez, il n'y a pas un mot dans l'*Historia general de España* de 1623. Le Luitprand qui s'y trouve cité et que nomme la table des matières, c'est le Luitprand authentique, diacre de Pavie, puis évêque de Crémone (962-972) ; et son nom figure à cette table dès l'origine, dans l'édition de 1592, et même dans le premier brouillon de cette table, préliminaire à toute la rédaction de l'Histoire d'Espagne[2]. Il n'est, du reste, invoqué que comme témoin des désordres de l'Église et de Rome sous Otton I[er][3], dont il fut l'ambassadeur à Rome. Pas plus d'ailleurs que du *Chronicon* de Luitprand, il n'est question, dans le texte de 1623, du fragment d'Eutrand que contenait le manuscrit Escolano. Il y a même ceci à noter : Fray Prudencio Sandoval empruntait à cet Eutrand des données précises sur la distance du monastère Agaliense à l'église de Sainte-Léocadie[4], ce qui lui permettait, en les combinant avec celles que donnait le Maxime du même groupe sur la distance de ce monastère à l'*Ecclesia Praetoriense SS. Petri et Pauli*[5], de déterminer géométriquement, par l'intersection de deux arcs de rayons donnés, l'emplacement du monastère oublié. Dans l'*Historia general* de 1623, seules les mesures données par le Maxime du second groupe (d'ailleurs différentes de celles que marquait l'autre Maxime), se trouvent reproduites[6]. Est-ce parce que Pisa s'était moqué de tant de précision « á pedir de boca »[7]? D'autre part, si elle ne tire rien d'Eutrand, l'*Historia general* de 1623 ne s'inspire pas davantage du Dexter *(Marcus Flavius)* et du Maxime du premier groupe. C'est à *Flavius Lucius* Dexter et à *Marcus* Maximus qu'elle emprunte, bien qu'elle ne leur donne nulle part ces prénoms qui les distinguent du premier Dexter et du premier Maxime. D'autre part, le « Juliano arcipreste » qui est cité dans la même *Historia* n'a pas encore son patronymique Pérez ; et il n'est pas dit de quelle église il était archiprêtre.

1. Ils les indiquent en bas de page à leurs places respectives. Dans l'édition de la Bibliothèque royale de Madrid (1780), elles sont marquées d'un signe spécial.
2. V. l'app. VIII.
3. VIII, 8. Les passages de Luitprand visés par Mariana se trouvent dans le t. CXXXVI de la Patr. l., col. 908 (*Liber de rebus gestis Ottonis Magni Imperatoris*, § 19-20).
4. Année 624 (*Bibl. h. v.*, t. II, p. 4, p. 421 ; *Patr. l.*, t. LXXX, col. 634).
5. Années 554 et 600 (*Bibl. h. v.*, p. 418 et 420 ; *Patr. L.*, col. 626 et 632).
6. Cf. plus loin, p. 239, n. 2.
7. *Descripcion de... Toledo*, f° 102. La distance indiquée dans Eutrand a du reste été supprimée dans Luitprand (*Patr. l.*, t. CXXXVI, col. 986).

Parmi les quatorze additions que signalent les éditeurs de Valence, il en est une qui semblerait définir l'attitude de Mariana vis-à-vis des Chroniques. A la phrase dans laquelle, avant 1623, était mentionné Dexter, fils de Pacianus et ami de saint Jérôme, qui lui dédia son livre *De scriptoribus ecclesiasticis* (renseignements authentiques), on a été ajoutée une autre, où il est dit qu'il circule « une chronique sous le nom de Dexter, vraie ou fausse, on ne sait; elle a de bonnes choses et de mauvaises »[1]. L'auteur de l'Histoire d'Espagne aurait donc admis que tout n'était pas apocryphe dans Dexter; ce qui implique un jugement analogue touchant ses prétendus continuateurs. Cette croyance à une demi-authenticité, si l'on peut dire, est par elle-même assez peu raisonnable. Mais admettons-la. Il est clair que là où Mariana juge bons les nouveaux auteurs et les suit, c'est qu'il trouve leurs assertions conformes à ses propres opinions. Nous allons voir si tel est le cas pour les deux passages les plus importants qu'il leur a empruntés.

Le premier a trait à la patrie de Prudence[2]. Jusqu'en 1617, on lisait : « ...Prudencio, natural de Calahorra... » En 1623, on lit encore la même chose; mais quelques lignes plus loin on trouve : « ...si bien el era de Zaragoça... y deue ser lo mas cierto »; et l'autorité alléguée est celle de Maxime. Pour admettre que cette addition soit due à Mariana, il faut d'abord supposer que Mariana ait pu apporter à la revision de son texte assez de maladresse et de négligence pour y laisser une contradiction absurde; cette contradiction est du reste semblable à celle que nous avons relevée dans l'édition de 1608, relativement à Blanche et Bérengère. Il faut supposer aussi que Mariana ait fini par modifier son opinion au sujet de la patrie de Prudence. Or, la polémique engagée jadis entre lui et les Argensola ne l'avait pas ébranlé. A la première lettre il avait répondu en défendant, sans reculer, son opinion. Les deux suivantes ne l'avaient pas davantage convaincu[3]. Tamayo déclare qu'ayant rédigé une réplique[4]

---

1. « Vn chronicon anda en nombre de Dexter, no se sabe si verdadero, si impuesto. Buenas cosas tiene, otras desdizen. » (IV, 17.)
2. Texte de 1623 (les mots en italiques ne sont pas dans les éditions antérieures) : « Fueron deste tiempo Clemente Prudencio, natural de Calahorra... *Ay quien diga, es a saber Maximo que el padre de Prudencio fue de Zaragoza, y su madre de Calahorra,* que pudo ser la causa porque en sus hymnos a la vna ciudad, y a la otra, la llama Nostra, *si bien el era natural de Zaragoça como este mismo autor: y otros mas modernos asi lo sienten, y deue ser lo mas cierto.* » (IV, 17.)
3. Voir p. 166.
4. Il veut parler, je pense, du *schediasma* qu'il avait dédié au P. Héribert Roswcyde (cf. plus haut, p. 202): « Escrito este papel mucho antes que me determinara a responder a lo demas, i communicado, solo entre todos con el Padre Mariana oraculo desta edad, se siruio su P⁴ de darme a leer dos cartas que a caso le auian quedado en memoria desta duda, vna del M. Lupercio Leonardo de Argensola, ...escrita desde Madrid a XV de Agosto de MDCII, la otra del P. D. I. de Mariana escrita desde Toledo por el mismo tiempo en respuesta de la primera. » (*Historia... defendida*, p. 231.)

aux assertions de Mantuano sur ce point, bien avant de s'être décidé à lui répondre sur tout le reste, il la communiqua au P. Mariana qui lui remit la lettre de Lupercio et la sienne propre. L'historien s'en tenait donc alors à ce qu'il avait soutenu dans sa lettre : c'était avant 1613 sans doute, d'après ce que dit Tamayo. Mais en 1616 son attitude n'avait pas changé. La preuve en est dans la lettre qu'il adressait le 4 juin de cette année-là à Morlanes [1] : consulté encore sur le même sujet, il répond simplement en envoyant les deux lettres qu'il avait déjà communiquées à Tamayo; il laisse à son correspondant le soin de juger par lui-même. Ce serait donc entre 1616 et 1623 que Mariana aurait fini par adopter la thèse des Argensola, et cela à cause de ce qu'il trouvait dans Maxime.

Le second des deux passages dont nous parlons est consacré au monastère d'Agalia [2]. Il en remplace un autre, qui avait été introduit dans le texte de 1617, et qui présentait le nom d'*Agalia* comme une corruption du nom de Gallien : on supposait en effet que les bénédictins auraient d'abord été installés dans l'ancien palais de cet empereur et que le nom d'*Agalia*, sous lequel ce palais aurait fini par être désigné, serait passé au monastère où ils s'établirent dans la suite [3]. En 1623, on affirme, d'accord avec Maxime, que le nom d'*Agalia* vient du faubourg où se trouvait ce monastère, et que c'est du nom du faubourg et du monastère que vient celui de *Palacios de Galiana*, donné à des ruines qui se trouvent au nord-est de Tolède sur la rive gauche du Tage. Si l'on n'admet pas l'authenticité de l'édition de 1617,

---

1. Voir l'appendice V, 5.
2. VI, 10. Sa longueur m'empêche de le reproduire ici. Il commence par les mots « Tenia nombre de san Iulian... » et finit par « ... lo que el vulgo dice de la mora Galiana son consejos y patrañas ». Une autre addition, relative au même monastère, a été faite au l. V, c. 9 : « Maximo Cesarau. dize que este Rey fundò en aquella ciudad el Monasterio Agaliense, assi dicho de vna alqueria, que se llamaua Agalia, distante de san Pedro y san Pablo Pretoriense dociêtos y cinquenta passos, entre Occidente y Septentriõ, yo creo se deue leer entre Oriente y Septentriõ, por lo que adelante se dira. »
3. « Dudase en q̃ sitio estuuo este Monasterio Agaliense, los pareceres son varios. Entre los demas que en este punto andan atino y aun deslumbrados, quiero poner mi cõjetura, valga lo que valiere. Del Emperador Galieno, q̃ imperò por los años del Señor de doziêtos y sesenta y uno, se sabe que fue amigo de edificar, y q̃ leuantò diuersas fabricas, en diuersas partes. En Burdeos hasta oy està en pie un Palacio destos que se llama de Galieno, o Galiana. entiendo yo q̃ lo mismo hizo en Toledo, por ser ciudad tan principal, q̃ el Palacio que llamã de Galiana, es obra suya, y aun en el Alcarria ay la senda Galiana, que deuio ser obra del mismo. Este Palacio, en tiẽpo de los Godos se deuio dar a los Mõges Benitos, y de Galieno llamarse el Monasterio Agaliense. Recobrado Toledo, luego se tratò de restituyr el Monasterio ; pero creo yo, que por ser el sitio antiguo mal sano, y estar sobre el rio, le pusieron en frente sobre vn recuesto, con aduocacion de san Seruando, donde oy vemos el castillo que assi se llama. Diras, que todas estas son cõjeturas : y es assi verdad, ni yo las vendo por mas. Diras, que aquel Palacio està a la parte de Leuante, y no del cierço, respeto de la ciudad. A esto respondo, q si se mira la puente por donde se salia de Toledo entõces q̃ era mas abaxo de la que oy es de Alcãtara, la huerta del Rey, donde se vee aquel palacio, està sin duda a la parte del Setentriõ. »

on ne peut dire qu'il y ait ici un changement d'opinion, car, dans les éditions de 1601 et 1608, il n'y a rien sur l'origine du mot *Agalia* ni du monastère ainsi nommé. Mais l'édition de 1617 suspecte, celle de 1623 l'est aussi elle-même. Et si l'on admet l'authenticité de l'édition de 1617, voilà donc un second changement radical à noter entre 1617 et 1623.

Il faudra en enregistrer un troisième du fait de la même addition. En effet, dans les textes de 1601, 1608 et 1617, il est dit que les manuscrits ne présentent pas trace de la signature d'un « Abbad Agaliense de S. Iulian »[1]. L'édition de 1623 affirme le contraire : il y aurait d'abord la signature de Gratinus, abbé de Saint-Cosme et Saint-Damien, puis celle d'Avila, abbé *Agaliense* de Saint-Julien[2]. Mariana n'était pas sans savoir en 1592 que Surius, dans son recueil de conciles, paru en 1567, nomme parmi les signataires du onzième concile de Tolède « Anila *(sic)* Ecclesiæ monasterii S. Iuliani Agaliensis abbas »; il savait, en 1593, année où parut la collection de Loaysa[3] (et peut être le savait-il auparavant), que son ami suivait Surius en corrigeant la forme du nom : « Auila Ecclesiæ monasterii S. Iuliani Agaliensis abbas[4]. » Si donc il a décrit en 1592, dans son latin, et en 1601, dans son espagnol, que les manuscrits gothiques ne présentaient pas trace de cette signature, c'est apparemment qu'il s'était assuré du fait; et le consciencieux Flórez, qui a eu entre les mains deux manuscrits de Tolède et un de l'Escorial, confirme de son témoignage cette assertion[5]. Mariana ne s'était rendu à l'autorité de son ami Loaysa, ni en 1595, ni en 1601, ni en 1605. Les éditions de 1608 et 1617 ne témoignent d'aucun revirement. A-t-il découvert, une vingtaine d'années après la mort de Loaysa, un manuscrit où figurait la signature de cet « Auila Ecclesiæ monasterii S. Iuliani Agaliensis abbas » ? Mais alors comment n'indique-t-il pas d'où il a tiré ce

---

1. Voici le texte de l'éd. de 1617 (supprimé en 1623) : « El Monasterio[a] Agaliense estuuo assentado no lexos de la ciudad de Toledo, a la parte de Setêtriõ. Tenia nõbre de san Cosme, y s. Damiã; como[b] todo se entiende de Cixila Arçobispo q̃ fue de Toledo poco adelãte, el qual dize q̃ aquel Monasterio estaua a la parte de Setentrion, y que San Ilefonso fue Abbad en san Cosme y san Damian. Verdad es que en el Cõcilio Toledano vndecimo, firma el Abbad Agaliense que se llama de san Iulian, pero en los Codices antiquos y gothicos no ay rastro de tal firma » (VI, 10).

2. « ... en el concilo Toledano vndecimo, firma Gratino Abad de san Cosme y san Damian, y poco despues Auila Abad Agaliense de san Iulian. »

3. Cf. plus haut, p. 64.

4. Loaysa met *Auila* en 6ᵉ ligne, et, en 3ᵉ ligne, « Gratinus ecclesiæ monasterii Sanctorum Cosmæ et Damiani abbas etc. » Un *Gratinus* signe comme abbé dans le XIIᵉ concile de Tolède (*Era* 729), mais sans indication de monastère.

5. « Ni en los dos Mss. que se mantienen en la Santa Iglesia de Toledo, ni en los dos del Escorial se halla expresion del monasterio de S. Julian Agaliense, segun imprimió Loaysa en un abad que nombra Avila. Propúsole en su edicion Surio, y siguióle Loaysa sin prevenir la falta en nuestros Mss. » (*Esp. sagr.*, t. VI, p. 210.)

a) 1601 : *Monesterio* (de même plus loin).
b) 1601 : *laqual*.

manuscrit? Et enfin comment a-t-il laissé intact en 1623, quelques pages plus loin, un passage où les mêmes réserves, concernant la présence de la même signature se trouvaient explicitement marquées[1]?

Quatrième rétractation, conséquence de la précédente : dans les éditions de 1601, 1608, 1617, conformément au texte latin, il est dit que le monastère *Agaliense* était sous l'invocation des saints Cosme et Damien; dans l'édition de 1623, sous celle de saint Julien, d'après Maxime de Saragosse. Il y a donc non plus un, mais deux monastères, de bénédictins tous deux, l'un comme l'autre sur le bord du Tage et au nord de Tolède. Avant 1623, les textes auxquels s'en tenait Mariana sont ceux de Cixila et de Julien de Tolède. Il ne citait que le premier, mais comme il n'y est question que de l' « ecclesia sanctorum Cosmæ & Damiani »[2], et que la dénomination de « monasterium Agaliense » ne s'y trouve point, il n'a pu l'emprunter qu'à Julien[3]. Celui-ci, par contre, ne parle pas du titre des saints Cosme et Damien. Mariana avait donc concilié les deux textes, de la même façon que Rodrigue de Cerrato[4] (qu'il ne paraît pourtant pas avoir connu), en appliquant au même monastère la dénomination d'*Agaliense* et le vocable des saints Cosme et Damien. Pour qui admettait au contraire, comme Pisa par exemple[5], l'authenticité de la signature d'Avila, le monastère d'Agalia n'ayant pu être à la fois sous l'invocation de saint Julien et celle des saints Cosme et Damien, il ne restait d'autre ressource que de distinguer le monastère de Saint-Cosme et Saint-Damien de celui de Saint-Julien, en réservant au second la dénomination d'*Agaliense*, qui lui appartient de par le texte de Surius et Loaysa. Il s'ensuivait que saint Ildephonse, qui, d'après Cixila,

1. Voici le texte de 1601, auquel sont conformes ceux de 1608, 1617 et 1623, et dont les éditions latines donnent l'équivalent : « ... se juntarō en la yglesia de santa Maria de la ciudad de Toledo, a celebrar concilio, diez y siete obispos... de mas de siete abbades : entre los quales se cuēta vno llamado Auila, abbad del monesterio Agaliense de San Iulian, si la letra no es mentirosa, como algunos lo sospechan, por coniecturas quo ay... » (VI, 14.)

2. «... in ecclesia sanctorum Cosmæ et Damiani quæ sita est in suburbio Toletano, abba præficeretur. Vbi statim in officio clarens duas missas... » (*Vita S. Hildefonsi Toletanae sedis metropolitani Episcopi a Cixilano eiusdem urbis episcopo edita*, Patr. l., t. XCVI, col. 44.) Le ms. Egerton 1873 (n° 42) contient la Vie d'Ildephonse par Cixila, avec cette note en marge : « Vita S. Ildefonsi epi Toletani au[ctor]e Cixilane ciusdem urbis epis[cop]i ex codice uetusto conciliorum [litter]is Gothicis in membrana descrip[to] era MXXXII id est anno Chri[sti] 994.] qui fuit in monasterio S. Æmi[lian]i de la Cogolla, nunc est apud Laurentiū Regiū. » Il y a aussi en marge des variantes précédées de l'initiale I. On voit que Mariana avait pris la peine de remonter aux sources touchant cette question.

3. Hic igitur... contemptis parentum rerumque mundanarum affectibus, Agaliense monasterium petiit... Rector deinde effectus Agaliensis cœnobii monachorum mores exercuit. » (*Beati Hildefonsi Elogium, ex Sancto Iuliano in appendice ad librum de Viris illustribus ab ipso Hildefonso conscriptum*, Patr. l., t. XCVI, col. 43.) Le ms. Egerton 1873 (n° 41) contient, à la suite de la *Renouatio Librorum Domini Isidori* de Braulion, les additions de Julien et de Félix.

4. Patr. l., t. XCVI, col. 49.

5. *Descripcion de... Toledo*, f° 101-2.

fut abbé de l'église et du monastère de Saint Cosme et Saint Damien, et qui, d'après Julien de Tolède, fut *rector* du monastère *Agaliense*, se trouva successivement chargé de diriger ces deux monastères.

Ainsi, voilà deux additions qui contredisent absolument les opinions antérieurement soutenues par notre auteur. La seule autorité alléguée, la seule par conséquent qui l'ait amené à se rétracter formellement par quatre fois, c'est celle de Dexter et de Maxime. Cela serait possible si tout Dexter et tout Maxime lui avaient paru bons. Mais il ne les trouve bons que par endroits ; ailleurs, déclare-t-il, ils ne valent rien. Et néanmoins il les suit là où leurs assertions heurtent les siennes ! Est-ce admissible ?

Voici une autre addition qui, si elle ne contredit pas une opinion précédemment énoncée par l'historien, répugne étrangement à tout ce que nous savons de sa façon de penser. C'est celle qui attribue[1] à Séville des martyrs dont les noms, ainsi que l'a prouvé Flórez[2] n'ont été introduits dans les martyrologes que par une confusion avec les noms des saintes Justa et Rufina. Saint Justus et saint Rufinus, auxquels Flavius Lucius Dexter adjoint saint Macarius (en quoi il fait preuve de discrétion, car il aurait pu en mettre un quatrième, saint Theophilus, que nomme, en même temps que les trois autres, Maurolico), auraient donc trouvé grâce devant l'ennemi déclaré de toutes les nouveautés et importations hagiographiques ? Sans doute les saints dont il s'agit n'étaient pas des nouveaux venus ; mais Baronius les attribuait à Rome, et s'il l'a fait sans trop de motifs[3], il fallait d'autre part avoir en Flavius Lucius Dexter une confiance grande pour reporter sur Séville l'honneur que nul texte ancien ne lui accordait.

Deux autres emprunts, l'un à Flavius Lucius Dexter et l'autre à Marcus Maximus, avaient au moins, pour l'auteur de l'Histoire d'Espagne, un intérêt presque personnel. Il s'agissait en effet de sa patrie, Talavera. L'identification qu'il avait soutenue dès 1592 entre cette ville, l'*Elbora* des Actes de sainte Léocadie et l'*Aebura* de Tite-Live, n'était-elle pas confirmée d'une manière vraiment étonnante par le double témoignage apporté par eux ? Flavius Lucius Dexter attestait que le martyr et ses sœurs, Sabina et Christeta, étaient bien originaires de *Ebora oppidum Carpetaniæ*, ce qui ne pouvait convenir à l'Evora portugaise, mais bien à Talavera[4]. L'argumentation que Mariana tirait des

---

1. « Padecieron assi mismo Macario, Iusto, y Rufino, no en Roma como algunos dizen, sino en Seuilla, como Dextro lo testifica, ciudad que antiguamente se llamò tambien Romula, como se halla en algunas piedras que alli se conseruan, y deuio ser la ocasion deste tropieço. » (IV, 5.)
2. *Esp. sagr.*, t. IX, p. 281-5.
3. Cf. Bivar, dans la *Patr. l.*, t. XXXI, col. 303.
4. « Y assi lo dize Dextro el año de Christo de trezientos por estas palabras, S. Christi Martyres Vincentius, Sabina et Christeta, eius sorores, qui nati in Eborensi oppido Carpetaniæ. » (IV, 13.)

actes de sainte Léocadie¹ et que Flórez considéra sans doute comme insuffisante, puisqu'elle ne l'empêcha pas de se prononcer en faveur de la vieille cité romano-lusitanienne², était du coup singulièrement renforcée. La mention que fait Marcus Maximus (en ayant soin de dire qu'il mourut en 1509 à *Ebura*) du *Litorius* dont Mariana, dès sa première édition latine, reproduisait l'épitaphe trouvée à Talavera, constituait une preuve surabondante de la même thèse³ (mais on ne prouve jamais trop). Et ici l'on est bien obligé de se demander si l'historien ne fut pas charmé de trouver dans ces deux auteurs un appui inespéré et si ce n'est pas par là précisément qu'il fut pris dans l'engrenage au point de penser et de dire qu'après tout ce Dexter et ce Maxime avaient du bon. L'amour de la ville natale, le patriotisme de clocher, n'est point une passion facile à étouffer chez l'Espagnol : a-t-il donc pu obscurcir la vision d'ordinaire si nette de celui qui n'avait jamais sacrifié la vérité, on peut le dire, à cet autre patriotisme qui, combien plus noblement, embrasse toute la patrie? Le désir de défendre les traditions de Talavera, relativement à saint Vincent, a-t-il pu amener à se faire illusion sur l'authenticité et la valeur de Dexter, celui qui triait avec tant de soins les autorités alléguées en faveur de la venue de saint Jacques en Espagne?

Si Mariana prend position en faveur de Talavera, il faut bien dire que de bonnes raisons sont de son côté. Sampiro et le moine de Silos identifiant Elbora et Talavera, et les actes de sainte Léocadie faisant aller Dacien de Tolède à Elbora, où il trouve Vincent et ses sœurs, puis à Avila où il les rejoint, il était assez naturel de ne pas admettre que le persécuteur eût fait un crochet de Tolède à Evora en Lusitanie pour revenir à Avila, alors que Talavera est sur le chemin de Tolède à Avila; et l'on était bien fondé à ne faire qu'une ville de cette Elbora et de Talavera. Il n'y avait pas besoin d'être de Talavera pour arriver à cette conclusion. D'autre part, Mariana met aussi peu de parti pris que possible à soutenir sa thèse. Il termine son exposé avec sa modération habituelle : « Voilà les raisons qui militent pour Talavera. Le lecteur verra ce qu'elles valent, à lui de juger sans passion et en toute sérénité⁴. » Ce n'est pas là le langage d'un homme qui s'engage à fond et qui fera flèche de tout bois.

Sans doute, pour sa ville natale l'historien a eu une attention qu'il

---

1. Ces actes se trouvent dans l'*Esp. sagr.*, t. VI, ap. I.
2. *Esp. sagr.*, t. XIV, p. 28-31.
3. « Deste Litorio haze mencion Maximo Cesaraugustano, dize que murio en Ebura de los Carpetanos, año quinietos y nueue, Ebura es Talauera. » (V, 7.)
4. « Estas son las razones que militan por la parte de Talauera, largas en palabras, si concluyentes el lector con sosiego y sin pasion lo juzgue y sentencie. Si nuestro parecer vale algo, asi lo creemos. » (IV, 13, éd. 1608.) Le texte latin dit d'une façon un peu différente : « Hæc sunt partis aduersæ præsidia, quæ verbosior fuit, an verior, syncero animo lector diiudicet: si quid nostrum testimonium iuuat, sic nos certo putabamus. » (Ed. 1592.)

n'a eue que pour quelques grandes villes de la péninsule. Non seulement il a employé un chapitre à appuyer l'identification que l'on sait (en ayant soin, dans le latin du moins, de reproduire un long passage de Tite-Live où il est question d'*Ebura in Carpetania*[1]; mais il en a consacré un autre, le suivant, à la description de Talavera. Il faut le remarquer cependant, cette page n'a rien de particulièrement enthousiaste. L'auteur admet que les murailles ne datent pas des Romains, qu'elles peuvent bien être l'œuvre des Goths et même plutôt des Maures. Si les *caualleros* qui habitent le quartier le mieux fortifié sont nombreux et riches pour une telle ville, les autres habitants n'ont pas de grandes ressources parce qu'ils sont ennemis du travail, des affaires, et ne veulent pas tirer parti d'un sol fertile. Le moraliste, l'économiste ne fait pas plus grâce à l'inertie de ses compatriotes, que l'historien à leurs illusions archéologiques. Rien ne prouve, rien ne permet de penser qu'une petite faiblesse patriotique ait concilié à Lucius Flavius Dexter et à Marcus Maximus les complaisances de notre auteur.

Les concilia-t-il davantage à Marcus Maximus, le plaisir d'apprendre enfin que Léovigild s'était converti avant de mourir[2], que le fils d'Herménégild et d'Ingunde s'appelait Théodoric, qu'il mourut à Constantinople, et sa mère à Palerme[3]? Assurément, un Espagnol pouvait se réjouir de penser que, d'une part, le dernier roi arien, père et bourreau d'un martyr, n'était pas mort dans l'impénitence; que, d'autre part, le restaurateur de la vraie religion, Recared, ne pouvait d'aucune manière être considéré comme un usurpateur, son neveu n'ayant pas tardé à mourir dans l'exil. Mais y avait-il là un appât suffisant pour attirer Mariana dans le piège? Il connaissait parfaitement, nous le verrons, les sources à consulter pour l'histoire d'Herménégild[4]. Ce n'est pas à la légère qu'il a pu recourir à une source nouvelle.

Sa bonne foi pouvait-elle se laisser davantage surprendre par la satisfaction de savoir que l'inscription datée de l'*era* 725, trouvée par Juan Bautista Pérez, et relative, semblait-il, à la consécration de l'église de Sainte-Marie (la cathédrale) de Tolède par Recared, avait trait, en réalité, à la réconciliation de cette église, profanée par les ariens, avec le culte catholique, et que par conséquent la fondation remontait plus haut que l'année indiquée[5]?

1. Tite-Live, l. XL, 30.
2. « Maximo dize se halló presente a la muerte deste Rey, y vio las señales de su arrepentimiēto, y sus lagrimas. Pone su muerte año quinientos y ochenta y siete, dos de Abril, miercoles al amanecer. » (V, 13.)
3. « ...por nombre Theodorico... Maximo dize, que murio en Palermo la madre y el hijo, poco despues en Constantinopla. » *(Ibid.)*
4. Voir la 3ᵉ partie, c. I, § V.
5. « Maximo haze mencion desta consagracion, que el llama reconciliacion, por estar aquella Iglesia profanada por los Arrianos. » (V, 14.)

Quant aux autres renseignements empruntés par le texte de 1623 au même Maxime, ils sont assez insignifiants. Que le livre des *Mythologiae* fût de Fulgence, frère d'Isidore, ou d'un autre Fulgence[1]; que les Goths appelassent Murcie, Bigastro[2], cela n'avait pas grand intérêt pour l'historien, ou du moins n'en avait pas assez pour lui faire goûter des chroniques si fraîchement déterrées.

Reste « Juliano el arcipreste ». Un des trois emprunts qui lui sont faits est rejeté : la date de la mort d'Herménégild, qu'il avance d'une année[3]. Le second est relatif à l'emplacement du monastère *Debiense*, fondé par Ildephonse[4]; le troisième, au transfert des moines de l'*Agaliense* dans le monastère de S. Pedro de Sahelices[5]. Il est à noter que Julian n'avait pas encore été édité. Il faut donc que Mariana ait été mis dans le secret[6]. Si cela est, il a puisé bien modérément dans la mine de renseignements qui lui était ouverte.

On ne voit donc pas, en somme, ce qui aurait pu séduire Mariana dans les Fausses Chroniques. Ce qu'on lui donnait à propos de Léovigild et de son petit-fils, ou de Talavera, ou des martyrs *Justinus* et *Rufinus*, en supposant qu'il l'appréciât, ne valait pas les rétractations qu'on lui imposait au sujet de la patrie de Prudence et du monastère *Agaliense*. Le seul témoignage qui fût conforme à ses propres idées, c'est celui qui concerne Talavera. Or il pouvait parfaitement s'en passer. Le seul qui pût lui paraître bon lui était inutile. Le jugement qu'il est censé avoir porté sur les Chroniques est donc incompatible avec les citations qu'il est censé leur avoir empruntées.

Si nous ne savons pas par ailleurs ce que Mariana pensait des Fausses Chroniques en 1623, nous avons un témoignage relatif à l'opinion qu'il s'était faite en 1616. Il est fourni par une lettre du P. Tomás de León au marquis de Mondéjar, en date du 20 septembre 1668, reproduite par Mayans à la suite de la *Censura*[7]. Les éditeurs de Valence et Godoy en ont cité la partie qui nous intéresse ici. Le P. Tomás de León affirme avoir vu à Séville plusieurs lettres adressées par Mariana à Nicolas Pacheco; dans l'une d'elles, de l'année 1616, il était dit que « los libros[8] son fingidos, i supuestos i de ningun

---

1. « Maximo Cesar (*sic*) le attribuye los tres libros de las Mythologias obra erudita : que otros quieren sea de Fulgencio Obispo o Ruspense, o Carthaginêse en Africa. » (VI, 1.)
2. « Maximo Cesaro dize, que los Godos a Murcia la llamaron Bigastro. » (VI, 15.)
3. « El arcipreste Iuliano quita vno. » (V, 12.)
4. « Este monasterio dize Iuliano el Arcipreste, estaua veinte y cuatro millas de Toledo, cerca de Illescas. » (VI, 10).
5. « El año luego siguiente mil y siete en Toledo vna grande creciëte abatió el famoso monasterio Agaliense. Los möges se passaron al de S. Pedro de Sahelices. Assi lo dize el Arcipreste Iuliano. » (VIII, 10.)
6. Bivar, lui aussi, le citait dans sa *Chronici Dextri Apologia* et dans ses notes à Dexter (*Patr. l.*, t. XXXI, col. 29, 106, etc.).
7. P. 672.
8. Les Chroniques, dont il est question dans toute cette lettre du P. Tomás de León.

crédito ». Que les termes employés par le P. Tomás de León soient de Mariana ou non, le jugement énoncé par celui-ci avait dû frapper assez vivement le correspondant de Mondéjar. On peut donc avoir confiance dans la véracité comme de la sincérité d'une telle déposition. Le même Père déclare d'ailleurs que le duc d'Alcalá[1] avait entendu Mariana s'exprimer sur le même sujet d'une manière toute semblable.

Quant à la date de la lettre où Mariana se prononce d'une façon aussi catégorique, il n'y a pas davantage de raisons pour croire qu'elle soit erronée. En 1616 donc, Mariana considérait comme fausses les Chroniques.

Mais lesquelles? Celles qui furent publiées, ou celles du manuscrit Escolano? Car s'il s'agit de celles-ci, que Higuera lui-même a désavouées, il reste possible que Mariana ne les ait rejetées que *conformément* à l'avis de son confrère, pour accepter, au contraire, les autres comme authentiques. Néanmoins le désaveu de Higuera était aussi relatif que la sentence rapportée par le P. Tomás de León est absolue. Si les termes employés par Mariana avaient visé le texte Escolano, en lui opposant le texte que devait éditer Calderón, le P. Tomás de León aurait-il pris pour une condamnation formelle, énergique et sans restriction des Chroniques, ce qui n'eût été que le rejet d'une copie considérée comme incomplète et infidèle? Était-il raisonnable d'ailleurs de déclarer ces textes « fingidos, supuestos i de ningun crédito » quand il s'agissait d'une copie considérée simplement comme inexacte, « una epitome y defloracion » ainsi que Higuera, d'après Escolano, avait dit en 1610 ou avant 1610, fût-ce même « una depravacion », comme écrit plus sévèrement en 1616 Fray Diego Murillo?

On ne pourrait davantage imaginer que Mariana, précisément comme Nic. Antonio, ait admis l'authenticité du texte Escolano, et que sa lettre de 1616, à l'inverse de ce qu'on supposait tout à l'heure, ait trait au texte envoyé à Llorente, celui qu'a édité Calderón. S'il admet le texte Escolano et rejette l'autre, pourquoi est-ce de celui-ci et non de celui-là que procèdent les additions de 1623?

Or en 1616 Mariana connaissait certainement l'existence des deux textes et l'opinion de Higuera sur chacun des deux. Le P. Alcázar s'est attaché à démontrer, dans sa *Chrono-historia*, que Mariana et Higuera ne vécurent guère ensemble. Puisant dans les archives de la Province de Tolède, il a dressé une sorte de *curriculum vitae* de Higuera[2], et ses indications coïncident avec ce que nous savons par

---

[1]. D. Fernando Afan de Ribera Enríquez. Cf. Mayans, *Vida de D. Nic. Antonio*, § 38.
[2]. T. III de la cont. manuscrite, année 1611, c. II, § 6 : « Entre los authenticos Instrumentos, que del Archivo de nuestra Provincia nos sirven maravillosamente para investigar y apurar algunos puntos de nuestra Historia, son los Catalogos

ailleurs. Nous avons vu en effet cet inquiet et inquiétant jésuite, de 1590 à 1593, au collège d'Ocaña, en même temps que son confrère Portocarrero. En 1599, il était au collège de Belmonte (diocèse de Cuenca)[1]. C'est de Palencia, selon Mayans[2], qu'en 1602 il envoie à Gaspar Alvares de Lousada, secrétaire de D. Fray Agustin de Jesus, archevêque de Braga, des fragments de Dexter sur les saints Basile et Ovidius. En 1603, il est à Plasencia[3]. En 1604, on le revoit à Ocaña[4], et en 1608, à Belmonte[5]. En 1610, Alcázar le trouve à Caravaca. Mais en 1597, selon le même Alcázar, et déjà en 1595[6], à ce qu'il semble, il vivait à Tolède. En tout cas, c'est à Tolède qu'il est mort, en 1611, et Mariana l'a bien connu, comme le prouve sa lettre du 4 juin 1616 à Morlanes, dans laquelle il déclare que « Higuera a entrepris beaucoup de choses et n'en a terminé aucune »[7]. On voit d'autre part que le P. Ferrer les unissait dans son affection, puisque, dans sa lettre du 17 juin 1598, il demande de ses nouvelles à Mariana[8], et que dans une autre, deux ans plus tard, il charge le P. Marcen, *prepósito* de la maison professe de Tolède, de transmettre « mil saludos, y recomendaciones intimas in Domino... particularmente al P. Juan de Mariana y al Padre Geronymo de la Higuera, mis Padres amantissimos »[9]. Enfin, au milieu des vexations dont, en 1604, il prétend être victime de la part de ses supérieurs, on voit que Higuera se réclame du P. Mariana[10]. Ainsi, quoi qu'en dise Alcázar, Mariana connaissait particulièrement Higuera quand celui-ci mourut; il ne pouvait donc ignorer en 1616 ni l'existence des Chroniques, ni les circonstances supposées de leur découverte, ni la façon dont Higuera rejetait l'une des copies que l'on en connaissait. Et s'il eût,

Publicos, que forma cada Provincia de la Compañia, de todos los sujetos de sus casas y collegios en que a la sazon viven, con las ocupaciones que exercen, siempre que ha de ir à Roma Procurador, o Vocales : de que llevan un traslado, y queda otro en el Archivo de la Provincia. Los de la nuestra tenemos à la mano, y van alegados muy repetidas vezes. Examinados pues estos Catalogos, hallamos en el de 1593 que el P[e] Higuera leia Latinidad en Ocaña: en el de 93 proseguia en Ocaña, y concurrio alli con el P. Fran[co] Portocarrero. En el de 597 vivia en el Collegio de Toledo: en el de 99 le hallamos morador de Belmonte: en el de 603 era Prefecto de los Estudios de Humanidad en Plasencia: à los fines de 610 era morador de Caravaca, y a 14 de septiembre de 1611 fallecio en la casa Professa de Toledo : y por todos estos veinte años fue el P. Juan de Mariana continuo morador, no de el Collegio de Toledo, sino de su casa Professa. De aqui con evidencia se colige, averse suppuesto aquella cohabitacion de los dos, con tanta incertidumbre como resolucion. »

1. Godoy, p. 112, note.
2. *Vida de D. Nic. Antonio*, § 44.
3. Godoy, p. 113, note.
4. Voir la lettre publiée par M. Olavide, article cité p. 236, n. 3.
5. Godoy, p. 172.
6. Cf. plus haut, p. 62.
7. Voir l'app. IV, 4.
8. Cf. Noguera, p. xcvi.
9. Lettre reproduite par Alcázar, t. II de la cont. manuscrite, année 1600, c. IV, § 3.
10. Olavide, *ibid.*

lui aussi, rejeté cette copie et accepté l'autre, comment ne l'eût-il pas marqué explicitement?

Ce témoignage du P. Tomás de León paraît-il insuffisamment sûr? Le même P. Tomás de León a noté[1] le silence que Mariana garde dans son *De aduenta Iacobi apostoli Maioris in Hispaniam* relativement à ces auteurs, qui pourtant lui tendaient des preuves « à pedir de boca ». Comment expliquer ce silence? Il faudrait, pour n'y pas voir une condamnation des Chroniques, supposer que Mariana les ignorait en 1606, date où il écrivait le traité dont nous parlons. Est-ce possible? Comment admettre qu'un jésuite qui avait publié Luc de Tuy, qui avait collectionné les anciennes chroniques, qui, depuis la publication de son Histoire d'Espagne, était peut-être de tous les érudits de son pays le plus en vue et le mieux informé, qui se trouvait en relation avec les Schott, avec les Plantin, avec tant d'autres, n'eût pas eu connaissance, aussi tôt que personne, de la découverte supposée de Fulda, n'eût pas été interrogé sur leur valeur et n'eût pas pu s'en procurer une copie? Ne fût-ce que parce qu'il voyait Prudencio Sandoval citer, en 1601, les nouveaux auteurs, et Pisa, en 1605, s'en moquer, sa curiosité devait être assez piquée pour qu'il eût, lui aussi, le désir de les connaître.

Que conclure de son silence, sinon qu'il ne fait pas plus de cas de Dexter et de Maxime que des plombs de Grenade, dont il ne dit pas non plus un mot dans ce traité? Aussi n'est-il pas besoin de démontrer l'absurdité de ce que le P. Antonio Quintana Dueñas écrivait dans ses *Sanctos de la Imperial Ciudad de Toledo*[2] publiés en 1651, l'année de sa mort : « El P. Geronyno de la Higuera, á quien como á oraculo consultaba el P. Mariana. » Pourquoi Mariana n'a-t-il pas consulté « son oracle » au sujet de la venue de saint Jacques en Espagne; et comment ne cite-t-il Dexter et Maxime ni dans son Traité, ni dans les réimpressions de son Histoire d'Espagne, avant 1623? C'est donc qu'en 1606 déjà il s'était fait une opinion sur ces auteurs, et que cette opinion était identique à celle de son défunt ami, Juan Bautista Pérez. Seul l'esprit de confraternité ou de charité avait pu l'empêcher de faire imprimer ce qu'il pensait là-dessus, comme avait fait Pisa. Mais le silence de Mariana devait être significatif pour tout le monde.

Ainsi, en 1606, Mariana rejetait les chroniques. Or, ici non plus il ne s'agit pas seulement du texte Escolano. Nous ne voyons pas que l'autre soit cité avant 1608, à savoir dans la traduction latine des *Dos Discursos* du connétable; mais, déjà avant cette époque, Higuera

---

1. Voir p. 686-92 de la *Censura*, où l'on trouve des lettres échangées entre lui et Jerónimo Blancas. Cf. la note de Godoy, p. 131.
2. Nº 3139 de Salvá. Le passage est cité par Alcázar (t. III de la cont. manuscrite, année 1611).

avait cherché à donner le change. Dès 1602, il avait envoyé à Gaspar Alvares de Lousada, ainsi que nous avons vu, des fragments de Dexter sur les saints Basile et Ovidius, successeurs de saint Pierre, premier évêque de cette ville. Or, c'est dans le texte Llorente, et non dans l'autre, que l'on trouve mentionnés ces personnages [1]. Higuera devait avoir un trop vif désir de se disculper auprès de Mariana pour ne pas lui soumettre, dès le principe, le texte nouveau, différent de celui qu'avait anathématisé l'évêque de Segorbe. L'auteur du *De aduentu* doit être un des premiers vis-à-vis desquels il essaya la manœuvre.

Si nous n'avions pas l'attestation du P. Tomás de León au sujet de la lettre à Nicolas Pacheco, l'argument que nous tirons du silence de notre auteur dans le *De aduentu* et dans l'Histoire d'Espagne aurait quelque chose d'incertain. Mais ce silence et la lettre à Pacheco s'expliquent mutuellement, et le témoignage du P. Tomás de León prend une vraisemblance peu discutable. Rien ne nous autorise donc à douter que les termes et le sens de cette lettre ne nous aient été rapportés fidèlement, et nous pouvons affirmer qu'en 1616 Mariana condamnait indistinctement toutes les chroniques mises sous les noms de Dexter et de Maxime.

C'est donc entre 1616 et 1623 qu'il aurait changé d'avis au point de dire que ces Chroniques « avaient du bon ». Mais c'était trop peu dire que d'avouer qu'elles ont du bon, puisqu'il leur accordait assez d'autorité pour reconnaître qu'il s'était trompé sur des questions précédemment résolues par lui dans un sens contraire à leurs allégations ! Si c'est lui qui s'est ainsi rétracté, c'est qu'il les trouvait meilleures encore qu'il ne l'écrit. Et pour les citer comme il fait, en faveur d'une thèse chère à son patriotisme, l'identification de sa ville natale avec l'*Elbora*, patrie de saint Vincent et de ses sœurs, il faut qu'il ait été bien assuré de la véracité d'un tel témoignage. Eût-il risqué de la compromettre par la production de preuves sur lesquelles il pouvait avoir l'ombre d'un doute?

Lisons maintenant l'admirable premier chapitre du *De aduentu Iacobi* :

« Qui pourrait nier que les fastes ecclésiastiques n'aient été jadis contaminés de nombreuses souillures par la complaisance (*adulatione temporum*), ou plutôt par l'incurie des hommes; que dans d'autres livres, qui contiennent les prières et les rites de l'Église, beaucoup de fables et de mensonges n'aient été introduits pêle-mêle? J'ajouterai que parfois, dans les temples, des reliques peu sûres, des corps profanes ont été mis à la place des restes sacrés des saints qui règnent avec le Christ dans le ciel. Il est triste de ne pouvoir nier des

---

[1]. Années 37, 95, 110. Cf. Mayans, *Vida de D. Nic. Antonio*, § 44.

choses honteuses à avouer. Je ne sais comment il se fait que le peuple se laisse souvent séduire plutôt par de frivoles inventions que par la vérité et la sincérité. Telle est notre frivolité! Une fois que ces ordures, pendant notre sommeil peut-être, se sont glissées dans l'Église, dans les rites, dans les livres ecclésiastiques, personne n'ose y toucher, personne ne dit mot, de peur de passer pour un impie et un adversaire de la religion... A l'exemple des anciens, il faut que, pour bâtir le temple, chacun apporte ce qu'il peut : les plus riches, l'or et l'argent, l'écarlate et la pourpre; les moins fortunés, des peaux de chèvres. Ceux qui creusent le sol jusqu'au roc, ceux qui procèdent au déblaiement, n'accomplissent pas une œuvre moins utile que les artisans qui assemblent les pierres, qui dégrossissent les pièces de bois, qui sculptent les statues, qui cousent les étoffes sacrées, qui travaillent d'une manière ou d'une autre à l'embellissement de l'édifice. »

Et voici ce qu'il écrivait dans son Histoire elle-même : « On a découvert, voilà peu d'années, une pierre avec ces mots : HIC IACET CORPVS BILELAE SERVAE IESV CHRISTI... Et parce que la date qu'on y trouve marquée est l'ère 105, quelques-uns pensent que cette Bilela mourut à cette époque, et même ils veulent la mettre au nombre des saints; cela sans aucun fondement et au détriment de l'autorité de l'Église, qui ne permet pas que l'on forge à la légère des noms de saints. Quelle grave faute que de charger d'inepties les fastes de l'Église (ineptiis onerare fastos quàm graue malum?)[1]. »

Or que trouvait Mariana dans les Chroniques de Flavius Dexter, de Marcus Maximus, et de Julián? Des absurdités et des niaiseries sans nombre, des mensonges flagrants. Il y voyait attribuer la qualité d'Espagnols aux trois centurions dont il est parlé dans l'Évangile; au Gaius à qui saint Jean adresse sa troisième Épître, et au Demetrius dont le même apôtre fait l'éloge dans la même lettre[2]; à d'innombrables saints ou saintes que, suivant un ingénieux et économique système, l'auteur ou les auteurs de ces impostures faisaient passer du calendrier des églises étrangères dans celui des églises d'Espagne. Ainsi selon Dexter, saint Romulus, qui souffrit sous Trajan, était Espagnol et fut martyrisé en Celtibérie[3]. Les saintes Basilisse et Anastasie, qui étaient vénérées à Rome, étaient Espagnoles[4]. Devenait Espagnol, on peut le dire, tout saint qui n'avait pas, de par les martyrologes, une nationalité bien définie; et encore profitait-on de toutes les équi-

---

1. IV, 4.
2. Voir Godoy. p. 147-50.
3. Année 600 (*Patr. l.*, t. XXXI, col. 271).
4. Année 61 (*ibid.*, col. 197). Anastasie a été martyrisée à Grado (près de Venise), Basilisse est morte à Antioche.

voques pour grossir le nombre des revendications de ce genre. Certains actes nomment un Hermolaus qui fut tué avec dix mille chrétiens sur le mont Ararath : on en fait un archevêque de Tolède[1]. Les martyrs de Carthage devenaient comme fatalement des martyrs de Carthagène. Les saints qu'on ne faisait pas originaires d'Espagne y naissaient au moins à l'autre vie en y mourant pour le Christ. Selon Dexter, encore, c'est « in Arsa Mariana », c'est-à-dire à Azuago, dans la *Sierra Morena*, et non « in Asia minori », comme on lit dans les martyrologes d'Adon et d'Usuard[2], que les époux Aquila et Priscilla, convertis, d'après les Actes des Apôtres[3], par saint Paul, furent martyrisés : « in Asia minori » n'était qu'une fausse lecture, comme explique savamment Bivar[4]. L'Eutychius qui, d'après les mêmes Actes des Apôtres, s'endormant à une fenêtre pendant un sermon de saint Paul, tomba d'un troisième étage, et fut ranimé par l'apôtre, mérita la palme en Espagne, dans la ville de Tela[5]. Mais sans énumérer toutes les acquisitions martyrologiques de l'Espagne, en voici une qui certainement devait intéresser notre auteur. Dans le *Chronicon* de Flavius Lucius Dexter, à l'année 285, on trouve cette mention : « S. Præcellius Romæ passus ciuis Hipponensis Hispanus, mirifice clarus habetur gloria martyrii 25 Maii[6]. » L'*Hippo* dont ce S. Præcellius était natif ne serait autre que Yepes[7]; et, dans ce S. Præcellius, nous reconnaissons sans peine le S. Percelio dont le corps, pieusement rapporté de Rome par le P. Portocarrero, avait été réclamé par les habitants de ladite ville comme étant celui d'un glorieux martyr, leur concitoyen. Or, nous nous rappelons ce que

1. Année 134 (*Ibid.*, col. 313).
2. 8 juillet.
3. C. XVIII, v. 26.
4. *Patr. l.*, t. XXXI, col. 268-9.
5. *Ibid.*, col. 300. On trouvera dans la *Clave historial de la España sagrada*, due à Pedro Sainz de Baranda, un *Calendario español* où sont signalés tous les saints espagnols, y compris ceux qu'ont imaginés les auteurs des Fausses Chroniques, et ceux qu'ils ont faussement attribués à l'Espagne. Parmi ces derniers, citons ceux dont le seul Dexter a enrichi les seuls mois de janvier et de février : Julianus, « tolédan, évêque de Vich et martyr » (années 86, 91 et 94); Felix et Januarius, martyrs d'Héracléo « en Espagne » (année 296); Arcadius, « martyr d'Osuna » (année 110); Julianus, Dativus et Vincentius, et vingt-sept compagnons, « martyrs d'*Aquæ Quintianæ in Gallecia* » (année 95); Hippolytus, Felix et Symphronius, « martyrs de Carthagène » (année 270); Saturninus, Theophilus et Revocata, « martyrs, *Argenteolæ in Asturibus* » (année 300); Sotera, « vierge, martyre de Palamós » (année 300); Modestus et Julianus, « martyrs de Carthagène » (année 160); Dionysius et Ammonius, « martyrs de Rueda » (année 300); Vitalis, Zeno et Felicula, « martyrisés à Rome, après être venus à Tolède, où Vitalis fut le premier archiprêtre connu » (année 110); Onesimus, disciple de saint Paul, « prêcha en Espagne avec les saintes Polixena et Sarra, disciples de saint André » (année 71); Donatus et ses compagnons, martyrs de *Concordia* « in Lusitania » (c'est-à-dire Tomar? année 145); Sedulius, « évêque d'Oroto » (année 428); Ananias et ses compagnons, « martyrs de *Jaliobriga* » (année 308).
6. Éd. de Bivar, *Patr. l.*, t. XXXI, col. 397.
7. *Ibid.*, col. 366, n. 2.

Mariana, en 1597, pensait des reliques amenées en Espagne par son confrère[1].

Si ce n'est pas un saint, c'est du moins, selon Dexter[2], un « verus christianus » que ce Lucius Seneca, dont Morales[3] avait relevé l'épitaphe à Sintra. Mais voici des saints qui ont été créés de toutes pièces : Avitus, « évêque et martyre des Canaries, en 105 »; Theodosius, « second évêque de Barcelone, en 94 »; Vincentia, « martyre de Coria, en 424 »; Susanna, « vierge et martyre d'*Iria Flavia* (distincte de celle de Braga), en 300 »; Ovidius, « citoyen romain et troisième évêque de Braga, en 95 ». Telles sont les trouvailles de ce genre dont le seul Dexter a enrichi les six premiers mois du calendrier espagnol, et cela sans faire tort à personne, puisque, sauf les noms, tout était nouveau dans ces saints que les églises étaient invitées à mettre sur leurs autels. Mais que devait en penser l'auteur du *De aduentu*?

Et si toutes les considérations qui viennent d'être exposées ne suffisent pas à prouver que Mariana ne peut pas être l'auteur des additions empruntées aux Fausses Chroniques, encore faudra-t-il, avant de conclure, se poser une question préalable : jusqu'à quel point doit-on respecter le principe en vertu duquel la dernière édition parue du vivant d'un auteur doit être préférée aux autres? Et si le vieillard abîme l'œuvre de l'homme mûr? Si la décrépitude n'a plus le talent, le jugement, la critique, dont a fait preuve toute une vie de labeur, de science et de conscience? N'est-ce pas d'abord se frustrer soi-même que de choisir, entre plusieurs éditions, non pas la meilleure, celle qui est la plus irréprochable, qui présente le moins de fautes et de lacunes, mais celle qui a précédé de plus près l'agonie de l'écrivain? Si donc nous constatons, dans la dernière édition donnée par l'auteur d'un ouvrage historique, des traces de sénilité, d'affaiblissement cérébral, nous n'aurons pas la maladresse et la cruauté de choisir justement celle-là pour juger l'homme, le talent et l'œuvre. C'est pourtant ce que tous les éditeurs, sauf ceux de Valence, qui savaient ce qu'ils faisaient, et ceux de 1751 qui très probablement n'en savaient rien, ont accompli sans hésitation, en vertu du rigide principe énoncé plus haut. Et si nous n'avons pas de motifs pour suspecter l'édition de 1623 tout entière, nous devrons au moins mettre à part, dans une nouvelle édition, ou tout au moins marquer d'un signe, comme a fait Ibarra (1780), les additions empruntées aux Fausses Chroniques; et, de plus, nous devrons considérer ces additions comme furtives, parce que, à défaut de preuve matérielle, nous avons des raisons morales de les considérer comme indignes de Mariana, et d'une authenticité improbable.

---

1. Voir p. 53-62.
2. *Patr. l.*, t. XXXI, col. 166, cf. col. 189.
3. *Coronica*, IX, 9; t. IV, p. 401 de l'éd. Cano.

IV

L'hypothèse d'une falsification de l'édition de l'*Historia general de España* de 1623 a été exprimée pour la première fois, semble-t-il, par le P. Tomás de León dans la lettre déjà citée. Elle a été reprise par Mayans et par les éditeurs de Valence, qui, on l'a vu, ont conçu à l'égard de l'édition de 1617, mais sans motifs suffisants, des soupçons analogues.

L'édition d'Ibarra, préparée par la Bibliothèque royale, et parue en 1780, avait reproduit le texte de 1623. Ceux qui s'en étaient chargés, ayant appris, par le *Plan* de Benito Monfort, l'intention où celui-ci était de suivre le texte de 1608 dans l'édition qu'il préparait, avaient naturellement essayé de défendre le texte traditionnel.

Leur premier argument repose sur la phrase par laquelle Mariana, en 1623, donnait, ou était censé donner sa profession de foi touchant Dexter, et, implicitement, Maxime et Julien l'archiprêtre. A quoi les éditeurs de Valence répondent, avec autant de vraisemblance que d'ingéniosité, que cette addition a très bien pu être faite par un interpolateur qui tenait à insérer dans le texte de Mariana des passages tirés des Fausses Chroniques : elle aurait été très habile, puisqu'elle établissait que les livres que Mariana avait verbalement et par écrit déclaré « fingidos i supuestos i de ningun credito », lui paraissaient, somme toute, renfermer de bonnes choses ; ce point établi, les autres additions étaient légitimées, et les Chroniques elles-mêmes bénéficiaient d'une sorte d'arrêt de non-lieu de la part de celui qui les avait notoirement accusées de faux. Les éditeurs de Madrid objectent que les additions empruntées aux Fausses Chroniques ne sont jamais importantes. C'est affaire d'appréciation ; en tout cas, les éditeurs de Valence répondent que précisément tel était le plan des interpolateurs : insérer dans l'ouvrage de Mariana des citations qui, vu leur peu d'importance, ne soulèveraient pour le moment aucune réclamation, et qui plus tard néanmoins permettraient d'invoquer l'autorité de Mariana en faveur des textes d'où elles étaient tirées. Faire davantage eût donné l'éveil, et l'on ne pouvait décemment interpoler outre mesure un ouvrage si connu. Quelque indiscret aurait pu se demander si tout cela, en définitive, était bien du Mariana.

Mais l'argument le plus solide des éditeurs de Madrid repose sur le mémoire conservé à Simancas[1], dans lequel Mariana, en date de Tolède

---

[1]. Voici le texte de ce document, tel que le donne l'édition de l'*Historia general de España* parue en 1780, à Madrid, par les soins de Ramírez (cf. l'app. IX) :

« Memorial. Señor, Juan de Mariana de la Compañia de Jesus dice que ha impreso diversas veces la Historia de España que compuso en Latin y en Romance, en que se

et du 8 juillet 1622, demande à Philippe IV une aide pécuniaire pour la réimpression de son Histoire en espagnol, qu'il déclare expressément avoir augmentée et améliorée. Les éditeurs de Valence répondent que d'abord ils ne contestent pas que Mariana ait augmenté et amélioré son ouvrage jusqu'en 1623. Il est vrai que cette concession paraît difficile à concilier avec une thèse qui nie l'authenticité absolue de l'édition de 1617; mais peu nous importe au fond, puisque, pour nous, nous ne contestons pas l'authenticité des changements introduits dans cette même édition. En second lieu, les mêmes éditeurs suspectent non la teneur du mémoire lui-même, mais son origine; ils ne veulent pas croire que Mariana, à l'âge de quatre-vingt-six ans, ait pu demander « algun oficio de los que se proveen por el Consejo de Cámara ». Ce n'est pas lui tout seul, donnent-ils à entendre, qui a rédigé une telle demande. On peut cependant leur répondre ceci: il fallait de l'argent pour faire imprimer, les pourparlers engagés avec un libraire qui se chargeait des frais n'ayant pas abouti; or, ce qu'on pouvait espérer du roi en ces temps de détresse financière, c'était non un secours en espèces, mais une charge qu'on revendrait aussitôt afin d'avoir les écus exigés pour l'affaire projetée. Il suffit, pour ne pas considérer ce mémoire comme indigne de Mariana, de se rappeler les demandes de secours adressées par lui au roi, à la fois pour l'impression de son histoire latine, et pour le *Liber de differentiis*: Loaysa ne dut-il pas lui faire comprendre que c'était trop demander d'un coup[1]? Quant à ce que dit Andrade de son désintéressement, nous le croirons

ha gastado mucho. Ultimamente pretende imprimir la Española añadida y mejorada; mas porque el que se encargó de la impression, ha faltado, es fuerza que él mismo la imprima à su costa, y no tiene caudal bastante: suplica humilmente a V. M. se sirva de mandalle ayudar. La merced podria ser en algun oficio de los que se proveen por el Consejo de Camara; y confiado se lo hara esta merced no dice mas. En Toledo y Julio ocho, mil soiscientos veinte y dos.

(*Decreto en la subscripcion del Memorial*) « A Pedro de Contreras. A quince de Julio mil seiscientos veinte y dos. (*Mas en la subscripcion*) « A veinte y dos de Agosto, mil seiscientos veinte y dos — Consulta — Densele mil ducados por una vez en el Receptor general de penas de Camara. »

Le document qui suit dans l'édition Ramírez se trouve aussi dans le ms. X 230 de la Bibl. nacional:

« Señor = V. M. há mandado remitir á la Camara un memorial del P. Juan de Mariana de la Compañia de Jesus, en que dice que ha impreso diversas veces la historia de España que compuso en Latin y en Romance en que se ha gastado mucho y agora ultimamente pretende imprimir la española añadida y mejorada y porque el que se encargó de la impresion á faltado es fuerza que el mismo lo haga á su costa y por no tener caudal bastante: Sup** humildemente a V. M. se sirva de mandarle ayudar para esto.

Este historiador es eminente y el que ha ilustrado y puesto en buen punto la historia general de España en que ha hecho gran servicio a la Corona Real y pues agora la quiere imprimir de nuevo y mejorarla es muy justo que V. M. le favorezca para ello y parece que siendo servido le podra hacer merced de mil ducados por una vez librados en el Receptor general de penas de Cámara. En Madrid a 29 de Agosto de 1622. »

1. Voir p. 24 et 137.

sans peine. Mais on peut être désintéressé et ne pas être ennemi des subventions. L'auteur de l'Histoire d'Espagne pensait sans doute que, s'il fournissait son labeur et les longues années de sa vie, le Prince pouvait bien contribuer, par quelque faveur convertissable en quelques milliers de maravédis, à l'illustration du passé national et à la gloire de son propre règne. Il n'y a donc pas lieu, sans doute, de voir dans cette demande (comme le font, avec une malveillance qu'explique la date de leur préface, les éditeurs de Valence) « las artes jesuíticas para adquirir bienes », ni d'y reconnaître le style des expulsés de 1767.

Quelqu'un pourtant intervint pour toucher la subvention, alors que Mariana était mort. Le 21 septembre 1622, conformément à l'avis du *Consejo de la Cámara*, et, tout en recommandant de soigner l'impression, le roi accordait à l'historien mille ducats, que devait verser Juan de Salazar, receveur général des *penas de Cámara*[1]. Or, le 20 novembre 1624, le roi se plaignait au président du Conseil de Castille, D. Francisco de Contreras, de ce que, sur les mille ducats accordés par lui au P. Mariana, on n'en avait payé que deux cents[2]. « Me ha referido, » dit-il en parlant de l'historien, sans se douter évidemment que celui-ci était mort. Le 9 décembre, le président du Conseil de

---

1. C'est ce qui ressort des deux pièces suivantes, publiées par Ramírez :
« *Resolucion de S. M. señalada de su Real mano publicada en la Camara dia 5 de Septiembre del mismo año.* Está bien advirtiendole que haga la impresion de buena estampa, á satisfaccion de la Camara.
Cedula. El Rey, Juan de Salazar, caballero de la orden de Santiago, Receptor general de las penas que se aplican á nuestra Camara y Fisco. Por parte de Juan de Mariana de la Compañia de Jesus nos ha sido fecha relacion que ha impreso diversas veces la historia de España, que compuso en latin y en romance; en que se ha gastado mucho, y que ultimamente pretende imprimir la Española añadida y mejorada, y que es fuerza lo haga el á su costa por haber faltado la persona que se encargó de la impresion : suplicandonos fuesemos servido de hacerle alguna merced para ayuda al gasto que en ello ha de tener, ó como la nuestra merced fuese, y nos lo habemos tenido por bien y por la presente la hacemos al dicho Juan de Mariana de mil ducados por una vez, que valen trescientos setenta y cinco mil maravedis, para ayuda á la dicha impresion librados en vos. Porende yo os mando que de qualesquier maravedis que hubieren entrado y entraren en vuestro poder procedidos de las dichas penas de Camara, le deis y pagueis los dichos mil ducados, que con esta nuestra cedula, y su carta de pago ó de quien su poder para ello huviere, habiendo tomado razon de ello los contadores que tienen los libros de las dichas penas, se os recibiran y pasaran en quenta sin otro recaudo ninguno. Fecha en Madrid á veinte y uno de Septiembre de mil seiscientos veinte y dos años = *Firmada de S. M. refrendada del secretario Pedro de Contreras, y señalada de D. Francisco de Contreras Presidente del Consejo, y de los Licenciados Luis de Salcedo, Melchor de Molina, Don Alonso de Cabrera y D. Juan de Chaves y Mendoza*. »
M. Morel-Fatio m'a signalé une des *Cartas de Andrés de Almansa y Mendoza* (*Coleccion de libros españoles raros ó curiosos*, t. XVII), en date du 16 novembre 1622, Madrid : « Al Padre Mariana, de la Compañia de Jesús, hizo su Majestad merced de 1500 ducados para imprimir la *Historia de España*, que tiene muy añadida. » L'auteur de cette lettre s'est trompé sur le chiffre de la subvention.

2. Note incluse dans le ms. X-230 (écriture de Santander) :
« A Juan de Mariana de la comp[añia] de Jhs hize merced de mil ducados librados en penas de camara para aiuda à la impresion de la Historia de España, y por que me ha referido que de ellos solamente ha cobrado docientos ducados, en[cargo] mareis al Recetor

Castille donne par écrit à Salazar, après le lui avoir déjà donné de vive voix, l'ordre de payer; et à la même date celui-ci lui fait observer que bien des gens qui n'ont pas d'autres ressources attendent depuis deux ou trois ans le paiement des sommes qui leur ont été accordées : il a toutefois commencé à réunir les huit cents ducats qui restent à verser (et à la manière dont il s'exprime, on sent que ce n'était pas là une opération facile, et que cet argent lui semblait pouvoir être mieux employé). Il n'a pas l'air, lui non plus, de savoir que le bénéficiaire est mort.

Ainsi, neuf mois après la mort de Mariana, on avait rappelé au roi la faveur qu'il avait promise; on avait spécifié que sur mille ducats, deux cents seulement avaient été touchés. Mariana n'était donc point le seul intéressé dans l'affaire.

On est autorisé à supposer que, aussi bien en 1622 qu'en 1607, quelque *hermano* de la Compagnie s'était chargé du soin de faire réimprimer l'*Historia general*, et l'on peut se demander si l'auteur a veillé sur cette édition avec plus de soin que sur celle de 1608, s'il a été seul à revoir les épreuves, et si le texte qu'il avait voulu publier est bien celui qui fut publié. L'âge et la santé de l'auteur rendaient possible une ingérence malhonnête : d'autant plus que le tome I, celui qui précisément est suspecté, fut imprimé à Madrid, tandis que le tome II l'était à Tolède. Or, qui peut le plus peut le moins : il fallait plus d'industrie pour inventer, propager et faire accepter les Fausses Chroniques que pour interpoler un ouvrage publié dans de telles conditions.

Et maintenant, quel peut être l'auteur de ces manœuvres frauduleuses?

Higuera, mort en 1611, est hors de cause. Mais son œuvre avait trouvé des défenseurs. Il en est un surtout qui, au premier abord, attire les soupçons. C'est Tomás Tamayo de Vargas. Il s'était glissé auprès de Mariana. A Tolède, il le voyait presque journellement : ne

---

de las dichas penas de camara, que luego lo pague lo demas á cumplimiento de los dichos mill ducados. En Madrid á 20 de Noviembre 1624, al Presidente del Cons°.
Es copia del Decreto original rubricado del Rey, que he tenido presente.
Sigue una representacion de Juan de Salazar Rector de penas de camara, que dice: Luego como V. I. me dijo la orden que tenia de S. M. para que se le pagasen al P° Mariana los ochocientos ducados que se lo estan debiendo de la siuda de costa de la impresion, comenzé á tratar de juntar lo que fuere viniendo a este oficio, y assi lo haré. Pero suplico á V. I. considere quantas y quan grandes son las necesidades que se veen aqui en personas que no tienen otro modo de vivir, y andan atrasados a dos y á tres años. Para si tuviere por conveniente que se represente a S. M. que yo no puedo errar obedesciendo. Guarde Dios a V. S. I. como desseo. 9 de Diciembre 1624 = Juan de Salazar.
Nota : en la cubierta y hoja blanca en que está el Decreto, despues de la minuta, se dice : Habló su S* I* a Juan de Salazar para que luego pague esto; y despues en 9 de Diciembre se le embio por escripto. »
D. Francisco de Contreras devait pourtant savoir que Mariana était mort : cf. p. 131.

note-t-il pas comme une chose extraordinaire le fait d'être demeuré quinze jours sans lui faire visite¹? Or, en 1623, il écrivait son *Flavio Lucio Dextro... defendido*². En 1624, il le publiait à Madrid, où il vivait d'ordinaire, semble-t-il, et où venait d'être imprimé le tome Iᵉʳ de l'*Historia general de España*. Enfin, à cette époque, il avait commencé la continuation de cette même *Historia*³. N'est-il pas vrai que voilà des rapprochements bien inquiétants? Dans sa *Defensa de la Descension de la Virgen*, dont la dédicace à l'archevêque de Tolède est datée du 8 juillet 1616, il déclarait n'avoir vu ni Luitprand ni Dexter, et qu'il en avait seulement entendu parler⁴. Chose étrange pourtant, il est le premier qui ait cité sinon le Luitprand tout à fait définitif, celui de Ramírez, du moins le Luitprand « nouvelle manière ». Il en reproduit, en effet, dans la même *Defensa*, un passage qui n'est pas dans l'Eutrand d'Escolano, et qui se retrouve, mais un peu allongé, à moins que ce ne soit Tamayo qui abrège, en tout cas un peu différent vers la fin, dans le Luitprand de Ramírez⁵. En 1616, Tamayo paraît donc avoir été dans la situation du néophyte auquel on a fait entrevoir les premiers mystères. Quand l'âge eut tempéré son ardeur, il s'aperçut qu'on s'était bien un peu moqué de lui; et, dans les demi-confidences de ses notes au texte de Luitprand⁶, il a, en effet, laissé entendre qu'il soupçonnait un auteur moderne d'avoir interpolé cette chronique⁷ : sans doute voulait-il parler de Higuera. Il était un peu tard pour se méfier. Car non seulement il avait publié une Défense de Dexter, mais il avait préparé une édition du même Dexter, « ad

1. « A los xv primeros de Iunio, auiendo dexado todo este tiempo (c'est-à-dire depuis « los ultimos de Maio ») de ver, como acostumbro, con frequencia al P. Mariana... » (p. ix de la Razon).
2. Dans sa *Prefacion* aux *Advertencias* de Mondéjar (p. viii), Mayans fait une observation qui le prouve.
3. Cf. plus haut, p. 215, n. 1.
4. Parlant d'« Eutrando o Luitprando », il ajoute : « de la misma manera Dextro que se dice sintio esto, no es de poco momento, por su antiguedad, por la doctrina que del celebra S. Geronymo... Io no è visto estos auctores, pero personas de credito se valen dellos, i si son ciertos, son de grande auctoridad » (p. 25).
5. Voici le texte de Ramírez (*Patr. l.*, t. CXXXVI, col. 1011-12; ce qui n'est que dans le texte reproduit par Tamayo dans sa *Descension* (p. 15) est ici entre ⟨ ⟩; ce qui n'est que dans Ramírez est mis en italiques):
« Anno ⟨DCLIX⟩ *DCLXI*. Hæreticos Narbona venientes, natione Gothos, Theud⟨i⟩um et Holladium, per Hispanias *tominæ*ᵃ vagantes et de virginitate ⟨B. Mariæ Virginis blaspheme loquentes⟩ *beatæ virginis Mariæ temere sentientes, quod more cæterarum mulierum, dilatatis claustris virginalibus, pepererit Christum Dominam, verum Deum et hominem, filium suum, sermonibus quatuordecim* ⟨S.⟩ Ildefonsus, *et editis libris (diversis ab illo Soliloquiorum incipiente, Domina mea) viriliter confutat*; et ⟨a Rege Recaredo⟩ *castigatos jussu regis Recesuindi catholici, severissimique*ᵇ *principis*, tota Hispania ⟨facit exterminari⟩ cogit exsulare. »
6. P. 136.
7. C'est pour défendre Higuera contre ce soupçon qu'a été rédigée l'apologie signalée p. 165 et 200.

a) Correction (!) proposée par Ramírez : *teterrime*.
b) Variante de Ramírez : *serenissimi*.

veterum codicum fidem castigatum, & commentario perpetuo illustratum »; il avait amassé des notes sur Maxime, Heleca, Braulion, Tajon, Valderedus, sur Julián Pérez enfin [1]. On serait donc assez tenté de supposer qu'en 1623 Tamayo a pu être l'intermédiaire entre Mariana et l'imprimeur de Madrid, et que, sur l'exemplaire de l'*Historia general de España* destiné à la réimpression, il aurait mis les additions que l'on sait. Toutefois, une telle opération implique une malhonnêteté que rien ne nous autorise à supposer chez Tamayo. Et, d'autre part, une simple constatation fera évanouir tous les soupçons. Dans son *Historia... defendida*, il soutient l'opinion que l'on trouve exprimée dans l'*Historia general de España* jusqu'en 1617, touchant la patrie de Prudence. Cette opinion, il la soutient encore dans ses notes au Luitprand. Or, on a vu que le texte de 1623 présente l'opinion contraire comme plus probable. S'il avait voulu interpoler le texte de Mariana, il n'aurait pas été choisir dans les Chroniques une assertion qui, précisément, était opposée à ce qu'il avait affirmé et devait affirmer encore.

Quant aux autres éditeurs des Chroniques, leur bonne foi paraît certaine. Contre Calderón, il n'y a rien à dire; et comment accuser Bivar, qui fouilla pendant trois ans la Vaticane pour enrichir son commentaire [2]? ou Caro, qui eut soin de collationner quatre ou cinq copies du Flavius Lucius Dexter, et qui s'était fait une haute idée de ses devoirs d'éditeur [3]? ou Ramírez, qui poussa la conscience jusqu'à faire rechercher dans les in-folio manuscrits de Juan Gil de Zamora si l'on y trouvait les *Adversaria* au *Chronicon* de Julián Pérez, dont parlait le P. Francisco Portocarrero [4]?

Mais ce P. Francisco Portocarrero? Ni Antonio, ni Mayans, ni Godoy ne lui font l'honneur de lui attribuer un rôle bien saillant dans l'affaire des Chroniques. Godoy voit en lui un homme « d'une simplicité de colombe ». Il le considère comme un comparse candide, auquel le maître Higuera aurait fait croire et même *voir* ce qu'il aurait voulu, et cela afin de se réserver un témoin à produire en cas de difficultés. Ce P. Portocarrero était-il aussi simple qu'on l'imagine? On l'a négligé : on a méconnu son talent. Une erreur de chronologie en est la cause : on a cru que c'était Higuera qui tenait le rôle encore, alors que Higuera était mort.

C'est Portocarrero qui, dans son *Libro de la Descension de Nuestra Señora á la santa yglesia de Toledo, y vida de san Ildefonso Arzobispo della*, paru à Madrid en 1616, a prétendu qu'il existait des fragments d'un Commentaire de Juan Gil de Zamora sur la Chronique de Julián

---

1. *Bibl. h. n.*, au nom *Thomas Tamajus*.
2. Voir la lettre citée par Godoy, p. 231.
3. *Ibid.*, p. 227.
4. Cf. plus haut, p. 231, n. 3 de la p. 230.

Pérez; c'est lui qui a déclaré que l'original de Julián était à Pavie, d'où Antonio Agustín en aurait reçu une copie[1]. C'est lui qui a raconté à D. Francisco de Rojas que la même Chronique était venue à Higuera de Fulda, et que ce fut la première copie qui en exista en Espagne; et c'est lui qui laissa le même D. Francisco de Rojas prendre de ce Julián une copie dont dérive le texte de Ramírez[2]. Higuera avait dit que l'original de cet auteur était à l'Escorial, en lettres gothiques[3]. C'est encore Portocarrero qui, dans le même *Libro de la Descension*, a écrit que les Chroniques de Dexter et de Maxime, volées à Fulda, avaient été envoyées de Worms par le P. Torralba, qu'il avait vu la lettre de celui-ci et qu'il en possédait une copie. Il a dit la même chose à Bivar[4]. Higuera a bien parlé du manuscrit du Luitprand volé à Fulda et porté à Worms, mais seulement en 1640 dans l'édition du Luitprand[5], où l'on a pu lui faire dire tout ce qu'on a voulu. Enfin c'est au pouvoir de Portocarrero, paraît-il, que les papiers de Higuera étaient restés[6] : d'où l'on peut inférer que le Luitprand et les notes publiées par Ramírez sous le nom de Higuera, provenaient de Portocarrero. Et, d'autre part, nous savons par Tamayo qu'au temps où celui-ci publiait son *Flavio Lucio Dextro... defendido*, c'est-à-dire vers 1624, les partisans de Dexter mettaient leur espoir dans le même Portocarrero et dans le fruit de ses veilles[7]. N'est-il pas évident maintenant que ni Antonio, ni Mayans, ni Godoy n'ont apprécié à sa valeur le rôle de cet ami de Higuera et de Mariana?

Portocarrero n'est point le seul personnage louche que l'on voie mêlé à l'affaire des Chroniques. Dans une lettre adressée au cardinal Sandoval en date du 4 décembre 1629[8], Bivar raconte comment il

---

1. Cf. plus haut, p. 230, n. 3; Antonio, *Censura*, I, 2, § 7.
2. Tout cela ressort d'une lettre du comte de Mora, publiée par Antonio (I, 2, § 7), et qu'il vaut la peine de transcrire ici : « ... al padre Geronimo Roman de la Higuera se le deuen los Tesoros de los Chronicones de Julian Perez Arcipreste de Santa Justa, i de Luitprando, i sus Adversarios. Constame por avorme dicho el Padre Francisco Portocarrero de la Compañia de Jesus que dejo trasladar el Chronico de Julian Perez a Don Francisco de Rojas, 2. Conde de Mora mi hermano, que esto Julian Perez le avia avido el Padre Higuera de la Libreria de Fulda, i que el era el primero que en estos Reinos andava. I yo saque una copia del que me dejo mi hermano, i se la di al Conde Duque de Olivares, i deste la traslado Don Lorenzo Ramirez del Consejo Real, i Indias, i la imprimio. » Dans une de ses notes au Luitprand, il est vrai, Ramírez déclare qu'il a eu entre les mains le texte de Julián transcrit de la main de Higuera : « Hæc postquam delineavi, ad manum habui Chronicon Juliani propria P. Hieronymi de la Higuera manu exaratum » (*Patr. l.*, t. CXXXVI, col. 1013); mais ce fut seulement après l'impression du même Julián, ainsi que l'on peut s'en assurer en lisant ce que Ramírez dit précédemment. En tout cas, la question est de savoir s'il connaissait bien l'écriture de Higuera.
3. Mayans, *Vida de D. N. Antonio*, § 39.
4. *Chronici Dextri Apologia, Patr. l.*, t. XXXI, col. 26.
5. *Patr. l.*, t. CXXXVI, col. 965.
6. Antonio, *Censura*, I, 2, § 7.
7. Voir plus haut, p. 232, n. 7.
8. Godoy, p. 226.

a pris trois fois en flagrant délit de mensonge un Père qui n'est point de son ordre (c'est-à-dire de l'ordre des cisterciens). Celui-ci lui avait affirmé avoir vu les actes des martyrs d'Arjona avec la Chronique de Dexter à Fulda; longtemps après, il lui a dit que c'était en Languedoc, ce qui ne l'a pas empêché de déclarer au cardinal que c'était à la Vaticane. Une autre fois, il se trouve avec Bivar dans la bibliothèque du comte de Gondemar. Bivar découvre un manuscrit très ancien relatif à son ordre. L'autre ne touche même pas le livre; et il n'en va pas moins déclarer au général des cisterciens, à qui Bivar le recommandait, que c'est lui-même qui a trouvé l'ouvrage en question. Enfin, notre homme ayant remis une copie des actes des martyrs d'Arjona au cardinal, celui-ci s'étonna d'en recevoir de Bivar une différente. L'éditeur du Dexter sut à quoi s'en tenir, et n'hésita pas à dénoncer le menteur, « un pauvre homme qui avait besoin de secours pour ses voyages. »

Ainsi, il y avait (nous dit Bivar), longtemps avant 1629, un religieux d'humeur nomade, qui n'était pas cistercien, et qui prétendait avoir vu la Chronique de Dexter à Fulda, et qui n'était qu'un menteur. Il y avait vers 1623 à Tolède un jésuite, le P. Portocarrero, qui paraît avoir été un comparse de Higuera. Il y avait enfin, cela est à peu près sûr, un *hermano*, qui n'oubliait pas les intérêts temporels. Si l'on songe aux raisons morales qui s'opposent à ce que l'*Historia general* de 1623 soit considérée *comme entièrement légitime*, on sera disposé à admettre la possibilité d'une intrusion de la part de gens intéressés au triomphe de Dexter, Maxime, Luitprand et Julián Pérez.

L'*Historia general de España* avait rapidement acquis une réputation qui la mettait hors de pair. Seule, entre toutes les Histoires d'Espagne antérieurement publiées, la *Coronica de España... abreviada* de Diego de Valera, parue en 1482, avait obtenu un succès analogue[1]. Tout prouve la faveur avec laquelle le public espagnol accueillit l'œuvre du P. Mariana : quatre et peut-être cinq éditions en vingt-deux ans; des critiques violentes; des défenses enthousiastes; le respect dont l'auteur vit sa vieillesse entourée, malgré les persécutions officielles de jadis; la libéralité royale enfin. Il n'est pas jusqu'aux réclamations émanées d'érudits comme les Argensola ou comme le *capitán* Sanz de Venesa qui ne confirment la haute opinion que l'on se faisait du mérite, de la science et de l'autorité de l'homme, comme de la gloire assurée par ses travaux à l'Espagne.

1. Voir *Les Histoires générales d'Espagne*.

Ce que l'on conserve de sa correspondance nous montre aussi qu'on sollicitait son avis sur des questions historiques, par exemple, ainsi que nous avons vu[1], sur celle des diezmos et des tercias. Même de l'étranger, on lui écrivait pour le consulter. En 1605, il était en correspondance avec ce Porcelet de Maillane, à l'initiative duquel était due la publication, par l'Université de Pont-à-Mousson, des Commentaires du P. Maldonat sur les quatre Évangiles[2]. Ce personnage, qui fut baillif de Metz, et qui date ses lettres de Nancy, avait demandé à Mariana de le renseigner sur l'origine du nom Porcelet[3].

Nous voyons, d'autre part, des compatriotes de l'historien lui soumettre leurs projets de travaux : tel González Dávila, qui lui annonçait la même année la publication prochaine de son Historia de las antiguedades de la ciudad de Salamanca[4], et lui parlait de l'idée qu'il avait conçue de composer un Theatro eclesiastico, c'est-à-dire, évidemment, le Theatro de las Iglesias de España, publié de 1645 à 1650[5]. En 1606, un autre érudit, le doctor Juan Bautista Valenzuela, futur évêque de Salamanque (1643-1645), lui faisait part de son intention d'écrire une Histoire de la Sicile, travail qu'il abandonna sans doute, qu'en tout cas il ne publia pas, malgré les facilités que lui donna plus tard un séjour de douze années à Naples. Ce Valenzuela avait trente-deux ans en 1606[6]; González Dávila était encore plus jeune en 1605[7]. C'était la nouvelle génération de savants qui, en leur personne comme en celle de Tamayo de Vargas, s'empressait autour d'un maître vénéré, recherchait ses conseils, sa direction... Leurs désirs si légitimes furent-ils satisfaits? Ce que nous savons des rapports du jésuite avec Tamayo, ce que nous savons de son caractère, âpre et farouche (rappelons-nous l'emblème qu'il se donnait dans sa réponse à Mantuano[8]), ne nous permet guère de répondre affirmativement; et nous pouvons douter que son rôle à cet égard ait été aussi considérable qu'il eût pu l'être. Mariana a laissé une œuvre, mais non des élèves.

La dernière édition de la Coronica abreviada est datée de 1567. La Coronica d'Ocampo, réimprimée en 1578 par Morales, et la continuation de ce dernier, parue de 1574 à 1586, ne devaient être publiées à nouveau qu'en 1791[9]. Le Chronicon de Vaseo et le De origine ac

1. P. 38-9.
2. Prat, Maldonat et l'Université de Paris, p. 494.
3. Ms. Egerton, 1875, n°° 14-5 et 17-8.
4. Voir plus haut, p. 72.
5. Cf. l'app. V, 4-6, et la Bibl. h. n., Ægidius Gonzalez Davila.
6. Cf. la Bibl. h. n., Ioannes Baptista Valenzuela Velazquez. Sur cet érudit, voir aussi Muñoz, Cuenca, n° 13.
7. Voir p. 72; la date que je marque pour sa naissance est inférée de ce que dit Antonio.
8. P. 176.
9. Elles l'ont été à nouveau dans les t. I et II de Las Glorias nacionales, en 1852 (cf. Hidalgo, Diccionario general de Bibliografía española, t. III, p. 475-6).

rebus gestis Regum Hispaniae de Tarafa, n'ont pas trouvé d'éditeur depuis André Schott, qui les avait mis dans le tome I de l'*Hispania illustrata* en 1603. Le *Compendio* de Garibay, imprimé pour la première fois en 1571, le fut pour la seconde et dernière fois en 1628. L'*Historia general de España* fit oublier aux Espagnols ces cinq ouvrages, d'inégale valeur, parmi lesquels un seul du reste méritait de survivre, celui de Morales. Sans compter les traductions, elle compte aujourd'hui trente-deux éditions, peut-être même davantage [1].

Non seulement elle fit oublier les Histoires antérieures, mais elle devait longtemps tenir tête à la concurrence. En effet, beaucoup d'Espagnols ont affecté de la considérer comme l'Histoire définitive de leur pays, l'Histoire que l'on continue, mais qu'on ne refait point. Elle fut continuée en castillan dans les éditions qui se succèdent à partir de 1650, par Fray Hernando Camargo y Salzedo, par F. Basilio Varen de Soto, par Felix Lucio de Espinosa y Malo, respectivement pour les années 1621-1649 (édition de 1650), 1649-1669 (édition de 1670), 1669-1678 (édition de 1678). Nous la voyons d'autre part continuée en latin par Fray José Manuel Miñana [2], qui reprend, comme si le *Summarium* n'existait point, à l'endroit où s'arrête le trentième livre : cette continuation, poussée jusqu'à l'année 1604, est éditée en 1733, traduite en espagnol dans l'édition d'Anvers en 1739, puis une seconde fois traduite en espagnol par Vicente Romero pour faire suite à l'édition de Valence [Madrid], en 1794, et à celle de la Bibliothèque royale, en 1804. En 1741, avait paru le premier tome d'une autre continuation, à partir de 1516, par Fr. Manuel Joseph de Medrano, laquelle devait aller jusqu'à l'an 1700, mais s'arrête en 1557. Ce n'est pas tout. Nous voyons encore paraître successivement des continuations à Mariana et Miñana jusqu'en 1808 dans les éditions de Madrid 1828-29, et Valence 1830-41; jusqu'en 1833, « por don José Gutierrez de la Peña, y un escrito clásico del señor Conde de Floridablanca á Don Carlos III, que contiene lo acaecido durante su ministerio », dans l'édition de Barcelone, 1840; jusqu'au *pronunciamiento* du 1ᵉʳ septembre 1840, y compris « todos los sucesos que comprenden la historia del levantamiento, guerra y revolucion escrita por el conde Toreno », dans l'édition de Madrid 1841 ; « hasta nuestros dias, por el conde Toreno y demás escritores, bajo la direccion del presbítero D. Felix Lázaro Garcia », dans celle de Madrid 1848; avec un complément « hasta 1848, por Ortiz de la Vega », dans celle de Barcelone 1847-48; « completada con todos los sucesos del reinado de Carlos III por Floridablanca, levantamiento, guerra y revolucion por el Conde Toreno, y la de nuestros dias por Ed. Chao », dans celle

1. Voir l'appendice IX.
2. Né en 1671, mort en 1730.

de Madrid 1849, reproduite dans celles de Madrid 1847-57, et de Madrid 1852-53[1].

« Après les grands travaux de la Renaissance, des Morales, des Zurita et des Mariana, l'historiographie espagnole tomba en décadence, comme l'Espagne elle-même[2]. » Cela est vrai pour tout le xviie siècle, où les seuls érudits espagnols de marque sont Nicolas Antonio et le marquis de Mondéjar, auxquels on peut ajouter le correspondant de Mariana, Gil González Dávila, précurseur de Flórez. Joignons aussi, bien qu'il appartienne plutôt au xvie siècle, Fray Prudencio de Sandoval, premier éditeur de la Chronique dite d'Isidore de Beja, de celles de Sebastián (ou Alphonse III), de Sampiro, de Pelayo (1615), et continuateur de l'œuvre de Morales, à laquelle il ajouta l'histoire des rois Ferdinand I, Sanche I, Sanche II, Alphonse VI, Doña Urraca, Alphonse VII, « sacada de los Previlegios, libros antiguos, memorias, diarios, piedras y otras antiguallas[3]. »

Durant tout le xviie siècle, la concurrence à l'œuvre de Mariana se limite, en Espagne, à quelques livres complètement oubliés aujourd'hui. On voit paraître, en 1602, une *Historia de los reyes, señores y emperadores de España*[4], de Manuel Correa de Montenegro, et, en 1620, une *Historia brevissima de España*, du même auteur[5] ; en 1622, puis à nouveau en 1634, les *Annales y Memorias chronologicas*, de Martín Carrillo[6] ; en 1634, le *De rebus Hispaniae anacephalaeosis*, d'Alonso Sánchez, abrégé du *De rebus Hispaniae* de Mariana[7], avec une continuation jusqu'à l'année 1633 ; en 1637, les *Tablas chronologicas universales de España*, de Luís López[8] ; en 1642 et 1654, la *Resumpta historial de España*, de Francisco Cepeda[9]. José Pellicer

---

1. Sur ces éditions voir la *Bibl. des écr. de la Comp. de Jésus*, et Hidalgo, *Diccionario general de Bibliografía española*, t. III, p. 207 et 268-9.
2. Langlois, *Manuel de Bibliographie historique*, p. 331.
3. Voir les n°s 3181-2 de Salvá. Sandoval, né en 1553, mourut en 1620. Il est peut-être juste de citer un autre bénédictin, Fray Antonio de Yepes, l'auteur de la *Historia general de la orden de S. Benito* (1609-21, sept volumes). Sur les travaux historiques des Espagnols au xviiie siècle, voir Desdevises du Dezert, *L'Espagne et l'ancien régime*; *La Richesse et la civilisation*, p. 239-47.
4. Dans le *Répertoire des sources historiques du Moyen-Age (Topo-bibliographie)* de M. Ulysse Chevalier, l'article *Espagne (généralités)*, contient une abondante liste d'Histoires générales d'Espagne par ordre alphabétique ; je ne chercherai pas à la compléter ici. On y voit marqué 1592 comme date de la publication de l'ouvrage de Correa, mais je m'en rapporte à l'*Indice* de Gallardo, où l'on trouve que le manuscrit est daté de 1601 et que l'impression est de 1602.
5. N° 1920 de Gallardo.
6. Gallardo (*Indice*) signale de ce Carrillo un « Discurso sobre la campana de Belilla. Carta sobre haberle prohibido sus Anales, por haber hablado del tañimiento de dicha campana. »
7. N° 3173 de Salvá.
8. 1657, selon M. U. Chevalier, qui semble pourtant s'être renseigné dans Nic. Antonio (*Bibl. h. n.*), où on lit 1637.
9. Nic. Antonio et M. U. Chevalier disent 1643 au lieu de 1642, que marque Salvá (n° 2869).

de Osau y Tovar, de mémoire suspecte [1], avait laissé un *Aparato a la Monarquia antigua de España* [2] (1671) et des *Annales de la monarquia de España despues de su perdida* (1681) [3]; ces deux ouvrages constituaient comme le noyau d'une Histoire générale d'Espagne, qui, heureusement, n'a pas été écrite.

De 1700 à 1727 avaient paru à Madrid les seize tomes d'une *Synopsis histórica chronológica de España*, œuvre de Juan Ferreras, qui, d'abord curé de Camarma d'Esteruelas, puis curé de S. Andrés à Madrid et bibliothécaire de Philippe V, mourut en 1735. Elle fut réimprimée à Madrid de 1775 à 1781 [4] et de 1785 à 1791. Mais soit parce que le style de l'auteur n'avait pas l'agrément de celui de Mariana, soit parce que sa critique parut traiter avec trop de désinvolture tout ce qui touche aux origines, et certains épisodes comme ceux de Bernardo del Carpio ou des Infants de Lara, les trois éditions qui furent données de son ouvrage semblent avoir provoqué un regain de faveur au profit de l'Histoire de Mariana : en 1733, celle-ci était publiée par Mayans en latin (première édition latine des trente livres en Espagne); en 1780, la Bibliothèque royale donnait son édition en espagnol; et en 1783, l'imprimeur valencien Benito Monfort commençait à faire paraître la sienne. Au Ferreras de 1785-1791 répondit le Mariana de 1794-1795, imprimé à Madrid par Benito Cano. Ferreras n'a pas été publié depuis, et Mariana l'a encore été jusqu'à treize fois. En faisant place à l'*Historia general de España* dans sa *Biblioteca de autores españoles desde la formacion del lenguage hasta nuestros dias*, en 1854, l'éditeur Rivadeneyra semble avoir arrêté cette glorieuse carrière; mais il a contribué à répandre l'ouvrage à l'étranger et a peut-être marqué son véritable intérêt actuel : celui d'un monument de l'historiographie espagnole.

Nous avons été obligés de reconnaître que l'Histoire latine avait trouvé, sinon les lecteurs, du moins les acheteurs assez peu empressés; mais le fait que l'Histoire espagnole avait été écrite d'abord en latin n'était pas pour nuire, dans l'esprit des Espagnols, au crédit de l'auteur. Il est curieux de constater que, à part la *Bibliotheca vetus* et la *Bibliotheca nova* de Nicolas Antonio, l'historiographie latine n'a plus chez eux que deux représentants après Mariana, Alonso Sánchez [5] et Miñana, c'est-à-dire l'abréviateur et le continuateur de Mariana [6].

1. Voir Godoy, p. 281-90; Gallardo, au nom *Pellicer*; *Bibl. h. n.*, et Latassa.
2. Voir Mondéjar, *Noticia i juicio de los... historiadores de Esp.*, § 2.
3. N° 3113 de Salvá.
4. N° 2943 de Salvá.
5. Alonso Sánchez était professeur d'hébreu à l'Université d'Alcalá. En tête de son *Anacephalaeosis* figure un *Judicium* de Tamayo de Vargas.
6. A l'étranger l'historiographie latine concernant l'Espagne n'est représentée au xvii° siècle que par les ouvrages de Philanti (1621) et Lambertinus (1620), et par une *Synopsis* (1634), sur lesquels cf. U. Chevalier. Sur Lambertinus, cf. Masdeu, *Historia crítica de España*, t. II, p. 45.

L'*Historia general de España* ne paraît avoir été traduite qu'une seule fois en anglais. C'est en 1699 que le *captain* John Stevens faisait paraître, à Londres, *The general History of Spain*, avec les continuations de Camargo y Salzedo et de Varen de Soto, c'est-à-dire d'après l'édition de 1670. Une traduction française avait été annoncée, dès 1693, par Jean Rou, « interprète des États-Généraux à la Haye, » mais elle est restée manuscrite. Ce n'est qu'en 1725 que parut, en six volumes, l'*Histoire générale d'Espagne*, traduite par le jésuite Charenton. Le prospectus d'une autre traduction en dix volumes avait été publié, en 1723, par l'abbé de Vayrac : l'apparition de celle de Charenton dut en empêcher l'exécution [1].

On n'avait certainement pas attendu en France cette traduction pour lire Mariana. Sans parler des érudits qui pouvaient comprendre son latin, nombreuses étaient les personnes capables de le suivre dans l'espagnol. On sait que Corneille citait dans l'espagnol, en tête de ses éditions du *Cid* (de 1648 à 1656), le passage de l'*Historia de España* où le thème traité par lui est raconté. Chapelain, pour qui Zurita et Garibay ne sont que « de bons greffiers, de bons compilateurs, mais non pas de bons historiens comme nous les désirons », reconnaît en Mariana « un maistre écrivain », qui est presque la seule gloire des Espagnols en ce genre. Bouhours admire Mariana « qui a écrit si poliment et si purement l'Histoire d'Espagne en latin et espagnol » [2].

Le jésuite espagnol avait fini par supplanter Mayerne Turquet.

L'*Histoire générale d'Espagne* de Mayerne Turquet, parue en 1587 [3], avait été réimprimée en 1608, et publiée en anglais en 1612. Une nouvelle édition française fut donnée en 1635. Même dans cette dernière édition le nom de Mariana est absent. L'auteur n'y cite, parmi les historiens modernes de l'Espagne, que Vasséé, Garibay, Zurita et Morales.

Quelques-uns avaient opéré une sorte de compilation. En 1628, un anonyme donnait un *Inventaire général de l'Histoire d'Espagne, extraict de Mariana, Turquet et autres autheurs*. De 1694 à 1699 parut une *Histoire d'Espagne* anonyme, qu'on a attribuée à la comtesse d'Aulnoy et qui est, paraît-il, de Mlle de la Roche-Guillen. Elle était « tirée de Mariana et les plus célèbres auteurs espagnols »; et tel est aussi le cas d'une *Histoire générale d'Espagne* publiée en neuf volumes, de 1723 à 1726, par l'abbé Moreau de Bellegarde, à qui l'on a reproché, du reste, de s'être montré peu fidèle à Mariana [4].

1. Voir, sur ces traductions, la *Bibl. des écriv. de la Comp. de Jésus*. L'abbé de Vayrac a laissé une *Histoire des Révolutions d'Espagne* (Paris, 1729, 5 tomes) et un *État présent de l'Espagne* (Paris, 1718, 4 tomes).
2. Morel-Fatio, *Études sur l'Espagne*, I. *L'Espagne en France*, p. 47 et 49.
3. Voir p. 143.
4. Signalons aussi une *Histoire des Révolutions d'Espagne depuis la destruction de l'Empire des Goths jusqu'à l'entière & parfaite réünion des Royaumes de Castille & d'Aragon en une seule Monarchie*, par le P. Joseph d'Orléans de la Compagnie de Jésus revûë & publiée par les PP. Rouillé & Brumoy de la même compagnie (Paris, 1734, 3 tomes).

C'est le *Compendio Garibay* qui a été utilisé pour la rédaction d'un *Abrégé de l'Histoire d'Espagne, contenant l'origine des Espagnols, leurs guerres contre les Romains, etc., soigneusement recueillie et divisée en deux parties par le Sr. du Verdier, Historiographe de France.* Publié en deux tomes à Paris, en 1659[1], ce travail commence par l'histoire des rois d'Annius; c'est dire quelle en est la médiocrité. D'autres Abrégés de l'Histoire d'Espagne furent donnés par Vanel en 1689, Buffler en 1704[2], et Du Chesne en 1741. Du dernier, il parut simultanément, en 1750, deux traductions, dont l'une, due au P. Isla, devint le texte favori des écoles en Espagne[3]. En revanche, on eut, en 1741, des *Annales d'Espagne et de Portugal*, de Colmenar, traduites par Massuet.

Une traduction française de l'ouvrage de Ferreras, par Vaquette d'Hermilly, fut publiée en 1751 à Paris, en dix tomes, sous le titre de *Histoire générale d'Espagne de Jean Ferreras, enrichie de notes historiques et critiques.* Les Abrégés chronologiques restèrent à la mode. Désormeaux en donne un qui n'a pas moins de cinq volumes (1758-9). Enfin, un *Abrégé chronologique de l'Histoire d'Espagne et de Portugal, divisé en huit périodes, avec des remarques particulières à la fin de chaque période sur le génie, les mœurs, les usages, le commerce, les finances de ces Monarchies; ensemble la notice des Princes contemporains, & un Précis historique sur les Savants et Illustres* (Paris, 1765, deux tomes), dû au président Hénault, à Lacombe et à Macquer, présentait d'une façon parallèle et synchronique, sur colonnes, l'histoire de chacun des royaumes espagnols et suivait Ferreras, tout en citant par endroits Mariana[4]. Il s'arrête avec l'année 1759. Rappelons aussi que dans le *Précis de l'Histoire universelle* de l'abbé Anquetil (1801-1807), une bonne partie est réservée à l'Espagne, et est l'œuvre de l'Espagnol Ascargorta.

On ne voit pas que les Allemands se soient occupés de l'Histoire de l'Espagne jusqu'à ce que parût, de 1754 à 1772, une traduction de Ferreras en leur langue. En revanche, de 1774 à 1836, ils n'ont pas écrit moins de sept Histoires d'Espagne[5]. L'Angleterre n'a rien produit au xviie siècle, l'Italie au xviii[e][6]. Elles ont pris toutes deux leur revanche au xixe par l'apport des Histoires de Bossi en huit

---

1. Le tome II va jusqu'à l'année 1658. M. U. Chevalier signale deux réimpressions (1662 et 1674).
2. Une *Histoire d'Espagne*, anonyme, parut à Bruxelles en 1704, en trois volumes.
3. Cf. Ticknor, 3e ép., c. IV, note 15.
4. T. I, p. 12
5. M. U. Chevalier cite les ouvrages de Dieze (1774); Gifford (1796); Adams (1809); Galletti (1809-11); Fessler (1810); Lembke (1831); Guttenstein (1836-8).
6. M. U. Chevalier ne cite, comme ouvrages en anglais, que ceux de Stevens (1701; traduction française, 1703) et d'Hereford (1793); comme ouvrages italiens, que ceux de Brignole Sale (1640-1646) et de Giustiniano (1674).

volumes (1821) traduits en allemand en 1825, et de Dunham, en cinq volumes (1832) mis en espagnol par Antonio Alcalá Galiano (1844-6)[1].

Jusqu'à l'apparition de l'ouvrage de Ferreras, c'est en somme dans Mariana surtout et Mayerne-Turquet que, hors d'Espagne, on a dû lire l'histoire de ce pays. En Espagne, on est resté fidèle à Mariana jusqu'à une époque plus récente, ainsi que nous pouvons en juger par les éditions et continuations déjà énumérées[2]. L'*Historia crítica de España y de la cultura española* du catalan Juan Francisco Masdeu, imprimée de 1783 à 1805, et parue d'abord en italien, de 1781 à 1787, était trop incomplète (elle s'arrête avec la prise de Tolède par Alphonse VI), et trop austèrement érudite, pour faire tort à un ouvrage d'une réputation si bien consacrée. Mariana retardait : les éditeurs en étaient quittes pour corriger le texte par des notes ou des appendices, là où ils le jugeaient erroné. C'est ce que firent Noguera et Sabau. Satisfaction était donnée à la critique, et le public lisait toujours Mariana.

L'initiative de refaire en grand l'histoire de la péninsule, si nous ne nous trompons, est venue de l'étranger. D'une part la guerre faite à l'Espagne par Napoléon, d'autre part les goûts romantiques : c'était assez pour ranimer la curiosité. Nous venons de signaler la part de l'Italie, de l'Angleterre et de l'Allemagne. Celle de la France est considérable. Outre plusieurs ouvrages de moindre réputation[3], on voit paraître de 1838 à 1851, les neuf tomes d'une *Histoire d'Espagne depuis les premiers temps jusqu'à nos jours*, par Charles Romey. Déjà en 1836, Rosseeuw Saint-Hilaire, professeur à la Sorbonne, avait commencé l'impression de son *Histoire d'Espagne depuis les premiers temps historiques jusqu'à la mort de Ferdinand VII*. Il donnait le cinquième tome en 1841 et publiait à nouveau ces cinq premiers tomes, ainsi que les neuf suivants, de 1844 à 1879[4].

L'ouvrage de Charles Romey a eu l'honneur d'être traduit en espagnol en 1840. Mais déjà un Espagnol, Juan Cortada, s'était préoccupé de produire autre chose qu'un *compendio* ou qu'une continuation à Mariana : les deux années suivantes apportaient au public son *Historia de España desde los tiempos mas remotos hasta 1839*. Ce

---

1. Hidalgo, t. III, p. 211.
2. On trouvera dans le *Répertoire* de M. U. Chevalier les titres des Histoires générales ou livres similaires publiés en espagnol par les auteurs dont les noms suivent : De la Parra (1734); Ortiz y Sanz (1795-1803; cf. Brunet, n° 25996); Ascargorta (1806, cf. Salvá, n°⁸ 2762 et 2878); Iriarte (1823); Alvarado (1826); Ranera (1ʳᵉ édition inconnue; autres éditions en 1838, 1844, 1845, 1858, 1863); Escosura (2ᵉ édition, 1839); Gómez (1839); Antequera (1848); Costes (1848, 1863); Tenorio (1849); Rodríguez (1850); enfin une *Historia* anonyme parue en 1843.
3. Brunet (n°⁸ 25998-9) cite celui du comte M. Dumas (1823), traduction et continuation de celui de John Bigland, et celui de Paquis (1836 et 1844). M. U. Chevalier cite ceux de Rabbe (1824), Rochette (1825) et Saint-Prosper (1839).
4. Voir Lorenz, *Catalogue général de la Librairie française*.

travail a été éclipsé par l'*Historia general de España desde los tiempos mas remotos hasta nuestros días* ¹ de Modesto Lafuente, un journaliste à qui le patriotisme avait donné la vocation d'historien. C'est grâce à lui qu'on n'a pas eu à traduire en espagnol l'ouvrage de Rosseeuw Saint-Hilaire. Le sien a paru de 1850 à 1859 ². Il commence à dater, et l'insuffisance sur bien des points, principalement sur la partie ancienne, en est notoire. Mais l'histoire générale d'une nation n'est plus la tâche d'un homme seul. C'est un édifice pour lequel il faut de nombreux ouvriers. Les ouvriers manquaient peut-être au temps de Lafuente comme au temps de Mariana. Ce serait faire à l'érudition espagnole une injure gratuite que de dire qu'ils manquent encore aujourd'hui : la preuve en est dans l'*Historia general de España escrita por individuos de número de la R. Academia de la Historia* qui a commencé à paraître en 1893 ³.

1. Il y en a une édition de luxe en trente tomes et une édition économique en quinze. Voir sur cette Histoire et les deux précédentes, Hidalgo, *Diccionario general de Bibliografía española*, t. III, p. 211 et 259. Une édition en 24 tomes avec continuation par D. Juan Valera a paru à Barcelone, de 1887 à 1890.
2. Depuis 1850, il a été publié en outre, en espagnol, plusieurs ouvrages qu'indique M. U. Chevalier. Ce sont ceux d'Ortiz de la Vega (10 vol., 1857-9); Castellanos de Losada (1858); Tárrega (2ᵉ éd., 1859); Pulido (1886); Ortega (1889). Ajouter l'*Historia de España* d'Antonio Cavanilles, Madrid, Sánchez, le 3ᵉ tome en 1862 (indication de Brunet, n° 25997) et l'*Historia de España y de la civilización española* de R. Altamira (t. I, 1900; t. II, 1902). Il a du reste paru en Espagne beaucoup d'autres histoires depuis quinze ans : voir le *Boletín de la Librería* de Murillo, *passim*. À l'étranger, M. U. Chevalier signale les exposés de Hale (angl., 1886), Morel-Fatio (angl., 1888), Borde (franç., 1891). Sur les études historiques au xixᵉ siècle en Espagne voir Langlois, *Manuel de bibliogr. historique* (II, 5).
3. Voir Langlois, *ibid.*, p. 482-3.

TROISIÈME PARTIE

VALEUR DE SON HISTOIRE D'ESPAGNE

CHAPITRE PREMIER

I. Valeur des critiques faites à son œuvre.
II. Mariana et les inventions d'Annius et d'Ocampo.
III. Sa méthode de critique et sa probité scientifique. Est-il crédule?
IV. Son information.
V. Comment il se sert de ses sources.

« Herculea plane audacia, quis neget? »
« El trabajo puedo yo testificar ha sido grande. »
(Préface de l'Histoire gén. d'Espagne.)

I

Ce chapitre doit être précédé d'une déclaration : c'est que l'intérêt pratique en est nul. Il ne s'agit pas de savoir si l'on doit ou peut lire l'histoire de l'Espagne dans l'ouvrage de Mariana : ce qu'il vaut comme ouvrage de science, nous nous le demanderons en vertu de cette curiosité rétrospective qui guide l'historien d'une science. Nous voulons examiner un des spécimens les plus célèbres de la littérature historique et savoir avec quelle critique, et avec quels moyens il a été exécuté. C'est un chapitre de l'histoire de l'historiographie espagnole, et non un éloge de Mariana que nous commençons ici. S'il a quelque peu l'aspect d'un panégyrique, c'est que nous sommes obligés de remettre les choses au point après trop de jugements inconsidérés, et d'attaques injustifiables.

Notre première tâche, semble-t-il, consisterait à examiner ce que valent les critiques dont la critique de notre auteur a été l'objet. Mais les passer en revue une à une, ce serait composer une Histoire critique de l'Espagne dans le genre de celle de Masdeu, et vingt volumes n'y suffiraient pas. Au surplus, serait-il équitable d'opposer à notre auteur les erreurs, nombreuses assurément, qu'ont relevées dans son œuvre Ferreras et son traducteur d'Hermilly, les éditeurs mêmes de l'*Historia general de España* comme Noguera ou Sabau, les historiens modernes enfin, comme Romey ou Modesto Lafuente? Le soin que ce dernier, à l'instar de d'Hermilly, a pris de marquer en note les fautes commises par Mariana n'était peut-être pas superflu, étant donnée la popularité, l'autorité même, dont le jésuite historien jouissait encore il y a cinquante ans. Ceux qui écriront désormais l'Histoire d'Espagne pourront nous faire grâce de ces remarques. Triomphe trop facile, de l'accabler sous l'œuvre de trois siècles! Il est clair que Mariana, si ce n'est pour les événements dont il a été contemporain, n'est pas une source de l'histoire d'Espagne. Si on le cite à propos des événements antérieurs, que ce soit pour mettre sous nos yeux l'historique d'une question, ou encore pour le louer lorsqu'il a vu juste. Quant à nous, notre objet étant défini comme il vient d'être dit, nous pouvons nous en tenir à l'examen des principales critiques de Mantuano et à celles du marquis de Mondéjar. Les *Advertencias á la Historia del P. Juan de Mariana*, laissées par ce dernier, ne furent publiées qu'en 1744 par Mayans[1], mais l'auteur, né en 1628, était mort en 1708. Avec lui, nous sommes encore presque parmi la génération qui a connu Mariana. D'autre part, il est, après Mantuano et à près de cent ans[2] d'intervalle, le premier qui ait repris en détail l'amendement de l'*Historia general de España*. Il est intéressant de voir quelles étaient, au bout de ce temps, les objections de la critique.

Nous avons vu que le secrétaire des Velasco en avait formulé plusieurs que seul le texte espagnol d'Histoire de l'Espagne justifiait; et que, sur d'autres, Mariana lui-même avait passé condamnation, puisqu'il avait corrigé ou laissé corriger son texte espagnol en conséquence[3]. Que vaut le reste, y compris l'*advertencia* qui avait trait à Blanche et Bérengère, puisque la correction qu'elle semble avoir provoquée n'a été faite ni complètement ni peut-être librement?

Nous ne chercherons pas, bien entendu, à prouver que Mariana avait raison de considérer Blanche de Castille comme l'aînée des filles d'Alphonse VIII. Mais il avait pour lui l'autorité considérable de

---

1. N° 3064 de Salvá. Une nouvelle édition a paru à Madrid en 1795.
2. Il devait être assez âgé quand il écrivit ces *Advertencias*, car il dit à la fin « ... los que se hallaren menos oprimidos que yo, de la edad, i menos gravados de los achaques consequentes a ella ».
3. P. 210-5 et 224; cf. p. 179-86.

Garibay; et la *Valeriana*, ou le *Valerio de las historias escolásticas*[1], onze fois publiée de 1487 à 1587 (c'est-à-dire depuis son apparition jusqu'au temps où Mariana préparait son *De Rebus Hispaniae* pour l'impression[2]), avait certainement répandu cette opinion, que l'auteur, Diego Rodriguez de Almella, exprimait du reste comme si elle était déjà notoire auparavant[3]. Mariana n'avait donc fait en somme que reproduire une assertion énoncée dans un ouvrage déjà ancien et fort répandu, et qui, certainement, avait dû être empruntée par l'auteur à quelque chronique antérieure. D'autre part, quoi de plus vraisemblable que ce que suppose Mariana pour expliquer que les Castillans aient considéré Bérengère comme l'héritière de Henri I"? On redoutait, dit-il, la domination étrangère. Le mot *primogenita*, que Rodrigue et Luc appliquent à Bérengère, ne pouvait-il exprimer une fiction légale? Et la raison d'État ne pouvait-elle avoir provoqué une falsification à laquelle juristes et historiens contemporains auraient coopéré? Mariana a eu tort, cela est évident depuis Flórez et Tillemont, et même depuis Núñez de Castro, qui l'a démontré dès 1665[4]. Mais la démonstration était nécessaire, et les citations accumulées par Mantuano n'en constituaient pas une.

Nous ne contesterons pas davantage que Mantuano n'ait eu raison de considérer l'histoire de Bernardo del Carpio comme une légende. Nous devons même reconnaître qu'il a fait preuve d'une grande sagacité dans la manière dont il en explique la genèse[5]. Tout d'abord, il note le silence que gardent sur ce personnage la Chronique dite de Sebastián et celle de Sampiro, qui pourtant furent écrites l'une au temps où l'on dit que Bernardo a vécu, l'autre peu après. Ensuite il n'a vu le nom de Bernardo dans aucun des privilèges galiciens, asturiens ou léonais de la même époque; il ajoute aussi, moins heureusement: pas même dans le privilège du Vœu de saint Jacques. Ce qui a fait naître la légende relative à ce Bernard, continue-t-il, c'est qu'il y a eu en France deux Bernard, l'un qui fut roi de Lombardie et fils de Pépin, l'autre qui fut chambellan de Louis le Pieux et que celui-ci créa comte de Barcelone. Ce dernier fut accusé, devant Pépin, d'adultère avec la femme de Louis; celle-ci fut mise au couvent; le frère de Bernard eut les yeux crevés, tandis que Bernard lui-même prenait la fuite. On imagina là-dessus l'histoire d'une sœur d'Alphonse le Chaste,

---

1. Voir p. 181 et 312, n. 1.
2. Voir p. 137.
3. « ... pertenecia el reyno de castilla al rey don Luys de Francia... era hijo d'la reyna doña Blanca hija mayor del rey don Alfonso. » (IV, tít. 3, c. 5.) Ce n'est pas une thèse qu'il soutient, mais un exemple qu'il apporte à l'appui d'une maxime, suivant sa méthode. Voir *Les Histoires générales*.
4. Voir Élie Berger, *Histoire de Blanche de Castille*, p. 3, et Simón y Nieto, *La nodriza de D° Blanca de Castilla*, dans le *Bull. hisp.*, 1903, p. 5-6.
5. *Advertencias* de 1611. On se rappelle que l'*Adv.* qui concerne Bernard a été supprimée en 1613. Cf. plus haut, p. 191 et 195.

doña Ximena, qui, mariée clandestinement à Don Sandias de Saldaña, mit au monde Bernardo et fut enfermée dans un couvent tandis que l'on crevait les yeux à son amant. D'autre part, comme le Bernard français, devenu gouverneur de la Septimanie, irrita ses vassaux par ses vexations, on inventa les *cantares* où l'on voit les Français se plaindre de Bernardo quand il quitta Paris. Comme il guerroyait sur les frontières de l'Aragon, on chanta qu'il avait pris Barbastro, Sobrarbe et Jaca; on finit par oublier qui il était pour imaginer qu'il était fils de Tiber, sœur de Charlemagne, et de Don Sandias de Saldaña, qui, comme celle-ci venait en pèlerinage à Compostelle, l'avait séduite. Ce n'est pas faire un mince éloge de Mantuano que de rapprocher son hypothèse de celle qu'a émise Gaston Paris sur le même sujet dans son *Histoire poétique de Charlemagne*[1], et de dire que toutes deux cadrent et se compléteraient assez bien. Gaston Paris, il est vrai, pensait que le petit-fils de Charlemagne, Bernard, roi d'Italie, était « le seul fondement historique de ce récit »; mais on voit que Mantuano n'oublie pas de mentionner le même Bernard et semble le tenir en partie pour le prototype du Bernard espagnol, bien qu'il néglige de dire comment.

Mais si ingénieuse, si remarquable même que soit l'hypothèse de Mantuano, ce n'est qu'une hypothèse. Or Mariana avait, touchant les faits et gestes du Bernardo del Carpio, des auteurs comme Rodrigue de Tolède[2], Luc de Tuy[3], sans parler de la Chronique générale. Peut-on lui reprocher de n'avoir ni supposé qu'il y avait là une légende ni su en retrouver les éléments réels? L'eût-il supposé, quelles preuves en eût-il données? Le silence des deux Chroniques citées par Mantuano? Mais il n'est pas davantage question, dans la première, de la bataille de Roncevaux, qui passe pour un fait important, aurait pu répondre Mariana. D'autre part, si la Chronique dite de Sebastián est en réalité l'œuvre d'Alphonse III, comme le croit Mariana, celui-ci n'était-il pas autorisé à penser que le monarque chroniqueur n'avait pas jugé à propos de consigner par écrit les scandales et les drames survenus au sein de la famille royale? Enfin avait-on le droit de rejeter les assertions de Luc et de Rodrigue tant qu'on n'avait pas expliqué d'une façon systématique comment s'est constituée l'histoire poétique de Charlemagne, à laquelle se rattache la légende de Bernardo?

Un peu de critique nous fait deviner la légende dans l'histoire. Plus de critique nous fait souvent retrouver l'histoire dans la légende. On se rappelle que Mantuano considérait comme un conte ce que Mariana rapporte de la Cava. L'historien aurait pu lui opposer l'autorité de la

1. P. 205-6.
2. IV, 9-10, 15.
3. P. 75, 78-9 dans l'*Hisp. illustrata*.

Chronique de Silos[1], écrite peu après Alphonse VI, au début du xii° siècle[2]. Quoi qu'il en soit, les arabisants modernes, à commencer par Dozy, se sont chargés de le justifier en partie. Et ceux d'entre eux qui se sont occupés le plus récemment de cette question, M. Francisco Codera et M. Juan Menéndez Pidal[3], en arrivent à admettre l'existence d'un chef berbère, nommé Olban ; l'Anonyme de Cordoue, à qui est due la Chronique dite d'Isidore de Beja, aurait latinisé ce nom et en aurait fait *Urbanus*. Les formes altérées du même nom qu'on trouve dans certaines chroniques arabes, *Bolyan*, *Wolyan*, *Ilyan*, expliqueraient celle qu'on trouve dans la Chronique de Silos, *Julianus*. Quant à la Cava, elle représenterait un personnage réel ; et son aventure ne serait pas complètement fictive[4]. Mais alors, que peut-on reprocher à Mariana ? Quel est l'historien qui, dans de telles conditions, s'approche le plus de la vérité et fait preuve de plus de sagacité, celui qui reproduit une légende, ou celui qui l'écarte ?

Mantuano reprend Mariana pour avoir dit[5] que Rodolphe de Habsburg descendait des anciens rois francs. Or il n'a d'autre autorité à lui opposer que François Guillenmann[6], c'est-à-dire un contemporain, dont il reproduit dix-huit pages, alors que tous les écrivains antérieurs, que cite ce Guillenmann[7], expriment l'opinion reproduite par Mariana, d'ailleurs si courante, avous Mantuano. Il ne fait donc qu'opposer une thèse récente, non pas à une thèse, mais à une phrase incidente énonçant une opinion jusqu'alors incontestée. Même procédé à propos de la bataille que livrèrent aux Génois les Vénitiens unis aux Aragonais près de Pera en 1352[8]. C'est neuf pages de Jean Cantacuzène que copie Mantuano, d'après la traduction latine que le P. J. Pontano, confrère de Mariana, fit paraître après la publication de l'Histoire d'Espagne. Mariana, qui, ainsi que le fait observer Tamayo, était assez capable de lire le texte grec, était bien excusable de ne pas se trouver absolument au courant de ce qui ne concernait pas directement l'histoire de son pays. Il ne nomme pas Cantacuzène, et pas davantage Guillenmann, dans la liste de ses auteurs. C'est qu'il avait voulu écrire, non une Histoire générale de l'Europe, mais une Histoire générale de l'Espagne. S'il parle de Rodolphe de Habsburg ou de la bataille de Pera, c'est parce qu'il a tenu à noter les synchro-

---

1. *Esp. sagr.*, t. XVII, p. 270.
2. Cf. Flórez, *ibid.*, p. 267.
3. Voir la *Revista de Archivos*, 1902, p. 354-71 (avril-mai), *Leyendas del último rey godo*.
4. V. dans le n° d'avril 1904 de la même revue (p. 279-301) la suite de l'article de M. J. Menéndez Pidal.
5. XIII, 22.
6. I, 3 et 4.
7. « Ioannes Trittemius, Iacobus Menlius, Ioannes Stabius, Ladislaus Sundheimius, Ioannes Auentinus, Hieronymus Gebuillenis, postremo Vuolfangus Latzius. » (P. 267 des *Adv.* de 1613.) Le seul que Mariana cite dans la liste de ses sources est Tritheim.
8. XVI, 19.

nismes, et que tous les événements auxquels ont été mêlés des Espagnols lui ont paru devoir être mentionnés. Mais pouvait-on lui demander de connaître à fond tous les textes, même les plus récents, concernant cette partie extrinsèque de son œuvre? Il n'était astreint, de ce côté, qu'à une chose, énoncer l'opinion la plus répandue, et s'en rapporter à de bons auteurs. Il ne pouvait entrer dans l'examen et la discussion de ce qui n'avait pas trait à l'Espagne elle-même.

Dans le domaine espagnol, la critique avait des droits moins restreints. Encore ne suffisait il pas, pour triompher, d'apporter des textes déterrés pour la circonstance et inconnus antérieurement, comme fait Mantuano à propos de D. Ramón Berenguel et de son frère D. Berenguel Ramón. En admettant que les instruments produits prouvent bien que D. Ramón Berenguel était l'aîné, que les deux frères gouvernèrent ensemble le comté de Barcelone, et que l'un des deux ne fut pas exilé pour avoir tué l'autre, n'est-il pas ridicule d'attaquer un historien pour avoir ignoré que le premier fait était rendu manifeste par « un pedazo del omenage de fidelidad... que está en el archiuo Real de Barcelona, en el primer libro de los feudos a folio 323 », et par un testament « que está en el archivo Real de Barcelona, en el primer libro de los feudos en el folio quatrocientos ochenta y tres »; le second par un document qui se trouve dans les mêmes Archives « en el Armario del Arraual, en el saco A, numero ochocientos y nouenta y seys », et enfin le troisième, par des textes enfermés dans la même armoire des mêmes Archives, « en el numero mil y ciento y quarenta y quatro », ou « en el archiuo pequeño del Cabildo de Barcelona »? Si ces instruments avaient été publiés avant la publication de l'Histoire d'Espagne, on aurait pu reprocher à l'auteur de ne pas les connaître : mais pouvait-il se mettre à fouiller tous les sacs de toutes les armoires de toutes les Archives de Catalogne, d'Aragon, de Castille et de Navarre?

Il y a une *advertencia* plus extravagante encore. C'est celle qui relève l'assertion suivant laquelle Prudence serait né à Calahorra. Il ne s'agit pas d'opposer *Caesaraugusta* à *Calagurris*, comme avaient fait les Argensola, mais de prouver que la patrie du poète des martyrs fut *Salia* (Mantuano se moquait-il des géographes?). Tamayo plaisante avec esprit sur cette fantaisie, née d'une variante d'un vers de Prudence[1]. Il est permis à tout le monde de s'amuser à des conjectures, mais non de les faire passer ainsi que de la bourre, selon l'expression de Mariana, dans un paquet de critiques et de se prévaloir du tout pour jeter le discrédit sur un ouvrage.

1. Oblitum veteris me Saliae (pour Messaliae) consulis arguens
sub quo prima dies mihi...
Prooemium, v. 24-5. Voir les *Prolegomena* d'Arévalo, c. 1, § 21-5 (*Patr. l*, t. LIX, col. 579-83).

Passons maintenant à Mondéjar. On ne peut nier sa grande érudition. Comme le connétable Velasco et comme l'ambassadeur Ramírez de Prado, D. Gaspar Ibáñez de Segovia, Peralta y Mendoza, marquis de Mondéjar, de Valhermoso, et d'Agrópoli, comte de Tendilla, fut un grand amateur d'histoire nationale et de travaux historiques. Il possédait une riche bibliothèque[1]. Outre ses *Advertencias a la Historia del P. Juan de Mariana*, sa *Noticia i juicio de los mas principales historiadores de España*, qui fut jointe par Mayans à l'édition des *Advertencias*[2], et ses *Obras cronológicas*[3] lui ont acquis une certaine notoriété de bon aloi.

Il n'en est pas moins vrai que les critiques qu'il a adressées à Mariana sont pour la plupart fort discutables. On en jugera ici par les trente premières.

Il faut d'abord mettre à part ce qu'on peut relativement appeler des vétilles : ainsi l'erreur de chronologie à propos des synchronismes de l'invasion des Maures, de la prise de Narbonne et de l'invasion de la Gaule par ces derniers; la traduction de *Xevel* par *juin* au lieu d'*octobre;* la confusion entre la *Segontia* des Celtibères et Medinaceli, la *Segontia* des *Areuaci;* l'attribution à Mahomet du titre de roi, et même son couronnement à Damas[4].

On ne peut davantage faire grand cas de l'omission d'un passage d'Isidore de Beja, qui parle d'invasions arabes antérieures à celle dont fut victime Rodrigue, ni de l'erreur qu'a pu commettre Mariana en reproduisant l'explication donnée par d'autres pour l'origine du mot *mozarabes* (« *mixti arabes* »)[5].

Or, dans la plupart de ses autres critiques jusqu'à la trentième, Mondéjar, la chose est presque incroyable, s'est trompé, soit qu'il ait mal compris Mariana, soit qu'il se soit mal renseigné lui-même, soit enfin qu'il ait eu quelque parti pris.

Sur ce que dit Mariana, Mondéjar se méprend souvent lui-même, par exemple quand il prétend que Mariana paraît désigner par le mot

---

1. Cf. Mayans dans sa *Prefacion* aux *Advertencias*.
2. P. 103-16. Cette *Noticia* constitue la première des lettres (il y en a cinq) annoncées sur le titre des *Advertencias* (cf. Salvá). Elles ont été publiées aussi séparément en 1784 (*Noticia y juicio... que a persuation de la Exc^ma Señora Doña Maria de Guadalupe escribió D. Gaspar*, etc., *con algunas cartas al fin, escritas á dicho señor Marqués* (petit in-8°, Madrid, Aznar).
3. Publiées par Mayans en 1744 (n° 3066 de Salvá). Il a laissé de plus des *Dissertaciones ecclesiásticas por el honor de los antiguos tutelares contra las ficciones modernas* (Zaragoza, fol., 1671); un *Examen Chronologico del año en que entraron los Moros en España* (Madrid, in-4°, 1687). Voir de plus les n°ˢ 2900, 3065, 3067 de Salvá, et l'*Indice* de Gallardo. M. Morel-Fatio a publié en 1899, dans l'*Homenaje* à Menéndez Pelayo, des *Cartas eruditas del Marqués de Mondéjar y de Etienne Baluze (1679-1690)*. C'est à la notice qui vient en tête que j'ai emprunté les dates de mort et de naissance de Mondéjar, que Ticknor fait vivre vers 1770, et que la Biographie de F. Didot fait mourir « après 1775 ».
4. *Adv.* XIV, XVIII, XXV, XI, XV, XXII, XXIII.
5. *Adv.* I, XXIV.

miramamolin, le miramamolin d'Afrique, indépendant du calife de Cordoue, ce qui serait une erreur, le premier miramamolin d'Afrique n'ayant commencé à régner qu'en 788[1]. Or, Mariana a pris soin de dire que le souverain de tous les Mahométans était Ulit, qu'il se donnait le titre de miramamolin, et que Muza gouvernait l'Afrique en son nom : il ne peut donc désigner qu'Ulit, c'est-à-dire le calife de Cordoue, par ce mot de *miramamolin*, par lequel le désignent également Rodrigue de Tolède et la Chronique générale. De même, lorsque Mariana dit que les villes d'Espagne laissées à elles-mêmes nommaient des gouverneurs, qui ne relevaient d'aucun prince et qui, pour cette raison, sont appelés, par certains historiens, des *rois*, c'est des Espagnols qu'il parle, et non des Arabes, comme se l'imagine son censeur[2].

Des conjectures qui lui paraissent mal fondées étaient pourtant légitimes. Il reproche à Mariana de supposer sans preuves que beaucoup d'Espagnols passèrent spontanément aux Maures lors de l'invasion[3] : or, non seulement ce que dit Rodrigue « donec ad se cognati et complices ex Hispania aduenerunt », permet de le supposer, mais ce qu'il rapporte par la suite des fils de Witiza, de Mogeit et des chrétiens qui conseillaient Muza, enfin de « ceux qui, avec Julien, s'emparent de Cordoue par surprise »[4], autorise parfaitement l'assertion de Mariana. Il se demande où notre historien a pris le portrait peu flatteur qu'il trace de Munuza, le gouverneur de Gijon : « On ne voyait d'humain en lui que la forme et l'apparence, ni de chrétien que le nom et l'attitude extérieure » ; et pourquoi il qualifie de déshonnête la passion de ce fonctionnaire pour la sœur de Pelage alors que « era el intento de Munuza casarse »[5]. Ce que dit Rodrigue est pourtant assez clair : Munuza était chrétien[6], mais « arabibus fœderatus » ; épris de la sœur de Pelage, il fait à celui-ci ses protestations d'amitié, le charge d'une ambassade à Cordoue, et profite de son absence... « procurante quodam liberto sibi sororem Pelagii copulauit. » Mondéjar veut que ce soit pour le bon motif. Mariana est peut-être plus clairvoyant en traitant Munuza comme il fait. De l'*advertencia* faite à son sujet, il ne reste que ceci d'exact, c'est qu'on ne voit pas à quel propos Mariana déclare que « selon l'habitude des hommes partis de rien et vite arrivés, Munuza ne savait pas être maître de lui dans la prospérité » ; aucun auteur ne traite ce personnage de parvenu : évidemment, Mariana aura induit qu'un fonctionnaire aussi opportuniste devait être

---

1. *Adv.* III. Mariana, VI, 22.
2. *Adv.* XVII. Mariana, VI, 24.
3. *Adv.* VI. Mariana, VI, 22.
4. III, 18, 19, 22 et 23.
5. *Adv.* XXX. Mariana, VII, 1.
6. Le texte de Beale porte : « ...prefectus quidam Munuza nomine, christianus quidem... » Que Mariana ait mis la virgule avant *nomine*, quoi d'étonnant? Le contexte ne l'y engageait-il point?

arrivé très vite, et avait dû partir de très bas. Au surplus, ce qui scandalise surtout le marquis érudit, c'est qu'on parle mal d'un gouverneur, « ofendiendo su calidad. » Nous revenons avec lui à Mantuano.

Mondéjar généralise d'ailleurs contre Mariana ce grief. Il lui fait un procès de tendance, en l'accusant de toujours incliner vers les versions les plus défavorables pour les personnages et particulièrement les princes dont il parle : ainsi, en ce qui concerne Charles Martel, qui passe, aux yeux de certains, pour le bâtard de Pépin d'Héristal, alors que Frédégaire le dit fils d'Alpaida, seconde femme de Pépin, Mariana a choisi la première de ces deux opinions [1]. Mais, en admettant que notre auteur ait affecté cette espèce de pessimisme historique, la question n'est-elle pas, avant tout, de savoir s'il peut invoquer des témoignages suffisants?

Mondéjar accuse Mariana d'erreur, alors que celui-ci a pour lui un texte sérieux. Mariana, dit-il en substance, traduit le mot arabe *Al gecirah* par *las islas*, comme s'il y avait des îles dans le détroit, alors que le mot désigne pour les arabes le *mons Calpe;* et cette méprise l'entraîne à supposer deux expéditions des Maures en Espagne, l'une qui aurait été dirigée sur les « islas y marinas cercanas de España », l'autre sur le *mons Calpe* [2]. Mais c'est à Rodrigue de Tolède que Mariana emprunte cette double expédition, ainsi qu'il est facile de s'en rendre compte [3].

Il prétend que ni les quatre chroniques anciennes (l'*Albeldense* et les Chroniques d'Alphonse III, de Sampiro et de Pelayo), ni Rodrigue de Tolède, ni Luc de Tuy, ni la Chronique générale, ni Alphonse de Carthagène, ne parlent de ce Sancho ou Iñigo que Mariana dit avoir été envoyé par le roi Rodrigue contre Taric; il ajoute que c'est à Rodrigo Sánchez et au *Valerio de las historias* que ce « fabuloso suceso » est emprunté [4]. Or Rodrigue de Tolède est bien ici la source de Mariana, qui, comme lui, fait de cet Iñigo le cousin de Rodrigue [5]. Mondéjar veut que tout le chapitre où Mariana raconte la défaite du roi Rodrigue [6] soit copié du pseudo Abentarique de Miguel de Luna. Or nous y retrouvons tout simplement ce que raconte le même Rodrigue de

---

1. *Adv.* XXVII. Mariana, VII, 1.
2. *Adv.* V et VII. Mariana, VI, 22.
3. « Et iste fuit primus aduentus Arabum citra mare et applicuerunt ad insulam citra mare, quae ab eius nomine dicitur Gelzirat Tarif. » (Rodr. III, 18.) « Conuenerunt ad montem qui ab illo mauro Gebel Taric nuncupatur. » (III, 19.) Le chapitre dans lequel se trouve le second de ces deux passages est d'ailleurs intitulé : *De secundo introitu Arabum in Hispaniam.*
4. *Adv.* IX. Mariana, VI, 22.
5. « Misit contra eos sobrinum suum nomine Eneconem, qui cum iis saepius dimicans, saepius fuit victus, & ad vltimum interfectus. » (III, 19.) Sánchez dit : « *Santium nepotem* suum mittit, qui victus & interfectus est. » (II, 37).
6. VI, 23. *Adv.* X.

Tolède : Tarif et Julien retournant en Afrique, auprès de Muza, qui leur donne une armée plus considérable et retient en otage le comte Ratila (*Requila*, dit Mariana[1]); Rodrigue réunissant plus de cent mille combattants, mais tous incapables de tenir les armes; huit jours d'escarmouches; la bataille décisive livrée le dimanche « quinto idus mensis Xauel », dit Rodrigue de Tolède, le neuf de Xavel ou Sceval, dit Mariana; le roi Rodrigue, la couronne d'or sur la tête, avec des vêtements tissus d'or, monté sur un char d'ivoire (lequel était tiré par deux mules, aurait pu ajouter Mariana en suivant le Tolédan); le nom du cheval Orelia, sur lequel s'enfuit le roi; les insignes et les vêtements de celui-ci retrouvés près du Guadalate; l'inscription de Viseo enfin. Mariana ne s'éloigne de son modèle qu'en ce qu'il ne fait trahir l'armée chrétienne que par Oppas, frère de Witiza, au lieu de la faire trahir par les deux fils de Witiza.

Il est incompréhensible que Mondéjar n'ait pas trouvé davantage dans Rodrigue de Tolède les détails qu'il accuse Mariana d'avoir inventés[2] sur la discorde de Muza et Tarif (Taric dans Rodrigue), et les comptes que le premier fait rendre au second. Il se demande aussi d'où Mariana a appris que Muza était vieux lors de l'invasion[3] : la chose n'était pourtant pas difficile à conclure du stratagème que raconte Rodrigue : les chrétiens assiégés dans Mérida étaient sur le point de se rendre; ils envoient à Muza des parlementaires, qui, lui voyant des cheveux blancs[4], se persuadent et persuadent aux leurs qu'il n'a pas pour longtemps à vivre, et que par conséquent il faut temporiser; mais le Maure a compris : le surlendemain, les assiégés demandant une nouvelle entrevue, il se teint les cheveux en noir, et cette fois les parlementaires stupéfaits décident leurs concitoyens à se rendre.

Au reste, Mondéjar n'admet pas que Mariana introduise dans son récit des détails qui ne sont pas dans les « quatre Chroniques ». Et c'est pourquoi il rejette tout ce chapitre XXV du livre VI. La Chronique de Silos ne trouve même point grâce devant lui, puisqu'il blâme notre auteur de lui avoir emprunté l'histoire du comte Julien et de la Cava, qu'elle aurait empruntée elle-même, ainsi du reste que Rodrigue de Tolède, Luc de Tuy et la Chronique générale, aux *cantares* arabes, mais dont ne parlent ni Isidore, ni l'*Albeldense*, ni la Chronique d'Alphonse III[5]. Il n'admet pas qu'on relate, après Rodrigue, « este cuento de Munuza », qui n'est ni dans les Chroniques d'Alphonse III et de Sampiro, ni dans l'*Albeldense*[6]. Or, sans doute, il était prudent

---

1. D'après le texte même de Rodrigue, au c. 17 : « Recilam comitem Tingitaniæ. »
2. VI, 25. *Adv.* XX. Voir Rodrigue, III, 23.
3. « ... procuraua aplacar el animo y la saña de aquel *viejo*. » (VI, 25.)
4. « ... viri canitiem attendentes. » (III, 23.)
5. *Adv.* II.
6. *Adv.* XXXI.

de considérer les « quatre anciennes Chroniques » comme les seuls « matériaux sûrs qui restent sur la ruine de l'Espagne et les trois siècles postérieurs »[1]; et encore dans ces mêmes matériaux y en a-t-il déjà de falsifiés : mais doit-on rejeter ce qu'on trouve en outre dans Rodrigue, qui a pu disposer de chroniques perdues depuis? Et, en tout cas, Mariana y était-il tenu? S'il avait voulu écrire une *Historia critica*, il aurait eu à résoudre la question des sources de cet auteur, à rechercher, par exemple, s'il n'avait pas suivi dans son *Historia Arabum* le maure Rasis, ce que suppose Pellicer, et ce qu'ignore Mondéjar lui-même[2]. Mais dans un ouvrage du XVIe siècle qui n'a pas d'autre prétention que de vulgariser l'histoire nationale, s'étonnera-t-on qu'une pareille question préalable n'ait pas été posée?

Et au surplus Mariana a soin de présenter au lecteur sous le bénéfice d'inventaire les détails empruntés à Rodrigue; il offre aussi la relation de Rasis, qui, note-t-il, diffère quant au temps et quant à la manière, c'est-à-dire en somme du tout au tout[3]. Or c'est là sa méthode habituelle, comme il nous sera facile plus loin de nous en rendre compte.

Assurément, nous ne contesterons pas que, parmi les deux cent quatre *Advertencias* du marquis, plus d'une ne soit justifiée, par exemple celle qui concerne la bataille de Clavijo et le Vœu de saint Jacques, dont ne fait mention aucune des chroniques antérieures à Luc et à Rodrigue[4]. Mariana, qui donne intégralement, à la fin de son *De aduentu*, le texte de ce prétendu Vœu, ne paraît nullement en avoir suspecté l'authenticité[5]. Mais Morales n'avait rencontré dans ce document qu'une difficulté chronologique, qu'il avait résolue par l'addition d'un X[6]. Mariana n'était pas novateur, il l'avouait; et, sans doute, n'avait-il pas suffisamment étudié la question pour s'insurger contre une tradition dont la ruine entraînait les plus graves conséquences pratiques.

Mais la critique la plus grave de Mondéjar, c'est bien, semble-t-il, celle qui concerne l'attitude de Mariana vis-à-vis d'Annius et d'Ocampo. Nous avons déjà dit qu'il l'accuse d'une façon générale d'avoir suivi presque toujours sans les contrôler Garibay et « algunos otros escritores modernos »[7]. Le reproche se précise ici. Après avoir stigmatisé comme il convient « l'audace » de Florian, il déclare que celui-ci a été

---

1. *Adv.* II.
2. *Adv.* XVI.
3. « Esto dize el Arçobispo don Rodrigo. El moro Rasis discrepa en el tiempo, y en la manera. » (VI, 25.)
4. *Adv.*, CLVII. Voir dans le t. IV des *Memorias de la R. Acad. de la Historia*, la *Nueva demostracion sobre la falsedad del privilegio del rey D. Ramiro I*, par J. Ant. del Camino.
5. C. 13, p. 26-7.
6. XIII, 54, § 3. « Se quedo vn diez en el tintero, » dit Mariana, qui s'inspire évidemment de cette correction. (VII, 13.)
7. Voir p. III.

reproduit « presque entièrement » par Garibay, ce qui est vrai, et par Mariana, ce qui, nous allons le voir, est faux, sinon « presque entièrement », du moins en grande partie[1]. A la vérité, l'érudit marquis ajoute que Mariana a eu la précaution de dire et répéter « plura transcribo quam credo », ce qui sauve déjà quelque peu la réputation de l'historien comme critique; mais il fallait ajouter aussi que la bonne moitié des inventions dont il s'agit sont rejetées par le même Mariana, et c'est ce que nous allons faire avec preuves à l'appui. Disons d'abord que Gregorio Mayans y Siscar, avec sa légèreté habituelle, s'est laissé convaincre par l'auteur des *Advertencias* qu'il nous a rendu le service d'éditer. Lui aussi déclare que Mariana a fait des emprunts au pseudo-Bérose et à son « componedor i comentador », Annius. Il lui trouve d'ailleurs une excuse dans le titre même du chapitre qui contient ces impostures, « De los Reyes fabulosos de España. » Et, en effet, si Mariana désigne ainsi les rois d'Annius, c'est donc apparemment qu'il n'y croit pas. Au lieu de jeter un coup d'œil sur le contenu de ce chapitre, Mayans, qui, sans doute, ignorait ce que pèse le pavé de l'ours, s'est contenté, lui, admirateur de Mariana, de répéter comme un écho ce qu'avait dit Mondéjar[2]. Et telle est la malechance qui semble s'être attachée à notre auteur : quelqu'un a bien reconnu qu'il traite Bérose avec mépris, c'est Godoy[3]; mais le même Godoy, nous l'avons dit, lui impute en revanche des emprunts à Luitprand, et paraît considérer comme indubitable sa participation, révoquée pourtant en doute par les éditeurs de Valence, à l'édition de 1623. Nous n'avons pas à revenir sur la question des Fausses Chroniques; ce qu'il nous faut examiner, c'est ce qu'on retrouve d'Annius et d'Ocampo dans l'Histoire d'Espagne.

II

C'est précisément à propos de Bérose, d'Annius de Viterbe[4] et de ceux qui, par crédulité ou par calcul, ont reçu l'un et l'autre comme des autorités, que Mariana fait sa profession de foi et trace sa ligne de conduite comme historien. S'inspirant avec bonheur du début des *Anales* de Zurita, il commence par comparer les auteurs de cette espèce à ces géographes de fantaisie qui décrivaient des régions tout à fait inconnues en y mettant des montagnes inaccessibles, des lacs immenses ou des déserts, soit glacés, soit torrides, ou qui dessinaient

---

1. « Siguieronle casi en todo Garibai, i Mariana, aunque con la cautela el ultimo de repetir muchas veces *plura transcribo quam credo*. » (*Noticia y juicio*, § III.)
2. *Prefacion* aux *Adv.* de Mondéjar, p. ix.
3. Voir plus haut, p. xii.
4. Sur Annius, voir *Les Histoires générales*.

sur les cartes des êtres monstrueux ou extravagants. « Ils font cela avec d'autant plus d'assurance qu'ils savent bien que personne ne pourra les convaincre de mensonge. La même chose semble être arrivée à beaucoup d'historiens, tant espagnols qu'étrangers: là où manquait la lumière de l'histoire, là où l'ignorance de l'antiquité mettait comme un voile sur nos yeux et empêchait de connaître des choses si anciennes et si complètement oubliées, ils ont éprouvé le désir d'illustrer et d'ennoblir les peuples dont ils écrivaient les actions; ils ont cherché à donner plus d'agrément à leur œuvre et surtout à éviter les lacunes dans la série des temps, à y répandre l'éclat et le lustre de grandes choses et de hauts faits; ils ont ainsi inventé quantité de contes et de fables. On dira qu'il est bien permis, en mélangeant un peu de faux au vrai, de rendre encore plus illustres qu'elles ne sont les origines de sa nation; et s'il est une nation qui peut user de cette liberté, c'est bien la noble Espagne. D'accord, pourvu qu'on n'aille pas inventer, pour les transmettre à la postérité, d'invraisemblables fondations de villes, des dynasties de tous ignorées, des noms mal forgés et autres monstruosités du même acabit empruntées aux contes de bonnes femmes; pourvu qu'on s'abstienne d'enlaidir par une multitude de mensonges la simple beauté de la vérité et qu'on n'offre pas aux regards ténèbres et faussetés au lieu de lumière. Nous sommes bien résolu à ne pas agir de la sorte, — malgré toute l'indulgence que nous pourrions attendre, puisque nous ne ferions que marcher sur les traces de nos prédécesseurs [1]. »

On ne peut, du reste, parler plus clair qu'il ne fait du Bérose d'Annius : « Encore moins pensons-nous mettre en vente les rêveries du livre paru depuis peu sous le nom de Bérose, qui a fait broncher et se tromper plus d'un auteur : livre composé de fables et de mensonges et dû à un homme qui voulut, ne se fiant pas à son propre talent, autoriser ses élucubrations par une marque de fabrique autre que la sienne, comme font certains marchands, indignes du nom de marchands, pour faire accepter leurs produits. Mais il ne sut pas dissimuler convenablement son artifice, car ce qu'il dit manque de suite et de concordance, et le début, le milieu, la fin ne sont pas tellement bien reliés ni agencés qu'on ne puisse apercevoir la trace de la fourberie, surtout à la lumière des écrivains anciens, lumière bien rare sans doute, mais lumière enfin [2]. »

Avec quel bon sens Mariana a mis ici le doigt sur le point faible de la trame ourdie par Annius! Affirmations contradictoires, gauchement ajustées et s'emboîtant fort mal; voilà ce qui aurait dû faire réfléchir Florian, si Florian avait été de bonne foi, quand il voyait le Viterbien dériver à la fois du nom d'« Hispalus » et de celui d'« His-

1. I, 7.
2. Ibid.

panus » le nom d'*Hispania* ¹, ou, des « Thusci », faire des « Siculi », qui « plus exactement » étaient des « Sicani » : imbroglio dont l'objet était de faire dire à Denys d'Halicarnasse, en dernière analyse, que c'étaient les Viterbiens qui avaient fondé Rome. La manœuvre d'Annius pour en venir à ses fins sur ce point, l'essentiel peut-être pour lui, est une sorte de chassé-croisé. Nulle part il ne dit ni ne fait dire à ses auteurs la conclusion fondamentale à laquelle il tend : au lecteur de la démêler à travers le tissu enchevêtré de ses commentaires : « ni habla seguidamente », procédé que devait reprendre avec talent cet autre maître faussaire qui eut nom Román de la Higuera.

Mariana a fort bien reconnu encore une autre ruse familière à Annius et dont sut habituellement user le même Higuera : celle qui consiste à entremêler dans l'absurdité et l'impudence de ses assertions, comme on ajoute au vulgaire coton quelques fils de soie qui trompent le client, des citations authentiques, des remarques exactes, et surtout l'imposant témoignage des anciens. Plus d'un sera disposé à croire en effet, s'il n'y regarde de près, que Noela et Noega furent fondées par Noé, quand il verra que Pline, Strabon et Ptolémée mentionnent ces deux villes; elles sont bien anciennes, et alors, après tout, pourquoi celui qui les a fondées ne serait-il pas Noé ou « Noa qui et Ianus ² », comme le dit si bien Annius après Bérose³? Et puisque Pline enseigne, au chapitre XXI du livre V de son *Historia naturalis*, que les *Brygi* passèrent d'Europe en Asie où ils devinrent des *Phrygi*, ce que dit Annius des « Brygi » espagnols, de leur roi « Brygus » n'est-il pas fort vraisemblable⁴? Mais de ce moyen de falsification, l'auteur de l'*Historia de España* n'est pas dupe⁵.

---

1. « Hispalus à quo non dubium est & Hispalim vrbem conditam... & tota Hispania quasi Hispalia ab eius coloniis dicta » (p. 174ª de l'édition d'Anvers, 1552). « Quamque omnium concessu Hispania nomen scooperit ab isto nepote Herculis (c'est-à-dire *Hispanus*), consequens necessario est, vt ante hunc nouum præcedentium regum cognominibus appellata de more vetusto fuerit. » (p. 299ª). Voir p. 285, n. 1, ce que dit Mariana de cette incohérence.
2. P. 115ª.
3. P. 109ª, 114c-d.
4. P. 295ᵉ.
5. « Assi que lo que nacio de la oficina y fragua del nueuo Beroso, que Noe despues de largos caminos venido a España, fue el primero que fundò a Noela en Galicia, y a Noega en las Asturias, es vna mentira hermosa y aparente por su antiguedad, y hazer Plinio, Estrabon y Ptolomeo mencion destos pueblos, y como tal invencion la desechamos... » (I, 7, éd. de 1623.) « Diose credito a esta mentira aparente, porque Plinio refiere pasaron de Europa los Brigas, y dellos cierta prouincia de Asia se llamo Phrygia : y como en España muchas ciudades se llamassen Brigas, como Mirobriga, Segobriga, Flauiobriga, imaginaron que en ella auia viuido y reynado algun Rey autor de las Brigas, y fundador de Troya y de muchas ciudades que tenian aquel nombre de Brigas en España. Como quiera que no fuesse necessario creer que los Brigas que passaron en Asia ouiessen salido de España. Ademas que Conon en la Biblioteca de Phocio dize que Mida fue Rey de los Brigas cerca del monte Brimio : los quales passados en Asia se llamaron Phryges. » (*Ibid*. Je corrige deux fautes, « las Brigas » et « Conon ».)

Encore moins l'est-il du procédé si en honneur depuis qu'il avait été érigé en système par Annius : celui dont Nebrixa répandait les principes et étendait les applications, et dont Ocampo, respectueux des leçons du maître, consignait sans sourciller, dans sa « gran Obra », les merveilleux résultats [1] ; le système, puisqu'il mérite ce nom, topo-étymologique, aussi simple que fécond, grâce auquel aucune ville, aucun village, aucune montagne, aucun accident géographique ne présentait plus, dans sa dénomination, de ces mystères onomastiques dont s'embarrasse encore la science moderne. D'où vient le nom de l'Èbre? Du roi Iberus, répond Annius. Le nom du Tage? Du roi Tagus. Le nom de l'Idubeda? Du roi Iubalda. Le nom de la Bétique? Du roi Betus. N'est-ce pas admirable? Il n'y a plus qu'à savoir, comme dit Mariana, d'où viennent les noms de ces rois eux-mêmes [2].

Précisément parce qu'il est systématique, ce procédé, qui nous paraît grossier, avait eu la vogue facile, « systématique » étant par un côté comme l'équivalent de « simple », et, par un autre, celui de « scientifique ».

Mariana n'est pas le premier qui rompit le charme et se moqua du fantôme. Déjà Raphaël Maffei (le Volaterran), mort en 1522, avait exprimé de fortes réserves sur le compte de Bérose. Dès 1522 le philosophe Luís Vives et, en 1552, Juan de Vergara avaient, en termes énergiques, qualifié son œuvre supposée. Une censure contre le Porcius Caton, le Bérose, le Manéthon et le Fabius Pictor d'Annius, avait été écrite dès 1557 par le Portugais Gaspar Barreiros, et publiée en portugais l'année 1561, en latin quatre ans après. C'était un travail remarquable pour l'époque, et qui, certainement, dut être pour quelque chose dans la ruine du crédit d'Annius. Le grand théologien Melchior Cano et le grand humaniste Antonio Agustín avaient appuyé de leur autorité ces revendications de la décence et de la vérité [3].

Les historiens espagnols n'avaient pas manifesté à l'égard des « découvertes » de ce dernier la même méfiance. Ocampo, en 1543, les avait amplement utilisées et même y avait ajouté des inventions personnelles [4], qu'Anton Beuter, en 1546, et Pedro de Medina, en 1548,

---

1. Voir *Les Histoires générales*.
2. « Auer despues de Brigo, reynado Tago (como lo dizen los mismos) es a proposito de dar razon, porque el rio Tajo se llamò assi : y en vniuersal pretenden que ninguna cosa aya de algun momento en España, de cuyo nombre luego no se halle algun Rey, y esto para que se de origen cierta de todo, y se señale la deriuacion y causa de los nombres y apellidos particulares, como si no fuesse licito parar en las mismas cosas, sin buscar otra razon de sus apellidos : o fuesse vedado passar adelante, y inquirir la causa y derivacion de los sagrados nombres que ponen à los Reyes... » (I, 7.)
3. Voir *Les prédécesseurs de Mariana* et *Les Histoires générales*.
4. Voir *Les Histoires générales*.

avaient plagiées sans scrupule, et que Garibay, en 1571, reproduisait avec complaisance¹. Morales s'était arrangé pour n'avoir pas à publier son sentiment². Le Français Mayerne Turquet est le premier des historiens de l'Espagne qui rompe avec la tradition. Dans son *Histoire générale d'Espagne*, publiée en 1587, il reproduit bien la liste des rois d'Annius, mais sous réserves³.

Le premier qui, sans ménagements et d'une façon nette, ait osé dire dans une Histoire générale d'Espagne que nul auteur « approuvé », c'est-à-dire reconnu comme authentique, ne parle des rois Iberus, Iubalda, Brygus, Tagus, Betus, est le jésuite Mariana⁴.

Disons tout de suite que, des vingt-quatre rois d'Annius, il rejette également Sycorus, Sicanus, Siceleus, Lusus⁵, Testa, Romus, Palatuus, Cacus et Erytrus⁶. Quant au dernier de la série, Mellicola, autrement dit Gargoris, il semble l'accepter, au moins sous ce dernier nom, Justin l'ayant mentionné⁷. Ce Gargoris forme en effet, avec Abis, nommé aussi par Justin, le chaînon par où Annius rattache ses fictions à l'histoire authentique, sinon réelle. De plus, le surnom *Mellicola*, dont Annius affuble Gargoris, a été évidemment tiré de ce que Justin

---

1. Voir *Les prédécesseurs de Mariana*.
2. Voir *ibid*.
3. Voir *ibid*.
4. On vient de voir ce qu'il pense de Brigus et de Tagus. Voici pour les trois autres : « Ni queremos recebir lo que añade el dicho libro, que el rio Ebro se llamó Ibero en latin, y toda España se dixo Iberia, de Ibero hijo de Noe... Ni es de mayor credito lo que dizen que Idubeda, hijo de Ibero, dio su nombre al monte Idubeda..... De la misma forma y jaez es lo que añaden, que Beto sucessor de Tago, dio nombre a la Betica... » (I, 7.) Sa conclusion, en ce qui concerne ces rois, est catégorique : « Esto baste de los Reyes fingidos y fabulosos de España : de quien me atreuo a affirmar, no hallarse mencion alguna en los escritores aprobados, ni de sus nombres, ni de su reynado. » *(Ibid.)*
5. « De la misma manera no queremos recebir los que nuestras historias modernas cuentan entre los Reyes de España; es a saber, Sicoro, Sicano, Siceleo y Luso : pues en las antiguas historias ningun rastro de ellos se halla, de sus hechos ni de sus nombres. » (I, 10.) Il se trompe en ce qui concerne Sicanus : « Sicaniae diu ante Troiana bella Sicanus rex nomen dedit, advectus eum amplissima Hiberorum manu : post Siculus Neptuni filius. » (Solin, 5, § 7, éd. Mommsen.)
6. « ... si ya no queremos en lugar de historia, publicar los sueños y desuarios de algunos escritores modernos : que de nueuo tornan a forjar otros nueuos nombres de Reyes de España, sin mejor fundamento que los de arriba. Estos son Testa, que hazen fundador de cierta poblacion llamada ansi mismo Testa, autor y principio de los Contestanos... dizen otrosi, fue natural de Africa, y llegó no se por que caminos a ser Rey y señor de España. Otro es Romo, al qual hazen fundador de Valencia... El tercero Rey que nombran es Palatuo, de quien dizen se llamaron los pueblos Palatuos : y tambien la ciudad de Palencia tomó este nombre del suyo, dado que muy distante de donde era el asiento de aquella gente dicha Palatuos antiguamente, que cahia cerca de Valencia. Añaden que este Palatuo echó a Caco de la possession y reyno de España... Deste jaez es el Rey Erythro, fingen vino de allende el mar Bermejo, que se llama tambien el mar Erythreo, y aun quieren que de su nombre se le pego a la isla de Cadiz el nombre que antiguamente tuuo de Erythrea. » (I, 11.)
7. « El postrero en el cuento destos Reyes, es Melicola, que por otro nombre se llamó Gargoris : mas deste en particular haze mencion el historiador Iustino. » *(Ibid.)* Cf. Justin, XLIV, 4.

dit de celui-ci : « Mellis colligendi usum primus inuenit. » C'est ce qui explique que Mariana ne le rejette pas catégoriquement.

Restent Tubal, le premier de la liste, et les Géryons (avec Osiris), Hercule, Hispalus, que Mariana se refuse à distinguer d'Hispanus[1], Hesperus, Atlas et Siculus, dans lequel il reconnaît Sicorus[2]. Restent également un certain nombre de personnages comme Electra, Corythus, Dardanius, Jasius. On pensera peut-être qu'il eût été bien inspiré de classer aussi tous ces princes dans son chapitre « de los Reyes fabulosos de España », et parmi ces « contes de bonnes femmes » qu'il déclare mentionner uniquement pour ne pas avoir l'air de tourner un fossé où de très doctes sont tombés[3]. Pourtant, s'il a eu la franchise de dire bien haut son avis sur des impostures qui déshonoraient l'historiographie espagnole, ce n'est sans doute pas le courage qui lui a manqué pour aller jusqu'au bout et sauter hardiment par dessus le fossé. Examinons la question et voyons si, comme le veut Godoy[4], l'on peut accuser notre auteur d'inconséquence.

Que Tubal, fils de Japhet, ait peuplé l'Espagne, c'est ce que nul auteur ancien n'affirme littéralement. Josèphe, dans ses *Antiquités Judaïques*, dit « que Thobel, fils de Japhet, assigna une région aux Thobeliens, qui sont à présent les Ibères »[5]; mais qui prouve qu'il ait entendu par Ibères les Ibères de la péninsule hispanique? Il pensait sans doute, suppose-t-on généralement aujourd'hui, aux Ibères qui vivaient au sud du Caucase. Quoi qu'il en soit, saint Jérôme a accepté la première hypothèse, sans d'ailleurs appuyer l'assertion de Josèphe telle qu'il la comprend, bien au contraire, puisqu'il remarque que la tradition hébraïque faisait de Thubal le père des *Itali*[6]. Isidore de

---

1. « Lo que algunos dizen, que Hispalo dexó vn hijo, por nombre Hispano, el qual aya reynado muerto su padre, no lo recebimos, ni tiene probabilidad alguna, antes entendemos que a vn mismo hombre diuersos escritores llaman con ambos nombres, vnos Hispalo, otros Hispano : pues el nombre de Hispania y su deriuacion se atribuye a entrambos, y los que ponen el vno, ninguna mencion hazen del otro, fuera de solo Beroso, cuyas fabulas poco antes desechamos, no solo como tales, sino tambien como malforjadas y compuestas. » (I, 9.)
2. « A Siculo entiendo yo que llama Justino Sicoro. Esto se auiss, porque a ninguno engañe la diferencia del nombre, para pensar que Siculo y Sicoro sean des Reyes diuersos y distintos. » (I, 11.)
3. « Todo esto, y los nombres destos Reyes, tales quales ellos se sean, ni se debian pasar en silencio, como quien rodea algun fosso o pantano, que no se atreue a passar, donde no solo gente ordinaria, sino personas muy doctas han tropeçado y caydo : ni tampoco era justo aprouar lo que siempre hemos puesto en cuento de hablillas y consejas. » (*Ibid.*)
4. « ... rechaza unos cuantos reyes fabulosos y acepta los demas, y era concesion bastante à la critica para lo que conllevaban los tiempos, en que no se toleraba historia que no arrancase por lo menos de Noe. » (P. 255.)
5. « Κατοικίζει δὲ καὶ Θόβηλος Θοβήλους, οἵτινες ἐν τοῖς νῦν Ἴβηρες καλοῦνται. » (*Ant. jud.*, éd. Bekker-Naber, I, 124.) Ces Ἴβηρες sont ailleurs nommés avec les Ἀλβανοί (XVIII, 97) de la mer Caspienne.
6. « ...Thubal, quos idem (Iosephus) Iberos vel Hispanos, Hebraei Italos suspicantur. » (*Comm. in Ezech.*, c. 38; cf. c. 32; *Patr. l.*, t. XXV, col. 356 et 313.)

Séville, ayant reproduit à peu près ce que dit S. Jérôme [1], on comprend qu'il soit devenu un dogme, pour les Espagnols, de croire qu'ils avaient pour ancêtre ce Tubal. Depuis Rodrigue de Tolède jusqu'à Mariana, pas un historien, si ce n'est Carbonell, qui, du reste, ne rejette *Tubal* que pour accepter *Iubal* [2], n'a révoqué la chose en doute ni donné un autre commencement à l'Espagne. Annius, qui troubla si profondément, sur le reste des antiquités hispaniques, les traditions consacrées par la Chronique générale, respecta ce Tubal ou Iubal, dont il fit même comme la pierre angulaire de son édifice. Peut-on, après cela, tenir rigueur à Mariana, et suspecter sa critique parce qu'il entame son récit en déclarant que « Tubal, fils de Japhet, fut le premier homme qui vint en Espagne, comme assurent des auteurs très graves » [3] ? Que dire, si, de nos jours, un érudit comme le P. Fita, par la comparaison des idiomes basque et géorgien, c'est-à-dire des idiomes de l' « Ibérie occidentale » et de l' « Ibérie orientale », a été amené à poser de nouveau la question de parenté entre les Ibères du Caucase et ceux d'Espagne, et à fournir les éléments d'une solution affirmative [4] ? Les textes ne manqueraient même pas en faveur de la colonisation de la Géorgie par les Ibères d'Espagne.

a) HISPANUS   En disant que Justin « affirme que du nom d'Hispalus a été tiré le nom de l'Espagne, en latin *Hispania*, et cela en changeant seulement une seule lettre » [5], Mariana s'en rapportait sans doute à un texte défectueux, les textes édités le plus récemment portant *ab Hispano* et non *ab Hispalo* [6]. Il attache, du reste, peu d'importance au choix entre les deux formes de ce qu'il considère comme un même nom [7], se refusant à faire d'Hispanus le fils d'Hispalus, comme avaient fait Annius et Ocampo. En tout cas, cet Hispanus ou Hispalus était autorisé par Justin, donc par Trogue Pompée. Et Isidore de Séville consacre l'assertion de Justin en la reproduisant [8].

b) HESPERUS   Qu'Hesperus, chassé par son frère Atlas, ait gouverné l'Italie et ait
et ATLAS.   donné à cette péninsule son nom comme il l'avait donné à l'Espagne, Servius l'atteste dans son Commentaire sur Virgile [9], et cela d'après Hygin. A son tour, Atlas a dû régner en Espagne, puisqu'il en chassa son frère. Voilà encore deux rois garantis par un auteur, sinon inatta-

---

1. *Etymol.*, IX, 2, § 29.
2. Ch. 1 de ses *Chroniques de Espanya*.
3. I, 1 ; cf. I, 7.
4. Voir le Discours de réception du P. Fidel Fita à l'Academia de la Historia (1879).
5. I, 9.
6. « Ab Hispano Hispaniam cognominaverunt. » (XLIV, § 1, éd. Ruehl.)
7. Cf. p. 285, n. 1
8. « Postea ab Hispalo Hispania cognominata est » (*Etymol.*, XIV, 4, § 28).
9. « Italia Hesperia dicitur a fratre Atlantis, qui pulsus a germano Italiam tenuit eique nomen pristinae regionis imposuit, ut Hyginus docet » (I, § 30, éd. Thilo et Hagen) ; «... ab Hespero, Hispaniae rege » (III, 163).

quable, du moins ancien, et Mariana avait bien le droit de leur faire une place dans son Histoire ¹.

Qu'une fille d'Atlas, nommée Electra, mariée à Corythus, roi d'Italie, ait eu deux fils, Dardanus et Jasius (ou Jasion) ², c'est ce que Denys d'Halicarnasse, Diodore, Hygin, Servius proclament avec ensemble. Là où ils diffèrent, c'est dans la question de paternité, qu'ils résolvent différemment. Les trois premiers accordent aux deux frères l'honneur d'être fils de Zeus-Jupiter ³. Le quatrième, qui paraît d'abord du même avis ⁴, réflexion faite, nous avertit qu'il faut distinguer, et que seul Dardanus, le fondateur de Troie, a droit à cet honneur ⁵. Un interpolateur va jusqu'à le refuser à l'un comme à l'autre des deux frères, faisant en revanche de leur père effectif, Corythus, le fils de Jupiter ⁶. Cette information, la plus décente, est celle que reproduit Mariana, qui fait de Corythus, mari d'Electra et gendre d'Atlas, le père de Jasius comme de Dardanus, sans se préoccuper de l'origine jupitérienne. Que ce Corythus ait régné en Italie, c'est ce qui résulte des notes du même Servius, qui atteste encore que Dardanus, né en Italie, en Toscane, dans la ville de Corythus (dont le nom était aussi celui de son père)⁷, partit de cette dernière ville pour aller fonder Troie ⁸, bien que d'autres le fassent venir de Samothrace, ajoute un interpolateur⁹. Un interpolateur encore déclare que le futur fondateur de Troie fut contraint par le sort ou par la fortune de quitter l'Italie ¹⁰, et peut-être Servius indique-t-il la raison en disant que Dardanus avait tué Jasius ¹¹.

1. I, 10.
2. Mariana, I, 10 et 11.
3. « ὧν μίαν (une des Atlantides) μὲν Ἠλέκτραν Ζεὺς γαμεῖ, καὶ γεννᾷ παῖδας ἐξ αὐτῆς Ἴασον καὶ Δάρδανον. » (Denys, I, 61, § 2 éd. Jacoby.) « ... λέγουσι παρ' αὐτοῖς τοὺς ἐκ Διὸς καὶ μιᾶς τῶν Ἀτλαντίδων Ἠλέκτρας γενέσθαι Δάρδανόν τε καὶ Ἰασίωνα καὶ Ἁρμονίαν. » (Diodore, V, 48, § 2, éd. Vogel.) « Iouis filii... Dardanus ex Electra, Atlantis filia. » (Hygin, Fabula CLV éd. Bunte.) « Iasionem, Iouis filium ex Electra, Atlantis filia. » (Fabula, CCL.)
4. « Ex Electra et Ioue Dardanus Iasiusque nati sunt : Dardanus autem auctor est Troiae. » (I, 380.)
5. « Juppiter cum Electra, Atlantis filia, Corythi regis Italiae uxore, concubuit. Sed ex Iovis semine natus est Dardanus, ex Corythi Iasius » (VII, 207; cf. VIII, 130, 134; IX, 10); « Dardanus et Iasius fratres fuerunt Iovis et (Iovis et est interpolé) Electrae filii : sed Dardanus de Ioue, Iasius de Corytho procreatus est » (III, 167).
6. « Alii dicunt utrumque ex Corytho, Iovis filio, procreatos. » (III, 167.)
7. « Corythus est civitas Tusciae, et mons et rex, pater Dardani. » (X, 719.)
8. « ...Corythum, Tusciae civitatem unde Dardanus fuit » (I, 380); « ... dicendo Dardanidae ostendit Italiam, unde Dardanus fuit » (III, 94); « Italia, unde Dardanus venit » (III, 95); « Dardanus Iovis filius et Electra, profectus de Corytho, civitate Tusciae, primus venit ad Troiam et illic parva aedificia collocavit » (III, 104); cf. I, 235; VII, 367; VIII, 37.
9. « ... alii de Samothracia ad memorata loca venisse dicunt. » (II, 325.)
10. « Dardanus ex Ioue et Electra, Atlantis filia, genitus de Italia sorte abire compulsus, agros Troicos petit ibique Dardanum oppidum in regione Dardania conlocavit. » (VIII, 134.)
11. « Postea Iasium dicitur Dardanus occidisse. » (III, 167.)

Diodore rapporte[1] ce qu'il lisait dans Timée et dans d'autres historiens anciens ou modernes, touchant le périple d'Europe qu'auraient accompli les Argonautes, remontant le Tanaïs (le Don) jusqu'à sa source, tirant leur navire jusqu'à un autre fleuve (la Duna?) et revenant par l'Océan jusqu'à Gadès. L'impossibilité d'une telle expédition est-elle si certaine qu'il soit permis de reprocher à Mariana de l'avoir mentionnée[2]?

L'origine ibérienne des Sicanes est affirmée par Thucydide[3] et par Denys d'Halicarnasse[4], qui, visiblement, s'inspire de lui. Diodore nous apprend que telle était aussi l'opinion de Philistos le Syracusain, mais que Timée traite ce dernier d'ignorant[5]. Quoi qu'il en soit, Mariana[6], comme Ocampo[7], avait le droit de voir des Espagnols dans les Sicanes. Il y avait encore en faveur de cette thèse, outre une interpolation au commentaire de Servius sur l'Enéide[8], un passage de ce commentaire lui-même[9], d'où il appert de plus que les Sicanes d'Espagne seraient venus en Italie sous la conduite du chef Siculus; refoulés par les Aborigènes qu'ils avaient d'abord chassés, ils seraient passés dans l'île « voisine de l'Italie » qui aurait dès lors été nommée à cause d'eux Sicania, et à cause de leur chef, Sicilia[10]. Il est vrai que selon Hellanicos de Lesbos, ce Siculus, soit Σικελὸς, aurait été le chef d'une émigration d'Αὔσονες, et, selon Philistos de Syracuse, de Ligures (Λίγυες)[11]. Mais l'auteur de l'*Historia general de España* n'avait pas à mettre d'accord tous ces textes.

Sur tous les personnages et les faits qui viennent d'être énumérés, Mariana pouvait encore, on le voit, invoquer des autorités sinon indiscutables, au moins anciennes. Et qui sait quel fond de vérité un historien hardiment réactionnaire ne découvrirait pas dans les allégations de tous ces auteurs, y compris celles de Servius, y compris même celles que Diodore considère comme fabuleuses? Car notre critique a-t-elle à tenir compte du scepticisme de Diodore?

1. IV. 56, § 3.
2. I, 12.
3. VI, 2, § 2. Strabon (VI, 2, § 4) distingue les Sicanes des Ibères, mais il cite l'opinion d'Ephore qui faisait de ces derniers les premiers colons barbares de la Sicile.
4. I 22, § 2.
5. V. 6, § 1.
6. I, 11.
7. I, 23. Il est intéressant de constater que l'hypercritique Masdeu défend l'opinion de ces deux auteurs (*Hist. critica de España*, t. II, p. 124-59, et 303-11).
8. « Et Sicanos quidam αὐτόχθονας tradunt, quidam ex Hiberia profugos de nomine fluuii Sicoris, quem reliquerent, Sicaniam nominasse. » (I, 557.)
9. « Sicani autem secundum non nullos populi sunt Hispaniae a fluvio Sicori dicti. » (VII, 328.)
10. « Hi duce Siculo venerunt ad Italiam et eam tenuerunt exclusis Aboriginibus. mox ipsi pulsi ab illis quos pepulerant, insulam vicinam Italiae occupaverunt et eam Sicaniam a gentis nomine, Siciliam vero a ducis nomine dixerunt. » (*Ibid.*) Cf. encore Silius Italicus, XIV, v. 33-6 (éd. Bauer) et Solin, cité plus haut, p. 284, n. 5.
11. Denys, I, 22, 3-5.

Voici maintenant ce qui est sujet à caution dans les chapitres consacrés aux Géryons, à Osiris, à Hercule, à Atlas et à Siculus.

Diodore de Sicile ne dit pas qu'Osiris, que certains identifiaient avec Bacchus-Dionysos[1], vint en Espagne : toutefois, puisqu'il déclare que ce dieu parcourut toute la terre en bienfaiteur[2], faisant connaître la culture et l'usage de la vigne, du blé et de l'orge, on pouvait bien en conclure que l'Espagne avait reçu, elle aussi, sa visite et ses faveurs. C'est sans doute ce que s'était dit Annius, qui d'ailleurs n'insiste point[3]. Le meurtre d'Osiris par Typhon, son frère, son ensevelissement par Isis, sa sœur, sont racontés avec détails par Diodore[4] ; mais du combat entre lui et Géryon, des honneurs rendus par lui à son adversaire vaincu et mort, de la remise du royaume d'Espagne aux trois fils de ce Géryon, placés sous la garde de bons et prudents tuteurs, on ne trouve rien chez cet auteur. D'autre part, celui-ci ne fait pas d'Hercule le fils d'Osiris, mais un parent qu'Osiris délègue au gouvernement du royaume d'Égypte en son absence[5] ; il distingue par conséquent Hercule d'Horus, fils d'Osiris et d'Isis[6]. L'unique source à laquelle remonte le récit de Mariana touchant ces personnages est le commentaire d'Annius sur Bérose, et encore faut-il y joindre l'apport des fantaisistes d'Ocampo[7]. Quant à Géryon, ce que dit Mariana de son surnom de « Chryseus », de ses richesses et de ses troupeaux, est garanti par Diodore, qui lui reconnaît trois fils ; mais c'est Hercule, fils d'Amphitryon, non Osiris, que l'historien grec fait combattre avec lui[8].

Pour Mariana, comme pour Ocampo, comme pour Annius, l'Hercule qui par deux fois est venu en Espagne est l'Hercule lybien, Horus. A celui-ci donc sont attribuées les colonnes d'Hercule, qui, selon Diodore[9], étaient l'œuvre du frère d'Eurysthée. Mais l'existence d'un temple de l'Hercule égyptien à Cadix, attestée par l'Espagnol Pomponius Mela[10] et d'autres, n'autorisait-elle pas l'historien à iden-

---

1. « Καὶ τὸν μὲν Ὄσιριν μεθερμηνευόμενον εἶναι Διόνυσον. » (I, 13, § 5.)
2. « ... διανοούμενον ἐπελθεῖν ἅπασαν τὴν οἰκουμένην καὶ διδάξαι τὸ γένος τῶν ἀνθρώπων τήν τε τῆς ἀμπέλου φυτείαν καὶ τὸν σπόρον τοῦ τε πυρίνου καὶ κριθίνου καρποῦ. » (I, 17, § 1.) « Τέλος δὲ τὸν Ὄσιριν πᾶσαν τὴν οἰκουμένην ἐπελθόντα τὸν κοινὸν βίον τοῖς ἡμερωτάτοις καρποῖς εὐεργετῆσαι. » (I, 20, § 3.)
3. « ... Nunc Osiridem monarcham ab Hispanis in Ægyptum reuertentem a Beroso discamus » (p. 162ᵃ) ; le Bérose dit d'ailleurs simplement : « Osiris in Ægyptum reuersus », et ne parle pas du séjour d'Osiris en Espagne (ibid.).
4. I, 21, § 2-8.
5. « ... καὶ στρατηγὸν μὲν ἀπολιπεῖν ἁπάσης τῆς ὑφ'αὑτὸν χώρας Ἡρακλέα γένει τε προσήκοντα καὶ θαυμαζόμενον ἀνδρείᾳ τε καὶ σώματος ῥώμῃ. » (I, 17, § 3.)
6. « τὴν δέ Ἴσιν ἀδελφὴν οὖσαν Ὀσίριδος καὶ γυναῖκα μετελθεῖν τὸν φόνον, συναγωνιζομένου τοῦ παιδὸς αὐτῆς Ὥρου. » (I, 21, § 3.)
7. Mariana, I, 8 ; Ocampo, I, 10-15.
8. IV, 17, § 1-2.
9. IV, 18, § 2 et 4.
10. « .. in altero cornu eiusdem nominis urbem opulentam, in altero templum Aegyptii Herculis... » (III, 6, éd. Frick.) « Ἐνταῦθα Διὸς γόνον Ἡρακλέα τιμᾶσθαί φησιν, ἢ ὁ Θηβαῖος δὴ οὗτος ἦν Ἡρακλῆς, ἢ ὁ Φοῖνιξ κατά τινες, ἤτοι ὁ Τύριος. » (Eustathe, Comment. sur Denys le Périégète, n° 451 de l'éd. C. Müller.)

tifier l'Égyptien avec le Grec, afin de mettre quelque réalité historique dans les fables rapportées sans conviction par Diodore? Cette identification opérée, Diodore fournissait encore l'essentiel, sinon la lettre, du récit de Mariana en ce qui concerne le combat d'Hercule contre les trois Géryons[1], sa royauté ibérienne et l'abandon de cette royauté à ses fidèles[2]. Le rôle et le caractère que Mariana, après Ocampo, attribue à son Hercule est, au reste, bien conforme à ce que nous dit Diodore de l'Hercule honoré par les Égyptiens[3].

Sur tout cela, il est bien possible que Mariana s'en soit laissé imposer par l'assurance avec laquelle Ocampo poursuit l'historique des temps primitifs de l'Espagne. Mais il a une excuse sérieuse dans la difficulté d'établir la synthèse de tout ce que les historiens anciens disent d'Osiris, d'Horus, d'Hercule et des Géryons. Justin ne présente-t-il pas, touchant ces derniers, une version différente de celle de Diodore[4]? Cette synthèse, il la trouvait toute faite dans Ocampo. Or on ne peut nier qu'elle ne soit habile, savante même, et séduisante. Il faut donc passer condamnation, mais non sans reconnaître qu'ici la tâche du critique était particulièrement difficile.

Voici encore un point qui pourrait passer inaperçu, et qui est un vestige d'Annius. Il s'agit du passage d'Atlas en Sicile. Il n'est point parlé de cette expédition, croyons-nous, dans les auteurs anciens : elle a été inventée par Annius, et d'une manière curieuse. Le Viterbien, qui avait le génie de l'unification et la manie des rapprochements, avait fait une vraie trouvaille en identifiant avec Atlas un certain Italus[5] dont le nom et la qualité sont mentionnés çà et là par des écrivains de valeur différente. En effet, l'existence d'un roi Italus n'est pas seulement affirmée par Virgile[6]. Plusieurs auteurs disent de lui qu'il régna en Italie et donna son nom à ce pays : Antiochus de Syracuse selon Denys d'Halicarnasse[7], Thucydide[8], Aristote[9], Servius[10] sont d'accord là-dessus. Antiochus et Aristote le font roi des Οἰνωτροι, Thucydide et Servius, roi des Σικελοί-Siculi. Tout en négligeant d'indiquer les raisons sur lesquelles est fondée cette unification, Ocampo l'a adoptée comme une chose qui allait de soi, sans même

1. IV, 18, § 2.
2. IV, 19, § 1.
3. V, 76, § 1.
4. XLIV, 4.
5. P. 187⁴.
6. *Aeneis*, VII, 178.
7. I, 12, § 3; voir aussi I, 35, § 2,
8. « Εἰσὶ δὲ καὶ νῦν ἔτι ἐν τῇ Ἰταλίᾳ Σικελοί καὶ ἡ χώρα ἀπὸ Ἰταλοῦ, βασιλέως τινὸς Σικελῶν, τοὔνομα τοῦτο ἔχοντος οὕτως Ἰταλία ἐπωνομάσθη. » (VI, 2 éd. Hude.)
9. Fragm. 247ᵉ de l'édition Müller.
10. « Italus enim rex Siculorum profectus de Sicilia venit ad loca, quae sunt iuxta Tiberim, et ex nomine suo appellavit Italiam » (Servius, I, 2); « Italus rex Siciliae ad eam partem venit in qua regnavit Turnus » (I, 533); « quamquam Thucydides dicat de Sicilia Italum regem venisse et ab eo esse Italiam appellatam » (VIII, 328).

peut-être distinguer la dualité originaire de son « Atlante Italo »[1]. Mariana s'est contenté de supprimer le nom d' « Italo » en continuant à fusionner en fait la personnalité historique de ce roi des Sicules avec celle d'Atlas[2]. Peut-être, d'ailleurs, certain passage de Servius a-t-il pu lui faire agréer la suture opérée entre Atlas et Italus[3].

Nous avons vu que les compétitions de Dardanus et de son frère Jasius étaient attestées par Servius. Selon Mariana[4], Siculus, roi d'Espagne, intervint en faveur de Jasius; Dardanus, effrayé, fit mine de prendre un arrangement, puis assassina son frère, et, attaqué par Siculus, fut contraint à quitter l'Italie, d'où il passa à Samothrace, puis en Asie Mineure, et fonda Troie. Il ne semble pas que l'intervention de Siculus soit mentionnée par les anciens. D'autre part, le récit de Mariana à son sujet est chargé de détails qui semblent destinés à arrondir les contours et à remplir les vides que laissaient entre eux les textes authentiques relatifs à la question. On ne peut nier que l'essentiel de ce qui, dans Mariana, concerne Electra, Corythus et leurs fils, ne soit dans Servius. Mais ce qui n'y est pas, ce qui paraît être de l'invention d'Annius, c'est que le roi Hesperus, venu dans la *Tuscia*, y ait été quelque chose comme régent de Corythus et qu'Atlas ait pris sa place. Le *De aureo Sæculo* « de Fabius Pictor », avec les interprétations d'Annius[5], est ici la seule source dont puisse, semble-t-il, se réclamer Mariana.

Nous devons du reste noter que, touchant cet ouvrage, attribué à Fabius Pictor, Mariana est loin d'être aussi catégorique qu'au sujet du Bérose et du Manéthon. « An fabulæ hæ sunt Fabii quamuis Pictoris auctoritate affirmatæ? » se demande-t-il en parlant de la fondation de Rome par Rome, fille d'Atlas. De son texte espagnol, on pourrait même induire qu'il admet l'authenticité du *De aureo sæculo* : « Alegan para esto por testigo a Fabio Pictor, autor muy antiguo, y muy graue de las cosas Romanas. » Quoi qu'il en soit, nous devons considérer que dans ce court traité on ne trouve pas d'absurdités comparables à celles qui fourmillent dans Bérose et Manéthon. Il faut reconnaître aussi que ce qu'on lit dans Servius et dans Hygin n'est pas sans cadrer, jusqu'à un certain point, avec ce qu'Annius fait dire à l'ancien historien romain. Enfin, sur tous les faits qu'il relate ici, Mariana apporte assez de restrictions et de réserves pour qu'on ne puisse pas l'accuser de crédulité.

Où son bon sens, pour ne pas dire sa critique, discerne tout à fait la

---

1. I, 20.
2. I, 10.
3. « Sane sciendum Atlantes tres fuisse unum Maurum, qui est maximus; alterum *Italicum*, *patrem Electrae*, *inde natus est Dardanus*, tertium Arcadicum, patrem Maiae unde natus est Mercurius. » (VIII, 134).
4. I, 10.
5. V. p. 423 de l'édit. d'Anvers, ce que Fabius Pictor dit de Ianus et se rappeler qu'Annius identifie Coritus (Corythus) avec Ianus, qui d'ailleurs ne serait appelé *Coritus* « id est Jupiter » que par antonomase (p. 438 b et 345 d).

G. CIROT.

route de la vérité de celle de l'erreur et du mensonge, c'est quand il arrive en présence de l'ingénieuse et à coup sûr originale thèse de Florian touchant la fondation de Rome par les Espagnols. Là, il s'arrête net et refuse de s'engager où on veut le mener. S'il ne nie pas absolument, on vient de le voir, l'existence d'une fille d'Atlas appelée Rome, il rejette sans ambages l'idée d'attribuer aux Espagnols gouvernés par elle la fondation de la Ville Eternelle (invention de Florian) [1]. « Je suis bien décidé, » déclare-t-il à ce sujet, « à considérer plutôt l'exactitude et les lois de l'Histoire que l'agrément de mes compatriotes. Il n'est pas juste d'embellir et de parer hors de propos la narration avec les fleurs de pareils mensonges. » De même il écarte résolument les assertions émises, avec le calme que donne l'intrépidité, par Florian, au sujet de ce Morges, fils d'*Atlas* Italus, qui aurait été l'éponyme des Espagnols compagnons d'Atlas et fondateurs de Rome [2].

Quant au secours que Siculus aurait apporté à sa sœur Rome contre les Aborigènes, Mariana n'en parle que pour expliquer comment on a pu imaginer un fait semblable. « Cela vient, dit-il, de ce que de bons auteurs [3] déclarent que les peuples appelés Sicules et Sicanes s'étaient établis dans ces régions : ce qui est loin d'être une preuve (ajoute-t-il avec une pointe d'ironie) en faveur d'affirmations aussi péremptoires » [4].

Tout n'était pas faux dans ce que Florian, d'après Annius ou de son propre fonds, avait raconté sur les origines espagnoles. Et il se trouve que ce qu'il y avait sinon de vrai, du moins de fondé sur des textes, s'est, dans l'œuvre de Mariana, en grande partie dégagé de ce qui était invention pure.

Devons-nous attribuer à notre auteur l'honneur de cette sélection ? Une chose nous y induirait : c'est que personne avant lui ne l'avait

1. «... Es incierto lo que nuestros historiadores afirman, que Roma fue fundacion de los Españoles, si bien les concediessemos que la gente de Atlante, por mandado de Rome su hija, la fundó por este tiempo. Y parece mas inuencion y hablilla inuentada a proposito de dar gusto a los Españoles, que cosa examinada con diligencia por la regla de la verdad y antiguedad... Assi que desechamos como cosa dudosa, por no decir mas adelante ; lo que inuentaron nuestros *historiadores*, que Roma fue poblacion de los Españoles. » (I, 10.)

2. « Tampoco aprouamos lo que en esta parte añaden, que vn hijo de Atlante, llamado Morgete, despues de la muerte de su padre reynó en Italia: de cuyo nombre los Españoles que siguieron a Atlante, y assentaron en Italia, dizen se llamaron Morgetes. Ca todo esto no estriua en mejor fundamento que lo demas arriba dicho... » (*Ibid.*)

3. «... ubi nunc Roma est, ibi fuerunt Sicani, quos postea pepulerunt Aborigenes » (Servius, VII, 795); «... usque ad ea loca in quibus nunc Roma est : haec enim Siculi habitaverunt » (XI, 317; cf. encore I, 2 ; III, 500.)

4. « Boluiendo a Siculo, los mismos autores refieren, que passado en Italia ayudó a su hermana Rome, y la proveyò de nueuos socorros contra los Aborigenes... Esto dizen por causa que en buenos escritores y antiguos, se haze mencion que en aquellos lugares de Italia morauan pueblos llamados Siculos, y Sicanos, que sospechan por este tiempo hizieron alli sus assientos : argumento poco bastante para assegurar sea verdad lo que con tanta resolucion ellos afirman ». (I. 11.)

accomplie, que l'on sache. Il est vrai qu'entre les textes qui autorisaient les assertions conservées par lui, il en est quelques-uns qu'il ne cite point dans la liste de ses sources : ceux d'Hygin et de Servius : mais Hygin avait été publié à Bâle en 1535, 1549 et 1570, à Paris en 1578[1] ; quant à Servius, il avait été imprimé six fois entre 1470 et 1475[2], sans compter les innombrables éditions de Virgile qui depuis 1475[3] avaient paru, accompagnées des notes de ce commentateur. C'était peut-être, à cause de Virgile, l'auteur le plus classique et le plus à portée de quiconque voulait s'informer sur la mythologie et les origines antiques. Nul doute, par conséquent, Mariana, dans l'œuvre d'Ocampo, du moins en ce qui concerne la période antépunique, a su distinguer, dans une certaine mesure, ce qui reposait sur les textes, en particulier sur Servius, et ce qui n'était qu'imagination d'Annius ou d'Ocampo. C'est lui qui a commencé à faire entre l'authentique et le fictif un départ que personne n'avait opéré ni essayé d'opérer avant lui.

Il semble malheureusement impossible de défendre Mariana jusqu'au bout.

Dans la partie comprise entre le roi « Abides » et la première guerre punique, soit quinze chapitres[4], il y a encore assurément des faits attestés par les historiens anciens : l'établissement des Celtes en Espagne[5], dont parle Diodore[6] ; l'envoi de colonies phéniciennes attirées par les mines d'or, fait également attesté par Diodore[7] et par d'autres ; la participation des Espagnols aux guerres de Sicile comme mercenaires des Carthaginois, dont à maintes reprises le même historien fait mention[8] ; le contingent de Celtes et d'Espagnols envoyé, encore selon Diodore[9], par Denys l'Ancien aux Lacédémoniens contre les Thébains ; l'ambassade des Espagnols à Alexandre[10], attestée par Arrien dans son *Anabase*[11], par Justin[12], et par Orose[13], à qui Mariana, après Ocampo (par une bévue qu'atténuent des réserves sur la correction du texte), emprunte le nom du « principal de la embaxada », *Maurinus*, alors qu'il fallait comprendre les Morins, peuple de Belgique.

1. Cf. Bunte dans son édition des *Fabulae* d'Hygin, p. 24, et Graesse, *Hyginus*.
2. Cf. Graesse, *Servius*.
3. Cf. Graesse, *Virgilius*, p. 332 et ss.
4. I, 13, à II, 5 inclus.
5. I, 14.
6. V, 33, 1.
7. V, 35. Mariana, I, 15.
8. Diodore, XIII, 54, § 1 ; 56, § 6 ; 62, § 2 ; 80, § 2 ; 85, § 1 ; 110, § 5-6 ; XIV, 54, § 5 ; 75, § 8-9. Aucune de ces références n'est marquée dans l'Index de l'édition Didot. Voir aussi Hérodote, VII, 165. — Mariana, I, 2-3.
9. XV, 70, 1. Mariana, II, 2.
10. II, 5.
11. VII, 15, § 4.
12. XII, 13, § 1.
13. III, 20, § 2 et 8.

Il n'est pas jusqu'à la venue de Nabuchodonosor en Espagne, qui ne soit attesté par Mégasthènes, cité par Strabon et par Josèphe[1]; et l'incrédulité de Strabon n'entraîne pas forcément la nôtre, quoi qu'en pense Mantuano, qui d'ailleurs, en dehors de cette question, s'est peu aventuré sur le terrain des origines.

Mais où Mariana a-t-il pris l'histoire des établissements des Carthaginois en Espagne avant la première guerre punique[2]? de leur tentative contre Sagonte[3] après leur installation à Ibiza[4]? des agissements des Phéniciens de Cadix en Andalousie, où ils se font battre par Arganthonius[5]? de la fondation d'un temple d'Hercule à l'endroit où est aujourd'hui Medina Sidonia, d'où ils étendirent leur domination sur le pays? de la prise de Turdeto, capitale des Turdétans? de la révolte de ceux-ci, sous la conduite de Baucio Capeto, ce qui fournit à Mariana l'occasion de son premier discours? de la ruine du temple phénicien et du refoulement des Phéniciens dans l'île de Cadix? puis (après l'ambassade envoyée par eux aux Carthaginois[6]), de l'arrivée de la flotte carthaginoise à Cadix, « año de la fundacion de Roma dozientos y treinta y seys, » sous la conduite de Maharbal, qui se laisse égorger par Capeto et les Turdétans dans un des forts gaditans élevés près de Turdeto? des avances faites alors aux Turdétans par les Carthaginois, qui obtiennent une trêve, puis, enhardis par la mort de Capeto, se remettent à exercer des brigandages contre les indigènes[7]? C'est à Ocampo que tout cela est emprunté, et Ocampo, si nous ne nous trompons, a tout inventé[8].

Ce n'est pas tout. Dans les cinq chapitres suivants et une partie des deux qui précèdent la première guerre punique, Ocampo est encore l'unique source. On voit les Carthaginois, traîtres et avides, exciter les Espagnols contre les Phéniciens de Cadix, et, d'autre part, à cause de leurs mauvais procédés, se faire molester par ces derniers, en prendre prétexte pour les attaquer et s'emparer de leur ville par un siège. Les habitants du port de Mnesteo, alliés des Phéniciens, interviennent et imposent aux Carthaginois un traité d'oubli, d'où le nom du Guadalete (*Lethes*, oubli). Sur quelques passages de Justin, Florian avait brodé toute une histoire des relations de Carthage avec les Espagnols[9]. Il montrait Carthage leur envoyant tour à tour, pour les gagner par la persuasion ou par la force, puis pour les gouverner, deux des trois

---

1. Mariana, I, 17; Strabon XV, 1, § 6; Josèphe, *Ant. jud.*, X, 11.
2. I, 16-22, et II, 1, 4, 5.
3. I, 16.
4. Fait authentique, dont Diodore (V, 16) donne la date (cent soixante ans après la fondation de Carthage, soit en 653 av. J.-C.).
5. I, 17.
6. Fait attesté par Justin (XLIV, § 2-3).
7. I, 18.
8. Voir les *Histoires générales*.
9. Voir *ibid*.

fils que Justin donne à Hasdrubal (celui qui mourut en Sardaigne) et les trois fils qu'il donne à Hannibal (celui qui mourut en Sicile) : d'abord Sapho « en 464 avant J.-C. », puis ses deux cousins Himilcon et Hannon, puis son troisième cousin, Gisgon, puis son frère Hannibal. Avec ce dernier vint Magon, qui clôt une première série, et qui fut rappelé à Carthage l'an 428. Florian, bien entendu, n'avait pas omis de raconter les périples d'Himilcon et d'Hannon, suppléant par l'imagination aux lacunes ou à la perte des textes. En 364, les Carthaginois envoient deux nouveaux gouverneurs, Bostar et Hannon, puis Boodes, puis Maharbal, après lequel les « auteurs » ne nomment plus personne. Et c'est ainsi qu'avec des noms carthaginois empruntés à Justin, Tite-Live et Polybe, l'auteur de la *Coronica* était arrivé à remplir environ cent cinquante ans d'histoire d'Espagne, de 464 jusqu'après 343 avant l'ère chrétienne. Les actions, les mœurs, le caractère de chacun des gouverneurs étaient retracés avec un luxe de détails vraiment surprenant, et la chronologie avait toute la précision souhaitable. Tout cela est passé dans l'œuvre de Mariana, assez condensé, heureusement, mais rien de l'essentiel n'y manque[1].

Ocampo n'avait pas imaginé que des faits. Il avait aussi inventé des auteurs. Mariana est ici sa dupe jusqu'au bout. S'il ne mentionne pas ce prologue, où Sebastián, évêque élu de Salamanque, parle de Baucio Caropo, autre nom de Bocio Capeto, ainsi que veut Florian, en revanche il a évidemment cru au « Julian Lucas diacono » de Florian. Dès son édition de 1592, il le cite comme un homme sachant le grec et le latin, qui, au temps de Favila, aurait écrit les antiquités de l'Espagne et les actions du roi Pelayo. Et l'édition de 1623 précise en ajoutant qu'il était de Thessalonique et archidiacre de Tolède, qu'il s'appelait Juliano Lucas[2]. Les éditeurs de Valence ont relevé plusieurs passages de l'Histoire d'Espagne qui proviennent de ce Juliano par l'intermédiaire de Florian. Il y en a un qui est relatif à l'abondance des récoltes en Espagne l'an 537 de Rome[3] ; un autre, à une disette en l'an 539[4] ; un troisième, aux Rhodiens établis en Espagne[5]. Ce dernier point, d'après Ocampo, serait même garanti non seulement par « Juliano diacono », mais encore par « Juan Gil de Zamora en el tratado que recopilo de sus Antiguedades Españolas en lengua portuguesa ». Or, nous nous trompons fort, ou nous avons toutes sortes de raisons pour croire que ce « tratado en lengua portuguesa » est aussi imaginaire que le *Juliano*[6]. C'est également encore de Juliano que Florian invoque le témoignage à propos de l'emplacement de Turdeto, ainsi

---
1. I, 19-22; II, 1-5.
2. VII, 3.
3. Florian, V, 13; Mariana, II, 13 (latin et espagnol).
4. Florian, V, 23; Mariana, II, 15 (latin et espagnol).
5. Florian, II, 4; Mariana, I, 14 (latin et espagnol).
6. Je renvoie à mon travail *De operibus historicis Ioannis Aegidii Zamorensis*.

que du temple et de la ville élevés par les Gaditans à l'endroit qui depuis serait devenu Medina Sidonia. C'est même la seule autorité citée dans la *Coronica* au sujet de ces deux villes dont Mariana nous parle sans l'ombre de scepticisme[1].

« Je transcris plus de choses que je n'en crois; car il ne serait facile ni de réfuter ce que d'autres écrivent ni de prouver par des arguments ce qu'ils disent sans beaucoup de probabilité[2]. » Voilà ce qu'il déclare à propos de l'étymologie du Guadalete; et sans doute ne pensait-il pas seulement à cette étymologie fantaisiste, mais aussi à tout le récit des menées carthaginoises en Espagne. Il continue en effet le récit par le mot « añaden »[3], ce qui prouve bien qu'il ne le reproduit que sous bénéfice d'inventaire. Telle est sa première excuse. Il en a une autre, plus sérieuse et plus digne. C'est l'impossibilité où il était, c'est la difficulté où nous sommes encore de prouver que Florian est un menteur. Quoi d'étonnant, s'il s'en est laissé imposer par un auteur qu'il voyait reproduit par Garibay et que Morales n'avait point renié? L'auteur des cinq premiers livres de la *Coronica* était un savant. Il avait étudié à fond les auteurs anciens : il n'a pour ainsi dire pas laissé perdre un mot de ce qu'ils ont dit sur l'Espagne. Il avait eu entre les mains des manuscrits que ni Vassée ni Garibay n'ont vus, et qui existaient : Morales les avait possédés à son tour; et l'on y trouvait les Chroniques de Sebastián, de Sampiro, de Pelayo, que personne n'avait connues, ou du moins songé à utiliser avant Florian. Morales avait bien émis des doutes sur l'existence du « Julian Lucas », mais il ne les a émis qu'en 1586, et à ce moment l'*Historia de rebus Hispaniae* était écrite[4]; et, après tout, ce qu'il disait n'était pas une preuve absolue, capable de faire revenir Mariana sur ce qu'il avait dit. Les réserves qu'il avait eu soin de faire lui paraissaient suffire. Combien il serait injuste, dès lors, de juger sa critique d'après ces quelques chapitres! Il faut tenir compte des circonstances. Il eût été nécessaire, pour convaincre de mensonge Ocampo, de le prendre sur le fait; et cela n'était pas possible à Mariana, qui n'a pas connu l'œuvre de Gil de Zamora et, malheureusement, ne pouvait la confronter avec les assertions que Florian attribue à l'auteur. Comment, d'autre part, se fût-il assuré que Florian n'a pas eu entre les mains d'autre Histoire de Sebastián que la Chronique qui porte le nom de cet auteur, et dans laquelle il n'est nulle part question de Baucio Caropo? Il lui eût fallu examiner le manuscrit possédé par Florian. Or, aujourd'hui encore, nous n'avons pas d'autre moyen de prouver rigoureusement que celui-ci est un imposteur.

1. Florian, II, 27-8; Mariana, I, 18 (latin et espagnol).
2. I, 19.
3. « Sic aiunt » dans le latin.
4. Voir plus haut, p. 137.

Chose curieuse, sur toute cette partie, la moins défendable de l'œuvre de Mariana, Mantuano est resté muet. Il reproduit[1] un de passages où il est question des six cousins Hannibal, Hasdrubal, Sapho, Himilcon, Hannon et Gisgon ; et s'il s'y arrête, c'est pour discuter une question de chronologie. Mais il n'a pas l'air de soupçonner que tout cela n'est que de la pseudo-histoire. N'est-ce pas la meilleure preuve de l'impossibilité qu'il y avait alors à sortir de l'ornière, et n'est-ce pas la meilleure excuse de Mariana ?

III

Mariana s'est trop rendu compte des difficultés que présentent les questions d'origines pour chercher à y apporter une solution personnelle. Pour arriver à savoir d'où vinrent les nations barbares qui envahirent le monde romain au v⁰ siècle, « ce n'est pas le désir de se renseigner qui manquerait, s'il y avait, » dit-il dans son langage volontiers imagé, « un chemin quelconque parmi les ténèbres des opinions, pour atteindre le but[2]. » Et nous verrons, en effet, qu'il n'a pas manqué d'informations sur le sujet : « Mais on est obligé, » continue-t-il, « de se contenter de conjectures, car l'antiquité de ces choses et la négligence des hommes de ce temps-là nous refusent plus de clarté. » Sur les origines de la Navarre, il montre le même scepticisme que Zurita : « Elles sont, » dit-il, « pleines de fables et de contes ; » et il accuse les historiens de ce royaume d'avoir voulu embellir leur narration par des mensonges, et compare leurs livres aux romans de chevalerie[3].

S'il avoue qu'il faut se contenter ici de conjectures, ce n'est pas que lui-même soit porté à en imaginer. Au contraire, l'aversion pour la méthode conjecturale est vraiment frappante chez lui. Il s'éloigne par là, comme Morales et Zurita, des habitudes de l'époque. S'agit-il, par exemple, de la thèse défendue par Garibay touchant la région de l'Espagne où Tubal vint s'établir, région qui ne serait autre que le pays basque ? Dédaigneusement, il l'écarte : « Dicere non habemus, diuinare non iuuat, » déclare-t-il en son latin concis et vigoureux. On comprend la déception de Ferrer, qui s'attendait à le voir mentionner la brillante identification proposée par Arias Montano entre le mot par lequel les Grecs désignaient l'Espagne, Ἑσπερία, et le nom hébreu *Sepharad*[4] : elle ferait peut-être aujourd'hui la réputation d'un savant. Ni avant ni après les instances de son confrère, Mariana

---
1. P. 64-5 des *Advertencias* de 1613.
2. V, 1.
3. VIII, 4.
4. Voir plus haut, p. 161-2.

ne s'est décidé à en dire un mot. L'étymologie de Tolodo = Toledoth aurait pu séduire un hébraïsant comme lui. S'il la mentionne, c'est pour dire, non sans une certaine raideur encore, qu'il n'a l'intention ni de la réfuter ni de l'appuyer, car ce n'est qu'une conjecture sans fondement, que ne confirme nullement le témoignage des anciens [1]. Il ne rejette pourtant pas l'origine hébraïque du nom *Baetis*, qui désignerait le grand nombre de villes et de villages qui peuplent les rives du fleuve ainsi désigné [2]. C'est qu'il s'agit là du nom étranger, et non pas du nom indigène de ce fleuve, que les naturels appelaient *Cirilus* : il n'est donc pas étonnant qu'on retrouve dans *Baetis* une racine sémitique, de même que dans le nom de *Gades*, Γάδειρα, *Gheder* en hébreu [3]. Il n'y a aucune thèse proprement historique en jeu ici ; tandis que ceux qui faisaient venir le nom de Tolède d'un mot hébreu faisaient encore fonder cette ville par des Juifs venus avec Nabuchodonosor. C'est, peut-on dire, le côté historique de cette étymologie qui, au fond, répugne à l'historien philologue.

Il n'accepte pas non plus toujours les assertions des anciens quand elles ne sont que des conjectures. Bien qu'il rapporte ce que raconte Justin [4] sur l'origine de Byrsa, il ne voit évidemment, dans cette histoire de cuir de bœuf coupé en lanières, qu'un conte forgé pour justifier l'étymologie Βύρσα, *cuir ;* et dans cette étymologie elle-même, qu'un simple calembour. Et il préfère reconnaître sous ce nom un équivalent phénicien de l'hébreu *Bosra, forteresse* [5].

Même méfiance à l'égard des conjectures qui touchent à l'antiquité chrétienne. Voici ce qu'il disait en 1592, à propos de saint Eugène, qui passe pour être le premier archevêque de Tolède : « Quelques-uns pensent qu'un certain Philippe, envoyé par Clément en Espagne comme évêque, ou bien le Marcel que Denys adjoignit comme compagnon (selon Michel Syncellus) à Philippe en envoyant celui-ci hors de Gaule, n'est autre que notre Eugène ; et que ce dernier nom lui viendrait de la noblesse de sa naissance, l'autre (celui de Philippe ou de Marcel) de ses parents. Le seul fondement de cette affirmation, c'est que dans les textes anciens il n'est fait aucune mention d'Eugène et que, d'autre part, on ignore absolument ce que firent Philippe et Marcel en Espagne [6]. » En 1605, Mariana ajoutait ceci : « On conjecture d'après cela que, soit ce Marcel, soit ce Philippe, changeant son nom, fut le même qu'Eugène. » Dans l'espagnol, dès 1608, au lieu de cette dernière phrase, on lit : « Mais ces conjectures ne sont ni

---

1. « Cum leui coniectura nixa sit, neque veterum scriptorum fide auctoritateque fulciatur. » (I, 17.)
2. I, 7.
3. I, 2.
4. XVIII, 4, 9.
5. I, 15.
6. IV, 4, éd. de 1592.

complètement solides ni complètement méprisables ; chacun en jugera comme il voudra[1]. » Mariana laisse le lecteur libre, mais il n'abandonne pas pour cela son premier sentiment.

Se trouve-t-il en présence non plus de conjectures mais de traditions contradictoires, il se récuse. Nous avons dit déjà que sur les premiers évêques de l'Espagne, il rapporte trois traditions[2]. « L'éloignement de ces choses et autres semblables, » déclare-t-il, « enlève toute certitude au récit, et il n'y a rien de sûr à dire sur les disciples de saint Jacques. Laissons donc le lecteur juge de toute cette question[3]. »

Il ne s'attarde pas à discuter des détails. « Pline dit que le bûcher où furent consumés les corps des Scipions était à *Ilorci ;* certains auteurs veulent qu'*Ilorci* soit aujourd'hui Lorquin ; un autre, Lorca... ; ce qui est sûr, c'est qu'à ces obsèques il y eut des jeux divers...[4]. » Il ne décide pas entre ceux qui veulent que Port-Mahon ait été fondé par Magon, et ceux qui considèrent cette ville comme plus ancienne : « il n'est pas étonnant, » observe-t-il, « que l'on aille à tâtons quand il s'agit de choses si reculées[5]. » Strabon dit que Cordoue fut fondée par Marcus Metellus ; quelques-uns prétendent que c'est pendant sa prêtrise et non pendant son consulat ; « mais les raisons qu'ils produisent, » déclare Mariana, « ne sont ni concluantes ni tout à fait vaines, et il n'y a pas lieu de les reproduire[6]. » Cette formule lui sert souvent à renvoyer les parties dos à dos. Il s'y est tellement habitué, qu'il l'emploie même quand il adopte en définitive une opinion plutôt qu'une autre ; par exemple, quand il parle de ceux qui identifient les Gètes et Massagètes avec les peuples de Gog et Magog : « Nous n'avons pas à les appuyer ; il ne serait du reste pas difficile de les réfuter avec le texte de Pline[7], qui met Magog en Cœlésyrie ; » et il adopte en fait comme pays d'origine des Goths la *Scandia*[8].

« Un détail infini dans la narration des faits et un ton décisif qu'il affecte dans tout ce qu'il dit semblaient ne devoir rien laisser à décider aux lecteurs... » C'est de Mariana historien que l'abbé de Vayrac

---

1. Le Dexter du texte Escolano (année 95) et celui du texte Llorente (années 50, 91, 100) identifient Eugène avec Marcel et non avec Philippe ; de plus, le Dexter du texte Llorente rend impossible l'identification d'Eugène avec Philippe, ainsi que le démontre Bivar (*Patr. l.*, t. XXXI, col. 271), car à ce Philippe il donne un second nom, Philothée, et une histoire distincte. Si donc Mariana, dans son espagnol, semble ne pas rejeter tout à fait les deux identifications dont il parle, ce n'est pas, en tout cas, à Dexter qu'il fait crédit, mais à ceux qui, autour de lui ou avant lui, les considéraient comme possibles.
2. Voir p. 51.
3. IV, 2 (texte latin).
4. II, 23.
5. *Ibid.*
6. III, 26.
7. Le texte de Ian porte Mabog (V, 81).
8. V, 1.

parle de la sorte dans la préface de son *Histoire des Révolutions d'Espagne*. Après tout ce que nous venons de dire, il nous suffira de citer ce jugement pour en faire justice[1].

Quand le même auteur nous parle des « pièges que Mariana avoit finement tendus (au public) en lui donnant une infinité de fables et de faussetés pour des vérités historiques »; quand Charles Romey nous déclare que « ce qui a fait tomber dans le discrédit, et à quelques égards dans le mépris public, les écrivains de l'école de Mariana, par exemple, c'est l'incroyable assurance avec laquelle on les voit affirmer les faits qu'ils inventent »[2], nous n'avons que ceci à répondre : si l'abbé de Vayrac et Charles Romey avaient pris la peine de lire Ocampo, ils se seraient rendu compte que les inventions qu'ils attribuaient à Mariana étaient imputables à son prédécesseur, et nous avons dit comment notre auteur est excusable de les avoir en partie reproduites.

Il n'est pas possible de douter de la bonne foi de Mariana. Il n'a rien inventé, si ce n'est les discours; et il nous sera facile de montrer que les discours dont il a semé son récit étaient un ornement parfaitement admis et même recommandé de son temps, une convention littéraire qui ne pouvait duper le lecteur, et qui, par conséquent, ne rend nullement suspecte la probité scientifique de l'auteur.

Il a reproduit des légendes ou du moins des faits qui passent pour légendaires. Mais la question était précisément de savoir si ce n'étaient que des légendes ou s'il y avait quelque fond historique dans les traditions qui remontaient, par exemple, au moine de Silos ou à Rodrigue de Tolède. Dans l'impossibilité de résoudre un à un de tels problèmes, qu'y avait-il à faire, si ce n'est de transcrire? Qu'on cite un seul fait essentiel inventé par Mariana, en dehors de ceux qu'il a pu induire de ses textes! Et n'est-il pas plaisant de voir le même abbé de Vayrac, cet historien sévère, donner sur la Cava « des détails qui tiennent plus du Roman que de l'Histoire »? C'est d'Hermilly qui le note[3] : « On y voit l'origine de l'amour du Roi pour la fille du Comte Don Julien... les moïens dont il se servit pour satisfaire sa passion; une lettre plaintive de l'infortunée Cava au Comte son père, qui remplissait une ambassade auprès de Muza en Afrique, » etc.

Nous avons eu l'occasion de dire que Mariana n'avait paru, ni dans sa lettre sur les *Dos Discursos* de Velasco, ni dans son *De aduentu*, suspecter le prétendu procès-verbal d'une discussion qu'aurait soutenue Rodrigue de Tolède au sujet de la venue de saint Jacques en Espagne. Le P. Fita a montré depuis peu[4], premièrement que le texte

---

1. Ce jugement a été adopté par l'abbé Longlet dans sa *Méthode pour étudier l'histoire* (c. 32) et par d'Hermilly (préface de la traduction de Ferreras).
2. *Histoire d'Espagne* (cf. plus haut, p. 267), t. II, préface, p. 11.
3. T. II de la traduction de l'*Histoire* de Ferreras, p. 424, note.
4. Dans l'article cité p. 80, n. 3.

publié par Loaysa était un arrangement extraordinairement libre de faux actes rédigés vers le premier quart du xiv° siècle ; secondement que ces faux actes furent composés eux-mêmes à l'aide d'autres actes, également faux, fabriqués dans la seconde moitié du xiiiᵉ siècle, et où, d'ailleurs, il n'est nullement question de la discussion relative à saint Jacques.

Il n'est pas impossible d'admettre que Loaysa ait trouvé dans quelque copie le texte qu'il a édité, et qui constitue un faux au troisième degré. Mais cette copie a disparu ; en tout cas, le P. Fita voit dans le texte imprimé un remaniement opéré au xviᵉ siècle, et il l'impute à Loaysa lui-même. Quant aux actes du xivᵉ siècle, il les a découverts dans deux manuscrits de la Biblioteca nacional, qui proviennent de la Bibliothèque du chapitre de Tolède, et qui contiennent les *Notule de primatu, nobilitate et dominio ecclesie Toletane* : dans l'un, dont une partie a été écrite en 1253, on trouve insérés deux feuillets qui contiennent ces actes, et qui durent être écrits entre 1321 et 1328 ; dans l'autre, qui est une copie ancienne du premier, les mêmes actes font corps avec le texte[1].

Nous n'avons pas à résoudre la question de savoir si Loaysa a été victime d'une mystification, ou s'il a retouché librement le texte qu'il trouvait dans ces deux manuscrits. Mais nous devons dire que, parmi les papiers de Mariana, dans l'un des recueils de Londres, nous trouvons une copie[2] des mêmes *Notulae de primatus* (sic) *nobilitate et dominio eccᵉ Toletane*. Or dans son *De aduentu* il cite un passage du discours attribué à Rodrigue, et ce n'est pas conformément au texte des Actes de 1321-1328 qu'il le cite, mais conformément au texte de Loaysa[3].

Que conclure de là ? Qu'il a admis la légitimité des retouches que présente ce dernier texte ? Tout ce que nous savons de Mariana va contre cette hypothèse.

Il était assez naturel que, rejetant le témoignage de Rodrigue sur la question de la venue de saint Jacques, il le transcrivît non pas selon les manuscrits, mais selon le texte édité, le seul public, le seul qu'on pût lui opposer. Il n'avait pas à dire que les manuscrits donnaient un texte différent : une telle constatation n'aurait guère servi à sa thèse et aurait eu l'inconvénient de jeter la déconsidération sur son illustre compatriote.

---

1. Les actes originaires du xiiiᵉ siècle se trouvent insérés dans un ms. conservé à la bibliothèque du Chapitre de Tolède, le *Liber priuilegiorum de Primata Toletane ecclesie*, ouvrage authentique de Rodrigue.
2. Et non comme dit Gayangos « a corrected draft » (t. I, p. 199, n° 40 du ms. Eg. 1875).
3. « De corpore negare non audet Compostellae esse, ac potius assentitur, licet quidam affirment corpus eius Hierosolymis requieuisse, postea raptum, à discipulis delatum esse, & sepultum apud Compostellam : quae sunt ipsa Roderici verba, » (P. 18.) Cf. le texte reproduit par le P. Fita.

Et maintenant, remarquons une chose : nous avons dit que la discussion à laquelle aurait pris part Rodrigue de Tolède aurait eu lieu, selon Loaysa, en 1215, au concile de Latran. C'est la date qu'il aurait dû marquer s'il avait suivi fidèlement les actes de 1321-1328. En réalité, il a imprimé « anno Domini ducentesimo supra millesimum, quinta decima die mensis Novembris », ainsi que le note tout spécialement le P. Fita. Or, c'est en 1215, au mois de novembre, que Mariana, dans son Histoire[1], d'accord avec le texte des actes de 1321-1328, place la date du concile auquel aurait assisté Rodrigue. C'est donc que, pour son propre compte, il s'en rapportait non au texte imprimé, mais au texte manuscrit. Si nous nous rappelons à présent l'obstination qu'il a mise, jusqu'en 1617 tout au moins, à prétendre que la signature d'Avila « Ecclesiae monasterii S. Iuliani Agaliensis abbas » ne figurait pas dans les actes manuscrits du onzième concile de Tolède, et cela malgré son ami[2], nous ne pouvons nous empêcher de nous demander si Mariana a bien eu une confiance aveugle dans la critique et l'honnêteté scientifique de Loaysa.

Combien c'est à tort qu'on a accusé Mariana de crédulité, toute son œuvre, abstraction faite de son Histoire d'Espagne, le prouve ; mais son Histoire nous laisse aussi à ce point de vue une impression favorable. Nous avons vu qu'il fallait lui tenir compte d'un sérieux effort de critique en face des inventions d'Annius et même d'Ocampo. Voici d'autres points sur lesquels sa méfiance se montre en éveil, et cela pour des raisons précises. On se rappelle qu'il se refuse à voir une sainte du temps de Vespasien dans la *Bilela, serva Iesu Christi,* sur l'épitaphe de laquelle on lisait la date *Era CV*[3]. Ce n'est pas sans motifs : d'abord, au temps de Vespasien, on ne comptait pas encore par Eres ; et ensuite, on ne retrouve pas dans cette inscription l'élégance de la haute époque[4]. Et il met en regard la lettre de Vespasien aux quatuorvirs et aux décurions de Sabora[5]. Il suppose en conséquence que la lettre qui marquait mille a pu être effacée, et qu'il faut lire « Era MCV ».

Il n'est pas jusqu'aux questions les plus universellement admises de ses compatriotes, sur lesquelles on ne voie qu'il désirerait plus de certitude. Par exemple la présence du corps de saint Jacques à Compostelle. « On ne dit pas pour quelles raisons l'on reconnut le tombeau découvert à Compostelle pour celui de saint Jacques ; mais il n'est pas douteux qu'en un cas de telle importance, on n'affirma point la chose sans de bonnes preuves[6] ». L'historien, au fond, a des doutes, ou tout

1. XII, 4.
2. Voir plus haut, p. 240.
3. Voir plus haut, p. 250.
4. «... inscriptionis verba crassum quiddam sonantia », dit-il dans le latin.
5. N° 1423 d'Hübner (*Corp. Inscrip. lat.*, t. II).
6. VIII, 10, latin et espagnol. Voir l'article de M. Duméril, p. 99.

au moins il sent bien qu'il y a là une obscurité fâcheuse ; il a mis en marge comme un point d'interrogation. Mais il se tire d'embarras par l'optimisme du chrétien : une chose aussi importante n'a pu être crue à la légère.

IV

Que Mariana soit remonté parfois aux sources originales, il suffit, pour s'en convaincre, d'ouvrir son Histoire latine ; de lire, par exemple, la fin du livre V, où il oppose à l'affirmation de Jean de Biclar et à celle de Luc de Tuy touchant le rôle de Léandre au troisième concile de Tolède, celle des actes mêmes du Concile[1]. Ailleurs il cite le texte même de Pélage d'Oviedo sur les cinq femmes d'Alphonse VI[2], celui de Luc sur les Albigeois de León[3]. On peut encore plus aisément se rendre compte de ce qu'est son information en parcourant les marges de ses éditions en espagnol, où, contrairement à ce que l'on constate dans les éditions latines, il a indiqué fréquemment ses sources. C'est dès 1601 qu'il a apporté cette heureuse innovation[4], et l'édition de 1608 a été encore enrichie à cet égard. Quand nous examinerons la façon dont il se sert de ses sources nous pourrons au surplus nous convaincre qu'il a gardé le contact direct avec les auteurs anciens bien plus continûment et systématiquement encore que ne l'indiquent ces références marginales.

Ce n'est donc pas, comme le lui reprochait Urreta[5], en vue d'un étalage puéril et trompeur que Mariana donne dans toutes ses éditions une longue liste des auteurs consultés. L'un des manuscrits de Londres en contient une, qu'il avait évidemment dressée quand il se mit à l'ouvrage, ainsi que le prouve la mention « Annales Galliae, si latine extant, sin minus Gallice », ou encore celle-ci : « Damasi

1. V, 15. Voir plus loin, p. 329.
2. IX; 20.
3. XII, 1.
4. La première référence marginale de l'édition 1601 se trouve à la fin du liv. III en regard du passage où Suétone est cité à propos d'Hygin. La seconde est au livre IV, c. 3. Cette fois, c'est, avec Suétone, Sulpice Sévère qui est indiqué comme source à propos de la croyance, répandue parmi les chrétiens, que Néron n'était pas mort et devait revenir comme antechrist. La troisième est à la même page, à l'endroit où il est dit que les Institutions oratoires de Quintilien furent découvertes par le Pogge, mais c'est là plutôt une note qu'une référence. La quatrième est au livre IV, c. 17 ; elle renvoie à Sulpice Sévère et à Theodoret. Au même chapitre on voit cité Eusèbe à propos du baptême de Constantin ; au livre V, c. 3, la Bibliothèque de Photius au sujet de la bataille des Champs Catalauniques ; au livre V, c. 12, Grégoire le Grand sur la mort d'Herménégild ; au livre VI, c. 15, Pline, pour l'identification de Béziers avec *Bliterrae Septumanorum* ; au chapitre suivant, Victor de Tunnunum, Liberatus, Isidore, touchant la non-reconnaissance, par les Espagnols, du cinquième concile général tenu sous Justinien.
5. Voir p. 189.

Pontificale si per se extat. » Il a utilisé seulement une partie de ces références ; mais, seules, celles qu'il a utilisées figurent dans la bibliographie qu'il a imprimée, et qui du reste est beaucoup plus abondante[1].

Mariana n'était pas, comme Morales, un épigraphiste. Il n'avait pas les moyens[2], on peut même dire qu'il n'avait pas absolument besoin, pour l'œuvre qu'il avait entreprise, de se mettre en quête d'inscriptions nouvelles. Il lui suffisait de profiter de ce que d'autres avaient découvert. Néanmoins, surtout dans son Histoire latine, il a su montrer l'intérêt de ce genre de documentation : il reproduit un assez grand nombre d'inscriptions, par exemple celle de Lucius Silo Sabinus, la plus ancienne de l'Espagne romaine, remarque-t-il, sans se douter qu'elle est fausse[3]. Il en donne d'ailleurs de bonnes et de remarquables : celle de Julius Secundus[4] ; le testament de Lucius Caecilius[5] ; nous avons déjà cité la lettre de Vespasien aux quatuorvirs et décurions de Sabora[6]. Il les a empruntées, pour la plupart, à Morales : il le dit lui-même[7] ; et il paraît avoir surtout cherché, en les reproduisant, à donner des spécimens de l'épigraphie espagnole et à illustrer, pour ainsi dire, son texte. Il ne dédaigne pas les inscriptions plus récentes, les épigraphes, tant parce qu'il en tire un renseignement ou une date, que comme curiosités encore[8].

Il ne néglige pas les chartes, et s'en sert bien plus qu'il ne fait des inscriptions, pour établir les points discutés. Il a comme preuves du couronnement d'Alphonse VII comme empereur à León le témoignage d'un écrivain contemporain et les registres du couvent de Santa María de León, où eut lieu la cérémonie ; pour le couronnement postérieur à Tolède, il a un diplôme de ce roi conservé dans les archives de cette ville. Que d'ailleurs Alphonse VII ait été appelé empereur, cela est prouvé par une lettre de saint Bernard à Doña Sancha, que le saint appelle sœur de l'Empereur d'Espagne ; par une lettre de Pierre de Cluny au pape Innocent II, commençant par ces mots : « Imperator Hispanus magnus Christianus populi Princeps... » Que Tolède ait été appelée cité impériale, un diplôme de Jean II de Castille le démontre[9]. Notons encore que notre auteur reproduit deux bulles de Martin V, trouvées parmi les papiers de l'église de Tolède[10]. Un certain nombre de bulles

---

1. V. l'appendice VIII, § 1.
2. « Nobis ad has res amplius examinandas otium non erat. » (III, 14.)
3. III, 3 (n° 21 des *Falsae* d'Hübner). Il donne aussi celle de Sertorius (n° 14 des *Falsae*).
4. IV, 6 (n° 4158 d'Hübner).
5. *Ibid.* (n° 4514 d'Hübner).
6. P. 302.
7. Voir plus loin, p. 328, n. 3.
8. VII, 14, 16 ; XI, 15 ; XIV, 1 ; XVI, 5.
9. X, 16.
10. XX, 14.

d'un intérêt historique sont d'ailleurs transcrites dans les recueils que l'on garde au British Museum[1].

Il serait fastidieux d'énumérer ici les auteurs anciens et les auteurs du moyen âge qu'il a consultés, en dehors des sources espagnoles. Rappelons seulement qu'il a été l'un des premiers, sinon le premier, à connaître et à utiliser la Bibliothèque de Photius. Sans pouvoir préciser à quelle époque il en rédigea l'abrégé dont il subsiste deux exemplaires manuscrits[2], nous avons constaté que ce dut être avant 1601, et que rien n'empêchait de croire que ce fût avant 1593, ni même avant 1580. Quoi qu'il en soit, dès son édition latine de 1592[3], il cite Conon, Olympiodore et la vie d'Isidore le philosophe, d'après Photius[4].

Quant aux sources espagnoles touchant le moyen âge, il ne s'est pas contenté de celles qui étaient imprimées.

Certaines de ses erreurs s'expliquent même par le fait qu'il recourait aux manuscrits eux-mêmes et travaillait de première main. C'est ainsi, comme le montre Flórez[5], qu'il a pris pour date du concile de Burgos, réuni en vue de l'adoption du rite romain, la date de 1076, parce qu'il la trouvait dans le manuscrit qu'il possédait de la chronique de Pélage d'Oviedo, contemporain des faits[6].

Il avait collationné les textes de plusieurs chroniques inédites de son temps. Flórez, grâce à Burriel, a pu utiliser son recueil, qui est conservé aujourd'hui au British Museum[7], et il a eu soin de reproduire les appréciations que l'illustre historien y avait écrites de sa propre main[8]. Celui-ci passe pour avoir emprunté ses textes aux recueils de Juan Bautista Pérez; et la chose semble attestée par lui-même, puisqu'il cite dans l'Index de ses sources, dès son édition de 1592[9], « Ioannis Baptistæ Peresi, Episcopi Segorbiensis aduersaria. »

Cet érudit avait terminé en 1575 le premier tome de la collection de Conciles à lui confiée par Quiroga, et, en 1580, le troisième. Il avait utilisé pour ce travail six manuscrits de l'Escorial, parmi lesquels étaient un *Albeldensis*, un *Soriensis* et un *Aemilianensis*[10], qui, comme on va voir, lui fournissaient des textes importants pour l'histoire

---

1. Ms. Egerton 1873, n°ˢ 30, 38 ; 1875, n°ˢ 4, 10.
2. Voir p. 70-2.
3. Il s'agit de l'éd. en vingt livres, parue sûrement en 1592.
4. Voir plus haut, p. 288, n. 5, pour Conon ; Olympiodore est cité à propos du meurtre d'Athaulf (V, 2). C'est le témoignage tiré de la vie d'Isidore le philosophe qui est signalé en marge au l. V, c. 12 (cf. p. 303, n. 4).
5. *Esp. sagr.* t. III, p. 321.
6. Flórez (ibid.) a établi la date de 1085, contre Cossart, qui donne 1080.
7. Ms. Egerton 1873. Voir l'app. VIII, § II.
8. Voir le *Prólogo* du t. IV de l'*Esp. sagr.*, p. xl-xli, et aussi le t. III, p. 321.
9. Il s'agit de l'édition en vingt-cinq livres, qui a pu ne paraître qu'en 1595, bien qu'elle porte la date de 1592.
10. Villanueva, *Viage*, t. III, p. 305-6.

d'Espagne. Il fut bientôt en mesure de connaître à peu près toute la littérature historique hispano-latine du moyen âge. En 1581, effectivement, il fut nommé chanoine, et en 1585, *canónigo obrero* de la cathédrale de Tolède ; il en était aussi bibliothécaire[1]. Quatre recueils formés par lui sont, avec la part qu'il a prise dans l'édition d'Isidore de Séville, un témoignage imposant de sa vaste érudition. Il y en a un qui est bien connu, car Villanueva l'a analysé[2] ; c'est celui que l'on conserve à Segorbe. En énumérer les richesses, c'est faire le compte de celles de Mariana. Le détail qui va suivre ne sera donc pas oiseux.

Pérez avait eu à sa disposition un recueil formé par Juan Páez et un autre qui avait appartenu à Ocampo et que possédait Morales[3]. Du premier, il avait tiré la Chronique d'Idace[4] ; du premier et du second, celles de Victor de Tunnunum et de Jean de Biclar[5], le *Liber de Gotthis, Sueuis et Wandalis* d'Isidore[6], le *De uiris illustribus* d'Isidore et d'Ildephonse, avec les textes de Braulion sur Isidore, de Julien et de Cixila sur Ildephonse[7]. Un manuscrit moderne de l'Escorial, qui avait appartenu à Pedro Ponce de León, lui permit de compléter le *Liber de uiris illustribus*[8] et de corriger la Chronique d'Isidore[9]. Un manuscrit d'Osma lui avait fourni une addition à l'Histoire des Vandales d'Isidore[10], des variantes à la Chronique d'Idace[11] et au *Liber de uiris illustribus*[12], enfin la Chronique dite d'Isidore de Beja[13], c'est-à-dire ce que Mommsen[14] appelle la *Continuatio Isidoriana hispana a. DCCLIV*. Une partie de cette chronique lui avait été procurée par le *Complutensis* de six folios dont deux folios existent encore à Londres, et qui provenait de l'*Alcobaciensis* utilisé par Vassée[15]. L'*Albeldensis* de l'Escorial[16] lui avait donné le *Chronicon Albeldense*[17] et des corrections à la Chronique de Sampiro, sans doute aussi à celle de Pelayo. Ces deux

1. Cf. Villanueva, *Viage*, t. III, p. 157 et 159.
2. *Ibid.*, p. 196-220.
3. *Ibid.*, p. 197-8.
4. *Ibid.*, p. 201.
5. *Ibid.*, p. 197-8.
6. *Ibid.*, p. 199.
7. *Ibid.*, p. 203 et 209.
8. *Ibid.*, p. 204.
9. *Ibid.*, p. 213.
10. *Ibid.*, p. 203 et 206.
11. *Ibid.*, p. 201.
12. *Ibid.*, p. 204.
13. *Ibid.*, p. 215.
14. *Monum. Germaniae, Auctor. antiquiss.*, t. XI, p. 323.
15. Cf. Tailhan, *L'Anonyme de Cordoue*; Mommsen, p. 330 et 332 ; Villanueva, *ibid.*, p. 215.
16. V. sur ce ms. l'article de M. Durrieu sur les *Manuscrits d'Espagne remarquables principalement par leurs peintures*, dans la *Bibliothèque de l'École des Chartes*, t. LIV (1893), p. 289-90.
17. Villanueva, *ibid.*, p. 217.

dernières, il les avait tirées « ex codice ovetensi », probablement en recourant à la copie qu'en possédait Morales [1]. De l'un des *Sorienses* il avait tiré une *Incerti auctoris additio ad chronicum Ioannis Biclarensis ab anno 601 ad 742* [2] que Mommsen intitule *Continuatio byzantia arabica a. DCCXLI* [3]; la Chronique des rois Wisigoths que Morales appelait par erreur *Chronicon Vulsae* [4], les Chroniques d'Isidore [5] et d'Alphonse III [6]; enfin des corrections aux Chroniques de Victor et de Jean de Biclar, au *Liber de Gothis* [7]. Dans un manuscrit de Tolède il avait pris l'*Historia Arabum* de Rodrigue [8]; et dans un d'Alcalá, une notice sur les premiers évêques d'Espagne [9]; sans doute dans le même encore, des variantes à l'*Historia Arabum* [10].

Tels sont les textes historiques les plus importants qui, avec l'Histoire de Wamba par Julien de Tolède [11], se trouvent dans le recueil de Segorbe. Ils sont aussi inclus dans deux recueils conservés à la Biblioteca nacional et à Tolède [12], avec le catalogue des sièges épiscopaux établis par Wamba, « ex duobus vetustissimis codicibus ecclesiae Ovetensis » [13]; le privilège de la dotation d'Alphonse VI en faveur de l'église de Tolède [14]; une liste des évêques de Tolède, Séville, Grenade, d'après un *codex conciliorum* de S. Millan [15]; deux textes différents de la Chronique de Rasis, l'un tiré d'un manuscrit du Collège de Santa Catalina de Tolède [16], l'autre emprunté à Morales et provenant d'un « original arto antiguo escripto en pergamino » [17], c'est-à-dire les deux archétypes de toutes les copies connues [18]; les *Annales* dits *Complutenses* [19], certainement transcrits d'un recueil de Morales que possède la Biblioteca nacional [20] et qui contient des textes empruntés à un *Ovetensis*, à un *Complutensis* et à un manuscrit dit de *Batres*, ce qui augmente encore la liste des textes connus de Pérez; les *Annales Compostellani* tirés « del tumbo negro

---

1. Villanueva, *Viage*, t. III, p. 217. Il ne paraît pas avoir connu l'*Ovetensis* lui-même, non plus du reste que Mariana.
2. *Ibid.*, p. 210.
3. P. 334-69.
4. Villanueva, ibid., p. 214 et 319.
5. *Ibid.*, p. 213.
6. *Ibid.*, p. 211.
7. *Ibid.*, p. 198-9.
8. *Ibid.*, p. 219.
9. *Ibid.*, p. 308-12.
10. *Ibid.*, p. 219.
11. *Ibid.*, p. 213.
12. F 38 (cote nouvelle 1376) de la Bibl. nacional et 27.26 de la Bibl. du Chapitre de Tolède.
13. F° 220.
14. F° 273.
15. F° 277.
16. F° 279.
17. F° 327.
18. Cf. Pidal, *Catálogo de la R. Biblioteca*, p. 15.
19. F° 367. Cf. *Esp. sagr.*, t. XXIII, p. 310.
20. F 58 = 1346.

que esta en el Tesoro de la yglesia de Sanctiago »[1]; les *Annales Toletani*, transcrits « de un libro arto antiguo que era del archivo de la ciudad de Toledo »[2] et comprenant les textes que Flórez a publiés sous le titre d'*Anales Toledanos I*[3] et d'*Anales Toledanos II*[4]; enfin, après des notices sur les *linages* des rois de Navarre et d'Aragon, de France, puis du Cid[5], le début que Berganza a donné à ses *Annales Toletani* d'après une copie de Juan Vázquez del Mármol[6].

De tous ces textes de chroniques ou d'annales, les seuls que Mariana ne cite point dans la liste de ses sources sont les *Annales Complutenses* et les *Annales Compostellani*. Quant aux *Annales Hispalenses*, qu'il mentionne au sujet de la prise d'Alcalá par Bernard, archevêque de Tolède, peut-être faut-il les reconnaître dans ce que Flórez appelle les *Anales Toledanos I*: le titre d'*Annales Toletani* aurait désigné pour Mariana les seuls *Anales toledanos II*[7].

Pérez ne quitta Tolède qu'après le 6 février 1592 pour aller se faire consacrer évêque de Segorbe à Madrid et rejoindre son siège[8]. Il a donc pu assister, et qui pourra dire quelle part il a prise à la préparation du *De rebus Hispaniae*? On peut affirmer qu'il avait communiqué généreusement à l'auteur les trésors de son érudition. En tout cas, tous les textes de chroniques que l'on trouve dans le recueil de Mariana sont dans trois au moins des quatre recueils de Pérez, celui que l'on conserve à Segorbe, ceux de Tolède et de la Biblioteca nacional. Ce sont la Chronique d'Idace, la *Chronica regum Wisigothorum* (dite de Vulsa), les Chroniques de Victor de Tunnunum et de Jean de Biclar, l'*Additio ad Ioannem Biclarensem*, le *Chronicon* dit *Albeldense*, la Chro-

1. F° 369. Ils ont été édités par Berganza, puis par Flórez (*Esp. Sagr.*, t. XXIII, p. 318-29, cf. p. 300, 2° éd.).
2. F° 373.
3. *Esp. sagr.*, t. XXIII, p. 382-401. Ils commencent ici avec « Exieron de la montaña... »; mais le début de Flórez se trouve au fol. 390.
4. *Ibid.*, p. 401-10. Ils commencent ici par les mots « El començamiento de la Era de los Moros ».
5. F° 386-90.
6. Cf. Flórez, *ibid.*, p. 359-60. Le début de Flórez vient à la suite et termine le recueil.
7. Après avoir dit que Bernard mourut en 1126, Mariana ajoute : « & peculiaribus copiis Complutum ceperat ante annos duodecim (annales Hispalenses ante octo annos ponunt) ». Or, à l'année 1118 des *Anales Toledanos I* (*Esp. sagr.*, t. XXIII, p. 388), on lit : « El Arzobispo D. Bernaldo levo sus engennos à Alcalá, que era de Moros, è cercola, è prisola, Era MCLVI. » D'autre part, je ne vois pas mentionné ce fait dans d'autres Annales, et je ne connais pas d'Annales dites *Hispalenses*. Mariana a pu tirer d'un *Hispalensis* les *Anales* que Berganza et Flórez ont appelés *Toledanos*. Quant aux *Anales Toledanos II*, ils sont certainement compris dans ce que Mariana appelle *Annales Toletani*; on peut s'en assurer en comparant avec le texte édité par Flórez (*ibid.*, p. 402 et 408), ce que Mariana dit au l. VI, c. 26 : « Arabum computationem inchoandam esse salutis anno sexcentesimo vigesimo secundo, Idibus Iulii, die Iouis, vii Annales Toletani testantur ante annos trecentos confecti », et au l. XII, c. 16 : « Annales Toletani, quibus multum fidebamus, Brenam ante octo annos venisse (c'est-à-dire en 1224) in Hispaniam aiunt, » etc.
8. Villanueva, *ibid.*, p. 165 et 256.

nique dite d'Isidore de Beja, la Chronique d'Alphonse III, avec les continuations de Sampiro et de Pélage d'Oviedo, enfin l'*Historia Arabum* de Rodrigue. Il en est de même pour les textes de Julien et de Cixila sur Ildephonse [1], et de Braulion sur Isidore.

Mariana semble, du reste, avoir tiré lui-même quelques textes des manuscrits originaux. Cela est sûr pour le *Chronicon Albeldense*, car il déclare lui-même avoir eu à sa disposition pendant plusieurs mois le codex *Albeldensis*, auquel il attribuait six cents ans d'antiquité [2]. Il paraît bien, d'ailleurs, avoir eu aussi entre les mains l'important recueil de Morales [3].

Il a connu l'*Historia Compostellana*, peut-être par l'exemplaire que possédait Morales, un des trois qu'a employés Flórez pour son édition [4]. Il s'en est servi pour le chapitre qu'il consacre à l'archevêque Diego Gelmírez [5]. Il cite également [6] saint Euloge, dont les œuvres devaient être comprises, avec des notes de Morales, dans le tome IV de l'*Hispania illustrata* (1608); la vie de ce martyre, par Alvar de Cordoue; les trois livres de l'abbé Samson *Aduersus Hostigesium Malacitanum praesulem*, et celui de Beatus et Heterius contre Elipand, deux ouvrages dont Antonio signale l'existence à la bibliothèque de l'église de Tolède [7].

Le texte de Luc de Tuy, utilisé par Morales, mais non, semble-t-il, par Garibay, devait être assez familier à notre auteur dès l'époque où il rédigeait son Histoire [8]. Il est remarquable, nous l'avons dit, que la chronologie de Luc, pour les rois asturo-léonais, très voisine de celles du *Chronicon Albeldense* et du *Corpus Pelagianum* (Chroniques d'Alphonse III, de Sampiro et de Pelayo), a prévalu sur celle de Rodrigue de Tolède. Si Garibay avait connu tous ces textes, il se serait épargné bien des erreurs et des tâtonnements; en tout cas, l'étude des chartes l'avait rapproché de leurs données pour la seconde moitié de la série, si ce n'est en ce qui concerne les dates d'avènement de Bernardo II et d'Alphonse V. Quant à Vasée, qui connaissait Luc, il semble n'avoir pu se résoudre à abandonner le système de Rodrigue : il ne s'en écarte que de trois ou quatre ans, d'un bout à l'autre, il est vrai. Bien qu'il déclare à Dávila, par une boutade sans doute, que ce texte de Luc ne méritait pas qu'on prît la peine de l'annoter, Mariana ne pouvait le séparer de celui de Pélage, ni de l'*Albeldense*; et, en fait,

---

1. Voir p. 241, n. 2 et 3.
2. Voir l'app. VIII.
3. Voir *ibid.*, n° 11.
4. *Esp. sagr.*, t. XX. Voir la *Noticia preuia*, § 17.
5. X, 6.
6. VII, 15.
7. Cf. la *Bibl. h. v.*, VI, § 140.
8. On a vu (p. 76) qu'en 1605 il le connaissait par cinq manuscrits; il parle aussi d'une traduction castillane dans sa lettre à Dávila (cf. l'app. V, 5).

nous le verrons, il a su tirer parti de ces chroniques, si peu étudiées avant lui et Morales[1].

Parmi les auteurs espagnols plus récents que l'on trouve dans la liste des œuvres de Mariana, il en est qui étaient encore inédits à l'époque. Tels sont le « Despensero de la reyna doña Leonor », que l'on croit être Juan Rodriguez de Cuenca, auteur d'un *Sumario de los Reyes de España;* Diego Enriquez del Castillo, auquel est due une

---

[1]. Le tableau ci-dessous permettra de se rendre compte des différences et des rapports que présentent entre eux les systèmes chronologiques dont il vient d'être parlé :

CHRONOLOGIE DES ROIS ASTURIENS ET LÉONAIS

	Chronicon Albeldense	« Sebastián » Sampiro Pelayo	Luc	Rodrigue	Vasée	Garibay	Morales	Mariana	Lafuente
Pelayo....	»	»	»	»	716	716	»	716	718
Favila....	737	737	736	732	735	735	737	737	737
Alfonso I...	739	739	738	734	737	760	739	739	739
Fruela....	757	757	757	753	756	780	757	757	756
Aurelio....	768	768	769	760	767	790	768	768	768
Silo......	775	774	775	772	774	797	774	774	774
Alfonso II..	»	»	»	780	783	806	783	783	783
Mauregato..	784	783	»	—	—	—	—	—	—
Bermudo...	789	788	788	785	789	812	788	788	789
Alfonso II..	792	791	790	787	791	819	791	791	791
Ramiro I...	843	842	842	831	824	848	842	843	842
Ordoño I...	850	850	850	820	831	855	850	850	850
Alfonso III..	866	866	864	817	841	865	866	862	866
Garcia....	»	910	911	883	886	910	912	910	909
Ordoño II ..	»	914	914	886	890	913	914	913	914
Fruela II...	»	924	923	894	898	921	924	923	924
Alfonso IV..	»	925	925	895	899	924	925	924	925
Ramiro II ..	»	931	930	901	905	930	927,929	931	930
Ordoño III..	»	950	949	920	924	950	950	950	950
Sancho I...	»	955	954	925	929	955	955	955	955
Ramiro III..	»	967	966	937	941	967	967	967	967
Bermudo II.	»	982	982	962	965	992	985	982	982
Alfonso V ..	»	999	999	979	983	1002	999	999	999
Bermudo III.	»	1027	1027	1006	1010	1028	1027	1028	1027
Dª Sancha et Fernando .	»	1037	1037	1016	1020	1037	1037	1038	1037

Sur la chronologie des premiers rois asturiens, voir le tome XIV de l'*Historia crítica de España*, de Masdeu, et, dans le tome VIII des *Memorias de la R. Academia de la Historia*, un article de D. Angel Casimiro de Govantes, intitulé *Disertacion... contra el nuevo sistema establecido por el abate Masdeu en la cronologia de los ocho primeros reyes de Asturias y en defensa de la cronologia de los dos cronicones de Sebastian y de Albelda...*; dans le t. IX, l'*Examen critico de la restauracion visigoda en el siglo VIII* (I, *La Cronologia*), par José Caveda. Voir aussi le chapitre où je m'occupe de Vasée dans *Les Histoires générales* et celui que je consacre à Garibay dans *Les Prédécesseurs de Mariana*.

Corónica del Rey don Enrique quarto; Alfonso de Palencia, auquel on en a attribué une autre, et qui a laissé plusieurs décades de *Gesta hispaniensia ex annalibus suorum dierum* [1]. Luis Panzán, qui écrivit une Histoire de Ferdinand Iᵉʳ d'Aragon, utilisée par González Dávila, et aujourd'hui perdue [2]. Peut-être faut-il joindre à ces noms celui de Pedro Mejía, qui laissa une *Crónica y Vida de Carlos V* [3], à moins que Mariana, en citant cet auteur, n'ait voulu faire allusion à l'*Historia Imperial y Cesárea* de ce *coronista* de Charles-Quint, publiée plusieurs fois depuis 1545 [4].

Outre les papiers de Juan Bautista Pérez, il a eu aussi à sa disposition ceux d'Alvar Gómez [5], de García de Loaysa [6] et de Diego de Castilla, doyen de l'église de Tolède. Ce dernier, descendant de Pierre le Cruel, avait annoté un ouvrage de Pedro de Gracia Dei; et, de l'ensemble, Nicolas Antonio nous donne le titre, *Relacion de la Vida del Rey D. Pedro, y de su descendencia que es el linage de Castilla, por Gracia Dei, con annotaciones de D. Diego de Castilla, dean de Toledo;* c'est évidemment celui que Mariana désigne ainsi : « Un tratado del linage de Castilla [7]. »

Quant aux auteurs alors imprimés que Mariana a consultés pour l'Espagne, la plupart sont passés en revue ou étudiés avec quelque détail dans *Les Histoires générales d'Espagne entre Alphonse X et Philippe II* et dans *Les Prédécesseurs de Mariana sous Philippe II* : nous nous contenterons ici de les nommer. D'abord ceux qui, sous des titres divers, ont écrit des Histoires générales d'Espagne plus ou moins complètes : Rodrigue de Tolède, Alphonse le Savant, Alphonse de Carthagène, Ruy Sánchez, Valera, Riccio, Marineo Siculo, Vasséo, Garibay et Morales. Puis ceux qui n'ont traité que les antiquités. Juan

---

1. Voir *Les Histoires générales.*
2. Voir Latassa, à ce nom.
3. Hœnel (*Catalogi*, col. 993) en signale un exemplaire à la bibliothèque de la cathédrale de Tolède. Voir le t. XXI de la Bibl. Rivadeneyra, où l'on en trouve le l. II.
4. Voir Salvá, n° 3473, et Gallardo, n° 2996.
5. Dans la liste bibliographique qui se trouve dans les éditions en espagnol, il indique « Alvar Gomez de Castro en la vida del cardinal Ximenez y otras memorias suyas. » Comme ces *memorias* et les *papeles* de Pérez sont désignés dans les éditions latines par le même mot *adversaria*, il en résulte que par *memorias* il entend bien les papiers d'Alvar Gómez.
6. Dans son *Aparato bibliográfico para la Historia de Estremadura* (t. III, p. 39), paru en 1879, Barrantes donne des détails qui confirment absolument l'hypothèse émise par Ch. Graux dans son *Essai sur les origines du fonds grec de l'Escurial* (p. 66), publié en 1880, à savoir que la bibliothèque de Loaysa fut donnée par la famille Carvajal au couvent dominicain de Plasencia, d'où elle passa à la Biblioteca nacional.
7. Mariana fait évidemment allusion à la thèse de Gracia Dei et de Diego de Castilla, au l. XVII, c. 10 : « Por esta razon algunos no dan tanto credito... » Voir dans Dormer, *Progresos de la Historia en el reino de Aragon* (1ᵉ pᵉ, II, 14, § 22-32), la correspondance de Zurita avec Diego de Castilla au sujet de la Chronique de Pierre le Cruel que l'on disait avoir été écrite par Juan de Castro, évêque de Jaen, et que Mariana déclare, comme Zurita et Castilla, ne pas connaître (XIX, 6).

Margarit, Rezende et Ocampo. A cette liste s'ajoutent le *Valerio de las Historias*, que Mariana attribue, comme il convient, à « l'archiprêtre de Murcie », il veut dire : Rodríguez de Almella[1] ; les *Claros Varones* d'Hernando del Pulgar ; les chroniques particulières des rois de Castille ; les chroniques ou histoires régionales comme celles de Muntaner, de Tomich et surtout de Zurita, enfin de Gerónimo Blancas, qui n'est nommé que dans les éditions en espagnol, sans doute parce que ses *Aragonensium Commentarii* n'avaient paru qu'en 1588[2]. Dans la liste provisoire qu'il avait dressée[3], il marquait Beuter, qu'on ne voit pourtant mentionné dans aucune des listes imprimées. Peut-être ne put-il se procurer un exemplaire de sa Chronique, publiée en castillan en 1546 et en 1563. S'il l'a connue, il n'en est que plus excusable d'avoir ajouté foi aux mensonges de Florian, puisque l'historien valencien, tout en plagiant impudemment celui-ci, affecte de l'ignorer. En tout cas, dès 1574, Morales avait sévèrement jugé Beuter[4] ; et il est possible d'expliquer par là l'omission de notre auteur.

Dès l'édition de 1592 en vingt-cinq livres, nous trouvons les noms de Pedro Martir de Anglería, de Francisco Rades Andrada et de Luís del Mármol. Pedro Martyr de Anglería, ou d'Anghera, est cité à propos de la mort de D. Juan de Luna devant Baza (1489)[5]. Les *Commentarii* auquel Mariana fait allusion sont évidemment l'*Opus epistolarum*, publié en 1530[6]. Luís del Mármol Caravajal avait publié en 1573 une *Primera parte de la Descripcion general de Affrica con todos los successos de guerra que a auido entre los infieles y el pueblo christiano*. La *segunda parte* ne parut qu'en 1599[7]. C'est sans doute cet ouvrage, la *Primera parte* tout au moins, que Mariana a utilisé, et non l'*Historia de la rebelion y castigo de los moriscos del reyno de Granada*, qui ne fut publiée qu'en 1600[8]. Quant au licencié Frey Francisco Rades y Andrada, il est l'auteur d'une *Chronica de las tres Ordenes y Caualle-rias de Santiago, Calatrava y Alcantara*, parue en 1572[9].

Mariana n'a consacré qu'un chapitre (assez long, il est vrai) à la découverte du Nouveau-Monde[10]. Ce qu'il en dit est emprunté à la

1. Il est à noter que cet ouvrage était désigné aussi bien que la Chronique de Valera par le titre *la Valeriana* : « Compuso (Valera) vna breue historia de las cosas de España que de su nombre se llama la historia Valeriana. Bien que ay otra Valeriana de vn Arcipreste de Murcia, qual se cita en estos papeles. » (Mariana, XIX, 16.) Quant à Fernán Pérez de Guzmán, Mariana ne le mentionne pas. Il n'a pourtant pas dû ignorer le *Mar de historias*, ni surtout les *Generaciones y Semblanzas*.
2. N° 2837 de Salvá. Cf. Latassa. Sur Vagad, qu'il ne nomme pas dans sa liste, voir p. 31.
3. Voir p. 303-4.
4. Voir *Les Histoires générales*.
5. XXV, 13.
6. Voir Mariéjol, *Pierre Martyr d'Anghera*, c. XI.
7. N° 3356 de Salvá. Voir aussi sur cet ouvrage et les suivants le *Trésor* de Graesse.
8. N°˙ 3028-9 de Salvá.
9. N° 1664 de Salvá.
10. XXVI, 3.

Primera y segunda Parte de la Historia general de las Indias de Francisco López de Gómara, parue avec la date de 1553, réimprimée trois fois durant cette année-là et la suivante, publiée en italien et en français plusieurs fois avant 1592[1]. C'est peut-être le succès même de cet ouvrage qui a amené notre auteur à abréger l'exposé de ces grands événements. Il ne paraît avoir consulté ni les Lettres de Fernán Cortés, dont trois avaient été imprimées de 1522 à 1526[2]; ni le *De orbo nouo* de Pierre Martyr d'Anghera, dont les huit *Decades* avaient été publiées en dernier lieu en 1587, à Paris[3]; ni l'*Historia general de las Indias* de Gonzalo Fernández de Oviedo, dont la *Primera parte* avait été publiée en 1535 et en 1547, la *Segunda*, en 1557[4]; ni *La Relacion y comentarios del gouernador Aluar Nuñez Cabeça de Vaca*, parus en 1555[5]; ni la *Parte primera de la Chronica del Peru* de Pedro Cieza de León, ni l'*Historia del descubrimiento y conquista de ias provincias del Peru* d'Agustín de Zárate, imprimées toutes deux à Anvers, celle-là en 1554, celle-ci en 1555, et toutes deux aussi à Séville, celle-là en 1553, celle-ci en 1577[6]; ni enfin la *Verdadera relacion de la Conquista del Peru* de Francisco de Jérez, parue en 1534 et en 1547, et pas davantage la *Primera y segunda parte de la Historia del Peru* de Diego Fernández, publiée en 1571[7]. En revanche, il a consulté les *Historiarum Indicarum libri XVI* de son confrère Juan Pedro Maffei, imprimés à Cologne en 1589 et 1593[8].

Quant à l'*Historia general de los hechos de los Castellanos en las Islas i tierra firme del Mar Oceano* d'Antonio de Herrera, parue de 1601 à 1615[9], Mariana n'en a rien tiré pour ses éditions postérieures, où le chapitre consacré aux découvertes des Espagnols n'a reçu aucune addition.

Passons maintenant au Portugal, qui, depuis 1580, faisait partie de

---

1. N° 2741 de Gallardo. Voir la courte notice que lui a consacrée Enrique de Vedia dans le tome XXII de la Bibl. Rivadeneyra, où se trouve l'ouvrage en entier. Vedia note que dans l'édition de González Barcia (t. II des *Historiadores primitivos de Indias*, 1749) il y a des suppressions. Noter que l'ouvrage avait été interdit en 1553.
2. Voir Gallardo, n° 1926-8; Salvá, n° 3301; Barcia, t. I; Gayangos, *Cartas y relaciones de Hernan Cortés*, Paris, 1866; Vedia, ouvr. cité, et Barrantes, *Aparato bibl.*, t. II, p. 397-401, où est reproduite, avec des notes, la notice de Vedia.
3. Voir *B. h. n., Petrus martyr Anglariensis*; Salvá, n° 3268-9; et Mariéjol, ouvr. cité, c. XII. Première édition, 1530, Alcalá.
4. Peut-être déjà en 1552. Cf. Salvá, n° 3320-1; Gallardo, n° 2185; *Bibl. h. n.*; enfin l'édition de 1851-5 donnée par le R. Acad. de la Historia, avec une notice de J. Amador de los Ríos.
5. N°° 3369 de Salvá; 3243 de Gallardo; Barcia, t. I; Bibl. Rivadeneyra, t. XXII, p. 517-99.
6. N°° 3393 et 3425 de Salvá; 4366 de Gallardo. Seul Zárate est dans Barcia, t. III. La Bibl. Rivadeneyra, t. XXVI, contient aussi Cieza de León.
7. N°° 3346 et 3317 de Salvá; 2586-7 et 2184 de Gallardo. La première seule est dans Barcia (t. III) et dans la Bibl. Rivadeneyra (t. XXVI).
8. N°° 3354-5 de Salvá. Cet auteur est cité au l. IV, c. 3 (addition de 1617), vers la fin. Graesse indique deux autres éditions, 1588 et 1589.
9. N° 3340-1 de Salvá. Cf. p. 172, n. 3.

la monarchie espagnole. La première partie de la *Monarchia Lusytana* de Fr. Bernardo de Brito ne parut qu'en 1597, et la seconde qu'en 1609[1]. La *Primeira parte das Chronicas dos Reis de Portugal reformadas* de Duarte Nunes de Leão ne devait paraître qu'en 1600[2], et les autres œuvres publiées par cet auteur avant 1592 ne furent connues de Mariana que grâce à l'entremise de Ferrer, après la publication des vingt-cinq premiers livres de *De rebus Hispaniae*; et, du reste, le nom de Nunes ne figure sur la liste des œuvres de Mariana dans aucune de ses éditions. Pas davantage ne paraissent avoir été connues de notre auteur les *Dialogos de Varia Historia* de Pedro de Mariz, imprimés en 1594, puis en 1597 et 1598[3], ni le *Breue Sumario dos Reys de Portugal*, ouvrage anonyme daté de 1555[4]. Quant aux Chroniques particulières des rois de Portugal, il n'en cite aucune[5].

Au surplus, on a vu que, sur l'histoire de ce pays, Mariana avouait à Ferrer, dans sa lettre du 24 juin 1596[6], n'avoir guère eu d'autre source que Garibay. Il a bien mis, dès son édition de 1592 (ou 1595) en vingt-cinq livres, le nom de Jerónimo Osorio dans la liste de ses autorités, mais il n'a évidemment eu à consulter le *De rebus Emmanuelis regis Lusitaniae* (publié à Lisbonne en 1571 et à Cologne en 1574, 1576 et 1586)[7], que lorsqu'il a écrit les livres XXVI et XXVII, où il s'occupe de ce roi[8], c'est-à-dire après la publication des vingt-cinq premiers livres. En tout cas Ferrer lui indiquait cet auteur, avec quelques autres, touchant la navigation aux Indes, dans sa lettre du 17 juin 1598.

Avec Osorio, Ferrer recommandait aussi à son confrère d'autres auteurs que nous avons déjà nommés. C'était Damião de Góes, qu'il s'agisse, soit de ses Chroniques de Jean II et de Manuel[9], soit plutôt de ses *Commentarii rerum gestarum in India citra Gangem a Lusitanis an-Dom. MDXXXVIII* (qui, imprimés à Louvain en 1539[10], l'avaient été sous le titre de *Diensis... urbis oppugnatio* dans la même ville en 1544[11]),

1. N° 13 de Figaniere.
2. Voir p. 158.
3. N° 66 de Figaniere; cf. les n°* 3026-7 de Salvá.
4. N° 71 de Figaniere.
5. Voir *ibid.*, n°* 108 (Diogo Affonso, *Vida y milagres da Raynha sancta Isabel*, 1560), 122 (Damião de Góes, *Chronica do Principe Dom Joam... secundo*, 1567), 130 (Garcia de Rezende, *Vida... do christianisimo... Rey dõ João o segundo*, 1545, 1554, 1596), 132 (Fr. João Alvares, *Chronica... do Iffante Sancto Dom Fernando*, 1527 et 1577), 141 (Damião de Góes, *Chronica do felicissimo Rei Dom Emanuel*, 1566-67).
6. Voir p. 157.
7. N° 3099 de Salvá. «Su historia, tal qual es, parece mejor que todas las deste siglo», dit Antonio Agustín (Dormer, *Progresos de la Historia en el reino de Aragon*, IV, 5, § 35).
8. Il cite Osorio au l. XXVI, c. 3, à propos de la ligne de démarcation des possessions portugaises et espagnoles.
9. Voir plus haut, n. 5.
10. N° 3328 de Salvá.
11. On trouve cet opuscule avec le *De bello Cambaico ultimo* dans le t. II de l'*Hisp. illustrata*.

et de son *De bello Cambaico ultimo*, paru en 1549. C'était aussi João de Barros et Fernão Lopes de Castanheda. Du premier, Ferrer voulait évidemment indiquer les trois Décades de l'*Asia* alors parues (1552-1563)[1] ; et du second, les huit livres de l'*Historia do descobrimento & conquista da India pelos Portugueses*, publiés à Coïmbre de 1551 à 1561[2]. C'était enfin D. João de Castro, quatrième vice-roi de l'Inde, dont le *Roteiro em que se contém o viagem que fizeram os Portuguezes no anno de 1541, partindo da nobre Cidade de Goa até Suez* n'a été publié qu'en 1833[3], mais dont Ferrer pensait que les routiers (y compris celui-là sans doute) devaient se trouver à Madrid.

Rien ne prouve que Mariana se soit servi de ces sources, tardivement indiquées par son confrère, pour les trois chapitres qu'il a consacrés aux voyages des Portugais dans l'Inde, et en particulier à celui de Vasco de Gama[4], sur lequel Osorio le renseignait amplement. Seul le chapitre qui suit, et qui a trait à la route prise au temps de Mariana pour aller aux Indes, a reçu entre 1601 et 1605 quelques additions[5], dues peut-être aux indications de Ferrer[6].

On a vu que Ferrer lui conseillait de se défier, pour l'antiquité, de Juan León, dont la *Descriptio Africae* avait été imprimée plusieurs fois depuis 1556[7]. Le seul auteur qu'il semble avoir consulté sur la partie de l'Afrique que l'on nommait alors Éthiopie, est Francisco Alvarez, qu'il ne mentionne du reste que dans ses éditions espagnoles, et dont la *Verdadera informacam das terras do Preste Joam*, parue en 1540, avait été publiée en espagnol à Anvers en 1557, puis à Saragosse en 1561 et à Tolède en 1588[8].

Pour les Flandres, qui, comme le Portugal, faisaient partie des États de Philippe II au moment où paraissait le *De rebus Hispaniae*, Mariana cite l'*Historia flandrica* (soit plus exactement les *Commentarii... rerum Flandricarum*) de Jacques de Meyer, publiée en 1561[9].

Pour Naples et la Sicile, il avait les *De rebus gestis ab Alphonso*

---

1. N°˙ 920 de Figaniere, et 3272-4 de Salvá; cf. la *Bibl. h. n.*, *Ioannes de Barros*.
2. N°˙ 912 de Figaniere, et 3350-1 de Salvá. En français (avec Osorio), en 1581 et 1587.
3. N° 921 de Figaniere; Nic. Antonio (*Bibl. h. n.*, *Ioannes de Castro*) mentionne une Description géographique et hydrographique manuscrite de l'Éthiopie par cet auteur.
4. XXVI, 17-19.
5. Voir plus haut, p. 149, n. 3.
6. Voir p. 159. Le titre de ce chapitre rappelle celui de l'ouvrage de Bernardino Escalante, *Discurso de la navegacion que los Portugueses hazen a los Reinos y Provincias de Oriente*, paru en 1577 (n° 3311 de Salvá).
7. B. *hisp. n.*, et G. Vossius, *De historicis latinis*, *Ioannes Leo*.
8. N°˙ 3265-7 de Salvá, et 166-7 de Gallardo.
9. Il ne mentionne pas les *Comentarios de Don Bernardino de Mendoça, de lo sucedido en las guerras de los Payses baxos desde el año de 1567 hasta el de 1577*, publiés en français en 1591, et en castillan en 1592 (n° 887 de *La Impr. en Toledo*; voir le t. XXVIII de la Bibl. Rivadeneyra).

primo Neapolitanorum rege Commentariorum Libri decem, traduits de l'italien de Bartolomé Fachs par Michel Brutus et publiés à Lyon en 1560[1]; le *Compendio delle historie del regno di Napoli* de Pandolfo Collenucio (1539), traduit en français, en latin, enfin (par Juan Vázquez del Mármol, 1584) en espagnol; le *De rebus Siculis* du dominicain Tomaso Fazello, paru en latin en 1558 et 1560, en italien en 1574, et que du reste on pouvait lire en latin dans les *Rerum Sicularum scriptores*, donnés par Wechel en 1579; enfin le *De regibus Siciliae eorumque origine et successione* en quatre livres, de Michel Riccio, adjoints par Wechel dans le même volume. Dans aucune édition il n'est fait mention de Francesco Maurolico et de son *Historia Siciliae* (c'est-à-dire sans doute le *Sicanarum rerum compendium*, paru en 1562), qui pourtant figure sur la liste manuscrite dont il a été parlé.

Voici maintenant pour les autres pays. La même remarque est à faire touchant Sigonius, et, chose curieuse, Guichardin, que touchant Maurolico. Pour l'Italie, les ouvrages modernes que Mariana déclare plus ou moins explicitement avoir utilisés sont: le *De Vitis pontificum* de Platina avec les notes d'Onufrius Panvinius, c'est-à-dire dans l'édition de 1562 ou l'une des suivantes; probablement aussi l'*Epitome pontificum romanorum usque ad Paulum IV* de ce dernier, sûrement ses *Fasti et triumphi Romanorum a Romulo usque ad Carolum V*; et enfin l'*Historia Pontifical* de son compatriote Gonzalo Illescas, plusieurs fois imprimée depuis 1564[2]. Ajoutons à ces noms celui de Paul Jove, dont il a dû consulter les célèbres *Historiae sui temporis* (deux traductions espagnoles en 1562) et sans doute aussi les *Elogia virorum illustrium*.

Du même Paul Jove, peut-être a-t-il vu les *Commentarii delle cose de' Turci*, publiés en italien en 1541, et en latin dès 1537.

Il cite Tritheim et Eneas Silvio (Pie II), qui ont pu lui être utiles pour l'histoire de l'Allemagne.

Pour la France, il avait, outre Commines, le *Compendium Roberti Gaguini super Francorum gestis* paru en 1495, ou plutôt sans doute les *Roberti Gaguini rerum gallicarum Annales cum Huberti Velleii supplemento*, publiés par Wechel à Francfort en 1577; les *Papirii Massoni Annalium libri quatuor*, parus à Paris la même année; les *Pauli Aemylii Veronensis... de rebus gestis Francorum libri X*, imprimés à Paris en 1555 avec une continuation, *Arnoldi Ferroni Burdigalensis... de rebus gestis Gallorum libri IX*; enfin le *Chronicum de regibus Francorum*, de Jean du Tillet, imprimé plusieurs fois en latin et en français depuis 1548. Quant à l'Histoire du président de

---

1. Voir Muñoz, *Diccion. bibl.-histórico*, Aragon, n° 108.
2. Voir Dormer (*Progresos*, 1ª pª, I, 22), d'après qui la première édition aurait été faite à Madrid; mais M. Pérez Pastor (*Bibl. madrileña*) ne mentionne aucun ouvrage imprimé dans cette ville avant 1566.

Thou, parue de 1604 à 1620, il l'a connue, puisqu'il la taxe de partialité en faveur des protestants[1].

Pour l'Angleterre, il ne cite que Polydore Virgile, dont les *Anglicae Historiae libri XXVII*, parus (moins le dernier) en 1534, avaient été réimprimés à Bâle en 1570, et Nicolas Sanders, dont le *De origine ac progressu schismatis anglicani* fut publié en 1585[2].

Si nous constatons que sa liste bibliographique comprend encore les noms de Cyriaque d'Ancône, de Bartolommeo Marliani (dont il cite le *De antiqua Roma*, c'est-à-dire l'*Vrbis Romae topographia*), Antonio Agustín, Abraham Œrtel, Joseph Scaliger et César Baronius, nous saurons quelles ont été ses autorités modernes.

V

Nous pourrons nous faire une première idée de la façon dont Mariana utilise ses sources en examinant sa description de l'Espagne.

Dans la première partie de cette description, Mariana s'est contenté de reproduire, souvent sans changement, les phrases de Solin et de Justin, en intercalant, dans un passage de l'un, un passage de l'autre[3]. C'est ainsi qu'il interrompt Solin pour placer un développement de Justin : « neque ut Africa uiolento sole, etc. ; » il reprend ensuite Solin à peu près où il l'avait quitté ; « omni materia affluit..., » en rattachant par un « enim » cette phrase à celle de Justin.

Une même phrase de Solin lui sert deux fois, au moins quant à

---

[1]. Voir p. 359.
[2]. Ribadeneira en a tiré son *Scisma de Inglaterra* (1588).
[3]. Voici les passages de Solin et de Justin que Mariana a principalement utilisés pour sa description (I, 1). Je les mets dans l'ordre où il les a pris ; les mots empruntés sont en italiques.

Solin, XXIII, 1 ; « *Terrarum plaga comparanda optimis, nulli* posthabenda *frugis & soli copia...* »

Justin, XLIV, 1 : «... neque *ut Africa uiolento sole torretur, neque ut Gallia* adsiduis *uentis fatigatur, sed media inter utramque* hinc temperato caiore, inde felicibus *&* tempestiuis imbribus in omnia frugum genera *fecunda est : adeo ut non ipsis tantum* incolis, uerum etiam *Italiæ* urbique Romanae cunctarum *rerum* abundantia sufficiat. »

Solin, XXIII, 2 : « *Omni materia affluit,* quaecumque aut *pretio* ambitiosæ est, aut usu *necessaria.* »

XXIII, 1 : «... Siue *uinearum* prouentus respicere siue arborarios uelis. »

Justin, XLIV, 1, § 5 : « Hinc enim non *frumenti* tantum magna copia est, uerum et uini, *mellis oleique.* »

Solin, XXIII, 2 : «... *argentum*, uel *aurum* requiras, habet : *ferrariis* nunquam deficit. »

Justin, XLIV, 1, § 7 : « *Minii* certe *nulla feracior* terra. »

Solin, XXIII, 3 : « Quicquid cuiuscumque modi negat messem, uiget pabulis. »

Solin, *ibid.* : « *Nihil* in ea *otiosum, nihil sterile.* Quicquid cuiuscumque modi negat messem, uiget pabulis : etiam quae arida sunt ab sterilitate rudentum materias nauticis subministrant. » Cf. Justin, XLIV, 1, § 7 : « Iam lini *spartique* uis ingens... »

Justin, XLIV, 1, § 10 : « *Salubritas* coeli per omnem Hispaniam aequalis, quia *aeris* spiritus *nulla paludum graui nebula infleitur.*

l'idée : « quicquid cuiuscumque modi negat messem, viget pabulis ; etiam quae arida sunt ab sterilitate rudentum materias nauticis subministrant. » Il la découpe ainsi : 1° « quae mitiora sunt frugibus frumentoque seruiunt ; cætera pabulo pecorum » ; 2° « quacumque parte frugum messis denegatur, sparti copia funditur ad nauticos funes conficiendos ».

Tantôt il reproduit littéralement : « terrarum plaga comparanda optimis », « nihil [in ea] otiosum, nihil sterile, » voilà du Solin ; « neque vt africa violento sole sorretur, neque vt Gallia [adsiduis] ventis... fatigatur, » voilà du Justin. Tantôt il ajoute ou paraphrase : ainsi dans la phrase qui vient d'être citée, qu'il augmente de deux compléments : « ... neque vt Gallia ventis, cœli rigore, humiditate terræ aerisque fatigatur. » Tantôt enfin il change quelques mots, l'idée restant la même à peu de chose près : c'est de cette façon qu'il a tiré parti de « adeo ut non ipsis tantum incolis » etc., de Justin, ou de « omni materia affluit » etc., de Solin, ou de « salubritas cœli per omnem » etc., de Justin encore.

Il n'est pas étonnant, après cela, qu'en y regardant de près l'on aperçoive dans ce morceau certaines redites. Il revient à deux reprises sur la richesse métallique du sol ; à deux reprises également sur le climat.

Il est donc arrivé cette chose bizarre : pour dépeindre son pays, Mariana s'est servi des phrases qu'il trouvait toutes faites chez des auteurs qui l'avaient dépeint comme un Eldorado. Seulement, grâce à certains traits plus noirs, que le sentiment de la réalité lui a fait ajouter aux couleurs riantes de ses modèles, il a produit une peinture à peu près exacte.

Il n'a du reste pas emprunté seulement à Solin et à Justin, mais aussi à Pline et à Strabon. Est-ce Pline, est-ce Strabon, ou les deux à la fois, qui lui ont fourni la phrase dans laquelle il avoue qu'une grande partie de l'Espagne est désolée par la sécheresse et ne présente à la vue que des rochers et des pierres[1] ? C'est du moins au témoignage de Pline qu'il se réfère pour donner une idée de la richesse de l'Espagne méridionale[2]. Il lui a encore pris quelques bouts de phrase[3], parfois même pour exprimer une idée très différente de celle qu'énonçait l'auteur latin[4].

---

1. Cf. Strabon III, 1, § 2, et Pline, XXXVII, § 203.

2. « Plinii etiam testimonio in extrema historia naturali, quacumque ambitur mari, omnium terrarum optima et vberrima Hispania est secundum Italiam. » (I, 1.)

3. Pline, III, § 30 : « Metallis plumbi ferri aeris argenti auri *tota ferme* Hispania *scatet*, citerior et *specularis lapidis*, Baetica et minio. *sunt et marmorum lapidicinae*. » (Éd. Ian.)   Mariana, I, 1 : « ... neque *metall*orum gemmarum copia, quibus *tota ferme scatet*. Sunt et *speculares lapides*, sunt et *marmorum lapidicinae*, mira ludentis natura colorum varietate. »

4. Pline, III, § 16 : « Incubuere maria tam longo aeuo, alibi processere litora, torsere se fluminum aut correxere flexus. » Telle est l'idée qu'a reproduite Mariana ;

On retrouve ainsi à chaque instant, dans le latin de l'*Historia de Rebus Hispaniae* des traces de l'imitation directe. Rien ne prouve mieux que nous n'avons pas là un simple ouvrage de seconde main, mais un travail fait en présence des sources.

Bien entendu, dans le récit historique, la plupart du temps, il résume fortement son modèle. Le récit de la bataille où furent vaincus les Carpétans au nombre de cent mille tient presque tout un chapitre dans Tite-Live [1]. Il le ramène à une ligne [2]. Mais s'il résume (et bien forcément), Mariana ne fait pas simplement œuvre d'abréviateur à la façon d'un Florus. Il condense sans détruire. L'histoire ne devient pas dans son livre moins vivante, moins dramatique. Du portrait d'Annibal par Tite-Live, dont Florus n'a rien gardé, il nous donne comme une réduction : quelques détails en moins ne font rien perdre de l'impression d'ensemble [3]. Aussi bien que si nous avions lu Tite-Live, nous connaissons les hésitations du Sénat romain [4], les divisions des

---

mais il s'est servi pour cela d'un bout de phrase qui, dans Pline, servait à exprimer une idée bien différente :

| Pline, III, § 18 : « Citerioris *Hispaniae sicut* complurium *prouinciarum* aliquantum *uetus forma mutata est*... » | Mariana, I, 2 : « ...& fortassis *Hispaniae* littorum *sicut* reliquarum *prouinciarum uetus forma immutata est*... » |

Pline continue en disant que l'Espagne citérieure contient, de son temps, moins de villes que du temps de Pompée et a dû changer de limites. Mariana parle de la diminution de territoire causée par les empiétements de la mer.

1. XXI, 5.
2. « Mox alii ad Tagum insigni prælio victi. » (II, 9.)
3. Tite-Live, XXI, 3, § 1 : « In Hasdrubalis locum extemplo iuuenis Hannibal in praetorium delatus imperatorque ingenti omnium clamore atque assensu appellatus erat ; haud dubia res fuit quin *praerogatiua militaris*, quam *fauor plebis* sequebatur, etiam *a senatu comprobaretur*... » [a]

Ibid., 4, § 5-6 : « Plurimum audaciae ad pericula capessenda, plurimum consilii inter pericula erat. Nullo labore aut corpus fatigari aut animus vinci poterat. Caloris ac frigoris patientia par ; cibi potionisque desiderio naturali, non uoluptate, modus finitus... »

Ibid., 4, § 9 : « Has tantas uiri uirtutes ingentia uitia aequabant, inhumana crudelitas, perfidia plus quam punica, nihil ueri, nihil sancti, nullus deum metus, nullum iusiurandum, nulla religio. »

Ibid., 4, § 3 : « Itaque haud facile discerneres utrum imperatori an exercitui carior esset... » (Éd. Riemann.)

a) Voir plus loin, p. 322.

4. Tite-Live, XXI, 6, § 6 : « Tum relata de integro res ad senatum ; et alii, prouincias consulibus Hispaniam atque Africam decernentibus, terra marique rem gerendam censebant alii totum in Hispaniam Hannibalemque intendebant ; erant qui non temere mouendam rem tantam exspectandosque ex Hispania legatos censerent. Haec sententia, quae tutissima uidebatur, uicit, legatique eo maturius missi... Saguntum ad Hannibalem. »

Mariana, II, 9 : « Mortuo Asdrubale summa Hispanici imperii Annibali commissa est, viginti ætatis iuueni magnorumque spirituum, viginti sex annos circiter nato, *prerogatiuam militarem, fauor plebis & senatus approbatio confirmauit*. Multa inerant virtutes, neque minora in natura vitia, corpus duratum labore, ingens animus : gloriæ appetens, magis quam voluptatum ; plurimum audaciæ, consilii plurimum. Has virtutes crudelitas, perfidia, religionis omnis contemptus fœdabat. multitudini iuxta tamen erat ac Principibus carus. »

« Variis sententiis agitata in senatu res. Multis bellum continuo decernentibus, vicit sententia leuior, legatosque ad Annibalem mitti placuit. »

Carthaginois, la haine d'Hannon contre les Barca et la puissance de ceux-ci, la réponse faite aux ambassadeurs romains venus pour demander qu'on leur livrât Hannibal[1], les péripéties du siège de Sagonte, la situation et l'importance de cette ville, l'échec d'une première tentative du côté qui paraissait le moins défendu, la blessure reçue par Annibal, une première brèche inutilement ouverte, la résistance des habitants qui défendent pied à pied leur ville, chaque jour plus petite, contre l'ennemi entré enfin par une nouvelle brèche, le départ d'Annibal, qui leur donne quelque répit, la continuation des opérations sous la conduite de Maharbal, le retour d'Annibal, la mission dont se charge, de sa propre initiative, le Sagontin Halcon, l'intervention de l'Espagnol Alorcus, hôte des assiégés, le bûcher où se jettent, avec leurs richesses, un grand nombre d'entre eux, la dernière tour s'écroulant et livrant passage aux Carthaginois dans la ville en flammes, le massacre, le butin, enfin, amoindri par le désespoir farouche des vaincus[2].

Mais il ne faudrait pas croire que Mariana suive aveuglément Tite-Live. Il a également recours à Polybe, et en voici une preuve incontestable. Selon Tite-Live, l'ambassade envoyée par les Romains à Hannibal au moment où celui-ci menaçait Sagonte, ne fut point reçue et partit pour Carthage[3]. Polybe dit qu'elle le fut, à Carthagène; que,

1. Tite-Live, XXI, 9, § 3-4 : « Interim ab Roma legatos uenisse nuntiatum est; quibus obuiam ad mare missi ab Hannibale qui dicerent nec tuto eos adituros inter tot tam effrenatarum gentium arma, nec Hannibali in tanto discrimine rerum operae esse legationes audire. Apparebat non admissos protinus Carthaginem ituros. Litteras igitur nuntiosque ad principes factionis Barcinae praemittit, ut praepararent suorum animos, ne quid pars altera gratificari populo Romano posset.
(10, § 1) Itaque, praeterquam quod admissi auditique sunt, ea quoque uana atque irrita legatio fuit. Hanno unus aduersus senatum causam foederis magno silentio propter auctoritatem, etc...
(10, § 12)...nec dedendum solum ad piaculum rupti foederis, sed si nemo deposceret, deuehendum in ultimas maris terrarumque oras, ablegandum eo unde nec ad nos nomen famaque eius accidere neque ille sollicitare quietae ciuitatis statum posset...
(11, § 1-2) Cum Hanno perorasset, nemini omnium certare oratione cum eo necesse fuit: adeo prope omnis senatus Hannibalis erat..., Responsum inde legatis Romanis est bellum ortum ab Saguntinis, non ab Hannibale, esse; populum Romanum iniuste facere, si Saguntinos uetustissimae Carthaginiensium societati praeponat. »

« Legati denuo Roma missi (nam omnia tentare visum est, priusquam veniretur ad arma) negata Annibalem conueniendi potestate, vt erant iussi, Carthaginem nauigantes de iniuriis in senatu conquesti sunt, dedi Annibalem certe ad supplicium postulantes, eam vnam pacis conditionem esse. Hanno aequa Romanos petere disseruit. Annibalem si nullus posceret, in vltimas terras deportandum videri: ne quietum reip. statum perturbaret. Restitit Barchina factio Annibalis litteris & studio praeoccupata. Sic repudiato saniori consilio in hanc sententiam responsum datur. Nulla Annibalis culpa res in eum statum deductas esse. à Saguntinis ortam iniuriam. inique facere Romanos nouis veteri amicitiis praelatis. »

2. Cf. le récit de Mariana avec Tite-Live XXI, c. 7, § 1, 3, 5-7, 10; c. 8, § 1, 5-8; c. 9, § 1-2; c. 11, § 5-13; c. 12, § 1-7; c. 13, § 5-6; c. 14, § 1-2; c. 15, § 1-3. Tout cela est réduit à quelques lignes dans Florus (I, 22, § 6) et dans Eutrope (III, 3).
3. Voir le passage cité ci-dessus. Eutrope ne fait que le résumer.

VALEUR DE SON HISTOIRE D'ESPAGNE

prenant les dieux à témoins, elle l'avertit qu'il eût à respecter le traité conclu entre Rome et Asdrubal; qu'Annibal répondit en accusant les Romains eux-mêmes d'injustice et de cruauté à l'égard des Sagontins; qu'après cela l'ambassade partit pour Carthage[1]. Il ne parle point d'autre ambassade des Romains au chef carthaginois. Ces deux témoignages contraires, Mariana les a combinés. Il suppose deux ambassades : l'une, envoyée à la suite d'un appel des Sagontins dont parlent Tite-Live et Polybe, fut reçue, exposa les griefs et les exigences, et eut la réponse que rapporte Polybe; mais il ne dit point qu'elle alla ensuite à Carthage[2]; l'autre, venue sur un second appel, que ne signalent ni Tite-Live ni Polybe, ne fut pas reçue et s'en alla droit à Carthage : c'est celle dont parle Tite-Live[3]. Ce qui autorisait Mariana à supposer un second appel des Sagontins, c'est que Polybe fait allusion, en effet, à de nombreux messages envoyés par eux aux Romains[4]. Il valait mieux, assurément, concilier les deux auteurs par ce moyen que d'ajouter purement et simplement le récit de l'un à celui de l'autre, ce qui eût entraîné à admettre deux ambassades à Carthage[5].

Ocampo, lui aussi, avait utilisé les deux récits. Mais il avait procédé autrement. Il raconte d'abord l'ambassade dont parle Polybe, sans dire toutefois qu'elle se transporta à Carthage[6]; puis l'ambassade dont il est question dans Tite-Live, mais en omettant la séance du sénat dont celui-ci parle au préalable[7].

Les deux versions se valent peut-être, puisque, si l'une ajoute,

---

1. III, 15, § 3-7.
2. «...legatosque ad Annibalem mitti placuit, qui adulta iam æstate Carthaginem nouam delati Annibali, senatus Romani verbis denunciant, ne Seguntinis sociis atque confœderatis molestus esse pergat, ne ue Iberum, vt erat in superiori fœdere cautum, transcendat, si secus faxit, curæ senatui populoque Romano socios amicosque fore. Ad hæc Annibal neque recte ait neque pro bono facere Romanos nuper Sagunti de viris primariis sibique amicis supplicio sumpto, & nunc dissimulari iniurias, volentes, quibus Turdetani à Seguntinis violati essent.» C'est, à peu de chose près, la paraphrase de ce que dit Polybe.
3. Voir le texte de Mariana, p. 320, n. 1.
4. « συνεχῶς ἔπεμπον » (III, 15, § 1).
5. On se rendra mieux compte de la combinaison opérée par Mariana à l'aide de l'analyse suivante :
Récit de Polybe : a Les Sagontins envoient des messagers à Rome.
                b Une ambassade romaine est reçue à Carthagène par Annibal.
                c Elle va ensuite à Carthage.
Récit de Tite-Live : a' Les Sagontins envoient à Rome des messagers qui sont reçus par le sénat. Celui-ci hésite sur le parti à prendre et se décide à envoyer à Annibal une ambassade qui se rendra ensuite à Carthage.
                b' Cette ambassade n'est pas reçue par Annibal.
                c' Elle se rend à Carthage.
Mariana a fondu a et a', supprimé c, supposé un second appel des Sagontins, et reproduit b' et c'. On pourrait dire aussi qu'il a pris cet ordre : a' b, a b' c'.
6. IV, 29, § 3-9.
7. IV, 32, § 1-5. Il raconte a, b; supprime c et a'; reproduit b' et c'.

l'autre retranche davantage. Celle de Mariana pourtant témoigne d'un plus grand effort, semble-t-il. En tout cas, ce qui nous intéresse surtout ici, c'est que Mariana ne s'est pas contenté de suivre Ocampo, non plus que Garibay, qui ne fait que résumer Ocampo [1] ; c'est aussi qu'il a travaillé sur les textes eux-mêmes, cherchant à résoudre de son mieux les difficultés et les contradictions.

Mariana fait plus encore que de contrôler un texte par un autre. Il le corrige. Dans le passage où Tite-Live dit comment Annibal fut nommé général, les éditeurs modernes ont dû suppléer par une conjecture une lacune et intervertir des membres de phrase. Il se trouve que Mariana a lu ou compris en somme comme eux. Ils comprennent, en effet, que le choix de l'armée, appuyé par le peuple, fut ratifié par le Sénat. Les manuscrits ne mentionnent ni cette ratification ni le Sénat [2]. Faut-il attribuer à notre auteur le mérite d'une heureuse correction? ou celle-ci était-elle déjà faite dans l'édition dont il se servait? En tout cas ce n'est pas Polybe qui l'a suggérée, car il ne parle que de l'approbation par le peuple assemblé [3]; et ni Ocampo [4], ni Garibay [5] ne disent rien de semblable.

A partir de l'endroit où Morales a entrepris la continuation de la *Coronica* d'Ocampo, c'est-à-dire depuis la mort de Publius Cornelius Scipion et de son frère Gaius en Espagne, Mariana avait un guide sûr, auquel, conformément à la modestie de son programme, il pouvait s'en remettre. Nous pouvons nous faire une idée de la façon dont il procède, si nous examinons le récit qu'il fait de la révolte et de la mort d'Herménégild. Nous nous rendrons compte par là-même de la différence des méthodes suivies par ces deux historiens et de ce que le second doit au premier.

Les principaux auteurs à consulter étaient, avec Rodrigue de Tolède et Luc de Tuy, Isidore de Séville, mort en 636, Jean de Biclar, mort en 591, Grégoire de Tours, mort en 594, et Grégoire le Grand, mort en 604, ces trois derniers contemporains des faits.

Luc et Rodrigue, dont les textes sont ici très voisins (soit que Luc ait eu le livre de Rodrigue entre les mains, soit qu'ils aient tous deux puisé à une chronique isidorienne fortement interpolée), disent qu'Herménégild s'étant révolté contre son père Léovigild, celui-ci s'empara de lui par la ruse dans Séville, et que, sur son refus de

---

1. V, 14, t. I, p. 148.
2. Voici ce que donnent les manuscrits, d'après Riemann (édition Hachette, L. XXI-XXII, p. 189) : « In Hasdrubalis locum haud dubia res fuit quin praerogatiua militaris quam extemplo iuuenis Hannibal in praetorium delatus imperatorque ingenti omnium clamore atque assensu appellatus erat, fauor plebis sequebatur. » C'est M. Harant qui a établi l'ordre suivi par Riemann, qui outre « comprobaretur » suppléé par ce critique, ajoute « etiam ab senatu ».
3. III, 13, § 4.
4. IV, 24, § 1.
5. V, 13, t. I, p. 147.

communier selon un rite impie, son père le fit torturer et frapper de la hache, donnant ainsi à Dieu un martyr[1].

L'*Historia Gothorum Isidori* dit seulement que Léovigild assiégea son fils, qui usurpait le pouvoir *(tyrannizantem)* et le vainquit[2]. L'*Historia Sueborum* ajoute que Miro, roi des Suèves, vint aider Léovigild au siège de Séville et qu'il y mourut[3]. Le *Chronicon Isidori Iunioris* note seulement que les Goths furent divisés en deux camps par la faute d'Herménégild, fils de Léovigild, et se massacrèrent mutuellement[4].

Un des manuscrits de l'*Historia Gothorum* donne plus de détails. Léovigild a marié Herménégild à Gosuinda, fille du roi des Francs, Sisbert, et lui a donné une partie de son royaume. Herménégild, poussé par sa femme *(factione uxoris)*, s'insurge à Séville contre son père, qui, aidé de Miro, roi des Suèves, vient assiéger Séville. Miro meurt la même année. Léovigild accable Séville par la famine et le blocus *(conclusione)* du Bœtis, relève Italica ; son fils s'étant enfui, il reprend toutes les villes que celui-ci avait occupées. Herménégild, fait prisonnier à Cordoue, fidèle aux conseils de sa femme, et encouragé par les exhortations de l'évêque Léandre, résiste aux prières et aux menaces de son père qui veut le ramener à l'arianisme, qui le prive du trône, l'envoie en exil à Valence, puis à Tarragone, où il le fait tuer par Sisbert et d'autres de ses appariteurs[5].

Ce récit est du reste emprunté en partie à Jean de Biclar, qui pourtant présente Herménégild, ainsi que le fait le texte isidorien non interpolé, comme un rebelle et non comme un martyr de sa foi. Léovigild, associé au trône par son frère Liuva, épouse Gosuintha, veuve d'Athanagild. Une fois seul roi, il associe à son tour au trône ses deux fils, enfants d'un premier lit, Herménégild et Reccared, marie le premier à la fille du roi des Francs, Sisbert, et lui donne une province en apanage. Herménégild, « factione Gosuinthae reginae, » se révolte, s'enferme dans Séville et met d'autres cités et forteresses en rébellion contre son père. Il suscite ainsi une guerre plus funeste aux Goths et aux Romains qu'une invasion étrangère. Léovigild, après avoir réuni un concile arien, où sont adoucies les conditions mises à l'admission des catholiques dans l'église arienne, rassemble une armée pour réduire son fils rebelle, qu'il assiège dans Séville. Miro, roi des Suèves, est venu l'aider et meurt devant la cité assiégée. Par la famine, par le fer, par le blocus *(conclusione)* du Baetis, il met le désarroi parmi les Sévillans ; il restaure l'antique Italica, ce qui leur cause de

---

1. Luc, dans Schott, t. IV, p. 49. Rodrigue, II, 4.
2. *Monumenta Germaniae, Auctor. antiquiss.* t. XI, p. 287.
3. *Ibid.*, p. 303.
4. *Ibid.*, p. 477.
5. *Ibid.*, p. 287.

grands embarras. Dans l'intérêt public *(ad rempublicam commigrante)* Herménégild s'enfuit; et Léovigild entre à Séville. Il reprend les cités et forteresses occupées par son fils, dont il s'empare à Cordoue, qu'il dépouille de la royauté, et envoie en exil à Valence. L'année suivante, Herménégild est tué par Sisbert à Tarragone. Deux ans après, Sisbert périt « morte turpissima »[1]. Il faut remarquer que Jean de Biclar fait de Gosuintha la marâtre, et non la femme d'Herménégild, et qu'il est difficile de comprendre ce qu'il veut dire par « factione Gosuinthae reginae », si ce n'est « poussé par la reine Gosvinthe ».

Voici maintenant ce qui, dans le récit de Grégoire de Tours, s'ajoute à celui de Jean de Biclar, ou en diffère. Gosuinta[2] est une arienne militante, instigatrice de persécutions contre les catholiques. La lumière, que ne conçoit pas son esprit, ne vient pas non plus sur ses paupières : elle a un œil couvert d'une taie *(nam unum oculum nubs alba contegens, lumen, quod mens non habebat, pepulit a palpebris)*. Ingundis, fille de Sisbert et de Brunehilde, mariée à Herménégild, est d'abord bien accueillie par Gosvinthe, qui se trouve être sa grand'mère en même temps que sa belle-mère, étant la mère de Brunehilde. La vieille femme lui prêche l'arianisme et veut la faire rebaptiser; comme elle trouve une résistance invincible, elle s'emporte, traîne sa petite-fille par les cheveux, la frappe du talon, la couvre de sang, la fait déshabiller et plonger de force dans la piscine. Léovigild (sans doute pour avoir la tranquillité) donne aux époux une ville en apanage. Sur les instances de sa femme, Herménégild se fait catholique et prend le nom de Jean. Sachant que son père irrité veut le perdre, il pactise avec l'empereur. Son père lui fait demander une entrevue, se la voit refuser, gagne alors, pour trente mille sous, le préfet impérial. Herménégild le voyant marcher contre lui, appelle les Grecs à son secours, laisse sa femme dans la ville, et s'avance de son côté contre son père. Se sentant abandonné, il se réfugie dans une église; il se prend à espérer que son père l'épargnera. Son frère lui est envoyé et lui promet le pardon. Il se rend donc devant Léovigild, se prosterne, est accueilli par des embrassements et de bonnes paroles, mais, arrivé au camp, il est arrêté, dépouillé de ses insignes, revêtu d'un habit grossier, et envoyé en exil avec un seul de ses enfants[3]. Sa femme reste au milieu des Grecs[4].

La dernière partie de ce récit revient plus loin sous une forme différente et avec de nouveaux détails. Il est dit que Miro, roi des Suèves, ainsi que l'empereur, appuyait Herménégild. Celui-ci s'enferme dans le *castrum* d'Osser, où est une église dont les fonts se remplissent

---

1. *Monum. Germ., Auctor. antiquiss.*, t. XI, p. 212-8.
2. Orthographe de cet auteur.
3. *Monum. Germ., Scriptorum rerum merovingicarum* t. I, p. 229 3r.
4. *Ibid.*, p. 279.

miraculeusement. Il veut dresser une embûche à son père, mais celui-ci met le feu au fort, et contraint Miro, qui venait contre lui, à lui jurer fidélité. Le roi suève s'en retourne dans son pays et y meurt d'une maladie due aux eaux malsaines et à l'air insalubre de l'Espagne[1]. Enfin, Ingunde, restée avec l'armée impériale, est conduite avec un jeune enfant auprès de l'empereur; elle meurt en Afrique, où on l'enterre, et Léovigild fait mettre à mort Herménégild[2].

Grégoire le Grand, dans ses Dialogues[3], a raconté la mort d'Herménégild : « sicut multorum qui ab Hispaniarum partibus veniunt relatione cognouimus, » déclare-t-il. Il ne parle pas des événements qui ont précédé. Herménégild a été converti par Léandre, évêque de Séville. Son père essaie de le faire revenir à l'arianisme, et ne pouvant le convaincre, le dépouille du pouvoir, l'enferme dans une prison étroite, le cou et les mains attachés par un fer (ferro, σιδήρῳ). Herménégild, « in ciliciis vinculatus, δεδεμένος ἐν κιλικίῳ, » se réconforte par la prière. La nuit de Pâques, Léovigild lui envoie un évêque arien pour le faire communier; celui-ci est reçu par des malédictions. Le père, irrité, envoie alors ses appariteurs, qui coupent la tête du prince. Puis, avec la transition ordinaire des actes des martyrs (superna quoque non defuere miracula), Grégoire relate les miracles qui se produisirent à l'endroit où était le corps : on entendit des chants célestes, et des lampes s'allumèrent pendant la nuit.

Ces différents textes, et encore celui d'Adon, ainsi que les récits de Paul Emile et de Robert Gaguin, ont été utilisés par Morales[4], qui, avec une conscience véritablement admirable, se garde bien d'en mêler les pièces sans dire à qui il les emprunte, ni d'ajouter aucune conjecture sans la présenter comme telle. Mariana a profité à ce point de cette exposition qu'on peut se demander s'il a pris ici la peine de se reporter aux sources indiquées : il est vrai que l'analyse minutieuse qu'il en avait sous les yeux le dispensait à la rigueur d'un tel travail. S'il avait quelque part le droit de travailler de seconde main, c'était bien quand la matière lui était ainsi présentée. Il lui était difficile d'ailleurs de mieux faire que son prédécesseur. Avec quel soin celui-ci avait lu et médité ses textes, nous en avons la preuve dans son explication du mot conclusione. Il l'interprète mal sans doute, en comprenant que Léovigild avait détourné le Baetis, mais au moins avait-il cherché à se rendre compte de la possibilité de l'opération qu'il supposait. Du haut de la Giralda, en compagnie d'autres hommes doctes, il avait considéré le panorama de Séville; et, de cet examen, il avait conclu que Léovigild avait dû creuser au fleuve un nouveau lit,

1. P. 282-3.
2. P. 341.
3. III, 31, Patr. L., t. LXXVII, col. 289-94.
4. XI, 64-7 et 68, § 4; t. V, p. 532-57 de l'éd. Cano.

suivant le diamètre qui correspond à la demi-circonférence décrite par son cours naturel.

C'est le récit de l'*Historia Francorum*, beaucoup plus riche que celui de Jean de Biclar et plus dramatique (et, du reste, recommandé par les relations qu'a eues l'auteur avec l'évêque espagnol Oppila, venu en ambassade à la cour des Francs[1]), que Mariana, après Morales, suit d'abord de plus près. Il mentionne l'infirmité physique de Gosvinthe, le baptême forcé.

Le message de Léovigild à son fils devient une longue lettre où sont allégués l'affection et les bienfaits paternels, la prospérité que les Goths doivent à leur religion et la vanité de la religion catholique, qui met la division entre un fils et son père. La brève et catégorique réponse que l'historien franc place dans la bouche du fils devient une autre lettre où, après des protestations de respect et de reconnaissance, celui-ci rappelle que Dieu donne en effet souvent la prospérité à ceux qu'il veut punir d'une façon éclatante, comme le prouve l'exemple des Vandales et des Goths; il revendique le droit d'obéir à sa conscience et de songer à son salut avant *toute chose*. Rien de tout cela dans Morales.

Morales avait relevé dans Jean de Biclar les faits qui suivent : la réunion du concile arien, le détournement du Baetis, le relèvement d'Italica, où, remarque-t-il, existe de son temps un monastère de Saint-Isidore. C'est en faveur de Léovigild qu'il fait venir Miro, mais il donne aussi la version de Grégoire de Tours. Il note que le siège de Séville dura un an, ce qui ressort de la chronologie de Jean de Biclar. Il interprète « ad rem publicam commigrante » en ce sens qu'Herménégild s'enfuit en secret chez les Romains. Tout cela se retrouve dans Mariana, qui comprend « in Cordubensi urbe comprehendit », en supposant qu'Herménégild, craignant la mauvaise foi des Romains, se rendit ensuite à Cordoue, qui appartenait à son parti, et fut livré en trahison par les habitants ; Morales disait simplement : « soit par force, soit par ruse, car l'abbé de Biclar ne précise point. » Tous deux donnent ensuite la seconde version de Grégoire de Tours, d'après laquelle le dernier épisode de cette guerre se serait déroulé à Osser (ils lisent *Ossetum*); mais, ce que s'était gardé de faire Morales, Mariana, combinant assez arbitrairement les deux versions de cet auteur, place ici les pourparlers de Reccared et de son frère; et il en profite pour faire prononcer par le premier un discours.

Grégoire ne dit pas où fut envoyé Herménégild. Jean de Biclar dit qu'il fut exilé à Valence et tué à Tarragone par Sisbert. Morales préfère s'en tenir à la tradition populaire. On montre encore à Séville, dit-il, la tour où ce prince fut enfermé ; et il raconte, suivant et interprétant le pape Grégoire, comment, les mains attachées au cou par une chaîne,

---

1. P. 278-81.

le prisonnier faisait encore des pénitences volontaires; comment il refusa le ministère d'un évêque arien qui voulait le faire communier (et ici, avec Grégoire le Grand, nous retrouvons Rodrigue et Luc); comment enfin son père, irrité de cet affront, envoya le bourreau Sisbert qui le décapita. Et ceci nous ramène à Jean de Biclar, qui, du reste, ne dit pas que ce Sisbert fût un bourreau, ni qu'il s'agit d'une exécution. Mais Grégoire de Tours, qui ne nomme pas le bourreau, parle bien d'une exécution. Seul, Grégoire le Grand, qui ne nomme pas davantage le bourreau, présente cette mort tout à fait comme un martyre. Ici donc, par exception, Morales a fondu les trois récits. Il n'oublie pas la mort de Sisbert, qu'il interprète comme une punition divine, ce qui paraît bien impliqué dans le soin que met Jean de Biclar à la signaler. Il montre la popularité de ce martyr en énumérant les formes vulgaires de son nom, Ermesinda, Ermenesinda, Armengol, Ermengaudo, Ermegildez, Ermildez. En somme, il a cherché à accorder les récits de Grégoire de Tours et de Grégoire le Grand avec celui de Jean de Biclar, sans négliger Luc et Rodrigue, avec lesquels, suivant la tradition, il honore un martyr dans le fils du dernier roi goth hérétique. S'il fait grand cas de tout ce que rapporte l'historien franc, il ne le reproduit pas aveuglément. Ainsi, au sujet du nom de Jean, qu'Herménégild aurait reçu lors de son baptême catholique, il cite les pièces d'or qui portent d'un côté l'effigie et le nom d'Herménégild, et de l'autre la légende « Homo Regem devita [1] ».

Mariana n'a guère ni retranché ni ajouté. Il rappelle que l'onction dont parle Grégoire de Tours était imposée, ainsi que la confirmation, aux ariens convertis. Il dit que Léandre avait profité du départ de Léovigild vers l'intérieur de l'Espagne pour enseigner à Herménégild la doctrine catholique. Grégoire le Grand parle bien du rôle joué par Léandre dans cette conversion, mais il ne précise ni à quel moment, ni dans quelles circonstances; et Morales suppose que Léandre profita de ce qu'Herménégild et sa femme avaient quitté la cour : la conjecture ne diffère guère de celle de Mariana, et ce n'est là qu'un bien mince détail. Voici une divergence plus importante. Morales place la mort d'Herménégild en 584, parce que, suivant lui, le jour de Pâques, où le saint fut exécuté, est tombé précisément cette année-là le 14 avril, jour où l'Église célèbre sa fête. Mariana, qui dans les tableaux de son *De die mortis Christi*, ne fait tomber Pâques un 14 avril qu'en 575, 586 et 597, ne pouvait souscrire à cette conclusion, et il choisit la date de 586, tout en notant que d'autres retirent deux ans [2].

[1]. Flórez lit autrement : « Regi a Deo vita. » (*Medallas... de Esp.*, t. III, p. 190).
[2]. En 1623, on lit que l'archiprêtre Julian en retire un (cf. plus haut, p. 245, n. 3). Voilà donc encore un renseignement, tiré des Fausses Chroniques, en contradiction formelle avec une opinion que Mariana n'avait pas prise à la légère.

Notre historien a su nous faire voir autre chose que Léovigild et Herménégild. Il parle de l'état des esprits au moment où la guerre éclate : le concile arien a eu pour résultat de refroidir les partisans d'Herménégild en atténuant les causes de dissensions entre catholiques et ariens. Mariana a vu que Léovigild avait fait là œuvre d'habile politique. Il nous montre les appréhensions des gens timorés et égoïstes, qui ne veulent pas se compromettre [1].

Ce genre de commentaire est tout à fait, comme nous verrons, dans ses habitudes, et donne précisément à son ouvrage, en regard de celui de Morales, une portée morale très caractéristique. Nombreux sont les rapprochements que l'on pourrait encore faire entre l'exposition de Morales et celle de Mariana. Même lorsqu'il cite les sources originales, Mariana ne fait souvent que suivre et résumer son prédécesseur. Il lui arrive même ce qui arrive aux plagiaires : il commet des inexactitudes qui le trahissent. C'est ainsi qu'il attribue quelque part à Adon ce qui est dit par Gaguin : Morales avait eu soin de distinguer [2].

Plagiat si l'on veut, mais plagiat déclaré implicitement par l'auteur [3]: plagiat légitime, par conséquent. Au surplus, n'aurait-il pas été absurde de sa part de refaire le travail d'enquête si bien exécuté par le continuateur d'Ocampo. Tout ce qu'on pourrait lui reprocher, ce serait de n'avoir pas marqué plus souvent ce qu'il empruntait de la

---

1. « La mayor parte de la gente, mouida del peligro que amenazaua, y por acomodarse con el tiempo, quisieron mas estar a la mira, que entrar a la parte, y por la defension de la religion catolica, poner a riesgo sus vidas y sus haziendas. »

2. Il est curieux de comparer les textes :

Morales, XI, 46, § 2 : « San Isidoro a lo menos dice expresamente que despues de la batalla, que fué cerca de Narbona, menospreciado y desamparado de todos, Amalarico fue degollado en la plaza de aquella ciudad. En tanta diversidad no veo bien lo que se deba tener por mas cierto, sino que el Arzobispo, que ya vivia por este tiempo y estaba en Francia, parece pudo tener mejor certificacion en todo ... en los Anales de Adon se especifica que tomaron los Franceses a Toledo, y la destruyeron y Roberto Gaguino, Historiador moderno, añade que esto fue despues de haberla tenido mucho tiempo cercada, y habiendo sido de dentro siempre bien defendida... Procopio dice, que con la muerte de Amalarico se perdio en Francia todo lo que los Vesogodos alla tenian, desamparándolo ellos, y pasandose en España. » (Texte de Cano, t. V, p. 470-1.)

Mariana, V, 7 : « Isidorus Narbone occisum Amalaricum scribit, & praelio dimicatum. nobis Gregorii Turonen. aliquanto vetustioris auctoritas potior fuit. Ado Viennen. Francos ait Hispaniam ferme vniuersam victoriis peragrasse. Toletum in Hispaniæ vmbilico loci natura firmissimam ciuitatem post diuturnam obsidionem solo æquasse : multa alia oppida & vrbes eodem victoriæ cursu expugnata. Galliam Gothicam vniuersam Gotthis erepta Procopius est auctor. »

Adon dit seulement : « Childebertus quoque pro sorore sua Amalrici regis uxore, in Hispania pugnam iniit... Toletum urbs vastata. Childebertus cum sorore sua reuersus est. » (Patr. l., t. CXXIII, col. 107.)

3. « Nostræ ætatis Hispanis scriptoribus quibusdam certe... adiutos ab iis esse his annalibus conficiendis, quasi parata materia, congestisque ruderibus structura faciliori, non negamus tamen. » (Préface.)

sorte; mais l'auteur ici se place au point de vue du lecteur, que n'intéressent guère les comptes de ce genre; et enfin, il ne s'est pas contenté de mettre Morales dans la liste de ses autorités; il a eu soin de dire qu'il lui empruntait plusieurs inscriptions, de le louer et de le remercier[1].

Il ne faudrait du reste pas conclure de ces confrontations que Mariana ne fait partout que résumer Morales, et s'abstient de remonter aux sources. En voici des preuves palpables. Dans le texte latin du récit qu'il donne de l'affaire de Priscillien, nous retrouvons un grand nombre de mots et d'expressions qui proviennent évidemment de Sulpice Sévère[2]. Il traduit le texte castillan de Rasis sur la division ecclésiastique de Constantin, texte que ne cite pas Morales[3]. Nous avons signalé le passage où il renvoie aux actes du troisième concile de Tolède à propos de Léandre. Or Morales constatait que la signature de Léandre manquait dans ces actes. Loaysa l'avait restituée dans sa Collection, et mise en troisième place[4]; et c'est précisément la place occupée par cette signature que Mariana trouve (à tort sans doute) peu en rapport avec le rôle prépondérant joué, selon Luc de Tuy et Jean de Biclar, par Léandre dans ce concile. D'autre part, il reproduit le texte même de la souscription de Recared, que ne donne pas Morales. Enfin on vient de voir la correction qu'il a apportée au récit de Morales touchant la date de la mort d'Herménégild.

Pour la chronologie des rois asturo-léonais, on a vu de quel secours étaient la chronique de Luc de Tuy, le *Corpus Pelagianum* et l'*Albeldense*. Morales s'était sensiblement rapproché des dates indiquées par ces textes. Mariana, dont la chronologie est fort voisine de celle de Morales, ne s'est pourtant pas abstenu de juger par lui-même. Il s'écarte de Morales pour les dates d'avènement de Ramiro I, d'Alphonse III et ses successeurs jusqu'à Ramiro III inclus; puis pour celles de Bermudo II, de Bermudo III et de D* Sancha. L'écart n'est d'ordinaire que d'une année, mais il va jusqu'à trois et quatre ans. Il est de quatre pour Alphonse III; c'est de l'inscription de la croix donnée par ce roi à l'église d'Oviedo que Mariana infère la date 862[5]. Morales tire celle de 866 de l'épitaphe d'Ordoño I, prédécesseur d'Alphonse III[6].

1. «... ex commentariis Ambrosii Moralis viri in historia nostræ gentis, sed eruenda Hispaniæ antiquitate imprimis diligentis & perspicacis, ad auctorem gratia redeat fidesque. » (III, 14.)
2. Comparer Mariana, IV, 20, et Sulpice Sévère, *Chronique*, II, 46-51 (éd. Halm). On retrouve dans Mariana les mots *inquies; multa... animi et corporis bona : uigilare multam, famem... sitim; profanarum... scientia; lectionis... ieiuniis; nam Saluianus... obierat; conuictum; nocturnos... feminarum... conuentus; Priscilliano occiso... non repressa est... propagata; corpora... Hispanias relata; iurare per Priscillianum summa religio putabatur.*
3. VI, 16.
4. Labbe, t. V, col. 1015; *Patr. l.*, t. LXXXIV, col. 358.
5. VII, 16.
6. XIV, 36, § 3.

On remarquera que plusieurs fois Mariana s'éloigne de Morales pour se rapprocher de l'*Albeldense*, du *Corpus Pelagianum*, ou de Luc.

Il ne semble pas du reste que Mariana ait utilisé les cinq derniers livres (XIII-XVII) de la *Coronica*, qui ne parurent qu'en 1586, alors que son *De rebus* était écrit. Il ne mentionne pas l'épitaphe d'Ordoño I; il ne dit rien non plus des raisons pour lesquelles Morales place la mort de Ramiro III en 985, et il se contente de marquer 982, que donne Luc. Enfin nous ne rencontrons plus ici la concordance que nous signalions tout à l'heure entre les récits des deux historiens. Or, les cinq livres dont il s'agit comprenaient toute l'histoire de la *Reconquista* jusqu'à l'union des royaumes de León et de Castille. Pour toute cette partie, notre auteur, qui s'éloigne considérablement de la chronologie de Vassée et de celle de Garibay, paraît avoir été réduit à ses propres moyens. Il est vrai que Vassée lui fournissait bien des références, et Garibay, bien des documents. Mais ce n'était là que des matériaux, au lieu que dans Morales Mariana eût trouvé les matériaux disposés et ordonnés.

Même pour l'histoire de l'Aragon, qu'il trouvait abondamment développée dans les *Anales* de Zurita, il a utilisé des sources antérieures, par exemple le *De rebus a Ferdinando Aragoniae rege gestis* de Laurent Valla[1].

On peut donc dire, d'une façon générale, que, tout en prenant pour guides dans son travail Ocampo, Morales, Garibay et Zurita, il a exécuté une sorte de revision en même temps que de condensation de leurs œuvres, et cela, à l'aide des textes manuscrits ou imprimés qu'il énumère dans son abondante liste bibliographique. Son intention première était simplement de mettre en bon style ce que d'autres avaient écrit. En réalité, sans aller jusqu'à examiner chaque détail, il a profité des moyens d'investigation qui étaient à sa disposition pour contrôler, compléter ou corriger. Il a produit ainsi un livre qui n'est pas un simple résumé d'autres plus détaillés, et qui mérite mieux que le qualificatif d'ouvrage de seconde main, car, malgré la réserve que commandait l'immensité du sujet traité, l'apport personnel de l'auteur est considérable.

---

1. Voir plus loin, p. 336.

CHAPITRE II

I. Comment il conçoit l'Histoire.
II. Les discours.
III. Les idées.

I

« Si, emporté par votre inclination naturelle, vous voulez lire des livres de hauts faits et de chevalerie..., la Lusitanie a eu un Viriathe...; la Castille, un comte Fernán González; Valence, un Cid; l'Andalousie, un Gonzalo Fernández; l'Estremadure, un Diego García de Paredes; Jérez, un Garci Pérez de Vargas; Tolède, un Garcilaso; Séville, un Manuel de León : la lecture de leurs vaillantes actions peut amuser, enseigner, réjouir et étonner les esprits les plus élevés. Voilà, certes, une lecture qui sera digne de votre bon entendement, seigneur Don Quichotte; et vous en sortirez érudit en histoire, amoureux de la vertu, instruit dans le bien, amélioré dans vos mœurs[1]... » Cet antidote contre la littérature romanesque, le bon chanoine qui tâchait de raisonner D. Quichotte aurait pu le lui désigner plus précisément en nommant l'Histoire d'Espagne du P. Mariana. Il aurait pu lui lire ce que l'historien raconte sur la plupart de ces héros[2], et encore sur les infants de Lara, Diego Ordoñez et les fils d'Arias Gonzalo, Guzmán el Bueno[3], et tant d'autres.

Mais si l'on trouve dans ces pages l'histoire héroïque de l'Espagne, ce serait en diminuer le mérite et la portée que d'y voir seulement une sorte de livre d'or de la noblesse espagnole. De même, c'est plutôt dans l'œuvre de Morales qu'il faudrait chercher l'histoire détaillée des saints, le martyrologe de l'Espagne. Mariana ne s'est pas proposé principalement d'immortaliser les noms des guerriers vaillants et des personnages canonisés. Sa conception de l'histoire est plus large, plus universelle, et, en même temps, plus réaliste; elle ne s'attache pas

---

1. *D. Quijote*, II, 49.
2. III, 3; VII, 6-8; XXVII, 15; XIII, 7. De ceux que nomme le chanoine, il ne manque que Garcilaso, vainqueur d'un Maure grenadin qui attachait un chapelet à la queue de son cheval, et Manuel de León, qui rapporta à la belle Ana de Mendoza un gant jeté par elle dans une fosse aux lions.
3. VIII, 9; IX, 9; XIV, 16.

de préférence à un ordre particulier de faits, et elle s'intéresse aux faits en raison, non pas seulement de leur valeur morale, mais aussi de leur importance par rapport aux destinées d'un pays.

Comment Mariana a-t-il conçu l'histoire?

D'une façon très simple. Écrire l'histoire de l'Espagne, ç'a été, pour lui, 1° raconter comment l'Espagne a été peuplée à l'origine et par qui elle a été gouvernée depuis; 2° dire ses désastres, ses gloires, et les exploits de ses enfants. Il n'a pas voulu faire une histoire de la société espagnole, ni de ses mœurs, ni de ses lois, ni de ses aspirations et de ses besoins, ni de ses arts et lettres. Tout ce qu'il a pu dire à ce sujet est dit en passant, et nullement avec le propos d'insister et de faire ressortir.

Peut-on dire que c'est une histoire politique? Oui, en ce sens que c'est surtout une histoire de la royauté; on y trouve la succession des princes, leurs actions; on y suit l'agrandissement de leurs domaines par la conquête jusqu'à l'union des deux dynasties castillane et aragonaise. Ce n'est pas une histoire politique à la façon de l'œuvre de Guichardin, parce qu'on n'assiste pas, comme on fait avec l'historien italien, aux conseils des princes, on ne voit pas les projets se former, se mûrir, se contrarier ou s'appuyer : on ne les voit qu'aboutissant; on ne connaît que les résultats. C'est le dehors, et non le dedans de l'histoire politique que Mariana fait connaître. Cela dit en principe, nous devons faire à présent des réserves.

Il nous entretient du régime municipal de Tolède et de celui de Pampelune, et des modifications apportées respectivement à l'un et à l'autre par Jean II de Castille et Charles III de Navarre[1]. A Tolède, nous explique-t-il, on élisait tous les deux ans six *fieles*, trois du peuple et trois de la noblesse, qui avec les deux *alcaldes* chargés de la justice et l'*alguazil mayor*, constituaient une sorte de sénat; mais, dans leurs assemblées, avait droit de vote tout noble qui y assistait. C'était là un grave désordre, observe Mariana. Aussi Jean II mit-il en vigueur un décret d'Alphonse XI, en vertu duquel étaient créés à vie seize *regidores*, pris pour moitié dans la noblesse et pour moitié dans le peuple. Et Mariana note encore qu'il résulta de cette réforme un inconvénient imprévu ; ce fut que les charges de *regidores* se vendirent. A Pampelune il y avait trois *alcaldes*, chargés respectivement de rendre la justice dans la cité, le quartier de *Navarreria* et le faubourg, ce qui entraînait des conflits. Le roi Charles ré luisit ces trois juridictions en une seule, confiée à un alcalde assisté de dix jurés. Voilà des détails qui prouvent que Mariana ne se désintéresse pas de l'histoire des institutions.

Ce n'est peut-être pas, semblera-t-il, dire grand'chose que de dire

---

1. XX. 13. Il parle des *Siete Partidas* (XIII, 9), quoiqu'en dise Lafuente (*Hist. gen. de Esp.*, t. III, p. 547, note).

que l'Histoire d'Espagne de Mariana est surtout une histoire nationale. C'est dire quelque chose pourtant, car cela signifie qu'en écrivant son livre, l'auteur a surtout voulu faire connaître aux étrangers et à ses compatriotes eux-mêmes le passé de l'Espagne ; qu'il a entendu véritablement donner à la nation espagnole la conscience de son existence comme nation en face des autres nations européennes, et aussi la conscience de sa grandeur, celle enfin de son unité passée et de son unité présente, de sa continuité, de sa personnalité. Et c'est précisément cela qu'avaient voulu faire, et Luc de Tuy, et Rodrigue de Tolède, et Alphonse X, et encore après eux tous les auteurs d'Histoires générales d'Espagne, qu'elles fussent ou non complètes. C'est cela que s'étaient proposé plus ou moins obscurément les continuateurs de la *Chronique générale* et du *De Rebus hispaniae* de Rodrigue de Tolède; Gonzalo de Finojosa, avec ses *Chronica ab initio mundi*, Pablo de Santa María avec ses *Edades trovadas*, Heredia et Eugui, avec leurs Chroniques, Alfonso Martínez de Toledo avec son *Atalaya de las Cronicas*, Alphonse de Carthagène avec son *Anacephalaeosis*, Ruy Sánchez avec son *Historia hispanica*, qui tous écrivent l'histoire générale de l'Espagne au point de vue castillan; Pere Tomich, Vagad, Carbonell, qui l'écrivent au point de vue aragonais ou catalan; le prince de Viane, qui l'écrit au point de vue navarrais; Jean de Girone, Alfonso de Palencia et Alfonso de Avila, qui ont cherché à faire revivre l'antique *Hispania*; Valera, qui n'était pas à la hauteur de la tâche incombant à l'historien de l'*Hispania* désormais reconstituée; Marineo, qui a formé de plusieurs œuvres une Histoire générale d'Espagne et qui s'intéressa surtout aux rois d'Aragon; Beuter, qui est surtout Valencien; Ocampo, qui, n'ayant pas assez de matière dans les auteurs connus, authentiques ou non, en suppose d'autres et, marchant sur les traces d'Annius, arrive à donner une histoire inédite de l'ancienne Espagne; Vasséé, qui, au contraire de ce que fait Ocampo, travaille avec conscience, mais ne parvient comme lui à fournir qu'une partie de sa tâche; Tarafa, qui n'apporte rien de personnel[1]; Morales, qui est un érudit consciencieux, laborieux et intelligent, mais qui, d'une Histoire générale, n'a donné que quelques livres; Garibay, enfin, qui, le premier, aboutit, mais dont le style lourd et embarrassé rebute le lecteur le mieux disposé.

La principale difficulté que rencontrait Mariana consistait dans la nécessité de mener de front l'histoire des différents royaumes de la péninsule. Garibay avait simplifié le problème en racontant séparément celle de chacun d'eux. Mais ce qu'il a écrit, ce n'est pas, à proprement parler, une Histoire générale d'Espagne, c'est une collection qui comprend l'histoire de l'Espagne jusqu'à la conquête des Arabes,

---

[1]. Sur tous les auteurs cités ici, voir *Les Histoires générales*.

puis l'histoire du royaume d'Oviedo-León-Castille, celle de la Navarre, celle de l'Aragon, celle du Portugal, enfin celle des royaumes maures. Mariana a préféré présenter une Histoire synchronique et synthétique, ce qui avait deux avantages considérables : d'abord celui de donner au lecteur l'impression de l'unité nationale de la péninsule, unité que venait de parachever Philippe II par l'annexion du Portugal ; ensuite celui de présenter d'une façon plus intelligible les relations continuelles qu'ont eues tous ces royaumes avant leur réunion à la couronne de Castille. C'était là vraiment l'histoire de l'Espagne. On voyait revivre l'antique *Hispania* romano-gothique. Le morcellement qu'elle avait subi après la conquête arabe apparaissait comme la suite désastreuse d'un bouleversement imprévu et non comme la juste et naturelle expression de tendances séparatistes. La réunion de toutes ces parties devenait comme l'œuvre légitime et fatale des siècles ; elles semblait réaliser les aspirations comme les destinées d'une Espagne une et indivisible.

En revanche, le plan de l'historien, ainsi compris, n'allait pas sans inconvénient ni sans difficulté. D'abord on renonçait à faire suivre au lecteur l'histoire de chaque royaume. Comment l'un d'entre eux s'est développé aux dépens des autres, tel devait être presque fatalement le thème traité. C'était l'histoire de l'Espagne au point de vue castillan. L'individualité des pays absorbés par la Castille s'effaçait. Et les aspirations qui avaient fait l'individualité de chacun, comment s'y intéresser quand l'idée que cette individualité n'était que provisoire domine le récit ? Il faut avouer que, si l'on voit bien dans l'ouvrage de Mariana ce qu'a de grandiose cette *reconquista* simultanée du sol espagnol par les quatre petits royaumes du nord et de l'ouest, on n'y constate pas assez leur vie interne, on n'y apprend pas assez quels droits chacun avait acquis à l'indépendance et à l'existence comme nation.

D'autre part, comment ne pas tomber dans la confusion ? Comment passer d'un royaume à l'autre sans rompre l'intérêt, sans fatiguer l'attention, sans rebuter la curiosité ? Ici encore un reproche est mérité : la masse est trop compacte ; les portions qu'il faut rapprocher, souvent trop menues et trop disséminées. Un tel défaut tient sans doute en grande partie à la matière elle-même, à son abondance, à sa multiplicité ; mais il aurait pu être atténué.

Il est fâcheux que Mariana n'ai pas cru devoir diviser plus nettement sa matière et distinguer par quelque artifice d'impression, notes marginales ou sous-titres, les points traités dans un même chapitre. Le titre qu'il a mis en tête de chaque chapitre ne correspond le plus souvent qu'à une partie du contenu[1]. Comme, d'autre part, la suite d'un récit

1. Dans un même chapitre (XX, 9) intitulé « De la eleccion del Papa Martino Quinto », il est question 1° des mesures prises par la reine doña Catalina après la mort de Ferdinand Ier, roi d'Aragon, et de la trêve conclue avec le roi de Grenade ; 2° du

est souvent interrompue par les synchronismes ou par la reprise d'un autre récit, la lecture devient assez difficile et même pénible par endroits. Pour lire d'une traite ce qui concerne, par exemple, la guerre de Naples ou celle de Grenade, il faut se retrouver dans ces pages sans alinéas : on a bien la ressource de se reporter au copieux index dont heureusement l'auteur a muni toutes ses éditions ; mais une telle opération ne laisse pas d'être fastidieuse. La disposition matérielle fait certainement tort à l'ouvrage.

Nous avons essayé d'expliquer quelle matière l'historien a traitée, quel plan il s'est tracé. Pour définir la conception qu'il s'est faite de son rôle, il nous reste à dire ce qu'est son livre au point de vue littéraire.

Pour Mariana, l'histoire est certainement avant tout une œuvre de science ; mais elle est aussi une œuvre d'art. Elle est pour lui ce qu'elle était pour Tite-Live. La chose a été dite souvent. Nous n'avons qu'à préciser.

Nous retrouvons parfois dans l'Histoire d'Espagne l'écrivain du *De rege* et du *De morte*. Son mérite, dans la description d'une ville, sera la concision, le choix des détails. Grâce à son imagination réaliste, il sait voir et rendre la physionomie d'une ville. Il semble qu'on ait vu Grenade, Lisbonne ou Tolède, quand on a lu les vingt ou trente lignes qu'il leur consacre.

Moins fréquents qu'on ne pourrait s'y attendre sont chez lui les morceaux d'éclat, les narrations et les tableaux à effet selon le goût romantique, ni même selon le goût français du XVII° siècle¹. Nul cliquetis, nul mouvement désordonné dans les batailles, nul pittoresque et nul coloris artificiels dans les descriptions. Mariana raconte une bataille à la façon de Tite-Live. Il tâche de faire comprendre la disposition des armées, les mesures prises, les phases du combat. Il ne cherche pas à donner l'impression d'une chose vue, ni à faire croire qu'il s'y trouvait.

Il s'est pourtant plu à donner à certains récits de l'allure et de l'animation. Il raconte d'une façon dramatique la proclamation de Ferdinand (*el de Antequera*) comme roi d'Aragon par saint Vincent Ferrier, chargé d'annoncer au peuple la décision des neuf juges à qui les Aragonais, les Catalans et les Valenciens s'en étaient remis pour l'élection de leur souverain commun. « On avait, » dit-il, « disposé devant l'église une vaste estrade décorée de tentures d'or, et qui

---

concile de Constance et du supplice de Jérôme de Prague et de Jean Huss ; 3° de la déposition du pape Benoît XIII et de l'élection de Martin V ; 4° de la conquête des Canaries par le Français Jean de Béthencourt ; 5° de la guerre entre l'Angleterre et la France et de l'assassinat du duc de Bourgogne. Ce chapitre n'est pas des plus longs ; et beaucoup sont ainsi constitués par l'exposé d'événements synchroniques.

1. Celui de Corneille dans le récit de la victoire du Cid contre les Maures ; celui de Bossuet dans le récit de la bataille de Rocroy.

dominait toute la place. Sur la partie la plus élevée étaient assis les juges; d'un autre côté, les délégués des princes. Le pape Benoît[1], qui avait pris une part considérable dans ces événements, était présent. L'évêque de Huesca ayant célébré la messe, Vincent Ferrier, auquel, à cause de ses vertus, les autres juges laissaient le rôle le plus important, prononça un discours, prenant pour thème ces paroles de l'Écriture : « Réjouissons-nous, et soyons dans l'allégresse, et glorifions-le, car les noces de l'agneau sont arrivées... » Le discours fini, les esprits en suspens, tous se demandant quelle serait la décision des juges, lecture de celle-ci fut donnée à haute voix par le même orateur. Quand il arriva au nom de Ferdinand, Vincent lui-même et tous les assistants purent à peine contenir leur joie. On acclamait le nouveau roi, en lui souhaitant vie, victoire et prospérité. Tous se regardaient les uns les autres avec étonnement comme si tout cela n'eût été qu'un rêve. On ne pouvait en croire ses oreilles. On interrogeait les voisins. On n'arrivait pas à s'entendre, tant à cause du bruit qu'à cause de la joie qui avait envahi tous les sens et les empêchait de faire leur office[2]. » C'est à Zurita[3] et à Laurent Valla[4] que Mariana a emprunté cette scène; et il l'a décrite avec non moins d'ampleur et de mouvement que celui-ci, bien qu'avec moins de recherche (encore avons-nous ici suivi le texte latin, auquel, malgré sa concision élégante, on pourrait préférer, pour l'animation, le texte espagnol). De plus, il nous donne l'allocution de Vincent Ferrier, que Valla et Zurita ne font que mentionner.

Il aime à tracer le portrait physique d'un personnage. Son procédé, fort simple, consiste dans l'énumération des particularités. Henri IV de Castille avait la tête grosse, le front large, les yeux bleu clair, le nez camus (par suite d'un accident), les cheveux châtains, le teint rouge et tirant sur le brun, l'aspect farouche et peu agréable, la taille haute, les jambes longues, les traits du visage sans trop de laideur, les membres robustes et faits pour le métier des armes[5].

Ferdinand d'Aragon avait le teint brûlé par les travaux de la guerre, les cheveux longs et châtains, la barbe rasée, suivant la mode du temps, la tête chauve, les sourcils allongés, la bouche petite, les lèvres colorées, les dents menues et rares, les épaules larges, le cou droit, la voix perçante; Isabelle avait une beauté remarquable, les cheveux blonds et les yeux bleu clair. Les deux époux étaient de taille moyenne, de corps bien proportionné, beaux de visage; leur démarche était majestueuse et leur aspect agréable[6].

1. Pedro de Luna.
2. XX, 4.
3. Anales, XI, 88.
4. De rebus a Ferdinando Aragoniae rege gestis (dans Beale, p. 1047-8).
5. XXII, 15.
6. XXV, 18 (texte latin; l'espagnol présente de légères différences).

VALEUR DE SON HISTOIRE D'ESPAGNE

Le portrait moral n'est pas négligé. Amateur de chasse et de musique, sans grande coquetterie, buveur d'eau, mais gros mangeur, de mœurs dissolues et suspectes, avec des vices qui affaibliront ses forces et lui causèrent des maladies, inconstant, prodigue et avide à la fois, avec cela prompt à récompenser, oubliant les faveurs qu'il avait faites, mais souvent aussi les services qu'on lui rendait, doux et courtois dans son langage, d'une clémence exagérée, imprudent, incapable enfin de maintenir ses vassaux et ses peuples dans le devoir et dans la paix, voilà Henri IV, selon Mariana [1]. Et voici Ferdinand: la parole facile, l'esprit clair, le jugement droit et sûr, le caractère facile, l'abord courtois et bienveillant, habile dans la guerre comme dans la politique, tellement infatigable que le travail semblait le reposer, il n'amollissait pas son corps par des soins recherchés; son vêtement était simple et sa nourriture frugale, comme pour un homme prêt à combattre. Il savait conduire les chevaux et les faire passer à travers plusieurs cercles. Dans sa jeunesse, il jouait aux dés et aux cartes; plus âgé, il aimait à se délasser en chassant aux oiseaux [2]. Parmi tant de vertus, ajoute l'historien, il était inévitable qu'il y eût quelques défauts: il n'y a rien de parfait sur la terre. L'avarice qu'on lui reproche a son excuse dans le manque de ressources; sa sévérité en a une dans le relâchement des mœurs de l'époque. Quant à Isabelle, elle ne se fardait point; tout son visage exprimait la dignité et la modestie; très adonnée à la dévotion et aux lettres, elle aimait son mari, et ne laissait pas d'être jalouse et soupçonneuse.

Il ne dédaigne pas de redire, au cours de son récit du siège d'Antequera, l'histoire de ces deux amants auxquels doit son nom la *Peña de los Enamorados*, située entre Archidona et Antequera [3]. Une jeune mauresque s'était éprise d'un chrétien captif de son père. Tous deux s'étaient réfugiés sur ce rocher presque inaccessible. Se voyant sur le point de tomber entre les mains du père courroucé, ils se jetèrent dans le vide. Tout cela est raconté avec une certaine complaisance. Le sévère historien sacrifie sans doute ici au besoin d'agrémenter son ouvrage; il n'a même pas craint d'intituler le chapitre où il raconte ce petit roman: « De la peña de los Enamorados. » Pourtant, il a jugé oiseux de rapporter les paroles que prononcèrent ses héros en cette circonstance [4]. Ce qu'il ne néglige pas, c'est de faire observer combien la constance de ces deux jeunes gens eût été plus louable s'ils avaient souffert pour la vertu et pour la défense de la vraie religion, et non « pour satisfaire leurs appétits désordonnés ».

1. XXII, 15.
2. XXV, 18. Même observation que plus haut. L'espagnol dit, par exemple: « Il fatiguait un cheval... il s'exerçait à la fauconnerie, et prenait grand plaisir à chasser avec le héron. »
3. XIX, 2.
4. « Las palabras que en este trance se dixeron, no ay para que relatallas. »

Les descriptions, les portraits, les épisodes légendaires (présentés comme tels), forment, dans l'ouvrage de Mariana, ce qu'on pourrait appeler l'ornementation naturelle et légitime de l'Histoire. L'auteur a eu recours aussi à une autre ornementation, artificielle celle-là, les discours.

II

Moyen commode, pour l'historien, de s'essayer à l'éloquence et d'exprimer ses idées politiques ou morales, les discours, chez les anciens et leurs imitateurs de la Renaissance, constituent, on le sait, un procédé classique. Fox Morcillo le recommande [1]. López de Ayala dans ses chroniques [2], Pablo de Santa María dans sa *Suma de Crónicas* [3], Diego Enríquez del Castillo [4], Gonzalo de Santa María [5], Vagad, Marineo [6] y ont eu recours. Antonio Augustin reprochait à Zurita son abstention à cet égard [7]. On ne peut s'étonner de voir Mariana suivre une tradition aussi bien établie, pas plus qu'il ne faudrait croire qu'il l'a créée.

Ce qu'on peut dire, c'est que cette tradition, il l'a suivie avec une visible prédilection. Il ne perd pas une occasion de placer un discours. C'est ainsi qu'il nous donne, en style indirect, il est vrai, celui des envoyés de Sagonte au Sénat romain, que n'a pas fait Tite-Live [8].

Quand Mariana a eu le texte d'une lettre à sa disposition (bien entendu, il ne peut être question de celui d'un discours), il l'a transcrit : on sait que les écrivains anciens, Tacite par exemple, n'avaient pas les mêmes scrupules. Il est vrai que la plupart des lettres ainsi reproduites sont des bulles, et que l'idée de les embellir ne serait

---

1. « La forma única que Fox Morcillo reconoce y legitima es la forma clásica, con arengas, con epistolas, con descripciones de los principales personajes. » (Menéndez Pelayo. *Historia de las ideas estéticas*, t. III, p. 290).
2. Cf. Amador de los Ríos, *Hist. crít. de la lit. esp.*, t. V, p. 144.
3. Amador (t. VI, p. 200) reproduit un discours que l'auteur met dans la bouche de Théodoric.
4. *Ibid.*, t. VII, p. 149. Cf. encore, sur cet usage, *ibid.*, t. VI, p. 247.
5. Dans sa vie de Jean II, en latin *(Colección de documentos inéditos*, t. LXXXVIII ; cf. p. xvii).
6. Cf. *Les Histoires générales*.
7. Cf. *Les prédécesseurs de Mariana*, et Dormer, *Progresos de la Hist. en Aragon*, 1ª pʳ, IV, 5, § 33 et 35-6.
8. « Ii dato senatu mandata Patribus explicarunt, hostilia moliri Annibalem, propediemque sociam fidelemque ciuitatem obsessurum. nisi quid opis in ipsis sit, de sua suorumque salute actum. se quidem extrema prius pati paratos esse, quam fidem fallerent. viderent ipsi, ne cunctando socios hosti prodidisse, & vrbi amicae cultam eximie fidem exitio fuisse videretur » (II, 9). Cf. Tite-Live : « ... legati a Saguntinis Romam missi auxilium ad bellum iam haud dubie imminens orantes. Consules... cum legatis in senatum introductis, de re publica rettulissent placuissetque mitti legatos in Hispaniam... » (XXI, 6, § 2-3.) Polybe n'en dit pas beaucoup plus (III, 15, 1).

venue à personne[1]. Mais il y a aussi entre autres la lettre d'Isidore de Séville à Eugène de Tolède, dont Luc de Tuy avait inséré un fragment déjà dans son ouvrage contre les Albigeois[2]; un passage de la lettre d'Euloge à Wilesindus, évêque de Pampelune[3]; la lettre de saint Louis qui accompagnait l'envoi de reliques et que l'on conservait à Tolède[4]; celle de l'empereur Maximilien annonçant à Don Juan Manuel son intention de venir en Espagne pour soutenir les intérêts de son petit-fils Charles[5]. Pour celles qu'il a composées lui-même, il a soin de ne leur donner aucun caractère d'authenticité, comme le serait par exemple l'apposition d'une date ou d'une formule de souscription; il veut évidemment ne laisser aucune méprise possible.

On ne se demande plus aujourd'hui, comme on le faisait encore au XVIII° siècle, si le style indirect ne devrait pas échapper à la proscription qui frappe le style direct dans la composition de discours par l'historien. Le style indirect permettra de ne donner qu'un résumé d'un texte trop long; il pourra n'être pas fidèle à la lettre, pourvu qu'il le soit au sens; mais nous n'admettons pas que, sous couleur de style indirect, un auteur nous donne comme les idées d'un homme ou les motifs d'une action, les idées ou les motifs par lui-même imaginés. C'est là une exigence moderne : Mariana ne songe pas plus à lui sacrifier les vieux *fueros* dont jouissait de son temps l'Histoire, qu'il n'a voulu abandonner le droit de faire, en style direct, et sous le nom des personnages mis en scène, des *conciones* dans le genre de celle qu'on admire dans Salluste, Tite-Live et Tacite. Il a recours de temps en temps au style indirect; mais généralement, à l'exemple de ces mêmes auteurs, il intercale quelque phrase en style direct[6]. Quant aux discours écrits en entier en style direct, ils sont nombreux : il y en a plus de trente (y compris les lettres composées par Mariana) dans les dix premiers livres.

Il est d'abord notable que les exhortations aux troupes avant le combat sont en majorité. C'est le contraire chez Guichardin, qui a surtout fait des discours politiques. Cette seule observation suffirait à montrer que l'<u>histoire de Mariana est plutôt militaire</u>, comme celle de Guichardin plutôt diplomatique.

---

1. Lettre du pape Simplicius à Zénon, évêque de Séville (V, 5); bulles de Jean VIII donnant à l'église d'Oviedo le titre de métropole (VII, 18); d'Alexandre III à Cerebrunus, archevêque de Tolède, lui accordant la prééminence sur l'archevêque de Compostelle (IX, 19); d'Urbain II à Roger, comte de Calabre et de Sicile. « Diplomatis quoniam publice cognosci interest, & Regibus Hispanis magnæ controuersiæ de eo iure natæ sunt, exemplum subijcimus », déclare pour celle-là Mariana, X, 5; Cf. encore X, 6, 8, 11, 13, 16, etc. On voit que ces documents sont nombreux.
2. VI, 6.
3. VII, 15.
4. XIII, 8.
5. XXIX, 8.
6. Discours d'Alphonse I" d'Aragon à Fraga (X, 15), d'Alphonse VIII à Las Navas XI, 24).

D'autre part, Mariana, qui aime, on le verra, à semer son récit de réflexions et de maximes, en a rempli ses discours. On peut même se demander s'il n'a pas considéré les discours comme la partie proprement éthique de l'histoire : il n'aurait d'ailleurs, en cela, fait que suivre l'exemple des anciens. Comme eux, il y a mis de quoi édifier et instruire le prince et le citoyen. « C'est en veillant, en agissant, en portant de tous côtés son attention que l'on écartera les dangers : c'est ainsi qu'on sauve un État. Le sommeil et l'inactivité, c'est la perte certaine. » Ainsi parle l'infant Henri à la veuve de Sanche IV, la mère de Ferdinand l'Ajourné, l'héroïne de la *Prudencia en la muger* [1]. « Ceux qui désirent des transformations dans l'État apportent-ils au monde autre chose que des maux plus graves que ceux dont ils se plaignent, des factions, des discordes, des guerres? » déclare sagement la princesse Isabelle à ceux qui veulent lui donner le trône de son frère Henri [2].

Quelle que soit la valeur de telles maximes, il ne faut pas s'attendre à n'en rencontrer ordinairement que d'originales. Les lieux communs, « argumenti sedes, » comme les définit Cicéron [3], abondent, en effet, dans l'éloquence des personnages qui prennent la parole dans l'Histoire d'Espagne.

Le premier orateur que nous y rencontrons, Baucio Capeto (ce héros inventé par Florian, fâcheux augure), peut nous donner une idée suffisamment typique de la manière de tous les autres. Voici l'analyse de sa harangue à ses concitoyens les Turdétans, menacés par les Carthaginois :

Il ne s'agit pas de pleurer comme des femmes. Soyons des hommes et vengeons-nous. Il ne sera pas difficile de chasser une poignée de brigands, si, supérieurs par le nombre, le courage, et par la bonté de notre cause, nous savons joindre à ces avantages la concorde; unissons-nous, oublions nos querelles privées dans l'intérêt de la patrie. La divinité ne peut s'irriter de nous voir venger nos injures : elle ne favorise pas le crime. Ne vous inquiétez pas des longs succès de nos ennemis : à ceux dont elle veut punir les crimes, volontiers la divinité accorde longtemps, afin que le châtiment soit plus terrible, prospérité et impunité. Pensez à vos ancêtres et à votre postérité; qu'on ne dise pas que vous ne vous êtes pas souciés de l'opprobre ni des intérêts de vos petits-fils [4].

Bien qu'un certain nombre des idées exprimées ici soient d'une manière assez spéciale appropriées à la situation, toutes n'en sont pas moins des lieux communs. Or on peut en dire autant de la plupart des idées que notre auteur développe dans ses autres discours.

1. XV, 1.
2. XXIII, 13.
3. *Topica*, 2.
4. I, 18. La dernière idée indiquée ne se trouve pas dans le texte espagnol.

C'est surtout dans ses harangues militaires que les lieux communs se suivent et se répètent. Et il est curieux de constater combien souvent le même est reproduit. Affecter le mépris de l'ennemi pour inspirer confiance aux soldats, est, sans doute, le lieu commun par excellence de l'éloquence des camps. Mais on le voit revenir jusqu'à douze fois dans les dix-sept premiers livres [1]. Il est encore développé longuement dans le discours du duc de Nemours [2], à Ravenne [3]. « C'est un ramassis de gens, » répète celui-ci, avec peu de variantes, après Attila, Tarif, Charlemagne, Alphonse XI. Il est vrai que Guichardin lui-même ne trouve guère autre chose à faire dire par le même duc de Nemours, vice-roi de Naples, et par Gonzalve, aux treize Français et aux treize Italiens qui sont chargés de soutenir, dans le combat de Barletta, l'honneur de leurs nations respectives [4]. Voici d'autres lieux

---

1. 1° Bauclus Capetus : « Neque erit difficile paucos perduelliones de vniversæ prouinciæ finibus exturbare. » (I, 18.)
2° Attila : « Eæ copiæ ex colluuione multarum gentium supremo conatu conflatæ an vestrum conspectum ferent milites, oculos, manus? » (V, 3.)
3° Tarif : « Inermem credo aciem, & ex vulgi fæce temere raptimque conflatum suomet fluctuantem timore, multitudine impeditam formidatis? quam sine gladio vel vmbonibus propelletis. » (VI, 3.)
4° Charlemagne à ses troupes (à Roncevaux) : « Quam turpe sit Francorum arma triumphis trophæisque nobilissima, Hispanorum egentibus populis & diuturna seruiendi consuetudine oppressis cedere, me silente res ipsa loquitur... Ab inermi hostium genere, qui latronum more æquo campo congredi recusarunt, vinci ipsa morte acerbius iudicatur... hostes inopia, illuuie, squalore deformes : exercitus ex viraque gente conflatus, quibus nec idem mos est, & legibus institutis, religione discrepante. » (VII, 11.)
5° Alphonse VI : « Hostium multitudo opponitur. nunc scilicet primum inconditam sustinebitis turbam, quæ ipsa se sua multitudine impediet? imbelles sunt, quibus bellum inferre paramus, & longa armorum desuetudine eneruati. » (IX, 15.)
6° Le pape Urbain, à Clermont : « Si ex bellis commoda expectantur, quid vilius quam gentem imbellem impugnare, spolia potius quam arma ferentem? Nunquam Asia Europæ par fuit. » (X, 3.)
7° Alphonse de Portugal, à la bataille de Ourique : « Aduersus toties victam perfidiam impietatemque pugnabitis, idem ergo illis & vobis animus erit, qui victis & victoribus esse solet. humilis, formidolosus & ignauus hostibus: vobis excelsus & alacer. » (X, 17.)
8° Le même, au siège de Lisbonne : « Iidem hostes sunt, quos toties superioribus bellis profligastis, eadem virtute & industria : nisi quod ciuium multitudo ciuilibus artibus, quam armis aptior est ipsa se impediet in pugna. Milites in vrbe pauci sunt : iique continuata quinque mensium obsidione, imminuti numero. » (X, 19.)
9° Le roi d'Aragon, au siège de Majorque : « Obsessi confecti inedia sunt, imminuti numero, metu debilitati. » (XII, 14.)
10° Alphonse XI, à Tarifa : « ... inconditam, mihi credite, & ex colluuione multarum gentium conflatam... » (XVI, 7.)
11° Et, en revanche, le roi maure : « Nunc adversus paucos, inermesque tyrones pugnabitis nullo vsu firmatos, nulla scientia militari. » (Ibid.)
12° Duguesclin à Henri II : « Hostis offertur vetera odiorum nomina exæquans, externis exosus, subditis grauis, per seque casurus, etiamsi a nullo impellatur. nullis legionibus munitus : & si qui sunt milites Principis ii imitatione, eneruati libidine in aciem prodibunt. » (XVII, 7.)
2. Louis d'Armagnac.
3. XXX, 9.
4. Storia d'Italia, V, 42.

communs encore : « En fuyant, vous ne réussissez qu'à vous faire frapper dans le dos[1]. Aucun moyen de fuir; notre seule chance de de salut est dans le combat[2]. Nous ne pouvons supporter davantage la situation où nous sommes[3]. »

Certes, de beaux mouvements animent parfois ces harangues, par exemple lorsque Ximénez exhorte ses troupes à l'assaut d'Oran[4]. Mais en revanche elles sont parfois bien longues. Sans demander la concision énergique de celles que Taine nous cite comme des types de « harangues vraies »[5], on voudrait plus de brièveté, si ce n'est plus de verve et de variété. L'auteur s'en doute lui-même apparemment, quand il fait dire à Nemours : « Mais à quoi bon prolonger un discours inutile[6]? » Il est vrai que c'est encore là un lieu commun, puisque le général ne fait pas grâce de sa péroraison.

Elles sont aussi trop nombreuses, eu égard surtout au peu de variété dont le genre est susceptible. Elles se répètent. Les chefs, sans doute, ne se soucient point de mettre de l'inédit dans leurs proclamations; mais rien ne forçait l'historien à en lancer une avant chaque bataille.

Comme Guichardin, mais avec beaucoup moins de prédilection, Mariana compose aussi des discours politiques. La comparaison n'est du reste point à son avantage. Son infériorité en face de l'historien italien est, il faut l'avouer, bien grande, si l'on ne tient compte que de la partie politique et diplomatique de son ouvrage; et elle éclate dans les discours, car c'est surtout dans les discours que Guichardin expose, homme d'état lui-même, les pensées et arrière-pensées des hommes d'état. A part quelque rare exception, rien, dans l'Histoire d'Espagne, n'est à la hauteur des discours de l'ambassadeur de Ludovic Sforza à Charles VIII[7], ou de l'empereur Maximilien à la Diète[8]; des délibérations du Parlement de Florence sur la meilleure forme de gouvernement[9], ou du Conseil de Charles VIII sur la paix qui fut signée

---

1. « Quid turpius quam in pedibus salutis spem eos ponere, in quorum dextris sint arma? terga hostibus ferienda præbere... » (X, 17.)
« Neque decet in pedibus potius præsidium, quam in virtute, armisque ponere; nudum cæcumque tergus hosti feriendum præbere. » (XVI, 7.)
2. « Receptus pulsis nullus, nec vsquam nisi in certamine spes. » (XI, 24; cf. IV, 23, discours de Tarif.)
3. Discours de Pélage (VII, 1).
4. « Ego ego ipse, si cessatis in medios hostes irruam crucemque illam Christianæ gentis vexillum et spem inter hostium agmina collocare certum habeo. An erit qui sui Præsulis exemplum non sequatur? qui euntem in hostes deserat?... » (XXIX, 18.)
5. Essai sur Tite-Live, p. 279, note.
6. « Verum quid attinet non necessariam orationem longius procedere? Quid fortissimorum militum victoriam prolixo sermone morari? » (XXX, 9.)
7. I, 10.
8. VII, 19.
9. II, 5.

à Verceil[1], ou du Sénat de Venise, soit sur la protection sollicitée de lui par les Pisans[2], soit sur l'alliance proposée par Louis XII[3].

Ce qui fait surtout la supériorité de Guichardin, c'est le caractère concret de ses discours. Non pas qu'il méprise le lieu commun, mais le lieu commun n'est chez lui qu'un accessoire, qu'un moyen oratoire destiné à donner davantage au discours supposé l'air d'un discours ; car, au fond, le discours est pour lui un procédé conventionnel d'exposition, autant et plus peut-être qu'un ornement et un agrément. Comme Tite-Live, il sait s'en servir pour faire mieux connaître la pensée intime, la politique la plus secrète des parties en cause, ou ce qu'il croit tel. Or, les complications de la politique sont des complications de faits et d'intérêts. On ne peut les faire comprendre sans beaucoup de détails bien spécifiés. Des considérations générales n'y suffiraient pas. Aussi, l'ancien ambassadeur florentin, le conseiller des Médicis, rompu par la pratique à la connaissance des intérêts de tant d'États, disposé par ses goûts d'historien à considérer de près les faits et leur marche, enfin écrivant l'histoire contemporaine, a-t-il mis dans ses discours plus de réalités que d'abstractions, plus d'histoire que de philosophie.

Les deux discours qu'il met dans la bouche de Grimani et de Trévisano, du Conseil des *Pregati*, sur l'alliance proposée par Louis XII, peuvent être pris comme exemple. Voici les idées développées dans le premier :

1° Ingratitude de Ludovic, qui force maintenant les Vénitiens à abandonner la défense de Pise, dont ils ne s'étaient chargés qu'à sa sollicitation. Il leur convient d'en tirer vengeance. (Ici un lieu commun : nécessité, pour les grandes républiques, de se venger pour conserver leur réputation et prévenir de nouvelles injures.) 2° Intrigues de Ludovic avec le reste de l'Italie, l'Empereur, l'Allemagne et le Turc. Dangers en perspective si les Vénitiens continuent à défendre Pise; et s'ils l'abandonnent, autres dangers. (Lieu commun : car ceux dont les affaires commencent à aller mal sont plus exposés par là même.) Seule la crainte d'une alliance entre Venise et la France retient Ludovic. Si Venise rejette cette alliance, le roi de France perdra de vue les affaires italiennes, se lancera dans une autre entreprise hors d'Italie, et Ludovic saura bien faire la paix avec lui. L'alliance avec la France s'impose donc. 3° Avantage de cette alliance : Ludovic ne pourra résister à deux puissances aussi fortes et aussi voisines de ses États. 4° Le voisinage des Français après la conquête du duché de Milan n'est pas un danger : d'une part, leur accroissement inquiétera les Italiens, les Allemands et l'Empereur, qui comprendront alors qu'ils

1. II, 47-48.
2. III, 13.
3. IV, 20-21.

ont besoin de nous ; d'autre part, le roi de France n'osera jamais nous attaquer avec ses seules forces, et sans une ligue, qui ne se formera pas aisément. D'ailleurs, ils ne garderont pas longtemps leur conquête, car ils se rendent vite odieux aux peuples qu'ils ont soumis : c'est ce qui leur est arrivé à Naples. (Lieu commun : *toute conquête mal affermie et mal gouvernée est onéreuse.*) Enfin, celle-ci les empêchera de songer à une autre entreprise. 5° Le danger auquel Venise s'expose par cette alliance est donc moindre que celui auquel elle est présentement exposée. Il serait déshonorant de ne pas savoir profiter de cette occasion. (Lieux communs sur les inconvénients de la pusillanimité.) 6° Conclusions : résumé des avantages présents et à venir de cette alliance.

On peut, après cette analyse, faire deux remarques. D'abord les lieux communs sont rares, en proportion des faits concrets allégués. Ensuite ils sortent de la banalité classique : ce sont les principes d'une philosophie politique plutôt expérimentale que déductive, réaliste à coup sûr, on peut dire simplement « machiavélique ».

Rien de tel en général chez Mariana. D'abord les lieux communs l'emportent à peu près toujours par leur nombre sur les faits. Ensuite ils se rattachent à cette simple philosophie de bon sens, à cette morale et à cette psychologie que nous a léguées l'antiquité, soit païenne, soit chrétienne, et dont il est toujours bon, mais assez peu piquant, de rappeler les enseignements.

Voyez par exemple l'entretien de Ferdinand le Catholique avec son gendre Philippe[1]. On s'attendrait à quelque révélation sur les calculs de ce prince selon l'esprit de Machiavel : Ferdinand ne développe que des lieux communs sur l'affection paternelle, l'inexpérience des jeunes gens, et l'avantage de la concorde.

Sans doute, on voit bien que Mariana sait tirer des faits eux-mêmes des raisons, et par là donner à un discours une couleur en quelque façon plus historique. Le discours de Prochita à Paléologue[2] est assez remarquable à cet égard, bien qu'il ne soit pas des plus longs ni précisément des plus importants. « Charles, roi de Sicile, prépare contre l'empereur grec une flotte puissante en joignant ses forces à celles du roi de France. Or, les forces des Français sont intactes, celles des Grecs sont affaiblies par les dissensions et ne pourront résister à deux rois réunis. Les victoires antérieures en sont la preuve. En vérité Paléologue est inaccessible à l'orgueil, et sans doute il est beau de savoir se dominer dans la colère, mais attendra-t-il, inactif dans son palais, qu'on vienne l'attaquer, que l'ennemi et les factieux le chassent de son trône ? Il a sur les épaules une lourde charge ; s'il ne la manie avec habileté, elle l'accablera de son poids. Il ferait bien mieux de chercher à donner

1. XXVIII, 20.
2. XIV, 6.

à ses ennemis de quoi s'occuper chez eux. Les Siciliens ont gardé le souvenir de l'ancien gouvernement; ils n'ont pour le nouveau que de la haine. C'est un chef qui leur manque, non l'envie de se révolter. Ils ne cessent de solliciter les rois d'Aragon pour qu'ils viennent à leur secours et s'emparent du royaume. Le Pape est hostile aux Français. En aidant les Siciliens, l'empereur écartera de lui sans grand'peine de grands orages, et fera tomber sur ses ennemis le mal qu'ils veulent lui faire. Enfin il doit bien se persuader que les Français ne seront jamais pour lui des amis. Et leur puissance est notoire. »

Est-ce parce qu'il fait parler un Italien que Mariana s'approche de l'éloquence diplomatique de Guichardin ? En tout cas, on voit qu'il n'était pas incapable de faire des discours dans le genre de ceux qui remplissent les seize livres *della Istoria d'Italia*. Mais il en a trop rarement pris la peine. Chez lui, en général, et pour tout dire, la forme paraît avoir plus d'importance que le fond, ou du moins c'est plutôt sur la facture de la phrase, sur l'emploi des passions oratoires, sur tout ce qui est style et rhétorique que s'est porté l'effort de l'auteur. On sera frappé de ce fait en lisant le discours d'Alphonse X au Pape, touchant son titre contesté d'Empereur [1]. Un thème peu compliqué s'y trouve développé avec un art certainement irréprochable : « Je n'ai pas demandé l'Empire; on me l'a donné, il est naturel que je veuille le conserver. Comment admettre qu'on ait procédé à une nouvelle élection, sans même m'entendre ? En tout cas, mon rival disparu, ce qu'il y avait de douteux dans ma cause disparaissait par là-même. J'ai tardé à venir : c'est que j'avais des affaires à régler dans mon royaume. Aujourd'hui je viens, quittant mon fils et mes petits-enfants, prendre possession d'un titre sans profit, mais que l'honneur de l'Espagne me force à revendiquer. J'irai jusqu'au bout pour soutenir mon droit. J'ai mérité la bienveillance des papes vos prédécesseurs; j'ai mérité d'être appelé à l'Empire; je ne veux pas, au déclin de l'âge, me laisser enlever ce que, jeune, j'ai obtenu. Soyez favorable à ma cause si juste, et prévenez les malheurs qui pourraient résulter du rejet de ma demande ». Mariana ne fait-il point parler Alphonse le Sage comme s'il s'agissait vraiment de convaincre le Pape ? C'est que le discours n'est pas pour lui comme pour Guichardin un moyen d'exposition, mais un procédé dramatique dont il se sert pour rendre l'action plus vivante. De là ce déploiement d'artifices oratoires, ce souci du beau langage, comme si le personnage qui parle devait toucher et plaire. Ce n'est plus de l'histoire, c'est du drame. Un Lope de Vega ne fait pas parler autrement les personnages de ses pièces historiques.

Le drame ou, si l'on préfère, le roman, on le trouve dans la lettre de la Cava à son père, le comte Julien, après que le roi Rodrigue

[1]. XIII, 22.

a abusé d'elle; dans les menaces de Therasia, sœur d'Alphonse V, au mari qui lui a été imposé, le musulman Abdalla; dans la longue lettre de reproches et de menaces que la comtesse Mathilde envoie à son ingrat époux, Alphonse III de Portugal, et qui fait songer aux imprécations de Médée ou de Didon. Nous avons là l'histoire conçue non seulement comme un *opus oratorium*, mais comme un *opus tragicum*. A voir ces hors-d'œuvre, il semblerait que l'historien jésuite ait fait ici en histoire ce que ses confrères ont fait, dit-on, en religion : dissimuler autant que possible les côtés austères et se mettre à la portée des humains. Heureusement, il n'a pas appliqué trop largement cette méthode à tout son ouvrage; mais on la saisit au moins dans les lettres et dans les discours dont celui-ci est orné, comme dans la part faite à des légendes sur lesquelles l'auteur savait peut-être, aussi bien que personne, à quoi s'en tenir.

On s'étonnerait de ne pas rencontrer dans les discours de Mariana quelque morceau imité de l'antique. On connaît le beau mouvement que Tite-Live et Tacite ont reproduit après Cicéron : « Il n'a pas vu, » dit Cicéron de Crassus, « l'Italie en feu, le Sénat en butte aux fureurs de la haine[3]... »; « Il n'a pas vu, » dit Tacite d'Agricola, « la curie assiégée, le Sénat entouré par les armes, le massacre de tant de personnages consulaires[4]... »; mais la forme la plus classique, la plus oratoire de ce « non vidit » est celle qu'on trouve, mise au futur, dans ce discours de Vibius Virrius, où Taine voit « tout le génie de Tite-Live en raccourci »[5] : « Je ne verrai pas Appius Claudius et Q. Fulvius assis dans leur victoire insolente..., je ne verrai pas détruire et incendier ma patrie, les femmes, les jeunes filles, les fils d'hommes libres, traînés au viol[6]... » C'est dans le discours d'un Maure anonyme après la capitulation de Grenade[7] que Mariana a placé cet admirable cliché. Mais il ne s'en est pas tenu là; une bonne partie du discours du farouche Capouan est repassée par la bouche du

---

1. « ...sed egenum tamen, patria extorrem, sine lare, sine spe, hominem pene dixerim barbarum tecto, toro, imperioque recepi. O nimiam meam dicam, an meorum, an vtrunque facilitatem... Memini cum non anima, non nobis posse carere iurabas. en religio, en constantia, quid hoc?... Verum ego superstes sum », etc. (XIII, 12).
2. VI, 21.
3. *De Oratore*, III, 2.
4. *Vita Agricolae*, 45.
5. *Essai sur Tite-Live*, II, 3, p. 299.
6. Traduction de Taine, p. 302.
7. Tite-Live : « Tanta auiditas supplicii expetendi, tanta sanguinis nostri hauriendi est sitis. » (XXVI, 13, 13.)

Mariana : « An ignoratis quanta vestri sanguinis hauriendi sitis sit? »

« Alterum annum circumuallatos inclusosque nos fame macerant, et ipsi uobiscum ultima pericula ac grauissimos labores perpessi, circa vallum ac fossas

Annum iam circumuallatos & nos macerant, & ipsi non minores clades pertulerunt, circa munimenta sæpe trucidati, neque magis obsidentes, quam

Maure, souvent avec les mêmes termes; et, chose qui n'est pas sans mérite, car le morceau de l'historien latin est lui-même d'une concision inimitable, l'habile latiniste qu'est Mariana a su resserrer et condenser encore.

Malheureusement, on devine trop que notre historien a fait là un exercice d'école. Son discours, dont le thème n'a en somme qu'une analogie lointaine avec celui dont s'est inspiré Tite-Live, rappelle un peu ces dissertations de rhétorique, faites de lambeaux et de réminiscences : art assez simple où Mariana excelle, mais pour lequel on n'est pas tenu de l'admirer.

Ainsi l'examen des discours que Mariana a inséré dans son récit nous montre des habitudes de rhétorique et d'imitation classique conformes à celles de la plupart des humanistes. Ils n'ont pas l'intérêt, la portée, l'utilité de ceux de Guichardin. Il sont surtout destinés à varier, à agrémenter, à instruire même; mais ce sont des hors-d'œuvre que l'on peut presque toujours passer sans rien perdre de l'intelligence des événements.

D'autre part, la vraisemblance n'est pas toujours absolue. Nous ne nous représentons pas bien notre Du Guesclin commençant un discours de cette façon : « Quiconque donne son avis sur des affaires importantes doit considérer ce qui est utile à la chose publique, et ce qui est proportionné avec ses forces, car toute entreprise au-dessus de ses forces est une témérité. Il est funeste et inhumain de préférer aux intérêts communs ses ambitions particulières [1]. »

---

saepe trucidati, et prope ad extremum castris exuti. » (XXVI, 13, 8.)

« Feras bestias caeco impetu ac rabie concitatas, si ad cubilia et catulos eorum ire pergas, ad opem suis ferendam auertas. » (XXVI, 13, 12.)

« Itaque, quando aliter diis immortalibus uisum est, cum mortem ne recusare quidem debeam, cruciatus contumeliasque, quas sperat hostis, dum mei potens sum, effugere morte, praeterquam honesta, etiam leui, possum. Non uidebo App. Claudium et Q. Fuluium uictoria insolenti subnixos... nec dirui incendique patriam uidebo; nec rapi ad stuprum matres Campanas virginesque et ingenuos pueros. » (XXVI, 13, 14.)

obsessi, nouæ vrbis [a] munitione bellum defendentes.

Quasi bestiæ cæco impetu, ac rabie concitatæ sitiunt sanguinem.

Stat sententia : si mortem recusare fas non sit cruciatus contumeliasque vitare. Capi, diripi, incendi patriam non videbo : matres, virgines, pueros ad stuprum & in seruitutem rapi. » (XXV, 17.)

a. Il s'agit du camp dénommé *ville* de Santa Fe et élevé en face de Grenade.

1. XVII, 7. C'est le latin que je traduis ci-dessus. L'espagnol est encore plus apprêté : « Qualquiera que ouiere de dar parecer, y consejo en cosas de grande importancia, està obligado a considerar dos cosas principales. La vna, qual sea lo mas vtil y cumplidero al bien comun. La otra, si ay fuerças bastantes para conseguir el fin que se pretende. Como es cosa inhumana, y perjudicial, anteponer sus interesses particulares al bien publico, y pro comun : assi intentar aquello, con que no podemos salir, y a lo que no allegan nuestras fuerças, no es otra cosa, sino vna temeridad y locura. »

Grande, au reste, est la diversité des sujets. Harangues militaires, discours d'ambassadeurs, délibérations dans les conciles ou les conseils royaux, lettre d'un père à son fils révolté, réponse de celui-ci, discours d'un traître, réponse au même traître, lettre d'une jeune fille déshonorée à son père, discours d'une princesse au mari qu'elle refuse de satisfaire, lettre d'une ex-princesse royale à son mari remarié : voilà de quoi faire un recueil de *Conciones* presque plus varié que celui que, au temps même de Mariana, Henri Estienne formait avec les discours de Salluste, Tite-Live, Tacite et Quinte-Curce.

Remarquons, pour terminer, ce synchronisme de l'histoire pédagogique et littéraire : il donne aux discours de notre historien leur véritable portée, il montre où en était l'intérêt.

III

Mariana ne se contente pas de raconter les faits, il les commente. L'objectivité est une affectation que ne pratique et soupçonne guère la première génération d'une grande époque littéraire. Ce n'est que lorsque tout est dit que l'on tient à ne plus tout dire. Mariana a écrit un demi-siècle avant Melo, près d'un siècle avant Solís. Aussi, bien plus volontiers qu'eux (mais avec moins de solennité), intervient-il pour indiquer au lecteur les réflexions à faire. Ces réflexions n'expriment souvent que l'émotion ressentie par l'auteur. A propos du meurtre de Pierre le Cruel par son frère, il s'écriera : « Voilà une chose épouvantable : un Roi, un fils et petit-fils de Rois, baignant dans son sang, qu'a répandu la main d'un frère bâtard! Étrange forfait!... » Et il continue en montrant l'enseignement de cette mort[1].

Il aime à tirer des événements des considérations pratiques, des leçons de choses pourrait-on dire, car rien de plus simple ni de plus accessible que ces considérations. On est même souvent tenté de les trouver superflues. « Tant il importe, parfois, de ne pas manquer une occasion et de profiter avec habileté de ce qu'offre le hasard[2]! » Cette recommandation, c'est à propos de Pélage restaurant la monarchie espagnole, qu'il nous la fait : voilà un bon commentaire de maître d'école.

La psychologie fournit son contingent : « Plus la parenté est grande, plus est violente l'inimitié quand elle s'allume[3]. » De telles remarques servent à expliquer les événements. Elles sont pourtant parfois, semble-t-il, trop peu neuves : ainsi celles que l'on trouve, touchant

---

1. XVII, 13.
2. « Tanto importa a las vezes no faltar á la ocasion, y aprouecharse con prudencia de lo que sucede a caso » (VII, 1).
3. XXII, 5.

l'insatiabilité de l'âme humaine, au début du chapitre sur les menées des Carthaginois en Espagne¹.

La physiologie elle-même a sa part. Il est même regrettable que l'auteur la lui fasse parfois avec plus de gravité que d'opportunité. « La nature du régime alimentaire, surtout dans le premier âge, a beaucoup d'influence sur les habitudes de l'âme et du corps. » L'idée ne serait peut-être pas reniée par un physiologiste, mais il est fâcheux qu'elle soit exprimée à propos d'Abidès, qui, ayant été nourri par une biche, devint d'une agilité surprenante². Le mariage avec la princesse anglaise Marie fut fatal à Louis XII : « que assi suele acontecer, quando las edades son muy desiguales, mayormente si ay poca salud³. » Avouons que nous ne voyons pas bien l'opportunité d'une telle observation dans un ouvrage historique. De telle autre même nous ne saisirons peut-être jamais la portée : « persona de gran cuenta, » dit-il de Tarif, « dado que le faltaua vn ojo⁴, » ce qui sous-entendrait une relation ordinaire des défauts physiques et des insuffisances intellectuelles.

Les maximes politiques émaillent fréquemment le récit. « Souvent de semblables troubles sont aussi aisés à se réduire qu'à se produire, » généralise-t-il après avoir montré les Maures de Grenade soulevés contre Boabdil et apaisés par un simple discours⁵. « La multitude, la canaille a les premiers élans terribles, mais elle a vite fait de revenir au calme⁶, » dit-il encore, avec une sûre connaissance de la psychologie des foules. Sa philosophie du droit naturel ou humain perce volontiers : elle est aussi pessimiste et réaliste que possible. Parlant des Pères du douzième concile de Tolède, qui reconnurent l'usurpateur Ervigius : « Arma tenenti; » observe-t-il dans son latin vigoureux, « qui negarent quod petebatur? non constantia id, sed temeritas fuisset⁷. » Maintes fois, il revient sur cette idée, que le droit des royaumes repose sur les armes : « armis in quibus plerumque iura regnandi sunt⁸; » « nullo meliori iure quam quod Regibus in armis esse solet⁹, » répète-t-il en toute occasion, même à propos de Philippe II et de ses droits sur le Portugal¹⁰.

1. I, 9.
2. I, 13.
3. XXX, 24.
4. VI, 22.
5. XXV, 17.
6. *Ibid.*
7. VI, 17.
8. VIII, 3.
9. X, 12. Cf. X, 16; XIV, 16; XX, 3; XXIII, 8, 12.
10. « Verdad es, que las armas estauan en poder del Rey don Philippe, que siempre, y principalmente quando el derecho no está muy claro, tienen mas fuerça que las informaciones de los legistas, y letrados : y es assi de ordinario, que entre grandes Principes aquella parte parece mas justificada, que tiene mas fuerças » (*Sumario*, 1579.)

Ce n'est du reste point là l'unique pensée philosophique qui revienne au cours de cette histoire. L'idée du bien et du mal, d'une sanction inéluctable, d'une justice immanente, éclaire les disgrâces et les cataclysmes. A l'exemple des historiens du moyen âge, Mariana considère le triomphe de l'Islam comme le châtiment des crimes du dernier roi goth, mais aussi, chose plus morale, des vices de l'Espagne gothique : « Scelerum pœnis agentibus in eam præcipitatum est clademˡ ». De sa race et de son temps il a une sorte de fatalisme qui, chose curieuse, confine confusément et timidement à l'astrologie². Mais c'est sans conviction, il faut l'avouer, qu'il exprime une telle croyance. Son christianisme est dégagé, peut-on dire, de ces scories. Il est bien plus près de celui de Bossuet. Nous la retrouvons aussi dans l'*Histoire d'Espagne*, la grande idée biblique qui est au fond du *Discours sur l'Histoire universelle*, à savoir que « ce long enchaînement des causes particulières, qui font et défont les empires, dépend des ordres secrets de la divine Providence »³. Ayant examiné les droits que Ferdinand le Catholique prétendait avoir sur le royaume de Navarre et par lesquels il justifiait sa conquête, Mariana se rappelle un verset de l'Ecclésiastique⁴ et le traduit avec noblesse et gravité : « La suma de todo, que Dios es el que muda los tiempos, y las edades, transfiere los reynos y los establece : y no solamente los passa de gente en gente por injusticias y injurias, sino por denuestos y engaños⁵. »

Peut-on supposer maintenant que Mariana soit visé par l'auteur du *Genio de la Historia*, Fray Jerónimo de San José⁶, quand celui-ci tourne en ridicule les historiens qui se croient obligés de s'appesantir sur tous les événements qu'ils racontent en entremêlant le récit de jugements et de maximes : « Ce n'est plus une histoire, c'est un sermon, » s'écrie-t-il, « ou plutôt ce n'est ni l'un ni l'autre, mais un mélange fait pour assommer le lecteur » ? Non, Mariana ne pouvait être visé ici. Sans doute, le moraliste, le politique, le psychologue interviennent

1. VI, 23.
2. « Parecer y tema de los stoicos, secta de philosofos, por lo demas muy seuera y graue, fue, que por eterna constitucion y trauaçon de causas secretas (que llaman hado) cada qual de los hombres passa su carrera y vida, y que nuestro aluedrio no es parte para huyr lo que por destino, ley inuariable del cielo, está determinado. Diras que necia y vanamente sintieron esto, quien lo niega? Quien non lo vee, por ventura puede auer mayor locura, que quitar al hombre lo que le haze hombre, que es ser señor de sus consejos y de su vida? Pero necessario es confessar ouo alguna causa secreta, que de tal suerte trauò entre si al Rey de Castilla, y a don Aluaro de Luna... Sin duda tienen algun poder las estrellas, y es de algun momento el nacimiento de cada uno. De alli resultan muchas vezes las aficiones de los principes, y sus auersiones. » (XX, 10.)
3. *Les Empires*, c. VIII.
4. « Regnum a gente in gentem transfertur propter injustitias et injurias, et contumelias et diuersos dolos. » (X, 8.)
5. XXX, 24.
6. Cf. Menéndez Pelayo, *Hist. de las ideas estéticas*, t. III, p. 297.

souvent dans son Histoire ; trop peut-être à notre goût, car nous voulons que l'historien se contente d'exposer les faits et nous laisse le soin de nous édifier nous-mêmes. Et, à cet égard, Mariana est moins moderne que la plupart de ses prédécesseurs, Zurita, Morales, Garibay, qui, sans s'abstenir de toute considération, restent assurément davantage dans leur rôle d'historiens. Il est, par là comme par ailleurs, moins dégagé des habitudes classiques et humanistes. L'exemple de Salluste et de Tacite, de Polybe et de Plutarque, les préceptes des théoriciens de la Renaissance lui persuadaient de « considérer l'histoire comme inventée (c'est Fox Morcillo qui parle), cultivée et conservée non point pour le futile plaisir de perpétuer le souvenir des choses passées ou présentes, mais pour le perfectionnement de la vie humaine » [1]. Cependant il serait injuste de ne pas remarquer avec quelle discrétion, en somme, notre auteur intervient pour aider à ce perfectionnement, combien il le fait simplement, spontanément, sans apprêt, sans prétention. On ne sent pas chez lui le propos délibéré de faire de l'Histoire une matière à enseignement moral ou politique. Nous sommes loin des gloses de Mayerne Turquet. Mariana dit sa façon de penser sur les hommes et sur les choses ; il souligne les leçons du passé ; il juge, il blâme : on ne peut pas dire qu'il prêche. Il déclame encore moins. Il ne fait de réflexions qu'en passant. Ce sont de ces lieux communs, ou parfois de ces aphorismes plus personnels, ou de ces critiques qui n'impliquent nullement l'intention de prouver une thèse ou de bâtir un système.

Dans son Histoire, Mariana ne soutient aucune thèse. Ce qu'il dit et répète du droit fondé sur la force n'est que l'expression d'une idée dont le spectacle brutal des conquêtes, des oppressions et des injustices ne l'a malheureusement que trop convaincu. Quant à sa conception du rôle de la Providence dans les choses humaines, elle est purement et simplement la conception judéo-chrétienne. On ne le voit pas, comme tel grand historien moderne, soutenir à tout propos la mission providentielle de sa nation. Tout ce qu'on peut dire, c'est qu'il aime à épiloguer. Mais c'est une manie encore trop répandue parmi ses successeurs pour qu'on puisse le blâmer de l'avoir [2]. Au reste, il n'interrompt pas longuement le récit pour s'étendre en considérations. Les habitudes de la prédication ne percent que discrètement dans ses commentaires. C'est parfois en manière de conclusion ou comme entrée en matière qu'il fait ressortir les enseignements de

---

1. Menéndez Pelayo, *Hist. de las ideas estéticas*, t. III, p. 292.
2. « Voyez Mommsen, Droysen, Curtius et Lamprecht... Eux, si scrupuleux et si minutieux lorsqu'il s'agit d'établir des détails, ils s'abandonnent dans l'exposé des questions générales à leurs penchants naturels, comme le commun des hommes. Ils prennent parti, ils blâment, ils célèbrent ; ils colorent, ils embellissent ; ils se permettent des considérations personnelles, patriotiques, morales ou métaphysiques. » (Langlois et Seignobos, *Introduction aux Études historiques*, p. 273.)

l'Histoire. Ainsi, au chapitre où il expose la disgrâce d'Alvaro de Luna [1], il a mis un préambule pour dire combien les hommes ont tort d'accuser la fortune de leurs malheurs plutôt que leurs propres vices. Ce préambule pourrait être plus bref; mais, généralement, l'auteur se contente d'une courte phrase, insérée dans la narration. Il s'étonne qu'une fois Alvaro arrêté, aucun de ceux qu'il avait obligés ne lui soit venu en aide : « La vérité, » ajoute-t-il, « c'est que tous abandonnent les misérables, et que, la faveur du roi perdue, tout vous devient contraire [2]. » Quelques mots même lui suffisent. Alvaro exécuté, on a mis près de son corps une sébile pour recevoir les aumônes qui permettront d'enterrer cet homme jadis si riche et si puissant : « Assi se truecan las cosas [3] ! » C'est parfois une incidente dans une phrase [4], ou encore comme un aparté de l'écrivain [5]. Il donne, du reste, volontiers à des réflexions de ce genre un tour animé, qui est tout à fait dans son tempérament : « Où s'arrêtent les malheurs? où aboutissent les plans mal combinés?» s'écrie-t-il après avoir dit l'emprisonnement et l'échec du duc de Calabre [6]. Et, à propos de la cloche de Velilla, qui, assurait-on, sonnait d'avance la mort des rois : « La vérité, qui peut la connaître? Combien de vanité, de tromperie dans les choses de ce genre [7]! » Enfin, il affectionne la forme proverbiale, dont la concision sied bien à l'allure de son style : « Mando y priuanza no sufren compañia [8], » dira-t-il à propos des démêlés des infants d'Aragon à la cour de Jean II de Castille.

Et quoi d'étonnant, après tout, que l'auteur du *De rege*, du *De spectaculis* et du *De monetae mutatione* ait éprouvé le besoin de communiquer à ses lecteurs ses impressions au cours de cette longue histoire de son pays? Zurita, Garibay, Morales, Vasséé, ajoutons même Ocampo et Marineo, étaient de purs historiens ; lui est théologien, et surtout c'est un écrivain moraliste et politique. Son rôle, sa vocation de prêtre et de jésuite, le portait à voir le côté moral, instructif, des événements. C'est bien ce qu'avait compris Ferrer, qui le louait d'avoir pensé à écrire, en digne fils de la Compagnie, une histoire utile aux mœurs [9]. On ne peut l'accuser, pour cela, de vouloir se charger du salut de ses lecteurs. C'eût été, au contraire, chez lui, une affec-

---

1. XXII, 12.
2. *Ibid.*
3. XXII, 13.
4. « Para que no ouiesse arrendadores, ni alcausleros, raies de gente que saben todos los caminos de allegar dinero. » (XXII, 14.)
5. « Nos destas cosas (como sin fundamento y vanas) no hazemos caso ninguno, » déclare-t-il au sujet de certaine prédiction faite au même ministre de Jean II (XXII, 13.)
6. XXX, 16.
7. XXX, 24.
8. XX, 11.
9. Cf. p. 155 et l'app. V, 2.

tation que de ne pas se laisser aller à cette tendance naturelle. Le compassé Francisco de Melo, qui se travaille pour donner à son récit une forme objective, ne résiste pas à la tentation de prononcer un bout de sermon dans les grandes occasions [1]; Solís encore moins. Il était bien davantage dans le caractère de Mariana de faire un peu de *doctrinaje*, pour employer le joli mot de M. Menéndez Pelayo [2]. D'autre part, n'ayant nullement la prétention de produire une œuvre d'érudition pure, ne pouvait-il, sans grand inconvénient, enfreindre cette loi de l'impersonnalité et de l'impassibilité qui s'impose à l'homme de science?

Peut-être même est-elle due en partie à ce *doctrinaje*, discret, en somme et peu encombrant, cette gravité que les Espagnols s'accordent à louer dans l'*Historia de España*. Une sorte de philosophie s'en dégage, plus pratique que théorique, morale plutôt que spéculative, qui élève le lecteur au-dessus de la matérialité des faits. Qui se plaindrait d'y retrouver l'auteur du *De rege*?

Les contemporains l'y retrouvaient. Le duc de Sessa, que nous voyons demander par lettre des conseils au jésuite, premièrement sur la ligne de conduite à adopter s'il devenait le favori du roi, et secondement sur la meilleure façon de gouverner ses vassaux, semblait même faire plus de cas, au point de vue pratique, de l'Histoire que du *De rege*. En effet, comme Mariana prétendait ne rien connaître à ces matières, il répondait en rappelant non pas ce dernier livre, mais « tous ces aphorismes semés au cours de l'Histoire » [3].

---

1. « Aman los hombres el mando como cosa divina, sin advertir el riesgo que se trae consigo el gobernar a los otros hombres. » (II, 46.) « Famosa leccion pueden aqui tomar los principes... » (49.)
2. *Hist. de las ideas est.*, t. III, p. 297.
3. « Pe Mariana,
La inclinaçion que he tenido toda mi vida a las virtudes y letras de V. P..... Desseo dos papeles de V. P. que no hallo en quanto he leydo, vno del modo como se debria haber vn ombre de mi calidad si llegase a la gracia de su Principe y otro de la razon con que se pueda gobernar vn señor en sus estados asi personalmente como con sus subditos y vasallos y en la administraçion de su justiçia y segura conçiencia tratar las juridiçiones eclesiasticas y seglares y acudir a toda su obligacion cristianamente. Este vltimo me seria de grandisima importancia, porque tengo mis estados tan separados y algunos tan ceñidos de otros dueños poderosos que pienso que seria llebar en las manos el sol para ver y discernir tan escuras dificultades. V. P. no se tenga por desçuidado de mi deseo y de que tan afectuosamente le importune en medio de tantos y tau graues estudios y cuidados, pues no seran menos dignos estos papeles que otras mayores obras en la alabanza de personas que tan neçesitadas viuen desta guia y crea V. P. que sabre ser reconoçido a este benefiçio todo el tiempo de mi vida, con mas verdad que se vsa y mas estimaçion que dan las cosas propias y presentes, mayor falta de nuestra naçion que de otra ninguna del mundo. Dios guarde a V. P. muchos años para bien y onrra de las letras de España y como esta casa tan suya le dessea

hijo y amigo de V. P. »

« Hauia yo asentado en mi entendimiento que V. P. era inmortal y que si bien los estudios, vigilias y no mucho descanso y quietud habrian atenuado el sujeto, podian a esto y al curso de los años hauer resistido las virtudes que con la templança

Mais, tout en admettant la très ingénieuse appellation que M. Menéndez Pelayo donne à l'Histoire de Mariana, une *Historia pragmática*[1], nous nous garderons d'exagérer la tendance de notre auteur au *doctrinaje*. Surtout nous aurions tort d'expliquer exclusivement par cette tendance le *plura transcribo quam credo*. Ce n'est pas parce que Mariana songe surtout au côté pratique, à l'enseignement susceptible d'être fourni par les faits, qu'il néglige souvent d'approfondir une question, reproduit parfois une tradition, ou s'en tient, faute de mieux, à un texte peu sûr. On ne peut pas dire qu'il voie surtout le côté moral de l'histoire. L'insuffisance que peut présenter son œuvre au point de vue de la critique tient, cela est trop évident et nous l'avons vu, à l'impossibilité où il était de tout examiner, de tout contrôler, de tout discuter, de tout conclure.

À plus forte raison, s'il nous fallait la prendre à la lettre, écarterions-

dilatan la vida, pero pues ya V. P. ha llegado a lo que el Salmo — llama *labor* et *dolor* no será justo aumentárselos con mi codicia de sus escritos, que si fuera pecado lo confesara muchos y si bien a esta disculpa podían acompañar tantas que no me negaría la misma disculpa... La de V. P. en razon de que ynora las materias de estado no me lo parece y demo licençia que con los mismos aforismos que tiene sembrados por su historia lo contradiga. La disculpa, aunque V. P. no la ha menester, ni nadie la moreze fuera de mi grande amor, es su poca salud de que yo tengo justo sentimiento y mas del que pueden encarezer palabras. Muchos libros y selectos me dexo el duque mi señor, que Dios tiene, recogidos en Alemania, Flandes, Ytalia y Francia, donde asistió algunos años. Lehido tengo algo en los que tratan estas materias, pero no hallaua yo lo que buscaua en la librería de ese singular entendimiento, esperiençia y juiçio adornados de tan graues estudios y desengaños y asi fue noble error mi yntento... »

Les minutes de ces deux lettres du duc de Sessa à Mariana sont conservées au British Museum (Ms. Additional 28438, f°* 110 et 111). Elles sont de la main de Lope de Vega. C'est M. Morel-Fatio qui m'en a communiqué le texte. Elles sont à rapprocher des deux lettres de Lope de Vega au même duc, publiées à la suite de la *Nueva biografía*, de La Barrera (n°* 40° et 57°, p. 623 et 626). Il me paraît probable que dans la première, et peut-être aussi la seconde, il est fait allusion à la réponse que Mariana avait donnée à la demande du duc. Je me demande si le rédacteur des deux lettres du duc, de la seconde tout au moins, ne serait pas Lope lui-même, puisque, dans la lettre 40°, celui-ci dit : « A la do Mariana responderó con mas espacio, porque no es bien que le parezca V. Ex° importuno, sino señor discreto. »

1. Bien que je trouve outrée la thèse de M. Menéndez Pelayo à ce sujet, je croirais laisser une lacune en ne citant pas intégralement la page si fortement pensée à laquelle je fais allusion. Après avoir vanté cette « sabiduría ética, que de cada suceso quiere sacar una máxima y una advertencia », M. Menéndez Pelayo ajoute : « Pero esta continua preocupación de política trascendental quita evidencia y precisión á la historia, la separa del arte puro, y la convierte, no en un drama, sino en la confirmación práctica y experimental de los principios de un tratado *De rege*. De aquí la frecuente indiferencia del autor en cuanto á la crítica de los hechos que narra, y el contentarse con cualquier testimonio, como si los hechos, por la sola razón de ser, no tuviesen ya un valor independiente de la moralidad ó epifonema que se saca de ellos. Así se explica el *plura transcribo quam credo*, derivado, no de pereza de entendimiento, sino de una concepción singular de la historia, que no es ya la concepción clásica, aunque se de mucho la mano con ella, ni tampoco la moderna filosofía de la historia, sino cierto modo de historia *pragmática*, que de lo pasado quiere sacar ante todo estímulo para lo porvenir, y que procede por medio de avisos y de escarmientos, ó al contrario, por vía de emulación. » (Discours de réception à l'Academia de la Historia, p. 27.) Voir le P. Garzón, *El P. Juan de Mariana*, p. 501-5.

nous cette idée que, dans son Histoire d'Espagne, Mariana aurait voulu donner quelque chose comme « la confirmation pratique et expérimentale des principes du *De rege* ».

Il a esquissé dans son Histoire, cela est vrai, sa théorie sur l'origine du pouvoir royal, dont il ne fait nullement un pouvoir de droit divin (du moins dans le sens que l'on donne aujourd'hui à cette expression[1]), et qui, selon lui, dérive de la nécessité où furent les hommes de se donner des maîtres pour mettre fin à leurs discordes. Mais c'est dans un discours prononcé à propos de la succession de Martin, roi d'Aragon, qu'il émet ces idées; et, par conséquent, il ne les présente pas là décidément comme siennes[2], bien qu'on les retrouve dans le premier chapitre du *De rege*.

D'autre part, un chapitre de son Histoire est spécialement consacré, comme l'indique le titre *De iure regiæ successionis*[3], à la question du droit de succession au trône, reprise avec plus d'ampleur dans le *De rege*[4]. Mais il traite là un point de droit et non un point de philosophie.

Enfin, contre le système d'éducation par internement imposé à Jean II de Castille par sa mère, il a une protestation éloquente[5], qu'on

---

1. Voir Garzón, *El P. Juan de Mariana*, p. 124-50.
2. « Posse gentis consensu regna mutari, nouosque Reges institui, ipsa regiæ potestatis natura documento est : quæ populi voluntate exorta, rebus exigentibus transferri potest ad alios. Vagi initio homines, incertis sedibus, errabant. in quaque familia tantùm, ei & cæteris honos deferebatur, quem ætate prudentiaque cæteris præstare constabat, verùm cùm vita omnis iniuriis esset obnoxia, ac ne consanguinei inter se satis conuenirent animis : qui à potentioribus premebantur, societates cum aliis inire, & ad vnum aliquem opibus fideque præstantem respicere cœperunt. Hinc vrbani cœtus primùm, regiaque maiestas orta est... » (XIX, 15.)
3. XX, 3.
4. I, 3-5.
5. Il vaut la peine de reproduire le passage, et de préférence en espagnol, car c'est un de ceux où l'on reconnaît le mieux le style du *Tratado de los juegos públicos* et du *Tratado de la moneda :*

« ... gouernose imprudentemente en tener al Rey, como le tuuo hasta su muerte, encerrado en Valladolid, en vnas casas junto al monasterio de san Pablo, por espacio de mas de seys años, sin dexalle salir, ni dar licencia que ninguno le visitasse fuera de los criados de palacio. En lo qual ella pretendia, que no se apoderassen del los Grandes, y resultasse alguna ocasion de nouedades en el Reyno : miserable criança de Rey sugeta a graues daños, que el Gouernador de todos no ande en publico, ni le vean sus vassallos, tanto que aun a los Grandes que le visitauan no conocia. Que quitassen al Principe la libertad de ver, hablar, y ser visto, y como metido en una jaula le embraueciessen y estragassen su buena y mansa condicion, cosa indigna. Como pollo en caponera me pongas tu a engordar, al que nacio para el sudor, y para el poluo? En la sombra y entre mugeres se crie a manera de donzella, aquel cuyo cuerpo deue estar endurecido con el trabajo, y comida templada, para resistir a las enfermedades, y sufrir ygualmente en la guerra el frio y los calores? Con los regalos quieres quebrantar el animo, que de dia y de noche ha de estar como en atalaya, mirando todas las partes de la republica? Ciertamente esta criança muelle y regalada acarreará gran daño a los vassallos. La mayor edad será semejable a la niñez, y mocedad flaca, y deleznable, dada a deshonestidad, y a los demas deleytes. Como se veo en gran parte en este Principe. Porque muerta la Reyna, como si saliera de las tinieblas, y casi del vientre de su madre de nueuo a luz, perpetuamente anduuo a tienta paredes. » (XX, 11.)

retrouve dans le *De rege*[1]. Ce sont là sans doute les seuls développements qui soient communs aux deux ouvrages.

Quant à sa théorie du tyrannicide, il n'en donne même pas un aperçu. Il se contente de rappeler, à propos du meurtre de Louis d'Orléans, l'attitude du docteur Jean Petit, qui défendit la légitimité de ce forfait, et auquel il est loin de donner raison, puisqu'il le qualifie de « hominem venalem, assentationique servientem »[2]. Et, rencontre piquante, il mentionne religieusement le décret du concile de Constance qui devait être invoqué contre lui-même, en 1610, par la Sorbonne[3].

En tout cas, ces trois ou quatre développements sont, pour ainsi dire, des apartés de l'historien. Ils ne sont pas l'âme de son Histoire, comme ils la seraient si, prenant texte de tous les événements qui en étaient susceptibles, il avait, de propos délibéré, cherché à les présenter comme des documents à l'appui de ses idées philosophiques et sociales. Son Histoire est une œuvre objective. N'étaient-ce les quelques passages qui viennent d'être indiqués, et qui sont un peu perdus dans l'ensemble du récit, rien n'y trahirait le théoricien du *De rege*.

Dans l'article qu'il a consacré à notre auteur, M. Duméril se déclare[4] frappé des contradictions que présentent certains jugements énoncés au cours de l'Histoire d'Espagne. La cause de ces contradictions est précisément l'objectivité de l'ouvrage, et c'est d'ailleurs, en somme, ce qu'a fort bien vu M. Duméril : « Si Mariana, dans son Histoire, se laisse aller à ces fluctuations d'opinion, c'est qu'employant alors sa plume à raconter, non à disserter, il n'établissait pas la balance des arguments en sens opposé, comme il le fait dans le *De rege*. Homme d'imagination, bien qu'il fût très capable de raisonner, de comparer et de réfléchir, comme le prouve en particulier son livre sur la royauté, il se laissait entraîner par un seul point de vue, que peut-être lui suggéraient les documents qu'il avait sous les yeux. »

M. Duméril, qui s'en rapporte à la traduction de Charenton, n'est pas sans s'exagérer la désolation loyaliste de Mariana au spectacle d'un Jean II qui se laisse imposer l'exil de son favori, ou d'un Henri IV qui souffre qu'on le dépose dans une cérémonie publique. Il eût pu y voir une mâle colère devant tant de faiblesse et de lâcheté. Quoi qu'il en soit, il a raison de se demander, en ne considérant que l'historien : « Est-il partisan de la royauté qu'il voyait fleurir, ou bien son inclination le porte-t-elle du côté des libertés populaires ? » L'historien semble *ignorer* ici le philosophe.

Ce ne sont pas les théories du *De rege*, mais c'en est bien l'esprit

---

1. II, 4.
2. XIX, 16.
3. *Ibid.* Voir plus haut, p. 113-4.
4. P. 99.

pourtant que l'on retrouve dans l'Histoire d'Espagne. Qu'on en juge par cette page :

« Je frémis d'horreur, » s'écrie Mariana quand il va raconter la scène de la déposition de Henri IV à Avila[1], « à l'idée de rappeler cette honte de notre nation. Mais il faut la dire pourtant, afin que les Rois apprennent par cet exemple à commander à eux-mêmes d'abord, ensuite à leurs sujets ; afin qu'ils apprennent combien est grande la force d'une multitude soulevée, et que le nom du Roi emprunte son éclat plutôt à l'opinion qu'on s'en fait qu'à la force réelle; afin qu'ils apprennent qu'un Roi, si on le regarde de près, n'est pas autre chose qu'un homme amolli par les plaisirs, couvrant, de la splendeur de la pourpre, de grands ulcères et de pénibles souffrances. »

Ailleurs ne devine-t-on pas, à quelque réflexion pleine d'amertume, ses aspirations républicaines et démocratiques? « Les rois, » observe-t-il, « tiennent leurs volontés pour la loi et pour le droit ; les grands laissent faire ; et le peuple, sans se soucier davantage, sans faire la différence entre la vérité et l'apparence, applaudit et flatte à l'envi ceux qui le gouvernent. Si parfois il se fâche, sa colère ne va pas d'ordinaire plus loin que les paroles[2]. » Le même sentiment perce encore dans cet éloge des Aragonais : « Par les lois et les institutions, ils diffèrent beaucoup des autres peuples de l'Espagne. Ils défendent avec âpreté et jalousie leur liberté contre le pouvoir des rois. Pour empêcher celui-ci de trop s'élever, de grandir pour le malheur des sujets, et de dégénérer en tyrannie, ils l'ont tenu jusqu'à présent circonscrit par les antiques décrets des ancêtres. Ils n'ignorent pas que souvent de petites occasions entraînent l'amoindrissement du droit de liberté[3]. » Ne semble-t-il pas que ces derniers mots soient un écho des harangues de Juan de Padilla aux *comuneros*?

Mais c'est seulement par échappées qu'à travers le récit l'on aperçoit ainsi le républicanisme de Mariana. Et peut-être ne faut-il pas en voir nécessairement l'expression dans des phrases comme celle-ci : « Les rois bien souvent font passer l'honnêteté et la religion après leurs intérêts particuliers[4]. » C'est probablement tout aussi bien le moraliste qui parle ici, que le politique.

Il n'a mis dans son Histoire que les miettes de ses doctrines. Il explique lui-même dans la préface du *De rege* comment l'idée lui vint de former ce livre avec les exemples qu'il rencontrait dans les auteurs en travaillant à son Histoire[5] : il a donc fait, dès l'abord, le départ entre l'ouvrage où il devait narrer les faits et celui où il devait pré-

1. XXIII, 9.
2. XX, 14.
3. I, 4.
4. XI, 20.
5. Voir plus haut, p. 32.

senter les idées. Les exemples qu'il avait ainsi recueillis devaient, en principe, servir comme d'ossature à un livre qu'il destinait à l'instruction du prince, le futur Philippe III, élève de son illustre ami García de Loaysa. Ils eurent, en réalité, une destination plus haute encore, puisque, tout en s'occupant de l'éducation d'un prince, l'auteur songe surtout à montrer, fondé sur la justice et la vertu, son idéal de gouvernement. C'est dans ce livre immortel, comme dans le *De monetae mutatione*, le *De spectaculis*, le *De morte et immortalitate*, qu'il faut chercher sa philosophie. C'est là, du reste, qu'elle a été étudiée[1]. Son Histoire n'en présente qu'un reflet : ce n'est pas par elle que nous pouvons apprécier en lui le penseur.

On chercherait en vain dans l'*Historia de España* quelque esquisse annonçant les conceptions de la *Scienza nuova*. Il n'y a rien de Vico dans Mariana. Peut-être, du reste, pourrait-on parler de même à propos de tous les historiens antérieurs à Vico. Le fondateur de la philosophie de l'histoire a été réellement, semble-t-il, un novateur. « Avant lui, le premier mot n'était pas dit, » déclare Michelet[2], à qui nous nous en rapporterons ici. Pour nous en tenir à notre auteur, constatons que, par exemple, il ne paraît pas songer le moins du monde que le nom d'Hercule a pu, dans l'antiquité, servir à désigner communément les héros[3]. Il ne se demande pas davantage s'il n'en serait pas de même pour Dionysos. Il s'en tient à ce que dit Diodore, qui compte trois Dionysos. Dans un autre ordre d'idées, il ne semble pas que la thèse la plus intéressante de Vico, celle du recommencement des sociétés, de cette « marche que suivent éternellement les nations », passant par les trois âges, *divin*, *héroïque* et *humain*[4], ait effleuré l'esprit de l'auteur du *De rege*, pas plus que le « principe incontestable de la science nouvelle », à savoir que « les hommes ont fait eux-mêmes le monde social »[5]. Les occasions d'entrevoir de telles idées ne manquaient pas au cours de l'Histoire d'Espagne, soit à propos de la monarchie gothique, de sa ruine et de la reformation de l'Espagne chrétienne, soit à propos de la constitution féodale[6].

1. Voir Charles Labitte, *De iure politico quid senserit Mariana*; Pi y Margall, et Garzón, ouvrages cités. Pi y Margall, dans son travail, s'est du reste surtout occupé de la philosophie de Mariana, « que expone y juzga con elocuencia, pero torcidamente », déclare M. Menéndez Pelayo (*La Ciencia española*, t. I, p. 151).
2. Avant-propos des *Œuvres choisies* de Vico dans les *Œuvres complètes* de J. Michelet, Paris, E. Flammarion, s. d.
3. II, 11, p. 503 de la traduction de Michelet.
4. V, 1, p. 551-2.
5. V, 4, p. 639.
6. Cf. le chapitre que Vico intitule : « Comment les nations parcourent de nouveau la carrière qu'elles ont fournie conformément à la nature éternelle des fiefs. — Que l'ancien droit politique des Romains se renouvela dans le droit féodal. (Retour de l'âge héroïque.) » V, 4, p. 619.

VALEUR DE SON HISTOIRE D'ESPAGNE 359

Ce qu'on trouve dans son Histoire, ce ne sont pas des théories, ce sont des jugements sur les hommes et sur les choses, des jugements généralement impartiaux et parfois sévères, et aussi des préjugés.

Avouons d'abord les préjugés. Pour les hérétiques, les juifs, les maures, il ne professe que les sentiments permis, on peut aussi bien dire : naturels alors à un Espagnol.

Ce qu'il pense des protestants, il n'a pas eu l'occasion de l'exprimer longuement, puisque, à partir de l'année 1515, ce n'est plus une histoire, mais un sommaire qu'il nous présente. Mais ce qu'il dit des principaux d'entre eux nous édifiera. Luther est mort étouffé d'avoir trop mangé et trop bu[1]. A Calvin succéda Théodore de Bèze, c'est-à-dire « a vn hombre perdido otro peor ». Il suffit de lire les vers érotiques de ce dernier pour comprendre qu'il fut un évêque (vn obispo) digne de sa secte[2]. L'Histoire de Jacques de Thou, ce grand ami des hérétiques, est pleine de mensonges. « *Augiæ stabulum!* » s'écrie le jésuite, qui laisse cette épithète en latin, même dans le texte espagnol[3], comme s'il craignait d'enlever à l'expression son énergie en la traduisant.

Il ne paraît pas non plus avoir une grande tendresse pour les juifs. Pourtant, s'il ne blâme pas personnellement leur expulsion, il ne laisse pas de déclarer que beaucoup ont blâmé Ferdinand « d'avoir chassé de ses domaines une population si riche et qui connaît tous les moyens de gagner de l'argent ». Et, en économiste perspicace, il ajoute : « En tout cas, les pays où ils sont allés y ont grandement gagné, car ils ont emporté avec eux une grande partie des richesses de l'Espagne, or, argent, pierreries, étoffes précieuses[4] ». Regrettait-il que l'expulsion n'eût pas été aggravée par la confiscation? Ou bien, des réflexions qu'il aurait pu faire, n'énonce-t-il que celle qui touchait au côté économique de la question? Ce qu'il dit dans d'autres circonstances nous induit à le croire : ne blâme-t-il pas par deux fois l'emploi de la violence dans la conversion des juifs[5]? Et par conséquent ne réclame-t-il pas la persuasion par la parole, par conséquent, en fait, la tolérance?

Sur certaines institutions, comme l'Inquisition, il était presque matériellement impossible qu'un livre paraissant en Espagne contînt des opinions autres que celles qui étaient officielles et permises. Il n'eût pas obtenu la *licencia*, et l'imprimeur eût risqué gros en ne conformant pas son texte au manuscrit visé par les censeurs.

« Cette institution, l'expérience a montré qu'elle est très salutaire,

1. Année 1546.
2. Année 1564.
3. Année 1513.
4. XXVI, 1.
5. Duméril, article cité, p. 111.

bien qu'au début elle ait paru très vexatoire aux Espagnols. Ce qu'ils trouvaient surtout étrange, c'était que les enfants payassent pour les fautes des parents; que l'accusateur ne fût ni connu ni confronté avec l'accusé; qu'il ne fût pas donné de publicité aux témoignages, pratique contraire à l'usage antique des autres tribunaux. C'était pour eux chose nouvelle que de semblables fautes se châtiassent par la mort; et le plus pénible, c'était que ces enquêtes secrètes leur enlevassent la liberté de parler entre soi, par crainte de ces gens qui, dans les villes, les villages, les hameaux, se trouvaient désignés pour rapporter ce qui se passait, chose où quelques-uns voyaient une servitude très rude et pareille à la mort [1]. »

Remarquons l'insistance avec laquelle Mariana appuie sur ces plaintes provoquées par le régime de délation qu'avait organisé l'Inquisition d'Espagne. A la vérité, il se range ensuite du côté de ceux qui pensent « que les ennemis de la religion ne sont pas dignes de la vie; que si les enfants payent pour les parents, ceux-ci, par amour pour eux, se montreront plus circonspects; que, le procès étant secret, on évite beaucoup de calomnies, de ruses, de fraudes, et qu'enfin on ne punit que ceux qui avouent ou qui sont manifestement convaincus. » Il a donc soin de donner sa préférence à l'opinion orthodoxe. Mais il se fait aussi l'interprète de l'opinion libérale. Qui sait s'il n'y a pas là un de ces stratagèmes dont usent les publicistes sous un gouvernement despotique? Et devinons-nous mal, si nous supposons que l'auteur n'a pas dit ici sa vraie pensée?

On ne peut manquer d'être frappé de la liberté avec laquelle il blâme et condamne les actions et les hommes. Il considérait certainement comme une des attributions de l'historien de flétrir la mémoire des mauvais princes, et, d'une façon générale, de dire, de tous les personnages dont il parle, le mal comme le bien. « Jean II de Castille écoutait peu volontiers et avec hâte : comment pouvait-il, sans écouter, résoudre des affaires aussi difficiles que celles qui se présentaient à lui? En somme, il n'avait pas grande capacité; il n'était pas à la hauteur du gouvernement [2]. » Sa mère, Catherine, était à la merci d'un entourage peu recommandable [3]. On a vu ce qu'il reprochait à Henri IV, à sa mère Doña María et à sa tante Doña Leonor [4]. Il n'épargne pas les princes de l'Église. Il accuse d'ambition D. Sancho de Rojas, archevêque de Tolède [5], et d'avarice, de mauvaise conduite, le cardinal D. Pedro Fernández de Frias [6]. Il a même contre la papauté

1. XXIV, 17. M. Duméril cite ce passage dans son article, p. 105.
2. XX, 11.
3. XX, 10.
4. P. 180, 206, note, et 208. Sur la manière dont il apprécie certains actes de Ferdinand le Catholique, voir l'article de M. Duméril, p. 102.
5. XX, 10.
6. XX, 14.

des phrases qui étonnent chez un jésuite[1] : si bien que M. Duméril en arrive à découvrir en lui un « caractère un peu voltairien ». Ce n'est peut-être pas sans raison. L'historien a su faire abstraction de sa situation personnelle. Partout où il voit une violation du droit par la force, il proteste, sur ce ton pessimiste qu'on a remarqué et où perce le sentiment de l'inutilité d'une protestation. Il a su également oublier qu'il était Espagnol, toutes les fois qu'il s'est convaincu que la vérité se trouvait au delà des Pyrénées, ou qu'il y avait en deçà quelque chose à blâmer.

Mariana

Que la patria, si yerra, no perdona[2],

disait avec raison Lope de Vega. Mais tout le monde ne louait pas aussi noblement l'historien de cette noble indépendance. Nous nous rappelons les doléances de Mantuano et de Mondéjar au sujet des maisons nobles ou des hautes fonctions, traitées par lui avec des égards insuffisants. On lui faisait un crime de ne pas toujours donner tort aux nations étrangères dans leurs conflits avec l'Espagne. De là l'accusation absurde que l'on trouve formulée par Antonio Hurtado de Mendoza[3] et par le P. Hernando de Avila[4], d'après lesquels Mariana aurait eu une origine française.

Le patriotisme de Mariana ne s'étale pas à chaque page en de niaises et plates glorifications. Il n'en est pas moins évident. Il se traduit discrètement par l'espèce de joie rétrospective qu'exprime l'auteur après le récit d'une victoire ou d'un événement heureux; il se trahit par les réflexions amères ou tristes qu'amène une catastrophe; il paraît d'un bout à l'autre du livre par l'intérêt que l'historien prend et nous fait prendre à toute la vie passée de sa nation. Le *De mutatione monetae* respire la pitié pour le peuple qui souffre. Dans l'Histoire d'Espagne, ce n'est pas seulement le peuple, c'est toute la nation, ce sont les petits, les grands, le roi, qui indistinctement, ont les sympathies et les vœux de Mariana. Par là encore, aussi bien que par la conception et par le plan, son Histoire est une histoire nationale.

1. Voir Duméril, *ibid.*
2. *Obras no dramáticas de Lope de Vega*, dans la Bibl. Rivadeneyra, t. XXXVIII, p. 403. Épître à Fr. Plácido de Tosantos. Ce passage m'a été signalé par M. Morel-Fatio. Cf. du reste plus loin (p. 387) ce que dit Saavedra.
3. Voir plus haut, p. 208-9.
4. Cf. Noguera, p. III.

CHAPITRE III

I. Le latin du *De rebus Hispaniae*.
II. L'espagnol de l'*Historia general de España*. La phrase.
III. Le style.

C'est à peine s'il y a lieu de se demander pourquoi Mariana a d'abord écrit son Histoire en latin. Il y était amené naturellement, puisqu'il s'adressait aux étrangers. Ocampo, Zurita, Garibay, Morales avaient écrit en castillan : son rôle était de les mettre à la portée de l'Europe erudite. Il y était incité, d'un autre côté, par l'exemple des historiens des autres pays, Gaguin, Paul Émile, Papire Masson, Polydore Virgile, etc. Cela, sans rappeler ici les conseils des théoriciens, ni ses propres goûts, habitudes et même préjugés d'humaniste[1].

En se servant du latin pour écrire son Histoire, il ne renonçait pas à faire œuvre d'écrivain. Un homme qui a lu et relu Cicéron, Tite-Live, Salluste et Tacite, peut avoir la prétention d'exprimer ses idées en latin avec élégance et propriété. Toute langue littéraire, morte ou vivante, s'apprend artificiellement. L'essentiel est d'avoir pratiqué ceux qui l'ont maniée en maîtres.

On ne trouve dans le latin de Mariana aucune de ces fautes grossières qui abondent dans les latinistes du xv° siècle, Jean de Girone, Ruy Sánchez, etc. : ainsi *adeo quod* pour *adeo ut*; *fore* pour *fuisse*; *suus* pour *eius*[2]. La règle délicate de l'emploi de *se*, *suum*, est assez rigoureusement observée[3]. Le sujet de la proposition infinitive est parfois omis[4], mais l'exemple de plus d'un bon écrivain latin peut être ici invoqué.

---

1. Voir p. viii et 13, et Miguel Mir, *Causas de la perfección de la lengua castellana*, p. 36-7. Notons que Gómara avait songé à publier en latin son *Historia general de las Indias* (cf. p. 156 du t. XXII de la Bibl. Rivadeneyra).

2. « Multi ex illis *adeo* humiles sunt *quod* rarissimam mentionem de eis antiqui scriptores *faciant*. » (Jean de Girone, p. 18 de Beale.) — « Arbores in Hispaniæ gleba Strabo *fore* testatur, ex quarum exciso ramo lac effluebat dulcissimum. » (Sánchez, p. 293 de Beale.) — « Bœtica vero secundum Pomp. Melam in Cosmographia *sua*... » (*Id.*, p. 299.) — Il serait facile d'augmenter la liste.

3. « Inito magistratu, & sua sponte & Amilcaris casu castigatus, ne eius conatus mors impediret, continuo de bello Romano inferendo agitare cœpit. » (II, 9.) Voir la phrase citée p. 210, n. 1 (III, 23), où *eius* est admissible (cf. Riemann, *Syntaxe latine*, § 9, e, Rem. II).

4. « An hac etiam nocte non aduertitis se subitarii operis fossa obiectisque carris inclusisse? » (XXX, 9.)

Pour expliquer la correction du latin de Mariana, il n'est pas nécessaire de rappeler les efforts de Pierre Martyr d'Anghera, de Marineo Siculo et d'Antonio de Nebrixa contre l'ignorance et la routine. La lecture des bons auteurs suffisait à lui enseigner la bonne langue. Mais chez lui le goût de la correction est très raffiné. L'intransigeante timidité des cicéroniens avait des partisans en Espagne. Sous prétexte que le mot *rebellio*, ne se trouvait pas dans Cicéron, Antonio Agustín reprochait à Zurita de l'avoir employé. Il n'admettait pas davantage *paenitentia*, ni *miraculum*. Selon lui, Tacite est « baxo de lengua ». Zurita lui-même, admirateur de Tacite, proclamait que les esclaves et les cuisiniers de César, de Pompée, d'Hortensius, de Varron et de Cicéron parlaient et écrivaient relativement *(en comparacion)* mieux que les Sénèques, les Plines, Quintillien, Tacite et Suétone[1]. Sans aller si loin peut-être, Mariana avait en cette matière assez d'exigence et de minutie.

On se rappelle que le Portugais Nunes de Leão lui avait envoyé un « Compendio de las cosas de Portugal » qui était ou bien sa *Genealogia verdadera de los Reyes de Portugal*, ou bien son *De vera Regum Portugaliae genealogia*[2]. C'est, en tout cas, au traité latin que se rapportent quelques notes du même Nunes conservées dans l'un des recueils du British Museum et transmises à Mariana sans doute par Ferrer, à qui elles ont dû être adressées[3]. Ces notes sont elles-mêmes une réponse à des notes que Mariana avait fait parvenir à Nunes touchant la latinité de certaines expressions employées par celui-ci. On y

---

1. Dormer, *Progresos*, 1ª pᵉ, IV, 5, § 11, 35-8.
2. Voir p. 168.
3. Ms. Egerton 1874, n° 47, p. 413 :

« Rmo. padre. As notas q̃ v. P. me deu em hum apontamento para lhe dar dellas descarga me paroce que atem [.....] por q̃ quanto ao primeiro q̃ nõ podia dizer formare exercitum no vejo cousa q̃ mo encontro..por q̃ como o verbo formo, he latinissimo e comũ, que se pode applicar a todas las cousas a q̃ se da a forma e ordem muj bem poderei dizer formare exercitũ, como Virgilio dixe formare classem, entre os quaes no ha mais differença q̃ hũ ser exercito do mar e outro da torra...

A 2ª de dizer q̃ se nõ pode chamar chartophylaciam o scriuio Real ou archiuo. o contrario he a verdade. por q̃ acerca dos Godos onde hauia esse officio se chamaua o guarda della chartophylax...

A 3ª nota parece q̃ nõ he justa em dizer auctorauit se monasterio aut voto religionis ser erro...

4ª A dignidade de Condestabre no ten nome dos magistrados antigos q̃ lhe possa quadrar. E assi como he noua assi nõ lhe daria na lingoa latina outro nome, so nao o q̃ vulgarmẽte ten e como soa. Por q̃ o nome de magister equitũ q lhe daa paulo Aemilio no lhe arma por q̃ era officio temporal...

A 5ª nota de primogenitus. He palaura vsurpada dos jurisconsultos deste tempo...

A 6ª he dizer q̃ no se ha de dizer por sobrinho nepos ex soror (e] aut ex fratre (.) Ao que se respõde q̃ assi o vsao mujtos q scriuẽ latinamente....... Emẽde V. P. o q̃ falta para escusarme.

Sobre tudo confesso q̃ deuo mujto ao padre *Mariana* por a tençao q̃ teue de me fazer merce de me emẽdar na lingoage. E folgoria q nõ achasse q dizer na historia por q̃ o nome de barbaro sofrese mas de mentiroso e falso afronta. Nosso señor guarde U. P. e o conserue en seu Sᵗᵒ seruito.

Beiso as mãos a V. P. seu deuoto Sᵗᵒ   D. nuñez. »

voit que l'historien espagnol reprochait au portugais, et avec raison, de dire *formara exercitum*, impropriété que Nunes croyait autorisée par le *formare classem* de Virgile. Il ne veut pas davantage de *auctorauit se monasterio* ou *uoto religionis*. Il blâme l'emploi de *nepos ex sorore* ou *ex fratre* pour signifier *sobrinho* (neveu), emploi inconnu en effet de la bonne époque. Il semble rejeter aussi *primogenitus*, qui n'est pas classique. Il n'admet pas qu'on forge le mot *chartophylaciam* (archives); et Nunes, qui se demande pourquoi on n'en userait pas puisque les Goths appelaient *chartophylax* l'archiviste, ne paraît pas se douter que *chartophylax* n'entraîne pas *chartophylacia*, et que seuls les barbares réclament le droit de faire des mots latins. Pour traduire le mot *connétable*, Nunes ne voyait aucun équivalent latin. Celui de *magister equitum*, proposé sans doute par Mariana, qui l'emploie lui-même dans son Histoire[1], ne lui paraissait pas convenir, désignant un office temporaire. Aussi le laissait-il tout simplement en portugais, *condestabre*. Il partageait sans doute lui-même les sentiments de Mariana à l'égard de *Comes stabuli*, admis pourtant, sous réserves, par Antonio Agustin[2]; et si l'historien castillan évite de s'en servir, c'est évidemment parce qu'il aimait mieux chercher, pour rendre une idée moderne, un mot désignant dans la bonne latinité une idée voisine, que de recourir au néologisme.

Le purisme de Mariana n'est d'ailleurs pas absolu. A côté d'*antistes* et *praesul*, il admet aussi bien *archiepiscopus* que *episcopus*[3]. Tantôt l'auteur se conforme au langage des latins, même en matière religieuse: tantôt il adopte les néologismes chrétiens. « Non esse *numina* importunis actionibus irritanda, » écrit le pape Alexandre IV au roi de Portugal[4]. On lit aussi : « Cœptis fauebant *numina* »[5]; « Auertite ô *superi*, & detestamini queso hoc omen »[6]. Et d'autre part : « Succurrite per *Deum immortalem* patriæ... Ciuium sanguinem vindicate *Deo freti* »[7]; « Memores *religionis christianæ* »[8].

Mais si son classicisme admet les néologismes de l'époque chrétienne, il ne supporte pas la contamination des mots nouveaux que certains s'arrogeaient le droit de former pour énoncer des idées nouvelles[9].

1. Par exemple, en parlant de Ruy López Dávalos et de son successeur Alvaro de Luna (XX, 12).
2. Dormer, *Progresos*, 1ª pª, IV, 5, § 11.
3. Par exemple VI, 10.
4. XIII, 12.
5. XXV, 16.
6. XVII, 13.
7. *Ibid.*
8. VI, 23.
9. Ce droit est proclamé dans une lettre de Pierre Nannius à Damião de Goes, qui ne s'était pas fait faute d'en user : « Obstrepunt hic *(dans l'Hispania de Damião)* quædam verba nouitia, sed fastidioso lectori. Æquo enim æstimatori non venia, sed laude dignus habeberis, quod res nouas vetustate incognitas, nouis vocabulis, vt intelligi possint, explicueris. » (Dans Beale, p. 1286.)

Ce qui, d'ailleurs, est plus remarquable et plus appréciable encore que cette correction et cette pureté, ce sont les qualités mêmes du latin de notre historien. Une phrase brève et pleine, concise, nerveuse, et toujours claire, toujours simple[1]. Un style sain, sans recherche, sans affectation, sans ce faux goût des latinisants espagnols de la fin du xvᵉ siècle, qui a préparé le faux goût des *romancistas* du xvɪɪᵉ[2]. Il est impossible de souhaiter une élégance de meilleur aloi.

Mais ces qualités, nous les retrouvons dans l'espagnol de l'*Historia general de España*. Or, bien que nous ayons lieu de croire à l'intervention de quelque confrère, peut-être de plusieurs, dans la traduction du *De rebus Hispaniae*[3], il n'est pas douteux que Mariana n'ait revu par lui-même cette traduction et ne l'ait modifiée tant pour la forme que pour le fond, là où elle s'écartait de sa façon de penser et d'écrire. Du reste, en ce qui concerne le style au sens strict du mot, on peut dire que le latin commandait ici l'espagnol, et que celui-ci ne pouvait guère être qu'un fidèle reflet de celui-là. Quant à la phrase (construction et syntaxe), si nous ne pouvons affirmer que le détail en soit de Mariana, nous y retrouvons trop les habitudes de simplicité et de clarté du latin pour ne pas admettre au moins que le latin a dû influencer le traducteur et lui communiquer le goût de l'auteur pour une construction sobre et analytique, correcte et bien agencée.

Une étude attentive de la phrase et du style du *De rebus Hispaniae* nous tiendrait, cela est évident, plus près de Mariana. En nous occupant de la traduction, nous avons affaire à une phrase et à un style qui peut-être sont plutôt ceux d'une collectivité que ceux d'un individu. Néanmoins, pour les raisons qui viennent d'être indiquées, il est permis d'y voir surtout la main de Mariana. En tout cas, l'intérêt sera toujours plus grand d'examiner de près l'espagnol de la traduction que le latin de l'original.

Avant de commencer cet examen, nous noterons que, dans le castillan de l'*Historia general de España*, les latinismes ne sont pas rares. Par exemple, le subjonctif présent pris dans le sens qu'admet le même temps en latin, celui d'un conditionnel[4]; un comparatif, au lieu de

---

1. Voir par exemple le passage cité p. 182, n. 1, où sont énumérés tous les enfants d'Alphonse VIII avec des détails sur quelques-uns d'entre eux.

2. Les deux passages qui sont cités p. 181, n. 1, sont remarquables par la simplicité et la brièveté des phrases en même temps que par la force et la gravité des idées : 1° ce qui fait la force du droit en matière de succession au trône ; 2° les raisons qui firent préférer Bérengère ; 3° la valeur de l'opinion exprimée par Rodrigue. — Remarquer, dans celui qui est reproduit p. 164, n. 1, la vigueur de ce tableau de mœurs : cette fête patriotique qui dégénère en bacchanales ; ces discours enflammés, bafouant la lâcheté castillane ; la foule qui ricane et applaudit.

3. Voir plus haut, p. 144-5.

4. XIX, 14 (éd. 1623) : « Esto es finalmente lo que todos suplicamos ; que encargaros vseys en el gobierno destos Reynos de la templança a vos acostumbrada, y deuida, no *sea necessario*. » (Non *sit necessarium*.)

l'adjectif précédé de *demasiado*, faisant le même office que le comparatif suivi de *quam ut*[1]; *mover* absolument, comme *mouere*, pour dire « se mettre en marche », en parlant d'une armée[2]. On pourrait relever bien d'autres choses de ce genre[3].

II

La phrase de Mariana[4] est généralement courte, peu chargée en tout cas, et toujours d'une analyse facile. Aussi, de même qu'elle est composée sans effort, elle n'exige, pour être saisie complètement, aucune contention d'esprit.

Au lieu de compliquer sa phrase d'incidentes, de *qui* et de *que*, il préfère couper en plusieurs tronçons, que relie seule leur juxtaposition. Il en résulte une syntaxe extrêmement alerte. Voyons, par exemple, le récit de la bataille de las Navas. Au lieu de dire à la latine : « Leuantóse vn alboroto de los soldados y pueblo en aquella ciudad, contra los Iudios, los quales si maltrataban todos pensauan hazian seruicio a Dios, de modo que estaua la ciudad para ensangrentarse sino resistieran los nobles a la canalla, y ampararan con las armas y autoridad aquella miserable gente; » il dit : « Leuantose vn alboroto de los soldados y pueblo en aquella ciudad contra los Iudios. Todos pensauan hazian seruicio a Dios en maltratallos. Estaua la ciudad para...[5]. » Une explication tant soit peu longue, au lieu d'être emboîtée dans le fait à expliquer, sera placée à la suite, formant une sorte d'épiphonème[6]. La plupart du temps, du reste, une courte incise suffira : par exemple, s'il s'agit d'expliquer pourquoi les soldats étrangers voulaient, malgré la parole donnée, égorger tous les habitants de Calatrava, qui s'étaient rendus à discrétion, il n'y a pas à dire autre chose que « conforme a su condicion »[7], et l'on songera

---

1. XXI, 1 : « Quedauan los Infantes de Aragon señores de *mayor autoridad*, *que pudiessen* facilmente echallos, y despedillos contra su voluntad. » Ed. 1605. « Superarant Aragonii fratres *maiori* auctoritate & potentia, *quam vt* facile euerti *possent*. »

2. XXI, 1 : « Los dos Reyes mouieron con sus gentes. » (Mouerunt = se mirent en marche.)

3. Par exemple l'emploi du relatif dans une phrase comme celle-ci : « Hecho esto, por principio del mes de Iunio se pusieron nuestras gentes sobre Baça, cuyo sitio, despues que el Rey don Fernando le consideró bien, con pocas palabras animò a los soldados, y los mandò apercibirse para el combate. » (XXV, 13.) Cette construction est du reste tout à fait exceptionnelle.

4. C'est sous les réserves qui ont été exprimées précédemment, que nous disons : « la phrase de Mariana ».

5. XI, 23.

6. « .. Todos, sin faltar ninguno, fueron degollados : tan grande era el deseo que tenian de destruyr aquella nacion impia. » *(Ibid.)*

7. « Los soldados estrangeros, conforme a su condicion, querian passar a cuchillo los rendidos.. » *(Ibid.)*

qu'en effet, les étrangers étaient cruels et peu disposés à respecter les lois de la guerre.

Mais s'il y a lieu de faire comprendre un fait particulier par une idée générale, cette idée générale, si elle ne peut se formuler en quelques mots, sera contenue dans une phrase à part, placée soit avant, soit après celle qui renferme le fait lui-même[1]. Pour raconter des faits qui se succèdent, l'auteur les énoncera tout simplement à la suite les uns des autres[2]. C'est bien proprement le style historique, le style du *Charles XII*. Les rapprochements avec le chef-d'œuvre de Voltaire seraient faciles et nombreux[3].

Il est remarquable que le gérondif, dont Garibay abuse, que Morales emploie assez volontiers, d'ailleurs avec discrétion, est extrêmement rare chez Mariana. On peut lire de suite plusieurs pages de l'*Historia de España* sans en trouver un seul. L'histoire de la prise de Tolède (plus de sept colonnes)[4] n'en a pas d'exemple; les trois chapitres (seize colonnes)[5] consacrés à la bataille de las Navas avec ses préparatifs et ses suites, n'en ont qu'un seul, et il marque le moyen, non la circonstance[6]; il n'y en a point dans les chapitres où est racontée la prise de Grenade[7]. Presque jamais il n'est employé avec la fonction d'une proposition circonstancielle[8]. On ne le trouve même qu'assez rarement formant périphrase avec *ir*[9]. Mariana

1. « Toda muchedumbre, especial de soldados, se rige por impetu, y mas por la opinion se mueue, que por las mismas cosas y por la verdad : como sucedio en este negocio y trance : que los mas de los soldados perdida la esperança de salir con la demanda, trataban de desamparar los reales. » (XI, 24.)
2. « En este lugar don Sancho, Rey de Nauarra, con vn buon esquadron de los suyos, alcanço a los Reyes, y se junto con los demas. Fue su venida muy alegre, con ellas la tristeza que por el sucesso passado, de la partida de los estrangeros recibieran, se trocó en regozijo. Algunos castillos en aquella comarca se entraron por fuerça. En tierra de Saluatierra se hizo reseña : passaron alarde gran numero de a pie, y de a cauallo. Esto hecho, con todas las gentes llegaron al pie de la Sierra morena. » (XI, 23.)
3. Par exemple, à côté de la phrase qui précède : « Le roi de Suède avait débarqué à Pernaw, dans le golfe de Riga, avec environ seize mille hommes d'infanterie, et un peu plus de quatre mille chevaux. De Pernaw, il avait précipité sa marche jusqu'à Revel, suivi de toute sa cavalerie, et seulement de quatre mille fantassins. Il marchait toujours en avant, sans attendre le reste de ses troupes. Il se trouva bientôt avec ses huit mille hommes seulement devant les premiers postes des ennemis. Il ne balança pas à les attaquer tous les uns après les autres, sans leur donner le temps d'apprendre à quel petit nombre ils avaient affaire. Les Moscovites, voyant arriver les Suédois à eux, crurent avoir toute une armée à combattre. » (II, 18.)
4. IX, 16.
5. XI, 23-5.
6. « ... Le hizo tornar del camino, dandole a entender el peligro en que se ponia » (c. 23).
7. XXV, 12-3, 15-8.
8. Voici le seul exemple que j'aie pu noter :
« Iunto con esto, *pareciendole* aquel embaxador persona a proposito para sus intentos, embiò con el vn recaudo a don Aluaro. » (XXI, 1.)
9. « .. Los yua picando por las espadas. » (VIII, 9.) Il n'y a pas d'autre gérondif dans ce chapitre, où est exposée l'histoire des Infants de Lara.

s'est donc en général abstenu de recourir à cette forme pourtant si commode[1].

Sans vouloir précisément faire à notre auteur un mérite de cette abstention, semble-t-il, systématique, car ce serait blâmer indirectement Cervantes, qui a si souvent recours au gérondif pour exprimer toutes sortes d'actions accessoires[2], on peut reconnaître qu'au point de vue de la légèreté du style, à laquelle Mariana semble tendre par-dessus tout, il y avait avantage à n'utiliser que sobrement, sinon à délaisser tout à fait le lourd appareil des constructions gérondives qu'affectionne encore aujourd'hui la langue castillane[3].

Ce n'est du reste point, sans doute, pour cette forme verbale, mais plutôt pour les constructions exagérément synthétiques où de mauvais écrivains comme Garibay l'entassaient sans le moindre goût, que Mariana éprouvait de la répugnance. C'est encore de même qu'il évite *despues de* ou *despues que*, et, en général, tout rapport de subordination inutile. Il n'est guère besoin de faire ressortir quelle aisance et même quel agrément résultent de là pour le lecteur.

Des chapitres entiers sont écrits de cette manière vive et dégagée. Un peu de calcul nous le fera voir avec l'éloquence des chiffres. L'histoire des Infants de Lara, qui tient juste deux colonnes dans les éditions de 1608 et de 1623[4], est racontée en trente-neuf phrases, en ne comptant que pour une celles qui sont dédoublées par deux points; et encore y a-t-il deux virgules à la place desquelles il faudrait un point. On compte quatre-vingt-cinq points pour le premier des deux chapitres consacrés à la bataille de las Navas, et soixante-douze pour le second; le premier tient en sept colonnes, le second en un peu plus de six : c'est donc une moyenne de douze phrases par colonne de cinquante demi-lignes, soit, pour une phrase, quatre demi-lignes; et il y a beaucoup de phrases indépendantes séparées par une ponctuation faible. Le chapitre où il est dit comment les Français furent chassés du

---

1. On en trouve des exemples dans le *Tratado de los juegos públicos*, par exemple au c. 26 (p. 460² de l'éd. Rivadeneyra), dans ses lettres (app. V, 2).
2. Voir *Les constructions gérondives absolues dans les œuvres de Cervantes*, par Léonard Wistén, Lund, 1901.
3. Une construction fort usitée dans la langue moderne, et dont Cervantes ne paraît pas s'être servi (M. Wistén du moins n'en cite point d'exemple), c'est celle qui permet d'exprimer par le gérondif, placé après la principale, une action postérieure à celle que marque cette principale. On ne peut ouvrir un journal sans la rencontrer, en particulier dans les faits divers. En voici un spécimen double : « Hoy se han recibido noticias de una desgracia ocurrida en la Mota del Marqués. Un carro de la vendimia, atestado de uva, se atascó en una calle, *siendo* preciso que acudieran varias personas á sacarle del atolladero. Cuando lo consiguieron, el farmacéutico don Ildefonso Casas, que intentaba en aquel momento calzar el vehículo, no tuvo tiempo de salir de entre las ruedas, *pereciendo* aplastado por ellas. » (*Imparcial* du 3 octobre 1901). Telle est, en castillan, la vitalité du gérondif qu'il est arrivé à se substituer même à une consécutive commençant par *de modo que*.
4. VIII, 9.

royaume de Naples¹ contient, en un peu plus de quatre colonnes, soixante-douze phrases indépendantes séparées ou par un point, ou par deux points, soit dix-huit par colonne. La moyenne arrive à trois demi-lignes pour une phrase.

Le style de Mariana est donc des plus analytiques. C'est peut-être là ce qui le caractérise et le rend si léger, à côté de celui d'Ocampo, et surtout à côté de celui de Garibay. On peut, au reste, établir des comparaisons plus honorables pour Mariana. Nous aurons, plus loin, un rapprochement à faire entre lui et l'auteur de la *Perfecta Casada* au sujet d'un procédé de style. En ce qui concerne la structure générale, rien ne diffère plus de la prose de Luís de León que celle de notre historien. Le texte définitif de la *Perfecta Casada*, celui de la troisième édition, date de 1587; la première édition est de 1583². Ce charmant ouvrage n'est donc antérieur que d'une quinzaine d'années à l'*Historia general*, qui, on l'a vu, était prête pour la publication dès 1598³. Il semblerait qu'il y eût plus d'intervalle. Destinée à une seule personne, l'instruction du religieux augustin sur les vertus et les devoirs de la femme mariée paraît faite du haut de la chaire. Elle est dans ce style abondant, étoffé, majestueux qu'aiment les orateurs. Et aussi, elle date bien du temps des latinisants et des cicéroniens. Sans doute, quand l'exposition devient plus familière, dans la satire des défauts féminins par exemple, elle emprunte au langage de la conversation des tours plus vifs et des façons moins oratoires⁴. Mais le plus souvent, les phrases, rattachées entre elles par des relatifs ou des conjonctions *(porque, el qual, de arte que)*, ou divisées en deux compartiments *(aunque... pero, dado que... todavia, como... assi)*, présentent la hiérarchie multiple de la période.

Rien de cet appareil dans le style de Mariana. Sans doute les discours dont il a orné son Histoire ont quelque chose de plus apprêté que le récit. La rhétorique, et l'imitation de Tite-Live ou de Salluste en remontent le ton; mais la phrase n'y est ni plus longue, ni même en somme plus compliquée : elle est seulement plus nerveuse, plus ramassée, plus pleine de sens, plus animée aussi. Le préambule se présente parfois avec une ampleur presque solennelle⁵, comme si

1. XXVI, 12.
2. Mᵐᵉ E. Wallace a rendu le service de publier (Chicago, 1903) le texte de cette troisième édition avec les variantes de la première. Voir son Introduction.
3. Voir plus haut, p. 145.
4. Ainsi quand il parle de la femme dépensière (p. 25-6 de l'éd. Wallace).
5. Par exemple le début du discours qu'un Espagnol adresse à Alphonse VI pour le dissuader de faire l'expédition de Tolède : «Con que justicia, o Rey, o con que cara hareys guerra a vna ciudad, que en el tiempo de vuestro destierro, quando os hallastes pobre, desamparado, y sin remedio, os recibio cortesmente, y trató con mucho regalo? principio que fue, y escalon para subir al Reyno que aora teneys.» IX, 15.) Encore est-ce là un exorde *ex abrupto* et assez vif. Voici d'autres échantillons : «Por vuestro respecto, no por el mio (como algunos con poco verguença han sospe-

dans l'esprit de l'orateur flottait quelque souvenir des exordes classiques; mais bien vite les idées abandonnent, pour s'exprimer avec vigueur et clarté, la syntaxe savante et pesante qu'aimait à manier l'éloquence du temps. La phrase oratoire n'est donc point, chez cet historien, constituée d'une autre manière que la phrase narrative. Elle n'a de particulier que les qualités spécialement expressives, c'est-à-dire le mouvement et la force¹.

Mais si la tendance vers l'analyse est, chez Mariana, générale et habituelle, pour ne pas dire constante, elle ne va pas jusqu'à l'émiettement. Ces courtes phrases ont, entre elles, des relations qui les organisent et leur donnent malgré tout un aspect synthétique.

En effet, Mariana sait d'abord, par l'opposition et même la simple succession des phrases, exprimer les rapports de causalité, de finalité, de contraste, l'analogie, la restriction, la progression, la succession². Rien d'élégant comme cette omission du relatif, de l'adverbe ou de la conjonction, ces poteaux indicateurs qui enlaidissent la perspective du discours.

En second lieu, pour peu que le fond s'y prête, la forme est volontiers symétrique, du reste sans l'ombre d'affectation : d'où à la fois un plaisir esthétique pour le lecteur, et une commodité, la suite des idées

chado) he venido a amonestaros lo que vos esta bien, de que es bastante prueua que con tener en mi poder el castillo del Alhambra, no quise llamar al enemigo, y entregaros en sus manos, maguer que me lo teniades bien merecido. » (XXV, 17, discours de Boabdil.) « Si yo pensara, soldados, que mis palabras fueran menester, o parte para animaros, hiziera que algunos de vuestros capitanes exorcitados en esto oficio, con sus razones muy concertadas encendiera vuestros coraçones a pelear. » (XXIX, 18, discours de Ximénez.) Voir encore les discours de Leovigild (V, 12), de Charlemagne (VII, 11), d'Alphonse VI (IX, 8), et surtout d'Alphonse X (XIV, 22). Mais beaucoup d'autres commencent très simplement : « Conuiene vsar de prosteza y de valor, para que los que tenemos la justicia de nuestra parte, sobrepujemos a los contrarios con el esfuerço. » (VII, 1, discours de Pelayo.) « Yugo de perpetua esclauonia es el que ponen sobre vos, y sobre vuestros cuellos: mirad bien lo que hazeys, catad que c engañan, y se burlan de vos. » (XXV, 17, discours de « vn cierto moro »). Il est vrai que cette fois, le véritable début est au style indirect. Mais en voici qui sont au style direct : « Bien veys, amigos y parientes, el aprieto en que estan las cosas. » (XXVI, 8, discours d'Alphonse, roi de Naples.) « Vna cosa facil, antes muy digna de ser desseada, venimos, señor, a supplicaros. » (XXII, 16, discours du cardinal Capranico.) On ne peut souhaiter qu'un légat du pape entre en matière avec moins de détours.

1. Ainsi dans l'exhortation de Charlemagne à ses troupes, après un préambule assez oratoire : « ...La estrechura de los lugares en que estamos, no da lugar para huyr : ni seria justo poner la esperança en los pies, los que teneys las armas en las manos. No permita Dios tan grande afrenta : no sufrays soldados que tan gran baldon se dè al nombre Frances; con esfuerço y animo aueis de salir destos lugares. En fuerças, armas, nobleza; en animo, numero, y todo lo demas os auentajays. »

2. « El esclavo se quiso valer de su señora doña Lambra : no le prestò, que en su mismo regazo le quitaron la vida. » (VIII, 9.) « No se contentò el feroz animo de Ruy Velazquez con el trabajo de Gonçalo Gustios : lleuò adelante su rauia. » (Ibid.) « La voz era para cobrar ciertos dineros que el Rey barbaro auia prometido : la vertad para que fuesse muerto lejos de su patria, como Ruy Velazquez rogaua al Rey que hiziesse, con cartas que escriuia en esta razon, en Arabigo. » (Ibid.) « Apercibiose el enemigo a la pelea y ordeno sus hazes, repartidas en quatro esquadrones; quedose el Rey mismo en vn collado mas alto, rodeado de la gente de su guarda. » (XI, 24.)

devenant plus perceptible. Le récit de la bataille de Las Navas nous offre ici des exemples typiques. En trois phrases indépendantes et de forme identique, nous sommes mis au courant des raisons qui font occuper par le roi maure le défilé et le village de la Losa, par où doivent forcément passer les chrétiens¹. Deux phrases tout aussi courtes montrent que s'il était imprudent de se fier au berger qui s'offrait à enseigner un passage, il l'était aussi de ne pas tenir compte de ses indications². Faut-il faire voir l'hésitation des soldats avant la bataille? Les deux alternatives où ils se voient placés sont présentées en une phrase à deux membres symétriques, et leurs conséquences respectives en deux petites phrases également symétriques. Après quoi l'on nous dit le double résultat de cette incertitude, à savoir les murmures contre les chefs qui ont conduit là l'expédition, et la crainte qui envahit les soldats³. S'agit-il d'exprimer cette idée qu'après tout le départ des étrangers fut un bien pour les croisés espagnols, trois phrases d'une simplicité extrême suffiront, l'une pour énoncer cette espèce de paradoxe, les deux autres pour expliquer chacune une des deux raisons qui font que ce n'est pas un paradoxe⁴.

Grammaticalement, toutes ces phrases sont indépendantes. Logiquement, elles se complètent et s'expliquent mutuellement.

Au reste, Mariana sait aussi énoncer dans les limites d'une période des faits ou idées formant un ensemble :

« Los barbaros, (a) por miedo de tan grande muchedumbre, fueron forçados
    1° à desamparar el lugar,
    2° y recogerse a la fortaleza, que tenian en vn cerro agrio,
(b) pero por el esfuerzo y impetu de las naciones estrangeras, tomado el castillo por fuerça, a veynte y tres dias de Iunio, todos, sin faltar ninguno, fueron degollados :
(épiphonème) : tan grande era el deseo que tenian de destruyr aquella gente impia. »

1. « Si passauan adelante, prometiase el moro la vitoria : si se detenian, se persuadia por cierto perecerian todos por falta de bastimentos : si boluiessen atras seria grande la mengua, y la perdida de reputacion forçosa. » (XI, 23.)
2. « Dar credito en cosa tan grande a vn hombre que no conocian, no era seguro : ni de personas prudentes, no hazer de todo punto caso en aquella apretura, de lo que ofrecia. » (C. 24.)
3. « Pareciales corrian ygual peligro, hora los Reyes passassen adelante, hora boluiessen atras. Lo vno daria muestra de temeridad. Lo otro seria cosa afrentosa. Ponian mala voz en la empresa : cundia el miedo por todo el campo. » (Ibid.)
4. « La partida de los extraños, puesto que causo miedo y tristeza en los animos del resto, fue prouechosa, por dos razones. La vna porque los estrangeros no tuuiessen parte en la honra y prez de tan grande vitoria. Lo otra, que con aquella occasion Mohamad, que estaua en Iaen en balanças, y aun sin voluntad de pelear, se determinó a dar la batalla. » (C. 23.)

Les deux faits principaux et successifs, retraite des Maures dans la forteresse, et, une fois la forteresse prise, leur égorgement, sont énoncés, avec leurs circonstances, en deux groupes s'opposant par *pero*; et les circonstances elles-mêmes sont indiquées d'une façon concise, par une explicative relative, ou par une participiale absolue. Il n'y a sans doute là rien de bien mystérieux : mais enfin toute l'action, avec la réflexion qu'elle inspire, se trouve donc tenir entre deux points, et cela sans tassement ni lourdeur. Au fond, ici encore, la construction est analytique, mais analytique d'une façon spéciale. Ce n'est pas une phrase unique que nous avons entre les deux points, ce ne sont pas non plus trois phrases isolées : ce sont, comme tout à l'heure, trois phrases formant groupe dans la suite du récit, mais avec des liens plus apparents. La troisième est comme une conclusion des deux autres; les deux premières, sans être de constitution analogue, sont pourtant symétriques par le complément circonstanciel qui vient en tête de chacune : « por miedo de tan grande muchedumbre, » et « por el esfuerço y impetu de las naciones estrangeras ». Et, de plus, elles sont mises en opposition. S'il y a là une synthèse, on voit en quoi elle diffère de celle que nous avons imaginée tout à l'heure à la place de la construction analytique employée par Mariana : les sutures « los quales », « de modo que » y étaient inutiles, puisque leur suppression n'empêche pas de voir le rapport des trois phrases entre elles; elles ne faisaient qu'alourdir et embarrasser. De même ici, nous pouvons imaginer une synthèse grammaticale plus complète : « Los barbaros, *que por miedo de tan grande muchedumbre*, *habian sido forçados à desamparar el lugar y recogerse a la fortaleza, que tenian en un cerro agrio, por el esfuerzo,* etc. » Mariana s'est bien gardé d'écrire ainsi.

Il arrive pourtant que cette synthèse complète et compliquée s'impose pour un groupe de circonstances qu'on ne peut traduire par autant de phrases isolées, sous peine de les mettre sur le même plan que les faits essentiels du récit. L'historien expose comment, après une démonstration contre Grenade, les chrétiens revinrent à Cordoue, laissant la garde de la frontière au marquis de Villena et comment les Maures profitèrent de leur éloignement pour commencer les hostilités. Il veut en passant expliquer pourquoi ce fut à Villena que fut confiée la garde de la frontière. — Le marquis avait perdu son frère dans cette expédition. Lui-même était un prince courageux; il avait une grande expérience des armes. Les Maures avaient entouré l'un des siens. Il voulut le délivrer. Il reçut un coup de lance, et il eut la main droite enlevée. C'est pour compenser la perte de son frère et pour récompenser cette blessure reçue qu'on lui confia la garde de la frontière. — Bien entendu, de telles explications feraient perdre le fil du récit. Quand on viendrait nous dire ensuite : « A peine les Maures se virent-ils à l'abri de la crainte qu'ils attaquèrent le château d'Alhendin », nous ne saurions plus où nous en sommes. Il nous semblerait que nous écoutons un de ces illettrés dont la conversation s'égare à chaque pas dans les détails circonstanciels et finit par s'y perdre. Il faut donc que l'écrivain s'arrange de manière à ne mettre sur le plan principal que le fait qui entre strictement dans le récit, et placer les explications à l'arrière-plan. C'est à quoi sert la construction synthétique ; elle consiste à grouper les explications en des subordonnées, qui, par le fait même qu'elles sont grammaticalement subordonnées, laisseront à l'idée principale son rang parmi les idées essentielles du récit. Tel est le cas pour le passage qui nous occupe dans Mariana.

Faits essentiels du récit.	Circonstances et explications.
(a) Boluieron a Cordoua con la presa	α contentos de la gran cuyta, en que los Moros quedauan, β y con la esperança que ellos cobraron de concluir con aquella empresa.
(b) El cuydado de la frontera quedó encomendado al Marques de Villena	en recompensa, α de que en aquella jornada perdio a don Alonso su hermano, β y de vna lançada α' que — por librar (como Principe valeroso, y que tenia gran esperiencia en las armas) a vno de los suyos rodeados de Moros le dieron β' de que el braço derecho quedó manco.
(c) A penas los Moros se vieron libres deste miedo, quando debaxo de la conducta de Boabdil acometieron el castillo de Alhendin, y tomado le echaron por tierra.	ya declarado por enemigo de Christianos, en que los nuestros poco antes dexaron puesta guarnicion,

Comme on voit, l'essentiel du récit est fourni par les principales ou assimilées ; les circonstances et les explications, par les subordonnées et incidentes. Nous trouvons là pour ainsi dire réalisé le schème idéal de la construction synthétique. C'est un style bien ordonné, et c'est le cas de rappeler la définition célèbre de Buffon : « Le style n'est que l'ordre et le mouvement qu'on met dans ses pensées. »

Assurément, on ne trouve pas toujours une coïncidence aussi parfaite entre la forme et l'idée. Et d'ailleurs, si tel était le cas, ce ne serait peut-être pas admirable. Le style géométrique qui résulterait de là serait bien ennuyeux. Mais au moins de tels exemples montrent-ils que Mariana sait construire, et qu'avec lui nous sommes loin de Garibay.

Au surplus, il a aussi des phrases mal faites. Elles sont heureusement exceptionnelles. En voici une : « Las alegrias que se hizieron en vn regno y en el otro, por estos desposorios, fueron grandes : menores en Portugal, por ocasion que el mes siguiente fallecio en Auero la Infanta doña Juana, hermana de aquel Rey, sin casar, por no querer ella, bien que muchos la pretendieron y ella tenia partes muy auentajadas[1]. » La phrase devrait se terminer avant *sin casar*. Il est vrai qu'énoncer ce qui suit dans une phrase indépendante ferait perdre de vue la suite du récit, où il s'agit du mariage d'Alphonse de Portugal avec Isabelle, fille aînée des Rois catholiques. Mais l'auteur n'a pas évité cet inconvénient, puisqu'il continue, par une phrase indépendante, à parler de doña Juana : « La hermosura de su alma fue mayor, y sus virtudes, muy señaladas : de que se cuentan cosas muy grandes ; » pour revenir ensuite à Isabelle, de telle façon qu'on ne sait d'abord si c'est d'elle ou de Juana qu'il est question : « Tampoco la alegria de Castilla les duro mucho : si bien la donzella, desde Constantina partio a Portugal a onze de Noviembre. » C'était le cas de rattacher la phrase précédente à la première, sous forme de subordonnée.

Voici une autre espèce de défaut, c'est celui qui consiste à faire tenir dans une longue phrase la conclusion d'une idée ou d'un épisode et le commencement d'une autre idée ou épisode, alors que ce qui précède et ce qui suit se trouve précisément énoncé en phrases courtes. Mariana parle des noces de Ruy Velázquez avec Doña Lambra : « Las fiestas fueron grandes, y el concurso a ellas de gente principal. Hallaronse presentes el conde Garci Fernandez, y los siete hermanos con su padre Gonzalo Gustio[2], encendiose vna question por pequeña ocasion, entre Gonçalo, el menor de los siete hermanos, y vn pariente de doña Lambra, que se dezia Aluar Sanchez, sin que sucediesse algun daño notable, *saluo que Lambra como la que se tenia por agrauiada con aquella riña, para vengar su saña, en el lugar de*

---

[1]. XXV, 16.
[2]. Il faut supposer ici un point, bien que l'édition de 1623 ne l'indique pas.

Barbadillo, hasta donde los hermanos por honralla la acompañaron, mandó a vn esclauo que tirasse a Gonçalo vn cohombro mojado o lleno de sangre : graue injuria y vltrage, conforme a la costumbre de España. El esclauo se quiso valer de su señora doña Lambra : no le prestó, que en su mismo regato le quitaron la vida. » L'ensemble manque d'équilibre et de proportion. Les différents faits de ce récit sont détaillés pour ainsi dire par le menu en phrases indépendantes. Or, les noces et la rixe entre Gonzalo et Alvaro sont un épisode ; l'insulte faite à Gonzalo et le meurtre de l'*esclavo* en sont un autre ; et il se trouve qu'une même phrase termine le premier et entame le second. Il faudrait une coupure après « notable ».

Ce qui donne au style de Mariana l'aisance et la clarté, ce n'est pas seulement le bon ordre et la bonne disposition des subordonnées, c'est aussi leur concision, qui résulte certainement, sinon d'un effort, au moins d'un souci constant de la légèreté et de la proportion à mettre dans les détails. Ainsi dans la phrase « Los barbaros... », la participiale absolue « tomado el castillo por fuerza » remplace avantageusement une gérondive comme « habiendo tomado el castillo... », ou une conjonctive équivalente. Ce tour est extrêmement fréquent chez notre auteur, et l'on voit combien il allège la construction. Il s'en sert de deux façons, en tête, comme transition [1], ou dans le corps même de la phrase [2]. Une ellipse élégante lui permet d'évider encore, pour ainsi dire : elle consiste à sous-entendre le sujet de cette participiale s'il a été énoncé précédemment [3]. La souplesse du castillan admet que le sujet soit une complétive précédée de que [4]. Mariana va jusqu'à joindre au participe absolu un pronom enclitique, ce que ne tolère pas la langue moderne [5]. Enfin, il use

---

1. « Passadas pues aquellas fraguras, los Reyes, en vn llano que hallaron, fortificaron sus reales. » (XI, 24.) « Dichas estas razones... » *(Ibid.)* « Concluydas estas cosas... » (XI, 25.) « Sossegadas estas alteraciones... » (XXV, 12.) « Concluydas cosas tan grandes... » (13.) « Llegados alli los reyes... » *(Ibid.)*

2. C'est le cas pour : « ... tomado el castillo... » Voici d'autres exemples : « ... desde alli, mudada la caualgadura, no paró hasta llegar aquella misma noche a Iaen. » (XI, 24.) « ... mudadas las cosas... » (XXV, 13.) « ... sabida la verdad... » (15) « ... sossegados los odios... » *(Ibid.)* Mariana abuserait plutôt de ce tour : à l'intervalle d'une seule phrase, on rencontre « acabada la ora », puis « acabado este auto » (XXV, 18). Il combine avec un autre, très castillan aussi : « ... talado que ouieron los campos de Galizia, y saqueados los pueblos... » (VIII, 9.) On peut remarquer qu'il y a recours même quand un possessif, par exemple, relie au restede la phrase la participiale, qui n'est plus à proprement parler une absolue : « El Rey, ... buelto su cuydado a las artes de la paz y al gouierno... » (VIII, 2.)

3. « Acometieron el castillo de Alhendin... y tomado le echaron por tierra. » (XXV, 15.) Cf. Luis de León : « ... a que me el saberlas, y a que sabidas se quiere (?) applicar a ellas » (p. 5). Cf. la *Gramática* de Bello-Cuervo, n° 1175.

4. Cf. *ibid.*, l'exemple de Mariana donné par Bello, n° 1174 ; mais les livre et chapitre ne sont pas indiqués.

5. Cf. la règle posée par Bello, n° 1177, et les deux exemples contraires à cette règle, tous deux tirés de Mariana par M. Cuervo (note 140), qui penche à voir là un italianisme.

à chaque instant d'une faculté qui, sans être retirée aujourd'hui aux écrivains, n'est plus guère exercée, semblerait-il, que pour éviter la prescription : l'emploi des verbes neutres au participe, absolument et avec l'accord.

Fréquemment, la phrase se trouve encore dégagée d'un relatif ou d'un verbe par une forte ellipse[1]. Le tour en devient même parfois quelque peu familier, de cette familiarité qui ne dépare pas le style le mieux tenu[2]. La liberté dans la construction est par endroits poussée assez loin : telle phrase, dans la description de Grenade, paraît écrite dans la manière impressionniste d'Alphonse Daudet, car on y retrouve l'un des procédés favoris de cet écrivain, la confection d'une phrase descriptive sans verbe[3].

Un nom vient naturellement à l'idée quand on parle de Mariana écrivain ; c'est celui de Ribadeneira, un des meilleurs prosateurs castillans du temps de Cervantes. Sa phrase a quelque chose de moelleux et de fluide ; elle est loin cependant de la brièveté de celle de Mariana ; elle est longue et chargée bien souvent[4]. C'est encore la phrase du xvi° siècle.

Plus que Ribadeneira, il y a un historien qui, par l'allure de la phrase, et bien qu'il soit mort avant 1461, se rapproche de Mariana. C'est Pérez de Guzmán. Les *Generaciones y Semblanzas* sont écrites dans ce style ferme, net, bref (malgré l'emploi plus fréquent des pronoms et adverbes copulatifs), simple enfin autant que substantiel, que nous admirons dans Mariana. Volontiers on imaginerait que celui-ci ou ses traducteurs les ont prises pour modèle.

Ce rapprochement n'est pas pour rajeunir Mariana sans doute. Mais nous verrons qu'il cherchait lui-même à se vieillir. Au surplus, ce qui sera toujours jeune, c'est la simplicité et la légèreté de la phrase ; et ce qui sera toujours vieux, c'en est la complication et la lourdeur. Combien d'écrivains espagnols du xvi° et même du xvii° siècle sont, à cet égard, plus vieux que Mariana !

---

1. « Las rentas reales que se recogian de aquella ciudad y de todo el royno llegauan a setecientos mil ducados, gran suma para aquel tiempo, pero creyble a causa de los tributos, é imposiciones intolerables. » (XXV, 16.)
2. « La mayor marauilla, que de los fieles no perecieron mas de veynte cinco... Otra marauilla, que con quedar muerta tan grande muchedumbre de moros,... en todo el campo no se vio rastro de sangre... » (XI, 24.)
3. « Cerca desde templo está la plaça de Biuarrambla, y mercado, ancho dozientos pies, y tres tantos mas largos : los edificios que la cercan tirados a cordel, las tiendas, y oficinas cosa muy hermosa de ver, la calle del çacatin, la alcayceria. » (XVI, 16.) Pi y Margall (p. 40-1 de *Juan de Mariana*) cite le beau passage par lequel débute le livre XX, et où Mariana décrit la situation misérable de la chrétienté : « Temporales asperos, enmarañados, y rebueltos : guerras, discordias » etc. La seconde et la troisième phrase sont construites sans verbes : « Ninguna verguença, ni miedo maestro, aunque no de virtud duradera, pero necessario para enfrenar a la gente. Las ciudades, y pueblos, y campos assolados con el fuego, y furor de las armas, » etc.
4. Voir par exemple, *Cisma de Inglaterra*, I, 2, 4, 9, etc.

III

Avec la simplicité de la construction, la qualité la plus remarquable et la plus appréciable chez Mariana, c'est la simplicité du style, c'est-à-dire le naturel, l'absence de toute prétention, de toute affectation [1]. Ces deux sortes de simplicités ne s'impliquent pas l'une l'autre. La première nous donne une phrase facilement analysable; la seconde nous donne une phrase facilement perceptible. Tout ce qui nuit à la clarté provient au surplus de ce que l'une ou l'autre manque.

Les principales manières d'affectation, en particulier celles qui commençaient à être à la mode au temps où Mariana écrivit son *Historia de España* sont la condensation, le trait final, l'antithèse, l'image (soit par la métaphore, soit par la comparaison). Nous allons voir combien le style de Mariana est exempt de toute recherche sur ces quatre points.

La condensation consiste dans la suppression de tout ce qui n'est pas indispensable à l'expression de l'idée. Mais qu'y a-t-il d'indispensable? C'est là la question; et l'on condensera plus ou moins selon que l'on restreindra le nombre de ce que l'on pourrait appeler les *sous-idées*, soit les idées explicatives de la principale. Car il ne s'agit pas d'employer le moins de mots possible, sinon le style télégraphique serait le type du style condensé; il s'agit de laisser au lecteur le soin de comprendre, en les suppléant, les idées accessoires, ce qui est pour lui, sans doute, une fatigue, mais aussi un plaisir. C'est ce plaisir que procurent Tacite [2], Pascal [3], La Bruyère [4]. C'est cette fatigue que causent les *Anales de Quince dias* de Quevedo. Il faut avoir lu cet opuscule, qui est daté de 1621, pour apprécier la clarté de Mariana. Tout y est à citer, comme exemple de l'obscurité qu'on peut obtenir par la condensation.

1. « No andaba nunca en rebusco de palabras, sonoras y bellas; pero tendia a la elegancia, como hombre de acendrado gusto. » (Pi y Margall, *Juan de Mariana*, p. 40.) L'élégance dont parle le panégyriste de Mariana ne consiste pas en autre chose que : 1° dans l'horreur de l'affectation, 2° la bonne qualité de la phrase.

2. « Nobilitas, opus, omissi gestique honores pro crimine, et ob virtutes certissimum exitium. » (*Hist.*, I, 2.) Les fonctions exercées, cela se comprend d'abord; mais pourquoi l'abstention? se demande le lecteur, et il lui faut un instant de réflexion pour comprendre que cette abstention pouvait passer pour une insulte au pouvoir.

3. Non seulement dans les *Pensées*, mais dans les *Provinciales*, si pleines de sous-entendus ironiques : « C'est, me dit-il, en ce qu'il ne reconnaît pas que les justes aient le pouvoir d'accomplir les commandements de Dieu en la manière que nous l'entendons. » (Ire *Prov.*) Voilà une phrase d'une vérité et d'une portée peu compréhensibles pour qui ne s'y arrête point. Tous les ironistes, Pascal et Voltaire, Flaubert et Anatole France, ont le secret de ces phrases qui *en disent plus long qu'elles n'en ont l'air*, pour parler vulgairement.

4. « S'il est périlleux de tremper dans une affaire suspecte, il l'est encore davantage de s'y trouver complice d'un grand : il s'en tire, et vous laisse payer doublement, pour lui et pour vous. » (*Des Grands*, 38.)

Parmi les écrivains espagnols, il en est un, un historien, qui, visiblement, mais modérément, suit l'exemple de Quevedo : c'est Francisco de Melo, l'auteur de la *Historia de los movimientos, y separacion de Cataluña*[1]. Voyons comment il montre la paralysie du pouvoir en face de la révolution : « Los ministros reales deseaban que su nombre fuese olvidado de todos; no podian servir en nada; los provinciales ni querian mandar, menos obedecer ». » Nous sommes évidemment obligés de nous commenter à nous-mêmes cette phrase aussi profonde que concise : les représentants du pouvoir ne songent qu'à se faire oublier, afin que la vengeance des révolutionnaires ne tombe pas sur eux; aussi évitent-ils de paraître et de signer le moindre acte public; les magistrats provinciaux font cause commune avec leurs compatriotes; aussi ne voulent-ils pas donner d'ordres que ceux-ci pourraient leur reprocher, encore moins obéir pour entraver le mouvement dont ils se réjouissent.

Mariana ne vise pas à cette condensation. Il s'explique sans longueur, mais aussi complètement qu'il est possible. Il ne croit pas superflu de donner des raisons, de formuler des considérations, que Melo, par exemple, se serait contenté de suggérer. « Los soldados estrangeros, *conforme a su condicion*, querian passar a cuchillo los rendidos, y a penas se pudo alcançar que se amansassen, por intercession de los nuestros, que dezian quan justo era y razonable, se guardasse la fee, y seguridad dada a aquella gente, *bien que infiel*: y que no era razon con la desesperacion, *que suele ser la mas fuerte arma de todas*, exasperar mas, y embraueçer los animos de los enemigos[3]. » En dehors des redondances que présente ce passage (fee y seguridad, exasperar mas y embrauecer) et sur lesquelles nous reviendrons, il y a des incises qui, peut-être, n'étaient pas indispensables. Nous pouvions supposer que les soldats étrangers suivaient leur naturel barbare en voulant égorger tous les habitants. *Infiel* au lieu de *bien que infiel* eût suffi pour faire comprendre que les Espagnols n'admettaient pas qu'on manquât de parole même à des infidèles. Que le désespoir soit l'arme suprême des vaincus, voilà un lieu commun qui, sans doute, se serait présenté de lui-même à l'esprit du lecteur. Et, assurément, l'on pourrait trouver ainsi à rogner bien des détails dans le récit, pourtant si sobre, de l'*Historia de España*. Mais l'auteur était, sans doute, de ceux qui pensent qu'avant tout il faut être clair, et, que, pour être plus clair, il vaut mieux être moins concis. Comme Fénelon, il aurait pu dire : « J'irai même d'ordinaire, avec Quintilien, jusqu'à éviter toute phrase que le lecteur entend, mais qu'il pourrait ne pas entendre s'il ne suppléait pas ce qui y manque. Il faut une

---

1. Parue en 1645 (n° 3044 de Salvá).
2. I, § 93 de l'éd. Baudry.
3. XI, 23.

diction simple, précise et dégagée, où tout se développe de soi-même, et aille au-devant du lecteur. Quand un auteur parle au public, il n'y a aucune peine qu'il ne doive prendre pour en épargner à son lecteur. Il faut que tout le travail soit pour lui seul, et tout le plaisir avec tout le fruit, pour celui dont il veut être lu. Un auteur ne doit rien laisser à chercher dans sa pensée. Il n'y a que les faiseurs d'énigmes qui soient en droit de présenter un sens enveloppé... En effet, le premier de tous les devoirs d'un homme qui n'écrit que pour être entendu, est de soulager son lecteur en se faisant d'abord entendre[1]. » L'auteur de la *Lettre à l'Académie* parle ici des poètes, mais il pense aussi aux prosateurs, sans doute. On peut, au surplus, taxer d'exagération cette théorie du *style clair*, d'après laquelle tant d'écrivains illustres et admirables ne seraient que des faiseurs de rébus. Il n'en est pas moins vrai qu'elle définit particulièrement, avec le style de Fénelon, celui de Bossuet et de Voltaire historiens, et qu'elle ne peut donc définir qu'un bon style.

Le trait final consiste à terminer un développement par une pensée profonde ou subtile. Si l'écrivain est un ironiste, c'est généralement dans les derniers mots qu'il met le plus de malice : *in cauda venenum*. Il s'agit de mettre au bout du paragraphe comme le mot de la fin, au lieu de terminer sur une idée quelconque. Pour se rendre compte de l'effet ainsi produit, il faut lire le paragraphe en entier. Il arrive que ces clausules expriment toute la quintessence du développement qu'elles ferment. C'est un procédé particulier de condensation. Chez Tacite, La Bruyère, Flaubert, il y a même là plus qu'un procédé, il y a comme une méthode. On peut en dire autant de Melo et de Solís. Nous avons un exemple dans la phrase que nous citions tout à l'heure de Melo : *ni querian mandar, menos obedecer*, résume éloquemment ce qui vient d'être dit. Nombreux sont les paragraphes que l'auteur clôt de cette manière habilement suggestive[2]. Il n'en manque pas non plus dans Solís[3]. On n'en trouvera point chez Mariana.

Fréquente chez Melo[4], l'antithèse est devenue chez Solís, on peut le

---

1. *Lettre à l'Académie, Projet de Poétique*.
2. Voir dans le *Bull. Hisp.*, 1902, p. 163-6, une note *Sur un procédé de style de Francisco de Melo*, où je cite un certain nombre de clausules de ce genre, prises dans Tacite, La Bruyère, Flaubert et Melo.
3. « Sabia grangear los ánimos con el agrado y con las esperanzas y ser superior sin dejar de ser compañero. » (*Hist. de la Conq. de Méjico*, I, 11.) « ... el despreciar al astrólogo fue principio de creer á los demás. » « ... como quien se hallaba obligado á quejarse, y deseaba no tener razon de parecer quejoso, ni ponerse en términos de agraviado. » (*Ibid.*) « ... complacernos de que sea lo más cierto lo que está mejor á su fama. » (13.) « ... se persuaden á que le beben (á Tacito) el espíritu en lo que malician ó interpretan con menos artificio que veneno. » (*Ibid.* Éd. Rivadeneyra.)
4. « ... el primero por muy obediente á su señor, muerto á las manos de la plebe ; el segundo, por muy amante de su republica, muerto tambien al enojo de su rey. » (II, § 48.) « ... viéndose aquellos sin qué temer y estos sin qué esperar, los primeros reiteraron su soberbia, y los segundos estragaron su templanza. » (§ 49.)

dire, une habitude caractéristique[1]. Mariana, au moins dans ses discours, ne la dédaigne évidemment point[2]. On a déjà vu qu'il aime une certaine symétrie dans la construction quand le fond s'y prête[3] ; l'antithèse, qui complique la symétrie de la construction d'une symétrie d'idées et de mots, est un procédé trop classique pour que l'écrivain le moins affecté résiste à la tentation d'y recourir pour rendre plus expressive son élocution. Mais ici plus encore qu'ailleurs il y a une mesure que certains dépassent et en deçà de laquelle d'autres savent se tenir. Mariana est de ces derniers. Du reste, en dehors de ses discours, où il était si naturel d'user d'un moyen essentiellement oratoire, on chercherait à peu près inutilement une phrase antithétique dans le genre de celles qui abondent dans Solís. Et c'est peut-être là ce qui rend si naturel son style d'historien. Il ne cherche pas à verser plus d'esprit dans son récit qu'il n'en met dans ses lettres les plus simples et les moins cérémonieuses ou dans ses œuvres d'érudition. Aurait-il cru faire tort à la majesté simple des faits en la parant de ces *afeites* trop peu dédaignés de ses successeurs ? C'est probable, mais surtout il n'était pas dans le tempérament de l'austère jésuite de se plaire à ce qui n'est après tout qu'un jeu d'esprit. L'abus de l'antithèse, cette manie des conceptistes, était déjà, de son temps, la maladie à la mode. Celui qui passe pour le fondateur du conceptisme, Alonso de Ledesma, l'auteur des *Conceptos espirituales*, est mort un an avant lui, et les *Conceptos* parurent en 1600, un an avant l'*Historia general de España*. On conçoit, il est vrai, que l'influence de ce recueil de poésies ait pu être nulle sur l'esprit et le style de Mariana. On n'en peut dire autant pour Melo et Solís, ou du moins on ne peut nier que la façon dont ils comprennent l'antithèse ne relève de la mode qu'on dit créée par Ledesma et qui fut entretenue par Quevedo[4]. Il n'est pas jusqu'à des écrivains médiocres comme Tamayo de Vargas, chez qui on ne découvre le désir de relever la platitude du style à l'aide de tels procédés.

[1]. « ...sin admitir el atributo de immortal, se quedó con la reputacion de invencible. » (III, 8.) « ... no tanto porque llegasen decentes al sacrificio como porque no viniesen deslucidos al plato. » *(Ibid.)* « .. hicieselos montaraces el clima, ó valientes la necesidad. » *(Ibid.)*

[2]. « .. con la muerte saldremos de tan inmensos e intolerables afanes, como padecemos : con la vitoria daremos principio a la libertad, y descanso, que tanto tiempo ha deseamos. » (XVII, 13.) Encore l'antithèse est-elle commandée ici par le souvenir de tant de *conciones*. Les antithèses qu'on trouve dans les discours sont en général tout ce qu'il y a de plus simple ; ainsi cette fin de la harangue de Du Guesclin à Henri II : « Que la fortuna favorece, y teme a los fuertes, y esforçados, derriba a los pusilánimes, y couardes. » (XVII, 8.)

3. V. p. 370-1.

4. Cf. E. Mérimée, *Essai sur la vie et les œuvres de Francisco de Quevedo*, p. 332-334, où Ledesma est apprécié d'une tout autre manière que dans Ticknor ; on comprendra que les « turlupinades » des *Conceptos* n'eussent provoqué chez Mariana que le dégoût.

VALEUR DE SON HISTOIRE D'ESPAGNE 381

L'image peut se rencontrer sous deux formes, la métaphore et la comparaison.

L'historien espagnol chez qui l'on rencontre le plus souvent la métaphore est certainement Melo; il en a mis jusqu'à cinq dans une assez courte phrase[1]. Il nous montre en effet les moissonneurs révolutionnaires *enflammés* par la colère, allant et venant sur les places, *pleins de silence*, et leur fureur, *refoulée* par l'hésitation, *faisant des efforts pour sortir*, commençant à *poindre* vers les actes; ce qui n'est pas facile à dire en bon français, et n'est pas non plus très naturel en castillan. De ces cinq images, les trois dernières sont du reste concordantes, et toutes cinq sont peut-être laborieusement réunies pour nous faire penser au volcan, auquel ces diverses expressions s'appliqueraient en somme très exactement. On sait que la métaphore suivie, ou continue, ou conséquente, était, comme l'antithèse, une manifestation du conceptisme; elle constituait aussi une des formes du cultisme : c'est-à-dire qu'elle était en somme l'uniforme commun des deux partis.

La métaphore, si elle manque de continuité, devient incohérente et ridicule; si elle est continue, elle paraît affectée, elle manque de ce qui fait le charme du langage imagé, le naturel. Chez Melo, ainsi du reste que chez Solís, elle pèche par excès de coquetterie : c'est la métaphore précieuse, inattendue, rare, neuve, et jamais vulgaire, ni même empruntée au langage ordinaire : c'est une création de l'écrivain[2]. Or, l'on trouvera bien dans l'*Historia de España* quelque métaphore, et même quelque métaphore continue, mais cela sans qu'on puisse soupçonner chez l'auteur l'intention de fleurir son style, et sans qu'on sente l'effort d'aucune manière. En voici une qui est bien classique : « Arrivé au port et notre tâche terminée, nous carguerons les voiles et mettrons fin ici à notre ouvrage[3], » déclare-t-il à la fin de son XXV° livre, usant d'une image familière même aux prosateurs latins, qui n'aiment guère les images[4]. Il lui arrive aussi parfois d'employer dans son Histoire de ces métaphores populaires et naturelles, souvent énergiques et réalistes, toujours expressives et pittoresques qui abondent dans ses autres écrits[5]. Dans ses *Tratados*, on retrouve à cet égard la langue de

---

1. «..ya encendidos de su enojo, paseaban llenos de silencio por las plazas, y el furor, oprimido de la duda, forcejaba por salir, asomándose á los efectos... » (I, § 84.) Ainsi encore : « ... como entre ellos sembró el odio el fertilísimo grano de su discordia, tales se podian esperar las cosechas de turbacion y de desconsuelo universal. » (I, § 48.)
2. « Muchos, sin contener su enojo, servian de pregon al furor de otros. » (Melo, I, § 90.) « El ruido de las cajas tenia sus ecos en el nombre de la empresa y en la fama del capitan. » (Solís, I, 10.)
3. XXV, 18.
4. Forcellini (au mot *velum*, n°' 4 et 5) cite trois exemples de Ciceron où l'on trouve une image analogue.
5. « A vezes tambien boluian con las manos en la cabeça. » (XIX, 16.) « Era hombre... acostumbrado a valerse ya de buenos medios, ya de no tales, como las pesas cayessen. » (XIX, 21.) « ... aquella gente desarmada, y ciscada de miedo. » (VII, 2.)

Buscón. Il ne lui suffit pas de dire que le théâtre est une fournaise ardente[1]. Il nous montre les poètes comiques fouillant avec leur grouin dans la fange de leur obscénité[2]. Les comédiens qui jouent dans les églises, habitués qu'ils sont à des choses ignobles, exhalent par la bouche, les yeux et tout le corps, même dans les lieux les plus saints, l'odeur dont ils sont imprégnés[3]. Quant aux ministres qui, sortis de la poussière, se trouvent en un moment chargés de milliers de ducats, si l'on ouvrait leurs ventres gloutons, l'on tirerait assez de graisse pour pourvoir à une grande partie des besoins qui se font sentir[4]. Voilà un langage violent, et il faut croire qu'en parlant des ministres, l'auteur du *Traité de la monnaie* et des *Jeux publics* n'émet qu'une hypothèse métaphorique. L'historien a l'imagination moins chaude.

La comparaison a généralement quelque chose de plus apprêté, de plus *afeitado* que la métaphore, parce qu'elle dénonce l'intention consciente de s'exprimer par une image, ainsi que l'effort pour établir une symétrie ou faire ressortir une analogie.

Melo recourt très souvent aux comparaisons; presque toutes sont maniérées. On peut certainement y voir moins un moyen d'expression qu'un motif d'ornementation. Il est vrai qu'elles sont d'ordinaire si justes, et si expressives, qu'on ne pense guère à critiquer. « De même, » nous dit-il, « que du cœur la vie ou la mort passe dans le reste du corps, de même le poison de l'injure reçue se répandait dans toute la principauté[5]. » « Le malheureux vice-roi ne se donnait pas de relâche, semblable à un homme qui, les rames en mains, penserait qu'à force de peine il arrivera au port[6]. » Une nouvelle phase de la révolution s'ouvre avec la mort de Cardona; elle sera plus terrible que la précédente : « tout comme une seconde maladie est plus dangereuse qu'une première[7]. » En clausule, et c'est le cas de ce dernier exemple, la comparaison fera plus d'effet, car elle forme en même temps un trait final sur lequel se repose l'imagination[8].

---

1. « Por ventura ¡ saldrá alguno libre de un horno encendido, cuales son los teatros, mas encendidos que el horno de Babilonia? » (*Jueg. públ.*, c. 8.)
2. « No es justo les permitan que estén mas hozando en el cieno de su torpeza. » (*Ibid.*, c. 5.)
3. « Acostumbrados á cosas torpes, el olor de que están empegados les sale y exhala por la boca, ojos y todo el cuerpo, aun en los lugares santisimos. » (*Ibid.*, c. 7.)
4. « Yo aseguro que si abriesen esos vientres comedores que sacasen enjundia para remediar gran parte de las necesidades. » (*Tr. de la mon.*, c. 13.)
5. « Como desde el corazon se comunica la vida ó muerte á las mas partes del cuerpo, así desde Barcelona, como corazon del principado, se derivaba el veneno de la injuria por todas sus regiones en cartas y avisos. » (I, § 64.)
6. « No cesaba el miserable virrey en su oficio, como el que con el remo en la mano piensa que por su trabajo ha de llegar al puerto. » (I, § 92.)
7. « ...tal suele ser de mayor peligro la segunda enfermedad que la primera. » (II, § 47.)
8. En voici d'autres exemples: « Al rigor de este mandamiento comenzaron á esforzar las voces los quejosos, como sucede al agua que detenida por algun espacio, revienta por otra parte ó sale por aquella con mayor ímpetu. » (I, § 53.) « Esta dili-

VALEUR DE SON HISTOIRE D'ESPAGNE 383

Comme la métaphore, la comparaison est assez fréquente dans les traités moraux, les lettres, les préfaces de Mariana. On ne sent du reste jamais chez lui le désir de briller par l'inattendu ou l'élégance. C'est un homme qui parle naturellement, et plutôt rudement, et qui compare parce que comparer est un moyen naturel et ordinaire de se faire comprendre. Il comparera donc l'attrait de la femme pour l'homme à celui de l'aimant pour le fer[1]; le commerce, au lait qui tourne, s'altère pour un rien[2]. Si l'on ne prend pas de mesures contre la mauvaise tenue dans les églises, c'est que, « comme il arrive dans les lieux infects, on est habitué à cette mauvaise odeur et qu'on ne la remarque plus[3]. » Ceux qui voient représenter sur le théâtre des amours fictifs se vautrent dans le plaisir comme dans un bourbier[4]. On voit que notre auteur a la métaphore et la comparaison plutôt crues. Il nous suggère parfois des images plus gracieuses : ainsi lorsqu'il compare le style des pièces de théâtre aux prés couverts de fleurs et à l'or émaillé de pierreries[5]; mais cette petite peinture n'est pas dans ses teintes habituelles. Il fait songer à Boileau, dont il a l'imagination et du reste aussi le tempérament un peu brutal :

> Je suis rustique et fier, et j'ai l'âme grossière,
> Je ne puis rien nommer, si ce n'est par son nom.

Non plus que la métaphore, la comparaison ne vient guère agrémenter le style de Mariana historien. Il y a recours de temps en temps pour faire comprendre une idée abstraite. Veut-il expliquer comment se règle le droit de succession au trône? Il rappelle comment l'eau des *acequias* (ces canaux artificiels qui sillonnent la campagne dans le sud-est de l'Espagne, celle de Valence par exemple) ne se répand dans les champs les plus élevés, une fois dirigée sur les

---

gencia á pocos agradable, irritó y dió nuevo aliento á su furor, como acontece que el rocío de poca agua enciende mas la llama en la hornaza. » (I, § 87.) A la fin du paragraphe où il est question de l'attitude des Catalans en face du châtiment qui se préparait pour eux : « Asi acontece al condenado desviar los ojos del acero que sabe le ha de ministrar el suplicio. » (II, § 52.) Cf. Flaubert, *Madame Bovary* : « L'avenir était un corridor tout noir, et qui avait au fond sa porte bien fermée. » « Et son âme s'enfonçait en cette ivresse et s'y noyait, comme le duc de Clarence dans son tonneau de Malvoisie. » Cette dernière comparaison est tirée d'un peu loin ; en revanche, nous en trouvons une aussi juste qu'impressionnante : « Et son existence, jusque dans ses recoins les plus intimes, fut, comme un cadavre que l'on autopsie, étalée tout du long aux regards de ces trois hommes. »

1. « Ansi la hembra tiene en si cierta virtud y maravillosa propriedad de atraer á si al varon, no de otra manera que la piedra iman, como ella no se mueva, tira á si el hierro. » (*Jueg. públ.*, c. 8.)
2. « Con esto el comercio se embarazará, que es como la leche delicada, que con cualquier inconveniente se corta y estraga. » (*Tr. de la mon.*, c. 11.)
3. « La verdad es que muchos, como acaece en lugares hediondos, con la costumbre no echan de ver este mal olor. » (*Jueg. públ.*, c. 26.)
4. « .. Se revuelven en el torpe deleite como en un cenagal. » (*Ibid.*, c. 6.) Cf. : « para que no lo ensucien todo, á manera de puercos. » (C. 26.)
5. C. 5.

plus bas, qu'après avoir arrosé ces derniers[1]. Cette comparaison n'a-t-elle pas une jolie couleur locale, dans le discours d'un roi d'Aragon (Martin)? Ailleurs notre auteur s'excuse de s'étendre un peu plus qu'à l'ordinaire quand il a des faits importants ou des batailles à raconter, « de même qu'un grand fleuve se resserre dans les gorges et s'élargit dans les plaines[2]. » Il fera ressortir la solidarité des particuliers avec l'État en montrant l'incendie qui se propage d'une maison à l'autre et n'en laisse pas une debout[3]. Les dépouilles de la maison d'Avalos, lisons-nous encore, ont permis l'élévation de plusieurs familles, comme les débris d'un grand édifice servent à élever de nouvelles constructions[4]. Pour peindre la folie vengeresse qui s'empare de ceux qui répandent le sang de leurs proches, voici une phrase pleine de terreur tragique : « Il semble, dit Mariana, que les morts et leurs cendres se glissent dans les familles et les maisons, mettent le feu et la fureur parmi les vivants[5]. » Il se contente, du reste, ordinairement des comparaisons classiques, et ne craint pas de faire voir le royaume agité comme un vaisseau sans pilote au milieu d'une mer déchaînée[6]. On voit combien l'affectation et la recherche sont absentes de son style.

Dans le style de l'*Historia general de España*, on ne trouve que deux procédés affectés : la redondance verbale et l'archaïsme.

On sait qu'il est habituel à certains auteurs latins, particulièrement aux orateurs, et plus spécialement à Cicéron, d'employer, pour exprimer une idée abstraite, qui peut-être nous paraît simple, deux verbes, ou deux substantifs, ou deux adjectifs, ou deux adverbes, selon le cas. Il y a là comme une réduplication verbale.

Ce procédé est très habituel aux écrivains espagnols du XVIᵉ siècle.

---

1. « Para que mejor lo entendays, os propondrè un exemplo. Assi como el reguero del agua, y el azequia, quando la quitan de vna parte, y la echan por otra, dexa las primeras eras a que yua encaminada sin riego, y no las torna a bañar, hasta dexar regados todos los tablares a que de nueuo encaminaron el agua assi deueys entender que los hijos, y descendientes del que vna vez es priuado de la corona quedan perpetuamente excluydos para no boluer a ella, sino es a falta del que le sucedio, y de todos sus deudos, los que con el estan de mas cerca trauados en parentesco. » (XIX, 20.)
2. « Si bien en los hechos mas señalados y batallas, nos estendemos a las vezes algo mas : no de otra manera que los grandes rios por las hozes van cogidos, y por las vegas salen, quando se hinchen con sus crecientes, de madre. » *(Prólogo.)*
3. « Engañays os si pensays que los particulares se pueden conseruar destruyda y assolada la republica : la fuerça desta llama a la manera que el fuego de vnas casas passa a otras, lo consumira todo, sin dexar cosa alguna en pie. » (VII, 1.)
4. « Leuantaronse otrosi diferentes casas no de otra guisa, que de los pertrechos y materiales de alguna gran fabrica, quando la abaten, se leuantàn nueuos edificios. » (XX, 12.)
5. « Las espadas, que vna vez se tiñen en sangre de parientes, con dificultad, y tarde se limpian. No de otra manera, que si los muertos, y sus cenizas anduuiessen por familias y casas, pegando fuego, y furia a los viuos, todos se embrauecen, sin tener fin ni termino la locura, y los males. » (XXI, 2.)
6. « Los Reynos de Castilla se començauan a alterar, no de otra guisa que vna naue sin gouernalle, y sin piloto açotada, con la tormenta de las hinchadas y furiosas olas del mar. » (XX, 11.)

Il est constant chez Luis de León. Le charmant auteur de la *Perfecta Casada* imitait-il inconsciemment Cicéron? ou écrivait-il comme il aurait prêché? Toujours est-il que si sa phrase, comme on a vu, est oratoire par la structure, son style l'est aussi par la tendance à exprimer une même idée sous deux formes différentes. Et de même qu'il répétera une chose identique dans deux membres de phrases successifs [1], qu'il éveillera simultanément deux images pour faire comprendre une seule idée [2], il joindra deux mots de sens à peu près équivalent, ou en quelque façon complémentaires l'un de l'autre [3]. On doit remarquer cependant que, dans son édition de 1587, il a supprimé un certain nombre de ces couples en retirant l'un des deux mots [4]; mais on ne peut sans doute en conclure qu'il ait cessé de goûter ce procédé : il n'en trouvait pas toujours et partout l'effet agréable; il s'est rendu compte que de l'abus résultait la redondance, c'est tout ce qu'on peut dire.

Le même procédé est également constant chez Mariana, aussi bien dans son Histoire que dans ses œuvres morales. Il est curieux de constater que les couples en question sont beaucoup moins fréquents dans son latin que dans son castillan [5]. Quant à ses lettres, elles en

---

1. «... antes que lo comiencen (el camino) y antes que partan de sus casas... » (p. 2.) «... auiendose enflaquescido la ley conjugal, y como affloxadose en cierta manera el estrecho ñudo del matrimonio... » (p. 3.)

2. «...como en vna tienda comun, y como en vn mercado publico y general... » (p. 2.)

3. «Camino real, mas abierto y menos trabajoso », « dificultades y malos pasos », « la guarda y limpieza de consciencia », « estado y officio », « cabales y perfectas mugeres » (p. 1); « sin engaño ni error », « bueltas y rodeos », « nauegacion y camino », « con diligencia y cuidado », « el vso y prouecho general », « en grado y perfeccion », « honrado y priuilegiado », « el primero y mas antiguo » (p. 2); sans compter « venir a libertad y regalo », « alumbre y enderece sus pasos », « el buen juyzio de v. m. y la inclinacion a toda virtud », qu'on trouve encore dans les deux premières pages, et où il n'y a pas synonymie.

4.
1583	1587
inclinemos y afficionemos	inclinemos
desee y ame	ame
el cargo y suerte	la suerte
situan y burlan	situan (p. 5);
señalarse y vencerse entre si	vencerse entre si (p. 11);
vence y sobrepuja	vence
no abraça ni allega	no allega (p. 16).

5. Voir les passages cités p. 282, n. 5, et 350, n. 2. Dans le chapitre 9 du livre II (siège de Sagonte), les couples de ce genre sont très nombreux pour le texte espagnol, et très rares relativement pour le latin, où l'on n'en trouve que de consacrés. Voici les premiers que nous rencontrons :

præerogatiuam militarem	la voluntad y juicio de los soldados
multæ inerant virtutes	era mozo de grande espiritu y corazon
neque minora in natura vitia	los vicios y malas inclinaciones no eran minores
consilii plurimum	su prudencia y recato notables
fœdabat	afeaba y escurecia
carus	agradable y amado
honesta caussa	causa y color honesto
sociorum	aliados y amigos

Cependant, en regard de « connubio nuptiisque », on ne trouve que « bodas ».

présentent peu d'exemples, sauf celles qui sont adressées à de grands personnages, et quand il s'agit de persuader, de faire œuvre d'orateur : par exemple lorsqu'il écrit au roi au sujet des reliques, ou à l'archevêque de Grenade touchant les fameux plombs, ou à l'archevêque Loaysa pour une question assez délicate [1]. Enfin, là où il fait œuvre d'érudition, de critique, il ne semble pas tenté d'y recourir [2].

Ce procédé de réduplication n'est du reste pas spécial à Mariana et à Luis de León. Garibay [3] et Zurita [4] le pratiquent assez ordinairement. Déjà même, dans la préface de ses *Generaciones y semblanzas*, rédigées en 1450, Pérez de Guzmán y a recours d'une façon on peut dire régulière [5]. On en trouverait également des exemples chez des écrivains antérieurs, chez López de Ayala, dans ses Chroniques [6], et même dans la *Coronica general* [7] : toutefois, ils sont trop peu nombreux pour trahir chez les auteurs une habitude ou une recherche, un procédé en un mot, comme chez Guzmán ou Mariana. En tout cas, ce qu'il faut retenir, c'est que tant de précédents excusent Mariana d'avoir pratiqué ce genre d'affectation, si c'en est une, et si elle n'est pas inhérente au génie castillan, ou, pour mieux dire, au génie latin.

Voici au contraire une affectation bien spéciale à Mariana. Dans son Prologue, il déclare que, pour écrire l'Histoire, il a emprunté aux chroniques un certain nombre de mots anciens, « por ser mas significativos, y propios; por variar el lenguage : y por lo que en razon de estilo escriuen Ciceron, y Quintiliano. » Laissons de côté les recommanda-

1. En suivant l'ordre chronologique, nous nous assurerions que Mariana ne semble pas avoir à la longue abandonné ce procédé, même dans sa correspondance, au contraire; en tout cas, il l'emploie d'autant moins, cela est visible, que le ton de sa lettre est moins remonté. Aucun exemple dans sa lettre à Ferrer en date du 24 juin 1596 (app. V, 2), car ce n'en est pas un que « difficultades y contradiciones », ni « como hijo y discipulo », ni « mis ocupaciones y escritos ». En revanche on en trouve plusieurs dans la lettre à l'archevêque de Grenade en date du 26 juin 1597 (app. III, 9) : « las prueuas y raçones », « las difficultades que se ofrecen y contraponen », « segura y cierta », « mejor y mas acertado ». Dans la lettre au roi sur les reliques en date du 20 décembre 1597, et le mémoire qui suit (app. III) : « la piedad y devocion », « aueriguada y cierta », « uerdaderas y ciertas », « seguridad y certidumbre », « la religion y culto de los santos », « clara y segura », « razones y argumentos », etc.

2. Un exemple seulement dans les assez longues *Advertencias sobre las Illustraciones genealogicas de Estevan de Garibay* (app. III, 2) : « mucha diligencia y cuidado »; car « ser alabado y remunerado » exprime deux choses bien différentes.

3. « ... mencion y memoria... succession y linea... relacion y memoria... » en deux lignes (XXI, 13).

4. « Ygualdad y justicia, affinidad y parentesco, consanguinidad y affinidad, parecer y acuerdo, declaracion y sentencia, vtilidad y bien » dans le chapitre 62 du l. II (une page); « santidad y religion, obstinados y ciegos, seueridad y rigor, pueblos y lugares », etc., dans le ch. suivant.

5. « Sospechosas e inciertas... fe e autoridad... acaece e viene... escrebir e notar... extrañas e maravillosas... verdaderas e ciertas », etc., en six lignes (p. 697 du t. LXVIII de la Bibl. Rivadeneyra).

6. « Amistades e confederaciones... composiciones e avenencias » (*Proemio*, p. 377 du t. LXVI de la Bibl. Rivadeneyra). Les exemples sont d'ailleurs plutôt rares.

7. Quelques-uns dans le *Prologo* de la *Coronica* éditée par Ocampo (éd. 1604) : « buscando y escudriñando » (f. 1 r), « se perdieron y fueron destroydos » (f. 2 r).

tions de Quintilien et de Cicéron. Les deux raisons que donne Mariana de sa tendance toute volontaire à l'archaïsme sont d'abord qu'il pensait y gagner en énergie et en précision, et, ensuite, qu'il pouvait (cela est plus évident) varier aisément le style, éviter les répétitions, par l'emploi de la vieille langue en même temps que de la moderne. La première de ces deux raisons est assez vaguement exprimée. Mariana veut dire sans doute que les vieilles formes et les vieux mots sont plus adaptés, « mas propios », aux temps dont il parle : ainsi *hueste, ca, al*, convenaient mieux, lui semblait-il, que *ejército, pues, otra cosa*. Zurita partageait cette manière de voir jusqu'à un certain point, puisqu'il déclare lui-même avoir eu soin de mettre dans ses discours indirects des mots anciens. Il est vrai que ce qu'il voulait en pareil cas, c'était faire comprendre au lecteur que ce discours était, non une invention, mais le résumé d'un discours qui avait été réellement tenu [1]. Malgré tout, c'était un artifice assez semblable à celui de Mariana. Il n'était pas du goût de tout le monde. Antonio Agustín qui voyait là un langage *zafio* (rustique), voulait bien par courtoisie se contenter de l'épithète de *dorico* [2] : c'est-à-dire qu'il le trouvait aussi étrange par rapport au castillan, que le dorien par rapport au grec attique.

Mariana pensait sans doute aussi (c'est une raison qu'il n'indique pas) que le lexique et la syntaxe des vieilles chroniques communiqueraient à son Histoire, en même temps qu'une certaine majesté, une certaine couleur plus nationale. Enfin, puisque l'homme se retrouve dans le style, on peut supposer que la rudesse de son caractère se complaisait dans l'emploi de mots dédaignés par la nouvelle génération ; et ce ne serait donc pas sans vérité que Saavedra, d'ailleurs avec une intention hostile, a écrit cette phrase célèbre : « Mariana se teint la barbe pour paraître vieux, comme d'autres se la teignent pour paraître jeunes [3]. »

Il ne faut pourtant pas s'exagérer le caractère archaïque du style de Mariana. D'abord cet archaïsme voulu, auquel il a recours en partie pour la variété, cède souvent la place aux mots et aux tournures plus modernes. S'il est systématique, il n'est nullement continu ni exclusif. D'autre part, en dehors de quelques habitudes un peu antiques, la phrase de Mariana, remarquable de limpidité et généralement aussi

1. Dormer, *Progresos*, 1ª pª, IV, 5, § 36.
2. *Ibid.*, § 33.
3. Voici le passage où Diego de Saavedra y Fajardo, dans sa *Republica literaria*, parle de Mariana :
« El otro de largas, y tendidas vestiduras, es Zurita a quien acompañan Don Diego de Mendoza : aduertido, y biuo en sus mouimientos, y Mariana cabeçudo, que por acreditarse de verdadero, y desapasionado con las demas naciones, no perdona a la suya, y la condena en lo dudoso, afecta la antiguedad, y como otros se tiñe las barbas por parézer moços, el por hazerse viejo. » (P. 59 de l'édition d'Alcalá, 1670.)

de correction, n'a rien de vieillot dans sa structure. L'archaïsme n'est pas ici dans le style. Il est dans certains mots et tours dont on peut dresser le catalogue, et ce catalogue est bref. Enfin la plupart de ces mots ou tours ne sont que très relativement archaïques. Beaucoup ne retardaient sur l'usage général du temps de Mariana que d'une cinquantaine d'années au plus. D'autres n'étaient pas encore, vers 1600, des archaïsmes. Il faut tenir compte de cette relativité, si nous voulons savoir exactement ce qu'est l'archaïsme chez notre auteur.

Tout d'abord, pour un certain nombre de mots, nous avons un témoignage formel dans le *Tesoro de la lengua castellana* de Covarrubias, paru en 1611. Nous y trouvons notés comme *antiguos*, parmi ceux que nous relevons dans l'*Historia* de Mariana : *sohez, fiucia, hueste, ledo, al, maguer, so, porende, allende*. Nous avons aussi le témoignage de Juan de Valdés, dans le *Diálogo de la lengua*, écrit avant 1536. Nous y voyons condamnés comme archaïsmes *hueste, ledo, soez, asaz, ansi, maguer* (ou *maguera*), *suso, so, dende, al,* le plus-que-parfait synthétique, le pronom complément avant l'infinitif. Il est vrai que ces quatre derniers archaïsmes sont assez fréquents dans Gómara, sans compter *ca*, où Valdés voit « un je ne sais quoi d'antique qui le contente ». Or Gómara, qui écrivait en 1552, déclare dans sa préface que « el romance que lleva es llano y cual agora usan ». Il résulterait de là que, tout au moins en ce qui concerne ces mêmes archaïsmes, Mariana les aurait simplement empruntés au langage qu'il avait appris dans son enfance.

Si pourtant, d'autre part, l'on compare son lexique et sa syntaxe au lexique et à la syntaxe des auteurs qui ont vécu après lui, ou en même temps que lui, on arrivera à se convaincre que peuvent être considérés comme archaïsmes dans son *Historia de España*: les mots *hueste, yantar, ledo, mercaduría, fiucia, desafiuciado, enhechizado, ñublado, pesante* (= *pesaroso*), *al, al tanto, qualque, maguer, ca, quier, so; otrosi, dende* (absolument ou pour *desde*), *allende, porende, do, ansi, de yuso, de suso*; les expressions *eso mesmo* (= aussi, de même), *de cada día* (= chaque jour, de jour en jour); *muy más* et *muy mucho; do quier que; debajo* et *dentro* prépositions, *como quier que* (dans les deux sens de *vu que* ou de *bien que*), *como quiera que* (dans le sens de *bien que*); les formes du plus-que-parfait simple ou synthétique en *ara, iera*; celles de *hobo, hobiera*, au lieu de *hubo, hubiera*; *vee, veemos*, au lieu de *ve, vemos*; l'article défini devant le possessif; enfin le pronom personnel complément avant l'infinitif.

Encore y a-t-il des degrés dans le caractère archaïque que présentaient alors respectivement ces mots, formes ou constructions. C'est ainsi que le mot *hueste*, déjà en désuétude au temps où Juan de Valdés écrivait le *Diálogo de la Lengua*, est encore employé non seulement par Zurita, mais par Sandoval [1]. Morales emploie encore *do*, *dende* pour *desde*, *muy mucho*, *qualque*; Garibay, *muy mayor*, *vee*, *veemos*, etc., ainsi que la forme synthétique du plus-que-parfait, et l'article défini devant le possessif. Le pronom complément devant l'infinitif, fréquent chez Garibay, n'est pas sans exemple dans Zurita, Morales, Sandoval, bien que Valdés déjà le considère comme affecté. *Allende* se rencontre dans Zurita et Morales.

De toutes les formes qui viennent d'être citées, le *Tratado de los juegos públicos* et le *Tratado de la moneda* ne présentent que *hobiese*, *do*, *dende* pour *desde* ou inversement, *quier que*, *como quier que*, *ansi*, *allende*, *muy mas (muy mayor)*, et très rarement le plus-que-parfait simple. Il est notable qu'on n'y voie, non plus que dans les lettres [2], aucun exemple des autres archaïsmes de l'*Historia*. On peut en conclure que seuls ceux-ci sont affectés, et que ceux-là étaient encore admis dans la langue courante. Sans doute le style de l'historien a pu déteindre sur celui du moraliste ou de l'économiste : mais, à peu de chose près, ce sont justement les archaïsmes habituels à notre auteur en dehors de l'*Historia*, qui se retrouvent chez les autres historiens de son temps. Comme aucun d'eux n'a jamais passé pour archaïsant, il s'ensuit que l'on peut réduire d'autant la liste des archaïsmes *affectés* de l'*Historia*.

Dans cette liste, on ne peut guère non plus comprendre l'emploi de *en* après *pasar*, *volver*, *enviar*, etc., ni *un su hermano*, *el un pie*, *otro día* (= le lendemain), *su hermano del alcayde*, *quien* pluriel, *nos* et *vos* au lieu de *nosotros* et *vosotros*. Les exemples ne manqueraient pas dans les œuvres du temps.

Certaines formes étaient courantes encore à la fin du xvie siècle : *terné*, *verné*, *porné*, *ternía*, *vernía*, *pornía*; les verbes neutres *ir*, *venir*, *llegar*, *partir*, *salir*, *volver*, *nacer*, *morir*, etc., conjugués avec *ser*. D'autres ont été admises après Mariana : *demás de* ou *que*, pour *además de* ou *que*; *de antes* pour *antes*; les deuxièmes personnes du pluriel *esdrújulas* (*lades*, *dredes*, *ábades*), ou celles du prétérit en *stes*; *ambos* ou *entrambos* avec l'article; *vía* pour *veía*; *habemos*; *ayna*; *asaz*, que Valdés évitait; *cada un año*; l'emploi redondant de *no*; *aunque* opposé à *pero*. Quant aux prépositions employées après les verbes, on peut dire que l'usage, non plus qu'en français, n'en était guère fixé, même au xviie siècle. Tout cela, sans parler du Don Quichotte, où de nombreux archaïsmes (d'ailleurs délaissés par

---

1. Je m'abstiens de donner ici des références, car je publierai prochainement un travail sur les archaïsmes de Mariana. Je me borne ici à quelques indications que l'on pourra compléter à l'aide du *Dicc. de construcción y régimen* de M. R. J. Cuervo (lettres A-D).

2. Je laisse en dehors le *Discurso de las enfermedades de la Compañía*, dont l'authenticité n'est pas universellement reconnue.

Mariana) sont introduits par plaisanterie dans le dialogue et même dans le récit.

Enfin il est à constater que certains archaïsmes de Mariana, même de ceux qui étaient bien de son temps des archaïsmes, retrouvent aujourd'hui la faveur des écrivains : tels les adverbes *do*, *quier*, le mot *hueste*, et surtout le plus-que-parfait simple, dont Valdés déjà critiquait l'emploi dans l'*Amadis*.

Si donc nous saisissons ici une affectation, elle est en somme discrète. L'archaïsme de Mariana n'est qu'une légère teinture, pour employer la métaphore de Saavedra. L'idée de se faire un style particulier est du reste assez originale et révèle un artiste. Comment a-t-elle pu être mise en pratique, si l'auteur s'est fait aider dans sa traduction? Il est plus facile d'émettre une conjecture vraisemblable que de répondre avec certitude.

CONCLUSION

En commençant l'Histoire générale d'Espagne, Mariana ne pensait composer en principe qu'une œuvre de vulgarisation. Remarquablement informé, capable de pénétrer une question et de l'examiner à fond, il a su faire de cette Histoire, jusqu'à un certain point, une œuvre de critique et de science.

Il l'a conçue d'autre part comme une œuvre d'art. En cela il est fidèle aux idées humanistes et s'écarte de la conception de Zurita, de Morales, de Garibay, d'Ocampo lui-même. Il revient en somme à celle de Fr. Gauberte Fabricio de Vagad. De l'ornementation de son récit, seuls les portraits seraient encore conformes à notre goût. Plus que les discours et les maximes, ce qui mérite l'éloge sans réserves, c'est son style, tant latin qu'espagnol, style admirablement clair et simple. Seul son espagnol présente quelque affectation : une certaine abondance verbale, et une recherche délibérée, mais en somme discrète, de l'archaïsme.

Quelles que soient la valeur et l'importance de cette Histoire, nous ne devons pas par elle seule juger de l'historiographie espagnole au temps de Philippe II. Mariana ne peut être séparé de ceux qui lui ont préparé et facilité sa tâche. Les représentants de la critique et de la science à cette époque sont, avec lui et avant lui, des savants comme Antonio Agustín et Juan Bautista Pérez, et des historiens comme Zurita, Garibay et Morales.

Si, en regard de ces trois derniers, Mariana représente plus spécialement les goûts et les habitudes humanistes, il n'est pas pour cela, par rapport à nous, un retardataire. Le vêtement est antique : l'homme est-il antique ou moderne? En lui, par un temps de mensonge et de crédulité, vit l'esprit de la critique et de la vérité ; en lui, par un temps d'asservissement, vit l'esprit démocratique de justice, de liberté, de dignité. En lui se rejoignent et se continuent les idées antiques et les aspirations modernes. C'est cette synthèse qui fait l'attrait, l'originalité, la puissance de toute son œuvre.

APPENDICE I

Les manuscrits de Mariana.

Le *Catalogue of the manuscripts in the spanish language in the British Museum* de Gayangos indique, comme contenant les papiers de Mariana ou relatifs à son œuvre, huit manuscrits du fonds Egerton (291 et 1869-1875), ainsi que les numéros 8-10 du manuscrit Additional 10 248 (t. I, p. 201, p. 1-6, 158, 194-201 et 385). Le ms. Egerton 451 (t. II, p. 183) ne fournit qu'une copie du *Discurso de las Enfermedades de la Compañía*, dont il existe d'autres copies. Quant au ms. Egerton 445 (indiqué p. 155 du t. II), ce n'est qu'une copie du numéro 39 du ms. Egerton 1874. En tout près de deux cents numéros à consulter, soit un plus grand nombre de pièces encore, si l'on y comprend une quarantaine de lettres au dos desquelles Mariana a écrit quelques-uns de ses brouillons. Cette division en numéros est, bien entendu, le fait de Gayangos, qui a ainsi comme étiqueté, dans les quatre tomes de son catalogue, tous les documents que contenaient les manuscrits espagnols de cette bibliothèque. Voici quelques-uns des *errata* que j'ai notés :

Ms. Egerton 1871, N° 2. Au lieu de «*principally* on the edition of the Polyglot Bible » il faudrait « *entirely*, etc. ».

Ms. Eg. 1874. N° 5. Ce n'est pas une « portion of his Latin History beginning... in 1492, and ending in 1590 », indication qui ferait croire à un précieux inédit. C'est un brouillon de sommaire allant de 1492 à 1590. — N° 20. « Extracts from the Chronicle of Fernando IV cap. XV. The above is written on the verso of an original letter probably addressed to Mariana in Sept. 1592. » Il est bien tiré de la chronique de Ferdinand IV une citation relative à ce qui fait l'objet de la dissertation contenue au numéro 19 ; mais ce n'est pas le seul texte allégué ; il y en a d'autres à la suite, entre autres l'Histoire d'Espagne même de Mariane ; et il se pourrait que n° 20 fût la note à laquelle répond Mariana. La lettre au verso de laquelle elle est écrite n'a donc pas été adressée à Mariana. — N° 21 : « Continuation of tract under *n° 19*, also on the verso of a letter. » C'est *n° 20* qu'il faut lire.

Ms. Eg. 1869 : « The 30 first books of the History of Spain written in latin by Juan de Mariana... the original manuscripts in his own hand. » Il est étonnant qu'en présence d'un manuscrit de cette importance, Gayangos ait vu les trente livres là où il n'y a absolument que les cinq derniers livres de l'histoire de Mariana. Pourquoi d'ailleurs dit-il « the 30 first books »? Mariana en aurait-il écrit plus de trente? Enfin l'écriture est-elle celle de Mariana? On pourra en juger par la reproduction que l'on trouvera à la fin du volume.

Ms. Eg. 1873. « Isidori Pacensis episcopi Chronicon » et « Epitome Imperatorum vel Arabum Ephemerides atque Hispaniae Chronographia sub uno collecta ex vetusto codice Oxomensi sine nomine auctoris » ne sont qu'une même chose, quoique Gayangos les distingue et leur donne respectivement les numéros 9 et 10. Seulement le titre « Isidori... Chronicon » a été mis par Mariana en tête de la notice qu'il a consacrée à cette chronique (comme il a fait pour les autres chroniques contenues dans le même recueil). Le titre « Epitome... » est celui que le copiste a tiré du manuscrit *Oxomensis*. — Au n° 11, après le « Chronicon Aldefonsi regis cognomento Magni ad Sebastianum Salmanticensem, » il eût été bon d'ajouter les titres des continuations de Sampiro et de Pelayo qui se trouvent à la suite. — Au n° 35, au lieu de « a chronological list of the Kings of Oviedo, Leon and Castille from Pelayo down to *Juan II of Castille* », lire « down to *Philipp II of Spain* »

Ms. Eg. 1875. N° 34. Les extraits sont *tous* de Pline. — Le n° 35 contient des réponses holographes à des questions posées à Mariana sur ce qu'il avait dit touchant Talavera (d'après Rasis), les monnaies d'Elbora et ses évêques, D. Pedro Tenorio, l'invention des *reloxes con campana*, et les courses de taureaux. — Le n° 36 contient, en outre, cinq pages relatives à l'altération des monnaies. — N°ˢ 37 et 38. Le contenu des lettres indiquées est assez différent de ce qu'a cru et voir Gayangos. Celle qui est sous le n° 37 est adressée à Dávila. — N° 41 : « Similar notes... » Il n'y a aucun rapport entre le n° 41 et le n° 40. La lettre attribuée à Fray Antolin de Santa Ana est, en réalité, signée Catalina de Santa Ana, la propre sœur de Mariana. Cf. mon article sur *La famille de Juan de Mariana*. — N° 42 : « Index rerum quae proxima aetate in Hispania contigerunt. » Au lieu de « ending with *1599* » lire « ending with *1600* ». — N° 50. Les deux lettres comprises sous ce numéro n'ont aucun rapport l'une avec l'autre. — N° 60 : « Original letter of Juan de Mariana to one of his correspondents not named. » Ce correspondant n'est pas nommé, mais la lettre en question est une réponse à celle qui est sous le n° 61, signée Juan B. Gonçalez. — N° 69. Ce n'est pas « probably » mais « evidently » qu'il s'agit de la *Historia de Toledo* incluse par Pisa dans sa *Descripcion de la Imperial ciudad de Toledo y Historia de sus antiguedades... primera parte repartida en cinco libros... Año 1605... en Toledo por Pedro Rodriguez...* On y trouve, en effet, la citation d'Isidore au sujet de la venue de saint Jacques, au chapitre 5 du livre II indiqué par Mariana, c'est-à-dire p. 72, verso.

Du ms. Eg. 291, Gayangos s'est fait une idée à moitié exacte. C'est bien, comme il dit, « a collation, » mais non « of the various Spanish editions of 1601, 1608, 1616 and 1623 ». Les seules éditions espagnoles collationnées sont celles de 1608 et de 1623 ; en revanche elles sont comparées au texte latin et ce sont les différences entre ces textes qui sont notées. Il ne s'agit donc pas d'« extraits », mais de variantes. Les « chronological tables » ne sont autres que celles qu'on trouve dans les éditions espagnoles de 1608-17-23. Les « marginal notes in Spanish » ne sont absolument, pour les trente livres, que des variantes oubliées dans un premier relevé, et, pour le *Sommaire*, que les variantes des deux éditions espagnoles où il a paru, placées en regard du texte latin.

Quant à l'écriture de Mariana, je doute que Gayangos l'ait reconnue partout à coup sûr. Par exemple, à ce qu'il m'a paru, le n° 60 d'Egerton 1875 n'est pas de la main de notre auteur, au lieu que le brouillon qui est sous le n° 24 du même codex en est sûrement.

Le ms. Egerton 1869 porte, sur un folio de garde placé en tête, la déclaration suivante :

« Estos siete volumenes fol. son varios originales de obras y trabajos literarios del Padre Juan de Mariana de la Compañia de Jhs, y en ellos se hallan tambien varias copias de la mano de su escribiente, y algunas cartas y correspondiencias de dicho Padre. Se hallan en mi poder por la casualidad siguiente.

D. Juan Rodriguez de Vigo, mercader en esta ciudad y apoderado para los negocios que en ella tiene la Compañía de Caracas, compró algunos muebles, quadros, libros, y ms. el año de 1787, todos de los que pertenecian a las temporalidades y resultas de bienes de Jesuitas expulsos, y antes moradores en el Cologio, ó casa que tuvieron en Toledo: y como dicho Vigo me instara quisiese elegir alguno de estos efectos, si me acomodaban, ó los hallaba dignos de atencion, me dedique a entresacar de un monton de papeles inutiles algunos que juzgue pudieran aprovecharme en lo subcesivo. Con efecto assi encontré varios Ms. excelentes, que poseo, y que el me franqueo generosamente. Entre los quales halle los dichos siete volumenes que por la letra y firmas reconoci ser de uno de los hombres mas insignes de nuestra nacion.

Sin duda donde estuvieron estos havria otros del mismo Autor, pero por mas diligencias que practique no hallé mas que los siete que poseo, y que huvieran perecido por la humedad, carcoma ó fuego, pues a todo estaban expuestos, al no haver sido por este feliz acaso....

Hice encuadernar en pasta estos volumenes en el año de 1790, pues ellos estaban en pergamino mui maltratado, pero no permití se alterase el orden con que estaban puestos. Toledo 17 de Enero del 1791

Phelipe Antonio Feruz de Vallejo. »

Sur le folio de garde, on lit :

« Purchased of H. Bailliere
14 apr. 1860
(7 vols) »,

et sur un papier collé sur ce folio :

« al Sor Dn Justo Sancha Es^{no} del numero junto a Sn Salvador entresuelo
De su amigo Dn Marcelo de Mena. »

Les sept manuscrits dont il est question dans cette note sont évidemment les mss. Egerton 1869-1875.

D. Vicente Noguera Ramón, à qui est due la notice consacrée à Mariana dans l'édition de Valence de 1783-96, déclare qu'il y en avait dix, et qu'il en a tiré quelques-uns des documents qu'il reproduit à la suite de cette notice. Parmi ces dix manuscrits étaient certainement les sept mss. Egerton 1869-75, où l'on retrouve, en effet, plusieurs des documents publiés par lui. Il ne dit pas où ils se trouvaient à l'époque où il les a utilisés [1]. Il dit seulement qu'ils avaient été en possession du P. Marcos Andrés Burriel, et qu'on les conservait jadis dans la maison des jésuites de Tolède. Ils y étaient encore en 1783, puisque la vente des biens des « expulsos » n'eut lieu qu'en 1787 (vingt ans après l'expulsion), d'après ce qui est dit dans la note de Fernández de Vallejo. Noguera n'a donc eu peut-être à sa disposition que des copies envoyées par quelque correspondant.

1. « Dexó Mariana muchas obras ms. de cuyo contenido no tenemos noticia : pero se sabe que en la casa de los Expulsos de Toledo se conservaban diez tomos en folio, y que lo inédito excede al doble de lo que ha publicado. Entre estos ms. se halla su correspondencia epistolar con los primeros hombres de aquella Era, Españoles y estrangeros, es decir, las cartas originales de ellos, y los borradores del P. Mariana. Coleccion curiosa, y sumamente util para la Historia literaria de España, la qual pensaba dar á luz Marcos Andrés Burriel, y no pudo perfeccionar impedido de la muerte. » En note : « De esta coleccion hemos sacado algunos documentos que se dan en las Pruebas. » (T. I, p.LXXX de la *Vida y escritos del P. Juan de Mariana*.)

Des dix manuscrits en question, neuf avaient été vus par Juan de Santander, *bibliotecario mayor*, en 1762, dans l'appartement du P. Burriel à Tolède, quand il dressa l'inventaire des manuscrits qui s'y trouvaient. C'est ce qui résulte d'une note écrite par lui et conservée dans le recueil X 230 de la Biblioteca nacional [1]; car, chose curieuse, il n'est question de ces manuscrits de Mariana ni dans la liste des manuscrits qui furent donnés par le recteur du collège des jésuites de cette ville, le P. Diego de Rivera, pour la Real Biblioteca (aujourd'hui Biblioteca nacional), ni dans celle des manuscrits qui furent laissés au même recteur, listes qui ont été publiées dans le t. XIII de la *Colección de Documentos para la Hist. de Esp.* (p. 325-65) [2]. Quoi qu'il en soit, dans la note dont il s'agit, Santander déclare avoir rendu les neuf tomes de Mariana au P. de Rivera. Il avait eu la bonne idée de prendre une copie des index qui figuraient en tête de chacun d'eux, et cette copie se trouve dans le même recueil X 230. Elle est placée dans une chemise où est écrit de la main de Santander : « Apun^{to} de lo que contienen los 9 tomos ms^{tos} del P^e Mariana que estaban en el aposento del P^e Burriel y pertenecen al Arch^{vo} del Colegio de la Comp^a en Toledo. » En tête de cette copie on lit ces mots : « Copia de los Indices de los tomos man^s del P. Juan de Mariana de la Compañia de Jhs, que se guardan en el Archivo del Colegio de Toledo. Los Indices estan de Letra del mismo P. al principio de cada uno de dichos tomos man^s. »

Il n'est pas indispensable de reproduire ici ces index. Qu'il suffise de dire qu'ils correspondent pour sept de ces tomes aux mss. Egerton 1869-75, à savoir, ceux du :

Primer tomo, au ms. Eg. 1873.
Segundo tomo, au ms. Eg. 1875.
Tercer tomo, au ms. Eg. 1874.
Quarto tomo, au ms. Eg. 1872.
Quinto tomo, au ms. Eg. 1871.
Septimo tomo, au ms. Eg. 1870.
Octavo tomo, au ms. Eg. 1869.

Quant aux tomes VI et IX, en voici la description d'après le même document :

« Sexto tomo. El título de afuera es : Lucas Tudsis. Contiene la Chronica de S^n Isidoro; continuacion de S. Ildefonso ; de Juliano arzobispo de Toledo, y de D^n Lucas de Tuy. Emendado todo de mano del mismo P. Mariana... »

« Tomo nono. Liber Calixti secundi de miraculis S. Jacobi, tiene una nota en la primera hoja, de puño del P. Mariana, que dice es copia fiel de el que tenia un abogado de Zaragoza. »

A la fin de cette liste, on lit : « Con este orden dexé yo distribuidos los tomos con sus numeros por fuera. »

Du tome IX, Burriel avait fait prendre une copie, et cette copie fut remise par le P. de Rivera à Santander pour la Real Biblioteca, ainsi qu'en témoigne la seconde des deux listes citées tout à l'heure. Cette copie formait « un tomo en papel sin encuadernar, que contiene cinco cuadernos ». Elle comprenait :

« Calixti 2 Papae, de miraculis Beati Jacobi Apostoli liber primus.

Ejusdem, de translatione corporis S. Jacobi Apostoli ab Hierosolimis in Gallaciam liber primus.

---

1. Voir mon article sur *La date de la naissance de Mariana*.
2. Sur Burriel, voir Desdevises du Dezert, *L'Espagne de l'ancien régime; la richesse et la civilisation*, p. 217-8.

De itinere ad S. Jacobum liber primus.

Homiliae sive sermone quator in vigilia, et festo ac translatione ejusdem S. Jacobi, quae celebratur tertio Kalendas Januarii, cum epistola Calixti Papae. »

Le tout avait été « copiado de órden del Padre Andrés Burriel de un tomo de mss. del Padre Mariana, pertenecientes al archivo de su colegio de la compañia de Toledo. » (*Ib.*, p. 824.)

Je ne sais où se trouve cette copie; mais le recueil possédé par Mariana est conservé à la Biblioteca nacional sous la cote Dd 140 (= 13118), folios 117-144. On y voit en tête une liste de textes, qui est identique, sauf les différences orthographiques, à celle que Santander a relevée sur la copie de Burriel. Il porte aussi la mention : « Descriptus ex codice, quem Bartholomæus Morlanius Iureconsultus Cæsar augusta misit. anno MDVI. » C'est évidemment là le ms. qu'a vu Santander, et qui formait le tome IX de la collection. Il y manque les *Homiliae*, bien qu'elles soient annoncées sur la liste: c'est, sans doute, parce que Mariana avait envoyé les feuilles qui les contenait à l'éditeur de la *Bibliotheca magna Patrum*, parue en 1622. La copie de Burriel, qui les annonçait aussi dans sa liste de tête, ne les contenait sans doute pas davantage. (Voir p. 83.)

? ?

Je n'ai pu retrouver le tome VI, qui contenait le *Chronicon* de Luc. Aucun des six mss. que je connais actuellement de cet ouvrage (Bibl. nacional, Hh 98, F 46 = F 71 = 898, P 138 = 4338, F 130 = 1534; Bibl. real, 2-c-3, 2-c-5) ne m'a paru présenter les traces d'annotations dues à Mariana. Je dois dire toutefois que je n'ai pas revu ces manuscrits depuis que l'étude des recueils de Londres m'a familiarisé davantage avec l'écriture de notre auteur. (Voir p. 73-7.)

Reste à savoir ce que contenait celui des dix tomes signalés par Noguera dont ne parle pas Santander. Il n'est pas probable que nous ayons à le reconnaître dans le ms. Egerton 291, à moins qu'il ne faille attribuer à Burriel la collation qui constitue ce manuscrit. Je supposerais plutôt que c'était l'*Historia ecclesiástica*, dont il est parlé p. 72-3.

Outre les mss. indiqués par Gallardo dans son *Indice de los manuscritos de la Biblioteca nacional* (t. II de l'*Ensayo de una Biblioteca española*) au nom Mariana, la Biblioteca nacional possède :

P. V. Fol. C. 31, n° 45: « Apuntes sobre varios capitulos de la Historia general de España por el Padre Juan de Mariana; 6 hojas útiles let. del s. XVIII »; contient seulement des notes tirées de Mariana sur les Cortes tenues depuis l'origine. Sans valeur.

Dd 63, p. 156: « Lo que se debe tratar en execucion de la sess. 25 de Regularib. et Monial. conc. Trid. » (5 pages), avec cette note : « Este papel es sin duda (vistas bien, y despacio las cosas) del P. Mariana : de letra del mismo amanuense de que ai otros papeles suyos entre sus manuscritos; y las enmiendas son de dicho Padre. » Ce texte a été publié dans le tome II des *Obras* de Mariana (Bibl. Rivadeneyra). Le même ms. (fol. 100-102) contient : « Concilio Tridentino sessio 24 de Reformatione 2° cap. 2 », avec cette note à la fin : « Este papel es de letra del amanuense del P° Mariana ».

On trouve, sous des titres divers, le *Discurso de las cosas* (ou *de las enfermedades*) *de la Compañia*, non seulement dans les mss. T 55 (= 6794, p. 198-227) et Aa 52 (= 9087, f° 34ᵛ-91), signalés par Gallardo, mais aussi dans les mss. H 281 (= 2480, 46 f°⁵ paginés), KK 73 varios (= 10722, f° 281-328), P sup. 125 (= 5516, 73 f°⁵ paginés), et enfin, K 330 (= 3470) qu'a possédé Ramírez, l'éditeur de ce *Discurso*. Voir Garzón, *El Padre Juan de Mariana*, c. XIII, et mon article sur *Mariana jésuite*. Pour le *Tratado de la moneda*, voir p. 99, n. 1.

Sur le ms. Bb 185, qui contient l'*Epitome* de la Bibliothèque de Photius par Mariana, cf. p. 70.

Le n° 3059 du *Catálogo* de Salvá contient entre autre choses la copie, exécutée pour le P. Pineda, confrère et contemporain de Mariana, de deux écrits de Mariana, dont l'un est la traduction espagnole du *De monetae mutatione* (cf. p. 99); l'autre est intitulé *El origen de los villanos que llaman christianos viejos*. D'autre part, le ms. I 333 (2803) de la Bibl. nacional, f° 180-98 contient deux traités avec une *portada* en lettres d'imprimerie : « Origen y principios del nombre de cavallero, y su antiguedad escrito por Don Alonso de Cartagena obispo de Burgos cuyo tratado estaba en la libreria de Fernan Perez de Guzman señor de Batres y el origen de los villanos que llaman christianos viejos escrito por el Padre Iuan de Mariana de la compañia de Iesus chronista del Rey. » Ce dernier commence au f° 191ᵛ et on lit en marge : « escribiola el P° Ju° de Mariana de la compañia de Jesus chronista del Rey. » Début : « Tiene tantas dificultades el satisfacer a esta pregunta del origen de los villanos a que llaman christianos viejos que es dificultoso salir della con satisfaccion del que pregunta... » Voir Morel-Fatio, *Catalogue des mss. esp. de la Bibl. nationale*, n° 630, 17.

Le ms M 296 (= 3546), f° 220, contient une copie due à Francisco Mendez, de la *Respuesta del P. Juan de Mariana* à Lupercio Leonardo y Argensola (cf. p. 166).

La Bibliothèque de l'Academia de la Historia possède de son côté :

« Memoria del P. Juan de Mariana para el Cardenal [Quiroga] en que expone no conbiene quitar del todo á las personas doctas los libros de los Rabinos que escribieron sobre la sagrada escritura. » (Varios de Historia, in-fol., t. IV, f° 123; Est. 27, gr. 5ᵃ, n° 137.)

« Memorial del P. Juan de Mariana sobre no convenir el privar á las personas doctas de la lectura de los libros de los Rabinos que escribieron de la sagrada escritura. » (T. III de la Col. de D. Jaime Villanueva; Est. 19, gr. 4ᵃ, n° 63.)

« Fragmento de la obra titulada : enfermidades de la Compañia de Jesus, escrita por el P. Juan de Mariana o atribuida á el. » (In-4°, Varios, f°ˢ 127-77; Est. 27, gr. 6ᵃ, n° 183.)

« Fragmentos de Historias originales de Ambrosio de Morales, P. Juan de Mariana. » (P. 206 du ms. Est. 22, gr. 2ᵃ, n° 31). En ce qui concerne Mariana, ce ne sont que des morceaux de l'Histoire latine (éd. de 1592-5), pris dans les onze premiers livres. Ils occupent les pages 216-64.

Parmi les *Papeles de Jesuitas*, t. IV, se trouve une lettre de Mariana au pape, que je reproduis à l'appendice IV, 1 (voir p. 107).

D. Luis Jiménez de la Llave, de Talavera, possède un recueil où se trouve une lettre autographe de Mariana; je la reproduis à l'appendice IV, 3.

Je dois à D. Cristóbal Pérez Pastor la copie de contrats concernant l'impression de l'Histoire d'Espagne en 1608, et provenant de l'*Archivo de protócolos de Toledo* (voir p. 183-5).

Voir la *Bibliothèque des écr. de la Comp. de Jésus*, qui signale, entre autres manuscrits, une lettre à Balth. Moretus, de Tolède, 10 juin 1618, conservée au Musée Plantin, à Anvers, et, d'après un catalogue de 1824, une copie de la traduction du Commentaire d'Eustathe d'Antioche sur l'*Hexaemeron* (v. p. 125).

APPENDICE II

La Bible et l'Index.

DOCUMENT N° 1.
(Ms. Egerton 1871, n° 2, f° 2. Voir p. 8.)

C'est une lettre annonçant l'envoi de la censure de la Bible polyglotte et en donnant l'analyse. Des déchirures la rendent illisible dans le bas des pages. Elle a évidemment été adressée à l'Inquisiteur général. Elle est de la main de Mariana, et débute ainsi :

« Illmo Señor

lo que V. S. Illma me mando hiziesse sobre el negocio de la biblia real he he[cho] con la diligentia y cuidado que el negocio pedia, y que mis fuerças y falta de libros que es muy grande, me han permitido, plega al señor aya sido con tanto acierto y satisfaction, como es la uoluntad de açertar a seruir. ua diuidida la censura en dos partes en la primera se haze juicio sobre los papeles del M. Leon y del D^{or} Arias montano, la segunda contiene una censura gñal sobre toda la biblia, y partes principales della porque aunque no ha sido posible uella toda, ni aun se podria esto hazer sino en mucho tiempo todauia en lo que se ha uisto se han notado algunas faltas que no era justo dissimulallas hauiendo particularmente mandado V. S. Illma se diesse parescer sobre todo...

En toda la cẽsura uniuersalmente se muestra deseo que El Dr Arias huuiera tenido mayor cuidado del que muestra en defender y dar toda autoridad a nr̃a editiõ uulgata y de cõformarse con ella en lugares donde lo pudiera hazer guardando la propriedad de la lengua Hebrea. Dizese que como se hizieron en el apparato otros libros de menor importantia fuera justo hauer hecho alguno con este intento, donde se pusieran las uarias lectiones de los Ap̃les y Euang^{os} editiõ uulgata y padres de la ygl'ia y que fuera cosa muy erudita y muy bien rescebida de todo el mundo que es lo que El M. Leon dize que se deuia hazer a la margen del septimo tomo desta biblia...

En el cap. 9 *(de la seconde partie)* se aduierten algunas faltas del ultimo tomo del apparato y particularmente de hauer hecho tanto caso de libros de hebreos y tan poco de lo que los S̃tos y otros autores nr̃os sobre las mismas materias han escrito.

No se da juizio sobre si sera bien o no uedar esta obra o alg^a parte della porque el S^{or} lic^{do} Temiño¹ auiso no ser necessario por ahora. Dizense algunas

---

1. Pedro Fernández de Temiño, évêque d'Avila en 1581. Le « lic^{do} Temiño, de la General Inquisicion, electo de Avila », fit partie en 1581 d'une commission appelée à trancher des questions de finances ecclésiastiques, selon le *Catalogue* de Gayangos (t. IV, p. 2, n° 10, cf. le tome II, p. 201). C'est évidemment lui qui reparaît

cosas curiosas en toda la censura y citanse algunos lugares de rabbis, mas para que el que uiere estos papeles entienda que se ha usado de alg[a] diligentia, y no piense que se cita por dictionarios, que porque el negocio lo pidiesse.

Se ha tenido cuenta con la modestia como era razon y hase procedido con toda sinceridad, y con alguna mas inclination de defender que de acusar, y ha estado loxos de mi el deseo que suele hauer en algunos de hallar algo que reprehender, y houiera me en uerdad holgado muc[ho] que toda la censura pudiera yr en medio pliego de papel, pero en negocio semejante no es justo que la persona siga su particular afficion que fuera antes de fauorecer al D[r] Arias, porque al M. Leon en mi uida no le he uisto, y su ingenio no me contenta mucho aunque el zelo deue ser bueno.

Y si ua a dezir uerdad como en semejantes negocios es muy justo que sin temor ni sin lisonja se diga. El rey a mi juizio no ha ganado mucha honrra en hauerse puesto su real nombre en esta obra, *y quanto mas fuere ganara menos y de aqui a cient años se uera mas la falta*, que donde el nombre de su mag[d] se ponia no hauia de hallarse ni ha[uer] mota ninguna. y era justo hauer hecho gasto y junta de hombres señalados conforme a lo que el cardenal hizo y tanto mayor quanto el Rey es mas que el cardenal y la impressa era mas graue a causa del tiempo y de otras circunstancias, y todo el daño ha estado en hauer concedido a un solo hombre este negocio el qual aunque fuera el mas señalado de Europa no pudiera dexar de hauer en la obra faltas y borrones, que para tornar a imprimir solamente la biblia del cardenal qualquiera bastaua, y librero hauia en paris que se obligaua por mill ducados a hazello con mejores characteres y papel que Plantino, pero para axena (?) impressa mayor diligentia y gasto se requeria.

No ua la censura firmada, porque se desea no se entienda quien la hizo por el odio que puede resultar della aunque injustamente y sin causa pues se haze por mandado y con la moderation que hemos dicho. queda acabada toda y la primera parte que esta en doze pliegos de papel queda puesta en limpio, aunque no de tan buena letra como yo houiera deseado, y esto por falta de escriuiente la segunda que es mas pequeña se queda trasladando, pero no se embiara nada hasta que V. S. Illma mande auisar en todo de lo que su uoluntad fuere, y si se haura de mudar añadir o quitar alguna cosa. cuya Illma persona guarde nr̄o s[or] y augmente en su s̄to seruj' *(seruicio)* como yo con toda nr̄a comp[a] deseamos y en nr̄as or̄ones pedimos. de toledo y de agosto 16. de 1577 años.

De V. S. Illma
  sieruo indigno
      Ju° de Mariana. »

sous le nom de Pedro Fernández de Trevyño dans le même *Catalogue*, qui cette fois le fait évêque d'Avila en 1585 seulement. Il avait également fait partie de la congrégation chargée par Pie V, avant 1572 par conséquent, de juger Carranza, nous dit M. Menéndez Pelayo (*Hist. de los heter. esp.*, t. II, p. 406), qui ajoute à tort que « fue adelante obispo de León », car, si je m'en rapporte à Gams, il y a bien eu un Fernández de Temiño évêque de León, mais celui-là s'appelait Jean et mourut en 1557. Voir enfin l'*Indice* de Gallardo, *Temiño*.

Document n° 2

(Ms. Egerton 1871, n° 14, f° 84. Voir p. 12.)

« Censura de Juan de Mariana de la compañia de Jesus sobre vn testamento nueuo en forma pequeña impresso en Anvers en casa de Plantino año de 1574 [1].

He uisto y examinado con diligencia el dicho testamento impresso por Plantino y leydo todas los annotationes que al fin del dicho Testamento se ponen y tambien el Indice. comenzado del qual digo que el dicho Indice es muy catholico sin auer en el cosa que pueda offender, ni hazer daño antes es muy prouechoso contra los herejes y su auctor es vn Padre de nr̃a compañia por nombre Juan Harlemio persona de mucha virtud y doctrina. En el texto del dicho nueuo testamento no hallo cosa por donde se deua vedar porque aunque en algunas partes tiene diuersa lection de como en algunos otros textos de la blibia anda pero esta diuersidad tambien la tiene la blibia complutense que mando imprimir el Car¹ Don Fray Franᶜᵒ Ximenez y la blibia lobaniense impressa anno de 1547, y corregida por Juan Hentenio Theologo lobaniense la qual se ha tenido hasta aora por muy acertada como lo muestran las diuersas imp[res]siones que de la dicha biblia despues aca se han hecho. De la qual dicha biblia lobaniense no differe en cosa ninguna el texto del sobre dicho testamento nueuo por donde no parece que en el dicho texto aya alguna cosa por donde se deua uedar.

En las annotationes del dicho nueuo testamento puede auer alguna difficultad porque dado caso que en ellas no se trata ningun dogma tocante a la fee ni a las costumbres, sino solamente se señalan diuersas lectiones q̃ en diuersos codices parte latinos parte griegos y tambien en el syriaco que anda en el quinto tomo de la blibia real se hall[an] o en los libros de los antiguos padres los quales leyeron diuersamente algunos lugares de la escritura, pero porque el auctor de las dichas Annotationes algunas uezes se inclina y muestra approbar mas la lection differente de la que anda en las biblias ordinarias, podria se pensar que el dicho auctor pretende reprobar la auctoridad de la edition vulgata q̃ es contra lo que esta determinado en el concilio de Trento. Pero yo saluo el meyor juizio que querria seguir antes que el mio me parece no ser bastante causa para que las dichas annotationes se veden. lo primero porque el concilio de Trento approbando la edicion vulgata no appruena todas las lectiones que en diuersos codices se hallan y que el largo tiempo o el descuydo de los escriuientes puede en algun⟨a⟩os ⟨cosas⟩ *lugares* auer causado y assi se da lugar que vnos sigan la lection de un codice otros la de otro o de otros tiniendo cada vno la suya por verdadera sin contradezir por ello a lo que esta establecido en el dicho concilio.

Lo 2° porque aun Cano ⟨dize⟩ en el libro 2 de locis theolog. en el cap. 4 tratando aquel lugar de la primera a los corint. capi. 15 omnes quidem resurgemus sed non omnes immutabimur, donde los codices griegos y algunos sanctos leen omnes quidem non dormiemus sed omnes immutabimur

---

1. Les corrections sont de la main de Mariana. Le titre de ce document, comme celui des autres documents qui en portent un, a été écrit par une main postérieure (celle de Burriel?).

⟨y⟩ dixe ⟨el dicho auctor⟩ que dado caso que en la edition vulgata que esta approbada por el concilio se lea de la primera manera no estamos obligados ⟨a recebilla⟩ *a recebir la tal* por cierta y aueriguada por estas palabras. Neutram igitur lectionem recipere cogimur, quia neutram partem doctores ecclesiae, tanquam exploratam, et catholicam asseruere, quod idem in alia particula qualibet latinae dictionis fleret si idem penitus contigisset *que e[s] a punto lo que las dichas annotationes haze(?) donde se aparta de la dicha edition uulgata.*

Lo 3º porque muchos doctores graues y catholicos entienden que por la approbacion de la edicion vulgata se haze en el concilio de Trento solo se pretendio *aprouarla* quanto a lo que toca a dogmas de fe o de costumbres en lo qual la edition vulgata se deue tener por verdadera y los textos griegos y hebreos en quanto en esta parte contradixessen por corrompidos y falsos y assi el dicho cano en el dicho libro cap. 3 en quatro conclusiones que pone cerca la approbacion y auctoridad de la dicha edition vulgata en todas habla de lo que toca a la fee y a las costumbres porque en cosas de memor *(sic)* momento que importa poco que se lea de vna o de otra manera, no parece a los dichos Doctores que por la dicha approbacion se quite la libertad de seguir cada vno la lection que le pareciere auiendo razones bastantes para ello que es lo que en las dichas annotationes se haze y esto no muchas vezes y con modestia.

Lo quarto porque si la dicha libertad se pretende estar quitada por el dicho concilio seria necessario vedar casi todos los libros que de forasteros sobre la escritura se imprimen y avn en materias de Theologia porque casi todos vsan de la dicha libertad en cosas y lugares de menor momento sin que por ello pretendan derogar a la autoridad y decreto del dicho concilio que es cosa digna de mucha consideracion por que no se ha de pretender ni pensar que tan gran numero de catholicos y personas discretas van herradas en cosa que tanto importa y assi me resueluo sujetando mi juizio en todo al de la santa Iglesia y a lo [que] el santo officio hiziere que las dichas annotationes no se deuen uedar, ni por su causa el dicho nueuo testamento, porque en ellas no se muestra ningun mal espiritu como en Erasmo y otros de escurecer la auctoridad de la edicion vulgata antes deseo da defendella con sujecion christiana y modestia. Y porque el auctor o auctores de las dichas annotationes fueron personas catholicas y tambien porque si en alguna parte muestra inclinarse a licion differente de la vulgata es en cosas de poco momento y que no tocan a dogmas de fee ni de costumbres.

Esto se ha dicho no porque yo siga ni apprueue para mi la dicha libertad antes en todo y por todo procuro y he procurado siempre defender y auctorizar todo lo que en la edicion vulgata ay por ⟨q⟩ pequeño que sea. Pero hago diuerso juizio de lo que yo tengo de seguir y de lo que tengo de reprobar en los otros como doctrina heretica o dañosa. En Toledo primero de septiembre 1582. »

Document n° 3.

(Ms. Egerton 1871, n° 3, f° 5v[1]. Voir p. 13-4.)

« Tambien es cosa cierta que la dicha lengua se estudia siempre y se enseña por el texto hebreo del uiejo testamento, y que sobre el no ay commentos ningunos en hebreo sino los que los Rabbinos escriuieron y assi como para estudiar la lengua griega son necessarios los cõmentos que ay en griego sobre Homero y otros autores semejantes y como seria graue deño para el estudio de la lengua latina quitar los cõmentos que ay sobre Virgilio Horacio y otros autores classicos de la dicha lengua, assi seria ⟨de⟩ grande inconueniente y graue impedimento para el dicho estudio de la lengua hebrea quitar a los maestros y otros personas doctas los dichos libros de los Rabbinos...

Y no es bastante decir que se pueden los hombres doctos aiudar de lo que los otros han sacado y puesto en latin de los dichos libros, porque lo mismo se podria decir de la lengua griega y bien se uee la differencia que ay de uer y estudiar las cosas en sus fuentes o *en los arroyos que dellas proceden* los que para ello tuuieren caudal que siempre seran en pequeño numero. Y es cierto que los que contradicen y son de parecer que los dichos libros se *destierren de todo punto no son personas que se pueden aprouechar dellos*, y puedese sospechar por la corrupcion de nuestra naturaleza q̃ muestren menospreciar lo que no alcançan *y poner espantos donde ay peligro* a lo menos algunos en España son tan enemigos de las que llaman buenas letras, que lo mismo que sienten destos estudios dirian si se atreuiessen de la lengua griega y aun de la latina, sabida algo mas curiosamente que de ordinario se usa *y no se si conuiene que el santo officio ayude a los dictamines de semejantes personas*...

Que si en los libros de los Rabbinos se hallan cosas contra nr̃a fee, muchas se hallan puestas en latin q̃ es lengua comun y en griego q̃ no es tan peregrino en los libros de los gentiles y con todo esto se permiten por la necesidad que ay destas lenguas. Y si en particular ⟨se⟩ dicẽ mal de nuestra fee y religion es pocas uezes y lo mismo se halla en los libros de los gentiles que se permiten. »

Il cite une objection : « Que los que leen en estos libros uan muy rateros en la exposicion de la escriptura, que lo que se ha de entender de Chr̃o lo entienden a la letra de Reyes o personas particulares... » Il répond : « Buscar el uerdadero sentido literal en la diuina escriptura y aiudarse para esto de las lenguas ⟨no es de⟩ y sobre el fundar los sentidos misticos no es de reprehender, antes es de singular provecho...

...Ay algunos que tienen el nombre *de doctos en hebreo* y no los hechos que se podran nombrar si fuesse necessario y no se ponen aqui por guardar el respecto que es razon ni conuiene que el sto officio ayude a sus opiniones y pareceres que siempre se han tenido por particulares y sin fundamento, y no siempre lo que parece mas seguro es lo mejor, que si assi fuesse los hombres ni deurian andar a caballo ni edificar casas altas etc. *Y sobre todo ...el tenerse y leer estos libros ha sido costumbre uniuersal de la Iglr̃a en todo*

---

1. Main de Mariana.

tiempo y en todas las prouincias desde que chrō nrō sr uino al mundo y no se si el sto officio deue alterar semejantes costumbres pues los concilios prouinciales ni aun los nacionales no tiene[n] autoridad para ello a lo menos no ⟨conuiene⟩ parece que conuiene que el sto officio ⟨los quite y mucho menos que⟩ priue dellos de todo punto a los hombres doctos que seria derogar del todo a la dicha costumbre uniuersal de la yglesia ni deue parecer negocio de poco momento ⟨que⟩ no lo es el quitar una lengua como la hebrea en grande parte de España como con esto se quitaria y si a esto se da lugar otro dia querran se ueden los libros griegos y no faltaran occasiones y razones y aun personas que les parezca que en latin ay lo que basta, y que lo demas es superfluo, y por consiguiente con ocasion de que ay algunos errores en los stos antiguos y otro dia persuadiran que se deuen uedar o a lo menos repurgar cosa que sabemos se ha intentado. A mi no me ⟨parece me⟩ mueue cosa otra como dixe al principio sino el deseo de seruir a nrō sr y aiudar a las personas que dessean aprouecharse en las letras y el licenciado Salaçar commissario gñal que sea en gloria dos dias antes que falleciesse me escriuio por una que V. S. Illmª ha uisto hiciesse este officio que me ha dado este atreuimiento pero porque como hombre puedo herrar subiecto todo lo que he dicho a la correccion de la sta Igl'a de V. S. Illmª y de qualquiera persona que en esta parte mejor sintiere. »

DOCUMENT N° 4.

Le ms. Egerton 1871, n° 5, renferme une copie des règles pour la formation d'un index.

Le n° 6 (f° 24) contient l'avis de Mariana sur ces règles (voir p. 13 et 16) :

« Pondranse en primer lugar algunos auisos generales despues se notara sobre cada vna de las reglas lo que pareciere ser expediente, y vltimamente se dara auiso de algunos authores y libros de mala y sospechosa doctrina de los quales por ventura no se tendra entera noticia y de otros los quales se podran tolerar sin peligro...

Digo pues primeramente que la larga experiencia que tengo de las difficultades y dudas que han nacido assi del catalogo que se promulgo por orden del sancto offº en España año del Sr de 1559 como del que por comission del concilio Tridentino y aprobacion de Pio 4. se hizo y puse en Roma el año siguiente de 1560 me persuado que la mejor traça que se podria dar en hazer catalogo de nueuo seria que ahorrando y escusando en quanto fuese possible de hazer Reglas comunes y clausulas generales que siempre traen difficultades y dudas se nombrassen en particular por su orden assi todos los authores cuyas obras vniuersalmente se vedan como los demas libros que de los otros authores en particular se reprueban pues no son tantos que no se puedan reducir a cierto numero de manera que los authores o libros que no estuuiessen en el dicho catalogo especificados y particularizados no se entendiesse ser vedados que seria obra tal cual ne dessea y donde ninguno por ignorante que fuesse podria dudar ni scrupulizar en cosa ninguna como por el contrario de clausulas y reglas generales se ha visto dudar no solo personas doctas sino aun los mismos ministros del sancto offº verdad es que para hazer esto seria menester diligencia trauajo y personas que tuuiessen mucho conocimiento de libros pero al sancto off° no le faltaria nada desto que si Tritemio hizo catalogo y memoria de todos los libros de auctores ecclesiasticos y si Gesnero con ser herege puso en su Bibliotheca todos los libros buenos y malos de todas las scientias no seria cosa muy grande que el sancto off° *en pocos pliegos de papel* mandasse hazer un catalogo vniuersal en la forma y con la particularizacion susodicha. Verdad es tambien que cada dia salen authores y libros nueuos cuyos nombres y titulos no se podrian comprehender en el dicho catalogo pero podrianse yr vedando en particular como saliessen y como se acostumbra, y despues tornando a imprimir el dicho catalogo de seis en seis o diez en diez años añadirlos de nueuo por su orden...

El 2° auiso es que pues conforme a la regla segunda y quarta algunos libros de hereges conuiene a saber de los que ni son heresiarchos ni cabeças o capitanes de las heregias como no tracten de religion ni de costumbres se permitten siendo primero examinados... y pues ay algunos otros libros de authores catholicos que borrados dos o tres lugares se podrian permittir seria aun juicio expediente que junto con el catalogo de los libros vedados saliesse otro indice de los authores y de los lugares que en ellos se aurian de corregir a la manera que se hizo la censura sobre las biblias el año passado de 1554 por orden del s⁺° off° en España y como en Flandes pocos años hase publicado vn indice repurgatorio por cierto numero de theologos... hasta aora de ningun libro fuera de las biblias se ha visto auerse hecho esta dilig⁺ a lo menos en españa siendo cosa tan necessaria y tan desseada vniuersalmente sino que el libro que vna vez va al s⁺° off° por vna proposicion sola alli se queda para siempre. y porque esta impressa como es muy nec⁺ assi seria de mucho trauajo y dilig⁺ me parece podria el s⁺° off° tener algun numero de theologos con algun pequeño partido o sin el (que muchos de buena gana seruirian) occupados en este neg° en alguna o algunas de las Vniuersidades de españa a los quales se embiassen assi todos los libros que se huuiessen de repurgar como los que fuessen de sospechosa doctrina o vuiessen de nueuo impressos de authores y lugares sospechosos para que los examinassen y viessen lo qual allende ⟨d⟩el benef⁺ comun que seria grande y vniuersal a los mismos theologos ⟨se les⟩ daria ocasion de hazer se leydos y eruditos y de huir la ociosidad ⟨en que muchos sin prouecho passan la vida⟩ y todo procederia con acierto y satisfaccion de todo el mundo.

Lo 4° me parece que no se deue vedar ningun libro sin grande acuerdo y consideracion particularmente si el author es catholico o con tal esta tenido y a m[i] juicio no menor que quando se tracta de condenar la persona pues esta de por medio el credito y buen nombre del dicho author y el interes suyo y de otros muchos y assi tenemos exemplo de lo antiguo que para vedar los libros de origenes de arrio y de otros authores de mala y sospechosa doctrina como tanbien lo guardo Gelasio primero en el cap. Sancta Romana v. 25 se hacian juntas de concilios donde concurrian muchas personas doctas de manera que dicho ni de vno ni de dos theologos no se deuria tener por bastante para este effecto, sino concurriesse el parecer de otros muchos principalmente de personas que fuessen muy medidas y attentadas en sus pareceres y censuras.

Tanbien es cosa digna de consideracion que segun entiendo en Roma se esta de nueuo ordenando catalogo de libros vedados y parece seria bien coīcarse *(comunicarse)* para ver lo que esta alla hecho y ayudarse dello pues se tiene por alla mas noticia de libros y seruiria de mayor uniformidad y aun de que se guardasse la subordinacion que en todo a aquella sancta silla se deue...»

Après l'examen de chacune des règles (sauf des nᵒˢ 9, 13 et 14), il dresse un index des œuvres à prohiber; puis, p. 35, vient une préface : « Cogit horum temporum conditio... » — « ...compendio doceantur »; ensuite un index alphabétique où il donne seulement les noms d'auteur à prohiber, un autre de « los libros de Rabis que no se deue permitir », et enfin un plus considérable de « los Rabinos cuyas obras se pueden permitir a los hombres doctos con licencia »[1].

---

[1]. Ces deux derniers index sont de la main de Mariana, ainsi que les corrections de tout le nᵒ 6.

APPENDICE III

La critique chez Mariana.

Document n° 1.

(Ms. Egerton 1874, n° 31, f° 305 [1]. Voir p. 96-8.)

« Advertencias sobre lo que esta impresso de las Etymologias de Sanct Isidoro.

Esta impresion, mirandola en junto, ua buena no solo para España sino para donde quiera y pocas impressiones de las de dentro y fuera del reyno se le auentajaran. Porque el papel es bueno, dado que pudiera ser mas blanco. La mayor parte de la letra es uistosa, por lo menos la del texto. La correction ua muy escogida y con mucho cuydado y diligençia.

Todauia se pudieran mejorar algunas cosillas y se echan de ver algunas faltas que se pondran aqui por su orden.

La letra del texto pudiera ser mayor, aunque la obra cresciera algo mas, y en lugar de la letra de Athanasio, que ahora lleua, poner letra de texto [2], que hiziera toda la impression mas uistosa. Y la letra de las annotationes pudiera ser cursiua de Athanasio.

Toda la letra quisiera que fuera nueua, que no lo parece, sino usada, y en particular la cursiua de lectura que es la de las annotationes esta gastada, y mucho mas la cursiva de la parangona que es la de los titulos de los capitulos.

Las letras uersales particularmente las mayores como donde comienza *DIVI ISIDORI* no estan bien cortadas y deuen ser uiejas.

La letra griega no es buena, particularmente la del texto... y parece que aquella letra griega fuera de que no tiene la forma muy buena, es menor que la letra de Athanasio, que es la del texto, y assi no sale ygual sino con altos y baxos.

La tinta podria ser mejor, y deue tener falta (?) de humo o el aceite deue ser comun y no de linaza.

Los officiales y aparejos no deben ser de los mejores, porque borran en muchas partes, que es grande falta.....

Las margenes autorizan mucho un libro, y en este la margen alta queda muy pequeña si ya no fue que estos quadernos uienen muy cortados, y aun la margen interior quisiera fuera un poco mayor...

1. *Main de Mariana, sauf le titre.*
2. « Texto, grado de letra menos gruesa que la parangona y mas que la atanasia. » (*Dicc. de la Acad.*).

Al principio de las annotationes en cada capitulo pone el numero del capitulo, como dezir cap. 1 cap. 11, y en el mismo renglon sigue luego la annotation. Mejor fuera y mas uistoso que entre los ringlones se pusiera el numero del capitulo o estas palabras Scholia in cap. 1 etc., y el ringlon que comience de la annotacion, con poner la letra a no sobra el numero del capitulo que no uiene bien, sino sobre la primera palabra de la annotatiõ. Las annotationes uan muy concisas y breues, y temo que pareçoran escuras. De la largura del Maestro Aluar Gomez, que dios perdone, temo se ha dado en otro extremo...

Ay muchas abreuiaturas, dictiones començadas, y tildes aun en el texto, todo lo qual en buenas impressiones y curiosas, como esta, se deue escusar. Y el compositor deue poner espacios que faltan diuersas vezes...

... Antes del titulo yo pusiera una flor u laço, a la manera que esta en la impression de Paris, y aun el mismo titulo lo pusiera mas ancho...

La puntuation es buena, y todauia ueo algunos descuidos en ella y alguna diuersidad. En el titulo del capitulo primero dize, De disciplina et arte, y luego pone coma, y despues cap. 1. Esta manera de puntuation fuera buena si la siguiera en los demas titulos, donde pone punto entero entre las palabras del titulo y el numero del capitulo...

El acento graue sobre los aduerbios y coniunctiones se pone para differenciallos de quando son nombres, y assi quando no ay que differenciar se suelen dexar [1]...

El principio del segundo libro es mas autorizado que el del primero, que deuia ser al contrario, y los libros tercero y quarto comiençan de en medio de la plana, que es poca autoridad de la obra y ahorros no necessarios.

En el primer capitulo del dicho libro segundo aduierto que el griego se procure uaya bien escrito, y no se deue fiar el sobrestante de la impression de que ay pocos que entiendan esta lengua y menos la Hebrea, sino que todo uaya muy mirado...

La orthographia latina ua buena, aunque ay descuidos y alguna falta en la uniformidad como en el aduerbio Pené que escriue las mas veces con diphtongo, y a las vezes sin el, y esta palabra Auctor, la qual de ordinario escriue con ct, y otras sin c...

Concluyo con dezir que por lo que yo he uisto que ha sido el primer libro con cuydado, y los otros con menos... sin embargo de todo lo qual juzgo que la impression ua buena y que deue passar adelante sin poner nueuas difficultades que seria nunca acabar. Solo aduierta el corrector o sobrestante lo que se ha tocado para que sin faltar en la uniformidad de la obra, que seria grande falta, la impression en lo que queda se mejore. Verdad es que para obra en que se ha gastado tanto tiempo y trabajo y que sale por orden de su Mag.d y a su costa segun se dize, no responde del todo la impression y obra a lo que se esperaua y espera. Y no basta escusarse con que los impressiones de España no salen buenas, pues en la misma villa de Madrid, *donde se haze esta impression*, ultimamente han salido los concilios del S.or Garcia de Loaysa, y el Illiberritano del S.or don Fernando de Mendoza tambien y mejor impressos que si fuera del reyno se imprimieran. »

1. Suivent de nombreuses corrections de détail.

Document N° 2.

(Ms. Egerton 1874, n° 33, f° 373 [1]. Voir p. 29-31.)

« Advertencias sobre las illustraciones genealogicas de Estevan de Garibay choronista del Rey Nro Sor.

Lo que en general tengo que aduertir es que estas tablas por ser tantas confundiran a los lectores porque como las unas estan trauadas de las otras es difficultoso quando se lee una acordarse de la trabaçon que tiene con tantas y assi lo que se hiço para claridad que es poner cada linea por si temo sera occasion de confundirse.

Yo por mejor tuuiera que estas lineas se reduxeran a algunos arboles que es la manera como proceden los que tratan destas descendencias cōmunmente : porque en un arbol se ueen juntamente diuersas lineas y la trauaçon que entre si tienen.

Euitaranse por este camino tantas repetitiones como aqui ay como en las tablas primera y segunda que son la misma hasta la generacion treinta y la tercera es la misma con las dos primeras hasta la generacion diez y nueue y la sexta es la misma que la quinta hasta la generacion ueinte y siete y lo mismo se puede decir de otras muchas.

Fuera desto faltan muchas lineas muy principales como la de los condes de Castilla por la muger del rey Don Sancho el mayor, la del Cid Ruy Diaz por sus hijas, la de Eudon duque de Guiena y conde de Aragon por doña Urraca condesa de Aragon que caso con don Garci Iñiguez Rey de Nauarra. la de los señores de Lara y de los de Molina linajes que diuersas uezes han entrado en la corona real de Castilla, la de los Guzmanes, la de los Padillas, la de los Almirantes de Castilla y de los Señores antiguos de Casarruuios por la madre del Rey don Fernando el Catholico. Finalmente las lineas de los condes de Boloña y de la casa de Mediçis que entraron en la corona de Francia por la Reyna madre y en particular la de Boloña era importante para lo de Portugal.

Tengo tambien de aduertir que de los sanctos con los quales pretende hermosear esta lineas por lo menos deue quitar a Malcolmo Rey de Escoçia [2] porque no ay rastro por donde hacelle sancto ni esta en algun martyrologio ni Surio ni Molano que lo barren todo lo ponen por tal, antes lo contrario como se uee en Molano a los 16 de nouiembre donde dice uita D. Margaritæ, et Malcolmi Regis. Tambien deue quitar a Carlos Magno que el siempre llama Sant Carlos [3] para lo qual uasta la manera de hablar de todas las

---

1. Je ne reconnais pas absolument là l'écriture de Mariana, du moins celle des n°° 31, 32, 37, 39, 40. Ceci paraît une copie au net du reste. Il est très possible pourtant que ce soit son écriture soignée. L'addition marginale qui est vers la fin tient le milieu entre ces deux écritures. Antonio (B. h. n., au nom *Mariana*) dit que ces *Advertencias* se trouvaient parmi les manuscrits de la bibliothèque du comte de Villaumbrosa.

2. P. 2 des *Illustraciones*, où l'auteur compte parmi les aïeux des rois catholiques « Sant Malcolmo y sancta Margarita su muger ». P. 297, table CXXX : « El glorioso Sant Malcomio rey de Escoçia dio su deuota anima al Criador en el año de 1097. La Yglesia catholica celebra su fiesta a 15 de octubre; » cf. la table LXVIII où est la descendance de « Mathilda de Escocia » fille de Malcolm et de Stª Marguerite.

3. Cf. *Illustraciones*, p. 45, n° 10; p. 47, n° 8, etc. : « Sant Carlos Magno emperador. » Garibay donne d'ailleurs p. 61-65, sous le titre de : « Autores de la canonizacion de este sancto Emperador », une liste des auteurs qui ont traité Charlemagne de *saint*.

naciones que todas le nombran sin dalle titulo de sancto y ya se sabe que no esta en el martyrologio romano, que es el que corrigio ultimamente las sobras y faltas de los otros martyrologios. En diuersas partes de Francia hasta oy le dicen misas de requiem.

La canonication que alegan en su fauor conforme al año que nota Molano y el que señalan los canonigos de Aquisgran en un publico testimonio que sobre esto he visto sacado de lo que tienen en sus archiuos no pudo ser sino de Paschual tercero que no fue uerdadero papa pues señalan el año 1166, y aun Hostiense entiendo que dice que iglesia tolera que algunos le celebren como a sancto. Bien se que algunos martyrologios le ponen entre los Sanctos y no ignoro lo que algunos historiadores escriuen pero los mas y mas graues lo pasan por alto y los demas se engañaron por la canonication que no aduirtieron era sin duda de un Papa falso. En fin España no tiene costumbre de llamalle Sancto ni en los pulpitos ni en las historias ni en platicas particulares lo llamamos assi y no es justo que en cosas semejantes ningun particular introduzca nueuas maneras de hablar de donde podria resultar como la gente es nouelera que dixessen misas, pintasen imagines de Carlos Magno como a sancto, le edificassen capillas y altares cosas que a mi parecer tendrian inconueniente, y la deuocion particular de la señora emperatriz no se deue traer en consequencia; y si a Molano y otros semejantes authores se a de dar entero credito en esta parte de un solo dia que es 23 de diciembre podra el author sacar otros dos sanctos que son los Reyes Childeberto y Dagoberto pues a entrambos los pone Molano por sanctos y de ellos proceden nuestros Reyes conforme a lo que el author dice en las tablas diez y ocho y sesenta y tres. Por todo esto se puede uer la raçon que el author tiene para decir en la tabla diez y ocho y en otras partes que la iglesia catholica le celebra fiesta. Cierto si la iglesia romana es la iglesia catholica ella no le celebra fiesta ni en su misal, breuiario, y martyrologio ay memoria de el ni Surio que lo recoge todo lo pone entre los sanctos. Assi que esto en todas maneras lo debe reformar.

Las aduertencias a los lectores me parecen muy escuras.

Los authores de quien dice se aproucho no uan puestos con delecto ni orden y algunos de ellos son de muy poca authoridad y credito como Martino Polono[1], el Bergomate, Nauclero y no se yo de que pudo seruir el elogio de Pedro Pascallo para esto y parece que este y otros se ponen para hacer mas bulto y numero.

En el segundo matrimonio de el Rey nuestro Señor dice que la batalla de San Quintin fue a diez de Agosto[2]. Yo entiendo que fue a diez y seis y la toma de el lugar a ueinte de aquel mes. El author podra aueriguar lo cierto.

En la tabla quarta solo aduierto que el numero y orden de los primeros Reyes de Nauarra hasta don Sancho el mayor es muy incierto y los mas

---

[1]. Cf. dans les *Illustraciones*, l'*Epilogo y Nomenclatura de esta obra*: «... Martino Polono, Arçobispo de Cosencia, en su Chronica de las Supputaciones de los tiempos, en lengua latina... Jacobo Philipo Bergomense en su suplemento de las Chronicas en lengua latina, con las adiciones de diuersos autores en ella... Juan Nauclero Tuuigense en su Chronica de las cosas memorables de todos los siglos y gentes en langua latina, con las adiciones de diuersos autores... Pedro Pascal en el elogio del mesmo Rey Henrique, en lengua latina y traduzido en la española...»

[2]. Cf. *Illustraciones*, p. 21: «... en la famosa batalla de S. Quintin, a 10 de agosto, martes, fiesta del glorioso y cõstantissimo martyr Español S. Lorenzo, del año passado, de 1557.»

dellos son tenidos por fabulosos, como creo lo toca Zorita al principio de sus annales y se saca claramente del chronicon Aluendense que se escriuio por aquellos tiempos.

En la tabla 10. dice que Childeberto rey de Austrasia hijo de la Reyna Brunechildo casó con Faldubrada española[1]. no se de donde tomo ello. Masson historiador frances la llama Falcuba y no dice que fue española.

En la tabla 13. donde pone los condes de Habsburg me marauilla que pone 14 condes de Habsburg y otros muchos antes y despues[2] continuados todos de padres a hijos sin que succediesse hija ni hermano ni pariente sino siempre hijo varon a padre que sospecho aya algun engaño.

En la tabla 19. en la generation 10. dice que Doña Malfada primera Reyna de Portugal fue hija de Amedeo el 2º conde de Sauoya y Mauriena. No se porque se aparta de lo que esta tam recebido por la general de España y por las demas historias de Castilla y de Portugal que esta señora fue hija de Malrique de Lara y aun el mismo Garibay en la historia de Portugal lo dice y la llama doña Malfada Manrique de Lara. Verdad es que don Rodrigo lib. 7. c. 5. la hace hija del conde de Mauriena y lo mismo sigue el arbol de Sauoya pero este no la hace hija de Amedeo el segundo sino hermana y llamala Mahalda. Garibay pone por muger de Amadeo a Mahalda de Albon, y por hija a Doña Malfada. no se de donde lo tomo.

En la tabla 44. en la generation 15. pone a Doña Costança infanta de Castilla por hija de Amedeo conde de Sauoya. no se como puede ser esto: si dice que porque su marido don Manuel fue infante yo creo que nombre de infante no passa de marido a muger v. g. el duque de Sauoya aunque esta casado con la señora infanta y duquesa no se llama el infante y duque sin otros muchos exemplos.

En la tabla 48. generation 7. pone a Tancredo padre del conde Rugier de Sicilia por nieto de Ricardo Duque de Normandia y dice que fue conde de Altauilla y de Pulla. Gauberto monge escriuio por aquel mismo tiempo la succesion de estos Nortmandos mejor que nadie pero ni pone al Tancredo por nieto de el duque sobre dicho de Nortmandia, ni pudo ser conde de Pulla, porque el no passo a Italia sino sus hijos y tampoco creo lo llama conde sino señor de Altauilla pueblo de Normandia, y su segunda muger no se llamo Presenda como dice el author sino Fransendis.

En la tabla 50. aduierto que el dicho Gauberto entiendo pone por primer duque de Normandia a Rholon y no a Roberto como Garibay, puedele mirar y por el limar esta linea de los duques de Normandia: que es el mejor author de todos y mas cierto.

En la tabla 63. pone a la señora infanta Doña Isabel por duquesa de Bretaña el año 1588. diga el año 1589[3]. que aquel año mataron a su tio el Rey Enrique 3 de Francia y todos estos numeros mire con cuydado que podra auer grandes yerros y porque siempre a esta señora llama duquesa de Bretaña, yo no le daria tal nombre pues el Rey su padre a lo que entiendo no se le da. y porque por la misma causa le podria dar titulo de duquesa de Normandia, de Guiena, de Angiu, de condesa de Tolosa, de Marsella, de Potiers. Y mas es esta señora infanta por si que si fuera duquesa de Bretaña principalmente de solo titulo.

1. C'est dans la table 13, et non 10, au nº 9.
2. Effectivement.
3. Il y a 1589 à cette place.

En la tabla 66, generacion 10, pone a Roberto de Francia (que pareçe fue el hermano del Rey S. Luis) por conde de Arthoes y su muger Mathilde de Brauante: y en la tabla 67. generation 11. pone a Roberto de Francia, que pareçe el mismo, por conde de Claramonte, y su muger Beatriz señora de la casa de Borbon. mire si esto uiene bien o si el Roberto segundo fue hijo del primero [1].

El principal intento destas genealogias es echar por tierra la ley salica de Francia acerca de que las mugeres no succedan en aquella corona: la qual el author dice diuersas uezes que es nueua inuentada en el Rey Philippe el Largo. y trae contra ella que los Reyes Rodulfo y Hugo Capeto entraron en aquella corona por uia de muger [2]. Pero todo esto es de poca sustancia. Yo no querria que con tan flacas armas acometiesen cosa tam pertrechada como es esta en Francia. Porque lo primero las palabras de aquella ley estan en las leyes de los Francos que se tienen por muy antiguas y andan con Ansegiso Abbad. Lo segundo los dos Reyes que dice no entraron pacificamente en la corona sino por las armas, lo qual no da ni quita derecho. y nunca yo he uisto que alegassen titulo de consanguinidad para lo que hicieron sino otros differentes: ni aun lo podian alegar porque entrambas uezes auia otros parientes mas cercanos como en tiempo de Rodulfo Ludouico hijo de Carlos el Simple al qual adelante restituyeron la corona. y quando Hugo Capet se hiço Rey, auia Carlos duque de Lorena hermano del dicho Ludouico, de suerte que no pudieron pretender como parientes mas cercanos. Y siempre se tuuo entendido que el uno y el otro despojaron a los legitimos herederos de la succesion. de donde se sigue que la costumbre que tiene fuerça de ley esta por los Franceses, pues es aueriguado que en aquella corona ninguna hembra, ni uaron por uia de hembra ha entrado hasta oy pacificamente. Esto no se dice por fauorecer a Francia sino por la uerdad y solo se trata de lo que toca a la corona y no de otros estados que se le han allegado con el tiempo. En lo qual pudiera el author proceder mas claramente señalando en que tiempo y por que uia cada uno de aquellos estados se junto con la corona de Francia que fuera cosa de mas prouecho y gusto que lo que pretende. *tampoco no quiero deçir que la republica y el Papa no puedan despojar al herege o por otros respectos inhabil del derecho que tiene para ser Rey y poner otro en su lugar* [3].

Vltimamente aduierto mire la orthographia. a Sueuia siempre la escriue con b [4]. a Enrique escriue siempre con aspiracion y assi de otros uocablos. Aunque no se puede negar sino que en esto y en todo lo demas el author a usado de mucha diligencia y cuidado y que su trabajo mereçe ser alabado y remunerado. Pero yo digo lo que me parece se podria mejorar, dado que me puedo engañar y que no he examinado todos los particulares, ni se pudiera haçer sino en muchos dias y a costa de mucho trabajo ni entiendo tampoco que sea cosa necessaria.

Supuesto que el author se allanara en lo que toca a las aduertencias puestas de suso a lo que fuere razon y en particular tengo que lo deue haçer en lo que toca a los dos reyes susodichos Malcomo y Carlos Magno que en las demas aduertencias no ay que reparar y solo pretendi auisar al

---

1. Garibay distingue évidemment le frère et le sixième fils de saint Louis.
2. Cf. *Ilustraciones*, p. 156-157.
3. Addition] marginale.
4. On trouve ce mot avec un *u* p. 147, 153.

author como amigo de lo que a mi me parece como yo querria que otros lo hiciessen conmigo. Supuesto esto ira puesta al pie destas aduertencias la aprobacion de esta obra. »

(Suit l'approbation reproduite p. 3 des *Illustraciones*, et datée « a 27 de Março de 1595 años »[1].)

Document n° 3.

(Ms. Egerton 1874, n° 32, f° 371[2].)

« Los historiadores de francia de quien yo tengo noticia y creo podrian servir son los sig[tes]

Gregorio Turonense.
Aymonius de gestis francorum.
Frossardo.
Roberto Gaguino.
Paulo Æmilio.
Annales de francia por françois de Belleforest este es copioso y de los mas modernos.
chronicon de Genebrardo.
Guillielmo Paradin historia de Borgoña y de francia.
Papyrio Masson breue y muy moderna.
Bellaius tambien muy moderno.
Jo. Tilii chronicon.

Demas destos para la succession de los Reyes de francia, herencias, y casamientos podran seruir Jouio en las uidas de los Vicecomites duques de Milan, Polydoro Virgilio en la historia de Inglaterra, Guicciardino y otros modernos.

Para la ley salica pueden seruir las mismas leyes antiguas de los francos que anda con Ansegiso abbad en las leyes de Carlomagno y de su hijo Ludouico Pio. y mas Ottomano en su francogallia. a Joan Pirro no he uisto. Para lo de Bretaña ay un buen lugar en Paulo Æmilio al principio del libro 9 donde se sentenció por muger, y se recibio la representation por donde la 1ª infanta se prefiere a sus tias duquesa de lorena y muger de Bandoma.

Desde el tiempo de S. Luis Rey de francia año 1264 quando Vrbano 4 y Clemente 4 fueron papas se toma el principio de las guerras sobre el reyno de Napoles y Sicilia quando los dichos papas llamaro a ytalia a Carlos hº del dicho rey contra Manfredo, rey de Napoles y Sicilia, y poco despues fue el Vespero Siciliano etc.

El principio de lo de Borgoña se toma desde Carolo 5 Rey de francia cuyo hermano Philippo fue hecho duque de Borgoña año 1364. y quando en Nancy de Lorena mataron ã 1477 a carlos el atreuido duque de Borgoña y uisnieto del dicho Philippo, Ludouico 11 rey de francia tomo la Borgoña

---

1. L'approbation seule, sans les *Aduertencias* qui précèdent, a été imprimée en tête des *Illustraciones*, sans que pour cela Garibay ait fait aucune correction, en dehors peut-être de l'orthographe de *Sueuia*. Il a, d'ailleurs, laissé l'h à *Henrique*. — Le n° 34 est constitué par des notes prises par Mariana et écrites dans tous les sens à propos de ces *Illustraciones*, et par le brouillon de ces *Aduertencias*.

2. Main de Mariana.

pretendiendo que por la ley salica no podia heredar muger, fue este Carolo atreuido tercero abuelo del rey n° S^r. Carolo Duque de Angiu y conde de Prouença por no tener hijos dexo sus estados al rey de francia Luis 11 año 1484. fue este Carlos sobrino de Renato Andegauense el qual hizo grandes guerras por recobrar a Napoles y en cataluña contra el rey don Ju de Aragon p° del rey catholico. De aqui las dr̃ias entre Carlos de Borbon y el rey fran^co de francia...

La primera uez que en francia se hizo mencion de la ley salica fue en la muerte de Ludouico Hutino ũ 1316... Y es uerdad que en francia no se halla q̃ muger aya heredado el reyno. *Polydoro sera muy a proposito para esto*. Los de Borbon por donde el car^l de Borbon heredo entiendo desciendẽ de hr̃o o hijo de S. Luis rey de francia (no tengo las historias para mirallo), y asi por la parte de S. Luis deue estar mas de quinze grados apartado del rey que mataron, fueron tres hermanos¹... El tercero hr̃o fue este cardenal que hereda y pareçe no hã recebido representõn aun por linea de uarõ pues p̃fierẽ el tio a los hijos de los hr̃os mayores suyos dado q̃ no estoy cierto si el de Condel era hr̃o mayor que el car^l de Borbon q̃ dizẽ ha sucedido.

Para hablar destas cosas como conuiene y no yr a tiento es menester mirar muy en particular las historias porque de otra manera se podria caer en grandes yerros y improrpriedades. »

DOCUMENT N° 4.

(Ms. Egerton 1874, n° 19, f° 296². Voir p. 38-9.)

« E visto el papel de V^ra y las allegaciones que en el vienen y por ellas se entiende lo que pretende *aquel letrado* que deue ser que los reyes de España por concession de los Pontifices romanos fueron antigua^te señores de todos los diezmos eclesiasticos y que las iglesias los tienen oy por gr̃a y concession de los dichos reyes auiendose ellos contentado con las tercias q̃ fue la parte que retubieron p^a su corona de los dichos diezmos.

Si tubieramos las bullas enteras q̃ fueron concedidas antigua^te a los reyes como por ventura se podrian hallar en los archiuos reales facil^te se pudiera entender si las concessiones de los Pontifices sobre los dichos diezmos auian sido perpetuas o a tiempo y si fueron de todos *los* dichos diezmos o de que parte dellos. Porq̃ de las Historias q̃ yo e uisto no se puede bien aueriguar ni lo vno ni lo otro. Porq̃ solat^e en vnas partes se dice q̃ los papas concedieron los diezmos en otras q̃ las tercias sin declarar mas delante. Quanto a lo que toca a los Reyes de aragon parece cosa cierta por lo q̃ defiendẽ(?) los anales de Aragon y en especial Curita en los lugares q̃ V. m. a visto q̃ greg° 7 concedio a don Sancho Rey de Aragon mas a de quinientos años los diezmos y rentas de los templos q o de nueuo se edificasen o fuesen ganados de los moros p^a trocarlos mudarlos o darlos a quien quisiese. Verdad es que el hizo escrupulo de la libertad que por esta causa auia tomado y publica peni-

---

1. Il nomme Antoine de Bourbon et Condé.
2. Je ne reconnais pas ici l'écriture de Mariana, mais l'auteur renvoie à plusieurs chapitres de son Histoire, et cette Histoire est bien celle de Mariana, ainsi qu'il est aisé de s'en assurer. Les additions sont de la main de Mariana.

tencia en la ciudad de Roda en la iglesia de S. Victorian como lo refiere mi historia en el libro 10. cap. 2º. la misma concession hiço Vrbano segundo a Don Pº Rey de Aragon hijo del dicho Rey Don Sancho a el y a sus sucesores pª que pudiesen tomar para si los diezmos y rentas de los templos q̃ o de nueuo se edificasen o se ganasen de moros sacãdo solamente los templos donde estubiesen las sillas de los obispos assi lo refiere mi historia en el dicho libro 10. cap. 7º. y parece q̃ el Rey don Alonso de Aragon hermº del dicho Rey don Pº usso desta concession. y aun hallo tanbien en mis papeles q̃ por consejo del Rey de portugal metio mano en los bienes de las iglesias de Castilla por donde vulgarmᵗᵉ se tubo q̃ su desgraciada muerte q̃ le sucedio en Fraga fue en pena deste delito como lo toca tambien mi historia en el dicho lib. 10 cap. 15. Por donde parece que el letrado tendra racon en lo que dice y pretende si se limita al Regno de Aragon y de Valencia solamente quanto aquella parte q̃ despues de las dichas concessiones fue ganada de Moros y quanto los iglesias que de nueuo se fundaron o se ganaron de moros sacadas las cathedrales.

Quanto a los Reyes de Castilla q̃ es cosa bien diferente el primero de quiẽ yo tengo noticia q̃ alcanzo se le concediesen los diezmos pª la guerra de los moros fue el rey don alonso el sabio en reconpesa *(sic)* del imperio de alemania q̃ le auian quitado q̃ el Papa Gregº 10 le hiço esta concession como consta de lo q̃ refiere Garibay y las demas historias de Castilla y aun entiendo q̃ Zurita refiere lo mismo. Mi historia en el libro 13 cp. vjº dice q̃ esta concession fue a tiempo y esto porq̃ se vee q̃ otras muchas veces en el tiempo adelante acudiã a los pontifices a pedir esta gracia. Dize tambien mi historia q̃ estos diezmos fueron solamᵗᵉ las tercias q̃ vltimamᵗᵉ q̃daron en poder de los Reyes porq̃ yo no me puedo persuadir que ni a tiempo ni para siempre el Papª concediese a los reyes todos los diezmos de Castilla sino solamente la tercera parte¹ tocaua a las fabricas. Lo qual como estaua asi sin dueño y era cosa tan gruesa y se aplicaua a diferentes obras pias como entiendo q̃ Don Rodrigo Ximenez con las dichas tercias *dotado el arzobispado* edifico esta iglesia. Siempre los Reyes pretendieron apoderarse dellas para sus necessidades *como sucedio tambien en la cruçada por el mismo orden* y los Papas a tiempo se los iban concediendo como Clemᵗᵉ quinto las otorgo al Rey don fernando el quarto como refiere mi historia lib. 15 cp. 9 y mas adelante en la minoridad del Rey don alº onceno hijo del dicho rey don Fernando las concedio el papa Juan 22 como se refiere en el dicho lib. c. 15. Dado que las Historias en estos lugares dicen que se concedieron los diezmos. Mas adelante Vrbano quinto concedio al Rey don Pº el Cruel por aplacalle en cierta diferencia la tercia parte de los diezmos de Castilla q̃ solian lleuar los Pontifices Romanos refierelo ladicha mi Historia en el lib. 17 cap. 11 y tomelo de la que conpuso el despensero de la Reyna doña Leonor. por donde pareze q̃ en algun tiempo los papas se apoderaron de las dichas tercias. Sospecho q̃ deuio ser para efecto de empleallos en la guerra de la tierra santa. Vltimamente hallo q̃ en tiempo del gran scisma Clemente 7 Papa de Auiñon hico la concession de las dichas tercias al Rey don Juan el primero a competencia de Vrbano sexto competidor que auia concedido lo mismo a los reyes de Inglaterra. como entiendo lo refiere Polydoro Virgilio y lo vno y lo otro toca mi historia en el lib. 18. cap. 13. En estos dos lugares los historiadores expresamente ponen el nombre de tercias quando hablan destas dos postreras concesiones. Sospecho y

---

1. Fº 197. Le sens est rompu, il doit manquer quelque chose.

aun tengo por cierto que esta postrera concession de Clem'⁵ fue perpetua. Por dos raçones. La primera porq̃ no tengo noticia q̃ en lo de adelante los reyes acudiesen mas a pedir las dichas tercias. Lo segundo los Papas eran tan flacos q̃ otorgauã a los principes y aun a los particulares todo lo que les pedian porq̃ no se les pasasen el competidor[1].

No dexare de añadir q̃ el cardenal Nicolœo de Cuza en el libro 2° de Concordantia Catholica cp. 21 es de parecer q̃ el papa no puede enagenar los bienes de la iglesia sin los otros obispos como ni el obispo sin su clerecia para lo qual cita dos capitulos de la ⟨ causa doce ⟩ quest. 2ª *sine exceptione etc. non liceat papa que lo dice este postrero muy claro* y en el cp. 33 *del mismo libro* dice el mismo cardenal que seria bien innouar el dicho canon y aun en la coronica de don Juan el prim° *rey de Castilla* se hace mencion aunque obscuramente de vn concilio lateranense donde se establecio esto como lo refiere mi historia en el lib. 18 cp. 13 y esto paresce debio seguir el Papa Juan 22 quando concedio al Rey de francia Philippo por sobrenonbre el Luengo los diezmos de los beneficios de françia con tal condicion que los obispos aprouassen la dicha concession y viniessen en ella refiere lo Paulo Emilio en su historia de francia lib. 8 esto es lo que se me a ofrecido acerca del papel que V. m. me embio y de las allegationes de aquel letrado Vm supla las faltas y reciba la voluntad que es cierto de seruir aunque ni la cabeça ni falta de libros a dado lugar a mayor diligencia fuera de que entiendo de mi que aunque gastara mas tiempo no supiera decir mas q̃ es condicion propiamente de ⟨ necios ⟩[2] *los que saben poco.*

De todo esto pareçe que los reyes quedaron por señores de las tercias por las dichas concessiones, pero como quedase a su cargo la fabrica y reparo de las yglesias pareçe tomaron assiento que para esto quedase a las yglesias el noueno de que oy goçan y sera uerdad que esta parte de los diezmos tienẽ las yglesias por concession o concierto de los reyes, que no deue ser cosa muy antigua y creo yo q̃ en los priuilegios se hallaran papeles desto. »

Document n° 5.

(Ms. Egerton 1875, n° 26, f° 132[3]. Voir p. 50.)

« Al S°ʳ Arcobispo de Granada

Con la de V. S. Illma he recibido mucho fauor y m̃d, tantomas que veo la poca necessidad que auia de hazer caso de mi, ni de mandarme comunicar cosa tan graue. No dexare de confessar, que he sido vno de los que han tenido alguna difficultad en lo que toca a esas reliquias y laminas. Pero vistos los papeles que el doctor Herrera me leyo esta mañana, me ha pare-

---

1. Addition marginale de la main de Mariana : *y aun entiendo que desde entonces se començaron las dichas terçias a vẽder y hazer mds dellas. y q̃ antes desta no se hallara ninguna md hecha.*

2. Ce qui suit est de la main de Mariana.

3. Ce n'est pas la main de Mariana, à ce qu'il me paraît, bien que la signature soit bien dans le style de la lettre; l'r est faite souvent comme une *x*, ce qui n'est pas dans les habitudes de Mariana, et la signature n'est pas conforme à celle du document dont on trouvera plus loin un fac-similé. Nous n'avons sans doute là qu'une copie.

cido que las diligencias que se han hecho, han sido muy grandes : y q̃ para tenello todo por verdadero las prueuas y raçones que se allegan son muy bastantes, si las dificultades que se ofrecen y contraponen se pudieran del todo allanar. De las quales, por lo que puedo sin pensar mas en ello dezir, me parece que a las mas y aun casi a todas se satisface bastantemente, y con mucha erudicion; a otras no tanto, como a lo de las lenguas Arauiga y Castellana, en que deseara mayor claridad. Los milagros me parecen muchos y notables. Las approbaciones de Theologos muy graues. Todauia pues V. S. me manda dezir lo que siento, entiendo que se acierta y acertara en detener este negocio perque en esto no veo aya inconvenientes, y de lo contrario podrian resultar daños irreparables. Enfin la verdad, como dixo vno es hija del tiempo, y por el mismo caso con la dilacion cobra mayores fuerças, y las inuenciones por el contrario. y la regla de Christo N. S. en negᵒˢ semejantes es muy segura y cierta. Nos adoramus quod scimus. Su diuᵃ Magᵈ regira y encaminara la Sᵗᵃ intencion de V. S. para que en todo se acierte y yo en particular tendre por mejor y mas acertado lo que V. S. en negocio tan graue resoluiere. Gᵉ Dios a V. S. Illᵐᵃ por muchos años. de Toledo y Junio 26 de 1597.

Juᵒ de Mariana. »

Document nᵒ 6.

(Ms. Egerton 1874, nᵒ 37, fᵒ 388 [1]. Voir p. 53-63.)

« Bᵐᵉ Pater,

Post humillima pedum oscula. Infimae conditionis, nullis animi aut corporis dotibus, terrae plane filius Vicarium Christi interpellare decreui. Vestra P. Bᵐᵃ benignitas nostrae audaciae ueniam facilis dabit. Charitas Christi urget nos, et sincerus catholicae religionis amor : spesque haud dubia uestra prouidentia, ut cœpistis, *finem aliquando* ecclesiae malis et incommodis ⟨aliquando finem⟩ fore, ⟨ne neglecta mora inueterascant, et maius robur accipiant, prouidendum est omnia uulnera⟩. *Plura* recensere non arbitror necessarium ⟨hoc loco⟩. Quod in praesentis est tamen, in Sanctorum cultum quaedam inuecta, fortassis nobis dormientibus, putabam acriori censura digna. Ego temerarius, qui similia contrectare stilo audeam. Sed quando cœpi, pergam cum sim puluis et cinis. Nihil est in speciem fallacius, nihil tenacius anilis pietatis simulatione. Vbi caelestium numen deceptioni praetenditur, mutire nemo audet, ne impietatis suspicionem commoueat scilicet, et religionis aduersarium, *esse* uideatur. ⟨Quid agam ? quo me uertam ? sane⟩ *verum* ecclesia, cui omnia debemus, nullum laborem, nullum periculum denegare fas est *incommodis mederi necessarium, ne mora inualescant, et maius robur accipiant*. Reliquiae incredibili numero et mole his annis Roma in Hispaniam sunt aduecta, atque ad aras templorum magno apparatu ⟨populo⟩ proposita. De iis quid peritiores suspicentur, breui explicare

1. Main de Mariana. Le nᵒ 36 est une copie du uᵒ 37 avant correction. Le nᵒ 36 du ms. Additional 10261 (cf. Gayangos, t. I, p. 145) contient une lettre de Medina Conde à Juan de Santander, avec une copie de Mariana «on the falsity of certain Roman relics». Ce doit être une des lettres ou un des mémoires contenus dans les nᵒˢ 36-40 du ms. Eg. 1874. Je regrette de n'avoir pas vérifié.

constitui, atque dubitandi causas ad V. B. mittere aut ⟨lucem⟩ *nostræ* ignorantiæ ⟨*nostræ*⟩ *lucem,* aut malis *allenis* medicinam *expectans quando alia tentata remedia non processerunt.* Si erramus P. B. certe error a culpa vacat contumaciæ; si recte sentimus, unde melius ⟨*mihi*⟩ *quam a clementissimo Patre et Domino malis* remedium petamus? Deus V. B. diu ecclesiæ suae seruet incolumem. Toleto Idibus Decem. 1597. »

(Suit le n° 38, en latin, dont le n° 40 est la traduction, puis le n° 39, f° 393 :)

« Señor

Vuestra Mag.ᵈ perdone mi atreuimiento, si me adelanto mas de lo que en mi pequeñez cabe. La importancia del negocio me fuerça a hazello y tocar en parte a V. Mag.ᵈ. El dia de oy reyna en España un deseo estraordinario de hallar y aun con ligera occasion forjar nueuos nombres de reliquias de santos. Las causas deste appetito son muchas. Los daños que del podrian resultar muy grandes. La piedad y deuocion es buena y necessaria si se acompaña con la prudencia *uerdad* y recato : que de otra suerte es muy perjudicial. En particular estos años han uenido de Roma a España, y han passado a las Indias increyble numero de reliquias sacadas de las catacumbas de S. Sebastian. Tienese gran duda que no sean ciertas por las raçones que uan en un papel : que sera V. M. seruido passar los ojos por el, o mandar que se uea en alguna junta de hombres doctos y graues. Porque dado que un tanto del se embia a su Sanctidad, y que antes de uenir a esto, se han hecho diligencias por escusarlo; todauia pareció auisar a V. M. por importar tanto al bien y religion destos reynos que en negocio tan graue se mire y se acierte; y porque parte destas reliquias se entiende estan puestas en el santuario de S. Lorenço el Real. Torno a suplicar a V. M. por el perdon deste atreuimiento : y certifico que hago este officio solo por quietar mi consçiençia, y por uer q̃ no ay nadie que se atreua a hablar. Dios g° a V. M. como todos hemos menester y lo suplicamos a nr̃o S.ᵒʳ. De Toledo y Diz° 20 de 1597.

Ju° de Mariana. »

(N° 40, f° 394.)

« Cosa aueriguada y *cierta es* ⟨es⟩ que ⟨assi⟩ como es muy justo sean honradas de los fieles las reliquias de los santos uerdaderas y çiertas en publico y en secreto, en comun y en particular; bien assi tendra grandes inconuenientes proponer al pueblo para que las adore, reliquias de las quales no se tenga grande seguridad y certitumbre. Pues la raçon misma pide que en cosa tan graue como es la religion y culto de los santos, que tambien redunda en honra del mismo dios se proceda con mucha seguridad. Demas de la regla que tenemos de Christo nr̃o S.ᵒʳ muy clara y segura en materia semejante es a saber : nos adoramus quod scimus, nosotros adoramos lo que sabemos. No se pide euidencia mathematica, pero si certidumbre y recato segun y como lo sufren las cosas humanas, y lo pide la calidad del negocio que se trata.

Esto se dize por gran numero de reliquias que estos años han uenido de Roma a diuersas partes de España y aun se han lleuado a las Indias en gran cantidad, sacadas de las catacumbas de S. Sebastian o cementerio de Calixto. Cosa que por muchas raçones se entiende no ha uenido bastantemente a noticia de su santidad, ni se han hecho las diligencias necessarias para que las tales reliquias se tengan por ciertas.

Lo primero porque en aquel cementerio y en los demas de Roma no ay solamente huessos de martyres, como el uulgo comunmente lo siente, sino tambien de los otros christianos, cuyos cuerpos de muy antiguo se enterrauan en aquellos lugares y cueuas, como se prueua bastantemente por las raçones siguientes.

Cosa cierta es que antiguamente los christianos no se sepultauan en los templos sino en los cimenterios, que estauan comunmente fuera de las ciudades por costumbre que de los Griegos passo a los Romanos y aun ay ley en las doze tablas dello, que ninguno se enterrasse dentro de los muros. En los tales cimenterios tenian sus sepulturas señaladas que se heredauan de padres a hijos, como se saca de differentes lugares de los doctores antiguos. Esta costumbre que fue muy usada y uniuersal en toda la yglesia y aun oy dia se conserua en algunas partes, de enterrarse en los cimenterios, duro hasta tanto que aura como trecientos años se dexo, y los fieles comencaron a enterrar en las yglesias. Antes del qual tiempo en Roma tambien los christianos se enterrauan en los cimenterios famosos que alli ay de Calixto, Priscilla, Calepodio, y los demas. Pues ni se deue entender que los tales cimenterios fuessen entonces mas priuilegiados, que al presente lo son nuestras yglesias, y no se hallan otros cimenterios en Roma donde en aquel tiempo se sepultassen los del pueblo. Este es el primer argumento.

Demas desto en el Pontifical que anda en nombre de Damaso y de Anastasio se uee que muchos papas aun despues del tiempo del gran Constantino, quando ni los martyrizauan, ni en la yglesia tenian aun costûbre de honrar como a santos los confessores, muchos digo se enterrauan dellos en aquellos cimenterios. Por donde se uee que en aquellos cimenterios no solo sepultauan a los martyres, sino a otros canoniçados ni tenidos por santos. y aun de Amiano Marcellino en el libro 21. de su historia saca Onuphrio De caemeteriis cap. 12. num. 25. que Elena y Constantina mugeres que fueron de Juliano el Apostata y de Gallo su hermano se enterraron en el cimenterio de S. Ines en la uia Nomentana. Asimismo S. Jeronymo sobre el capitulo 40. de Ezechiel toca esta costumbre por estas palabras. Dum essem Romæ puer et liberalibus studiis erudirer, solebam cum cæteris eiusdem ætatis et propositi, diebus Dominicis sepulcra Apostolorum et Martyrum circuire : crebroque cryptas ingredi, quæ in terrarum profunda defossæ ex utraque parte ingredientium per parietes habent corpora sepultorum. Es cierto que llama, cryptas a las catacumbas : y que si se hablara en las palabras postreras de los martyres, parece dixera, corpora Martyrum, o, Sanctorum. sino miresse si hablando de reliquias de Santos, seria buena manera de dezir : Alli estan los cuerpos de los finados, o enterrados. y assi pareçe que S. Jeronymo uisitaua aquellos lugares por estar alli las reliquias de los Apostoles y Martyres, pero que tambien por las paredes auia otros difuntos sepultados. Mas sera bien demas de los testigos dichos ⟨citar⟩ presentar otros mas claros y mas modernos personas que ni se pueden entender de otra suerte, ni se pueden tachar. Vno es el I. cardenal Baronio que dize esto en el segundo tomo de sus annales muy doctos en Calixto al fin del año 226 de Christo. Otro es el autor de las annotaciones que estos años se imprimieron en Roma sobre el martyrio de los santos Abundio y Abundantio. Donde en la plana 111. se ponen estas palabras : Erant ergo crypta atque arenaria fidelibus persecutionum temporibus pro oratoriis, pro ecclesiis, pro latebris, pro sepulcris. Luego los fieles comunmente se sepultauan en aquellos tiempos en aquellas cueuas que diza los seruian de sepulturas. El terçero sea Onuphrio, el qual siente lo mismo de cæmenteriis cap. 11 al principio y al fin del capitulo, donde dize : Quis igitur negare audebit, cœmentaria non solum idem cum ecclesiis fuis[se], sed aliquid amplius quam ecclesiæ urbanæ? Sepulcra scilicet christianorum, quæ intra urbes fieri non poterant. Siente pues que aquellos cimenterios eran *(sic)* sepulcros de los christianos. Muchas otras cosas se pudieran traer a este proposito. pero bastara añadir a lo dicho. Que en aquellas Catacumbas se muestran y ay algunas sepulturas de niños. De donde tambien se traen huessos y aun cuerpos enteros, sin que se sepa cuyos fueron, ni que sean de santos canonizados. Solo los llaman los Innocentes y por el tal nombre los comiençan a tener por los que mato Herodes, que assi se aumentan estas cosas. y es cierto que no son de Martyres porque los Romanos no acostubrarõ dar la muerte a niños tan tiernos que no tenian uso de raçon. Dira alguno eran hijos de christianos. yo lo creo assi pero bien se uee *desto* que en aquellas cueuas no solo enterrauan a los Martyres. y la yglesia no tiene costumbre de adorar los huessos de niños hijos de christianos, ni aunque fueran los tales hijos de Martyres, que tampoco se prueba bastantemente. Sacasso desto y de todo lo dicho que se engañan los que sienten que solos los Martyres se enterrauan en aquellos lugares, y engañados con esta opinion todos los huesos que alli hallan los tienen y toman por reliquias. Pues no solos los Martyres se sepultauan alli sino los demas del pueblo. Verdad es que las unas sepulturas en hermosura traça y riqueza mucho se differencian de las otras, como tambien en nuestras yglesias, y se ue claramente en Prudentio en el libro que escriue de las coronas en el hymno 11 de S. Hippolyto. Diras : si en aquellos cimenterios auia las unas sepulturas y las otras porque nos daremos a entender que las reliquias que de alli se sacan y traen se toman de las sepulturas comunes, y no de las de los Martyres? Que gana es esta de hallar dolencia en cosa tan santa? Digo que las raçones y argumentos que mueuen a pensar esto son tres, si concluyentes o no los que leyeren esto lo podran juzgar. Porque si aquellos huessos fueran reliquias ciertas de Martyres y tan grandes como por aca los nombran, como se puede creer que los Pontifices ouieran tapado aquellos lugares, y uedado de todo punto la entrada a ellos, priuando por tantos siglos a Roma y a todo el mundo de thesoro tan rico, tantos Martyres, tantos cuerpos de Pontifices con sus sepulcros y letreros para conocellos. Demas desto quien se podra persuadir que con uoluntad de su santidad y consentimiento o dissimulacion del pueblo Romano personas particulares ayan alcançado tan gran numero de reliquias tan señaladas, cuerpos enteros de Martyres, cabeças de Pontifices de la primitiua yglesia en tanto grado que de un solo sacerdote se dize traxo y saco y *puso* en publico catorce dellas y no menos que aunque sean partes de las cabeças es mucho y que a penas se puede creer. Mayormente que se sabe interuino dinero, diçen con nombre de limosna, y assi yo lo creo, pero que da a entender que la persona que dio las tales reliquias no era de las prendas que negocio tan graue pedia, pues no hizo caso de lo que de su persona *y del hecho se podia* sospechar. Lo tercero porque quando se cerraron las catacumbas es cierto las despojaron de todas las reliquias, y cuerpos de santos que alli auia mayormente de los que tenian letreros o sepulcros conoçidos. mas que impiedad fuera no hazello assi? El I. cardenal Baronio testifica esto en el lugar ya citado año de

Christo 220, y Onuphrio de cœmeteriis cap. 12 num. 43, donde en particular habla de la diligencia que los Pontifices Paulo y Pascual en esto pusieron, y como los cuerpos santos de las catacumbas se repartieron por las yglesias de Roma.

Dira alguno como fue possible sacar tantas reliquias como alli aula sin que ninguna quedasse? Assi lo creo yo que se quedaron no pocas unas por no ser conoçidas otras por descuido. La difficultad consiste en este punto si los que de nueuo entraron en aquellas catacumbas cerradas uieron y hallaron ciertas señales para conoçer y distinguir aquellas reliquias uerdaderas, o si, persuadidos de la opinion del pueblo que todos aquellos huessos eran reliquias, cargaron sin mirar lo que hazian, a lo menos con ligero fundamento. Lo cierto es que preguntados los que traxeron las dichas reliquias sobre este punto ninguna cosa alegan que satisfaga. Dizen que ay en aquellas cueuas, capillas labradas de estuco. Que haze al caso? en nuestras yglesias las ay mas suntuosas a proposito de enterramientos de hombres ricos. Alegan que se hallan candiles de barro, y imagines pintadas, que importa? pues esta claro q̃ donde ay capillas y altares ay estas cosas y semejantes. Affirman que se ueen santos pintados y en cierta parte estas palabras: Passus est sub Nerone. Creo en las paredes, que si estuuieran en las mismas sepulturas fueran mas ciertas señales. Pero en las capillas a proposito de ymagines o reliquias que alli aula antiguamente bien se pudieron poner aquellas diuisas, sin que por ellas sea seguro abrir las sepulturas que por alli ay y tomar los huessos por de Martyres. La cruz en la forma que aparecio al gran Constantino, y dizen se uee en algunas de aquellas sepulturas, solo significa y muestra que son sepulturas de christianos no de Martyres. como se uee de muchas que se hallan en España con la tal señal, y assi lo testifica Ambrosio de Morales en diuersos lugares de su historia. La palma si se hallasse en las tales sepulturas seria señal bastante que son los huessos de Martyres. Pero los que traxeron las tales reliquias no alegan tal señal, ni la uieron en las sepulturas de donde sacaron los huessos. Por lo menos se hallaron letreros que dieron a entender lo que cada cosa era. Cosa marauillosa, ninguno uieron ni alegan, fuera de ciertos nombres sueltos que se ueen en algunas sepulturas como Anastasia, que dizen santa Anastasia, Antero, Milanio, Benedicta, Gordiane, cosa en que puede auer engaño y que no fuessen santos sino personas del pueblo que tenian aquellos nombres, como en nuestras yglesias se ponen y grauã en las sepulturas los [nombres de Pedro, Juan, Antonio a las uezes sin añadir cosa alguna.

La conclusion y suma de lo dicho sea, que se engañan los que juzgan que en las catacumbas todos los huessos son de Martyres, y mucho mas los que persuadidos desta opinion los sacan y los ponen en las yglesias como reliquias. Sino digan en las sepulturas de los niños, que señales uieron de ser Martyres o santos canonizados? La uerdad es que oy reyna en muchos un increyble appetito de hallar nueuas reliquias: el qual suele offuscar la raçon, y es causa que sin fundamentos bastantes se arrojen. cosa que sino se atajasse con tiempo podria facilmente desacreditar las reliquias antiguas y ciertas, y hazer pensar que con la misma facilidad se recibieron por tales antiguamente. que seria daño de grande consideracion. Dira alguno que es demasiado rigor por este peligro pretender que todas las reliquias que quedaron en aquellos lugares no conocidas y mezcladas con los otros huessos se priuen perpetuamente de la honra que se les deue, y que sera mejor tomar de todo; que abueltas yran algunas reliquias. Digo que mi parecer es ser menor inconueniente que algunas reliquias uerdaderas por no conoçerse no se uenoren, que por tal manera poner en condicion al pueblo que por reliquias de santos adore huessos profanos y aun de hombres malos. Que no es negocio esto que se aya de poner en ventura.

Verdad es que los Pontifices tienen costumbre de dar licencias para sacar reliquias en particular de las tres fontanas, y de las catacumbas de S. Sebastian, que es argumento *por las reliquias de que se trata* muy fuerte sin duda. De las tres fontanas yo no trato, por que allí se muestra gran cantidad de huessos de S. Zenon y sus compañeros. Solo digo que como su santidad por aquellas licencias no pretende aprouar todos los otros huessos que en aquella yglesia de las tres fontanas se hallan: assi, creo yo, se deue entender que de las catacumbas se tomen los huessos que o por los Pontifices estuuieron aprouados, o aya ciertas señales que muestren son uerdaderas reliquias. Que si esta costumbre es algo antiguo *(sic)*, claro esta que su santidad no pretendia por aquellas licencias se sacassen reliquias de los lugares que estauan cerrados con cal y canto, y por cierto accidente se abrieron pocos años ha desde el qual tiempo ha uenido a España est⟨e⟩a ⟨diluuio⟩ auenida de reliquias.

Concluyo con dezir que se desea mucho se haga por orden de su santidad pesquisa sobre el caso, y si se hallare que las reliquias no fuessen ciertas se manden recoger, aunque fuesse con offension del pueblo, de la qual el dereclio en este negocio de reliquias no haze caso, quanto mas que se podria facilmente dar traça para que no la ouiesse, y si se aueriguasse que son ciertas, que es lo que todos querriamos, sin embargo se diesse orden para que no uiniessen tantas porque la muchedumbre no sea occasion que las uiejas y las nueuas se desestimen. Por uentura seria otrosi espediente enfrenar este desordenado o demasiado deseo con alguna ley seuera *contra los que publican reliquias inciertas* y dar orden que reliquias desta suerte ni en Roma ni por los ordinarios se aprouassen sin fiscal, como se haze quando un sancto se canoniza, pues corre la misma raçon que aya seguridad en lo que el pueblo uenera, y las approbaciones que hasta ahora han uenido no se tienen por autenticas. Demas desto que por los inconuenientes que en esta parte la facilidad o deuocion imprudentes pueden auer occasionado por la misma autoridad se uisitassen y essaminassen todas las reliquias que de pocos años a esta parte se ouiesen puesto en publico y los santuarios hechos y poblados de nueuo en España, y que en Roma se de orden para que ningunas reliquias aunque uerdaderas se bautizen, sino que para euitar inconueniente se de todo por lo que es y no por mas. Finalmente la piedad y deuocion es buena si se acompaña con prudencia y saber como lo dize Lactancio lib. 4. cap. 3. y de otra manera es fuente de engaños supersticiones, y aun de perjudiciales Eregias.

Esto es lo que de presente se ofrece que dezir no con intento de contradezir a persona alguna, ni de diminuir la deuocion que se tiene con las reliquias de los Santos antes de aumentalla quitados inconuenientes y abusos que nacen de piedades indiscretas. Pero porque me puedo engañar como hombre, sugeto todo lo dicho no solo a la correction de nro S⁰ʳ el uicario de Christo, sino al juicio de qualquier otra persona que mejor que yo sintiere. »

(Vient ensuite, fᵒ 400, au verso d'une lettre, le brouillon d'une lettre écrite par Mariana sur le même sujet et adressée sans doute à Loaysa. Elle commence ainsi, sans suscription :

« Un negocio muy graue me fuerça a escreuir a V. S. esta, y que ocho años ha me tiene en cuydado. Yo ueo en España mas que en otras partes un deseo muy grande de hallar y auer con ligera ocasion inuentar nueuas reliquias de sanctos... »

Il est question dans le bas de « su Sanctitad y su Mag.^d », mais cette partie est toute déchirée.

La réponse de Loaysa vient au f° 401 :

« He resçluido vna de V. P. con el papel que embio ajunt° sobre las Reliquias que se traen de Roma y otras partes y tambien he visto la carta de su M^d y su papel, y todo viene tan docto como lo que sale de mano de V. P. aunque tengo algunas dudas, que voy mirando, asi en general en lo que toca a los sepulchros de los martyres y otros sanctos, q̃ no puedo pensar, q̃ en vnos mismos lugares se pusiesen con los otros comunes xp̃ianos, particularm^{te} el cement° de Calixto y las cathecumbas, hauiendo en *(sic)* Papa Marcelo, dedicado sepulchros para solos los Martyres, y aquel lugar de S. Ger^{mo} que V. P. trae, claram^{te} muestra, q̃ alli hauian escondido los xp̃ianos antiguam^{te} los Martyres q̃ morian en las persecutiones, pues fueron tantos, q̃ cansados de matallos de dia hazian hogueras con ellos de noche y ansi creo que toda la tierra de Roma esta mox^{da} desta sangre, como lo que se dixo de Çaragoça, a donde tambien ay asi pozos de hombres muertos que fuerõ Martyres, esto es en gen^l. En particular los q̃ traen estas reliquias, traen aprouaçiones della o de su S^d o de algun Car^l a quien lo comete y ansi sin ver estas aprouac^{es} no me atreueria a condenar estas Reliquias, y su M^d me a dicho q̃ en los Relicarios de S. Lor° no ay sino una reliquia del ciment° de Calixto, y questa tiene aprouaciones bastantes. el hauer V. P. escrito a Roma tengo por buena diligençia. esto dicho, suxetandolo a la doctrina de V. P. la qual sabe quanto respeto y stimo, y ansi le auisare si se me ofrezl° otra cosa. Gu^e N. S^r a V. P. en M^d 22 de Enero 1598 [1].

El tiempo frio y ocupationes no me han dado lugar a scre[vir] todo esto de mi mano. he holgado mucho de Ver letra de V. P. y q̃ este en tan buena salud.

Garcia de Loaisa *(sic)*. »

DOCUMENT N° 7.

(Ms. Eg. 1875, n° 68, f° 369 [2]. Voir p. 66-8.)

« Sobre la uenida de Santiago a España.

Esta seruira de saludar a V. M. y dar ocasion para auisarme de la salud, que aunque por aca me informo della todauia la deseo saber por mas cierta uia. de la nr̃o Sor como puede. ya los libros de don Lucas de Tuy se encaminaron a Flandes. deles nr̃o s^{or} buen uiage que con el tiempo y carestia de todo los caminos estan cerrados. y tengo por acertado estar el hombre en su rincon hasta que el tiempo mejore. Sepa V. M. que este dia uino a mis manos cierto librico o discursos que el s^{or} Condestable de Castilla imprimio en fauor de la uenida de Santiago a España. Dias ha que le deseaua uer y que tenia noticia de la impression : mas no ⟨lo⟩ pude ⟨auer⟩ hasta tanto

---

1. Ce qui suit est évidemment de la main de Loaysa.
2. Main de Mariana. Voir le fac-similé I.

que el s' Car' me dio el que le presentaron. Ay por acá tan poca gente con(?) quien se pueda tratar desto¹... yo creo que poco mejora... con la im[pression] deste librico... de S. Isidro y en esto no es maravilla que tropeçasse pues V. M. tambien se engaño en ello y aun alguna sospecha tengo que V. M. aya dado a esto occasion, dado que en negocio tan graue y en libro que se imprime, qualquier descuydo es culpable. Pero lo que añade no tiene escusa es a saber que aquella uida donde se trata de la uenida de Santiago esta al principio de las *Etymologias* de S. Isidro en la impression que se hizo en Madrid, como a la uerdad alli esta la uida de Braulio, digo la que el compuso sin las addiciones y postillas de don Lucas y sin dezir palabra de Santiago. Demas desto cita a Turpino para el proposito, que como V. M. sabe es libro de caualierias indino de que persona graue le tome en boça. Cita a Beda en el martyrologio y dize que en los Idus de Mayo haze mencion de los discipulos de Santiago y de su predicacion. Es uerdad que nombra los que aca dezimos que fueron discipulos de aquel apostol mas no dize tal cosa, antes dize solo que los consagro en Roma²... embio a España predicar que antes es uno de los lugares de que los... se ualen para prouar que no... discipulos... ni el los conuirtio³... ordinario saben poco y los que leen pueden ser hombres doctos y graues *y aun mal acondicionados como yo, que no passan dita sin que se muestre librança.* En el libro de Calixto segundo que trata desta uenida pudiera reparar mas y reforçalle de autoridad pues tiene por contrario a Ambrosio de Morales en particular en la uida de Santiago, donde dize que aquel libro no es de aquel Papa por razones que tienen mucha probabilidad. Finalmente en el primer discurso para prouar que uino Santiago a España se uale de los libros Arauigos que se hallaron en Granada los años passados, los quales se sabe estan denunciados de diuersos errores, harto graues y mandado por el Papa se lleuen originalmente a Roma. Antes que este pleyto se acabe no parecen testigos tan abonados como *tan graue* neg° pedia. Mucho me alargo y aun no he *casi* passado del primer discurso que es el mas breue. Pero esto para muestra. Quanto al segundo discurso solo quiero añadir que da por falsos los papeles donde se trata de la disputa que tuuo en Roma el arzobispo don R° sobre la primacia de Toledo *en que gasta almacen assaz.* Allega lo pr[imero?] contra ellos que no estan en forma solenne. como si todos los libros (qual es este y bien antiguo entre... deste (...?...) Toledo) tuu[ieran?] notario y testigos... [aque]llos tiempos la refieren. y el mismo s°' Condestable parece la da por uerdadera pues cita a Zurita y a mi en los lugares donde la ponemos. Algunas y muchas citaciones ay buenas, pero mucho desdizen descuydos tales en neg' tan grave. En particular cita a S. Jeronymo sobre Isaias al fin del cap. 34. que fuera muy *buen* lugar si hablara de Santiago, que por no expressarle tiene algunas excepciones *el dicho lugar* que puede allegar el contrario, y V. M. por si mismo las echara luego de uer. No quiero alargarme mas que se acaba el papel V. M. me auise de su parecer y me encomiende a Dios que los uiejos todo lo gruñimos. el g° a V. M. De Toledo y de Nou° 8. de 1605.

Jú de Mariana.»

1. Des déchirures au bas des pages rendent incompréhensibles les quelques mots qui subsistent de cinq ou six lignes.

2. Même observation.

3. On peut suppléer ici et plus bas, semble-t-il, par ce que Mantuano cite de la même lettre p. 116 et 139 de ses *Advertencias* (éd. de 1613).

Document n° 8.

(Ms. Egerton 1875, n° 69, f° 371 [1]. Voir p. 68-9.)

« ... En el capitulo 5 del lib. 2° cita en fauor de la uenida de S. Tiago a España a S. Isidro en dos lugares como si fuesen dos libros diferentes, y no son sino dos capitulos del mismo lib. de la uida y muerte de los santos p.^{es} ... Cita a S. Braulio en favor de la misma uenida y no ay tal palabra en la uida q̃ el dicho Braulio escriuio de S. Isidro como se uee en el principio de las obras deste santo impressas en Madrid y en de uiris illustribus enmendado por el maestro Perez q̃ aun no dize q̃ en algun codiçe aya hallado aquellas palabras. La uerdad es q̃ don Lucas de Tuy añadio aquella postilla como lo hizo en el chronico de S. Isidro q̃ le hincho de impertinencias y asi esta la dha uida en nombre de S. Braulio con las dhas addiciones entre las obras del dho don Lucas en la libreria de esta s.^{ta} yglesia [2] ... »

1. Main de Mariana.
2. Le bas du folio est enlevé.

APPENDICE IV

Lettres diverses de Mariana.

DOCUMENT N° 1.

(*Papeles de Jesuitas* de la R. Academia de la Historia, t. IV[1]. Voir p. 107.)

« B^me Pater

Post humillima pedum oscula. Magna præter opinionem pressus miseria, quod grauissimum est, cogor ad uestrum præsidium confugere, nullis quamuis obsequiis promeritus gratiam. Tametsi bonis nostris temporibus non inutilis nostra opera ecclesiæ extitit in uariis nationibus magna ætatis parte consumpta in Theologiæ professione. Nunc in extrema ætate septuagenario maior, cum otium et quietem sperabam et exacti labores et merita in patriam id polliceri uidebantur, compellor e uinculis causam dicere, in quibus octo iam menses detineor nullam aliam ob noxam, nisi quod multiplices peculatus, qui in nostra gente frequentissimi erant, liberius in quodam libro nuper edito accusaui, quam quidam uellent sinistra fama ex ipsis non pauci in ea ipsa re ambusti. Ii nostra atrociter interpretati (et sunt odii causa acriores, quo magis iniustæ) Regem nostrum eiusque actiones sugillasse me in eo accusant : quas tamen toto libro non attingo ne per somnium quidem. Sed nostra uerba inuertere tanti fuit. Secuta est post uincula accusatio nostra que responsio. Actisque in publicam formam redactis sub initia mensis Ianuarij proximi finitis omnibus nihil præter sententiam iudicum expectabatur, ad quam audiendam uocatus etiam eram. Atque pro nostra innocentia pronunciandum censuisse eos iudices, pro certo creditur. Verum alii mayori auctoritate, cum quibus censuram communicauerunt, et quos nominare non est necesse ac ne possem quidem facere : ex occulto tum accusatores tum iudices grassantur. Mirabilem iudicii formam! Sed sua tamen spe falsi nos iudicio opprimendi, sententiam pronuntiari passi non sunt. Sic quatuor menses iam abierunt, ne que scimus quando mutabunt. Cum per notos urgemus, et moram accusamus, contra leges et æquitatem esse ex libidine litem ampliari, se uestra, P. B^me auctoritate facere quæ faciunt, concessam que in nos a uobis potestatem excusant. Quo factum ut laici et profani homines, quod peius est, nobis infensi, nobis item ignoti iudices nostri sint facti, penitus exclusis uestro Nuncio eiusque in hac causa uicario, qui initio in ea disceptare cepærunt, me que de maiestate postulatum carceri manciparunt. Necessario ergo ad uestram benignitatem confugimus, uestras aures in angustia pulsamus flagitantes, quod æquissimum uidetur, ut hanc litem quamprimum finiri et diiudicari a

---

1. Cette lettre me paraît bien être de la main même de Mariana, mais l'écriture est très appliquée. La copie m'en a été communiquée par D. Miguel Mir et je l'ai revue sur l'original. A noter les graphies *mayori*, *cepærunt*.

uestro Nuncio, aut qui acta confecit, pro imperio iubentis. Interim me a uinculis liberari et carcere, ne morbis et squalore conficiar, quod erit necesse, uadibus tamen datis, me iudicium non declinaturum, neque recusaturum sententiam audire, quæcumque illa fuerit. Hæc duo ad uestros pedes prostratus supplex peto cum lachrymis spe omni sublata nisi per uos inimicorum sæuitiam euadendi. Historiæ quantum sit numen nemo ignorat. Vere de rebus Hispaniæ scripsisse nocuit, adulandi mens nescia. Id dolet. Simulant alia. Nihil certius. Iniuria oppressis calumnia, et inuidia, opitulari, cuius partes sunt, nisi eius qui benignitate paterna cunctos complectitur, atque uelut ex altissima specula in omnes partes speculatur, arcet iniuriam, cunctis prospicit infimis etiam; qualem me esse confiteor. Plura non addam. Pro uestra salute uota facimus, ut uires suppeditet, qui uos in rerum culmine collocauit ad uindicandos impios conatus et prauos. Madrito Nonis Maij MDCX.

Jo. Mariana. »

Document n° 2.

(Ms. Add. 10248, n° 21, p. 21 [1]. Voir p. 109.)

« Con la de V. M. de los 15 del passado mes recebi mucho contento y fauor que para trabajos semejantes son bien menester tales aliuios y consejos tan concertados. Yo he siempre tenido buen animo, que le da la buena consciencia, y la confiança que siempre he tenido muy firme en nro s' que bolvera por mi, y doy gracias a su Mag^d me aya prouado y exercitado en lo postrero de mi edad. Que no puede V. M. creer por quantas partes a un mismo tiempo he sido y soy combatido, y quã solo me han dexado. No me parece toda esta tragedia sino un sueño o representacion de farsa. No me detengo en los particulares porque no son para carta, y porque todo no es mas de lo que por alla se sabe. La circunstancia del tiempo engaño, que por lo demas se pudiera esperar galardon. El negocio dias ha esta acabado y bien a lo que se entiende, sino que le detenemos por ciertos respectos, y por consejo de personas prudentes, y que en todo desean y procuran aya buen remate. Por no perder el tiempo, me ocupo en lo que dixo aquel p^e. Es grande empresa, pero començose tarde. No se lo que sera, que me ueo muy uiejo y con poca salud, y el estudio tan pesado, que si no estuuiera tan al cabo, muchas uezes le ouiera dexado. V. M. me encomiende a Dios y me manda, si tal qual soy, puedo seruir en algo. Dios nos g^e a V. M. De Toledo y octubre 4. de 1611 [2].

Jú de Mariana. »

Document n° 3 [3].

« La de V. M. de los 20 de Di.^{re} llego por aca muy tarde. Con ella recebi mucha md, y bien son menester semejantes aliuios para quien se uee por

1. Main de Mariana.
2. Il y a bien 1611, et non 1621 comme l'indique le *Catalogue* de Gayangos. Le 3° chiffre est identique au 1er.
3. Je dois la copie de cette lettre à D. Luís Jiménez de la Llave qui en possède l'original (main de Mariana). Voir p. 116-7.

todas partes cercado de pesadumbres y trabajos, que no parece sino que
todos los elementos se han conjurado contra mi y no es acabada una quando
comienza otra peor. Los mismos de la Comp.ª se han leuantado contra mi.
Espantaria se V. M. si supiesse lo que passa mas no son todas las quexas
para carta. Pues en uerdad que no les he offendido sino seruido y honrado
toda la uida. Pero este pago se puede esperar de los hombres. Lo que me
consuela es que en todo esto no creo he offendido a Dios uenialmente, antes
hecho cosas muy honradas. Assi que no ay que marauillar que el de Milan
se leuante pues sea de entre los pies se leuantan poluaredas. Temo que lo
pagaran aun en esta uida, y el patron que le haze espaldas nos dizen se esta
muriendo, y muchos dias que oy le pronosticauan no bolueria à España. yo
no hago caso dese hombrecico ni le conosco. solo oygo dezir que tiene poco
caudal y que es hablador de uentaja. Inscitia temeritatem parit. Quedo con
mediana salud a Dios gracias. Querria acabar unas annotationes sobre todo
el uiejo testamento, que tengo muy adelante. La edad me haze temer.
Quando V. M. oyere dezir que soy muerto, me encomiende a Dios que
perdone mis pecados. El g.º à V. M. por largos años. De Toledo y Febrero
7. de 1612.

Ju̇ de Mariana. »

Document nº 4.

(Ms. Add. 10248, nº 8, fº 19. Voir p. 151 et 239.)

« Verdad es señor lo que V. M. escriue en la suya que yo querria ymprimir
en Flandes y en la emprenta de Plantino mi historia en latin q̃ la tengo muy
mejorada y añadida y vnas anotaciones sobre el viejo testamento obra de
mucho trabajo pero ay tantas dificultades dentro y fuera y yo me hallo tan
viejo y cansado que aũ no estoy para escriuir una carta de mi mano. No se lo
que sera V. M. lo encomienda a dios que puede dar fuerça a los flacos. El
papel del P.ᵉ Hyguera se ha buscado con cuidado no se halla rastro y no es
marauilla que era persona que acometia muchas cosas y ninguna dexo
acabada que yo sepa. quanto a la patria de Prudencio vno delos Luperçios los
años pasados me escriuio vna muy larga y muy estudiada. Con esta la
embio a V. M. Junto con la respuesta que yo hice V. M. lo bera y juzgara
todo como lo puede hacer no se me ofreçe otra cosa mas de encomendarme
en la buena gr̃a de V. M. q̃ gᵈᵉ nr̃o Sr muchos años de Tᵈᵒ y de Junio 4
de 1616.

Ju̇ de Mariana. »

Document nº 5.

(Ibid., nº 9, fº 20. Voir p. 199.)

« Con esta va vna de Don Thomas bien larga en respuesta de la de V. M. Lo
que yo tengo que añadir que es mas el ruydo que las nueces es mozo de
buenas partes y amigo de honrrar a otros y que le honrren apaçible con-
diçion y que acomete muchas cosas. No esta aun hecho que todauia el mosto

hierue con la edad sosegara embia a V. M. el libro que a escrito contra Mantuano yo no le he visto ni tampoco el libro de Mantuano no he querido meterme en estas cosas ni aun quisiera que don Thomas saliera a la causa y asi se lo he dicho diuersas veçes pero el no a querido seguir mi pareçer V. M. lo vera todo y lo censurara y tendra en el vn buen correspondiente pa saber todo lo de por aca que ya yo no balgo mana[1] y nunca falta en que entender y aun cosas que dñ pesadumbre dios g^{de} a V. M. de T^{do} y de Julio 19 de 1616.

Ju de Mariana. »

1. P. 199, j'explique ce qui suit en le rapportant à Mantuano. Peut-être vaut-il mieux comprendre : « jo ne manque pas d'occupations ni même d'ennuis. »

APPENDICE V

Correspondance de Mariana avec le P. Pedro Pablo Ferrer et Gil González Dávila.

Document n° 1.

(Ms. Egerton 1874, n° 44, p. 405 [1]. Voir la 2ᵉ partie, c. I.)

« Muy Rᵈᵉ Padre en chr̄o
Pax christi
Creo. v. r terna alguna memoria desto su minimo sieruo, y summo en chr̄o, pues yo cō mi poca caridad nunca me oluido de v. r en mis pobres ofr̄es y missas acordādome de la mucha caridad, y humildad, q̃ en v. r̄ senti el año de 1559. quando nr̄o sr me hizo md de entrar en la compañia en el santo colegio de Alcala, pero como pocos meses despues el. pᵉ francisco de borja de buena memoria me truxo a Portugal a la vniuersidad de Euora, que entonces comēçaua, a dōde è residido treinta y seys o siete años y v. rᵃ fuè a Paris, a dōde estuuo tābiē muchos años, no è escrito a v. r. aunq̃ sabiēdo el mucho progresso que nr̄o sʳ le a dado en virtud, y letras, è desseado de comunicar cō v. r. muchas cosas para participar de los muchos dones que nr̄o sʳ a comunicado a V. Rᵃ. agora se me ofrecio buena ocasiō para cūplir cō mis antiguos desseos. porq̃ viniēdo a residir a lisbōa a esta casa pfessa de S. Roque por ordē del pᵉ puincial, y a peticiō del cōsejo general de la inquisiciō para unir (?) libros y qualificar pposiciones en compañia de otro padre nr̄o q̃ tambien reside en esta casa, prestaronme la obra insigne, q̃ v. r. imprimio en latin de las cosas de España laqual sabia yo en Euora q̃ estaua impressa, pero no la auia visto. è leydo gr̄nde parte dello. y pareceme hablādo cō toda llaneza y verdad, ser obra de mucha erudiciō, mūy buē stylo medio entre Salusto y Tito liuio qual parece auer sido el de Cornelio Tacito. A me cōtētado mucho ser esta historia de v. r. mūy sētēciosa, y puechosa ad mores, y pareciome q̃ v. r. quiso, como religioso de la compañia addere viuos colores al tosco dibuxo de Arriano de rebus Alexandri, el qual preciādose de philosopho assi escriuio historia que enseña buenas costūbres, dādo en pelo a Alexādro y a otros principes de aq̃llos tiēpos y exhortādo a las virtudes morales. holgára mucho, q̃ v. r. en otros cinco libros, como los postreros cōtinuara la historia hasta el año de 1516 quādo murio el rey dō fernādo, y sucedio el emperador Carlos 5. porq̃ assi quedaua

---

1. Écriture droite, difficile à déchiffrer par endroits. En vue de simplifier, je représente par le même signe p les abréviations qui correspondent à por, per, pre, par et pro.

toda esta historia mas perfecta estãdose en ella las cosas mas notables y lustrosas, q̃ a tenido aun España, q̃ sõ los descubrimientos, y cõquistas de las indias orientales, y nueuo mundo. que sõ cosas tam ilustres, que dizẽ los Italianos doctos y desapassionados, como Pedro Bẽbo, y otros, que cõtẽdunt cũ omni antiquitate imo cũ ipsa eternitate. y la conquista de Napoles, de Nauarra, y de muchas cidades de Africa son cosas de mucho lustre y fama. y podiase aqui entremeter lo que se sabe de todas estas regiones descubiertas, como sõ las de nueva españa, Peru, China, Japon, y de la christiandad, q̃ se a hecho en ellas. porq̃ yo entiendo que la mayor honra de nr̃a España es auernos tomado nro S.r por instrumentos y ministros destos descubrimientos, nauegaciones, y cõuersiones de tãtas gẽtes. que parece auernos hecho nr̃o s.r los verdaderos argonautas y sobre esto conquistadores, y convertidores de tãtos gẽti[li]dad[1]. y parece, q̃ como hizo reparticiõ a los Romanos del poder assi ciuil como ecclesiastico, a los griegos (etc.)... Todo esto escriuo para q̃ v. r. se anime a acometer esta gloriosa empresa de acabar esta historia, que parece sin esto quedar opus impfectũ[2]. y no sera tam difficultosa como la passada, pues ay tantos escritores latinos, y Españoles, que an escrito sobre estas materias, y se puede mas facilmẽte aueriguar las cosas auiendo tãta noticia de todas ellas en nr̃a España. desseo mucho q̃ v. r se dexe persuadir cõ estas razones, y otras q̃ se puedẽ traer a este pposito, para emprẽder esta obra no menos gloriosa y util que la passada. y menos difficultosa y que sera un gustoso y precioso remate de toda la historia Española. Pero en esto yo me remito al parecer y resoluciõ de v. r. q̃ como este preside en todo este negocio, sabra mejor juzgar en el, que los q̃ estamos asi aca de fuera. si v. r. esta occupado en otras cosas mas graues, y de mas importancia como creo está, estotra occupaciõ se podria tomar, como por cosa de recreaciõ subseciuis horis, y poco a poco. porq̃ estos estudios humanos siruẽ a los que sõ de ueras studiosos, de aliujo et sunt quasi gluten nectẽs diuina et humana. Esta obra de v. r. esta mũy biẽ recibida entre los que entienden y entre ellos un comẽdador y oydor, por nõbre el licẽd.o Duarte Nuñez de Leon, a quiẽ algunas uezes hablo alaba mucho el stylo, y juizio, que se ve en esta obra. este es un hõbre mũy docto en leyes, y humanidad. y tiene escrita en Portugues toda la historia Portuguesa cõ mucho juicio, y diligencia y esta a punto de imprimiria, si le acudiessẽ los officiales del rey cõ dinero. este es el q̃ imprimio los años passados un cõpẽdio de los reyes de Portugal en latin cõ otra obra Apologetica cõtra un fraile [..?..] Texera[3] respondiẽdole por parte del rey. creo v. r. lo aura visto. y sino facilmente se podra alcãçar de Madrid ó por via de Madrid, de Lisboa. está mũy resoluto en las cosas de Portugal. y creo acertaria v. r. en comunicarse cõ el por letra, porq̃ sabe mucho de las cosas deste regno. El me dixo, q̃ v. r. auia seguido a nr̃o Garibay en las cosas de Portugal, y q̃ auia notado algunos claros yerros. los quales van aposta ẽ esta en vn medio pliego y creo los mas dellos sõ de nõbres, ó de geographia. algunos se an sentido de lo q̃ v. r. escriuio sobre la fiesta, q̃ se scñia hazer en lisbõa en memoria de lo de Aljubarrota (y agora esta del toda *(sic)* extincta) llamãdole bacchanales etp pero tienẽ poca razõ, porq̃ se ve claramẽte, q̃ v. r. habla de portugal, y de sus cosas mũy honradamente poniendolas en el pũto, que se podiã poi.er salua

---

1. Un mot sur un autre *(pueblos?)*
2. Voir p. 147.
3. Voir p. 158.

veritate, quę est pręcipua laus historiæ. En cosas de geographia yo tambiẽ
desseaua mayor diligẽcia, porq̃ ė hallado muchas cosas, que se podiã emẽdar
ō mejorar algunas dellas apũtė en este medio pliego de papel, y como voy
leyẽdo, voy notãdo para auisar a v. r. pareciẽdome q̃ holgaria cõ estos auisos
que aunq̃ los mas sõ de palabras, todauia para la perficiõ (?) de la obra,
importã. En Euora esta tãbiẽ el canonigo diego mẽdez de vascõcellos hõbre
de mucha autoridad, de mucha y varia erudiciõ, y que podria aiudar
mucho a v. r. en esta materia de geographia y de las cosas de Portugal, de
lo qual todo podria v. r. hazer algũ appẽdix como muchos graues autores
an hecho. ō otra segũda ediciõ emẽdada, y acrecẽtada. pero dexado esto a
parte desseo saber q̃ sõ las santas occupaciones de v. r. y otras obras de
materias mas graues, que esperamos del mucho ingenio, erudiciõ, y diligẽcia de v. r. y quãdo se imprimirã. aca auemos tenido estos dias algunas
dudas, las quales holgára mucho ⟨de⟩ por palabra tratar cõ v. r. y saber su
parecer en ellas. pero a falta de palabra, apũtarelas aqui por letra cõ breuedad. la una es, si los santos nueuos q̃ vienẽ en el Martyrologio romano
nueuo, hecho, y promulgado por el pp. Gregorio 13 y ilustrado cõ scolios
de cęsar varonio, si quedã assi canonizados, porq̃ algunos en esta prouincia
son de parecer q̃ no. porq̃ no precedio la informaciõ, q̃ se suele hazer antes
de ser canonicados. por otra parte parece mas cierto, o del todo cierto, q̃
pues el papa los pone en el catalogo de los sãtos, y assi los nõbra, y por
tales los ppone a la iglesia vniuersal para que se rezen (?) sus nõbres en las
iglesias. en la prima [..?..] son verdaderamente canonizados. y que la informaciõ que se tenia en Roma en los Archiuos Antiguos, es bastãte ya canoni-
zaciõ[1] ... otras cosas tenia, q̃ escriuir a. v. r. q̃ dexo para otra. Esta puincia
por la bõdad del s^or esta pspera y quieta principalmente despues de la
muerte de dõ Antonio, que murio en Paris el agosto passado. a diez de abril
partieron cinco ños a india cõ 19 de los n^ros y el g^l visitador. An tenido
buẽ tiẽpo, y creesse que van biẽ mareádos (.) cõ esta enbio a v. r. una informaciõ impressa en esta cidad, de la vitoria de los n^ros cõtra Draque que
quiça alla no se imprimio. el portador desta es el p^e Gualtero hiberno rector
de un seminario de mãcebos irlãdeses y muchos dellos niños que esta aqui...

26 de Maio 1596.

de v. r. sieruo indigno en ch^ro

P^o Paulo ferrer. »

(En marge verticalement) : « Por via del p^e Baltasar Barrera pcurador desta
puincia q̃ reside en Madrid, me podra v. r. respõder y perdone v. r. la ruin
letra, y nota deste viejo, y enfermo, y ocupado. desseamos aca saber el
successo de los santos descubiertos en Granada, y si hazẽ milagros, como
algunos escriuẽ. v. r. nos haga caridad de escriuir lo cierto desto. y lo q̃ se
sabe del sucesso de las questiones del p^e Luis de Molina cõ essos religiosos de
S. Domingo. »

(Au verso formant enveloppe) : « al Padre Juã de Mariana de la compañia
de Iesus en la casa pfessa de Toledo. Toledo. »

(Papiers de petit format qui viennent après le n° 44 de Egerton 1874.
Ecriture de Ferrer, f°s 408-410.)

« Fretũ Gaditanũ dicitur 15 Mill. pass. longius latũ vix septem (.) fuit

---

1. Suit une question sur les anges.

fortasse aliquãdo ita. sed hodie longè aliud experimur latũ enim est vbi minimũ, duodecim et amplius mill. longũ triginta, et amplius.

Galli traduntur fundatores regni lusitani cũ sit multo pbabilius Henricũ comitẽ fuisse vel lotharingũ, vt Damianus Goes in historia regis Emmanuelis latè pbat, vel burgũdionẽ natũ Vesontione filium Guidonis comitis Vernoliensis, et Brionẽsis, ac fratris Gullelmi comitis Burgũdiẽ q̃d esse verius ostendit noster Eduardus Nonius iurisco et historicus lusitanus in vitis regum Portugalliẽ. neutra autẽ gens gallica est, vt satis constat.

Lingua portugalica dicitur ex gallico et hispanico tẽperata, cũ sit potius lingua callaica paucis mutatis, vel pmistis. ex Burgũdica et hispana ornatior facta. cõstat enim Portugalliã pprie esse regionẽ interammẽ a bracaris callẹcis olim habitatã, et post maurorum diuturnã possessionẽ, receptã a regibus legionẽsibus maxime a fernãdo primo, vicinis callẹcis lucẽsibus eo in colonias deductis, et ipsam conimbrigã regiã olim portugaliẹ, fuisse coloniã callẹcorum ita lagos vrbẽ in Turdetanis, qui vulgo Algarbii dicitur, vbi olim fuit lacobriga, ita pagũ callẹcũ è regione olisiponis, nemo dubitat habuisse colonos e callẹcia lucẽsi.

. . . .

..... auiso a v. r. de q̃ aca algunos an notado y me an hablado sobre ello, y es q̃ esta obra de v. r. no trãe licencia de superior de la compañia como las otras trãen, ita sunt lyncei in rebus alienis. pero yo les è respondido de manera que no huuierõ que replicar. »

Document nº 2.

(Ms. Egerton 1874, nº 48, p. 415.)

« Pax Chrī. etc.

Con la de V. r. recibi mucha chãd y gusto y la estimo yo en lo que raçon y es cierto que de pocos de la compª me acuerdo tantas uezes como de V. r. y de lo que aquellos meses conoci en Alcala juzgo lo que deue ser ahora. pero V. r. ha estado tan retirado en Portugal y yo soy tan pereçoso en escreuir que si V. r. no me despertara sospecho que mi descuydo pasara adelante. Quisiera yo mucho q̃ V. r. ouiera uisto esos papeles antes q̃ salieran a luz para q̃ por tal mano fueran limados que ellos y el autor ganara mucho porque aunq̃ muchas personas los uieron y auisaron de lo que les pareçia pero ning' me aduirtio cosas tan a proposito y aunq̃ yo no estaua satisfecho que no tuuiesen muchas faltas todauia me anime de sacallos como a prueua para emendallos muy de buena gana como lo hare en los lugar͞s q̃ V. r. me aduierte y en todos los demas q̃ quãto mas fueren tanto quedare mas obligado. Verdad es que yo no pretendi hazer la historia de España sino poner en estilo lo que otros auian juntado contentandome con seguillos sin aueriguar todos los particulares q̃ fuera nunca acabar. Y V. r. ue lo q̃ es menester para escreuir bien una histª en latin, y si aguardaramos que todas las partes necessarias se jũtarã en uno creo se pasara otros muchos años sin q̃ se hiziera cosa de momento.

En fin ya eso ha salido, y yo conozco las faltas y las quiero emendar de muy buena gana. que de mejor gana sigue el parecer ageno q̃ el mio.

Verdad es que en algunas de las cosas q̃ V. r. nota yo tengo buenos autores que segui y para mi intento creo basta esto. Pondre alg⁰ˢ exemplos. En lo del freto gaditano y promontorio Artabro segui a solino cap. 26 dado que sabia lo que Estrabon dixo en particular del dicho promontorio [1]. A Augustobriga pone Ptolomeo in Pelendonibus y aca se tiene por cierto q̃ estuuo donde ahora esta un aldea llamada Muro creo una legua de Agreda, la Augustobriga de la Lusitania es cosa differente. En lo de Belon y Tariffa q̃ sea Tartessus segui a Florian y tãbien en lo de Roses que sea Rhodope, en lo de la etymologia de Granada a Zurita auctor tenido por el mas diligente de los coronistas de España. En la orthographia de Turinso y Calicia creo ay diuersidad en buenos autores. Les Burgundiones y Lotharingii son sin duda Gallos digo en la Gallia y assi de otras cosas lo qual digo no para escusar las faltas sino para q̃ V. r. uea que todauia las mas destas cosas se pusieron por auctoridad de otros que se tuuieron en su tiempo por buenos autores. En lo de Portugal yo conflesso q̃ quedę corto porque no tuue casi sino lo de Garibay y ya yo ueo q̃ me fue occasion de caer en alg⁰ˢ faltas, las quales si dios fuere seruido se emendarã, y si ese cauallero quisiere auisar de las que ha notado sin mas comunication yo lo estimare en mucho. Yo uoy muy considerado en seguir a los modernos que todo lo quieren emendar y sospecho q̃ a las uezes se engañan [2] y assi en la orthographia podra V. r. uer q̃ de ordinario me uoy por lo antiguo. lo q̃ es pasar adelante en la historia no me atreuo por lo que dixe en la prefation, y porq̃ me hallo cãsado y es bien que quede campo para otros. Y quanto las cosas son mayores tanto me ponen mas espanto. no se lo que me hare. lo q̃ toca a las dudas digo q̃ me pareçe cierto gño de canonizacion poner un santo en el martyrologio con autoridad del papa y aun creo yo q̃ antiguam⁰ᵉ antes q̃ los pp⁰ˢ reseruasen para si esto neg' de canonizar lo principal q̃ se hazia era escreuir el nõbre del defunto como de santo in Diptychis. De los angeles... En lo de los santos de Granada todauia me dizen se hazen diligentias. lo q̃ yo se es q̃ por aca ning' siente bien del neg' de los q̃ puedē hablar en materias semejantes. Las difficultades y contradictiones son grandes y estas q̃rria yo q̃ allanassen antes q̃ se uiniese a los milagros, q̃ es assi q̃ se ualen dellos y de alguno que dizē succedio a un p⁰ de la Comp⁰ pero para mi mas se ha dicho p⁰ desauctorizado q̃ acreditado el neg'. Visto he una defensa impresa en romance en Granada de un lic⁰ᵒ Madera, y otra de mano en latin compuesta por un flamenco, pero no satisfazen. yo cuento en mi hist⁰ de los albigenses mas milagros y ruido sin algun fundamento de uerdad. Lo que toca al padre Molina no esta acabado, y es lastima como le tratã los contrarios, creo q̃ Vs. rs. le tendrã por alla porq̃ el p⁰ Fran⁰ᵒ Suarez se ha escusado de yr a la lectura de Coim[bra] y aca se procura endereçar que se encargue el p⁰ Molina. Creo que he respondido a todas las cabeças de la de V. r. Resta pedir a V. r. me haga chãd de endereçar a Jú serrano q̃ dara esta para que se uendan alg⁰ˢ libros mios que estã en su poder, y aunq̃ tiene buena uoluntad, creo no tiene maña para ello, y si V. r. pone la mano creo se concluyra todo muy bien y presto, yo ando huyendo de ualerme de los nfos en esta parte,

1. Addition marginale : « Jú Leon en la description de Africa dize q̃ hasta oy en Arauigo Tunis se llama Tharsis y no ignoraua lo de naues Tharsis etc. Æmilius lib. 10 dize que Mahametes Turca obiit trans taur͝am. Taronum se dize como Pictauium, Andegauum, de que usan buenos escritores Francees, en particular Masson ».

2. Addition marginale : « como en lo que V. r. nota de Imperator antepuesto o postpuesto y esto por razones muy » (lo reste est coupé).

y por otra ueo que los seglares hazen poco o no nada. y si yo por aca pudiese seruir en algo V. r. me auise que lo hare como hijo y discipulo q̃ por cierto me tengo par tal, y V. r. no se case de auisarme de las faltas dese libro q̃ quanto mas fueron *(sic)* santo seran recibidas con mas voluntad. y en los s^{tos} sacrif^{os} y orō *(orationes)* de V. r. mucho me encm^{do}. De Toledo y de Junio 24 de 1598.

Jū de Mariana.

De mis occupationes y escritos no digo nada, porque ellas y ellos son poco mas que no nada. »

Document n° 3

(Ms. Egerton 1874, n° 46, p. 411.)

« Mūy R^{do} Padre en chr̄o
Pax christi.

Mucho cōsuelo, y puccho recibi cō la de v. r. y quisiera auer respōdido antes, pero como a auido en esta ciudad en estos tres o quatro meses tanta turbaciō, y quasi tormēta como v. r. aura sabido, y cō las ocupaciones ordinarias del officio, y otras extraordinarias, que me lleuan todo el tiempo, nō e podido cumplir cō la obligaciō y desseo, que tenia desso. agora, que esta esto mas pacifico, y se partia el p^e iñigo (?) Gualnez (?) cō el herm̄ Andres de cañaueras (?) para madrid, pareciome ser buena coiūtura para escriuir, y embiar a v. r. vn libro que me dio e S^{or} licen^{do} duarte nuñez de leon. porq̃ rogādole yo de p^{te} de v. r. y de la mia, que auisasse de lo que auia notado en las obras de v. r. principalmente en las cosas de portugal, me respōdio q̃ auia tenido aquella obra algunos dias, y que por parecerle cara la auia buelto al librero. y assi no la leyo toda. pero q̃ en lugar de los auisos, embiaria a v. r. este cōpēdio de la cosas de portugal¹, de q̃ se podria seruir, y ayudar algo. y assi lo lleua en papel el dicho p^e para dar, ó embiar a v. r.² toda la historia portuguesa, y la quarta decada de cosas de india, que por mādado del Rey, tiene escritas el dicho licen^{do}, no se imprimē por falta de dinero, segū el dize. deuē ser obras muy diligētes y doctas, por q̃ tal es el autor dellas. yo quisiera hazer lo q̃ v. r. me māda, q̃ apūte lo q̃ notāre en esta obra de v. r. pero como en estos meses e leydo poco por la razō, q̃ arriba dixe, por agora no lo podre hacer. pero harelo plaziendo al S^{or} en poco. quāto a lo q̃ v. r. dize auer seguido en todo lo q̃ escriuio buenos autores biē lo creo, pero como este siglo es tan erudito, delicado, y malo de cōtētar, cōuiene uer todos o muchos autores, y hazer juizio escogiēdo lo cierto o mas pbable. y si esto no se haze no sera la obra perfecta ni cōtētara mucho. quāto a lo de Augustobriga, yo cōfiesso a v. r. la falta de memoria de viejo de 67 años fui a vn cierto onomyptico mio de los lugares de España, y halle lo q̃ v. r. dize. en lo de Tharsis, clara cosa es, q̃ sō differētes cidades, carthago, y tunez aūq̃ vezinas, y q̃ carthago, fuesse Tharsis dizelo S. Geronymo, y otros muchos a

1. Voir p. 158.
2. C'est évidemment une autre phrase qui commence ici.

quiẽ se a de dar mas credito, q̃ a Juan leõ, q̃ supo mucho de Africa por ser della, pero fue poco geographo de nõbres antiguos. y si algunos moros llamã agora a Tunez, Tharsis, sera por estar ella cerca de Carthago, q̃ por estar assolada, pegaria el nombre a su vesina. assi como oy todo el territorio de Carthago, q̃ tiene muchas villas, y lugares, se llama Carthago. mas *juicioso es lo q̃ da Goropio*, q̃ porfia, el Tharsis de Salomon auer sido, Tartesso, y la betica rica de oro, y de plata y q̃ dellos lleuauã a Salomõ la riqueza q̃ cuẽta la Escritura (.) en lo de Turonũ, parece cierto, q̃ es muy differẽte la razõ de Pictauiũ, y Andegauũ, porque estos estã corruptos de Pictones, y Andes, y como de tales se pudierõ formar los nõbres modernos, aunq̃ diuersos de los antiguos, y de su ppriedad. alioquin tambiẽ podriamos biẽ dezir Parisiũ a Parisiis. y Remũ a Remis. y venetũ, vulgo Vanes a Venetis etc. lo qual no se atreue ningun docto a dezir. antes la regla general es, nomina populorum tribuntur prẽcipuis eorum vrbibus maxime, quãdo nõ cõstat de ppriis eorum nominibus. biẽ differẽtes sõ los burgũdiones de los gallos, y los lotharingos, que sõ alemanes de ambos a dos, aunq̃ habitã en la Gallia antigua, assi como en España, mucho tiempo habitarõ los sueuos, alanos, vandalos, y godos. y erã differẽtes naciones entre si, y de los hispanos Antiguos. esto es hablãdo cõ ppriedad como en lo del nõbre de Emperador, q̃ lo hallara v. r. siempre en los autores, y letreros, como dize Aldo Manucio. y assi escriue Cicero en las ad atticũ cicero imperator cẽsari imperatori, et cõtra cẽsar impator. etc. y en los letreros hablãdo de la dignidad impatoria, siempre se pone antes impator tiberius cẽsar, impator seuerus etc. y la razõ pedia esto, que en tãta differẽcia de dignidades, vuiesse alguna differẽcia en el nõbrarlas. esto todo sub vsura de v. r. quãto a lo demas pareciome muy biẽ la respuesta de v. r. que da a mis pregũtas. aunq̃ en lo de los angeles penitẽtes me quedã algunas razones in cõtrariũ... a Juan Serrano dessẽe hablar, para hazer cõ toda diligẽcia, lo q̃ v. r. me marqaua embiele recados por vn hermano de casa. y nũca parecio parece que no tuuo necessidad de mi aiuda, ò cõ la rebuelta de los tiẽpos se oluido desso, ò se fue desta cidad. Vea v. r. en lo q̃ yo podre seruirle, porq̃ lo hare cõ el todo amor y diligẽcia, como soy obligado. è sabido q̃ v. r. tiene cõpuestos Annales breues de España hasta nr̃o tiẽpo. no es razõ q̃ se pierdã, o encubrã. holgaria yo mucho de verlos; porq̃ me parece será conformes a la obra q̃ esta impressa, pero en esto, y en todo me remito al juizio de v. r. que sera lo mas acertado... de S. Roque de lisbõa 4° de octubre 1596.

de V. R. sieruo indigno en el s͠or

P͠o Paulo
ferrer. »

(Au verso, formant enveloppe, même adresse que pour le n° 44.)

Document n° 4.

(Ms. Eg. 1875, n° 38, f° 208. Voir p. 72-3 et 76. Voir p. 72-7.)

« Mi voluntad de seruir a V. P. la a visto el canonigo Hurtado muchas veces que es testigo de ser yo vno de los mayores deuotos que V. P. tiene en Castilla. desta mi deuocion dara buena señal el gusto cõ que acudi al seruicio de lo que V. P. mando, que se inquiriese, que viene copiado como ello se halla en sus originales. y e estimado en mucho me aya venido esta ocasion a las manos, para que tratandose de restituyr esta historia a la pureça con que su autor la escriuio se examinase (pues agora es el tiempo) que lugar fuese Gerticos en el obispado de Salamanca donde murio Recesuintho y que monte lauriense fuese aquel Gerticos, que seria de importancia para el proposito de la historia de Salamanca hauerse causado en su territorio la eleccion de vn tan gran principe y tal catolico qual fue Vbanba y muerto en el vn Rey qual fue Recesuintho, de quien dice el mismo historiador [1]...... yo e de dar principio a la Impresion de las vidas de los obispos de Salamanca y cosas sucedidas en su tiempo en esta ciudad y obispado escritas todas por Archiuos, historias, y escrituras graues. e me de atreuer a suplicar a V. P. me de licencia que como se vaya imprimiendo remita los pliegos que se pudiere para que V. P. haga juicio no del escritor que le tiene malo sino de la importancia de las cosas de que se escriue. ause descubierto en este viaje muchas cosas de la Iglesia de españa no vistas ni loydas en nras historias, que todas pide venir á mano de V. P. que me certificã escriuo una historia eclesiastica de España, que siendo asi las remitiria todas para que no se malogren en mi poder. y este papel cencillo *(sic)* que acompaña esta mia es el cotejo que se a echo de los lugares que se an visto en el Tudense... Salamanca Julio 29 Año 5.

Gil Gonzalez de Auila. »

Document N° 5.

(N° 37, f° 207.)

« La de V. M. de los 29 del passado llego esta mañana a mis manos... Los lugares [2] uieñ muy a proposito porque en el primer lugar y primeras palabras del libro concuerdan esos codices con los mas de aca y assi lo tenia yo puesto. el segundo esta muy bien el, dabir, y assi tenia yo entendido deuia estar y lo tenia en duda puesto a la margen pero no me atreuia a ponello en el texto porque no estaua en ninguno de ñros codices y aquella palabra, id est, rationale, me deslumbraua, porque, dabir, no quiere dezir sino, oraculo. Pero en fin pongo el dabir, q̃ en la palabra, rationale, el autor pudo errar, o alguno se la añadio. En el tercer lugar bien se que el autor llega en el cuento de los emperadores hasta Heraclio como lo hizo S. Isidro : mas al principio de esta edad pone una suma de los emperadores en q pone solo el nombre de cada qual y los años q̃ impero segun que lo hizo en las otras edades de patriarchas, de reyes de Judios, y de Juezes, y por q̃ en las otras edades los sumo primero todos, pareciame q̃ lo mismo deuia hazer en la de los emperadores. mas no me atreui a ponellos todos, por q̃ ninguno de ñros codices q̃ son cinco passa en la dha suma del emperador Constantino. y todos ponen a Galba despues de Neron q̃ llaman Gallus

---

1. Dávila explique qu'il n'a pu identifier ce lieu et demande à Mariana son avis.
2. Mariana ne dit pas lesquels : sans doute ceux que Dávila avait notés sur un papier à part.

dado q̃ pudo ser lo añadiesse alguno porque en el Chronicon de S. Isidro no esta. yo no hago anotaciones sobre este autor, solo he pretendido enmendalle q̃ no tiene cosa con cosa, trabajo harto graue, infinitos lugares se han enmendado mas no quedo contento ni satisfecho. Saldra como ahora esta, que adelante con este principio se podra enmendar mas. q̃ yo he hecho lo que he podido sino todo lo q̃ era menester. Esto digo por lo q̃ vm. toca de la aldea de Gerticos donde el rey Vuamba fue elegido. De la qual dize don Rodrigo libro 2 cap. ulti. Reccensuiudus in uilla propria quæ tunc gerticos nunc Bamba dicetur, in territorio Palentino obiit. Añade Ambrosio de Morales libro 12 cap. 40 q̃ esta aldea esta dos leguas de Valladolid puesta en el monte Cauro. Esto del monte Cauro deuio tomar de don Lucas q̃ dize estaua aquella aldea en el monte Cauriense y assi leen todos nr̃os codices hasta uno en romançe q̃ tengo muy antiguo. V. M. le llama lauriense no se porq̃ causa ni porque le pone en el obispado de Salamanca. Vm lo tendra todo muy bien mirado y aueriguado q̃ yo como no escriuo anotaciones por escusar trabajo y porque el libro a mi uer, no lo mereçe, no me obligo a tratar ni a dar razon de los particulares. Pero en uerdad me huelgo V. M. se ocupe en esa empresa tan honrrada que despertara a otras yglesias ha hazer lo mismo. yo en lo q̃ pudiere seruire de buena gana q̃ ueo lo deuo a tanta uoluntad de hazerme mr̃d. El señor car¹ de Toledo y esta yglesia buscan años ha alguno q̃ hiziesse otro tanto de los arçobispos de esta yglesia. si V. M. concluydo con ese trabajo arrostrase a encargarse desto, creo se podría encaminar con facilidad. Dios guarde a V. M. con aumento de sus dones. De Toledo y de Agosto. 8 de 1605.

Ju̅ de Mariana».

Document n° 6.

(N° 38, f° 209¹.)

« Muy a quento nos viene a todos los que deseamos seruir a V. P. asistir de noche y de dia a su seruicio pues por tan pequeña fatiga da V. P. gracias tan cumplidas. los curiosos desta vniuersidad se las an de dar a V. P. muy grandes por la luz que an de goçar de las cosas de España con la coronica de don Lucas de Tuy. y entiendo saldra como se desea libre de una esclauitud tan grande de errores como hasta agora a tenido que an sido causa de haçer errar a los que escriuen y aprendē. y esto mismo tendra la culpa, si escriuiendo yo de las cosas de Salamanca me aparto del parecer de tantos honbres graues,.. que el motiuo que tengo para ello es la authoridad del cardenal Baronio que en su tomo 8° año 672. quiere que este lugar Gerticos y Monte lauriense este en el Territorio Salmantino y en el mismo tomo dice que la historia de dō Lucas que vio en la libreria Vaticana la tiene por mas enmēdada y corecta.. y fuera mal caso quitar yo a Salamanca lo que vn principe atestigua no menos que con el dueño de la propia historia...

La historia de Salamanca se començara a Imprimir para el otubre, y no

1. Même main que le n° 38.

seria poca mi dicha si las demas Iglesias del Reyno se animasen a poner en memoria las vidas y echos de sus prelados a semejança desta, que goçariamos en pocos Años riquisimos tesoros de una historia sacra que es de lo que tiene necesidad esta nacion. Con los muchos Archiuos que e uisto auia [...?...] pensado si se seruiria Dios en que yo me ocupase (pues la edad y las fuerças dan para ello liçencia) en escriuir un theatro eclesiastico, començando por esta prouincia conpostelana que tiene 14 obispados, y yo gran noticia dellos, y tomando la resolucion mas feliç acordaua remitir todos los materiales a V. P. para que con su preçioso estilo los pusiera en el lugar que merecen pretendiendo en esto no el nonbre ni la gloria vana, sino el seruiçio de Dios y mayor honra y grandeça de la patria[1]... Salamanca Agosto 20 1605.

Gil Gonzalez D Auila. »

[1]. Il continue en disant qu'il est prêt à faire pour Tolède ce qu'il a fait pour Salamanque. Il fait toutefois ressortir les avantages dont il jouit à Salamanque : «... imponer la mira a que tengo por morada a Salamanca y en su Iglesia mas de mill escudos de Renta y en ella y en su Vniuersidad me veo bien hacendado de amigos, y actualmente pretendiendo su Magestad me haga merçed de emplearme en su seruicio con titulo de coronista. Consideraciones que las renunciaria facilmente... » D'après le titre de son *Historia de las antiguedades de Salamanca*, il était « diacono y racionero de la S. Iglesia de Salamanca. » Selon Nic. Antonio, il fut appelé à Madrid en qualité de chroniqueur de Castille, et devint chroniqueur des Indes après Tamayo de Vargas, c'est-à-dire sans doute en 1641 (cf. p. 203).

APPENDICE VI

Les brouillons du De rebus Hispaniae.

I

(Ms. Egerton 1875, n° 42, p. 289[1]. Voir p. 147-51.)

« Index rerum quæ proxima ætate in Hispania contigerunt.

1492.

Iudæi Regio edicto Granatæ mense Martio, promulgato e Castella sunt pulsi, *ex Aragonia mox.*

Alexander sextus in Innocentii locum fit Pontifex 3 Idus Augusti, *patria Valentia illi fuit, nomen in uita priuata Rodericus Borgia.*

Cristophorus Colombus Ligur nauigationem ad Indos occiduos primus inuenit.

Ferdinando Regi Barcinoni Io. quidam Canamarius sub aure uulnus infligit.

. . . .

Garsias Loaysa Alberti Principis abdicatione fit archiepiscopus Toletanus. Sacratur ad D. Laurentii regii ⟨Iulii die⟩ mense Augusto. Paulo post omnino die Septembris terciodecimo Philippus Rex diuturno morbo confectus ibidem obiit. Successit Philippus tertius eius filius desponsa paulo ante ⟨exp⟩ Margarita Austriaci caroli filia. Item soror eius Isabella pacta mansit Alberto Principi amitino suo, purpura et Toletano pontificatu uenia ⟨Pon⟩ Clementis Pontificis abdicatis. Vtræque nuptiæ ab eodem Pontifice Ferraræ confectæ sunt die quintodecimo Nouembris. Aderat Margarita Regina, et Albertus Archidux. Duorum absentiam idonei procuratores suppleuere[2].

---

1. Main de Mariana:
2. Même année 1598 dans le ms. Eg. 291, f° 250 :

« Prid. non. Maii rex catholicus Belgas filiæ maiori Isabellæ dedit, quam Alberto Austriaco uxorem destinabat*. Sanxit tamen ut is Principatus Hispaniæ beneficium esset. Velleris ordinem militarem sibi et posteris retinuit, tum potestatem præfectos quibusdam arcibus dandi Antuerpiæ, Gandaui, et Cameraci[b]. His rebus constitutis tandem ualetud. oppressus ad D. Laurentii obiit ipsis septembris idibus, ibi q. est sepultus, Princeps in paucis prudentia et pietate clarissimus. Vixit annos unum et septuaginta, menses tres, dies aliquot. Regnauit in Castella quidem duos et quadraginta annos, menses septem, dies viginti octo. Sub mortem, annitente Pontifice cum

1599.

Lenta nouæ Reginæ et Alberti nauigatio fuit, utrique nouus Rex et soror ad Valentiam urbem occurrerunt. Interim Garsias Loaysa uix delibato delati pontificatus Toletani fructu compluti obiit die Februarii uigesimo secundo, magnus uirtutis et eruditionis cultor et fautor importuna mors. ⟨Successit⟩ Bernardus Rojias Sandouallias recens Cardinalis ⟨et⟩ ex Giennensi Epis in eam ecclesiam transiit. Nuptiæ principum conficiuntur Valentiæ Aprilis die 18 ⟨Proceres inter se sumptibus certabant.⟩ Inde ⟨Valentiæ Ludi inde⟩ Barcinonem itum est. ⟨unde⟩ Albertus et uxor in Belgas conscensa classe discesserunt. Noui Reges obita Cæsaraugusta æstatis fine sese retulere Mactritum. ⟨Vbi⟩ In nuptiis et per urbes ludorum apparatu et uestium splendidorum pretio certatum est post hominum memoriam sumptu incredibili et maximo [1].

1600.

Reges Toletum iniere ⟨Aprilis die⟩ postridie Kalendas Martii ⟨Vall⟩ Aliquanto post Secobia Abula et Salmantica obitis Iulio mense vallisoletum tenuerunt. Quo tempore ex Belgis allatum est eius mensis die secundo Albertum ⟨in Belgis⟩ non procul Brugis cum Mauricio comite perduellium duce acie dimicasse : uicisse rebelles magna suorum strage. Hispanos ⟨tamen⟩ mille ferme cecidisse atque in his fortissimum quemque, Principem ipsum securis ictu in capite sauciatum sed leuiter. »

Gallo rege pacem sanxit. Successorem habuit Philippum e multis filiis solum superstitem* quatuor uxores habuit. »

Les notes qui suivent dans le même ms. donnent les variantes de sens que présente l'édition de 1616 : « a) Con intento de casalla, como se hizo con su primo et archiduq. Alberto q. p* esto renunció et capelo, y el arzobᵒ de Toledo, y se dio a Garcia de Loaysa, maestro q. era del Principe D. Phelipe. b) Poco adelante concertó paces con Francia, en que el Papa puso grandes diligencias : agrauiòsele finalmente el mal &c. c) Que oy viue y reina — y omite las muges. »

1. Même année 1599 dans le ms. Eg. 291, fᵒ 250 :

« Ad 8 Kal. mart. Compluti obiit Garsias Loaysa nouus Archiepiscopus toletanus, et cum eo spes euanuerunt, quas ingenii nobilitas, et aliæ præclaræ dotes pollicebantur. In eo oppido in sacello martyrum sepultus est, sed sine tumulo. talauerœ in carpetanis e nobili genere est natus. Mores a prima ætate inculpati, modestia singularis, corpus procerum, facies venusta cum dignitate. Vixit annos quinque et sexaginta. Successit Bernardus Rogius Sandoval, Giennensis tunc episcopus : purpuræ honor mox toletum est allatus. Solemnitati rex interfuit. Noui regis nuptias cum Margarita Caroli Austriaci filia rex pater pactus reliquerat. Ita prosequente matre et Alberto Austriaco, sponsa in insubres et mediolanum venit. Inde Ferrariam, ubi erat pontifex, eo Principatu ad ecclesiam, cuius beneficium extat, recens deuoluto ultimi Ducis, sine prole. In ea urbe celebri apparatu, cæremoniis extraordinariis, utrumq. coniugium Margaritæ et Alberti a Pontifice est celebratum, tametsi duo coniuges rex eiusque soror aberant. Inde profecti ad* Dertusæ litora appulerunt ad 6ᵃˢ Kal. april. Paulo post Valentiæ ad 14 Kal. maii utræque nuptiæ regio apparatu, magno procerum concursu confectæ sunt. Dies Dominica fuit octaua post Pascha. Peracta lætitia rex Albertum Barcinonem est prosecutus. Qui cum uxore in Belgas iturus ex ea urbe solvit ad 7ᵃ Id. Iun. Reges Valentiam redierunt, inde Madritum. »

a) « a los alfaques de Tortosa. » (Seule variante indiquée pour le Sumario ; le sens est, du reste, le même.)

II

(Ms. Egerton 1874, n° 5, p. 140[1].)

« 1492

Annus a Partu Virginis millesimus quadringentesimus nonagesimus secundus, non capta modo urbe Granada ⟨ insignis fuit, sed et tribus aliis rebus, quæ in eo contigerunt, Hispanis maxime memorabilis *faustus insignis* ⟩ [*faustus fuit; sed et Hispanis maxime insignis*]. Nauigatione ad Indos occiduos inchoata, Alexandri sexti Pont. Max. electione[2], Iudæis pulsis prohibitisque tota Hispania ⟨ Hispanis maxime insignis. ⟩ de quibus singulis ordine dicemus. Granatæ mense Martio editum a Regibus promulgatum aduersus Iudæos, quibus intra quatuor menses ex uniuersa Hispania ut discederent mandatum est. re familiari diuendita eo spatio aut asportata. Simili edito Thomas Turrecremata proximo mense Aprili piis eo tempore decurso arcuit a Iudæorum commercio cibosque illis dare uetuit. Itaque innumera eius gentis multitudo, aut in Lusitaniam proximam dilapsa est, aut in uarias orbis oras nauigauit Africam, Italiam, orientis prouincias ubi

---

1. Main de Mariana. Je mets ici entre [] les additions marginales, dont la plupart font corps avec le texte.

2. Cf. pour ce qui suit le ms. Egerton 1869, p. 5 (XXVI, 1), où l'on trouve le texte définitif:

« ... In Hispania Ferdinandus et Isabella Reges bello Mauris exempti, quam primum depellendis universa ditione Judæis, quæ alia pestis supererat, inter se consultabant. Eo consilio Granatæ, ubi morabantur, mense Martio salutis anno 1492, per edictum voce præconis denunciarunt, Judæi omnes, nisi mutarent, uti ex omni ditione discederent. Parando exilio quatuor menses dati sunt, cum facultate eo spatio uendendi bona secumue, quo uellent, asportandi. Id edictum noua Thomæ Turrecremata inquisitoris sanctione amplius est astrictum mense Aprili piis omnibus uetantis cum ea gente commercium : grauique supplicio sancientis si quis eo decurso tempore victu aut re alia quapiam eos homines iuuaret. Sic innumera Judæorum multitudo mari ex Hispania soluentes, tum Africam, Italiam, et orientis solis oras tenuerunt: vbi in hunc diem patriam hispanorum linguam mordicus retinent: tum plerique in Portugaliam uicinam abiere. Fecit eo migrandi potestatem Joannes eo nomine secundus Portugaliæ Rex ea tamen lege, ut per capita octonos aureos singuli penderent hospitii pretium : atque intra certum tempus rursus ex iis finibus commigrarent, captiuitatis pœna proposita iis qui secus fecissent. Itaque multi in seruos eo transacto tempore dati sunt : quos omnes tamen Emanuel Joannis successor, cum primum regni infulas suscepit, mitiori censura reddidit libertati. Judæorum multitudinem, qui ex Hispania discesserunt, ad certum numerum reuocare promptum non est. Plerique scriptores centum et septuaginta familiarum millia abiisse confirmant: quidam ad octingenta millia capita peruenisse ait. Ingens numerus, ac vix fidem facturus. Sed unde tamen multis occasio extitit hoc decretum accusandi gentem copiosam, et quæ omnes uias pecuniæ nouerant, amouere, a prudentia Ferdinandi alienum existimantibus. Magno utique compendio fructuque earum prouinciarum, ad quas copiarum Hispaniæ magnam partem, aurum, argentum, gemmas uestemque pretiosam secum detulere. Multi ex eo numero, ne patria carerent, Christo dedere nomina, pars synceris animis: alii simulata pietate tempori seruientes breui ad ingenium fraudes et mendacia redierunt. »

Le texte de 1605 est conforme, même pour l'orthographe, mais non pour la ponctuation. Une seule variante au début: *Maurico* au lieu de *Mauris*.

eorum posteri ad hunc diem linguam Hispanorum uernaculam retinent. Plerique ad centum septuaginta millia familias discessisse confirmant quidam ad octingenta millia capitum fuisse ait. Quocumque tandem numero magno sane compendio earum prouinciarum ad quas magnam copiarum Hispaniæ partem secum detulerunt, aurum gemmas, uestem pretiosam. Multi ex eo numero ne patria carerent Christo dedere nomina para syncero animo, alii tempori seruientes breui ad ingenium redierunt.

Obiit Innocentius octauus ad octauum Kal. Augusti, in eius locum cooptatus est Rodericus Borgia Cardinalis et Vicecancellarius, ad tertium idus Augusti, *Alexandri sexti nomine* auro redemptis suffragiis, ut fama ⟨fuit⟩ *tulit*, certe turpi ambitu. Eam opinionem confirmauit ⟨data continuò⟩ Ascani⟨o.⟩us sfortia⟨e⟩ Cardinalis ⟨scrinii sacri Præfectura⟩ *factus continuo Vicecancellarius* ob nauatam in comitiis operam *uidelicet*, sic uulgus interpretabatur. [*Ex inuidia multa afflicta Alexandro Pontifici suspicabamur, crimina uero maiora.*] Natus est in Hispania Vrbe Valencia. Pater Gotifredus Lenzolius, mater Elisabeth Borgia. Is renuntiata Calixti auunculi electione ad non dubiam purpuræ spem continuo Romam aduolarat. Cardinalis factus iustæ propemodum uxoris loco et cultu habuit Zanoziam Romanam puellam : ex qua⟨tres⟩ *quatuor* filios genuit ⟨Petrum Ludouicum Iohannem⟩ *Petrum Ludouicum* natu maximum, Cæsarem Ioannem, et Gotifredum, filiam unam nomine Lucretiam. ⟨Petrum *Iohannem*⟩ *Petram* Gandiæ Ducem [*auro eo principatu redempto*] constituit ⟨eo principatu antequam esset Pontifex auro redempto⟩ *et hoc defuncto antequam ille esset Pontifex Ioannem illi substituit*, data in matrimonium Alfonsi secundi Neapolitani Regis filia notha, unde natus est Ioannes Francisci pater eius quem abdicato paterno et auito principatu nostri ordinis socium deinde Propositum generalem uidimus præcipuum nostræ ætatis . miraculum. Cæsar alter Pontificis filius, ⟨*Ioanne*⟩ maiori suo fratre nocturna ui perempto, abiecto purpuræ honore armis quam infulis aptior pro patre bella uaria gessit. Dux Valentinus vulgò dictus : ac post uarios casus in Hispania tandem bello Vasconum occubuit. Gotifredum natu minimum ⟨*Ferdinandus*⟩ *Alfonsus* Secundus neapolitanus Rex Squilacii in ora Italiæ extrema atque adeo Magna Græcia Principem dixit. Lucretia Pisauriensi Principi primum, mox Ludouico[1] Aragonio Alfonsi Neapolitani filio notho, et hoc sublato tandem Alfonso Duci Ferrariensi nupsit. Hoc Pontifice quatuordecim Hispani cardinales in senatum lecti, atque in eo numero Ioannis Borgia sororis filius Pontificatus initio, et Bernardinus Caruaialius orator Romæ pro Rege Hispano Ferdinando. Hæc initia quanta consequentur mala[2] ? »

(Ms. Egerton 1814, n° 5, p. 151.)

« 1590

Consequens annus duorum Pontificum obitu insignis fuit Sixti quidem mense Augusto, atque Vrbani septimi : qui in eius locum substitutus undecimo post die decessit. Ne ⟨Innocentii quidem noni aut Gregorii XIIII⟩ *Gregorii quidem XIIII aut Innocentii noni* pontificatus ultra paucos menses

1. *Ludouico*, d'abord écrit dans le ms. Eg. 1869, a été biffé et remplacé par *Alfonso*, qu'on trouve dans l'édition de 1605 (cf. p. 149, n. 1).
2. Comparer ce paragraphe avec le chap. II du l. XXVI.

prorogati sunt. ⟨donec anno proximo *1592 inchoante*¹ C. Hippolytus Aldobrandinus Cardinalis, patria Romanus, origine Florentinus Clementis octaui nomine sacra Christianæ regenda suscepit in ætate integra, corpore ualetudine imbecilla, cui longæuam uitam fore cupimus speramusque⟩ [*donec Hippolyto Aldobrandino Cardinali sacrum imperium est delatum Clementis Octaui nomine. Patria Roma, origo e Florentia, mores inculpati, ætas integra, uires corporis haud ualidæ*] Autumnus ² hoc anno grauis fuit, multi in Hispania mortales periere, in pagis præsertim uis mali desæuiit, siue quia minora remedia erant siue quia aura corrupta liberior. Eo morbo Ioannes Calderonis insignis Theologus eruditionis merito Canonicus Toletanus *in secessu æstiuo* tentatus *repetita ualetudine decessit Toleti* ³... [*simplicitatis et grauitatis exemplum. Eius nos sepulcro uerissimum elogium incidi curauimus insitæ ipsi probitatis synceræ inter nos amicitiæ*].

In Hispania Antonius Peretius qui a secretis Regi fuerat, ⟨illi⟩ *seruus aliquando gratiosus post decem annorum uincula et carcere Madrito ubi uinctus erat* in Aragoniam euasit dicturus caussam *occisi Scobēdi cum e regia noctu egrederetur sed et aliorum criminum* coram Aragoniæ Iustitia. Lætitiam eius aduentu fugaque Cæsaraugustani conceptam breui mœrore mutarunt et lacrymis, sic sunt humanarum rerum uices. ⟨Cap⟩ E publico Iustitiæ carcere cum in arcanam Inquisitorum custodiam deductus esset, populus fraudem subesse ratus correptis repente armis primùm Marchionem Almenaræ, Legatum regium ⟨fact⟩ iam ante inuisum facto in eius ædes impetu obtruncauerunt deinde Inquisitorum carcerem perfringere dissono clamore minantur, neque destitissent nisi Antonius esset redditus. ⟨Ab his initiis⟩ Itaque is paulo post euasit in Galliam, turbulenti ciues breui pœnas concitati tumultus dederunt. Missus exercitus Duce Alfonso Varga strēnuo et ueterano, qui magnam uirtutis ⟨in⟩ opinionem in Belgis erat consecutus *Eius diligentia ciuium* ferocia repressa. Multis exitialis audacia fuit ante omnes ipse Aragonum Iustitia *Ioannes Nuza* capite pœnas dedit *lege maiestatis* quod armatus contra Regias copias processisset. [*Dieghus Heredia et Ioannes Luna præcipui seditionis auctores simili supplicio subiecti sontibus alii irrogata supplicia haud exiguo numero*] Dux Villaformosa, et Aranda comes capti atque in Castellam missi breui in carcere obierūt. ⟨Gentis Aragoni⟩ Rebus componendis Gentis Aragoniæ conuentus Turiasona habiti *sunt* præside Andrea Bobadillia Cæsaraugustano Præsule. Eo rex ipse obitis Valliseleto, Burgis atque Pompelone accessit [*fine anni 1592*], In Philippi Principis, qui *cum sorore Isabella* patrem Regem prosecutus *erat* uerba Pompelone et Turiasone iuratum, non alium hæredem eorum principatuum fore, sic integro biennio exacto ex quo ⟨ii co⟩ Aragonii tumultus primum concitati fuerant, sontibus uindicatis præsidiis Cæsaraugustæ et aliis locis ⟨cons⟩ constitutis, soluto ⟨Turiasonem⟩ Turiasonis conuentu Aragonii tandem quieuere suo edocti malo *tametsi* magni ⟨uires esse⟩ multitudinis *impetus sunt*, Regis *esse uires* maiores uanam sine uiribus ⟨esse⟩ audaciam, ⟨suo quemque periculo furere malo⟩ *suo plebem malo sæpe tumultuari.* »

1. Comme il est dit p. 148, la rédaction définitive de ce Sommaire doit être postérieure à 1596; mais les mots « anno proximo » et la correction (biffée elle-même) « 1592 inchoante » donnent à penser que la première rédaction date de 1593. Il n'en est pas moins possible de considérer comme antérieure celle du Sommaire plus succinct de 1492-1600, du moins pour les années 1492-1590.
2. La fin de ce paragraphe a été ajoutée après coup.
3. Une ligne coupée au bas de la page. Le paragraphe suivant correspond à l'année 1591 des Sommaires imprimés.

(Ms. Egerton 1874, folio 183 verso, placé à la suite du n° 5¹.)

« <Auctor operis> lectori

[*Quod sum* <*in toto*> *initio operis præfatus*] In bello Granatensi resistere, neque attingere nostra tempora deliberatum erat *ne* In culuspiam offensionem incurrerem memoria recenti <*uerebar*> *uidelicet:* et multa in utraque lingua <*conscripta*> *confecta* eleganter de rebus quæ deinde inciderunt *commentaria* non ignorabam. <Ab eo consilio amici deduxere> <*nostrum institutum amici non probabant*> [*Ab eo consilio amici deflexere*] conuitio monentes: historiam mutilam relinqui, earum rerum explicatione sublata ad quas lector solet festinare exigua ueterum cura. Quid facere? quod consilium captarem potissimum? [<*In ancipiti sententia*>] [<*Anceps controversia, non expedita deliberatio*]>]

Morem <*eat*> <*tam*> gerendum duxi eatenus, ut narrationis perpetua serie relicta in Diarii morem summa tantum capita *deinceps,* euentus rerum et exitus delibarem, caussas consilio prætermitterem, ne ipse quidem quid mei iudicii esset in singulis indicarem. Sic studiis multorum, amicorum monitis, historiæ perpetuitati <consulere> sine offensione, sine noxa, sine periculo *consulere* cogitabam. Simul uirium <imp> imbecillitatis, præcipitantis affectæque ætatis ratio habenda fuit : quæ otium et amœniora studia amat, grauiores curas auersatur. Qui plura addere uolet, ei uiam intento digito monstramus, materiam construimus magna ex parte, euentis, *locis*, temporibus designatis; quibus styli ipse elegantiam, *orationis copiam* uerborum et sententiam lumina <*addat*> *adiungat* feliciori conatu. Plura dicere non est necesse : nostrum quale fuerit consilium appendice historiæ adiicienda, monuisse lectorem sit satis. »

APPENDICE VII

La collation des éditions de l'Histoire d'Espagne

(Ms. Egerton 291. Voir p. 154 et 394.)

Le ms. Egerton 291 contient une liste des variantes, additions ou suppressions des éditions de 1608 et 1623 par rapport au texte latin. Pour chaque variante, on renvoie par un numéro à l'édition latine prise comme base. Cette édition n'est pas spécifiée; mais c'est celle de 1605. Nous n'avons donc pas là, comme l'indique le titre du dos, « Mariana Historia de España en compendio. » Il y a 121 folios écrits au verso comme au recto. Certains chapitres (le 7° du l. XII) occupent 4 pages, et l'écriture est fine et serrée.

A partir du folio 122, on trouve le texte latin du sommaire « P. Joannis Mariana S. J. Summarium ad historiam Hispaniae, eorum quæ acciderunt annis sequentibus. Moguntiæ an. 1619. » A la fin de chaque année viennent les additions ou corrections du texte espagnol de 1515 à 1612 inclus. (Voir l'appendice VI, notes.) De 1613 à 1621 on ne donne naturellement que le texte espagnol.

Voici un spécimen de cette collation (fol. 280) :

« Libro sexto

. . . .

cap. 4. (1) y Geila, o Agilano su hermano = asi en el Latin como en castellano le llama tambien Geila en el capit. 1° de este libro. (2) debaxo de nombre de rey, era muy cruel tyrano, essecutiuo (en la de 1623, executiuo), sugeto a todos los vicios y fealdades, monstruo &c. (3) capitanes franceses. (4) q. Agilano, herm° del rey Suinthila, entre los demas se arrimò a Sisenando, y siguiò su partida, si bien la amistad no le duro mucho. De las historias Francesas se vee, q. al rey Dagoberto dieron los nros (por ventura a cuenta de los gastos de la guerra) 40 libras de oro q. el aplicó pª acabar la fabrica de S. Dionysio, templo muy sumptuoso y grande, junto a Paris, y obra del rey Dagoberto.

c. 5. (1) Las iglesias de Galicia, en la bendicion del cirio Pascual, en las ceremonias y oraciones se conforman con las demas de espª. (2) esto lo pone despª de fore laborandum, por estas palabras = de los demas prelados, y del orden q. guardaron, no ay q. hazer mencion en este lugar. Solo de Justo arçobª de toledo, quiero añadir, q. segun parece era persona suelta de lengua y maldiciente, tanto q. en todas sus platicas acostumbraba a reprehender y murmurar de todo lo que Helladio su predecessor hauia hecho. La condicion tuuo tan aspera, q. sus mismos clerigos por esta causa le ahogaron en su lecho, despª q. en aquella Iglesiá presidio por espacio de 3 años. Quien dize que el Justo a quien mataron sus clerigos (a la margen, Moral. lib. 12. c. 18) fue differente del q. fue arçobispo de toledo. (3) como media legua de Bejer de la miel. »

APPENDICE VIII

Les sources de Mariana dans l'Histoire d'Espagne.

I

Le ms. Egerton 1874, p. 370 (n° 32 de Gayangos), contient une liste d'auteurs écrite sur deux colonnes et sans ordre alphabétique ni chronologique, de la main de Mariana. On peut y voir un catalogue dressé par lui quand il se mit au travail. Beaucoup de noms s'y trouvent, qui manquent dans les listes alphabétiques jointes aux différentes éditions de l'Histoire d'Espagne. D'autre part, chose notable, on n'y voit d'autres auteurs espagnols que Paul Orose, Rodrigue de Tolède et Beuter.

Je reproduis ci-dessous tous les noms ou titres, tels qu'on les lit dans le manuscrit; ce qui ne se rencontre pas dans les listes imprimées est mis ici entre ⟨ ⟩. Je marque en italiques ceux qui ont été ajoutés dans la liste de l'édition de 1592-1595, et ceux qui l'ont été dans la liste de 1601. Ceux qui figurent dans cette dernière et manquent dans la précédente sont précédés ici d'un astérisque. Je range le tout autant que possible dans l'ordre chronologique, rejetant à la fin les collections et ouvrages similaires.

La liste de 1605 ne contient aucun nom qui ne soit déjà dans celle de 1592-1595, et ne reproduit aucune des additions de 1601. Elle a six noms qui manquent en 1601, mais qui sont déjà cités en 1592 : « Alfonsi II historia generalis; Appianus Alexandrinus; Genebrardus; Michael Riccius; Paulus Orosius; Radeuicus; Rasis Arabs. » C'est évidemment par oubli qu'ils n'ont pas été inscrits en 1601.

L'édition de 1623 n'ajoute à la liste de 1601 que « Dextro; Iulian Arcipreste; Maximo Cæsarau. »

Je m'abstiens de donner, sur les auteurs et les ouvrages implicitement ou explicitement désignés, des renseignements que l'on trouvera dans le *Wegweiser durch die Geschichtswerke des Europäischen Mittelalters* d'Aug. Potthast, la *Bio-bibliographie* d'Ulysse Chevalier, *Les Sources de l'Histoire de France* d'Aug. Molinier, etc. Voir plus haut, p. 310-7 et 413.

Biblia. — Herodotus. — Thucidides. — ⟨ Xenophon ⟩. — Polibius. — *Lucilius.* — Cicero. — Diodorus Siculus. — *Cæsaris commentaria.* — *Hirtius.* — Dionysius Halicarnasseus. — *Titus Liuius.* — Strabo. — Pomponius Mela. — *Lucanus.* — Josephi Judæi opera. — *Conon ex Photio.* — Plinius uterque. — Valerius Maximus. — Q. Curtius. — Cornelius Tacitus. — Plutarchi Vitæ. — Suetonius. — Antonini Itinerarium. — ⟨Hegesippus⟩. — Arrianus. - Appianus Alexandrinus. — Ptolemæus. — ⟨Pausanias⟩. — *Clemens Alexandrinus.* — Dion. — *Tertullianus.* — Iustinus. — Solinus. — Festus Pompeius. — Eusebii Historia tripartita. — *Lactantius.* — Eutropius. — *Rufus Festus Auienus.* — Sextus Rufus. — *Sextus Aurelius Victor.* — Ammianus Marcellinus, Lampridius, Spartianus cum aliis auctoribus Historiæ Romanæ. *Vopisco. — ⟨ Damasi Pontificale si per se extat ⟩. — Sulpitii Seueri historia. — Socrates Theodoritus et Sozomenus integri. — D. Hieronymus. — D. Augustinus. — Paulus Orosius. — Prosper Aquitanicus. — Idacii Chronicon. — Sidonius Apollinaris. — Olympiodorus ex Photio. — Procopius Cæsariensis ⟨Agathias.⟩ et Iornandes. — Iustinianus imperator. — Victor Tunniensis. — Cassiodori opera. — ⟨ Gildas[1] ⟩. — Biclarensis abbas. — Gregorius Turonensis. — Isidorius (sic) Hispalensis. — Chronica Regum Vuisigothorum. — Braulius. — D. Illephonsus. — D. Iulianus. — Isodorus Pacensis — Cixila Archiepiscopus Toletanus. — Beatus et Heterius contra Elipandum. — Paulus Diaconus. — Hildericus Gallus. — Eginardus. — Ionas Aurelianensis. — ⟨ Freculphus ⟩. — D. Eulogius. — Ado Vienensis. — Alueldense Chronicon. — Alphonsi Magni Chronicon. — Samson Abbas. — Bibliotheca Photii. — Regino. — Luithprandus Ticinensis. — Rasis Arabs. — Vuitichindus. — Aimonius de gestis Francorum. — Sampyrus Asturicensis. — Suidas. — ⟨ Cedrenus ⟩. — Marianus Scotus. — Sigebertus. — Zonaras cum Niceta et Nicephoro Gregora. — Alexander Celesinus Abbas. — Compostellana historia. — Pelagius Ouetensis. — D. Bernardus. — Petrus Cluniacensis. — Otho Frisingensis cum Radeulco. — ⟨ Brocardus de Terra Sancta ⟩. — ⟨ Historia Scholastica Petri Comestoris ⟩. — ⟨ Saxo grammaticus de rebus Daciæ ⟩. — Petrus Cisterciensis[2]. — Hispalenses Annales[3]. — ⟨ Abbas Uspergensis ⟩. — Lucas Tudensis. — Toletani Annales. — Vincentii Specula. — Gaufredus Monachus. — ⟨ Martini Poloni Chronicon ⟩. — Alfonsi Sapientis historia generalis. — Guillielmus Nangiacus. — Bernardus Guido. — Raymundus Montanerius. — Nicephorus Calixtus. — Villanęus. — Alphonsi 11 historia generalis. — Petrarcha. — Bocatius. — Opsonator Eleonorę Reginę. — Itinerarium ad Tamerlanum. — *Frosarte frances. — Cyriacus Anconitanus. — Ludouici Pansani commentarius. — Thomicus Catalaunicus historicus. — Tonstatus Abulensis. — Bartholomæus Faccius. — D. Antonini historia. — Anacephalęosis. — *Æneæ Sylvii opera. — ⟨Blondus⟩. — Laurentius Valla. — Ioannes Turrecremata. — Rodericus Sanctius Palentinus. — Prexanus contra Petrum Uxamensem. — Platina ⟨ cum annotationibus et chronico Onuphrii ⟩. — Valeriana historia[4]. — Diegus Henricus Castillio. — Iohannes Margaritus. — Fernandus Pulgarius. — Alfonsus Palentinus. — Colenuccius. — Robertus Gaguinus. — Annius Viterbiensis. Berosus. Fabius Pictor. — ⟨ Bonfinius ⟩. — ⟨ Sabellius (Sabellicus?) ⟩. — Philippus Commineus. — ⟨Nauclerus⟩. — Trithemii chronicon et de scriptoribus. — ⟨Leander de Italia[5]⟩. — ⟨Galatinus contra Judæos⟩. — ⟨Philippi Bergomatis supplementum⟩. — Ricius de Regibus Hispaniæ. — Paulus Æmillus. — Antonius Nebrissensis. — Petrus Martyr Algueria. — Marinæus Siculus. — ⟨Guiciardinus⟩. — *Iuan Lucido de temporibus. — ⟨Hector Boetus de Scotia⟩. — Ioannes Leo. — Meieri historia flandrica. — Paulus Iouius. — *Francisco Alvarez en la Descripcion de Ethiopia. — Andreas Resendius. — ⟨Beuteri historia⟩. — Florianus Docampus. — Petrus Messias. — Gomarę historia. — Polydorus de Anglia. — Marianus de antiqua Roma.

1. Biffé sur le manuscrit.
2. Il s'agit de Pierre des Vaux de Cernay : Mariana cite son Histoire de la guerre des Albigeois, au l. XII, c. 1.
3. Voir p. 308.
4. Voir p. 312, n. 1.
5. Sans doute Albert Léandre, dominicain de Bologne, auteur du De viris illustribus ordinis Prædicatorum, 1517.

— *Illescas su Pontifical. — ⟨Baloei centuria¹⟩. — Onuphrii ⟨fasti et opera eius alia⟩. — ⟨ Olaus Magnus ⟩. — Fazelli historia Siciliæ. — *Tilio su chronicon de los Reyes de Francia. — Franciscus Rades Andrada. — Ludouicus Marmol. — ⟨ Surii chronicon. Surius de uitis sanctorum ⟩. — Osorii historia. — Soritæ Annales & indices. — Dieghi Castellæ Decani Tolet. schedæ *y un tratado del linage de Castilla. — *Antonio Augustino. — Aluari Gometii Aduersaria². — ⟨ Natalis Comes ⟩. — Nicolas Sanderus. — ⟨ Caroli Sigonii Historia et fasti ⟩. — ⟨ Martinus Cromerus ⟩. — ⟨ Paradinus de rebus Burgundiæ ⟩. — *Geronimo Blanca. — Ambrosius Morales. — Mercatoris chronicon. — Ioannis Baptistæ Peresi Episcopi Segorbiensis aduersaria. — Genebrardi chronicon. — Garibaius. — *Horatio Turselino. — Ortelius. — *Garcia de Loaysa, sus concilios y papeles. — *Mapheo su historia. — *Annales et martyrologium Cæsaris Baronii. — Iosephus Scaliger. — Massoni de Gallia ⟨ et uitis Pontificum ⟩. — ⟨ Maurolici historia Siciliæ ⟩.

*Nauegaciones a la India de Portugal. — Vasæus et Rodericus cum aliis historiæ Hispaniæ duobus tomis³. — Annales Galliæ si latine extant, sin minus Gallice. — Historię seu chronica peculiaria singulorum Castellę regum. — Concilia. — Panegyrici. — Directorium Inquisitorum.

II

Le ms. Egerton 1873 contient, entre autres textes (voir p. 305-9) :

(N° 4 de Gayangos, f° 241.) *Idacii Lamecensis Chronicon*. C'est une des trois copies dont Flórez s'est servi pour établir le texte de son *Cronicon pequeño de Idacio* (*Esp. sagr.*, t. IV, ap. IV; voir en particulier § 7-8). Mommsen fait remarquer (*Mon. Germ.*, *Auct. antiquiss.*, t. XI, p. 9, § 7) que Mariana a tiré son texte de la collection de Juan Bautista Pérez. Des quatre recueils que l'on sait avoir été formés par ce dernier (*ibid.*, p. 173-4), trois contiennent, en effet, cette chronique. L'un d'eux, le ms. F 58 (= 1376) de la Bibl. nacional, copie (cf. Ewald, *Neues Archiv*, t. VI, p. 303 et 363-5) de celui de la Bibl. capitular de Tolède 27-26, a été utilisé par le savant allemand (cf. *ibid.*, p. 174 et 9, § 6).

(N° 5, f° 29.) *Chronica Regum Vuisi Gothorum era 400*ᵃ. Le folio précédent porte une note : « Hoc Chronicon sine auctoris nomine circūfertur ex Gotthicis præcipuę vetustatis codicibus descriptum, quod nõnulli Juliani Archiepī Toletani opus fuisse putant coiectura haud satis probabili, Ambrosius Morales Vulsæ affirmat Gothorum tempore episcopi, sic ille ait, nullo preterea argumēto ipsa inscriptione chronici haud dubium falsus, nam vbi legere debuit incipit chronica regum Vuisigothorum (vti Gotthicum exemplar quod nos vidimus manifeste habet) Ambrosius legisse videtur incipit chronica regum Vulsæ Gothorum Libro II suæ historiæ cap. 17. » Cette chronique a été publiée par Flórez (*Esp. sagr.*, t. II, p. 177-81), qui, chose assez étrange, ne parle pas de la copie que nous avons ici, et qui, dans ses *Advertencias* préliminaires (p. 169-77), ne reproduit pas, contrairement à son habitude (et peut-être parce qu'il ne connaissait pas encore le recueil de Mariana), la notice mise en tête, bien qu'elle concorde étonnamment avec

1. Biffé sur le manuscrit.
2. Voir p. 311, n. 5.
3. Collection des *Rerum hispanicarum scriptores* de Beale.

sa propre opinion. Cette chronique a été également publiée par Villanueva (*Viage*, t. III, p. 319-22) d'après le recueil de Pérez conservé à Segorbe. Elle se trouve aussi dans les ms. F 38, au f° 135, et F 58 = 1346 (celui dont parle Flórez, *Esp. sagr.*, t. IV, p. 195), au f° 18 (cf. Mommsen, *ibid.*, p. 283).

(N° 6, f° 31.) *Victor [is] Tannensis chronicon*, précédé d'une notice, et à la suite duquel on trouve une copie de la Chronique de Jean de Biclar, copie qu'a utilisée Flórez (*Esp. sagr.*, t. VI, p. 380 et 382-96; cf. Mommsen, *ibid.*, p. 174 § 5), et que ne signale pas Gayangos. Ces deux chroniques se trouvent aussi f° 5-42 de F 38 (cf. Mommsen, p. 174, § 4, et p. 179) ainsi que dans les trois autres recueils de Pérez.

(N° 7, f° 56.) *Incerti auctoris additio ad Ioannem Biclarensem*, texte utilisé par Flórez (*Esp. sagr.*, t. VI, p. 429-41) et Mommsen (p. 329, 334-69). Les interpolations dont parle Mommsen peuvent, selon Flórez, avoir été tirées par Mariana d'un ms. différent de celui qui avait servi pour la copie. Le texte est précédé de la note : « Ex codice vetusto Gotthico Soriensi. » C'est de ce codex que Pérez avait tiré sa copie (cf. Mommsen, *ibid.*), qui se trouve au f° 23 du ms. F 38.

(N° 8, f° 60.) *Chronicon Albeldense*, précédé d'une notice qu'a reproduite Flórez (t. XIII, p. 425), qui s'est servi de ce texte pour établir le sien (p. 433-66; cf. p. 428). Le codex *Albeldensis*, dont Mariana dit s'être servi (cf. p. 309) et qui était conservé à l'Escorial depuis peu, a servi aussi à Pérez (cf. Flórez, *ibid.*, p. 424); on trouve, en effet, ce *chronicon* au f° 177 de F 38; et cet érudit l'avait utilisé dès avant 1580, pour sa collection de conciles (cf. Villanueva, *Viage*, p. 306). Le début dans les copies de Pérez et de Mariana est, du reste, le même : « Incipit ordo romanorum regum » (Flórez, *ibid.*, p. 438). Sur cette chronique et celle d'Alphonse III (dite de Sebastián) voir *Les Histoires générales*.

(N°° 9 et 10, f°° 73-4.) Ces deux numéros se confondent : cf. plus haut, p. 393. Le n° 10 n'est autre chose que la Chronique dite d'Isidore de Beja, et le f° 73 contient seulement le titre *Isidori Pacensis Episcopi Chronicon*, avec une notice tirée de Vasséc et suivie d'une autre de Mariana, qu'a publiée Flórez (*Esp. sagr.*, t. VIII, p. 275-6). Au f° 74, en marge du titre « Incipit epitome » (cf. *ibid.*, p. 282), Mariana a écrit : « Ex uetusto codice Oxoměsi, sine nomine auctoris » (cf. Mommsen, p. 331, § 4). La même chronique se trouve dans le ms. F 38, utilisé par Mommsen (cf. *ibid.*, § 4 et 5). Il n'est pas probable que Mariana ait vu lui-même le codex *Oxomensis*, et il a pu tirer son texte du recueil de Pérez, qui, directement ou non, s'en était servi (cf. Villanueva, *ibid.*, p. 202, 204).

(N° 11, f° 90.) *Chronicon Adefonsi regis cognomento Magni ad Sebastianum Salmanticensem episcopum*. Après ce titre, vient la notice reproduite par Flórez (t. XIII, p. 474-5). En marge : « Ex codice Gotthico Soriensi ». La même chronique se trouve au f° 154 de F 38. La copie de Mariana a été suivie de préférence par Flórez (p. 476). A la suite, bien que Gayangos ne les indique pas, viennent les *Chronica Sampiri Asturicensis et Pelagii Ouetensis ex codice Ouetensi*. Dans cette copie, comme dans F 38 (f° 161), la Chronique de Sampiro commence, ainsi qu'il convient, à *Adefonsus* et non à *Suprinum*, comme dans F 134 et F 58. Mais, d'autre part, la note « Hic erat depicta effigies sedentis regis et suos nuntios quos mitteret alloquentis », que l'on trouve dans F 58, f° 160°, se lit dans cette copie de Mariana, mais non dans F 38. Cela prouverait que Mariana s'est servi directement de F 58. Ce dernier ms., décrit par Ewald (*Neues Archiv*,

t. VI, p. 3o3-6), du f° 113 au f° 180 (exception faite du f° 115), reproduit les f°⁸ 1-117 de F 134, dans lequel je crois pouvoir reconnaître le *Batres* dont parle Mommsen (p. 263, § 1). Comme les 95 premiers folios renferment des documents dont quelques-uns sont précédés de la note « ex vetustissimo codice ouetensi » ; comme, d'autre part, il porte en tête du f° 1 « Vetustissimus codex ovetensis habet hanc effigiem crucis angelicis manibus fabrefactæ » ; comme enfin le f° 115 porte lui-même en tête « Liber Vetustissimus ouetensis ecclesiæ », Mariana a pu croire que le texte de Sampiro (et sans doute aussi celui de Pelayo, quoiqu'il ne le dise pas) était aussi tiré de l'*Ovetensis*.

(N° 12, f° 112.) *Episcoporum sedes oueti in concilio singulis designatæ.* Ce texte, qui comprend une seule page, est de la main de Mariana et commence par les mots : « Ecce scripturam quæ docet qualiter cum consilio regis domini Adefonsi... », se termine par « ...de Naranco et fiunt sub uno ». Il ne se trouve pas dans F 38, mais bien dans F 58 (f° 180) comme dans F 134 (f° 117), avec cette différence que dans ces deux derniers manuscrits on lit encore ces mots à la suite : « duo arcepī, z sedecim epī. » C'est, semble-t-il, une raison de plus pour croire que Mariana a bien eu le F 58 à sa disposition.

(N° 13, f° 114.) *Historia Arabum Roderici Semeni Archiepiscopi Toletani.* En marge : « Ex bibliotheca Ecclesiæ Toletanæ ». La même *Historia* se trouve dans F 58 (f°⁸ 214-51), avec une notice où il est dit : « Transcribi fecimus ex vetustissimo bibliothecæ Complutensis exemplari, in quo et regum Hispaniæ historia eiusdem D. Roderici continetur. » Pour ce texte, Mariana a bien pu ne pas s'en rapporter à la copie que lui en fournissait le F 38, et tirer la sienne du ms. de Tolède que Schott dit avoir utilisé pour son édition (t. II, p. 159). On trouve aussi l'*Historia Arabum* dans le ms. F 38 (f°⁸ 190-219).

Mommsen dit de la collection de chroniques contenues dans le ms. Egerton 1873 (p. 174) : « tota sumpta est ex collectaneis Perezianis ». On voit qu'il faut faire exception pour certains textes.

APPENDICE IX

Les éditions de l'Histoire générale d'Espagne

La *Bibliothèque des Écrivains de la Compagnie de Jésus*[1] contient une bibliographie des œuvres de Mariana, à laquelle je renvoie en principe, mais je crois nécessaire d'y apporter les modifications et additions qu'on trouvera ci-après[2].

ÉDITIONS EN LATIN

1592. — « IO. MARIANAE | Hispani. | E SOCIE. IESV, | HISTORIAE | DE REBVS HISPA- | NIAE | LIBRI XXV. | (Écusson aux armes royales) | Toleti, | *Typis Petri Roderici.* | 1592. | *Cum facultate & Priuilegio.* »

Il y a cinq sortes d'exemplaires datés de 1592 :

1° Celui que décrit M. Pérez Pastor d'après un exemplaire de la Biblioteca nacional (*La imprenta en Toledo*, n° 402) : LIBRI XX au lieu de LIBRI XXV; avertissement au lecteur, qui n'est pas dans les autres. Un exemplaire à la Bibliothèque nationale (Oa 27). C'est un exemplaire de ce genre que décrit la *Bibliothèque*.

2° Celui que décrit Salvá, n° 3016 : le V a été couvert par un signe ❧ ; il y manque les deux feuilles contenant la censure, le privilège, la *tasa* et la *fe de erratas*, qu'on trouve dans les autres exemplaires. L'exemplaire de la Bibliothèque municipale de Bordeaux, n° 2101, est conforme à cette description.

3° Le même, mais avec les deux feuilles qui manquent au n° 2. J'en ai un exemplaire, et il y en a un à la Biblioteca real, un au British Museum.

4° Le n° 3015 de Salvá, décrit plus complètement au n° 403 de la *Imprenta en Toledo* d'après un exemplaire de la Biblioteca nacional : le titre porte LIBRI XXV, et l'ouvrage comprend en effet les vingt-cinq livres, avec le nombre de folios indiqués par Salvá et par M. Pastor. Il y a également un exemplaire à l'Academia de la Historia et un à la Biblioteca real. Celui dont parlent les éditeurs de Valence[3], et qui, disent-ils, portait en marge, de la main de Mariana, les corrections, additions et modifications que l'on trouve dans l'édition de Mayence, répond à la même description. Dans les exemplaires de la Biblioteca real et de l'Academia de la Historia, la disposition typographique de la page 959 est identique à celle des exemplaires du genre n° 2; par exemple, les trois dernières lignes sont ainsi coupées et orthographiées :

« muneribus adderent perpetuitatem permixto lacrymis gaudio precantium. | Verum ad res Castellæ intermissas, nouique inter Hispanos Reges belli caussas | explicandas referenda narratio est.
Libri Vigesimi finis. HISTO. »

---

[1]. Voir plus loin la Bibliographie.
[2]. Sauf pour les premières éditions et pour celle où il se sera glissé quelque erreur dans la *Bibliothèque*, je m'abstiendrai de donner les titres en entier. Je représente par des caractères d'un corps supérieur les parties de titres qui se trouvent en rouge.
[3]. T. I, App. I, p. xci.

5° Outre l'exemplaire en XX ⚡ livres (cote 2101), la Bibliothèque municipale de Bordeaux possède un exemplaire de l'édition de 1592 en XXV livres (cote 2101 A). Avant la dédicace (à l'inverse de l'exemplaire en XXV livres de la Bibl. real), il a : 1° le folio contenant la censure, le privilège et la *tasa;* 2° le folio contenant les errata (des XX premiers livres seulement et jusqu'à la page 958); ces deux folios tels qu'on les trouve dans l'exemplaire du British Museum (en XX ⚡ livres) et le mien; 3° l'index en italique, et pour les XX premiers livres, tel qu'on le trouve à la fin dans ces deux exemplaires et celui de Bordeaux (il n'existe pas dans l'exemplaire en XXV livres de la Bibl. real). A la fin de l'ouvrage, il y a : 1° un *Index generalis* pour les XXV livres, en romain et non en italique; 2° un *Index nomina continens gentium, vrbium, montium, fluuiorum, honorum, magistratuum, instrumentorum in his libris, paulo obscuriora cum explicatione* (deux pages et demie); 3° une liste (qui n'est pas sur colonnes comme dans les éditions postérieures) des *Auctores quos hæc historia sequitur quique in ea citantur;* 4° une courte liste des *Errata in postremis quinque libris.* Le livre XXI commence au verso de la page 959. Jusqu'ici il n'y a rien de bien particulier, mais la disposition typographique de la page 959 n'est pas la même que dans l'exemplaire coté 2101. Voici comment sont coupées et orthographiées les quatre dernières lignes :

« | pitiandis: vt quæ erant collata conseruarent: & tantis muneribus adderent | perpetuitatem, permixto lacrymis gaudio precātium. Verum ad res Castellæ | intermissas, nouique inter Hispanos Reges belli causas explicandas referēda | narratio est.
  Libri Vigesimi Finis.
                                                                    Histo. »

Le 5 de 959 est fait autrement que celui de l'exemplaire 2101, qui a la forme ς comme tous les 5 des pages antérieures dans les deux exemplaires. Puis jusqu'à la page 1005, toujours 5, ensuite 101ς, etc. Le caractère est, semble-t-il, généralement le même, d'un bout à l'autre de l'exemplaire, mais la lettre est venue plus pâteuse.

1595. — Certains exemplaires en vingt-cinq livres, décrits par la *Bibliothèque* et par M. Pérez Pastor (n° 403), et non mentionnés par Salvá, sont identiques, pour le contenu, à notre n° 4, mais le titre porte le nom de l'imprimeur Tomás Guzmán et la date de 1595. En voici la description d'après l'exemplaire de l'Academia de la Historia :

« IO MARIANAE | Hispani. | e socie. iesv. | HISTORIAE | DE REBVS | HISPANIAE | LIBRI XXV | *cum Indice copioso & explicatione* | vocum obscuriorum | (éc. aux arm. roy.) | Toleti *Typis Thomæ Gusmanii* | M.D.XCV | *Cum facultate & Priuilegio.* »

Au dos : « LIBER
    Hic legit vt discat : rigido is me vellicat vngue.
    Qui potis es præsta : laus ea maior erit. »

La disposition typographique de la p. 959 est la même que dans l'exemplaire de 1592 en XXV livres que possède la même Academia.

Les bibliographes ont fait observer que tous les exemplaires, même ceux qui n'ont que les vingt premiers livres, ont au bas de la page 959 la réclame « HISTO- ». Il en résulte que l'on avait bien d'abord pensé donner les vingt-cinq livres d'un seul coup. Pour une raison ou pour une autre, on fit paraître d'abord seulement les vingt premiers. Comme le titre était déjà tiré, on l'utilisa en couvrant le V à l'aide de l'*adornito* dont parle Salvá (✶), et qui est identique dans mon exemplaire, celui du British Museum, celui de la Biblioteca real et celui de Bordeaux. On constitua ainsi les exemplaires n° 3, qui par la suppression pure et simple des deux folios qui contenaient la censure, le privilège, la *tasa* et la *fe de erratas*, ont pu devenir la variété n° 2. On composa du reste aussi un autre titre, avec XX au lieu de XXV, et avec un avis du libraire au lecteur, prévenant le lecteur que l'auteur ajouterait les cinq derniers livres quand il en aurait la possibilité et le loisir (voir p. 137-8). Ainsi furent formés les exemplaires du type n° 1.

Le livre XXI, dans tous les exemplaires en XXV livres, quels qu'ils soient, commençant au verso de la page 959, et cette page étant identique dans un exemplaire au moins de 1595 par Guzmán (le seul que je connaisse) et dans la plupart des exemplaires de 1592 en XX ou XXV livres de 1592 par Rodríguez, on peut supposer que Guzmán n'a imprimé en 1595 que sa *portada*. Mais un exemplaire de 1592 en XXV livres par Rodríguez présentant, comme on vient de voir, une disposition typographique spéciale pour la page 959. et, dans les cinq derniers livres des caractères qui ne figurent pas dans les vingt premiers livres, on peut aussi supposer que ces cinq derniers livres furent refaits par Guzmán, qui, ayant acquis les exemplaires de Rodríguez, aura mis sa *portada* ou celle de Rodríguez indistinctement sur les exemplaires (voir p. 137-9).

1603. — « IO MARIANAE HISPANI. | E SOCIETATE IESV, | HISTORIÆ DE REBVS | HISPANIÆ LIBRI XX. | AD PHILIPPVM II. HISPANIÆ | Regem Catholicum. »

Ce titre se trouve p. 205 du t. II de l'*Hispania illustrata*. Sur la même page commence l'*Auctoris præfatio*, à la suite de laquelle viennent, p. 206, le *Iudicium... factum a Martino Baillo*, et le privilège, qui va jusqu'à la moitié de la p. 207, où commence IOHANNIS MARIANAE HISTO | RIÆ DE REBVS HISPANIÆ LIBER I. Le vingtième livre finit au premier tiers de la p. 801, ligne 11 ; et à la suite, après LIBRI VIGESIMI FINIS, vient le DE ACADEMIIS ET DOC | TIS VIRIS HISPANIÆ de Matamoro. L'éditeur et la date sont indiqués sur le titre général du volume : « FRANCOFVRTI | apud Claudium Marnium, & Hæredes | Iohannis Aubrii. | MDCIII. » (Exemplaire de la Bibliothèque municipale de Bordeaux). Les fautes de 1592 ont été corrigées. Il y a par exemple *speculares lapides* au lieu du *speluncares lapides* de la p. 2, ligne 11.

D'après la *Bibliothèque*, le titre des XX premiers livres publiés dans l'*Hispania illustrata* serait : « Ioannis Marianæ Historiæ de rebus Hispaniæ Libri XX. Francofurti ad Mœnum. Typis Claudii Marni, 1603 », fol. Il y aurait donc eu un tiré à part : à moins que ce titre ne soit fictif.

1605. — « IOANNIS | MARIANAE | HISPANI | E Societate Iesu | HISTORIÆ | de Rebus Hispaniæ | LIBRI XXX. | *Cum* INDICE *copioso, & explicatione vocum obscuriorum*. | (éc. aux a. r.) *Cum priuilegio S. Cæs. Maiest. & permissu superiorum* | MOGVNTIÆ, | Typis Balthasaris Lippii, impensis heredum Andreæ Wecheli. | Anno MDCV ».

L'*Index montium* (non paginé), etc., vient après; puis la liste des auteurs. L'*Index generalis* (non paginé) est à la fin de l'ouvrage. C'est du moins ainsi qu'est constitué l'exemplaire de la Bibliothèque municipale de Bordeaux. Détestable impression, très fautive, sur mauvais papier et avec des caractères plutôt trop petits. Type de l'édition économique. On lit à la fin du tome II cet avertissement de l'imprimeur : « Lector candide. Error contigit cuius omnino es admonendus. Scilicet dum ratio paginarum initur. numerum male repetitum esse toto aliquo centenario. Post 632 debebat sequi 633 &c. Sequitur vitiose vt vides 533, vsque ad finem libri errore continuato. Id in indicem pariter irrepsit nec ob breuitatem temporis corrigi potuit... Monere tamen te voluimus, vt potius bis quæras, quam totus sis frustra. Quod nobis hac vice condonabis atque valebis. » La dernière page du tome I est marquée 619, et la dernière du tome II, 638. L'édition tolédane de 1592-1595 répondait autrement aux exigences de Mariana touchant l'impression d'un ouvrage.

De cette édition, le British Museum possède un exemplaire (9180. ee. 12), qu'une main patiente a corrigé, en vue, semblerait-il, d'une réimpression. J'ai relevé un certain nombre des coquilles ainsi amendées. Voici pour le tome I :

IV, 13, p. 145 : ⟨annorum⟩ *antrum*.
VI, 3, p. 213 : ex ⟨aliarum⟩ *aliquanto* interuallo.
VI, 14, p. 241 : ⟨priuil⟩ *peruigil*.
VII, 11, p. 292 : ɔx Hispania *Romam* certe abiit.
VII, 11, p. 292 : ⟨non⟩ nulli erudito.
VIII, 6, p. 329 : ⟨dissipasset⟩ *disputasset*.
VIII, 11, p. 349 : Pelagii monasterium *instauratum*.
IX, 4, p. 364 : aut in ⟨cupiditatem⟩ *captiuitatem* egerunt.

Voici pour le tome II :

XXIX, 14, p. 539² : indigenis ⟨vita⟩ *nota*.
XXIX, 17, p. 546² : ludi⟨bricum⟩ *crum*.
XXIX, 18, p. 547² : a ⟨m⟩ *nnitentibus*.
XXIX, 19, p. 550² et 551² : ⟨Lucianus⟩ *Liuianus*.
XXIX, 23, p. 560² : ⟨Bonca⟩ *Roma*.
XXX, 15, p. 604² : ⟨arenis⟩ *armis*.
XXX, 26, p. 634 : ⟨inditum⟩ *militum*.

A peu près toutes les corrections marquées (deux en moyenne par page, mais parfois jusqu'à six) portent sur des erreurs de lettres. Toutes les fautes ne sont d'ailleurs pas corrigées. Des membres de phrases et même des lignes avaient sauté :

VII, 15, t. I, p. 301 : « Vno tempore *a fronte quidem* a barbaris. — Perfectus presbyter *Cordubensis atque plebe Ioannes quidam* occubuere. Anno altero Isaac monachus... » Ces deux additions manuscrites ne font d'ailleurs que restituer le texte de 1592.

L'édition de Francfort 1606 (Bibl. nat. Oa, 28 A), texte de l'*Hisp. ill.* (voir plus loin), ne présente aucune de ces fautes ; mais il est à remarquer qu'elle a au l. XXIX, c. 13, « graue mandatum est *iussum* », et au l. XXX, c. 27, « *decimo sexto* », deux fautes corrigées en marge, sur l'exemplaire de 1605 qui est au British Museum, en *uisum* et *sexto decimo*. La même observation est à faire pour la belle édition de 1733. On ne peut donc supposer que ledit exemplaire ait servi pour l'impression de 1606 ou celle de 1733. Il est plus probable qu'un lecteur soigneux aura voulu corriger le pitoyable texte de 1605 à l'aide des *Castigationes* publiées en 1619 à la suite du *Summarium*, ou que cet exemplaire est celui à l'aide duquel ont été établies ces *Castigationes*.

L'édition de 1605 a du reste au l. I, c. 1, *speculares* et non *speluncares*, *ad extremum occasum*, et non *ad occasum*. Elle présente par rapport au texte de 1592 et de 1603 d'autres variantes qui ne sont pas des fautes, qui semblent bien indiquer que cette édition de 1605 a été faite sur un texte revu. Au l. VI, c. 10, il y a dans 1592-1603 : « Eæ ædes *cum* Orgatii Regulorum consequente tempore *essent* factæ, nuper in Societatis Iesu ius potestatemque migrarunt. » L'éd. de 1605 supprime *cum* et *essent*. Voir d'ailleurs p. 151 et 159-63, notes.

1606. — L'exemplaire de l'*Hispania illustrata* qui est à la Bibliothèque municipale de Bordeaux contient, ainsi que celui de la Bibliothèque nationale (Oa 42), les dix derniers livres dans le t. IV *(studio et opera Andreæ Schotti Antuerp. Societatis Iesu tomus IIII. Francofurti apud Claudium Marnium & hæredes Ioan. Aubrii. anno MDCVIII)*, après l'Index de tout ce qui précède (c'est-à-dire Luc de Tuy, Victor de Tunnunum, Jean de Biclar, Idace, Euloge, et l'*Hispania Ludouici Nonii*). Cet index porte, à la fin, *Finis*. Les dix livres ont une pagination spéciale, et ne sont pas annoncés, comme le sont les six ouvrages précédents, dans le petit index du commencement du tome, ni dans la préface datée de « Antuerpiæ Kal. Martiis, et où, en outre, on annonce une *Bibliotheca triplex clarorum Hispaniæ scriptorum præsertim theologorum* », absente du volume. Le titre de ces dix livres tient une page : « IOANNIS | MARIANÆ HISPA | NI E SOC. | IESV | HISTORIÆ HISPANICÆ | APPENDIX | LIBER *scilicet* XXI. & *nouem ceteri ad* XXX. *vsque, qui viginti illos in* Tomo | *hoc II Rerum Hispanicarum ordine se-* | *quantur.* | Additus et his est suus Index. | (vignette) | FRANCOFVRTI, | Apud Claudium Marnium, & hæ- | redes Ioan. Aubrii. | MDCVI ». 346 p., plus un index de deux folios non paginés. La Bibliothèque nationale possède un tiré à part complètement conforme à cette description, sauf qu'il n'a point de table (Oa 29).

Le livre XXI commence au folio suivant, sous le titre : « IO. MARIANÆ HISPANI, | E SOCIETATE IESV, | HISTORIÆ DE REBVS | HISPANIÆ, | LIBER XXI » (le même qu'on trouve dans Oa 28 A).

Une note imprimée en marge, au commencement du c. 1 du l. I : « Hæc annectenda pag. 801, tom. 2 Rer. Hispanic. » prouve que ces dix livres ont été publiés par Marnius pour compléter la partie parue dans le tome II. Le terme de *tom. 2 Rer. Hispanic.* désigne bien le tome II de l'*Hispania illustrata*, puisque Franc. Schott dans sa préface au tome IV de cet ouvrage dit : « sic hoc egit frater, vt *Hispanicarum rerum scriptores latinos* colligeret, atque vno veluti fasce colligeret : quorum tomus hic quartus est. » D'autre part, l'intention des éditeurs était certainement qu'on reliât ces dix livres avec le tome II comme le prouve le titre « *in tomo hoc II* ». On les relia aussi avec le tome III ou le tome IV de l'*Hispania illustrata*. Vu leur date c'est plutôt avec le tome III qu'il eût convenu de les relier, et c'est ce qui a été fait, paraît-il, pour l'exemplaire de Salvá. Mais le tome IV étant peu volumineux, on a préféré y rattacher ces dix livres, du moins dans l'exemplaire de Paris et celui de Bordeaux. Ce dernier a de plus, à la suite, des tableaux généalogiques *(Sequantur genealogiæ tabulæ aliquot et primum regum Aragoniæ)* non paginés, qui, dans l'exemplaire de la Bibliothèque nationale, se trouvent à la fin du tome III. C'est aussi au tome IV, que cette même édition des dix derniers livres était rattachée dans l'exemplaire qu'ont connu les éditeurs de Valence. Elle avait également la *portada* avec la date de 1606. Ces dix livres manquent, d'ailleurs, fréquemment ; on ne les trouve pas dans l'exemplaire de l'*Hispania illustrata* du British Museum.

Ils furent édités en même temps : 1° à part avec un titre spécial (comme dans Oa 29); 2° sans titre spécial, avec les vingt premiers livres, sous un titre commun aux trente livres et daté de 1606 comme dans l'exemplaire dont la description va suivre.

Il y a à la Bibl. nat. un exemplaire (Oa 28 A) dont le titre est ainsi libellé : « IOANNIS | MARIANÆ | HISPANI, | E SOCIETATE IESV, | HISTORIÆ | DE REBVS HISPANIÆ | LIBRI XXX | (vignette) | FRANCOFVRTI Apud Claudium Marnium | CIƆIƆ CVI ». Il renferme les 30 livres, avec 801 et 346 pages in-folio, pas de tables. Les 801 premières pages contiennent les 20 premiers livres, les 346 autres les 10 derniers, qui n'ont pas de titre spécial, quoiqu'ils aient leur pagination à part. Il y a seulement au bas du fol. 801 une réclame IOANN MA qui appelle le titre du livre XXI « IO. MARIANÆ HISPANI, | E SOCIETATE IESV, | HISTORIÆ DE REBVS | HISPANIÆ, | LIBER XXI ». La première page du volume est numérotée 205 ; et l'impression est identique à celle de l'*Hispania illustrata*. Nous n'avons donc là qu'un tiré à part des trente livres publiés dans cette collection, avec un titre particulier. La page 801, où se termine le livre XX a naturellement été refaite, puisque dans l'*Hisp. illustr.*, on y trouve le commencement d'un autre ouvrage (cf. plus haut). La dernière ligne du livre XX ne comprend dans l'*Hisp. illustr.*, que les mots « narratio est » ; et dans le tiré à part elle comprend : « referenda narratio est ». Les 346 pages qui contiennent les livres XXI-XXX sont identiques à celles qu'on trouve dans l'*Hispania illustrata*. Il n'y a aucune table. (Voir p. 143-4).

D'après ce que dit la *Bibliothèque*, les dix derniers livres auraient été aussi édités en 1609 sous le titre de « Accedunt Libri X noui a XXI ad XXX. Francofurti ad Mœnum 1609 », fol. Est-ce un tiré à part ? ou ici encore le titre est-il fictif ?

Le *Catalogue* Santander (2ᵉ éd.) signale une édition de Mayence 1606(?)

Je n'ai pas rencontré l'édition de Mayence 1609 signalée par la *Bibliotheca Menckeniana*, p. 530, et de l'existence de laquelle doute la *Bibliothèque*. La *Noticia* incluse dans le ms. X 130 de la Biblioteca nacional porte que : « publicose otra vez la Historia latina en Moguncia año 1610 in 4. Hace mencion de esta impresion Menkenio... si bien dice el autor del *Journal Historique de la République des Lettres*, tomo III, año de 1733, p. 212 que ningun otro autor habla della. »

1619. — « IOANNIS | MARIANAE | E SOCIETATE | IESV | HISTORIAE | de Rebus Hispaniæ | LIBRI XXX. *Editio noua, ab Auctore recensita, & aucta* SVMMARIO rerum | *quæ superiore sæculo gestæ sunt, perducta ad hanc* | *ætatem* HISTORIA. | Cum INDICE copioso, & explicatione vocum obscuriorum. | (écusson aux armes royales) | *Cum Priuilegio S. Cæs. Maiest & permissu superiorum.* | MOGVNTIAE | Impensis Danielis ac Dauidis Aubriorum & Clementis | Schleichii. | Anno CIƆ. IƆC. XIX. »

« Au verso : APPROBATIO. Recensui Ioannis Marianæ è Societ. IESV Historiam de Rebus Hispaniæ, per Libros XXX digestam, ac supplementum eorum quæ annis sequentibus acciderunt, & tam hoc quam illam dignam censui quæ prælo donetur. Quippe in quibus res domi forisque gestæ in nobilissimo illo Regno, bona fide posteris consecratæ reperiuntur, & eiusdem Regionis auspicia, progressus, velut in speculo spectanda proponuntur. Actum Antuerpiæ die 4. Iunii M. DC. XVI.

Laurentius Beyerlinck Archipresbyter Eccles. Cathed. & Librorum censor Antuerpiæ.

LIBER
Hic legit vi discat : rigido is me vellicat ungue.
Præsta (namque potes) laus ea maior erit. »

L'exemplaire ici décrit appartient à la Bibliothèque de S. Isidro (Madrid). Voir p. 151. A part le feuillet de la *portada*, c'est l'édition de 1605 sans aucune particularité matérielle, y compris l'*Index generalis* avec l'avis final au lecteur. Au bas de la p. 638 du t. II, on trouve la réclame IN —, qui appelle l'*Index generalis*. On n'a donc même pas composé à nouveau cette dernière page. Le *Summarium* annoncé sur le titre est absent. Peut-être les éditeurs l'avaient-ils simplement joint aux exemplaires de 1605 qu'ils avaient en leur possession, et il a pu être enlevé facilement. Il est étrange pourtant que, prenant la peine de faire une *portada* pour cette pseudo-réimpression, à laquelle faisait suite un *Summarium* inédit, ils aient négligé de refaire la dernière page et d'y mettre la réclame SVM —. On peut se demander si cette *portada* n'a pas été arrachée à une édition authentique de 1619 pour être mise sur un exemplaire de 1605 : ce qui resterait à comprendre, ce serait le but d'une semblable opération.

Quant au *Summarium*, daté de 1619, et aux *Castigationes*, que signale la *Bibliothèque* à la suite de l'édition de 1605, on ne les trouve pas toujours, cela se conçoit, reliés avec les exemplaires de cette dernière. Ni celui du British Museum, ni celui de la Bibliothèque municipale de Bordeaux ne les ont. Celui de la Bibliothèque nationale (Oa 29) a le *Summarium* sans les *Castigationes*. La même Bibliothèque possède le *Summarium* à part (Oa 30). L'exemplaire de l'édition de 1605 que possède la *Biblioteca nacional* ($\frac{1}{75118}$) n'a ni le *Summarium* ni les *Castigationes*. Mais la même *Biblioteca* possède un exemplaire du *Summarium* ($\frac{R}{3556}$) : « *P. IOAN. MARIANAE | SOCIETATIS IESV | AD | Historiam Hispaniæ | EORVM QVÆ ACCIDERVNT | ANNIS SEQVENTIBVS |* (vignette) *| MOGVNTIAE | Impensis Danielis ac Dauidis Aubriorum & Clementis Schleichii | MDCXIX.* »

Suivent les *Castigationes* à partir du verso de la p. 41 : « ANNALIVM HISP. IOAN. MARIANAE CASTIGATIONES editionis Moguntinæ in 4 » (titre en haut de page). Elles tiennent 11 pages. Il manque dans cet exemplaire les deux premières pages du *Summarium*.

Le ms. Q 6 (aujourd'hui 5551) de la Biblioteca national contient une copie de ce *Summarium* de 1515 à 1612. Ce n'est qu'une copie de l'imprimé de 1619, avec le même titre, y compris « Moguntiae, impensis Danieli ac Davidis Aubriorum et Clementis Schleichi MDCXIX ». Deux mots *(aspectu procedebant)*, qui avaient sauté lors du tirage au coin gauche en bas de la page 34 de l'imprimé, ont été omis ici par le copiste et rétablis par une seconde main, qui a de plus écrit en marge : « en el impreso estan borradas sin imprimir estas dos palabras. Vease el de Biblioth^{ca} ». On ne peut donc voir dans cette copie l'original qui aurait servi à l'imprimeur. D'autre part, si la seconde main a corrigé d'autres erreurs de la première, comme ces erreurs ne se trouvent nullement dans l'imprimé, il ne s'ensuit pas que l'on ait là, ainsi que le veut Gallardo *(Indice)*, la « copia de su sumario latino impreso en Moguncia y enmendada de sus erratas » ; c'est en*men*dada qu'il faut lire, et ce n'est pas la même chose.

1733. — [Joannis Marianæ... libri XXX. Accedunt F. Josephi Emmanuelis Minianæ... Hagæ comitum, apud Petrum de Hondt, MDCCXXXIII...] Cette édition, dont il y a un exemplaire à la Bibliothèque nationale ainsi qu'au Bristish Museum, à la Bibliothèque de Burgos, etc., est « peu recherchée », dit la *Bibliothèque*. C'est pourtant une édition luxueuse, sur beau papier, à deux colonnes, en caractères très beaux et très nets, encre bien noire, etc. C'est à elle que l'édition de Valence paraît avoir emprunté, en les réduisant, les portraits de rois dont elle est illustrée. Seul son format grand in-folio la rend incommode. Elle mérite d'être recherchée pour la beauté, et aussi pour l'exactitude de l'impression, qui doit reproduire celle de Francfort 1606, car elle n'a aucune des fautes de celle de 1605, si ce n'est *iussum* (XXIX, 13) et *decimo sexto* (XXX, 27) que présente aussi celle de 1606.

L'Histoire de Mariana est comprise dans les trois premiers tomes. Le tome IV renferme la continuation de Miñana, qui s'étend jusqu'à la prise d'Ostende sous Philippe III (et non Philippe II) en 1604. Le *Summarium* n'a pas été inséré, l'œuvre de Miñana ayant paru sans doute le suppléer avantageusement. Un index général commun aux XXX livres de Mariana et à la continuation se trouve à la fin du tome IV. On a eu le tort de ne pas mettre la liste des auteurs consultés par Mariana, non plus du reste que celle des auteurs dont s'est servi Miñana.

En tête du tome IV se trouvent deux préfaces de D. Gregorio Mayans y Siscar, l'une consacrée à Miñana, l'autre à Mariana. Celle-ci est de beaucoup la plus intéressante. Une autre préface, toujours en tête du tome IV (il n'y en a aucune dans les trois premiers tomes), de « Don Hyacinthus Jover et Valdenoches », ancien élève de Miñana, outre une biographie de Miñana et une appréciation sur son œuvre, nous fait connaître l'historique de cette édition. Jover, en effet, explique que l'imprimeur Pierre de Hondt, qui songeait à publier à nouveau l'Histoire latine de Mariana, apprit par le baron Jean-Baptiste Schomberg l'existence d'une continuation à cette Histoire, celle de Miñana. Grâce à l'entremise de Mayans, dont le baron avait fait la connaissance dans son voyage en Espagne, et du père de Jover, à qui les Trinitaires de Valence remirent le manuscrit même de Miñana, en reconnaissance de « ingentem pecuniæ summam » à eux donnée pour la construction d'un monastère[1], Pierre de Hondt put donner un attrait nouveau à son édition. Le père de Jover y contribua encore, afin d'honorer la mémoire de Miñana, en souscrivant pour cent exemplaires. C'est donc en somme à Miñana que Mariana dut d'être imprimé une dernière fois en latin, et plus luxueusement que jamais, comme c'est à Mariana que Miñana dut de l'être pour la première.

ÉDITIONS EN ESPAGNOL

1601. — « HISTORIA | GENERAL DE | ESPAÑA. | COMPVESTA PRIMERO EN LATIN, | despues buelta en Castellano por Iuan de Mariana, | D. Theologo, de la Compañia de Iesus. | *DIRIGIDA AL REY CATHOLICO DE LAS* | *Españas don Philippe III. deste nombre nuestro señor.* | TOMO PRIMERO | año (écusson aux arm. roy.) M. DC. I. | CON LICENCIA Y PRIVILEGIO. | EN TOLEDO, Por Pedro Rodriguez, | impressor del Rey nuestro señor. » In-folio.

4 folios préliminaires (y compris la *portada*), et 1015 pages. Comprend les 15 premiers livres.

« Suma de las aprouaciones y licencias.

Por orden de los señores del consejo, vieron y aprouaron esta obra el padre maestro fray Grabiel Pinelo de la orden de san Agustin, los veinte y cinco libros primeros; los otros cinco el padre maestro fray Prudencio de

---

1. C'est ce qui résulte d'une lettre de ces Pères, mise vaniteusement par Jover en tête du même tome IV.

Sandoual de la orden de san Benito, y coronista de su Magestad, como consta de sus censuras.

De parte de nuestra Compañia respectiuamente dieron licencia para imprimir los superiores que eran a la sazon desta prouincia de Toledo, es a saber, el padre Francisco de Porres prouincial, y el padre Estouan Hojeda visitador... »

Le privilège débute ainsi : « Por Quanto por parte de vos el padre Iuan de Mariana de la Compañia de Iesus, nos fue hecha declaracion, que con nuestra licencia auiades impresso el año passado la historia de España en Latin, y al presente la auiades traduzido en lengua Castellana, que era de la que haziades presentacion, y nos suplicastes os mandassemos dar licencia para la imprimir, y priuilegio por diez años... y por la presente por os hazer bien y merced os damos licencia y facultad, para que por tiempo de diez años primeros siguientes, que corren y se cuentan desde el dia de la fecha desta nuestra cedula, podais imprimir el dicho libro, que de suso se haze mencion por su original, que en el nuestro consejo se vio, que va rubricado e firmado al fin de Pedro Zapata del Marmol nuestro escriuano de camara, de los que en nuestro consejo residen, con que antes que se venda le traigais ante ellos, juntamente con su original, para que se vea si la dicha impression está conforme a el, o traigais fe en publica forma, en como por corretor nombrado por nuestro mandado se vio y corrigio la dicha impression por su original. Y mando al impressor que assi imprimiere el dicho libro, no imprima el principio y primer pliego, ni entregue mas de solo vn libro con el original, al autor ó persona a cuya costa se imprimiere, ni a otra ninguna persona, para el efecto de la correccion y tassa, hasta que antes y primero el dicho libro este corregido y tassado por los de nuestro consejo : y estando fecho, y no de otra manera, pueda imprimir el dicho principio y primer pliego, y seguidamente ponga nuestra cedula y tassa, so pena de caer, e incurrir en las penas contenidas en la prematica y leyes de nuestros reynos, que en tal caso disponen... Fecha en san Lorenzo a ultimo dia del mes de Iunio, de mil y quinientos y nouenta y tres años. Yo el Rey. Por mandado del Rey nuestro señor. Don Luis de Salazar.

Suma de prouision real.

En la prouision real, cuyo tenor no se pone aqui por euitar prolixidad, se estiende lo contenido en el dicho priuilegio, a los cinco postreros libros desta obra, que vltimamente se presentáron en consejo : su data en Madrid a seis de setiembre, del año passado de mil y seyscientos, despachada por Pedro Zapata del Marmol escriuano de camara del rey nuestro señor. » (Voir plus loin, p. 461.)

La *tassa*, à « tres maravedis cada pliego ». L'ouvrage « tiene quinientos quatro y pliegos, que conforme a su tassa montan mil y quinientos y doze marauedis... »

Voici la *portada* du t. II :

« HISTORIA | GENERAL | DE ESPAÑA. | COMPVESTA PRIMERO EN LATIN, | despues buelta en Castellano por Iuan de Mariana, doctor | Theologo, de la Compañia de Iesus. | Tomo Segundo. | (Vignette différente, mais au centre même écusson) | *Con licencia y priuilegio.* | En Toledo por Pedro Rodriguez, | impressor del Rey nuestro señor. | Año M.DC.J. »

Le folio suivant contient les *Erratas del primer tomo desta Historia* et les *Erratas del segundo tomo*. Puis 962 pages. Un folio avec cette mention : « Acabose de imprimir esta obra en la muy noble y imperial ciudad de Toledo, en casa de Pero Rodriguez, impressor del Rey nuestro señor, a los cinco del mes de octubre, del año del Señor de mil y seiscientos y vno. » Puis 21 pages de *Tabla general*, que ne signale pas la *Bibliothèque*; enfin « Los nombres de los autores, de los quales se recogio esta obra, son los siguientes » (deux pages).

Dans les deux tomes, le texte est sur une seule colonne.

L'exemplaire décrit ici est celui de la Bibl. nacional ($\frac{1}{1880}$), où il y en a un autre. L'un des deux exemplaires du British Museum (682. g. 8) a également les 21 pages de *Tabla general*. Je n'ai pas vu l'autre (t. 4304). Cf. le n° 442 de la *Impr. en Toledo*. Voir p. 144-54 et 159-64.

La *Bibliothèque* mentionne, d'après Latassa, une traduction inédite de l'Histoire latine de Mariana par Francisco de Gottor. Ce Gotor, ou Gottor, chanoine de Calatayud, était un contemporain de Mariana : il accompagnait en 1587 un évêque dans le diocèse de Tarazona. Le manuscrit de la traduction en question et d'autres manuscrits (traductions du *De rebus a Ferdinando Aragoniae rege gestis* de Laurent Valla, et des *Historiae Indicae* de Maffei [1]) furent vus par Latassa en 1787 chez un libraire de Saragosse à qui on les avait apportés de Calatayud. N'était cette dernière circonstance, qui me porte à croire que les manuscrits venaient directement de chez quelque héritier de Gottor, le fait que les manuscrits de Mariana furent précisément vendus en 1787 (voir p. 395) m'induirait à supposer que cette traduction du chanoine de Calatayud se trouva au pouvoir de Mariana et fut utilisée par lui. Au surplus, si c'est par une simple coïncidence que les manuscrits de Gottor vinrent échouer chez le libraire de Saragosse l'année même où furent vendus les manuscrits de Mariana, il est encore possible que le jésuite ait eu entre les mains le manuscrit du chanoine et le lui ait renvoyé après s'en être servi. Mais ici nous sommes en face d'une simple conjecture, dont tout l'intérêt est de montrer combien est désirable la découverte du manuscrit vu par Latassa.

1608. — « HISTORIA | GENERAL DE | ESPAÑA. | COMPVESTA PRIMERO EN LATIN, | despues buelta en Castellano por el padre Iuan de | Mariana, de la Compañia de IESVS | *Y EN ESTA SEGVNDA IMPRESSION* | *se han añadido dos tablas, vna de capitulos, y otra de los* | *Emperadores, y Reyes de España, y señores della.* | DIRIGIDA AL REY CATHOLICO DE LAS | Españas don Philippe. III. deste nombre nuestro señor, | TOMO PRIMERO | Año (écusson aux armes royales) 1608. | CON LICENCIA Y PRIVILEGIO. | *Impresso en Madrid*, Por Luis Sanchez, impressor del Rey | N. S. y a su costa. » In-folio. Au folio suivant est reproduite la *Suma de las aprouaciones y licencias* de 1601. La *Licencia y Priuilegio* est évidemment celle à laquelle se référait Pedro Zapata del Marmol dans la *Suma de prouision real* de l'éd. de 1601 : « Por quanto por parte de vos Iuan de Mariana de la Compañia de Iesus nos fue fecha relacion, que vos auiades escrito la historia de España en latin, y della auiades traduzido los veinte y cinco libros en lengua Española, y teniades licencia nuestra y priuillegio para lo imprimir, y auiades añadido a la latina otros cinco libros, y los auiades traduzido para juntar con lo demas, que eran los que presentauades, y nos suplicastes os mandassemos dar licencia para los imprimir, y juntarlos con los otros... Dada en la villa de Madrid a seys dias del mes de Setiembre de mil y seyscientos años. » Au verso : *Erratas del tomo primero*, et *Erratas del tomo segundo*, Tassa « fecha en Madrid a dos dias del mes de Octubre de mil y seis

---

1. Cette dernière est à la Biblioteca nacional : cf. l'*Indice* de Gallardo.

cientos y ocho años. Pedro Zapata del Marmol. » Le *Prologo* occupe les deux folios suivants ; la *Tabla de los capitulos desta obra* (les 30 livres), les six suivants; la *Tabla de los Emperadores y de los Reyes Godos que fueron señores de España. De los reyes de Leon, condes y reyes de Castilla. De los reyes de Portugal, de los de Nauarra, de los de Aragon. De los condes de Barcelona, de los reyes de Mallorca, Sicilla y Napoles*, quatorze autres. Les XV premiers livres sont contenus dans ce tome I (pag. 1-785).

« HISTORIA | GENERAL | DE ESPAÑA. | COMPVESTA PRIMERO EN LATIN, | despues buelta en Castellano por Iuan de Mariana, | de la Compañia de IESVS. | Tomo segundo. | (Même écusson qu'au tome I) | CON LICENCIA Y PRIVILEGIO | En Madrid, Por Luis Sanchez, *impressor del Rey nuestro señor*. | Año M. DC. VIII. »

Le *Libro decimo sexto de la Historia de España* commence au verso de cette *portada*, qui compte comme page 1. L'ouvrage finit p. 719 « En Madrid, por Luis Sanchez: año del señor M. DC. VIII. » Puis 12 folios non paginés comprenant : 1° la *Tabla General* (11 pages); 2° *Los nombres de los autores*... Ces deux tables sont conformes typographiquement à celles de l'éd. de 1601, à part les chiffres qui renvoient aux pages.

Ces deux tomes sont imprimés sur deux colonnes.

Dans l'exemplaire ici décrit, celui de la Bibl. Nac. ($\frac{1}{1604}$), le tome I, p. 449, a pour titre courant *Libro vigesimo quarto*, au lieu de *Libro nono*, et les pages 451, 453, 455, 457, 459, 461, 463, *Libro vigesimo quinto*, au lieu de *Libro decimo*. C'est qu'un *cuaderno* de 8 folios du t. II s'est trouvé mis à la place de celui qui devait venir ici.

Le British Museum ne possède pas d'exemplaire de cette édition. La Bibliothèque nationale en possède un (Oa 31), identique à celui de la Biblioteca nacional, sauf pour la particularité relative au *cuaderno* hors de place. Elle possède aussi un exemplaire isolé du t. II (Réserve). Voir p. 179-88.

1616 et 1617. — La Biblioteca nacional possède un exemplaire du t. II de l'*Historia general*, daté de 1616 ($\frac{R.1}{23}$), sans tome I :

« HISTORIA | GENERAL | DE ESPAÑA | COMPVESTA PRIMERO EN LATIN, | despues buelta en Castellano por Iuan de | Mariana, de la Compañia de | IESVS. *De nueuo corregida, y muy aumentada por el mismo.* | Tomo segundo | Año (écusson) 1616 | CON LICENCIA Y PRIVILEGIO | En Madrid, por Iuan de la Cuesta | *A costa de Alonzo Perez, mercader de libros.* » In-folio.

Le *Libro decimo sexto de la Historia de España* commence au dos de la *portada* comme dans l'édition de 1608. A la page 719: « LAVS DEO. | En Madrid, por Iuan de la Cuesta | Año del señor MDCXVI. » Pas de table.

On ne connaît ni tome I portant la date de 1616, ni tome II portant celle de 1617. On trouve au British Museum un exemplaire formé d'un tome I avec la date de 1617 et d'un tome II avec la date de 1616 (593. f. 8); de même à la Bibliothèque nationale (Oa 31 A). Voici le titre du t. I d'après ce dernier exemplaire :

« HISTORIA | GENERAL | DE ESPAÑA | COMPVESTA PRIMERO EN | Latin, despues buelta en Castellano por el padre Iuan de | Mariana, de la Compañia de IESVS. De nueuo | corregida, y muy aumentada por el mismo. | DIRIGIDA AL REY CATHOLICO DE LAS ES- | pañas don Felipe III. *deste nombre nuestro señor.* | TOMO PRIMERO | Año (écusson) 1617 | CON LICENCIA Y PRIVILEGIO. | *Impresso en Madrid. Por la viuda de Alonso Martin.* | *A costa de Alonso Perez, mercader de libros.* » In-folio.

Il est à remarquer que, si l'imprimeur n'est pas le même pour les deux tomes, le libraire aux frais de qui ils ont été publiés est le même. Le caractère est plus petit dans le tome II. Dans l'exemplaire de la Bibl. nat. les tables sont reliées avec le tome I.

Les deux tomes reproduisent page par page et presque ligne par ligne les tomes correspondants de 1608. L'accentuation et les abréviations ne sont pas toujours pareilles cependant. Voir p. 221-4.

Dans la *Prefacion* aux *Advertencias* de Mondéjar, Mayans (p. vii) dit que « la tercera impression desta *Historia* escrita en Castellano,... se hizo en Madrid por Diego Rodriguez año 1616, aunque Don Pedro de la Escalera Guevara en su libro de *los Monteros de Espinosa*, pag. 19, dijo averse impresso el año siguiente 1617 ». Ou Mayans s'est trompé, ou l'édition dont il donne et l'année et l'imprimeur (qui n'est ni celui du tome I ni celui du tome II des exemplaires de la Bibl. nationale et du British Museum) est à classer ici comme une édition distincte. Or, c'est chez le même Diego Rodriguez, à *Tolède*, que furent imprimés la *Historia... defendida* de Tamayo, en 1616, et le tome II de l'édition de 1623. Mayans a donc dû commettre ici quelque confusion.

A la suite du tome II de l'exemplaire Oa 31 A de la Bibl. nationale vient le *Sumario*, dont le titre complet est : « SVMARIO | DE LO QVE ACON- | TECIO LOS AÑOS | ADELANTE. | Escrito por el mismo Padre Iuan de Mariana de la | Compañia de Iesus. | DIRIGIDO AL REY CATHOLICO | *de las Españas don Felipe tercero deste nombre* | *nuestro señor* | Año (écusson) 1617. | CON PRIVILEGIO. | En Madrid. Por Iuan de la Cuesta. | *A costa de Alonso Perez mercader de libros.* »

Dans le t. III de l'exemplaire Oa 31, où on le trouve seul, et dans l'exemplaire de la Biblioteca nacional $\frac{R-1}{22}$, où il est relié avec le t. II de 1616, il a un titre identique, mais avec la date de 1616. C'est du reste de part et d'autre la même édition, paginée de 721 à 770.

Le Privilège est daté « a diez dias del mes de septiembre de mil y seyscientos y diez y seys años ». La *tassa* « a diez y nueue de octubre de mil y seyscientos y diez y seys. » Il y a une *aprouacion*, de « El doctor Paulo de Zamora », « en Madrid en diez de Mayo de mil y seyscientos y diez y seys », et une d'Antonio de Herrera « en Madrid veynte y cinco de Agosto de mil y seiscientos y diez y seis. » Cette dernière spécifie qu'il s'agit de « vn pedaço de historia escrita por el Padre Iuan de Mariana desde el año de mil y quinientos y quinze hasta el año de mil y seys cientos y doze. »

Ce *Sumario* comprend les années 1515-1612.

1623. — « HISTORIA | GENERAL | DE ESPAÑA | COMPVESTA, EMENDADA, | Y AÑADIDA POR EL PADRE | IVAN DE MARIANA | DE LA COMPAÑIA DE | IESVS. | CON EL SVMARIO Y TABLAS. | TOMO PRIMERO. | (écusson aux armes royales) | CON PRIVILEGIO. | En Madrid por Luis Sanchez, Impressor del Rey | nuestro señor | Año MDCXXIII. » In-folio.

Le TOMO SEGVNDO a une *portada* toute semblable, sauf que le lieu d'impression, est « En Toledo por Diego Rodriguez, Impressor del Rey | Nuestro Señor. »

Le nombre de pages pour chacun des deux tomes est respectivement de 768 et 778 (la p. 776 est marquée 786), plus les tables.

Le *Sumario* va jusqu'à 1621 inclus, et n'a d'autre titre que : « SVMARIO | DE LO QUE ACON- | TECIO LOS AÑOS | ADELANTE. » (En haut de la page 725.)

Le tome imprimé à Madrid comprend les *erratas* du tome I et celles du tome II, qui a été imprimé à Tolède. Ces *erratas* ainsi que le privilège, la *tassa*, se trouvent sur un même folio, après le titre et avant le prologue, avec la note suivante :

« Este libro intitulado Historia de España, compuesta por el padre Iuan de Mariana de la Compañia de Iesus con estas emiendas corresponde con su original. En Madrid y ocho de Mayo de mil y seiscientos y veinte y tres. El licenciado Murcia de la Llana. »

C'est le même « licenciado » qui a signé les *erratas* de 1617-1616 et aussi de 1608. Le privilège de l'édition de 1623 est daté de 1619. L'exemplaire que je décris est celui de la Bibl. real. Voir le n° 512 de *La Impr. en Toledo*.

Les deux éditions de 1617-1616 et de 1623 se ressemblent beaucoup, quant à l'impression et au format; mais celle de 1623 a seule les additions empruntées aux Fausses Chroniques, par exemple, au livre VI, c. 7, au sujet du monastère d'Agalia. Voir p. 236-60.

1635. — [Historia general... En Madrid, en casa de Francisco Martinez, 1635, fol., 2 vol.] Un exemplaire à la Bibl. nationale (Oa 32 A). Le *Sumario* occupe les pages 725-778 du tome II, comme dans l'édition de 1623, dont on retrouve ici le texte, sauf des détails comme *cinco mil* pour *quince mil* (II, 13), *vno por ciento* pour *vno por veinte* (II, 26), *decir* pour *escriuir* (IV, 8).

1650. — [Historia general... Año 1650... En Madrid por Carlos Sanchez. A costa de Gabriel de Leon.] Il y en a des exemplaires à la Bibliothèque nationale, au British Museum, à la Bibl. de l'Université de Bordeaux, etc. Texte de 1623. Digne pendant de l'édition de Mayence 1605. Les fautes y sont innombrables, malgré l'attestation du lic. D. Carlos Murcia de la Llana : « está bien y fielmente impreso con su original. Dada en Madrid a ocho de Agosto de mil y seiscientos y quarenta y nueue años. » Le *Sumario* s'y trouve continué jusqu'en 1649 par le P. Hernando Camargo y Salzedo.

1665. — Édition signalée par Salvá (n° 3017) et inscrite au Catalogue de la Librairie Welter (année 1896). Elle est due à Francisco Martinez, comme celle de 1635. Omise par la *Bibliothèque*.

1669 ou 1670. — La date 1670, indiquée par la *Bibliothèque* pour l'édition donnée à Madrid par Andrés García de la Iglesia (A costa de Juan Antonio Bonet), n'est marquée sur les titres d'aucun des deux tomes. La *tasa* étant datée du 12 octobre 1669, l'ouvrage a bien pu paraître avant la fin de la même année. Texte de 1623. Le *Sumario* s'y trouve continué « desde el año de 1650, hasta el presente », c'est-à-dire 1669, par le P. Basilio Varen de Soto.

1678. — Même imprimeur. « A costa de Gabriel de Leon. » Texte de 1623. *Sumario* continué par Felix Lucio de Espinosa y Malo pour les années 1670-1676 (avec un titre spécial).

1679 (?). — Une liste incluse dans le ms. X-230 de la Biblioteca nacional, signale comme neuvième édition « En Leon de Francia por..., 1679, en 11 tomos en octavo. »

1719. — [Historia general de España. Madrid, 1719, fol.] Je n'ai pas rencontré d'exemplaire de cette édition, sur laquelle la *Bibliothèque* ne donne pas d'autre renseignement. Il est à noter que la préface de l'édition de 1751 est datée de 1719. Elle doit avoir été prise à cette édition de 1719. Elle est adressée à Philippe V. Il y est dit que c'est sur son ordre qu'on a réimprimé Mariana.

1719. — [Historia general... En Leon de Francia, por Antonio Briasson... 1719, 12°, 11 vol....] Un exemplaire à la Biblioteca nacional et deux à la Bibliothèque nationale.

1733-34-41. — [Madrid, 1733, 1734.] C'est tout ce que la *Bibliothèque* donne comme signalement d'une édition dont un exemplaire se trouve annoncé dans le Catalogue n° 81 de la librairie Welter (année 1898). Je ne sais du reste si c'est l'exemplaire que possédait Salvá et qui est décrit au n° 3017 de son Catalogue. D'autres ouvrages, mis en vente en même temps par la même librairie, provenaient de la Bibliothèque de Salvá, mais celui-ci n'est pas indiqué comme en provenant. Il y en a un exemplaire à la Biblioteca nacional ($\frac{1}{11807}$) :

Tome I : « HISTORIA GENERAL | DE ESPAÑA, | DIVIDIDA EN TRES TOMOS. | PRIMERO, Y SEGUNDO | COMPUESTOS, ENMENDADOS Y AÑADIDOS | POR EL P. JUAN DE MARIANA, | DE LA COMPAÑIA DE JESUS : | Y PROSEGUIDA EN EL TERCERO HASTA EL AÑO DE 1700 POR EL RDO. FR. MANUEL JOSEPH DE MEDRANO | ... CON INDICES, Y TABLAS MUY COPIOSAS | ... TOMO PRIMERO | Año (écusson) 1733 | En MADRID : En la Imprenta de la Viuda de GERONYMO ROXO. » In-folio.

Tome II : « HISTORIA GENERAL | DE ESPAÑA | COMPUESTA, ENMENDADA Y AÑADIDA | POR EL P. JUAN DE MARIANA, | DE LA COMPAÑIA DE JESUS, | Y PROSEGUIDA EN EL TERCER TOMO HASTA EL AÑO | DE MIL Y SETECIENTOS, | POR EL MAESTRO FRAY MANUEL JOSEPH DE MEDRANO | ... TOMO SEGUNDO | ... En MADRID. En la Imprenta de la Viuda de GERONYMO ROXO | Año de MDCCXXXIII | ... »

Tome III : « CONTINUACION | DE LA HISTORIA GENERAL | DE ESPAÑA, | DESDE EL AÑO DE MIL QUINIENTOS Y DIEZ Y SEIS, | EN QUE ACABO LA SUYA | EL R. PADRE JUAN DE MARIANA... | HASTA EL DE MIL Y SETECIENTOS, | POR EL MAESTRO FRAY MANUEL JOSEPH DE MEDRANO | ... Tomo primero | » Madrid. Manuel Fernandez, 1741. 1 vol.

J'ai vu, chez un libraire de Madrid, un exemplaire de ce tome II daté de 1734. Le *Catálogo* de la Viuda de Rico (1902) signale d'autre part un exemplaire « Madrid, 1733-34-82, 3 tomos en folio ».

La *Bibliothèque* donne bien le titre complet de la continuation de Medrano, mais seulement après avoir signalé les éditions d'Anvers et la continuation de Mariana qui s'y trouve traduite en espagnol; de telle manière que personne ne pourrait penser que c'est à l'édition de Madrid 1733-1734 que se rattache la continuation de Medrano éditée en 1741; et pourtant c'est ce qui résulte du titre même de cette édition de 1733-1734.

1737-9. — Il y a deux éditions d'Anvers. La liste incluse dans le ms. X-230 (Biblioteca nacional) décrit ainsi la première : « 12. En Amberes a costa de Miguel Bruquet y compañia 1737, en once tomos 8° con la continuacion del P° fr. Joseph Miniana 1739 en 5 tomos en 8°. » Voici la seconde :

1751. — « HISTORIA | GENERAL DE | ESPAÑA | COMPUESTA, EMENDADA, | y añadida por el Padre JUAN | DE MARIANA | *de la Compañia de Jesus*. | TOMO PRIMERO. | *NUEVA EDICION* | (vignette) | EN AMBERES, | A costa de MARCOS-MIGUEL BOUSQUET | Y COMPAÑIA, mercaderes de libros | MDCCLI. » In-12° XII-516 p., les cinq dernières en caractères plus petits. Ce tome comprend les 4 premiers livres. Le tome II (même titre, mais tout en noir, TOMO SEGUNDO et même année) comprend les livres IV-VI en VI-616 p., dont les 2 dernières en caractères plus petits. Le TOMO TERCERO (même titre, tout en noir et même année) comprend les livres VII-IX en VI-520 p., dont la dernière en caractères plus petits. La Bibliothèque municipale de Bordeaux ne possède que ces trois tomes. Le texte est conforme à celui de 1601, qu'on retrouve par exemple au passage cité p. 187, n. 2. Il doit en être de même des éditions de 1719 (Madrid), et 1787-89. Mais je ne puis que le conjecturer. La liste incluse dans le ms. X-230 décrit ainsi cette édition : « 13. La misma obra en Amberes a costa de Miguel Bruque: 1751 en 16 tom. 8° los once y los 5 referidos. » La rareté de l'édition de 1601 donne du prix à celle-ci.

1780. — « HISTORIA | GENERAL | DE ESPAÑA | COMPUESTA, ENMENDADA Y AÑADIDA | POR EL PADRE JUAN DE MARIANA | DE LA COMPAÑIA DE JESUS | CON EL SUMARIO Y TABLAS | (vignette) | DECIMAQUARTA IMPRESION | TOMO PRIMERO | EN MADRID | POR D. JOACHIM DE IBARRA IMPRESOR DE CAMARA | DE SU MAGESTAD | Año MDCCLXXX. » In-folio.

Le tome II a la même *portada*, sauf « TOMO SECUNDO ». A la fin du t. I: « En Madrid, por D. Joachim de Ibarra, año de MDCCLXXIX. » C'est l'édition dite de la Bibliothèque royale.

Un exemplaire à la Biblioteca nacional et un à la Bibliothèque nationale. Cette édition suit le texte de 1623, dont elle corrige les nombreux *errata*, tout en respectant les formes archaïques ou variées. Le prologue contient une défense de ce texte et constitue une réponse au *Plan* de l'édition de Valence, dont il sera question plus loin.

1780-82. — La Bibl. real possède un exemplaire d'une réimpression de cette édition. Même *portada*, sauf : « DECIMA QUINTA IMPRESSION | TOMO PRIMERO EN MADRID POR ANDRES RAMIREZ | AÑO MDCCLXXX. » Tome II, même *portada* que le t. I, mais : « TOMO SEGUNDO, » et « AÑO MDCCLXXXII ». In-folio.

A la suite du *Prólogo* qui est dans l'édition d'Ibarra : « Hasta aqui el Prologo de la edicion antecedente, que hemos repetido en esta decima quinta por haberse hecho ambas casi á un tiempo, ser iguales en el texto, y en el cuidado de su correccion, sin otra diferencia que la inferior calidad del papel, y el menor tamaño de la letra en que va esta para mayor comodidad del Publico en su precio... » Suivent les documents reproduits p. 253-4.

1783-96. — « HISTORIA | GENERAL DE ESPAÑA | QUE ESCRIBIÓ | EL P. JUAN DE MARIANA | ILUSTRADA EN ESTA NUEVA IMPRESSION | DE TABLAS CRONOLOGICAS | NOTAS Y OBSERVACIONES CRITICAS | CON LA VIDA DEL AUTOR. | TOMO PRIMERO. | (Ecusson aux armes royales) | CON SUPERIOR PERMISO | EN VALENCIA Y OFICINA DE BENITO MONFORT | AÑO MDCCLXXXIII. » Petit in-folio.

Je reproduis le titre de cette édition, d'après le tome I de mon exemplaire La *Bibliothèque*, si je ne me trompe moi-même, commet ici une confusion en décrivant, d'après le continuateur de Ximeno, Fuster (*Biblioteca valenciana*, Valencia, 1827-30, t. II, p. 426), deux éditions de Valence par Monfort, 1783-1796, en neuf volumes. Je n'en connais qu'une. Les neuf tomes dont elle se compose portent respectivement les dates de 1783, 1785, 1787, 1788, 1789, 1791, 1795 et 1796. En tout cas l'autre édition est ainsi décrite :

« Historia general de España que escribió el P. Juan de Mariana, illustrada en esta nueva *edicion* de tablas cronologicas, notas, y observaciones criticas, con la vida del autor. En Valencia y oficina de Benito Monfort, 1783-1790, 4°, 6 vol. — Notas, ilustraciones y apendices a los tomos 7, 8 y 9 de la Historia general de España del P. Juan de Mariana. Valencia por Monfort, 1791-1796, 4°, por Don Jose Francisco Ortiz. » Le titre, sauf le mot *edicion*, est identique à celui que j'ai transcrit plus haut. D'autre part, on verra plus loin que D. Joseph Francisco Ortiz y Sanz est bien l'auteur des notes des tomes VII (en partie), VIII (intégralement) et IX (en partie) : cette indication (qu'on trouve dans le prologue du tome IX), mal interprétée, a pu faire croire à trois tomes de notes, complémentaires d'une édition en six volumes.

L'éditeur Monfort avait annoncé son édition par un prospectus intitulé *Plan de una nueva impresion de la Historia de España que escribió Juan de Mariana con la continuacion del P. Fr. Joseph Manuel Miñana...* » (Brit. Museum, 9180. h. 11.) Il y déclare qu'il suivra l'édition de 1608 (voir p. 188).

Dans le tome IX se trouve un *Prólogo del impresor*[1], qui s'excuse du retard apporté à sa tâche sur « ...la muerte de unos, el cansancio de otros, y las miras personales de algunos, que al creer desvanecidas las esperanzas halagueñas de coger el fruto á que aspiraban, olvidaron el trabajo. » Il déclare ensuite que D. Joseph Francisco Ortiz y Sanz de la R. Biblioteca de S. M. est l'auteur d'une partie des notes du t. VII, de toutes celles du t. VIII, et d'une partie de celles du t. IX, ainsi que des deux appendices qui le terminent. D. Francisco Cerdá y Rico a collaboré au t. VII, et, malgré sa nomination au « *Consejo y Camara en el supremo de las Indias* », aux t. VIII et IX. Une lettre écrite en 1792 par l'érudit Fr. Pérez Bayer sur le lieu de la bataille de Munda, identifié à tort avec Monda par Mariana, devait être publiée après revision et addition des références par son auteur. Celui-ci étant mort prématurément, la lettre a été imprimée telle quelle. Les tomes II-IX sont dus à Benito Monfort fils.

Ce ne sont pas là les seuls collaborateurs de l'édition de Valence. Parmi les travailleurs de la première heure, à la fâcheuse défection desquels l'imprimeur fait allusion dans le prologue du tome IX, figuraient en première ligne deux érudits qu'il faut nommer ici : « Entre los que hemos entendido en las ilustraciones que publicamos, D. Vicente Noguera Ramon Regidor de Valencia ha tenido la mayor parte : porque ha escrito la historia de la vida de Mariana, las observaciones críticas, casi todas las notas de los primeros libros, y algunas del tercero. Su hijo D. Vicente Joaquin se ha adquirido el mérito de haber dispuesto las Tablas cronológicas, los suplementos del gobierno de los Pretores en España y de la guerra Sertoriana, y muchas notas del tercer libro. » (Prologue du t. I.) Ce D. Vicente Noguera Ramón est devenu, dans la *Bibliothèque*, D. Vicente *Antonio* y Ramon.

Le premier collaborateur en date, celui même qui avait assumé la préparation de l'édition, D. Domingo Morico, était mort en 1782, nous déclare-t-on encore dans le prologue du t. I : « El plan de esta edicion de la Historia de España escrita por Juan de Mariana lo formó D. Domingo Morico con ánimo de ejecutarlo por sí mismo : pero le arrebató la muerte á principios del año pasado 1782, quando estaba ya impressa una buena parte del primer tomo. » Le *plan* dont il est question ici est-il le *plan* publié par l'éditeur Monfort et dont l'auteur serait donc D. Domingo Morico et non Monfort? ou s'agit-il du plan dressé par D. Domingo, c'est-à-dire de l'économie même de l'édition projetée? C'est ce que je ne vois pas clairement. En tout cas, ce fut Morico qui choisit le texte de 1608, ainsi qu'il résulte de la note 1 du même prologue, à laquelle je fais allusion p. 186. Quant au travail même auquel se livra Morico, le même prologue nous en fait concevoir une assez pauvre idée : « ...ó confiado en su ingenio, ó por sus ocupaciones, que eran muchas, ó por otras cosas, no tenia adelantado mas trabajo que unas notas al primero y segundo libro, y estas copiadas por lo comun de Autores Franceses, y tan mal digeridas que nos vimos en la necessidad de proponer al Impresor que debia suprimirse lo que estaba impreso y empezarse de nuevo la obra. »

---

1. Chaque tome est précédé d'un prologue. Sur les Monfort, voir *Reseña histórica en forma de diccionario de las Imprentas que han existido en Valencia...*, par D. J.-E. Serrano y Morales (Valencia, Domenech, 1898-9, in-4°), p. 332-64.

D'autres collaborateurs de l'édition de Valence sont restés anonymes. Parmi eux, il en est même au moins un que l'imprimeur-directeur jette, mais un peu tard, par-dessus bord. En effet, dans le prologue du tome VIII, la note 7 de la page 46 du tome VII est traitée d'absurde, ainsi que la note 14 de la p. 59. Toutes deux sont relatives à Pedro de Luna et au pape Martin.

Dans son *Plan*, Monfort déclarait que la traduction de Miñana publiée à Anvers en 1756 (?) ne méritait pas la réimpression, et qu'il en donnerait une autre. Il n'a pas donné suite à son projet, bien qu'on lise dans le prologue du tome IX : « se ha ido haciendo efectivamente esta traduccion en el discurso de algunos años: está concluida y dispuesta para la prensa... » Voir plus loin.

1791. — J'ai quelque souvenir d'avoir vu chez un libraire de Madrid un exemplaire d'une édition publiée à Madrid par Manuel Fernández, et dont le tome I porte la date de 1791.

1794-1795-1799. — [Historia general ...decima sesta impresion... Valencia, 1794. Imprenta de D. B. Monfort, fol., 2 vol. — Valencia, 1799, Imprenta de Benito Monfort, fol., 2 vol.] — D'autre part, Salvá mentionne dans son Catalogue : « Decima sesta edition, Valencia. D. Benito Monfort, CIƆIƆCCXCV, 2 vols Fol. » Il y aurait donc trois éditions en deux volumes par Monfort. Ni le British Museum, ni la Bibliothèque nationale n'en ont d'exemplaires. Le *Catálogo* de la Viuda de Rico en annonce un : « Valencia, Monfort, 1794, 2 tomos in folio. » Salvá, du reste, a décrit l'édition de 1795 probablement d'après un catalogue, et non d'après un exemplaire lui appartenant.

1794-95. — [Historia general... En Madrid, por Don Benito Cano, año de MDCCXCIV-MDCCXCV, 8°, 10 vol., avec la continuation... — Continuacion... por el P. Fr. Joseph Manuel Miniana... traducida nuevamente al castellano por D. Vicente Romero.] Un exemplaire à la Bibliothèque nationale avec une tomaison particulière pour les trois derniers tomes, et un à la Biblioteca real. Le Catalogue de la Librairie des Hijos de Cuesta (Madrid, 1892) mentionne cette édition, « continuada por Miñana y traducida por Romero, Madrid, 1894, » mais lui attribue « 11 tomos 8° ».

« CONTINUACION | DE LA HISTORIA GENERAL DE ESPAÑA | DEL P. JUAN DE MARIANA | DE LA COMPAÑIA DE JESUS, | ESCRITA EN LATIN | POR EL P. F. JOSEPH MANUEL MIÑANA, | DEL ORDEN DE LA SANTISSIMA TRINIDAD; | Y TRADUCIDA AL CASTELLANO | POR DON VICENTE ROMERO | OFICIAL DE LA SECRETARIA DEL ESTADO Y DEL DESPACHO DE HACIENDA DE INDIAS. | TOMO TERCERO, | MADRID : | Por Gomez Fuentenebro y Compañia. | 1804. »

La préface renseigne convenablement sur la destination de cette édition : « La presente traduccion castellana de la Continuacion de la Historia de España, que escribió en latin el célebre Trinitario Fr. Josef Manuel Miñana, se dió á luz por primera vez el año de 1794 en la edicion que se hizo en octavo del P. Mariana. El traductor tuvo la satisfaccion de que el Público no quedase descontento de su trabajo, y deseoso de que sea util a las innumerables personas que compraron la edicion que en dos tomos en folio hizo la Real Biblioteca en el año de 1780, ha creido muy oportuno imprimirla en un tomo, que en el carácter de letra y tamaño del papel guarda con aquella la mayor igualdad. » La *Bibliothèque* a donc tort de mentionner cette édition de la continuation de Mariana traduite par Romero avant l'édition en 10 tomes de 1794-95 dans laquelle cette même traduction a paru pour la première fois. La même préface fait allusion à la première traduction de Mariana, due à Jacinto Jover y Valdenoches, et renvoie à l'édition de 1794 où l'on a donné « varios exemplos como muestra de la ineptitud, ignorancia, y aun barbarie de aquel traductor ».

L'auteur a voulu, comme il dit, en faire une suite de l'édition de 1780, et c'est pourquoi il a mis sur le titre « tomo tercero ». C'est ainsi qu'elle y est rattachée dans le Catalogue du British Museum (183. e. 10-12) et dans le *Catálogo de la Libreria de Murillo*, décembre 1896. Toutefois l'exemplaire du British Museum est plus petit de format que les deux tomes auxquels il est rattaché. C'est qu'il avait sans doute été d'abord joint à l'édition de Valence, comme c'est le cas pour un exemplaire que j'ai vu chez un libraire de Madrid : une reliure identique à celle des neuf tomes de Monfort et le chiffre X au dos l'ont transformé en un supplément de ces neuf tomes. Romero avait du reste fait, semble-t-il, sa traduction sur la demande de Monfort « desempeñando (déclare-t-il) la oferta que en el año de 79 hicieron los Eruditos que han publicado en Valencia la costosa y rica edicion del Mariana ». Romero aurait donc, lui aussi, faussé compagnie à l'éditeur valencien. Il est vrai que sa traduction a paru en 1794, et que le tome IX, où Monfort fils annonce l'impression de la traduction prévue dans le *Plan*, est daté de 1796.

1817-22. — [Historia... con notas... y nuevas tablas cronológicas desde la muerte del señor Rey D. Carlos III por el Dr. D. José Sabau y Blanco... Madrid, imp. de L. Nuñez de Vargas, 1817-22, 4°, 20 vol...]

Selon la *Bibliothèque*, cette édition, qui présente le texte de 1623, serait préférable à toutes les précédentes, y compris celle de Valence, 1783-1796. Il serait plus juste de dire que par ses notes (peu nombreuses d'ailleurs si ce n'est dans les premiers livres), elle peut compléter l'édition de Valence, dont elle s'est largement inspirée pour sa notice, assez courte, sur la vie de Mariana. Les tables chronologiques ne seront pas sans quelque utilité; mais les préfaces que l'éditeur a cru devoir placer en tête de chacun des vingt tomes ressemblent parfois à des méditations plutôt qu'à des dissertations critiques.

Pour les autres éditions, on pourra se reporter au *Diccionario general de Bibliografía española* d'Hidalgo (t. III, p. 207, 259, 265-9), dont s'est inspirée la *Bibliothèque*.

Un exemplaire de l'édition de Madrid 1828 est ainsi annoncé dans le Catalogue des Hijos de Cuesta (1892) : « ...con la continuacion hasta 1808 por Miñana, y el escrito clásico ó apologia del ministerio del Conde de Floridablanca, Madrid, 1828; 10 ts. 8° ».

Celle de Valence 1830-41 est représentée à la Bibliothèque nationale par deux exemplaires (Oa 32 I et Oa 33 A), catalogués à tort comme s'ils étaient d'éditions différentes.

Hidalgo et la *Bibliothèque* distinguent une édition de Madrid 1849 et une de Madrid 1849-51, toutes deux en cinq volumes in-4°. Il y a un exemplaire de la seconde à la Bibliothèque nationale (Oa 32 J). Je n'en connais pas de la première. Le Catalogue du British Museum mentionne une édition de Madrid, 1849-51, 8° (1445. k). Je n'ai pu l'examiner.

L'édition de Madrid, 1854, 2 vol., n'est pas à confondre avec celle qu'a donnée l'éditeur Rivadeneyra dans les *Obras del P. Juan de Mariana*, Madrid, 1854, 2 tomes, et où l'on trouve le texte de 1623.

llos tiempos la refierea. y el mismo Condestable parece la da por ave-
riguada. pues cita a Turin y ami en los lugares donde la ponemos. Algunas
y muchas citaciones ay buenas, pero mucho defeto en descuydos talvez en
algo tan graue. En particular cita a S. Ieronymo sobre Isaias al fin del
cap. 34. que fuera mejor buen lugar si hablara de Santiago, que por no expre-
ssar a la, tiene alguna excepción, el dicho lugar que puedo allegar el contrario, y V. M. por
si mismo las echara luego de uer. No quiero alargarme mas que se
acaba el papel V. M. me auise de su parecer y me encomiende a
Dios que los niños todos le guardamos. el g^d a V. M. De Toledo y de
Nou^e. 9. de 1602.

Ju^o de Mariana

tam peruenitur. Quinque menses si in tota nauigatione ponantur fe-
licissimam putant, saepius anno amplius consumitur. Goa Malacam
ad aliasque regiones magis orientales statis nauigatur temporibus. Hispaniam repetituri mensis Decembris finem expectant. uentorum uices
continuis ab ortu flatibus ac dudum explorata nauigandi ratio ido-ne-
um maxime id tempus esse docuerunt. Mensibus Martio aut Aprili
Bonae spei promontorium transmittitur. Ad Sanctae Helenae in reditu insulam appellunt ijs locis non deuiam, quam in uastissimo mari tanquam diuersorium diuina prouidentia disposuit. reficien.dis nauigan-
tibus fessisque recreandis corporibus arborum fructibus uenatu, pisca-
tu, quibus bonis abundat, nullo quamuis colonia propter locorum angus-
tias, et quamuis procul a continenti disiuncta est. Per Tertias tandem insulas magno circuitu propter uentorum

ADDITIONS ET CORRECTIONS

P. 8, n. 2. Lire « *XVI* » et non « *XIV* ».

P. 14, 15, 22, 23. Lire « *Prooemia* », et non « *Proemia* ».

P. 15, n. 2. La *Bibliothèque des écr. de la Comp. de Jésus* indique, comme date de la première édition des *Commentarii in Prophetas IV*, Lyon, 1609.

P. 31. Lire « sixième fils » et non « second fils ».

P. 79. L'édition de saint Cyrille par Vulcanius est décrite au nº 342 de la *Imprenta en Toledo*, de M. Pérez Pastor.

P. 98, note. Lire « Matute » et non « Malute ».

P. 117, n. 3. Lire « *MDCXII* » et non « *MCXII* ».

P. 124, n. 2. Lire « *Hist. crit. du Vieux Testament*, III, 12,... »

P. 125, n. 4. Lire « t. XVIII » et non « t. XVI ».

P. 141. J'aurais dû dire que le *pliego* était de quatre pages, comme il est facile de l'inférer de la *tasa* de l'édition de 1601 (voir p. 460). De sorte qu'un exemplaire de la première édition latine coûtait en réalité 2 maravédis la page, soit 980 pour l'édition en vingt livres.

P. 143, n. 3. « *Manuel de Bibliographie historique.* » Ajouter : « p. 266 », et lire « moyen âge ».

P. 164, n. 1, l. 10. Au lieu de « visus », lire « risus ».

P. 181, n. c). Au lieu de « 1617-23 : a », lire « 1617-23 ont : ».

P. 228. Mommsen accepte (*Mon. Germ. Auct. antiquiss.*, t. XI, p. 221) la conjecture de Hertzberg (*Die Historien und die Chroniken des Isidorus von Sevilla*, Göttingen, 1874, p. 65-73), qui attribuerait à Maxime de Saragosse les notes que Pérez a relevées et que Schott (*Hisp. ill.*, t. IV, p. 121-41) a publiées en marge du texte de Victor de Tunnunum (cf. Villanueva, *Viage*, t. III, p. 197). Bien entendu, ces notes n'ont rien de commun avec le pseudo-Maxime.

P. 232, l. 17. Lire « *Pro Fl. Lucio* ».

P. 239, n. 1. Lire « V, 4 ».

P. 248, l. 26. Lire « Geronymo ».

P. 262, l. 24, lire « Madrid », au lieu de « Valence ». Voir toutefois p. 468-9.

P. 264. La première édition de Ferreras (1700-27), dont Salvá n'a vu que le premier tome (nº 2943) et que je ne connais pas, a pour titre, selon le *Catalogue des livres de la Bibliothèque de feu Don Simon Santander* (nº 4471) : *Historia de España formada de los autores seguros y de buena fee*, Madrid, Villadiego, 16 vol. 4º.

P. 265, n. 1. Pour l'*Histoire des Révolutions d'Espagne*, M. U. Chevalier marque comme date 1724. Je me suis servi de celle d'Amsterdam en dix tomes, 1730, sans nom d'auteur.

P. 268, n. 1. Il y a aussi une édition de luxe en six tomes in-folio.

BIBLIOGRAPHIE[1]

ALCÁZAR (El P. Bartolomé), *Chrono-historia de la Compañía de Jesús en la provincia de Toledo y elogios de sus varones ilustres...* Madrid, por Juan Garcia Infanzon, 1710. 2 tomos in-folio. — Le manuscrit de la continuation se trouve à la Bibliothèque de S. Isidro (Madrid) et comprend trois tomes : *Década V* (1581-1590), *Década VI* (1591-1600), *Década VIII* (1611-1620); il manque la *Década VII* (1601-1610). In-folio. L'existence m'en a été signalée par D. Cristóbal Pérez Pastor. Voir p. 58-61.

ALEGAMBE (Le P. Philippe), *Bibliotheca scriptorum Societatis Iesus...* Antuerpiæ Apud Ioannem Meursium... MDCXLIII. In-folio. (Article Ioannes Mariana.)

ANDRADE (El P.), *Varones ilustres en santidad, letras... de la Compañía de Iesus. Tomo quinto a los quatro que saco a luz el venerable y erudito Padre Juan Eusebio Nieremberg...* En Madrid, Por Ioseph Fernandez de Buendia, 1666. In-folio.

ANTONIO (Nicolas), *Censura de historias fabulosas, obra posthuma... Van añadidas algunas cartas del mismo autor, i de otros eruditos. Publica estas obras Don Gregorio Mayans i Siscar, autor de la vida de Don Nicolas Antonio.* En Valencia... MDCCXLII. In-folio. (N° 2817 de Salvá). La Vida de Don Nicolas Antonio vient en tête. Voir sur cette *Censura* les lettres d'Antonio à Juan Lucas Cortés (Bibl. Rivadeneyra, t. XIII). Voir la 2ᵉ partie, c. II, § II.

ARÉVALO (Faustin), *Isidoriana* (Introduction à l'édition d'Isidore de Séville publiée à Rome en 1797). *Patr. latine*, t. LXXXI. Voir la 1ʳᵉ partie, c. III, § I.

BALMES (Jaime), *Biografía del P. Mariana*, en tête de *Del Rey y de la Institucion real... version castellana de Crelion Acivaro...*, Barcelona, la Selecta, 1880, in-8°.

---

[1]. Exception faite pour l'importante *Censura de historias fabulosas* de Nic. Antonio, je ne signale ci-dessus que les ouvrages que j'ai consultés sur Mariana lui-même. J'omets ceux qui sont mentionnés dans *Les Histoires générales d'Espagne*. D'autre part, on trouvera dans le présent volume, aux endroits où ils sont cités, des indications bibliographiques suffisantes sur un certain nombre d'auteurs auxquels je renvoie ou emprunte pour quelque détail ne concernant pas Mariana ou son œuvre. Voici leurs noms : ALBANELL (p. 174), ARIAS MONTANO (p. 5 et 11), BAGUET (p. 74 et 76), BIVAR (p. 230 et 232), CALDERÓN (p. 229), L. DUCHESNE (p. 80), ESCOLANO (p. 228), FERNÁNDEZ DE VELASCO (p. 65), le P. FITA (p. 80, 286), GUTIÉRREZ DEL CAÑO (p. 27), LEGRAND (p. 225), LOAYSA (p. 64 et 71), J. MENÉNDEZ PIDAL (p. 273), M. MICHEL (p. 23), le P. PÉREZ-AGUADO (p. 5), PISA (p. 68), J. DE LA PUENTE (p. 229), RAMÍREZ DE PRADO (p. 230-1), SÁNCHEZ MOGUEL (p. 47), SANDOVAL (p. 228), FR. SUAREZ (p. 74), SERRANO Y MORALES (p. 467), VÁZQUEZ (p. 228).
Pour un certain nombre, je dois compléter les indications données, en marquant, pour plus de commodité, la page où je les ai cités.

BARDENHEWER (O.), *Les Pères de l'Église, leur vie et leurs œuvres. Édition française par P. Godet et C. Verschaffel...* Paris, Bloud et Barral, 1898-9, 3 tomes in-8°. Cité p. 79.

Barrera (Cayetano Alberto de la), *Nueva biografía de Lope Félix de Vega Carpio* (t. I des *Obras de Lope de Vega* publicadas por la Real Academia Española), Madrid, Rivadeneyra, 1890. In-4°.

Bayle (Pierre), *Dictionnaire historique et critique*, 3ᵉ édition, Rotterdam, 1720. 4 tomes in-folio.

Bibliografía completa... redactada por una reunion de eclesiásticos y literatos... Madrid, t. XIII (article *Mariana*), 1862.

Bibliothèque des écrivains de la Compagnie de Jésus, par Aug. et Aloys de Backer, Paris, 1869-76; publiée à nouveau sous le titre de *Bibliothèque de la Compagnie de Jésus, Première partie : Bibliographie*, par Carlos Sommervogel, Bruxelles, O. Schepens; Paris, A. Picard, 1890-1900. Gr. in-4°. Le tome V, qui contient l'article *Mariana*, a paru en 1894. Je le désigne par l'ancien titre.

Blanco García (El P. Francisco), *Fr. Luis de León, Estudio biográfico y crítico* (1ʳᵉ partie), paru dans la *Ciudad de Dios*, du 20 janvier 1897 au 20 octobre 1899, et publié à part en 1904 (Madrid, Sáenz de Jubera, in-8°). Voir la 1ʳᵉ partie, c. II, § I.

Burriel (El P. Andrés), *Correspondencia que tuvo con varias personas sobre la comision que le dió el Gobierno de examinar los archivos de Toledo...* (T. XIII de la *Colección de Documentos inéditos para la Historia de España*, p. 229-305.) Voir p. 73.

Castro (El P. Cristóbal de), *Historia del Colegio Complutense de la Compañia de Jesus*. Manuscrit in-folio du Collège de Chamartín, près Madrid. (Cf. le n° 10 de Muñoz, *Alcalá*.)

Charenton (Le P. Joseph), Préface de la traduction de l'*Histoire générale d'Espagne* de Mariana, Paris, 1725, t. I. In-4°. Cf. p. 265. Cité p. 111.

Coton (Le P.), *Response apologetique a l'Anticoton et a ceux de sa suite... par un Père de la Compagnie de Iesus...* Au Pont, par Michel Gaillard M.DC.X. In-8°. Cité p. 115-6.

Crétineau-Joly (J.), *Histoire religieuse, politique et littéraire de la Compagnie de Jésus...* Paris, Paul Mellier, 1844-6, 6 tomes in-8°.

Duméril (A.), *Un publiciste de l'ordre des jésuites calomnié. Le Père Mariana.* (*Mémoires de l'Académie des Sciences, Inscriptions et Belles-Lettres de Toulouse*, t. VII, 1ᵉʳ semestre 1885, p. 83-146.)

Barrantes, *Aparato bibliográfico para la historia de Extremadura*, Madrid, Nuñez, 1875-9, 3 tomes in-8°.

Barrera (Alb. Cay. de la), *Catálogo bibliográfico y biográfico del teatro antiguo español*. Madrid, Rivadeneyra, 1860, gr. in-8°. Cité p. 209.

Batiffol (Pierre), *Histoire du Bréviaire romain, Nouvelle édition revue*, Paris, Alphonse Picard, 1895, in-8°. Cité p. 66.

Bello (A.) et Cuervo (R. J.), *Gramática de la lengua castellana destinada al uso de los Americanos*, Paris, Chernoviz, 1898, in-8°. Cité p. 375.

Berger (Élie), *Histoire de Blanche de Castille*, Paris, Thorin, 1895, in-8°. Cité p. 271.

Cañal (Carlos), *San Isidoro, Exposicion de sus obras é indicaciones acerca de la influencia que han ejercido en la civilizacion española...* Sevilla, Imprenta de la Andalucia moderna, 1897, in-4°. Cité p. 78.

Cedillo (Conde de), *Toledo en el siglo XVI despues del vencimiento de las comunidades* (Discours de réception à l'Academia de la Historia), Madrid, Hijos de Hernández, 1901, 258 pages, gr. in-8°. Cité p. 3. — *Contribuciones é impuestos en León y Castilla durante la Edad Media...* Madrid, 1896, in-8°. Cité p. 170.

Chevalier (Ulysse), *Répertoire des sources historiques du Moyen-Age. Topo-bibliographie*, Montbéliard, Hoffmann, 3ᵉ fascicule (1899), article *Espagne*. Cité p. 263-7.

EGUREN (José María), *Historia del Colegio imperial de Madrid de la Compañía de Jesús*. Madrid, 1869, in-8°, t. I, p. 272-97. Cité p. 21.

Extraits des assertions dangereuses et pernicieuses en tout genre que les soi-disans Jésuites ont, dans tous les temps & persévéramment soutenues... vérifiés & collationnés par les Commissaires du Parlement... Paris, Simon, 1762. In-4°. Cité p. 112.

EZQUERRA (El. P. Alejo), Continuation de l'*Historia del Colegio Complutense de la Compañía de Jesus*. Manuscrit in-folio du Collège de Chamartín, près Madrid. (Cf. le n° 11 de Muñoz, *Alcalá*.)

FUENTE (Vicente de la), *Historia de las Universidades, Colegios y demas establecimientos de enseñanza en España*, t. IV, Madrid, 1889. In-8°. Cité p. 128.

GARZÓN (El P. Francisco de Paula), *El padre Juan de Mariana y las escuelas liberales. Estudio comparativo*. Madrid, Biblioteca de la Ciencia cristiana, 1889, in-12. (Contre-partie du *Discurso preliminar* de Pi y Margall.)

GAYANGOS (Pascual de), *Catalogue of the manuscripts in the Spanish language in the British Museum*, London, 1875-93, 4 tomes in-8°.

GODOY Y ALCÁNTARA (José), *Historia de los Falsos Cronicones*, Madrid, Rivadeneyra, 1868, in-8°.

GÓMEZ DE TEXADA (El licenciado Cosmo), *Historia de Talavera* manuscrite (Bibl. nacional). Voir *La famille de Juan de Mariana* (*Bulletin hispanique*, 1904, n° 4). Cité p. 3, 18.

GONZÁLEZ CARVAJAL (Tomás), *Elogio histórico del Doctor Benito Arias Montano* (t. VII des *Memorias de la R. Academia de la Historia*, 1832, p. 1-199). Voir la 1re partie, c. II, § 1.

GRAUX (Charles), *Essai sur les origines du Fonds grec de l'Escurial. Épisode de la Renaissance des Lettres en Espagne* (thèse), Paris, Vieweg, 1880. In-8°. Cité p. 70-1, 134, 311.

GRIAL (Juan), Préface de l'édition d'Isidore de Séville parue en 1599. Dans la *Patr. latine*, t. LXXXII. Voir la 1re partie, c. II, § I.

HIDALGO (Dionisio), *Diccionario general de bibliografía española*, t. III, Madrid, Limia y G. Urosa, 1868, in-8°. Cité p. 263, 267.

LABITTE (Charles), *De iure politico quid senserit Mariana, Diatribe academica* (thèse présentée à la Sorbonne), Lutetiae Parisiorum, Fournier, MDCCCXLI. In-8°.

COCK (Henrique), *Relacion del viaje hecho por Felipe II, en 1585, á Zaragoza, Barcelona y Valencia, escrita por Henrique Cock, notario apostólico y archero de la Guardia del Cuerpo Real, y publicada de real órden por Alfredo Morel-Fatio y Antonio Rodriguez Villa*. Madrid, 1876, in-8°. Cité p. 19 et 79.

COVARRUBIAS OROZCO (Sebastián), *Tesoro de la lengua castellana, o española*, Madrid, Luis Sánchez, 1611. In-folio.

CUERVO (R. J.), *Diccionario de construccion y régimen de la lengua castellana*, t. I-II (A-D), Paris, Chernoviz, 1886-93, gr. in-8°. Cité p. 389.

DESDEVISES DU DEZERT, *L'Espagne de l'ancien régime. La richesse et la civilisation*, Paris, Soc. franç. d'impr. et de librairie, 1904, in-8°. Cité p. 263 et 396.

FABRICIUS (Joh. Alb.), *Bibliotheca graeca...* Hamburgi, t. IV, 1795; t. IX, 1804. In-4°. Cité p. 44 et 79. — *Bibl. lat. mediae et infimae aetatis*, Florence, 1858-59, 6 t. in-4°.

FERNÁNDEZ-GUERRA Y ORBE (Aureliano), *Vida de D. Francisco de Quevedo*, en tête des *Obras de Don Francisco de Quevedo Villegas*, t. XXIII de la Bibl. Rivadeneyra. Cité p. 127.

FITZMAURICE-KELLY (James) et ORMSBY (John). Préface à l'édition du *Don Quixote*. Edimbourg, Londres, Nutt, 1898-9, in-4°. Cité p. 185.

FLÓREZ (Enrique), *Medallas de las colonias, municipios y pueblos antiguos de España*, t. III, Madrid, 1783, in-4°.

LAFUENTE (Modesto), *Historia general de España* (éd. en 15 tomes). Cf. p. 267-8.

LEÓN (El P. Tomás de), Lettres publiées par Mayans à la suite de la *Censura de historias fabulosas* d'Antonio, p. 672-4. Voir la 2ᵉ partie, c. IV, § III.

LLORENTE (Jean-Antoine), *Histoire critique de l'Inquisition d'Espagne*, Paris, 1817-18, 4 tomes in-8°. Cité p. 110.

MANTUANO (Pedro), *Advertencias*. Cf. p. 191. — *Animadversiones*. Cf. p. 197.

MAYANS Y SISCAR (Gregorio), Préface de l'édition du *De rebus Hispaniae* de Mariana, 1733. Voir p. 459. — Édition de la *Censura de Historias fabulosas* de Nic. Antonio, et *Vida de Don Nicolas Antonio* en tête de cette édition (1742). — Prefacion et édition des *Advertencias* de Mondéjar (1746).

MENÉNDEZ PELAYO (Marcelino), *Discursos leidos ante la Real Academia de la Historia en la recepción pública del Doctor...*, Madrid, Imprenta central, 1883, in-8°. Cité p. 354.

MÉRIMÉE (Ernest), *Essai sur la vie et les œuvres de Francisco de Quevedo (1580-1645)* (thèse), Paris, Alph. Picard, 1886, in-8°. Cité p. 126-7.

MONDÉJAR (Gaspar Ibañez de Segovia, marqués de), *Juicio de la Historia del Padre Juan de Mariana; Advertencias al libro sexto i siguientes del Padre Juan de Mariana; Noticia, i juicio de los mas principales historiadores de España*. Le tout a été publié par Mayans sous le titre d'*Advertencias a la Historia del P. Juan de Mariana...* Valencia, MDCC.XLVI (n° 3064 de Salvá). Voir p. 275. — *Predicacion de Santiago en España...*, Zaragoza..., 1682. Cité p. 64.

MONFORT (Benito), Plan de l'édition de l'*Historia general de España* de Mariana parue de 1783 à 1796. Voir p. 467. — Préface de la même édition.

MOREL-FATIO (Alfred), *Études sur l'Espagne. Première série*, 2ᵉ édition, Paris, Bouillon, 1895, in-8°. Cité p. 265.

NOGUERA RAMÓN (D. Vicente), *Historia de la Vida y Escritos del P. Juan de Mariana*, dans le tome I de l'édition de l'*Historia general de España* donnée par Benito Monfort, Valencia, 1783, p. I-CII.

OLAVIDE (Ignacio), *La Inquisición, la Compañia de Jesus y el P. Jerónimo Román de la Higuera*. Voir p. 236.

PELLICER Y SAFORCADA (Juan), *Ensayo de una Biblioteca de traductores españoles*, Madrid, 1778, petit in-4° (n° 2489 de Salvá). Voir p. 166.

FORNERON (H.), *Histoire de Philippe II*, Paris, Plon, 1881-2, 4 tomes in-8°. Cité p. 3, 40.

GAMS (Le P. Pius Bonifacius), *Die Kirchengeschichte von Spanien*, t. I, Regensburg, 1862, in-8°. Cité p. 46.

GÓMEZ DE CASTRO (Alvar), *De rebus gestis a Francisco Ximenio Cisnerio... (Rerum Hispanicarum tomus III)*, Francofurti apud Andream Wechelum, M.D.LXXXI. In-folio. Cité p. 70.

HAENEL (Gust.), *Catalogi librorum manuscriptorum...*, Lipsiae MDCCCXXX. In-4°. Cité p. 124 et 311.

HALLAM (Henry), *Histoire de la littérature de l'Europe pendant les XVᵉ, XVIᵉ et XVIIᵉ siècles*, traduction Borghers, t. II, Paris, 1839, in-8°. Cité p. 40.

JANSSEN (J.), *L'Allemagne et la Réforme*, t. II, Paris, Plon, 1889, in-8°. Cité p. 14.

LANGLOIS (Ch.-V.), *Manuel de Bibliographie historique*, Paris, Hachette, 1901-4, 1 vol. in-8°. Cité p. 133, 143, 263, 268.

LANGLOIS (Ch.-V.) et SEIGNOBOS (Ch.), *Introduction aux études historiques*, Paris, Hachette, 1898, in-8°. Cité p. 157 et 351.

LEBUREUR (P.), *Histoire de Philippe le Long, roi de France (1316-1372)*, t. I, Paris, Hachette, 1897. In-8°. Cité p. 30.

Pi y Margall (F.), *Discurso preliminar* de l'édition des *Obras del P. Juan de Mariana* (Bibl. Rivadeneyra, Madrid, 1854, t. I, p. v-xlix). Ce travail refondu a été publié sous le titre de *Juan de Mariana. Breves apuntes sobre su vida y sus escritos...* (Madrid, Ginés Hernández, 1888) et à nouveau, très écourté, avec d'autres études (*Amedeo de Saboya*, etc.), à Barcelone en 1895, sous le titre de *Trabajos sueltos (Colección Diamante)*, in-32. Voir p. 358.

Prat (Le P. J. M.), *Maldonat et l'Université de Paris au XVIe siècle*, Paris, 1856, in-8°. Cité p. 15. — *Recherches historiques et critiques sur la Compagnie de Jésus en France du temps du P. Coton, 1564-1626*. T. III, Lyon, 1876, in-8°. Cité p. 112.

Préliminaires des éditions de l'*Historia general de España* données par Ibarra et par Ramírez, à Madrid, en 1780. Voir l'appendice IX et p. 253-5.

Prólogo et *Disertacion sobre el autor y la legitimidad de este Discurso* (p. i-xx et 11-80) en tête du *Discurso de las enfermedades de la Compañía por El P. Juan de Mariana*, Madrid, Ramírez, 1768, petit in-4°. Voir p. 117.

Ramón Parro (Sisto), *Toledo en la mano*, t. II, 1857, in-8°. Cf. Muñoz, *Toledo*, n° 19. Cité p. 129.

Recueil de plusieurs Actes et Mémoires remarquables pour l'histoire de ce temps. MDCXII. In-4°. Cité p. 116.

Recueil de plusieurs escrits touchant les Iesuites... MDCXI. In-8°. Cité p. 113. (Voir Graesse.)

Ribadeneira (El P. Pedro), *Illustrium scriptorum Religionis Societatis Iesu Catologus... Antuerpiæ, Ex officina Plantiniana...* M.DC.VIII. In-8°. — *Lettres*, dans les *Obras escogidas del P. Pedro Rivadeneira*, t. LX de la Bibl. Rivadeneyra. Citées p. 15.

Richeome (Le P.), *Examen catégorique du libelle Anticoton...* A Bordeaux. Par Jacques Marcan, Imprimeur, M.D.C.XIII. In-4°. Cité p. 112 et 116.

Romey (Charles), *Histoire d'Espagne depuis les premiers temps jusqu'à nos jours*. Cf. p. 267. Cité p. 300.

Saavedra y Fajardo (Diego de), *Republica litgraria*, Alcalá, 1670, in-8° (n° 2395 de Salvá). Cité p. 387.

Santander (Juan de), *Memoria de los libros y papeles manuscritos, que se hallaron en el aposento del Padre Andrés Marcos Burriel* (t. XIII de la *Colección*

Macé (A.), *De emendando differentiarum libro qui inscribitur de proprietate sermonum et Isidori Hispalensis esse fertur... Condate Rhedonum*, MDCCCC. In-8°. Cité p. 23.

Marchand (Prosper), *Dictionnaire historique ou Mémoires critiques et littéraires...*, La Haye, 1758-9, 2 tomes in-folio. Cité p. 74.

Menéndez Pelayo (Marcelino), *La ciencia española*, t. III, Madrid, 1888, petit in-8° (*Colección de escritores castellanos*). Cité p. 132. — *Historia de las ideas estéticas en España*, t. III (2e édition), Madrid, 1896, petit in-8° (même *Colección*). Cité p. viii, 353. — *Historia de los heterodoxos españoles*, Madrid, sans date, 3 tomes in-8°. Cité p. 12.

Mesonero Romanos (Ramón de), *Manual histórico-topográfico de Madrid*, Madrid, Ant. Yenes, 1844, petit in-8°. Cité p. 103.

Mir (Miguel), *Causas de la perfeccion de la lengua castellana en el siglo de oro de nuestra literatura*, Madrid, Fernando Fe, 1902, in-8°. Cité p. 362.

Novissima recopilacion de las leyes de España... mandada reformar por el señor Don Carlos IV, Impressa en Madrid, 1805-7, 4 tomes in-folio. Cité p. 39.

Paris (Gaston), *De Pseudo-Turpino* (thèse latine), *Parisiis, apud A. Franck*, MDCCCLXV. In-8°. Cité p. 67 et 83. — *Histoire poétique de Charlemagne* (thèse), Paris, A. Franck, 1865. In-8°. Cité p. 272.

Pérez Pastor (Cristóbal), *Documentos cervantinos*, Madrid, Fortanet, 1897, in-8°. Cité p. 142.

de *Doc. inéditos para la Hist. de España*, p. 329-38). Voir p. 396-7. — Ms. X 230 de la Biblioteca nacional.

SCHOTT (Le P. André), Lettre en tête de l'édition du *De altera vita* de Luc (Voir p. 73 et 77).

SERNA SANTANDER (C. de la), *Catalogue des livres de la Bibliothèque de feu Don Simon Santander... Bruxelles... M DCC XCII*, 2 tomes in-8°. Voir p. 102. Il y en a une édition en cinq tomes (y compris un supplément), parue à Bruxelles, 1803, petit in-4°.

SIMON (Le P. Richard), *Histoire critique du Vieux Testament...* Rotterdam, 1865, in-4°. — *Histoire critique des principaux commentateurs du Nouveau Testament...* Rotterdam, 1693, in-4°. Cité p. 124-5.

TAMAYO DE VARGAS (Tomás), *Historia general de España del P. D. Iuan de Mariana defendida...; Raçon de la Historia del P. D. Iuan de Mariana...* Toledo... MDCXVI. Voir p. 198. — *Novedades antiguas...* Voir p. 232. — *Historia literaria o junta de libros*, manuscrite. Voir p. 201. — *Luitprandi siue Eutprandi... chronicon*. Voir p. 231.

URIARTE (El P. José de), *El P. Juan de Mariana*, dans *El siglo futuro*, 16, 19 et 22 février. Voir p. 128.

URRETA (Fray Luís de), *Historia ecclesiastica politica, natural, y moral de los grandes y remotos Reynos de la Etiopia*, Valence, 1610, in-4° (n° 3416 de Salvá). Voir p. 189.

VAQUETTE D'HERMILLY, Préface de la traduction de l'*Historia de España* ou *Synopsis* de Ferreras. Cf. p. 266. Cité p. 300.

QUEVEDO (Francisco de), *Anales de quince dias*, dans le t. XXIII de la Bibl. Rivadeneyra. Cité p. 96, 108, 109.

RIEMANN (O.), *Syntaxe latine d'après les principes de la Grammaire historique*, 3ᵉ édition revue par Paul Lejay, Paris, Klincksieck, 1894, in-12. Cité p. 362.

SAINZ DE BARANDA (Pedro), *Clave historial de la España sagrada*, Madrid, Viuda de Calero, 1853, in-8°. Cité p. 261.

TAINE (Hippolyte), *Essai sur Tite-Live*, Paris, 1860, 2ᵉ édition, in-12. Cité p. 342 et 346.

VALOIS (Noël), *La France et le grand schisme d'Occident*, t. IV, Paris, A. Picard, 1902, in-8°. Cité p. 114.

JOSSIUS (Ger. Joh.), *Duo tractatus aurei, unus de Historicis latinis*, t. I, Francfort, 1677, in-4°. Cité p. 315.

WEIL (Georges), *Les théories sur le pouvoir royal en France pendant les guerres de religion* (thèse), Paris, Hachette, 1891, in-8°. Cité p. 37 et 112.

Pour les auteurs dont les noms suivent, voir *Les Histoires générales* (Bibliographie) : AMADOR DE LOS RÍOS, N. ANTONIO, BEALE, DORMER, DOZY, EWALD, FIGANIÈRE, FITZMAURICE-KELLY, FLÓREZ, GALLARDO, GRAESSE, HUEBNER, LATASSA, R. MENÉNDEZ PIDAL, MOMMSEN, MOREL-FATIO, MUÑOZ, NICERON, PÉREZ PASTOR, POTTHAST, RODRÍGUEZ DE CASTRO, SALVÁ, le P. TAILHAN, TICKNOR, VAYRAC, VILLANUEVA.

Je crois inutile de surcharger cette liste en y ajoutant celle des auteurs grecs et latins allégués en faveur des assertions de Mariana (principalement dans le chapitre I de la 3ᵉ partie) et celle des auteurs, espagnols ou non, que je cite à propos des idées et du style de Mariana dans les deux derniers chapitres. Encore moins ai-je à reproduire ici les titres des ouvrages signalés pour mémoire dans le texte.

TABLE DES MATIÈRES

	Pages
Préface	VII

Première partie. — La vie et l'œuvre de Mariana en dehors de son Histoire d'Espagne.

	Pages
Chapitre Ier. — I. Il se fait jésuite, étudie à Alcalá, enseigne la théologie à Rome, à Lorette, en Sicile, à Paris	1
II. Il revient à Tolède	3
Chapitre II. — I. Mariana censeur des travaux sur la Bible et collaborateur de l'*Index*	5
II. Mariana secrétaire de concile et examinateur	17
Chapitre III. — I. L'édition d'Isidore de Séville	20
II. Mariana censeur de Garibay	28
III. L'histoire d'Espagne et le *De rege*	31
IV. Le *De ponderibus et mensuris*	41
Chapitre IV. — I. Les plombs de Grenade	45
II. Les reliques suspectes : le P. Francisco Portocarrero	51
III. La question de saint Jacques : le connétable de Castille D. Juan Fernández de Velasco	63
Chapitre V. — I. Il abrège la Bibliothèque de Photius	70
II. Il écrit une Histoire ecclésiastique d'Espagne, édite Luc de Tuy et traduit les Homélies de saint Cyrille	72
III. Il publie les Sept Traités	79
Chapitre VI. — I. Les tribulations : Philippe III, ses ministres, son confesseur et l'Inquisition contre les *Tractatus VII*	96
II. L'Université et le Parlement de Paris contre le *De rege*	111
III. Le général de la Compagnie contre le *Discurso de las enfermedades de la Compañía*	116
Chapitre VII. — I. Les treize dernières années : les *Scholia* sur l'Ancien et le Nouveau Testament, et la traduction du Commentaire d'Eustathe sur l'*Hexaemeron*. Relations avec Quevedo	120
II. La mort	127
III. Mariana humaniste et philologue	130

DEUXIÈME PARTIE. — Historique de son Histoire d'Espagne.

CHAPITRE Ier. — I. Les vingt-cinq premiers livres de l'*Historia de rebus Hispaniae* (1592-1595) 135
II. Les livres XXVI-XXX, le *Summarium* et la traduction castillane. Les éditions de 1605, 1603-1606, 1619 en latin, et de 1601 en castillan 143
III. Les critiques de Ferrer et de Duarte Nunes. 154

CHAPITRE II. — I. La polémique avec les Argensola 165
II. Premières attaques du connétable de Castille D. Juan Fernández de Velasco et de Pedro Mantuano. . . 166
III. L'édition de 1608. 179

CHAPITRE III. — I. Le dominicain Urreta 189
II. Les *Advertencias* et les *Animadversiones* de Pedro Mantuano 190
III. L'*Historia... defendida* de Tomás Tamayo de Vargas. 197
IV. Mauvaise foi de Mantuano 210
V. Autres apologies de Mariana 215
VI. L'édition de 1617-1616. 221

CHAPITRE IV. — I. Le *capitán* Miguel Sanz de Venesa y Esquivel et les réclamations de Fontarabie. 225
II. Le P. Jerónimo Román de la Higuera et les Fausses Chroniques. 226
III. L'édition de 1623. Caractère suspect des additions empruntées aux Fausses Chroniques 236
IV. Les falsificateurs possibles 253
V. Succès de l'*Historia general de España*. 260

TROISIÈME PARTIE. — Valeur de son Histoire d'Espagne.

CHAPITRE Ier. — I. Valeur des critiques faites à son œuvre 269
II. Mariana et les inventions d'Annius et d'Ocampo. . 280
III. Sa méthode de critique et sa probité scientifique. Est-il crédule? 297
IV. Son information 303
V. Comment il se sert de ses sources. 317

CHAPITRE II. — I. Comment il conçoit l'Histoire 331
II. Les discours 338
III. Les idées. 348

CHAPITRE III. — I. Le latin du *De rebus Hispaniae*. 362
II. L'espagnol de l'*Historia general de España*. La phrase. 366
III. Le style 377

CONCLUSION. 391

Appendices.

 I. Les manuscrits de Mariana................. 393
 II. La Bible et l'*Index*.................... 399
 III. La critique chez Mariana................. 407
 IV. Lettres diverses de Mariana............... 426
 V. Correspondance de Mariana avec Ferrer et Gil González Dávila. 430
 VI. Les brouillons du *De rebus Hispaniae*........... 441
 VII. La collation des éditions de l'Histoire d'Espagne...... 446
 VIII. Les sources de Mariana dans l'Histoire d'Espagne...... 447
 IX. Les éditions de l'Histoire générale d'Espagne........ 452

Fac-similés.

 I.. 470
 II... 471

Additions et corrections 472

Bibliographie 473

BORDEAUX. — IMPR. G. GOUNOUILHOU, RUE GUIRAUDE, 9-11.

www.ingramcontent.com/pod-product-compliance
Lightning Source LLC
Chambersburg PA
CBHW050606230426
43670CB00009B/1289